MUSEOLOGY

박물관학

SD에듀
㈜시대고시기획

머리말

필자는 준학예사 시험을 준비하는 전국의 수많은 수험생에게 도움이 되고자 2005년부터 지속적으로 자료를 수집하고 이를 다듬어 본 도서를 출간하게 되었습니다.

박물관 및 미술관의 전문인력이 되기 위해서는 박물관과 자료, 환경과 시설, 박물관을 움직이는 사람과 박물관을 이용하는 사람, 박물관의 사회적 역할과 기능에 관한 조사 · 연구 활동을 지속적으로 해야 합니다. 정부에서는 이러한 역할을 하는 전문인력을 체계적으로 육성하기 위하여 2000년부터 박물관 전문 자격 시험제도를 마련하여 시행해 오고 있습니다.

『2024 SD에듀 박물관학』의 내용을 살펴보면 첫 번째는 박물관의 정의와 역사 그리고 사회에서의 박물관의 역할에 대해서, 두 번째는 수집, 조사, 연구, 보존, 교육, 조직, 건축, 법과 윤리 분야에 대해서 다루고 있습니다. 세 번째는 최신 기출문제를 분석하여 그 내용을 수록 및 설명하는 것으로 구성하였습니다.

본 도서를 통해 수험생 여러분들은 박물관학에 대한 큰 흐름을 파악하고 박물관과 미술관에 대한 이해가 가능하게 될 것입니다.

많은 박물관들이 지금도 전 세계에 건립되고 있으며, 국내에서도 현재까지 약 1,139개의 박물관 · 미술관 들이 운영되고 있습니다. 앞으로 5년 내에 가장 유망한 직종으로 여러 기관에서 선정된 학예사 직업은 비전을 품을 만한 충분한 가치가 있는 일이라고 말할 수 있습니다. 학예사가 됨으로써 자신의 꿈을 실현하고 전 세계에서 전시를 보기 위해 찾아오는 관람객들에게 새로운 영감과 자신들이 하는 일에 대해 발상의 전환을 제공할 수 있다면 문화 창조자로서 그 역할은 무엇보다도 소중한 일일 것입니다.

마지막으로 이 책을 출간할 수 있게끔 보살펴 주시고 든든한 후원자가 되어 주신 하나님께 영광을 돌리고자 합니다. 더불어 아버지와 어머니 그리고 처가의 가족들께 감사의 뜻을 전합니다. 제가 섬기고 있는 새샘교회 목사님과 저를 위해 기도해 주시는 여러 교인 분들에게 감사의 말씀 전하고자 합니다. 한양대학교 박물관 교육학과 배기동 교수님, 김명희 교수님, 김인회 교수님 그리고 학과 교우 여러분께도 감사드립니다. 항상 변함없이 나를 믿어 주고 뒷바라지 해주는 아내와 스포츠 분야의 길을 걷고 있는 멋진 아들 슬기, 세계적인 큐레이터가 되어 아빠와 같은 길을 가겠다는 딸 사랑이에게도 감사의 뜻을 전하고 싶습니다. 이 책의 출간을 도와주신 SD에듀 임직원 여러분들께도 진심 어린 감사의 말씀을 전하고자 합니다. 지면 관계상 저를 위해 기도해 주시고 후원해 주신 모든 분들에게 감사의 뜻을 전하지 못한 점 송구스럽게 생각합니다.

세종시 첫마을 서재에서

홍보라매

시험안내

개요

각급 박물관 · 미술관들에 있어 전시나 기획 등을 전문적으로 수행할 수 있는 자격제의 도입을 통하여 박물관 · 미술관에 근무하는 학예 종사 인력의 질적인 문제를 해소하고, 이들의 전문성을 국가가 공식으로 인증함으로써 학예사들이 사회적으로 존경받는 위치에서 전문능력을 발휘할 수 있도록 도입되었습니다.

수행직무

❶ 박물관 학예사 : 박물관에 보관 중인 각종 실물, 표본, 사료(史料), 문헌들을 수집 정리, 보존하고 전시회 개최 준비를 합니다.

❷ 미술관 학예사 : 예술작품의 전시를 기획하는 사람으로 전시회의 주제를 결정하고 작가와 작품에 대한 조사 · 연구를 거쳐 작가 섭외 및 작품을 선정합니다. 전시회의 명칭을 결정하고, 미술관의 공간과 작품 수량, 주제, 효과적인 관람을 고려하여 작품 진열을 합니다.

시험과목

구 분	시험과목	문항수	시험형식
공통과목	박물관학	각 40문항	객관식 4지선택형
선택과목	고고학/미술사학/예술학/민속학/서지학/한국사/인류학/자연사/과학사/문화사/보존과학/전시기획론/문학사 중 택 2	각 2문항 (총 4문항)	논술형

※ 공통과목 중 외국어 과목은 외국어능력검정시험으로 대체합니다.

합격기준

100점 만점을 기준으로 하며 매 과목(외국어 과목은 제외) 40점 이상, 전 과목 평균 60점 이상 득점한 자

시험통계

회	연 도	접수인원(명)	응시인원(명)	응시율(%)	합격자(명)	합격률(%)
11	2010	889	475	53.79	47	9.89
12	2011	887	209	57.38	85	16.70
13	2012	1,102	644	58.44	127	19.72
14	2013	1,258	797	62.00	121	15.20
15	2014	1,122	702	62.60	121	17.30
16	2015	1,122	774	69.00	107	13.80
17	2016	1,282	705	55.00	187	26.50
18	2017	1,394	681	48.90	226	33.20
19	2018	1,769	719	40.60	247	34.35
20	2019	2,049	818	39.92	306	37.41
21	2020	1,672	825	49.34	214	25.94
22	2021	1,257	710	56.48	166	23.38
23	2022	1,315	679	51.63	264	38.88
24	2023	749	452	60.35	166	36.73

※ 상기 내용은 변경될 수 있으므로 반드시 시행처의 최종 시행공고를 확인하시기 바랍니다.

이 책의 구성과 특징

이론편 — 최신 출제 경향에 맞춘 핵심이론과 보충 · 심화학습 자료

1

CHAPTER

01 박물관 및 미술 진흥법

01 박물관 및 미술관 진흥법 [시행 2023.12.21.] [법률 제19481호, 2026.6.20., 일부개정]

제1장 총칙

2

조(목적)
법은 박물관과 미술관의 설립과 운영에 필요한 사항을 규정하여 박물관과 미술관을 건전하게 육성함으로써 ⋯⋯⋯⋯⋯⋯⋯⋯⋯⋯⋯⋯⋯ 교육 증진에 이바지함을 목적으로 한다.

제2조(정의)
이 법에서 사용하는 용어의 뜻은 다음과 같다.
1. "박물관"이란 문화 · 예술 · 학문의 발전과 일반 공중⋯술 · 산업 등에 관한 자료를 수집 · 관리 · 사 · 고고(考古) · 인류 · 민속 · 예술 · 동물 · 식물 보존 · 조사3연구 · 전시 · 교육하는 시설을 말한다. ⋯⋯⋯⋯⋯⋯ 교육 증진에 이바지하기 위하여 역 ⋯⋯⋯⋯⋯⋯⋯⋯⋯⋯⋯⋯⋯⋯⋯⋯⋯⋯⋯⋯⋯⋯⋯⋯⋯ 교육 증진에 이바지하기 위하여 박물관 중 ⋯⋯⋯⋯⋯⋯⋯⋯⋯⋯⋯⋯⋯⋯⋯⋯⋯⋯⋯ 수집 · 관리 교육하는 시설을 말한다.
3. "박물관자료"란 박물관이 수집 · 관리 · 보존 · 조사 · 연구 · 전시하는 ⋯⋯⋯⋯⋯ 물 · 식물 · 광물 · 과학 · 기술 · 산업에 관한 인간과 환경의 유형적 · 무⋯ 가치가 있는 자료 중 대통령령으로 정하는 기준에 부합하는 것을 말한다.
4. "미술관자료"란 미술관이 수집 · 관리 · 보존 · 조사 · 연구 · 전시하는 예술어⋯ 가치가 있는 자료를 말한다.

제2조외2(국가 및 지방자치단체의 책무)
① 국가의 지방자치단체는 박물관 및 미술관의 확충, 지역의 핵심 문화시설로서의 지원⋯ 술관 진흥을 위한 시책을 강구하여야 한다.
② 국가와 지방자치단체는 제1항에 따른 책무를 다하기 위하여 이에 수반되는 예산상의⋯
[본조신설 2023. 6. 20.]

3

The 알아보기

대표적인 에코뮤지엄
• 해외
 – 스웨덴의 스칸센 에코뮤지엄 : 세계 최초의 에코뮤지엄으로 ⋯⋯ 위치하고 있다. 스웨덴 각지에서 실제 건물을 옮겨다 한 곳에 모아 놓은 야외 박물관으로 스칸디나비⋯것으로 헨리 프란시스 듀퐁 원터어 박 ⋯⋯⋯⋯⋯⋯⋯⋯⋯⋯⋯⋯⋯⋯⋯⋯⋯⋯⋯⋯⋯⋯⋯⋯⋯⋯⋯⋯⋯⋯⋯⋯⋯⋯⋯⋯⋯⋯
 – 코르빗 샤프하우스(Corbit-Sharp House) : 미국 델라웨어주⋯며, 1959년 일반에게 개방되었다. 물관의 소유이다. 조지아식 주택 건축 중 하나로 18세기 원형⋯른 1926년부터 40여 년 동안 이 도 ⋯⋯⋯⋯⋯⋯⋯⋯⋯⋯⋯⋯⋯⋯⋯⋯⋯⋯⋯⋯⋯⋯⋯⋯⋯⋯⋯⋯⋯⋯⋯
 – 이 밖에 미국 미시간주 디어본의 그린필드 빌리지 등이 있다.
• 한국
 – 우리나라에서는 안동 하회마을, 북촌 한옥마을, 외암리 민속마을, 영주 선비촌, 용인 한옥마을, 경주 양동 민속마을 등⋯⋯⋯⋯⋯⋯⋯리즘(생태 관광, Eco-Tourism)과 연계하여 만들어진 충남 논산, 경기

4

[스칸센 에코뮤지엄]   [경주 양동 민속마을]

(3) 옥외 박물관
박물관은 전시하는 장소에 따라 실내와 실외로 나뉘진다. 대부분의 박물관은 실내에서 전시하고 있지만, 그 밖에 실외에 소장품을 전시해 놓은 박물관이 존재하면 이를 옥외 박물관 또는 실외 전시장이라고 부른다. 옥외 박물관은 박물관의 영역 안에 포함되어 있으며, 야외 박물관과는 구분된다.

5⟩ 1891년 스웨덴 민속학자이며, 교육자인 하셀리우스(A. Hazelius)가 설립한 세계 최초의 야외 박물관이다. 스칸센은 '요새'의 의미로서, 그 명칭은 스톡홀름 중앙에 있는 스칸센 유적에 설립한 것에서 유래한다. 스웨덴 사람들의 과거 생활을 보여 주는 건물과 농장 그리고 동물원으로 구성되어 있는데, 특히 건물과 농장들은 스웨덴 각지에서 옮겨온 것으로 대체로 17~20세기의 것이다(세그홀름 교회, 17세기 경주의 저택 등, 총 150여 개의 시골과 구축 민교회 · 풍차 · 농가 · 신당 · 재료 등이 있어 이를 통해 다른 신분의 사람들이 어떻게 일하고 거주했는지를 보여 준다. 또한 내부의 장식 역시 당시의 양식으로 재현되었으며, 인쇄공장 등에는 민속 의상을 입은 사람들이 당시의 작업 환경을 설명하고 있다.

❸ The 알아보기

이론과 관련된 상세한 심화 자료를 실어 학습에 도움이 되도록 하였습니다.

❹ 풍부한 자료 수록

수험생들의 이해를 돕기 위해 표와 그림 등의 보충 자료를 다양하게 활용하였습니다.

❶ 박물관학 핵심이론 정리

다년간의 시험을 분석하여 저자만의 노하우가 담긴 박물관학의 꼭 알아야 할 핵심이론을 담았습니다.

❷ 박물관 관련 법령 수록

준학예사 시험을 준비하는 수험생들이 꼭 알아야 할 박물관 관련 법령과 서식을 수록하였습니다.

문제편

박물관 및 준학예사 필기시험 합격의 길이 보이는 5개년 기출

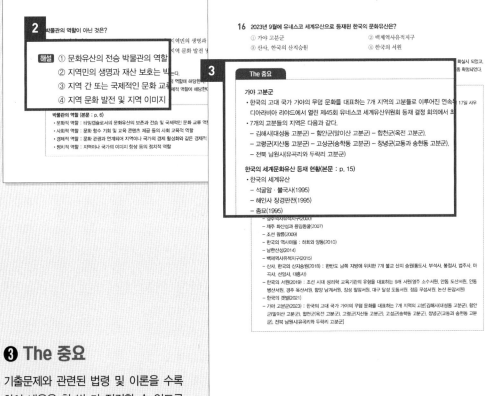

❶ 최신 기출문제 수록

2023 ~ 2019년 기출문제를 수록하여
실전에 대비할 수 있도록 하였습니다.

❷ 해설 수록

혼자서도 학습할 수 있도록 해설을 수록
하였습니다.

❸ The 중요

기출문제와 관련된 법령 및 이론을 수록
하여 내용을 한 번 더 점검할 수 있도록
하였습니다.

이 책의 차례

CONTENTS

합격의 공식 Formula of pass | SD에듀 www.sdedu.co.kr

합격생들의 생생후기

"저는 비전공자라 전문가의 도움이 절실했습니다."

저는 비전공자라 전문가의 도움이 절실했습니다. 워낙 유명한 홍보라매 선생님 강의를 듣게 되었고 결국 합격이라는 기쁨을 얻었습니다. 특히 미술사학의 경우 점수를 잘 받기 위한 전략으로 미술사의 흐름을 이해하고 논리적으로 설명할 수 있도록 답변을 준비하였습니다. 이는 선생님의 수업만으로 충분히 준비가 가능하였습니다. 만약 방대한 미술사 수업을 듣지 않았다면 출제자의 의도를 파악하기 어려웠을 거예요. 미술사학 부문 답변에서 좋은 점수를 받을 수 있었던 건 선생님 수업 덕분이라고 생각합니다.

"미술사 과락으로 두 번의 불합격을 겪은 후…"

미술사 과락으로 두 번의 불합격을 겪은 후 전문가의 도움을 받고자 홍보라매 선생님의 온라인 강의를 신청하였습니다. 직장생활과 병행하여 공부하였기 때문에 시간이 날 때마다 선생님의 강의를 무한 반복하였어요. 강의마다 쉽고 재미있게 수업해 주셔서 전반적 흐름이 정리가 되었고 중요 키워드를 암기하는 데 정말 많은 도움이 되었습니다.

"선생님 강의 덕분에 합격할 수 있었습니다."

선생님 강의 덕분에 합격할 수 있었습니다. 수월한 준비과정은 아니었지만 공부하면서 나날이 교양과 아름다움을 바라보는 안목이 키워지는 것 같아 보람을 느낄 수 있었습니다. 미술사, 전시기획론, 박물관학 강의들도 비전공자인 저에게 큰 도움이 되었고 모르는 문제가 나오더라도 좌절하지 말고 모든 지식을 총동원해 할 수 있는 데까지 작성하라는 선생님의 팁이 결정적인 도움이 되었습니다.

"오프라인 수업에 특강까지 들었는데…"

오프라인 수업에 특강까지 들었는데 불합격할까 봐 불안했는데 합격했어요. 선생님 말씀대로 아는 것 다 적고 오자고 맘 먹고 시험 봤는데 점수를 높게 받았어요. 선생님 덕분에 기분 좋은 연말을 보낼 수 있었습니다. 감사합니다.

❖ 위 합격 후기는 큐레이터세상 카페에 올라온 실제 합격 후기 중 일부를 편집하였습니다. 더 많은 합격 후기는 카페를 확인해 주세요.

PART 1

박물관학 이론

SD에듀와 함께, 합격을 향해 떠나는 여행

01 박물관의 이해

01 박물관의 정의

(1) 국제박물관협의회(ICOM ; International Council Of Museum)의 정의

> **The 중요**
>
> **국제박물관협의회(ICOM)의 박물관 정의(2022)**
> - 박물관은 유무형 유산을 연구 · 수집 · 보존 · 해석 전시하여 사회에 봉사하는 비영리, 영구기관이다.
> - 박물관은 모두에게 열려 있어 이용하기 쉽고 포용적이어서 다양성과 지속 가능성을 촉진한다.
> - 박물관은 공동체의 참여로 윤리적, 전문적으로 소통하며, 교육 · 향유 · 성찰 · 지식 공유를 위한 다양한 경험을 제공한다.

박물관에 대한 정의는 국제박물관협의회(ICOM ; International Council Of Museum)[1]의 정의가 대표적으로, 그 변화를 살펴보면 다음과 같다.

1946년 11월 국제박물관협의회가 창립되어 정관을 제정한 이후 1947년 멕시코에서 첫 모임을 개최하였다. 1948년 제1차 국제박물관협의회 총회(프랑스 파리)를 개최하여 정관을 채택하였고, 이후 1951년 런던 총회, 1962년 뉴샤텔(Neuchatel) 총회, 1971년 그르노블(Grenoble) 총회, 1974년 코펜하겐(Copenhagen) 총회 등에서 정관의 개정 등이 이루어졌다.

국제박물관협의회 창립 때 설정된 박물관의 정의는 박물관 자료의 공개와 수집을 근간으로 하는 것이었으며, 그 후 런던 총회에서 박물관의 기능과 역할이 단편적으로 추가되고, 그르노블 총회에서 기능과 역할, 영역이 구체적으로 제시되었다. 1974년 코펜하겐 총회에서 박물관의 기능과 역할, 영역 등이 구체적으로 명시 · 보완되었으며, 이후 1989년에 네덜란드 헤이그 총회에서 개정되었고, 현재에는 2022년 체코 프라하에서 개정된 '박물관의 정의'를 사용하고 있다.

---

[1] 국제박물관협의회(ICOM ; International Council Of Museum)는 박물관과 박물관 전문인력의 발전 및 육성에 이바지하기 위하여 1946년에 설립된 비영리국제기구로, 현재 UNESCO 산하의 비정부 조직 중 하나이다. 세부적으로 살펴보면, ICOM은 박물관학과 박물관의 관리 및 운영과 관련된 학문을 진작시키기 위해 설립된 박물관과 박물관 전문인력의 UNESCO 공식 자문기구(NGO)로서 인류문화의 유물 · 유적과 환경 자료를 수집 · 보전 · 전승하고, 일반인에게 공개하는 등 학문 연구를 위한 박물관 사업에 협조하며, 나아가 민족문화와 인류문화의 발전에 이바지함을 그 목적으로 하여 설립되었다. 현재 프랑스 파리에 본부를 두고 있다.

국제박물관협의회(ICOM)의 발전
- 1946년 11월 ICOM 창립(프랑스 파리 UNESCO 빌딩에 본부 소재)
- 1948년 제1회 ICOM 총회(프랑스 파리)를 개최하여 '박물관 헌장' 채택
- 1971년 제9회 프랑스 그르노블 총회(박물관의 기능과 역할, 영역을 제시)
- 1974년 제10회 덴마크 코펜하겐 총회(박물관의 기능과 역할, 영역을 명시 보완)
- 1989년 제15회 네덜란드 헤이그 총회(박물관의 정의 개정)
- 2007년 제22회 오스트리아 비엔나 총회(박물관의 정의 개정)
- 2022년 제26회 체코 프라하 총회(박물관의 정의 최종 확정)

(2) 한국에서의 박물관에 대한 정의

우리나라는 ① 1984년 「박물관법」이 제정된 이래로 1985년 시행령과 시행규칙이 제정되었으며, ② 1991년에는 「박물관 및 미술관 진흥법」으로 개정되었다. 1992년에는 이에 따른 시행령과 시행규칙이 개정되었으며, 1995년에 부분적으로 개정이 이루어졌다. ③ 1999년 2월 「박물관 및 미술관 진흥법」이 전면 개정되었고, 2000년 1월에 부분적으로 개정되었다.

「박물관 및 미술관 진흥법」 제2조(정의)
이 법에서 사용하는 용어의 뜻은 다음과 같다.
1. "박물관"이란 문화 · 예술 · 학문의 발전과 일반 공중의 문화향유 및 평생교육 증진에 이바지하기 위하여 역사 · 고고(考古) · 인류 · 민속 · 예술 · 동물 · 식물 · 광물 · 과학 · 기술 · 산업 등에 관한 자료를 수집 · 관리 · 보존 · 조사 · 연구 · 전시 · 교육하는 시설을 말한다.
2. "미술관"이란 문화 · 예술의 발전과 일반 공중의 문화향유 및 평생교육 증진에 이바지하기 위하여 박물관 중에서 특히 서화 · 조각 · 공예 · 건축 · 사진 등 미술에 관한 자료를 수집 · 관리 · 보존 · 조사 · 연구 · 전시 · 교육하는 시설을 말한다.
3. "박물관자료"란 박물관이 수집 · 관리 · 보존 · 조사 · 연구 · 전시하는 역사 · 고고 · 인류 · 민속 · 예술 · 동물 · 식물 · 광물 · 과학 · 기술 · 산업 등에 관한 인간과 환경의 유형적 · 무형적 증거물로서 학문적 · 예술적 가치가 있는 자료 중 대통령령으로 정하는 기준에 부합하는 것을 말한다.
4. "미술관자료"란 미술관이 수집 · 관리 · 보존 · 조사 · 연구 · 전시하는 예술에 관한 자료로서 학문적 · 예술적 가치가 있는 자료를 말한다.

한국에서의 박물관에 대한 정의는 현행법을 통하여 박물관의 기능과 목적 그리고 박물관자료의 범위를 정의해 놓았다는 점이 특징이다.

이상에서 살펴본 것과 같이 박물관에 대한 정의는 매우 다양하다. 하지만 이를 정리하면, 박물관이 가진 본질적 기능을 유물의 수집과 보존, 소장품에 대한 연구, 일반 대중에 대한 공개(전시) 및 교육이라고 할 수 있다.

다양한 기관별 박물관의 정의
- 국제박물관협의회 : 박물관은 연구와 교육, 향수의 목적을 위해서 대중에게 공개되는 비윤리적인 항구적 기관이다.
- 영국박물관협회 : 박물관은 사람들이 전시물을 통해 영감, 배움, 즐거움을 얻을 수 있도록 한다.
- 미국박물관협회 : 박물관은 세계의 사물들을 수집, 보존, 해석함으로써 대중에게 공헌활동을 한다.

02 박물관의 기능

박물관은 수집 · 보존, 조사 · 연구, 전시, 교육라는 내재적 고유 기능을 갖고 있으며 현대에 와서는 지역사회봉사, 지도연구, 교육 등의 기능을 수행하고 있다. 박물관의 다양한 기능은 상호 유리된 것이 아니라 여러 기능이 서로 융합되는 유기적인 체계로 구축되어야 한다.

(1) 수집 · 보존의 기능

박물관의 소장품은 외견상 박물관이 어떠한 활동을 수행하는지를 대중에게 제시해 주는 수단이다. 박물관의 초기 형태에서부터 시작된 수집 · 보존의 기능을 일반적으로 고전적 기능이라고 말한다. 박물관의 존재 이유는 인간과 인류 환경의 물리적인 증거물 혹은 소장품을 수집 · 관리하는 것이며, 박물관의 기능상 수집이라는 것은 자연 상태에서의 훼손 · 파손 · 멸실 등으로부터 유물을 보호하고 최적의 환경을 조성하여 영구히 보존하기 위한 노력을 기울이는 과정이다.

수집 기능에는 박물관의 자료를 수집하는 활동 그 자체와 이를 기록하고 보관 · 관리하는 기능도 동시에 포함된다. 박물관은 소장품으로 인해 성립되고 항구적인 존속이 전제되는 곳으로, 그 소장품은 세심한 관리가 요구된다. 수장고는 사용되지 않는 물건을 쌓아 놓는 죽은 수장고가 되어서는 안 되며 살아 있는 수장고가 되기 위해서는 모든 소장품이 찾기 쉽고 꺼내기 쉬워야 한다.

(2) 연구 기능

박물관은 소장자료를 조사, 연구하지 않으면 그 기능을 충분히 수행할 수 없으며, 연구된 결과가 아니면 유물을 전시하지 않아야 한다. 박물관의 연구는 자료를 중심으로 창조적인 새 이론의 전개보다는 자료 중심의 연구 결과가 되어야 한다. 그러한 결과들은 박물관의 다양한 기능에 의해 반영되어야 하며, 박물관의 전시 활동에는 학문적 성과가 뛰어나며, 보편타당성이 있는 사실에 입각해 증명이 되는 사항이라도 학계에서의 공인된 사실이 아니면 일단 전시 행위는 삼가야 한다.

모든 박물관은 끊임없는 연구를 통하여 전문인력을 양성하고 이러한 노력으로 자료에 대한 평가와 신뢰를 높여 나가야 한다.

(3) 전시 기능

박물관 전시는 단순히 실물 자료를 나열해 놓은 것이 아니다. 소장자료의 역사적·예술적 가치를 최대한으로 설명하면서 전시 시나리오의 내용을 표현하기 위하여 전시공간 자체를 질 높은 학습, 문화 공간이 되도록 구성하는 것이다.

박물관 전시는 관람객이 자료와 직접적인 관계를 형성할 수 있도록 유도한다. 즉, 관람객이 수동적인 대상이 아니라 참여자의 입장이 되는 것으로 관람객이 감동과 즐거움을 제공받도록 조성되어야 한다. 지적 수준에 따라 아동에게는 단순하고 풍부한 색깔을 이용한 전시 방법을 적용하고, 성인에게는 전시품을 무제한으로 구사하여 예술적 색채감각, 미적 감상을 감안한 배열, 조명에 의한 전시 등을 제공하여야 한다. 전문가·연구가에게는 연구 수집 시스템(study collection system)을 활용하여 자료의 출처, 입수 경위, 기타의 기록까지 제공한다.

(4) 교육 기능

박물관은 유·무형의 문화유산을 수집, 보존, 조사연구, 전시, 교육하는 평생교육기관으로, 일반 대중의 흥미와 관심을 넓혀 관람자의 능력을 개발하는 교육적 효과를 거두는 것에도 그 목적을 가지고 있다. 하지만 박물관은 교육대상의 성별, 계층, 지역, 교양 및 흥미와 관심이 서로 다르기 때문에 교육의 효율성이 문제시된다. 각 박물관의 특수성이나 전시 내용 및 그에 대한 연구의 성과 등은 대상자의 수용태도에 따라 자유롭게 전달되며, 그 결과는 당장 그 자리에서 평가되는 것이 아니므로 결과를 판단하는 것은 매우 어렵다.

박물관 교육은 학교 교육과 달리 이용자의 보다 적극적인 의지와 선택에 의해 참가 여부가 결정된다. 그러므로 박물관 교육 프로그램은 가르치고자 하는 교육 내용도 중요하지만 참여자 중심으로 기획되고 진행되어야 한다. 박물관 교육이 학교 교육과 다른 점은 강제성을 띠기보다는 흥미 혹은 관심에서부터 유도하여 지식과 정확한 가치의 전달로 발전시켜 나아가는 것이라는 데 있다. 이러한 교육적 특성이 있는 박물관은 학교 교육과 긴밀한 유대관계를 유지해야 할 필요가 있다.

이처럼 박물관의 다양한 기능이 서로 연계성을 갖고 효율적으로 운영된다면 박물관은 지역공동체가 참여할 수 있는 공간으로 지역사회 문화 창달의 중추적 역할을 담당할 수 있을 것이다. 지역 박물관의 운영을 활성화하기 위해서 박물관의 설립 취지와 주제에 맞는 작품을 수집, 보존하고 심층적인 연구를 바탕으로 전시와 교육 프로그램을 진행하여야 한다.

03　박물관의 역할

국제박물관협의회가 정의한 내용인 '박물관은 유무형 유산을 연구·수집·보존·해석 전시하여 사회에 봉사하는 비영리, 영구기관이다. 박물관은 모두에게 열려 있어 이용하기 쉽고 포용적이어서 다양성과 지속 가능성을 촉진한다. 박물관은 공동체의 참여로 윤리적, 전문적으로 소통하며, 교육·향유·성찰·지식 공유를 위한 다양한 경험을 제공한다.'에서 박물관의 역할이 잘 드러나 있으며, 이는 다음의 4가지로 구분해 볼 수 있다.

박물관의 역할
- 문화적 역할 : 타임캡슐로서의 문화유산의 보존과 전승 및 국제적인 문화 교류 역할
- 사회적 역할 : 문화 향수 기회 및 교육 콘텐츠 제공 등의 사회 교육적 역할
- 경제적 역할 : 문화 관광과 연계되어 지역이나 국가의 경제 활성화와 같은 경제적 역할
- 정치적 역할 : 지역이나 국가의 이미지 향상 등의 정치적 역할

(1) 문화적 역할

유물을 후대에 전승 또는 계승하는 역할을 하는 것을 문화적 역할이라고 한다. 바꿔 말해 인류문화와 자연유산을 가능한 원형의 상태로 다음 세대에 물려주는 '문화유산의 전승'의 윤리적 책임을 박물관의 문화적 기능이라고 한다.

① 대중들은 박물관에 전시된 소장품을 통해 그들의 정치 · 경제 · 사회 · 문화 등 환경요인의 변화에 대한 정보를 습득하여 그들의 삶을 풍요롭게 한다.[2]

② 박물관은 그들의 소장품을 수집 · 보존 · 조사연구 · 전시 · 교육 등 일련의 활동을 통해 소장품이 갖고 있는 본질적인 중요성이나 의미를 해석하고 평가해 준다.

③ 많은 국민이 관람함으로써 지식을 얻고 그것을 상호교환하면서 호기심과 비판정신을 날카롭게 하여 감성을 풍부하게 하고 기쁨을 느끼게 해주며, 창조성을 자극하여 개개인의 일상생활이나 직업 활동에 좋은 영향을 줄 수 있어야 한다.[3]

④ 박물관은 그 사회를 반영하고 문화 앞에 사회적 불평등을 감소시키면서 일반 대중으로부터 존경받는 예술가와 손잡고 획일되거나 공적가치가 부여된 것이 아닌 문화의 다양성을 이해시키는 구실을 한다.[4]

(2) 사회적 역할

박물관의 역할은 단지 유리 공간 안에 소장품을 수집하여 나열하는 것이 아니라, 일반 대중이 소장품을 이해하는 데 도움을 줄 수 있는 다양한 전시를 기획하고, 이와 관련된 정보와 체계적인 교육 프로그램을 개발하는 사회적 기능을 수행해야 한다. 이 밖에도 박물관은 기존의 정규적인 교육기관을 지원하며, 각종 문화 행사와 활동을 할 수 있도록 박물관의 시설과 공간을 제공할 수 있다.

① 학습 · 교육 · 위락 공간으로서의 역할

② 수집 · 보존 · 연구 · 교류 · 전시 · 교육하는 기관으로서의 역할

③ 비정규의 사회 · 문화 · **평생교육기관**으로서의 역할

④ 소장품을 수집 · 보존 · 연구하며 전시 등을 통한 해석 매체의 개발

⑤ 일반 대중에게 위락과 즐거움을 주는 역할

⑥ 일반을 상대로 하는 **사회교육기관**으로서의 역할

⑦ 다른 박물관에 대한 지도 지원 및 업무 협조

⑧ 박물관 협력망의 구성 및 운영

2) 이보아, 『박물관학 개론』, 김영사, 2002, p.33.
3) 다니엘 지로디 · 앙리 뷔이예(김혜경 역), 『미술관 · 박물관이란 무엇인가』, 화산문화, 1996, p.101.
4) 이보아, 『박물관학 개론』, 김영사, 2002, p.34.

(3) 경제적 역할

박물관의 소장품과 전시	• 박물관의 재정 확보와 자생력을 확보하는 데 기여 • 지역공동체나 국가의 홍보 및 경제 활성화의 원동력 • 직업 창출과 고용 증대 효과

→ 관람객의 유입으로 발생하는 수익 + 지역이나 국가 경제의 회생에 기여

[박물관의 경제적인 역할]

박물관은 도시나 지방의 주거환경, 서비스와 제조업, 문화시설을 총체적으로 묶어서 발전시킬 수 있는 프로그램을 개발할 수 있는 장소이다. 뿐만 아니라 도서관, 극장, 영화관, 콘서트홀과 같은 문화공간을 하부구조로 발전시킬 수 있는 기반을 형성할 수 있다. 그러므로 지역경제를 회생하는 데 도움을 주거나 관광사업과 연계하여 박물관 소장품의 상품화를 통해 부각될 수 있는 경제적 역할이 가능하다.[5]

① 박물관은 하나의 사회적인 인프라로서 건물이나 유적, 지자체가 지역의 유형적 문화자산인 동시에 지역의 자랑거리가 될 수 있으며, 자체 건축물 이외에 관련 도로나 주차공간의 확보, 인근 녹지 확보를 통해 지역의 사회간접자본의 시설로 존재한다.

② 지역의 고유 자원과 연계하여 관광객을 유치할 수 있다.

③ 정부의 투자를 유치하거나 일자리를 창출하여 지역경제에 기여할 수 있다.

④ 박물관은 비영리기관이기는 하지만 주변 기업과 제휴 관계를 맺을 수 있다.

이처럼 박물관은 찾아오는 관람객을 통해 지역사회로 직접 유입되는 자금과 박물관과 지역사회의 활성화가 연계되는 효과 등을 통해 지역사회의 부흥에 기여할 수 있는데, 이를 박물관의 경제적 역할이라고 한다.

> **The 중요**
>
> **박물관의 경제적 역할**
> • 가내 수공업이나 경공업 중심으로 인해 경제적 기반이 무너진 도시에 건립된 박물관은 문화사업의 콘텐츠로써 새로운 활로를 모색하게 되며 지역사회의 경제적 대안으로 부각된다.
> • 관광사업이 주된 지역사회에 박물관을 건립하는 것은 관광객 유입의 효과로 인해 지역사회의 기반 시설이 활성화되는 파급 효과를 예상할 수 있다.
> • 박물관 자체는 사업을 더욱 건전하고 활발하게 추진하기 위해서 교육 프로그램, 간행물, 특별 행사 등을 통해서 박물관의 특별수입을 증대시킬 수 있으며, 박물관 내의 뮤지엄숍, 레스토랑, 주차장, 인접한 호텔과 상가는 관광객들의 요구를 충족시킴으로써 그들의 소비성향을 가속화시킨다.[6]
> • 관광자원으로서 박물관 소장품의 상품화는 박물관의 재정 확보와 자생력을 확보하는 데 기여할 뿐만 아니라 지역공동체의 홍보와 경제의 활성화에도 상당한 원동력으로 작용한다.[7]

---

5) 티모시 앰브로즈(이보아 역), 「실무자를 위한 박물관경영 핸드북」, 학고재, 2001, p.24.
6) 이보아, 「박물관학 개론」, 김영사, 2005, p.37.
7) 티모시 앰브로즈(이보아 역), 「실무자를 위한 박물관 경영 핸드북」, 학고재, 2001, p.24.

[박물관이 지역경제 활성화에 영향을 준 사례]

빌바오 구겐하임

- 개관 첫 해 130만 명 유치, 경제 효과는 약 4,300억 원(초기 투자 자본의 다섯 배)으로 추산
- 8,899명의 고용 효과 창출
- 10년간 약 1천만 명의 관람객 유치, 약 2조 1,000억 원의 경제적 효과 창출

테이트 모던 갤러리

- 연간 520만 명의 관람객 방문
- 연간 5천만~9천만 파운드의 경제 효과와 2천 4백 명에게 새로운 일자리 창출
- 한해 400만 명 이상의 관람객 유치

(4) 정치적 역할

박물관 전시를 통해 지역사회의 변화와 연속성을 설명하고, 자국의 문화를 홍보함으로써 대내적으로는 국민의 단결을 촉진하고 대외적으로는 국가의 위상과 문화적 정체성을 알릴 수 있다.

① 박물관이 어떤 문화를 전시할 것인가 하는 문제, 즉 경쟁관계 속에 있는 기억들 중에서 어떤 것을 선택할 것인가 하는 문제는 궁극적으로 국가권력의 손에 달려 있다.[8]

② 식민지 점령시기에 문화의 형성 과정에 참여하지 않았던 집단이 침략과 지배의 목적으로 피지배국의 문화를 탈(奪)맥락화하는 경우를 문화식민주의 또는 문화제국주의라고 일컫듯이 박물관은 정치적 권력에 자유로울 수 없다.

ᅠ예 일제는 조선총독부 박물관을 설립함으로써 조선이 피지배자라는 제국주의적인 이미지를 연출하고 더 나아가 조선통치의 역사적 타당성을 부여함

③ 오리엔탈리즘을 배경으로 하는 전시는 피지배 국민들에게 그들의 역사적 사실을 객관적으로 제시해 주기보다는 주관적으로 과거의 역사를 왜곡 또는 변형하거나 지배담론을 정당화하는 문화적 통치도구로서 이용해 왔다.[9]

④ 지역 특색에 기반한 소장품과 전시를 통해 지역주민들에게 강한 정체성을 부여해 주고, 지역주민들이 살아온 역사적 증거로서 존재한다.

⑤ 지역적 정체성은 더 나아가서는 국가적 자긍심 또는 국가의 문화적 정체성을 고양하고 전통적 문화가치를 함양하는 데 구심점이 된다.

⑥ 박물관의 소장품을 통해 지역사회의 변화와 연속성을 설명하고, 자신들이 자국의 문화를 대외적으로 홍보함으로써 국가의 이미지와 결속력을 강화한다.

---

8) 전경수, 『한국 박물관의 식민주의적 경험과 민족주의적 실천 및 세계주의적 전망』, 집문당, 1998, p.662.
9) 이보아, 『박물관학 개론』, 김영사, 2002, p.39.

04 관람객의 의미 변화와 현대 박물관의 역할

(1) 박물관의 관람객

특정 엘리트계층의 전유물이었던 고전적 박물관에서 관람객에 대한 관심은 매우 낮았다. 이 시기에 고전적 박물관의 눈에 비친 특정 엘리트계층을 제외한 관람객, 즉 일반 대중들은 '이방인(stranger)' 또는 '간섭자(intruder)'에 불과하였다. 대영 박물관과 루브르 박물관 등을 비롯한 근대 공공 박물관이 성립된 시기부터는 관람객을 '손님(guest)'으로 간주하기 시작하였다. 하지만 일반 대중의 시각에서 박물관은 여전히 자신들의 일상생활과는 거리가 먼 '호기심의 상자(the Box of Curiosity)'에 불과하였다. '고객(client)'이라는 시각으로 관람객을 바라보기 시작한 것은 1980년대 이후부터이다. 이는 박물관의 관람객에 대한 태도가 역사적인 변천과 함께 연속적인 발전을 거듭해 왔다는 것을 의미한다. 하지만 현대 박물관 가운데 관람객을 고객으로 바라보는 기관은 20~30%에 불과하며, 나머지 박물관들은 아직까지도 관람객을 '손님' 또는 '이방인'이라고 생각하고 있다. 결과적으로 이러한 관람객에 대한 시각 차이는 관람객의 발굴이나 전시와 교육 프로그램 서비스 제공에 대한 접근 방식 및 태도의 측면에서 상당한 차이를 발생시키고 있다.

(2) 박물관 이용자의 위상 변화

시 기	박물관 용어 변화 요인	박물관 용어 변화
1789년 프랑스 혁명 이후	박물관의 교육적 측면	이방인(stranger), 간섭자(intruder)
1960년 이후	박물관 운영 · 관리의 측면	손님(guest)
1980년 이후	박물관 경영의 개념	고객(client)
1990년 이후	On-line 가상현실 박물관 개설 이후	애용자(mania)

The 중요

박물관 이용자의 위상 변화
단순한 방문객(visitor) → 손님(guest) → 즐겨 찾는 고객(client) → 애용자(mania)

(3) 존 포크(John H. Falk)의 박물관 관람자의 5가지 유형

① 탐험가(explorer)형 : 개인적인 호기심과 관심을 지적이며 도전적인 공간에서 해결하고자 하는 유형이다.

② 촉진자(facilitator)형 : 교육적으로 지지해 주는 환경에서 관심 있는 사람과의 의미 있는 사회적 경험 속에 참여하고자 한다.

③ 경험 추구자(experience seeker)형 : 어떤 문화와 공동체에서 가장 좋고 지적으로 가장 중요한 소장품이나 사상에 노출되기를 열망한다.

④ 전문가 및 취미가(professional · hobbyist)형 : 어떤 전문적인 주제에 초점 맞추어진 상황에서 전문적인 지적의 필요를 깊이 있게 하고자 하는 사람이다.

⑤ 재충전(recharger)형 : 아름답고 활기찬 환경에서 신체적, 감정적, 지적으로 재충전하기를 갈망하는 사람이다.[10]

(4) 현대 박물관의 역할

박물관은 수집에서부터 경영과 마케팅에 이르기까지 '타임캡슐로서의 문화유산의 보존과 전승'이나 '지역 간 또는 국제적인 문화교류 등의 문화적 역할', '문화향수의 기회 및 교육 콘텐츠 제공 등의 사회 교육적 역할', '지역이나 국가의 이미지 향상 등의 정치적 역할' 그리고 '문화관광과 연계되어 지역이나 국가의 경제 활성화에 영향을 주는 경제적인 역할'을 담당하는 등의 다양한 기능을 수행한다.

문화경제학의 관점에서 오늘날 문화는 관광과 더불어 도시경쟁력의 주요한 원천이자 원동력으로 인식되고 있다. 예를 들어, 구겐하임 미술관 분관을 유치하여 지역경제를 회생시킨 빌바오 구겐하임의 사례는 박물관이 '문화의 발전소'이면서 '도시부흥의 강력한 엔진'이라는 것을 증명해 주었다.

구겐하임 미술관이나 앞에서 언급했던 테이트 모던 갤러리의 사례는 오늘날 지역사회의 회생뿐만 아니라 박물관의 입장에서는 재정자립도의 증진 및 관람객의 발굴, 수용자 중심의 마케팅 전략 구사 등의 측면에서 새로운 시각을 제공해 주고 있다.

05 ICOM 위원회

(1) ICOM 개요

국제박물관협의회(ICOM ; International Council of Museum)는 박물관과 박물관 전문인력의 발전에 이바지하기 위해 1946년에 설립된 UNESCO 산하의 국제비정부기구(NGO)이다. 세부적으로 살펴보면 ICOM은 박물관학과 박물관의 관리 · 운영에 관련된 다른 학문을 진작시키기 위해 설립된 박물관과 박물관 전문직원의 UNESCO 공식자문기구(NGO)로서 인류문화의 유물 · 유적 · 환경 자료 등을 수집 · 보전 · 전승하고 일반인에게 공개하며, 학문 연구를 위한 박물관의 사업에 협조하고, 나아가 민족문화와 인류문화의 발전에 이바지함을 설립의 목적으로 하였다. 국제박물관협의회의 총회는 3년마다 열리며, 박물관에 대한 국제적인 이슈들을 발표하고 의논하였다.

(2) ICOM 한국위원회

ICOM 한국위원회는 1976년 10월에 설립되었다. 현재 국립중앙박물관, 국립현대미술관, 삼성미술관 리움 등을 비롯한 국내 80여 곳의 기관회원과 230여 명의 전문가, 학생 등이 개인 회원으로 가입되어 있다. 'ICOM 2004 서울'을 성공적으로 개최하면서 국제적으로 한국 박물관과 박물관 종사자들의 위상을 확립하였으며, 현재 국립중앙박물관에 위원회 사무국을 두고 있다.

ICOM 한국위원회는 비정부 · 비영리국제기구로서 한국의 국경을 넘어 아시아 지역의 박물관과 더불어 국내외 문화유산의 보전, 박물관의 공공 기능 강화, 문화유산 학술 연구 등에서 활발한 활동을 벌이고 있다.

---

10) John H. Falk, 『Identity and the Museum Visitor Experience』, Left Coast Press, p.39~67.

이와 더불어 ICOM 한국위원회는 ICOM의 사명(mission)과 취지를 같이하여 다음을 위해 공동의 노력을 하고 있다.

① 전문적 협력과 교류

② 박물관 관련 지식의 보급과 대중 인식의 증진

③ 전문가 교육

④ 전문 기준의 진흥

⑤ 박물관 전문직 윤리강령의 홍보와 보완

⑥ 문화유산의 보존과 문화재 불법 거래 방지

(3) ICOM 회원

ICOM의 '박물관 윤리강령(Code of Ethics for Museums)'을 준수하는 회원이 되는 것은 140개국 박물관의 여러 분야에서 종사하고 있는 40,000여 명 전문가들의 네트워크를 통하여 국제 박물관 사회의 학술적 담론과 교류에 참가한다는 것을 의미한다.

① **기관 회원** : 국제위원회 활동에 적극적으로 참여하기를 희망하는 기관회원은 선택한 국제위원회에서 해당 기관을 대표할 수 있도록 직원 1명을 지명할 수 있다. 기관회원은 오직 1개의 국제위원회에서만 선거권회원이 될 수 있고, 다른 국제위원회에 각각 선거권이 없는 대표를 지명할 수 있다.

② **개인회원** : 31개 국제위원회(International Committee) 중 1개의 국제위원회에서만 선거권회원이 될 수 있다.

③ **학생회원** : 대학생 이상의 박물관 및 미술관 관련학과 전공자가 해당된다.

> **The 중요**
>
> **선거권과 비선거권**
> 모든 회원(선거권, 비선거권에 관계없음)은 선택한 위원회의 활동과 프로그램에 참가하고 회의에 참석할 권리가 있다. 다만 선거권이 있는 경우에는 다음에 해당하는 활동을 할 수 있다.
> • 위원회의 각종 회의와 이사진 선거에서 투표할 권한을 가진다.
> • 집행이사로 출마가 가능하다.
> • 집행위원회 선거나 총회에서 참가위원회를 대표하여 투표하도록 지명될 수 있다.

(4) 박물관 전문직

국제박물관협의회의 전문직원 윤리강령 제1조 제3항을 근거로 박물관 전문직(museum profession)을 살펴보면 ① 전문화된 기술이나 학술적인 훈련을 받은 사람, ② 앞에 상응하는 실무적인 경험을 갖고 있는 사람, ③ 전문직원의 (직업)윤리의 기본강령을 존중하는 사람, ④ 박물관 또는 박물관으로 인정받는 기관의 모든 인력 등을 박물관 전문직으로 규정하고 있다(ICOM, 1987). 즉, 박물관 전문직은 박물관 인력, 박물관 직원, 박물관 종사자를 포괄한다.

(5) ICOM과 관계된 여러 국제기구

① 여러 국제기구의 설립 및 활동

㉠ ICBS(국제청방패위원회, International Committee of the Blue Shield)

ⓐ 설립 : 1996년

ⓑ 설립 목적 : 위험(전쟁, 무력충돌, 자연재해, 사회적 재해 등)에 처한 문화유산의 보호 및 보존을 위한 국제 공조 · 활동 전개

ⓒ 활동

- 문화유산의 보호 및 보존을 위한 전문인력의 훈련 및 국제회의 운영 등의 사업 진행(문화유산보호의 적십자)
- 1954년 헤이그협약과 긴밀히 연결되어 있으며 국제박물관협의회(ICOM), 국제기념물유적협의회(ICOMOS), 국제도서관협의연맹(IFLA), 국제기록관리협의회(ICA) 등의 국제기관의 역할 통합
- 무력충돌이나 자연재해 시 문화재 보호를 위한 활동 진행
- 2011년 제1회 국제청방패위원회(ICBS) 서울 대회 개최
- 주제 : 변화하는 시대에서의 세계문화유산의 보호 : 비상 대비와 대응(Protecting the World's Cultural Heritage in Times of Change : Emergency Preparedness and Response)

㉡ ICOMOS(국제기념물유적협의회 또는 세계문화유산보전을 위한 국제협의회, International Council On Monuments and Sites)

ⓐ 설립 : 1965년[1964년에 채택된 '베니스 헌장(기념물과 유적의 보존을 위한 헌장)'의 결과]

ⓑ 활동 : 현재 110개국에 국가 위원회(National Committee) 결성

㉢ ICCROM(국제 문화재 보존 복구 연구센터, International Center for the Study of the Preservation and the Restoration of Cultural Property)

ⓐ 설립 : 1959년

ⓑ 활동 : 4개 주요 분야의 인문서적 조사 · 연구, 조언과 추천, 훈련 등

㉣ ASEMUS(아시아-유럽 박물관 네트워크, Asia-Europe Museum Network)

ⓐ 설립 : 2000년

ⓑ 설립 목적 : 아시아-유럽 대륙 박물관의 문화교류를 통한 국민 간의 이해 증진

ⓒ 활동 : 2012년 제5차 아시아 · 유럽 박물관 네트워크(ASEMUS) 서울 개최

ⓓ 주제 : '새롭고 지속 가능한 박물관 교육'

ⓜ WHC(세계유산 위원회, The World Heritage Committee)

　　ⓐ 설치 : 1975년, 세계문화유산 및 자연유산의 보호에 관한 협약(Convention for the Protection of the World Cultural and Natural Heritage) 제8조에 근거하여 설치

　　ⓑ 구성 : 지역 그룹별 구분 없이 21개국으로 구성

　　ⓒ 활 동

　　　• 세계유산협약의 실질적인 집행

　　　• 세계유산기금(World Heritage Fund) 운영 및 기금 지원

　　　• 세계유산(문화유산 · 자연유산 · 복합유산) 목록 등재 결정

　　　• 세계유산의 보존 및 보호를 위한 국제적 협력 도모

　　ⓓ 기타 : 2013년 한국이 유네스코 세계유산 위원회 위원국으로 선출됨

② 국제박물관협의회(ICOM) 전문영역별 국제위원회

• 국제 시청각 및 신기술 위원회(AVICOM)	• 국제 도시 박물관 위원회(CAMOC)
• 국제 교육 및 문화 활동 위원회(CECA)	• 국제 정보 과학 위원회(CIDOC)
• 국제 재해 복구 위원회(DRMC)	• 국제 악기 박물관 위원회(CIMCIM)
• 국제 과학 기술 박물관 위원회(CIMUSET)	• 국제 이집트학 위원회(CIPEG)
• 국제 복식 박물관 위원회(COSTUME)	• 국제 역사 가옥 박물관 위원회(DEMHIST)
• 국제 유리 박물관 위원회(GLASS)	• 국제 건축 박물관 기술 위원회(ICAMT)
• 국제 장식 미술 디자인 박물관 위원회(ICDAD)	• 국제 전시교류 위원회(ICEE)
• 국제 순수미술 박물관 위원회(ICFA)	• 국제 수집 위원회(COMCOL)
• 국제 문예 박물관 위원회(ICLM)	• 국제 고고학 역사 박물관 위원회(ICMAH)
• 국제 세계 생활문화 박물관 위원회(ICME)	• 국제 공공범죄 희생자 추모 박물관 위원회(ICMEMO)
• 국제 문화유산보호 박물관 보안 위원회(ICMS)	• 국제 박물관학 위원회(ICOFOM)
• 국제 무기전쟁사 박물관 위원회(ICOMAM)	• 국제 보존과학 위원회(CIOM—CC)
• 국제 화폐금융 박물관 위원회(ICOMON)	• 국제 지역 박물관 위원회(ICR)
• 국제 전문인력 훈련 위원회(ICTOP)	• 국제 박물관 경영 위원회(INTERCOM)
• 국제 마케팅 홍보 위원회(MPR)	• 국제 자연사 박물관 위원회(NATHIST)
• 국제 대학박물관 위원회(UMAC)	• 국제 윤리 딜레마 위원회(ICETHICS)

The 알아보기

세계 박물관의 날(5월 18일)
1977년 ICOM 모스크바 총회에서 세계적으로 과학 · 기술 · 문화에 대한 관심이 고조되고, 국가 간 공통의 관심사를 찾으려는 노력이 활발해지자, 이에 부응하여 국제박물관협의회 사무국은 박물관이 갖는 중요한 사회적 역할을 널리 알리기 위하여, 1978년을 시발점으로 매년 5월 18일을 '세계 박물관의 날'로 선포 · 제정하였다.

ICOM 총회 개최지 및 주제

회 차	개최연도	개최지	주 제
26회	2022년	체코, '프라하'	The Power of Museums (박물관의 힘)
25회	2019년	일본 '교토'	Museum as Cultural Hubs : The Future of Tradition (문화 허브로서의 박물관 : 전통의 미래)
24회	2016년	이탈리아 '밀라노'	Museums and Cultural Landscapes (박물관과 문화경관)
23회	2013년	브라질 '리우데자네이루'	Museums(Memory + Creativity) = Social Change [박물관(기억 + 창의력) = 사회적 변화]
22회	2010년	중국 '상하이'	Museums and Harmonious Society (박물관과 조화로운 사회)
21회	2007년	오스트리아 '비엔나'	Museums and Universal Heritage (박물관과 세계문화유산)
20회	2004년	한국 '서울'	Museums and Intangible Heritage (박물관과 무형문화재)
19회	2001년	스페인 '바르셀로나'	Managing Change : Museums Facing Economic and Social Challenges (변화 관리 : 경제적 · 사회적 변화 앞의 박물관)

(6) 한국의 세계문화유산 등재 현황

① 한국의 세계유산

- 석굴암 · 불국사(1995)
- 해인사 장경판전(1995)
- 종묘(1995)
- 창덕궁(1997)
- 화성(1997)
- 고창 · 화순 · 강화 고인돌 유적(2000)
- 경주역사유적지구(2000)
- 제주 화산섬과 용암동굴(2007)
- 조선 왕릉(2009)
- 한국의 역사마을 : 하회와 양동(2010)
- 남한산성(2014)
- 백제역사유적지구(2015) : 공주, 부여, 익산(2015)

- 산사, 한국의 산지승원(2018)
  - 한반도 남쪽 지방에 위치한 7개 불교 산지 승원(통도사, 부석사, 봉정사, 법주사, 마곡사, 선암사, 대흥사)
- 한국의 서원(2019)
  - 조선 시대 성리학 교육기관의 유형을 대표하는 9개 서원(영주 소수서원, 안동 도산서원, 안동 병산서원, 경주 옥산서원, 함양 남계서원, 장성 필암서원, 대구 달성 도동서원, 정읍 무성서원, 논산 돈암서원)
- 한국의 갯벌(2021)
- 가야고분군(2023)
  - 한국의 고대 국가 가야의 무덤 문화를 대표하는 7개 지역의 고분[김해시(대성동 고분군), 함안군(말이산 고분군), 합천군(옥전 고분군), 고령군(지산동 고분군), 고성군(송학동 고분군), 창녕군(교동과 송현동 고분군), 전북 남원시(유곡리와 두락리 고분군]으로 이루어진 연속유산이다.
  - 2023년 5월 11일 유네스코에서 가야 고분군에 대해 세계유산 등재 권고가 내려져 등재가 확실시되었고, 2023년 9월 17일 사우디아라비아 리야드에서 열린 제45회 유네스코 세계유산위원회 등재 결정 회의에서 최종 확정되었다.
② 한국의 인류무형문화유산
- 종묘제례(宗廟祭禮) 및 종묘제례악(宗廟祭禮樂)(2001)
- 판소리(2003)
- 강릉단오제(2005)
- 처용무(2009)
- 강강술래(2009)
- 제주칠머리당 영등굿(2009)
- 남사당놀이(2009)
- 영산재(2009)
- 대목장(大木匠)(2010)
- 매사냥(2010)
- 가곡(歌曲)(2010)
- 줄타기(2011)
- 택견(2011)
- 한산모시짜기(2011)
- 아리랑(2012)
- 김장 문화(2013)
- 농악(農樂)(2014)
- 줄다리기(2015)
- 제주해녀문화(2016)
- 씨름(2018)

- 연등회(2020)
- 한국의 탈춤(2022)

③ 한국의 세계기록유산

- 조선왕조실록(1997)
- 훈민정음(해례본)(1997)
- 직지심체요절 하권(2001)
- 승정원일기(承政院日記)(2001)
- 해인사대장경판 및 제경판(高麗大藏經板−諸經板)(2007)
- 조선왕조 의궤(儀軌)(2007)
- 동의보감(東醫寶鑑)(2009)
- 5·18 민주화운동 기록물(2011)
- 일성록(日省錄)(2011)
- 새마을운동기록물(2013)
- 난중일기(亂中日記)(2013)
- 한국의 유교책판(2015)
- KBS특별생방송 '이산가족을 찾습니다' 기록물(2015)
- 국채보상운동 기록물(2017)
- 조선왕실 어보와 어책(2017)
- 조선통신사 기록물(2017)
- 4.19혁명기록물(2023)
- 동학농민혁명기록물(2023)

02 박물관의 역사

01 박물관의 기원과 역사

현재 전 세계의 박물관에서 보관·관리되고 있는 컬렉션들은 희귀한 암석, 박제된 생물 등과 같은 순수 자연물질을 포함하고 있다. 또한, 구석기 유물, 고대의 토기 및 청동 유물 등을 포함한 위대한 예술품 등 과거 인류의 활동과 관련 있는 대상물까지 다종다양(多種多樣)하게 구성되어 있다. 따라서 박물관은 일종의 인류의 보물창고와도 같은 존재라고 볼 수 있다. 이러한 박물관은 기능과 역할에 있어 여러 세기에 걸쳐 점진적으로 많은 변화와 발전을 거듭해왔다.

여기서는 박물관이 언제 처음 만들겼으며, 박물관들이 어떠한 변천 과정을 통해 오늘날과 같은 모습의 박물관으로 만들어졌는지 알아볼 필요가 있다.

(1) 박물관의 기원

Museion 고대 그리스어, 뮤제의 집, 뮤즈에게 헌납된 사원, 뮤지엄의 어원	Muse 그리스 신화에 나오는 제우스의 아홉 여신들	기원전 284년 뮤제이옹 알렉산드리아

[고대의 박물관]

오늘날에 흔히 사용되는 '박물관(Museum)'이란 단어의 어원은 지금까지 알려진 바에 따르면 고대 그리스어인 '뮤제이옹(Museion)'에서 비롯된 것으로 그 뜻은 '뮤제의 집' 또는 '뮤즈에게 헌납된 사원(the house of Muse)'을 의미한다.[11] 여기서 '뮤즈(Muse)'란 그리스 신화에 나오는 제우스의 아홉 여신들을 뜻하는 것이며, 이들은 '뮤제이옹'에 머물면서 명상을 하거나 진리를 탐구했다고 한다.

한편 오늘날 우리가 정의하는 박물관의 고전적인 기능을 처음으로 갖추었던 곳으로 기원전 284년 무렵에 완성된 '뮤제이옹 알렉산드리아(Museion of Alexandria)'를 들 수 있다.[12]

알렉산드리아 원정 이후 이집트의 왕 프톨레마이오스 필라델푸스 2세(기원전 285년~기원전 247년)가 부왕 프톨레마이오스 소테르(기원전 367년~기원전 283년)의 유언을 받들어 '뮤제이옹 알렉산드리아'를 조성하였고 이곳에 부왕이 사용하던 물건과 예술품을 보관하였다.

후일 이곳은 신전의 역할을 수행함과 더불어, 그리스 문화를 배우는 데 설립·운영의 의미를 두고 학자들이 문예와 철학을 연구·담소하는 교제의 장소로 활용되었으며, 예술품과 서적을 수집·소장하고 진기한 동식물을 사육·재배하기도 하였다.

---

11) Burcaw, G. E, 『Introduction to Museum Work』, Altamira Press, 1997, p.25.
이보아, 『박물관학 개론 : 박물관 경영의 이론과 실제』, 김영사, 2000, p.41.
12) Bazin, G, 『The Museum Age』, 1967, p.14.

(2) 박물관의 역사

박물관은 기능과 역할 면에 있어 여러 세기에 걸쳐 점진적으로 변화와 발전을 거듭해왔다. 그렇다면 이와 같은 박물관이 언제 처음 만들어진 것이며, 과거의 박물관들이 어떠한 변천 과정을 통해 오늘날과 같은 모습의 박물관으로 나타나게 되었는지 살펴볼 필요가 있다. 이미 박물관의 기원에서 확인했듯이 본격적인 박물관의 형성과 발전 과정에 대해서는 우리나라보다는 유럽 등 서구 지역에서 자세한 사항을 살펴볼 수 있다.

① 그리스 시대(고전적 기능)

고대 그리스 신화에 나오는 뮤즈 여신에게 제례를 지내는 신전(뮤제이옹)에서는 각종의 회화·조각 등 조형예술과 역사·철학 등의 학문적 성과, 보물 등을 봉헌하였으며, 각종의 공연예술을 진행하였다. 이렇게 신에 대한 봉헌이 끝나면 예술 중 공연예술이 아닌 조형 예술품(미술품, 회화 등)은 그대로 남게 되며, 이를 창고에 보관하였는데, 이때 보관하는 창고를 피나코테크(Pinakothek, 회화관)라고 불렀다. 대표적인 예가 고대 그리스 델포이에 위치하고 있는 '아테네인들의 보물창고'이다. 이곳은 마라톤 전쟁에서 승리하여 취득한 전리품을 보관했던 흰 대리석으로 만든 도리아식 건물로서 그리스 시대 박물관이라고 할 수 있다.

그리스 로마 시대의 사람들은 도시마다 신전을 세워 자신들의 신을 봉안하고 이 신전에 공물을 헌납하였는데, 경우에 따라 이렇게 헌납된 공물들은 별도의 건물에 보관하였다. 이를 피나코테크(Pinakothek, 회화관)라 불렀다. 기록에 의하면 이러한 공물들은 대중에게 공개되었으며 경우에 따라 약간의 관람료가 부과되었다고 한다. 피나코테크(Pinakothek)는 이 무렵 신전에 바쳐진 그림들을 소장, 전시하는 공간을 가리키는 것이었으며 오늘날에도 일부 국가에서 미술관의 명칭으로 사용하고 있다. 그 대표적인 피나코테크가 독일 뮌헨에 위치하고 있는 '알테 피나코테크(1836)'와 '노이에 피나코테크(1853)'이다.

② 이집트 시대

㉠ 세계 최초의 박물관과 공공 도서관의 설립

이집트의 박물관과 공공 도서관은 현대의 박물관과 도서관의 직접적인 기원이라고 볼 수 있다. 오늘날 우리가 정의하는 박물관의 적극적인 기능과 어원은 고대 이집트의 뮤제이옹(Mouseion)에서 연유한다. 뮤제이옹은 이집트의 프톨레마이오스 필라델푸스 2세(기원전 285년~기원전 247년)가 부왕 프톨레마이오스 소테르(기원전 367년~기원전 283년)의 뜻을 이어 궁전 일부에 각종 수집품(철학자의 조각상, 진귀한 동물, 기타 미술품, 서적 등)을 수집하고 뮤제이옹이라 부르게 하였다.[13]

세레페이온이라 부르는 일종의 신전에서는 그리스의 학자들을 초빙하여 문예, 철학 등을 연구하고 담소하는 교제의 장소로 이용하였다. 즉, 뮤제이옹은 수집된 도서와 미술품을 이용하여 문예, 철학을 연구함으로써 그리스를 연구하는 데 그 설립·운영의 목적을 두었던 것이다. 따라서 최초의 박물관과 공공 도서관의 기원을 이곳에서 찾는다.

㉡ 알렉산드리아 도서관

기원전 3세기에 고대 이집트의 알렉산드리아에 세워진 도서관 겸 박물관이다. 알렉산드리아 도서관은 ① 부서별로 전문화가 되어 있었으며, ② 성직자가 관장으로 임명되었고, ③ 직원들의 보수는 이

---

13) 도서관과 박물관을 합쳐놓은 이유 때문인지는 알 수 없으나 서양의 박물관·미술관의 관리자나 도서관의 사서가 모두 큐레이터(curator)로 불렸던 시기가 있었다.

집트 국왕이 지불하였다. 이곳은 로마 시대 마르쿠스 아우렐리우스 황제 당시 내전으로 파괴되기 전까지 고대의 유명한 학자와 수학자들을 초빙하여 토론을 진행하고 연구를 지원했다고 전해진다. 도서 보유량은 총 70만 권 정도였다고 전해지며, 지금은 유실되어 없어진 수많은 명작들이 이곳에 존재하였고, 그중 몇 권은 유럽으로 유입되어 고대의 유럽에 큰 영향을 주었다.

③ 로마 시대('전시 기능'의 시작)

세계를 제패한 로마제국에는 세계 각지의 미술품 및 진귀한 동식물 등 각종 전리품이 유입되었는데, 이것들은 대체로 개인의 가정에서 진열·전시되는 '가정용 소(小)박물관'의 형태로 나타나게 된다.

하지만 로마의 박물관이 이런 소박물관의 형태로만 나타난 것은 아니다. 폼페이우스는 미트리데트왕의 비장품을 주피터 신전에 봉납하였고, 시저는 베누스 신전에 예술품을 봉납하였다. 또한 어시너스는 기념물관을 설치하여 공중(公衆)의 관람에 제공하였으며, 아그리파는 수집품의 일반 공개를 권장하며 '미술품은 국가와 사회 공중의 것이니 은닉, 독점하지 못하도록 해야 한다.'라고 주장하였다. 하지만 앞에서 언급했던 베누스 신전의 미술품 등이 시저 사후에 개인수집가에게 돌아간 점으로 보아, 기존의 관습은 바뀌지 않고 지속된 것으로 보인다.[14] 로마인들에게 '뮤지엄(museum)'이라는 말은 단지 진리를 탐구하는 토론 장소의 의미로만 제한되어 사용되었다.[15]

④ 중세 시대(사원 박물관)

㉠ 중세 시대에 이르면 유럽에서는 각 사원이 박물관의 역할을 수행하며 그리스도교의 미술품을 수집·보관하고, 고대 그리스의 서적 및 성서 등을 번역·필사하는 등 자료보존과 해석 등의 역할을 수행하였는데, 이때 사원의 수도사들이 필사한 고대 그리스의 서적과 『성서』 등의 자료는 로마의 멸망 이후 문화적 암흑기에도 고전학문을 보전하고, 후일 문예부흥(르네상스)의 기틀을 마련하게 된다. 또한 사원에서 보유하는 수많은 서적들을 바탕으로 초기 도서관의 모습이 나타나고 있으며, 현재에도 유럽의 유명한 도서관이나 박물관은 과거부터 내려온 수도원을 그대로 사용하고 있는 경우가 많다(예 비블링겐 수도원 도서관).

㉡ 중세 유럽의 경우에는 본격적인 박물관의 성립 이전으로 주로 종교 단체나 교회에서 일련의 성서나 성물 등 종교적 유물을 중점적으로 수집하였으며, 또한 귀족이나 부호의 후원을 받아 예술품이나 진기한 보물들이 수집되었다. 하지만 이 시기에는 오늘날처럼 순수하게 탐미적인 목적의 예술작품은 거의 생산되지 않았으며, 흥미 위주의 전시를 진행하고, 높은 가격의 입장료를 징수하는 등의 폐단이 나타났다. 중세 말에 이르면 교회의 권위가 쇠퇴하고 그 자리를 군주 또는 부호들이 차지하면서, 점진적으로 근대적 의미의 수장가(收藏家)들이 형성되기 시작하고 14세기 이후부터는 고대의 유물과 각종 예술작품을 전시할 목적으로 각종 전시실이 급증하게 되었다.[16]

---

14) 이처럼 그리스·로마 시대의 사람들은 도시마다 신전을 건설하여 자신들의 신을 봉안하고 이 신전에 공물을 헌납하였는데, 경우에 따라 헌납된 공물은 별도의 건물에 보관되기도 하였다. 기록에 의하면 이러한 공물은 대중에 공개되었으며, 경우에 따라 약간의 관람료가 부과되었다. 그리스어로 회화관을 뜻하는 피나코테크(pinakothek)는 이 무렵 신전에 헌납된 그림들을 전시·소장하는 공간을 가리키는 것이며, 오늘날에도 일부 국가에서 사용하고 있다.

15) 이인범, 『미술관 제도 연구』, 한국 예술 연구소, 1998, p.23.

16) 심상용, 『대중시대 미술관의 모색과 전망: 그림 없는 미술관』, 이룸, 2000, p.71.

⑤ 르네상스 시대(연구 기능)

르네상스 시대의 박물관사에서 주목할 점은 '박물관(Museum)'이라는 용어가 사용되기 시작하였다는 점이다. 이 용어는 중세 시대에서 언급했듯이 이탈리아의 대상인이자, 골동품 수집가인 코시모 데 메디치(Cosimo de Medici)의 손자인 로렌조 데 메디치(Lorenzo de Medici)가 진기한 수집품을 서술할 때 처음으로 사용하였다. 이처럼 르네상스 시대에는 방대한 양의 소장품에 대한 연구 정리가 시작되었고, 이를 통해 오늘날의 고고학 박물관이나 문화사 박물관의 토대를 형성하였다.

르네상스 시대에는 당시의 학술적인 사상·연구의 영향을 받아 수집되는 유물의 내용과 유형에 변화가 나타나게 되었으며, 특히 이 시기에 귀족들의 미술과 작가에 대한 후원은 괄목할 만하다. 예를 들어 메디치家(Medici Family)의 후원자 역할은 이후 전개되는 박물관의 형성과 밀접한 관련성을 갖게 된다[우피치(Uffizi) 갤러리]. 이러한 귀족들의 미술에 대한 관심으로 1474년경에 최초의 근대적 미술학교인 '아카데미아 플라토니카'를 설립하게 된다.

이탈리아의 르네상스가 절정기에 이른 15세기 말엽에 콜럼버스가 북미대륙을 발견했다. 이른바 '지리상의 발견'이 시작되었다. 16세기에 들어와 지리상의 발견이 본격화되자 '신대륙'으로부터 희귀물들이 대거 입수되었다. 이제 유럽 전역에서는 더 넓어진 세계를 반영하는 수집과 진열공간 구축이 유행하게 되었다. 이렇게 등장한 새로운 진열공간들은 독자적인 명칭을 지니고 있었다. 영어권의 '캐비닛(cabinet)'이라는 용어가 그중 하나였다. 그것은 당시의 일상용어로는 주로 선반과 서랍을 갖춘 찬장을 의미하였는데, 상류층에서는 이 의미가 전이되어 회합장소인 '살롱(salon)'에 대비되는 작은 방을 가리킬 때 쓰였다. 16~17세기의 영어에서 캐비닛은 소장품을 진열하는 장소를, 때로는 소장품 전체를 가리키기도 했다.[17]

독일어권에서는 '진열실'을 뜻하며 한국어로는 '경이로운 방'이라는 의미의 분더캄머(Wunderkammer)는 '호기심 상자'의 개념인 캐비닛과는 다른 개념, 즉 '가구'의 의미가 아니라 '방'의 의미를 가지고 있다. 분더캄머에는 일상생활에서는 찾아보기 힘든 온갖 진기한 광물이나 이국적인 도자기, 희귀 동식물의 화석, 심지어는 성자의 유골이 화려한 그림이나 조각품들과 함께 어우러져 있다. 이 방은 처음 들어서는 사람들의 '놀라움(Wunder)'을 자아냈기 때문에 분더캄머라고 한 것이다.

분더캄머와 쿤스트캄머(Kunstkammer)는 유사한 것 같지만 세부적으로 보면 구별된다. 귀족들이나 자본가들이 자신의 소장품을 모아 놓은 분더캄머보다는 왕실에서는 좀 더 고상한 '쿤스트캄머'라는 명칭을 선호했다. 그것은 말 그대로 '예술품이 있는 방'을 의미하기 때문이다. 합스부르크제국의 수도 프라하의 궁전에는 '헝가리와 보헤미아의 왕'이자 '신성로마제국의 황제'인 루돌프 2세(Rudolf Ⅱ)의 쿤스트캄머가 마련되어 있었는데, 공간의 규모와 소장품의 양에서 옛 메디치 군주들의 스튜디오로를 훨씬 능가[청동, 상아, 책과 동전, 과학실험기구, 시계장식을 갖춘 천구(天球) 그리고 자연의 희귀물] 등을 보유했다.

이처럼 명칭은 다양했지만, 이들 진열실은 기본적으로 이탈리아 르네상스의 유산에 힘입은 바가 컸다. '대우주'의 숨은 질서를 담은 '소우주'로서의 진열 공간 그리고 이 소우주의 주인으로서의 수장가라는 새로운 이념은 모두 이탈리아에서 비롯된 것이었다. 이와 같이 소우주를 질서화하는 과정 속에서 인간 중심 사상은 싹트게 된다. 중세의 신 중심의 세계관을 벗어나 만물의 척도는 인간임을 자각해가는 과정 속에서 르네상스의 인간 중심 사상이 반영된 전시공간이 탄생하게 된 것이다.

---

17) 전진성, 『박물관의 탄생』, 살림출판사, 2004, p.24.

용 어	의 미	내 용
캐비닛 (Cabinet)	'호기심 상자', '놀라운 진열장, '작은 방'	16~17세기의 르네상스 시대에는 선반과 서랍을 갖춘 백과사전식 소장품 진열장과 같은 가구의 의미를 담고 있다. 상류층에서는 이 의미가 전이되어 회합장소인 '살롱(salon)'에 대비되는 작은 방을 가리킬 때 쓰였다. 독일에서는 '분더캄머/분데르카메르(Wunderkammer)'로 불린다.
분더캄머 & 분데르카메르 (Wunderkammer)	'놀라움(wunder)이 있는 방(kammer)' 또는 경이로운 방	귀족이나 자본가들의 저택 내에 있는 방으로써 일상생활에서는 찾아보기 힘든 온갖 진기한 광물이나 이국적인 도자기, 희귀 동식물의 화석, 화려한 그림이나 조각품들을 전시해 놓은 방을 말한다.
갤러리 (Gallery)	'크고 긴 거대한 홀'	일반적으로 규모가 큰 전시공간을 의미하며 대체로 회화와 조각을 전시하는 공간으로 활용되었다. 캐비닛과 갤러리의 구분은 명확하지 않으나 외형적으로 살펴보면 캐비닛은 정사각형의 공간, 갤러리는 캐비닛보다는 크고 긴 거대한 홀을 지칭한다.
스튜디올로 (Studiolo)	'작은 서재'	유럽의 부호들은 지금의 갤러리(gallery)의 형태와 유사한 '스튜디올로(Studiolo)'라는 공간을 만들었다. 철학자들의 초상화와 부조 등이 진열되었던 스튜디올로는 폐쇄적인 형태의 인문학적 사유(思惟)공간이다.
쿤스트캄머 (Kunstkammer)	'예술(kunst)이 있는 방(kammer)'	왕실에서 운영하는 곳이기 때문에 공간의 규모와 소장품의 양에서 옛 메디치 군주들의 스튜디올로 또는 분더캄머를 훨씬 능가하는 규모를 자랑한다.

⑥ 17세기 이후의 박물관

르네상스와 종교개혁을 거친 17세기 이후, 박물관·미술관의 수집과 보존 기능은 군주들의 손으로 넘어간다. 유럽 각국의 군주들은 자신의 권위를 과시하는 방법으로 진귀한 예술품과 골동품을 대량으로 수집하여 궁전에 진열하고 제한된 소수의 외부인에게 이를 과시하였다. 이처럼 소장품의 공개는 극히 제한적으로 이루어졌으며, 오늘날 박물관의 기본적인 기능인 연구와 교육의 기능은 제대로 이루어지지 않았다.

17세기에 접어들면 '캐비닛(Cabinet of curiosities)', '분더캄머(Wunderkammer)', '갤러리(Gallery)'의 개념이 형성되기 시작한다. '캐비닛(Cabinet)'[18]은 골동품·예술작품·고문서·장식적인 유물을 모아 전시하는 작은 공간을 지칭한다.[19] 갤러리(Gallery)는 일반적으로 규모가 큰 전시공간을 의미하며 대체로 회화와 조각을 전시하는 공간으로 활용되었다. 캐비닛과 갤러리의 구분은 명확하지 않으나 외형적으로 살펴보면 캐비닛은 정사각형의 공간, 갤러리는 캐비닛보다는 크고 긴 거대한 홀을 지칭한다.

박물관과 미술관의 등장	이미지의 민주화, 자유로운 예술작품의 소유와 감상

→ 박물관의 일부 귀족과 특정 엘리트 계층의 독점 소유물화

[르네상스 시대의 박물관]

---

18) 영어로는 'closet', 이탈리아어로는 'gabinetto', 프랑스어로는 'cabinet', 독일어로는 'kammer' 등으로 표기된다.

19) 캐비닛은 명확한 경계 및 대상으로 구분된 것으로 유럽의 르네상스 시대에 백과사전식 소장품 진열장을 말한다. 이것은 '놀라운 진열장(Cabinet of Wonder)'과 같은 다양한 용어로 불리기도 하며, 독일에서는 '분데르카메르(Wunderkammers)'로 불린다.

⑦ 18세기 이후 근대 박물관(공공 박물관)

1789년 프랑스 대혁명 이후 근대에 들어오면서 박물관은 공공 박물관의 형식으로 자리 잡게 되었고, 박물관이 '호기심의 상자'라는 개념으로 변화함에 따라 일반 대중들의 박물관에 대한 관심도 증가하였다. 궁정 또는 귀족들이 근대적 시민 혁명에 의하여 또는 자신의 의도에 따라 소장품을 개방하는 등 뜻있는 개인이나 국가, 공공단체들이 공익을 위해 사용하겠다는 분명한 의미로 수집을 한 그 시점이 박물관사에 있어 하나의 분수령이자 중대한 진일보로 간주된다.

> **The 중요**
>
> **근대적 의미의 박물관 성격 규정**
> • 왕이나 귀족, 부호 등과 같은 지배 계층의 전유물로 여겨지던 예술작품을 공공의 문화적 재산으로 인식하였다.
> • 전문가들의 연구 대상에서부터 일반 대중의 관람에 이르기까지 이미지의 생산과 분배가 전시를 통해 이루어진다.

공공 박물관의 의미는 국가나 공공단체가 설립의 주체 혹은 운영의 주체가 되었다는 것뿐만 아니라 일반 대중에게 박물관을 점진적으로 공개하고 이에 따른 공공 프로그램이 개발되기 시작했음을 의미한다.[20]

> **The 중요**
>
> **공공 박물관의 등장**
> • 박물관에 '공공성'이 첨부되었음을 의미 : 박물관의 대중성 확보와 박물관 발전에 대한 새로운 가능성을 제시하였다.
> • 문화재, 예술작품 = '공공의 문화자산' : 전문가들의 연구 대상에서부터 일반 대중의 관람에 이르기까지 이미지의 생산과 분배가 전시를 통해 이루어졌다.
> • 대중을 위한 전시와 교육 등 공공 프로그램의 개발 필요성을 제기하였다.
> – 시민 학습 공간으로서의 박물관의 역할에 대한 중요성 증대
> – 박물관에 대한 정부의 직·간접적 지원 증가
> – 기업 및 개인의 박물관 설립 증가 등으로 인해 박물관의 양적 향상

⑧ 19세기 이후의 박물관(전문박물관)

ⓐ 19세기 박물관의 첫 번째 변화는 전문박물관의 등장을 들 수 있다. 19세기 이전에는 종합 박물관의 성격을 가지고 있었으나, 19세기 이후에는 과학의 진보에 따라 수집품의 증대 및 분류·정리가 이루어지면서 과학 박물관과 같은 전문박물관이 설립되었다.

예 1799년 파리의 이공학 박물관(Science Museum), 1807년 고고학 박물관[덴마크의 고고학자 톰슨(Thomsen)이 설립]

ⓑ 19세기 박물관의 두 번째 변화는 박물관을 신흥도시의 번영을 과시하려는 데 그 설립 목적을 두기 시작했다는 점이다. 이 시기의 박물관들은 유난히 장식이 많고 화려하다는 특징이 있다. 이에 독일의 힐트 교수는 박물관 건물의 불필요한 장식을 제거하고, 조명의 효과적인 연출 등을 강조함으로써 박물관의 과학적 설립과 운영의 기운을 움트게 하였다.

예 런던의 국립 미술관, 맨체스터 시립 미술관 등

---

20) 조지 브라운 구드(George Brown Goode, 1985)는 '박물관의 역할은 단지 유리 공간 안에 소장품을 수집하여 나열하는 것이 아니라, 일반 대중이 소장품을 이해하는 데 도움을 줄 수 있는 다양한 전시를 기획하고, 이와 관련된 정보와 체계적인 교육 프로그램을 개발하는 기능을 수행해야 한다.'라고 하였다.

중 세	• 성서나 성물 등 종교적 유물 : 교회, 성당 • 예술품, 진기명품 : 귀족이나 부호의 후원
중세 말	• 교회의 권위 후퇴 • 호사스러운 부호나 군주(수장가 등장)의 등장
14세기 이후	전시실의 급증 : 고대의 유물과 각종 예술작품 전시

17세기	• 캐비닛(Cabinet), 분더캄머(Wunderkammers)
	   – 전시물: 골동품, 예술작품, 고문서
	   – 장식적인 유물을 모아서 전시해 놓은 작은 공간
	   – 정사각형의 공간
	• 갤러리(Gallery)
	   – 캐비닛보다는 크고 긴 거대한 홀
	   – 규모가 큰 전시
	   – 회화나 조각 전시

18세기 근대	• 궁정 또는 귀족들이 소장품을 개방(근대적 시민혁명 또는 자신의 의지) • 개인이나 국가, 공공단체들이 공익을 위해 활용하겠다는 목적하에서 수집 → 공공 박물관 → 공공 프로그램의 개발

19세기	• 전문박물관의 형성
	   – 과학의 진보에 따른 수집품의 증대와 분류·정리
	   – 과학 박물관 등의 전문박물관 설립
	• 신흥 도시의 번영
	   – 박물관들은 건물의 특징이 유난히 장식과 기교가 많고 화려함
	   – 박물관의 과학적 설립과 운영의 기운을 움트게 함(독일의 힐트 교수)

02   세계 주요 국가의 박물관의 역사

(1) 영국 박물관

영국에서 '박물관'이라는 용어를 처음 사용한 것은 1682년으로 엘리아스 애쉬몰이 트라데산트의 수집품과 자신의 수집품을 옥스퍼드(Oxford) 대학에 기증하면서 박물관의 모습이 형성되었고(애쉬몰리언 박물관, 1683), 이곳의 소장품을 일컫기 위해 '박물관'이라는 용어를 사용하기 시작하였다.

박물관(Museum)	엘리아스 애쉬몰이 트라데산트의 수집품을 옥스퍼드 대학에 기증하면서 박물관이 형성되었고, 박물관(Museum)이라는 용어를 사용
개인 소장품 전시 → 시민혁명 → 학술 연구기관 → 교육기관	

[영국의 박물관]

초기 영국의 박물관은 단순히 개인 소장품을 전시하는 정도에 머물고 있었다. 하지만 시민혁명을 거치면서 박물관은 종래의 학자나 예술가 등 특정 집단을 위한 학술 연구기관의 성격이 나타나게 되었고, 점진적으로 대중에게 지식을 보급하는 교육기관의 역할도 담당하기 시작하였다. 1845년 영국의회는 '박물관령(Museum

Act of 1845)'을 제정하여[21] 박물관의 교육적 기능을 공식적으로 강조하였고, 이때부터 박물관은 비로소 공공기관의 면모를 갖추게 되었다.

(2) 프랑스 박물관

내셔널리즘	• 귀족의 전유물을 시민 전체의 것으로 변환 • 국가의 문화유산으로 인식(민족의식 고취) • 박물관 문화의 발전 가속화 • 19세기 베를린의 일 데 뮤제(1928), 뮌헨의 피나코테크 미술관을 비롯하여 유럽 박물관들이 양적으로 증가하는 직접적인 계기가 됨

[프랑스의 내셔널리즘]

프랑스는 루이 14세 시기, 당시 재상이던 콜베르(Minister Colbert)의 제안으로 세계 최초의 전람회(Salon)를 기획하여 1667년 4월 9일부터 4월 27일까지 루브르 궁전의 대살롱(Grand Salon)에서 '프랑스 아카데미 전람회'를 개최, 아카데미 회원에 한하여 작품을 출품하는 전시회를 진행하였다. 이후 1694년 베송시에 있는 성 빈센트 사원의 아보부와소(Abbot Boisot)가 프랑스 최초로 공공 미술관을 개관하여 운영하였다.

1747년 라퐁뒤생예니(La Font de Saint-Yenne)가 루브르에 국립 미술관을 건립하자는 주장을 한 이후, 프랑스는 오를레앙 가문의 소장품만을 로열궁(Palais Royal)에 전시하였고, 1750년부터는 국왕의 걸작품 100여 점을 뤽상부르궁의 4개 살롱에 전시함으로써 파리에 최초로 공공 미술관이 등장하였다.[22]

1788년 3월 왕실로부터 공식적인 인가를 받은 이후 루브르 궁전을 미술관으로 꾸미며, 1793년에 중앙 미술관이라는 명칭으로 '루브르 미술관'이 일반 대중에게 공개되었다. 루브르 미술관은 사실상 최초의 위대한 국립박물관이자 진정한 공공 박물관이었다.

이후 프랑스 혁명을 계기로 내셔널리즘이 대두하였고, 이는 유럽 각지에 전파되어 유럽 박물관들이 양적으로 증가하는 직접적인 계기로 작용하였다.

(3) 미국 박물관

미국 최초의 박물관은 1805년 필라델피아에 설립된 '펜실베이니아 미술관(최초의 대학 미술관)'이다.[23] 이후 워싱턴에 1846년 제임스 스미슨(James Smithson)의 주도하에 스미소니언 박물관(Smithsonian Institution)이 설립되었다. 제임스 스미슨은 '인류의 지식 증진과 보급'을 설립 취지로 하는 연구소의 설립을 제안하였고, 자신의 수집품 및 유산을 미국 정부에 기증하였다. 이를 토대로 미국 정부는 박물관의 건립을 결정하였다. 설립 이후 현재까지 19개의 전문 부속 박물관과 더불어 학술·연구의 장으로서 그 기능을 수행하고 있으며, 부속 시설로 동물원이 있다.

1876년 필라델피아 미국 독립 100주년 기념 박람회의 영향으로 건립된 박물관들로는 뉴욕 자연사 박물관,

---

21) 영국은 '영국의회령'의 공포와 더불어 슬론 경(Sir Hans Sloane)의 소장품을 기반으로 대영 박물관을 설립하였다(1753). 공공에 개방된 때는 1759년 1월 15일로, 이 당시에는 하루 30명 이내의 관람객만이 사전 관람 신청을 통해 관람이 허용되었는데, 입장료를 징수하였으며 한 번에 15명만이 입장할 수 있었고, 관람시간은 오전 11시에서 오후 12시까지로 제한하였다. 이처럼 일부 특정인에게 개방되었던 영국의 박물관은 '박물관령'을 계기로 일반인에게도 개방되었다.

22) 안소연, 「프랑스의 미술관 지원정책」, 현대미술사학회, 1995, p.53.

23) 펜실베니아 주 필라델피아에 있는 펜실베니아 미술 아카데미는 1805년에 설립된 미국에서 가장 오래된 미술 아카데미이자 박물관이다. 18세기에서 20세기 미국 회화와 조각을 전문으로 하는 아카데미 미술관은 건축가 프랭크 퍼니스(Frank Furness, 1872~1876)의 설계에 따라 1839년에서 1912년 사이에 지어졌다. 건물의 건축 양식은 빅토리아 양식이다.

메트로폴리탄 박물관, 보스턴 미술관, 필라델피아 미술관이 있다. 미국 박람회는 1871년 연방의회에서 결의되어 5년간의 준비 기간을 통해 개최되었다. 뉴욕 자연사 박물관(American Museum of Natural History)은 1869년 설립을 시작하여 1877년 개관하였다. 메트로폴리탄 박물관(Metropolitan Museum of Art)은 1866년 파리에서 변호사 John Jay의 연설에서 나온 제안으로 1870년 설립을 시작해서 소규모로 1872년에 개관하였다가 1880년 현재의 자리로 이전하여 개관하였다. 보스턴 미술관(The Museum of Fine Arts, Boston)은 1870년 설립을 시작해서 1876년 개관하였다. 필라델피아 미술관(Philadelphia Museum of Art)은 미국 독립 100주년 기념 박람회(Centennial exposition)의 상설 전시 개념으로 1876년 설립되어 개관하였다. 다만 개관 시기는 박물관 설립을 위한 준비단계의 시작을 개관으로 보는지, 혹은 대중에게 공개를 개관으로 보는지에 따라 시기가 달라질 수 있다. 본서에서는 대중에게 공개된 시점을 박물관의 시작으로 보고자 한다.

이 시기의 박물관은 일반 대중의 지식 개발을 돕는 시민의 교육기관이라는 위상을 갖추기 시작하였는데, 이는 박물관이 일반 대중의 지식 개발과 더불어 학생 교육, 전문가의 연구 등 교육에 기여하는 바가 크다는 사실을 인식한 결과였다. '대중의 시대'로 진입하면서 소수의 특정 계층을 위한 박물관의 이념은 사회 전반의 다수에게 인정받아야 한다는 '공공성'이 부각되어 점차 대중 친화적인 박물관의 모습으로 변모하게 되었고, 아울러 자연과학의 발달, 인류의 기원을 탐구하기 위한 생물학·인류학·고고학 등의 연구가 활발해짐에 따라 전문박물관의 건립도 급진적으로 증가하게 되었다.

1930~1940년대에 들어서면 미국은 자본주의와 자유민주주의에 근거한 대중사회로의 전이 과정을 보여주기 시작하였으며, 이에 따라 막대한 재력을 배경으로 하는 개인이 본격적으로 후원의 주체가 되는 양상을 보였다.[24]

[메트로폴리탄 박물관]　　　　　[보스턴 미술관]　　　　　[시카고 필드 자연사 박물관]

(4) 미국과 유럽의 공공 박물관의 차이점

공공 박물관의 발전은 유럽과 미국에서 다소 상이한 양상으로 발전하였다. 유럽의 경우에는 개인의 소장품들이 국가나 공공기관에 기증되면서 국가의 지원과 중앙집권적 방식의 토대하에 박물관이 설립된 반면,[25] 미국의 경우에는 민간 차원에서 미술품 애호가나 개인법인에 의해 박물관이 설립되고, 설립 초기부터 일반 대중에게 봉사함을 명시함으로써 소장품의 증가와 대중적인 접근이 동시에 균형 있게 발전하였다.

---

24) 록펠러, 굿이어, 구겐하임 등의 재력가들이 미술품 수집에 관심을 기울이면서 박물관과 미술관에 국가적 차원의 예술 지원에 버금가는 재원이 '기업이윤의 사회 환원'이라는 명목으로 이루어졌다.

25) 프랑스의 경우, 대부분의 박물관이 혁명정부의 관습을 답습하고 중앙집권적 정치 구조 속에서 설립 목적부터 관리의 상세한 원칙까지 국가의 정책과 동일 선상에서 이루어졌다.

(5) 대표적인 박물관

① 애쉬몰리언 박물관(Ashmolean Museum, 1683년, 영국 옥스퍼드)

근대적인 의미의 박물관·미술관의 효시로 J. 트레이드 스캔트 부자(父子)의 수집품을 기초로 애쉬몰에 의하여 1677년 설립되었다(1683년 공개).[26] 공공 미술관으로서는 영국에서 가장 오래되었으며, 후에 C. R. 코커릴이 설계한 새로운 건축물로 이전하여, 자연과학·인류학의 관계를 분리, 미술·고고학 전문 미술관으로 1908년 재발족하였다. 패트리가 발굴한 고대 이집트의 유물, 에번스가 발굴한 크레타섬의 유물, 고대 영국의 유물, 이탈리아 초기 르네상스 회화 등 세계적인 작품이 전시되었으며, 1962년에는 인도협회에서 보관하고 있던 동양관계 미술품이 추가되었다.

② 우피치 미술관(Galleria degli Uffizi, 1737년, 이탈리아 피렌체)

르네상스 회화를 수집한 미술관 중 질적·양적으로 세계 제일의 미술관이다. 건물은 초대 토스카나 대공이 된 메디치가(家)의 코시모 1세(1519~1574)의 정청(政廳)이었던 우피치궁전(바사리가 건축)이다. 미술관의 역사는 건물이 완성된 1584년에 시작되지만, 미술품 수집은 그 이전인 15세기 메디치가의 코시모 일베키오(1389~1465) 때부터 6대 토스카나 대공 잔가스토네(1671~1737)까지 약 200여 년에 걸쳐 미술품이 제작되고, 수집되었다. 이후 1737년 메디치가의 최후의 인물이자 우피치궁의 미술품을 계승한 안나 마리아 루드비카가 토스카나 대공국에 기증하였고, 그녀의 뜻에 따라 일반 대중에게 공개되었다. 이탈리아 통일 이후 국립 미술관이 되었으며, 1800년 조각품은 국립 바르젤로 미술관과 국립 고고 미술관에 분할되었다. 현재는 3층에 회화, 2층에 소묘와 판화, 1층에 고문서류를 수장하고 있다. 이 중 회화에는 14~16세기 이탈리아 르네상스의 화가뿐만 아니라, 17~18세기 바로크와 로코코의 화가, 독일과 플랑드르 등 북방 르네상스 화가의 중요 작품도 포함되어 있다.

③ 대영 박물관(The British Museum, 1759년, 영국 런던)

영국 런던 블룸즈버리에 위치한 영국 최대의 국립박물관으로 1753년 설립되었다[구(舊) 몬테규 저택]. 초기에는 내과의사이며 과학자인 한스 슬론 경(Sir Hans Sloane)의 개인 수집품이 전시물의 대부분을 이루었으나 제국주의 시대 이후 약탈한 문화재가 추가되면서 현재 1,300만여 점이 소장되어 있다.[27] 현재까지 2세기 반에 걸친 확장을 통해 사우스 켄싱턴 대영 박물관(자연사, 1887)을 비롯한 몇 개의 부속 기관이 존재하고 있으며, 1759년 1월 15일 일반 대중에게 개방되었다.

최근에는 19세기의 터키 주재 영국대사 엘긴 백작 가문의 토마스 브루스가 자신의 저택을 꾸미기 위해 파르테논 신전 일부를 떼어 내 매입한 엘긴 마블(Elgin Marbles)에 대하여 그리스에서 본국으로의 반환을 요구하고 있다.[28]

④ 에르미타주 박물관(Hermitage Museum, 1764년, 러시아 상트페테르부르크)

1764년 예카테리나 2세가 미술품을 수집한 것이 그 시작으로 예카테리나 2세의 전용 미술관으로 프랑스어로 '은둔지'를 의미하는 '에르미타주'의 명칭은 여기에서 유래된 것이다. 왕족과 귀족들의 수집품을

---

26) 귀족들의 소장품이 기증되면서 공공 박물관·미술관이 문을 열게 되는 경우가 다수 존재하였다.
27) 현재 대영 박물관에는 한국과 관련된 소장품이 250여 개가 있는 것으로 추정되고 있다.
28) 대부분 파르테논 신전의 조각으로, 동서박공 조각의 대부분과 프리즈의 대부분[메토프 15면으로 루브르 미술관과 아크로폴리스 미술관에 있는 부분은 제외] 및 에레크테이온의 카리아티드 1체, 원주 1기, 아테네·니케 신전의 프리즈, 페리클레스의 흉상 등이 포함되어있다. 1816년 영국 정부가 토마스 브루스에게서 일관적으로 귀입한 이후 대영 박물관의 소유가 되었다.

모았으며, 19세기 말 일반 대중에게 공개되었다.

겨울궁과 소 에르미타주 궁전, 구 에르미타주 궁전, 신 에르미타주 박물관, 참모부 등 5개의 건축물로 구성되었으며, 270만 건의 소장품을 가지고 있다. 전시청이 350개, 9만 평방미터의 크기로 그 풍부한 소장품과 20km에 달하는 전시코너는 세계적으로 제일 긴 전시코너로 알려져 있다.

⑤ 바티칸 미술관(Musei Vaticani, 1773년, 바티칸)

바티칸의 산피에트르 대성당에 인접한 교황궁 내에 위치한 미술관으로 역대 로마 교황이 수집한 방대한 미술품 · 고문서 · 자료를 수장하고 있다. 미켈란젤로와 라파엘로 등 대화가가 그린 내부 벽화와 장식으로 유명하다.

⑥ 루브르 박물관(Musée du Louvre, 1793년, 프랑스 파리)

루브르 궁전은 1678년에 루이 14세(1638~1715)가 왕궁을 베르사이유로 옮기면서 미술품을 보관하는 장소의 기능을 부여해 당시 재상이었던 콜베르(Jean Baptiste Colbert, 1619 ~1683)가 왕명을 받고 궁전의 일부에 아폴론 갤러리를 설치하고 미술품을 진열하였다.[29]

1747년 루브르 궁전은 왕의 수집품을 감상할 수 있는 '뮤즈의 궁전'으로 불리면서 박물관의 역할이 부각되었다고 전해진다. 프랑스 혁명 이후인 1793년 혁명의 후속조치로 혁명정부(국민의회)는 루브르의 왕실 소장품을 대중에게 공개하였는데, 이것이 오늘날 박물관 · 미술관의 첫 발걸음이었다. 이러한 조치에는 혁명정부에 의해 파괴당할 뻔했던 왕실의 소장품(역대 프랑스 국왕의 소장품 중 프랑수아 1세, 루이 13세, 루이 14세 등이 수집한 미술품이 다수 소장)과 귀족세력의 소장품을 유용하게 이용할 수 있다는 논리를 전개한 계몽주의자들의 노력이 있었다. 하지만 루브르 박물관은 초기 정치적인 논리로 대중에게 개방되었기 때문에 작품의 파손 · 도난 등의 사태가 발생하기도 하였다.

⑦ 내셔널 갤러리(The National Gallery, 1824, 영국 런던)

영국 대영 박물관과 함께 영국 최대의 미술관 중 하나이다. 내셔널 갤러리는 영국 런던 중심부 웨스트민스터 시의 트라팔가 광장에 있는 미술관으로 1824년 개관하였다.

이 갤러리는 1824년 영국 정부가 은행가 존 줄리어스 앵거스타인(John Julius Angerstein)의 상속인으로부터 38점의 그림을 구입하여 공개함으로써 시작되었다. "조토에서 세잔까지" 서양 회화의 대부분의 중요한 작품이 소장되어 있다. 한때 이곳은 모든 작품을 상설 전시하는 몇 안 되는 국립 미술관 중 하나였다.

센즈베리 관에는 중세부터 초기 르네상스 시대까지 작품들을 전시한다. 중세의 제단화를 비롯하여, 얀 반 에이크, 벨리니, 보티첼리 등의 대표작들이 있다. 서관은 르네상스전성기에서 말기까지 유럽 회화를 전시한다. 한스 홀바인, 브론치노등 르네상스 시대 대표 작가들의 작품이 있다. 내셔널 갤러리 현재 건물은 트라팔가 광장의 박물관 신관으로 윌리엄 윌킨스(William Wilkins)가 설계했다. 건축기간은 1832~1838년까지이며, 1838년에 완공하여 이 곳으로 이전하였다.

⑧ 스미소니언 박물관(Smithsonian Institution, 1846년, 미국 워싱턴)

1846년 미국 워싱턴에 설립된 스미소니언 박물관은 19개의 개별 박물관과 미술관, 동물원으로 구성된

---

29) 루브르 궁전은 원래 미술관으로 사용할 계획은 아니었으나 1671년 마리 4세가 그랜드 갤러리를 1층에 설치하였으며, 미술과 예술품에 박식했던 그녀는 '고대의 방'과 왕의 대상실, 회화실을 두었다. 일반인에게는 공개하지 않았다고 한다.

세계 최대의 종합박물관으로 영국의 화학자인 J. 스미슨의 상속기부금을 토대로 건설되었다. 총 전시품 목이 1억 4천만 개, 약 6,000여 명의 직원이 스미소니언 박물관에 속해 있으며, 매년 750만 명의 관람객이 이곳을 방문하고 있다.

⑨ 메트로폴리탄 박물관(Metropolitan Museum of Art, 1870년, 미국 뉴욕)

1866년 파리의 한 레스토랑에서 미국의 독립기념일을 축하하기 위해 모인 일단의 뉴욕 인사들이 뉴욕에 박물관이 있어야 한다는 의견을 모은 것에서 박물관의 개관작업이 시작되었다. 이들은 단지 예술만을 위한 것이 아닌 관광객을 유치할 수 있는 좋은 방안, 즉 투자가치가 높은 상품으로서의 박물관 개관을 바라보았다. 그 결과 1870년 소규모로 설립하였고, 1880년 현재의 자리에 메트로폴리탄 박물관이 개관하였다.

메트로폴리탄 박물관은 선사 시대부터 현대에 이르기까지의 소장품이 3백여 만점, 17개 분야로 분할된 학예연구실, 정직원 1,700여 명, 자원봉사자 500여 명 등이 속한 미국 최대의 박물관으로 연간 입장객이 약 670만 명에 이르며, 그 수입과 운영 예산 역시 1억 1천 7백만 달러가 넘는 세계에서 가장 부유한 박물관 중 하나이다.

1850년 이후부터 나타난 교육의 목적을 위해 과학적 소장품의 일관된 전시 방법이 이때부터 나타나기 시작하여 '일반인이 이용하는 사회 교육적 기능'이라는 박물관의 개념과 체계적인 예술품의 관리 그리고 인류학 · 과학 · 기술에 대한 관심이 형성되었다.

The 알아보기

세계 박물관의 연대 순
1. 애쉬몰리언 박물관(Ashmolean Museum, 1683년, 영국 옥스퍼드)
2. 우피치 미술관(Galleria degli Uffizi, 1737년, 이탈리아 피렌체)
3. 대영 박물관(The British Museum, 1759년, 영국 런던)
4. 에르미타주 박물관(Hermitage Museum, 1764년, 러시아 상트페테르부르크)
5. 바티칸 미술관(Musei Vaticani, 1773년, 바티칸)
6. 루브르 박물관(Musée du Louvre, 1793년, 프랑스 파리)
7. 펜실베니아 예술원(Philadelphia , 1805년, 미국 최초의 박물관)
8. 내셔널 갤러리(The National Gallery, 1824년, 영국 런던)
9. 스미소니언 박물관(Smithsonian Institution, 1846년, 미국 워싱턴)
10. 메트로폴리탄 박물관(Metropolitan Museum of Art, 1870년, 미국 뉴욕)

(6) 대표적인 미술관의 역사

① 뉴욕 현대 미술관(MoMA, 1929년, 미국 뉴욕)

1929년 L. P. 브리츠, J. D. 록펠러 2세 부인, C. J. 설리번 부인 등 5명의 수집가들의 노력으로 1929년 창립 · 개관한 미술관이다. 사유재단에 의해 운영되고 있으며, 1880년대 이후의 회화 · 조각 · 소묘 · 판화에서부터 사진 · 건축 · 공업 및 상업 디자인 등 우수작품을 전시하고 있다. 이와 별도로 1층 전시장에서는 특별전시회를 상시 개최하고 있다.

이 밖에 영화 필름의 수집 및 상영, 출판 활동 등에서부터 미술 도서관(국제미술연구센터)의 개설 · 정비, 미술관 순회전람회의 개최, 작품의 대출 서비스 등 다양한 활동을 전개하고 있다.

② 솔로몬 구겐하임 미술관(The Solomon R. Guggenheim Museum, 1937년, 미국 뉴욕)

1937년 미국 철강업계 대표 사업가인 솔로몬 R. 구겐하임이 수집한 현대미술품들을 기반으로 설립되었다. 미국 뉴욕에 위치하고 있으며 모더니즘 건축의 대표 건축가인 프랭크 로이드 라이트에게 의뢰하여 1959년 완공하였다. 이후 1992년에 그웨스메이 시겔 & 어소시에이츠 건축 회사가 커다란 장방형 건물을 미술관 뒤쪽에 덧붙여 보다 전통적인 전시공간을 추가하였다. 소장품은 현대 미술의 장려와 진흥을 표방한 창립자의 의도에 따라 20세기의 비구상 · 추상계 작품이 대부분이다.

한국과의 인연은 아시아인 최초로 백남준 전시회가 2004년에 전시된 것으로 시작하였으며, 생존하는 아시아인 최초로 이우환 회고전을 2011년에 전시하였다.

③ 폴 게티 미술관(J. Paul Getty Museum, 1974년, 미국 로스앤젤레스)

미국의 석유 재벌 폴 게티(1892~1976) 재단이 캘리포니아 주 로스앤젤레스 교외 마리부에 1974년 개설한 미술관이다. 헤르쿨라네움의 빌라 파피리를 복원한 여러 층의 건물에 그리스 · 로마의 조각품과 폼페이의 벽화, 이탈리아 · 플랑드르 · 네덜란드 등의 근세회화, 서아시아의 융단, 18세기 프랑스의 가구, 타피스리의 일품(逸品) 등을 전시하고 있다.

1997년 건축가 리처드 마이어가 지은 현재의 건물로 이전하였다. 동 · 서 · 남 · 북의 독립된 전시관에는 고흐의 아이리스를 비롯한 세계적인 미술품들이 전시되어 있다.

[애쉬몰리언 박물관]

[우피치 미술관]

[루브르 박물관]

[스미소니언 박물관]

[뉴욕 현대 미술관]

[폴 게티 미술관]

The 알아보기

세계 박물관에서 운영 중인 '한국실'

현재 세계 17개국 50여 개의 주요 박물관에서 '한국실'을 운영 중이며, 그 현황은 다음과 같다.

- 미국 워싱턴 스미소니언 자연사 박물관 2층 한국실(Korea gallery)
- 영국 대영 박물관(2000)
- 프랑스 루브르 박물관 동양관
- 프랑스 기메 박물관(2001)
- 뉴욕 메트로폴리탄 박물관(1998)
- 멕시코 문화 박물관 : 중남미 지역 최초의 한국실
- 미국 샌프란시스코 동양 박물관 : 한국 미술 전담 큐레이터 상주
- 캐나다 로열 온타리오 박물관 : 한국실 개관 기념 가이드북 출판
- 미국 버밍엄 박물관 : 최고 인기 전시실로 운영 중

The 알아보기

세계 여러 나라의 주요 박물관에 전시되어 있는 우리나라 유물

- 청자상감 매죽수금문매병 : 11~12세기의 작품으로 도쿄 국립박물관에서 소장
- 백제 반가사유상 : 프랑스 기메 박물관에서 소장
- 서산대사 영정 : 미국 샌프란시스코 박물관에서 소장
- 청자상감 당자포도문표형수주 : 13세기의 작품으로 오사카 시립 동양 도자 미술관에서 소장
- 직지심체요절 : 프랑스 국립박물관에서 소장
- 빗살무늬 토기, 사천왕 : 대영 박물관에서 소장

세계적인 건축가와 박물관

1. 프랭크 로이드 라이트(Frank Lloyd Wright, 1867~1959), 미국

   미국 뉴욕 구겐하임미술관을 건축한 건축가이다. 달팽이 모양의 외관으로 시선을 사로잡는 미술관이다. 그의 건축철학은 기하학적 명료함을 특징으로 한다.

2. 르 꼬르뷔지에(Le Corbusier, 1887~1965), 스위스

   그의 대표적인 건축물로는 일본 도쿄 국립서양미술관이 남아있다. 이 미술관은 르 꼬르뷔지에가 1957년 설계하여 1959년에 완공한 미술관이다. 코르뷔지에의 설계철학인 '현대 건축 5원칙(필로티, 자유로운 파사드(입면), 자유로운 평면, 수평창, 옥상정원)'이 잘 반영된 작품으로 손꼽힌다.

3. 프랭크 게리(Frank Gehry, 1929~), 캐나다

   스페인 빌바오 구겐하임 미술관(1997) 건축한 건축가로서 '해체주의'건축을 대표하는 건축가로 유명하다. 그의 명성 때문에 빌바오 구겐하임 미술관은 소장품보다 건축 양식이 더 유명하다. 그는 '건축이 곧 예술'이라 믿으며 살았기 때문에 저렴한 재료를 사용한 조각 같은 예술적인 건물을 주로 건축하였다.

4. 미스 반 데어 로에(Mies van der Rohe, 1886~1969), 독일 출신 미국

   그의 건축 철학은 '최소한으로'이다. 건축분야에서 미니멀리즘을 실현한 건축가이다. 그가 즐겨 쓰는 건축기법은 전시공간 전체가 구획됨이 없이 개방된 형식이다. 최후의 바우하우스 교장(1930~1933)을 지낸 뒤 1937년 미국으로 망명한 그는 레이크 쇼어 드라이브 아파트(1957) 등으로 20세기의 세계적 거장이 되었다.

5. 리처드 마이어(Richard Meier, 1934~), 미국

   미국의 건축가로 '백색의 건축가'라는 별칭으로 불린다. 그는 폴 게티 미술관(J. Paul Getty Museum, 1974년, 미국 로스앤젤레스)을 건축한 건축가이다. 산타모니카 산 정상에 121만4,000m2 규모의 게티 센터를 세웠다. 마이어가 게티 센터 단지를 설계하는 데만 5년이 넘게 걸렸다. 1989년 시작한 공사는 12년이 지난 1997년 끝났다. 게티 재단이 게티 센터 단지 조성을 위해 쓴 돈은 1조원이 넘는다.

6. 장 누벨(Jean Nouvel, 1945 ~), 프랑스

   장 누벨은 삼성 리움 미술관을 건축 설계한 건축가이다. 리움은 크게 3동으로, 각각 세계적인 특급 건축가인 마리오 보타, 장 누벨, 렘 콜하스의 작품이다.

---

03 한국 박물관의 역사

(1) 한국 박물관의 역사

우리나라의 박물관 · 미술관의 역사는 멀리 삼국 시대까지 거슬러 올라가 그 원형을 확인할 수 있다. 문헌에 따르면 신라의 견당사가 중국으로부터 비단과 병풍 등을 가지고 돌아왔다고 기록되어 있는데, 이렇게 가져온 진귀한 물건들이 일정한 장소에 보관되었을 것으로 추정할 수 있다. 또한 경주의 안압지[30]에서 발견된 동물의 우리, 호랑이의 뼈, 곰의 뼈, 조경석 등의 흔적을 통해 동식물의 수집과 보관 역할을 했던 것으로 보고 있다. 이후 고려 시대, 조선 시대를 거치면서 역대의 국왕들은 막대한 수집품을 보관하는 고(庫)를 세웠지만, 병난과 병화 등으로 대부분이 멸실되었다.

---

30) 경주의 안압지(현 동궁과 월지)는 통일신라의 강력한 국력의 집약체로, 풍부한 유물을 보유하고 있다.

① 삼국 시대 : 귀비고[31], 만파식적조, 경주의 안압지 등

② 고려 시대 : 장화전, 태평정, 보문각, 청연각 등

(2) 한국 근대 박물관의 역사

우리나라 최초의 박물관은 대한제국 황실이 1909년 11월에 서울 '창경궁'에 개관한 '제실 박물관(帝室博物館)'이다. 제실 박물관은 세 번에 나누어 개편되었다. 첫 번째는 1911년 2월 1일 이왕가 박물관(李王家博物館), 두 번째는 1938년 4월 이왕가 미술관, 세 번째는 광복 이후인 1946년에 덕수궁 미술관으로 각각 개편되었다. 이후 1969년 5월 '국립박물관'으로 통합되었다.

구체적으로 살펴보면 다음과 같다. 제실 박물관은 1911년 2월 1일 이왕가 박물관(李王家博物館)으로 바뀌었고, 이후 일제강점기 때에는 조선총독부 박물관으로 개명되고, 1915년 12월 1일 경복궁 안에서 개관하였다. 조선총독부 박물관은 1926년 6월 20일에 경주분관, 1939년 4월 1일에 부여분관을 각각 설립하였다. 1936년 한국의 고미술을 전시하기 위해 덕수궁 석조전 서쪽에 새로운 건물을 준공하고, 창경원에 있던 '이왕가 박물관(1911~1915)'의 유물 중 미술품만을 골라 덕수궁 서관으로 옮겨와 1938년부터 '조선 고미술진열관'이라는 이름으로 일반에 공개하였다. 이때부터 '일본 근대 미술전시관'으로 사용되어 오고 있던 석조전(구관 동관)을 포함하여 덕수궁 동관 · 서관 전시관을 합쳐 '이왕가 미술관(1938~1946)'으로 명명하였다. 이왕가 박물관 대부분의 유물이 이곳으로 이전되며 창경원에 있던 이왕가 박물관은 사실상 폐관하게 되었다. 1945년 8월 25일 조선총독부 박물관을 인수하여 1945년 12월 3일에 개관하였다.

① 이왕가 박물관(1909)

우리나라 근대적 박물관의 시초는 '이왕가 박물관'이다. 1907년 순종이 경운궁(덕수궁)에서 창덕궁으로 이어(移御)하자, 창경궁의 전각을 이용하여 동년 11월 6일 동 · 식물원과 박물관을 건립하였고, 이를 순종만이 관람했다고 한다.[32]

1908년 9월에는 어원사무국(御苑事務局)을 설치하고 고려자기를 비롯한 불교공예품, 조선회화 등의 구입 등 본격적인 박물관의 기능을 시작하였다.

이어 1909년 11월 1일, 창경궁과 동물원, 박물관 등을 일반인에게 공개하였는데, 이것이 곧 제실 박물관(帝室博物館, 1909~1910)이며,[33] 우리나라 최초의 근대적 성격을 가진 박물관이다.

[이왕가 박물관]

1910년 8월 29일 한일강제병합으로 대한제국이 이왕가(李王家, 일본 천황가에 복속한 식민지의 왕가라는 의미 포함)로 격하되었는데, 이때 창경궁의 제실 박물관은

---

31) 『삼국유사』의 '연오랑 세오녀'설화에 따르면, '신라 해안에 살던 이들이 동해를 건너 어디론가 가버린 뒤 신라에서는 태양이 빛을 잃었다. 이들을 도로 데려오게 하였으나 이미 바다 건너에 왕국을 건설하였으므로, 왕비가 된 세오녀의 비단을 가져다가 하늘에 제사하니, 다시 태양이 빛났으므로 이것을 어고에 보관하고 그곳을 귀비고라 하였다.'라고 기록되어 있다.

32) 1929년에 발간된 『이왕가 박물관 소장품 사진첩』이라는 책자에 의하면 1907년 겨울, 순종이 경운궁에서 창덕궁으로 옮기는 일을 준비하는 과정에서 '황제의 무료함을 달래드릴 오락'을 마련한다는 차원에서 발의되었다고 한다.

33) 1909년 11월 1일 현재의 창경궁을 일반인에게 공개하였고(『대한민보』 1909년 11월 2일자 기사), 창경궁 안에는 동물원과 식물원, 박물관 등이 함께 설립되어 있어, 이후 창경궁을 창경원이라고 부르는 계기가 되었다. 이때 설립된 박물관을 당시 언론에서는 '제실 박물관'이라고 불렀는데, 이 박물관은 별도의 박물관 건물을 갖추지 못한 상태에서 명정전 · 황경전 · 경춘전 · 양화당 등의 전각을 전시실로 사용한 것이다.

이왕가 박물관으로 명칭이 변경되었다. 1911년 전시 기능을 강화하기 위하여 창경궁의 자경전에 박물관 본관을 신축하였고, 1912년 완공을 하게 된다.[34] 양화당·영춘헌·관경전 등의 전각을 이용하여 석조, 불상, 도자기 등 12,230여 점을 전시 및 소장하였다.

The 중요

이왕가 박물관의 명칭 사용
이왕가 박물관이 개관한 것은 1908년으로 그 명칭을 '제실 박물관'으로 사용해야 함이 옳지만 다음의 몇 가지 이유로 이왕가 박물관이라는 명칭을 사용하고 있다.

- 1908년부터 1910년까지의 『순종실록』 기록에서 제실 박물관 또는 황실 박물관이라는 명칭을 찾지 못하였고, 단지 『승정원일기』의 1908년 5월 29일, 6월 18일, 7월 15일, 8월 13일의 기록에 '박물관'이라는 명칭만 발견되고 있다.
- 『순종실록』의 부록 부분에서 '본가 박물관'이라는 명칭을 사용하고 있는데, 이를 풀어 쓰면 이왕가 박물관이 된다.

1917년부터의 '이왕가 박물관'으로의 명칭을 사용하고 있기에 문제가 없으나, 1908~1910년경의 경우에는 혼재된 명칭보다 1917년 이후의 공식적인 명칭을 사용하는 것이 타당한 것으로 보고 있다.

② 조선총독부 박물관(1915)

1915년 9월 조선총독부 통치 5년을 선전하는 조선물산 공진회가 경복궁에서 진행되었고, 공진회의 결과물을 바탕으로 12월에 조선총독부 박물관이 탄생되어 일반에게 공개되었다. 박물관은 고적 조사 유물과 사찰의 탑·부도, 비석 등을 전시하는 고고역사 박물관의 역할을 수행하며 본관 외에 수정전, 사정전, 근정전, 회랑 등을 전시실 및 사무실로 이용하였다.

그리고 경주 고적 보존회(1926)[35]와 부여 고적 보존회(1939)[36]가 조선총독부 박물관 분관으로 각각 편입되었으며, 공주[37]에 공주읍 박물관을 세웠다. 이 밖에 개성과 평양에는 각각 1931년과 1933년에 개성 부립 박물관[38], 평양 부립 박물관[39]을 건립하였다. 1938년에는 경복궁 내(內)의 건청궁에 '조선총독부 미술관'을 건립하고 조선 미술 전람회 등의 전시회를 개최하였다. 조선총독부 박물관은 전시 외에 고적 조사사업도 실시하였으며, 경주 서봉총에서 발굴한 신라 유물을 공개하는 특별전도 개최하였다.[40]

③ 국립중앙과학관(1927)

우리나라 과학 박물관의 역사는 1925년에 일본 왕의 성호 25주년 기념으로 조선총독부에 사회 교육 장려금 17만 원이 하사되고, 이를 이용하여 남산의 왜성대에 있던 조선총독부 청사가 경복궁으로 이전하면서 이 자리에 1927년 5월 은사 기념 과학관을 개관하였는데, 광물·곡물·실험기구 등의 물품과 동식물

---

34) 이난영, 『박물관학 입문』, 삼화출판사, 2001, p.76~82.
35) 1910년 경주 신라회가 발족되었고, 이것이 1913년 경주 고적 보존회로 발전하였다. 1921년 금관총을 발굴한 이후 금관고를 만들어 전시장을 운영하다가 1926년 조선총독부 박물관의 분관으로 편입되었다. 경주분관은 금령총, 호우총 등 경주 지역의 고분을 비롯한 유적의 발굴과 조사의 중심기관 역할을 하였다.
36) 1929년 부여 고적 보전회가 발족되었고, 구 부여현 객사에 백제관을 건립하여 전시장을 운영하였다. 1939년 조선총독부 박물관의 분관에 편입되었다.
37) 1934년 공주 고적 보존회가 발족되었고, 1940년 구 충주 감영의 선화당을 공주읍 박물관으로 개관하여 공주사적현창회에서 운영하다가 국립중앙박물관에 편입되었다.
38) 일제강점기 시절 유일하게 한국인인 고유섭 선생이 초대 관장을 지낸 곳으로 고려청자, 불상, 탑 등을 전시하며 고려 문화를 소개하는 전문박물관을 표방하였다.
39) 낙랑 유물의 발굴 및 전시 등을 하였다.
40) 조선총독부 미술관은 광복 후에 경복궁 미술관으로 불리게 되었고, 각종 국전과 한국 미협전 등의 현대 미술을 전시하는 공간으로 국립현대미술관이 건립되기 전까지 사용되었다.

의 표본, 각종 기계류, 인천항 모형, 금강산 모형 등을 전시하며, 과학 박물관의 시초를 이루었다. 1942년에는 함경북도에 북선 과학 박물관을 건립하여 광물·생물·화학 공업 등을 주제로 한 과학관을 운영하기도 하였다.

1945년 10월 은사 기념 과학관은 국립과학박물관으로 그 명칭을 변경하고 이듬해부터 일반인에게 공개되기 시작했으며, 1949년에는 국립과학관으로 개편되어 과학 전람회 등을 진행하였다.

한국전쟁으로 건물이 소실되면서 폐관되었던 국립 과학관은 각고의 노력으로 1962년 창경궁 뒤편의 현 서울과학관 자리에 재개관하였고, 1969년 문교부에서 담당하던 국립 과학관이 과학기술처로 소속이 변경되면서, 1972년 상설 전시 체계로 자리를 잡았다. 1990년에는 국립과학관 건물이 협소하여 대전의 대덕 연구 단지 내에 과학관 건물을 신축하고, 그 명칭도 국립중앙과학관으로 개편하였으며,[41] 기존의 국립과학관은 서울 과학관으로 개칭하여 운영하였다. 2008년에는 국립과천과학관을 신설하여 소속기관으로 마련하였다.

④ 이왕가 미술관(1938)

1933년 덕수궁 석조전을 개조하여 만든 덕수궁 미술관이 세워졌고, 5년 뒤인 1938년 이왕가 박물관이 덕수궁 석조전 옆에 건물을 신축하여 이전함으로써 덕수궁 미술관과 이왕가 박물관이 통합되어 이왕가 미술관으로 개명되고, 덕수궁 시대를 열게 되었다.

이왕가 미술관은 창경궁에서는 민속품을 전시하였고, 석조전에서는 동양화, 서양화, 조각, 공예 등의 일본 근대 미술품을 전시하였으며, 석조전 옆의 건물에는 도자기, 불상, 서화 등을 전시하였다. 이곳에는 고종 재위 당시 외국 사신들이 가져온 각종 진귀한 물건들이 보관되어 있었다. 8개의 전시실 외에도 수장고, 강당 등 미술관으로서의 제 모습을 갖춘 우리나라 최초의 미술관이었다. 이왕가 미술관은 해방 이후 이듬해인 1946년 덕수궁 미술관으로 개칭되었고, 한국전쟁 당시에는 부산으로 옮겨졌다가, 1953년 환도하였다. 1969년에는 국립현대미술관이라는 새로운 이름으로 덕수궁에 머물러 있다가, 아시안게임이 개최되던 1986년 지금의 자리인 과천으로 이전하게 되었다.[42]

⑤ 국립중앙박물관(1945)

국립박물관은 1945년 8월 15일 이후 조선총독부 박물관(1915년 12월 1일 경복궁 안에서 개관)을 인수하여 동년 12월 3일 개관되었다. 우리나라에서 가장 먼저 설립된 박물관은 대한제국 황실이 1909년 11월에 서울 창경궁에 개관한 제실 박물관(帝室博物館)이다. 제실 박물관은 1911년 2월 1일 이왕가 박물관(李王家博物館), 1938년 4월 이왕가 미술관, 광복 이후인 1946년에 덕수궁 미술관으로 각각 개편되었다가 1969년 5월 국립박물관에 통합되었다.[43]

1949년 12월 박물관 직제를 공포하며 업무 분장과 조직을 개편하였으나, 한국전쟁으로 개성 부립 박물

---

41) 국립중앙과학관은 전시 활동을 위해 5만여 평의 부지에 상설 전시관, 특별 전시관, 천체관, 탐구관, 옥외 전시장, 강당, 실험 실습실, 세미나실, 식당과 기타 부대 시설을 설치하였다. 이 중 상설 전시관은 전통 과학 박물관과 현대 과학센터의 역할을 복합 수행하기 위해 과거, 현재, 미래의 과학 기술을 소개하고 있다. (윤병화, 「대전 지역 사립박물관 운영 활성화 방안」, 국민대학교 석사학위논문, 2008, p.14.)

42) 우리나라 미술관의 역사
 • 1938년 이왕가 미술관 개관
 • 1946년 덕수궁 미술관으로 명칭 변경
 • 1969년 국립현대미술관으로 새롭게 명칭 변경
 • 1986년 과천 국립현대미술관 개관
 • 1998년 덕수궁 국립현대미술관 분관, 덕수궁 미술관 개관

43) 국립중앙박물관 홈페이지(http://www.museum.go.kr/site/main/content/history_1945)

관은 분관으로 편입하지 못하였다.[44] 1953년 8월 서울 환도 이후 잠시 남산분관에 머무르다가 1954년 10월 덕수궁 석조전으로 이전하였다.

1960년대 접어들면서 문교부가 문화공보부로 그 명칭이 변경되었고, 이에 따라 국립박물관이 대외선전용으로 전락하는 결과가 나타났다. 1970년대 민족 주체 의식의 고양과 강화를 명목으로 국립박물관이 1972년 덕수궁 석조전에서 경복궁으로 이전·개관하고 그 명칭도 국립중앙박물관이 되었다.

경복궁에 위치했던 국립중앙박물관은 새로운 직계의 편성과 선사 고고학 발굴·전시, 각종 기증 등으로 나름 활발한 활동을 하였으나 늘어나는 박물관 소장품에 비해 규모가 작았기 때문에 1986년 경복궁에서 구 중앙청 청사 건물로 박물관을 이전하였다. 중앙청으로 이전한 박물관은 역사자료실과 더불어 원삼국실, 가야실, 기증실 등의 전시실을 확보함과 동시에 각종 특별기획전과 학술·조사 연구, 소장유물 정보의 전산화 등이 이루어졌다.

1996년 국립중앙박물관의 용산 이전이 확정됨에 따라 현재 국립고궁박물관이 사용하는 건물을 2004년 10월까지 임시로 활용하였으며, 2005년 10월 28일 현재의 용산 지역으로 이전하였다. 용산의 국립중앙박물관은 면적이 10만여 평으로 세계 6대 박물관의 규모에 속한다. 또한 아시아 문화권을 아우르는 박물관으로 거듭날 수 있도록 고고·미술 영역에 역사와 아시아 영역을 강화하여 향후 4개 학문 분야를 총망라하는 박물관을 지향하고 있다.[45]

The 중요

국립중앙박물관의 역사 요약

• 국립중앙박물관의 해방 이전
  - 1909년 11월 1일 창경궁 '제실 박물관' 개관
  - 1915년 12월 1일 조선총독부에 조선총독부 박물관이 개관
  - 1945년 해방 후 '국립박물관' 개관(조선총독부 박물관 인수)
• 국립중앙박물관의 해방 이후 7차례 이전 과정
  - 1차 이전 : 1950년 한국전쟁으로 부산으로 임시 이전(부산 광복동 사무실)
  - 2차 이전 : 1953년 부산에서 서울 환도 후 '경복궁 내 청사'로 복귀하였으나, 이승만 대통령의 요구로 경복궁에서 철수하여 1954년 남산분관으로 이전
  - 3차 이전 : 1955년 남산 분관에서 '덕수궁 석조전'으로 이전 개관
  - 4차 이전 : 1972년 '경복궁'으로 신축 이전 개관(현 국립민속박물관)
  - 5차 이전 : 1986년 일제 총독부였던 '중앙청'으로 이전하여 개관
  - 6차 이전 : 1996년 '국립 고궁 박물관'으로 이전 개관
  - 7차 이전 : 2005년 서울 용산으로 이전하여 정착함

---

44) 북한 지역에서는 1945년 12월 평양에 진주한 소련에 의하여 평양 역사 박물관이 개관하였다.

45) 한국전쟁 발발 사흘만인 6월 28일, 서울은 북한군에게 점령당한다. 국립중앙박물관 김재원 초대관장과 직원들은 깊은 고민에 빠지게 된다. 1950년 9월 북한의 물질 문화 연구 보존 위원회에서 나온 김용태를 중심으로 박물관을 점령하고 박물관의 유물을 북한으로 이송 소장품 포장을 명령한다. 다행히 최순우, 김원용 선생 등 박물관 사람들은 지연작전을 펼쳤다. 지연작전 덕분에 북으로 유물이 이송되기 직전, 서울이 수복되면서 유물을 지킬 수 있었다. 이후 중공군이 개입되면서 1·4 후퇴가 시작되기 직전 부산으로 소장품을 이전하였다. 12월에 중앙 박물관의 유물을 부산으로 옮기기 위해 미국인 유진 크네즈와 김재원 관장 그리고 박물관 직원들이 유물을 이송하였다.

⑥ 국립민속박물관(1946) (옛명칭 : 국립 민족 박물관)

1945년 당시 고고미술 중심의 국립박물관과 별개로 민족 문화 및 인류학 영역을 취급하는 국립민족박물관이 11월 창립되었고, 1946년 일본 역대 총독의 패용품을 전시하던 남산 왜성대의 시정 기념관에서 문화재관리국 산하로 개관하였다.

국립민족박물관은 금속·석제·목공·도자기 등의 유물을 소장하였으나, 1950년 12월 관장의 사망과 한국전쟁 등으로 국립박물관의 남산분관으로 흡수 통합되었다. 1966년 10월 경복궁 수정전에서 한국민속관이라는 명칭으로 재개관하였다. 1975년 한국민속관의 건물이 협소하여 경복궁 내 현대미술관 건물을 인수하여 전시실로 삼았다.

1979년 문화재관리국 소속에서 국립중앙박물관 소속으로 직제가 개정되면서 명칭도 국립민속박물관으로 변경되었다.[46] 1992년에는 문화부 직속기관으로 독립하였고, 1993년 국립중앙박물관이 이전한 현재의 건물로 이전 개관하였다. 1998년에는 문화관광부로 소속이 변경되었다. 이 밖에 1999년에 섭외 교육과를 신설하였고, 2003년에는 어린이박물관을 개관[47]하는 등 지속적으로 변화·발전하고 있다.

> **The 중요**
>
> **국립민속박물관의 역사 요약**
> - 1945년 11월 8일 국립민족박물관 설립
> - 1946년 4월 25일 국립민족박물관 개관(일제시대 시정 기념관 건물)
> - 1950년 12월 국립박물관에 흡수·통합(남산분관)
> - 1966년 10월 4일 한국민속관 개관(경복궁 내 수정전, 문화재관리국 소속)
> - 1975년 4월 11일 한국민속박물관 개관(경복궁 내 구 현대 미술관 건물)
> - 1979년 4월 13일 문화재관리국 소속에서 국립중앙박물관 소속 국립민속박물관으로 직제 개편
> - 1992년 10월 30일 국립중앙박물관 소속에서 문화부 소속 국립민속박물관으로 독립

⑦ 국립현대미술관(1969)

① 1969년 현대 미술작품의 수집·보존·연구·전시·교육 등을 담당하기 위하여 국립현대미술관이 설립되었다. 초기 국립현대미술관은 단지 국전을 주관하는 공간으로만 머물렀기 때문에 전시에 한계가 있었다. 따라서 근·현대 미술품의 소장·연구·전시기획의 필요성에 따라 ② 1973년 덕수궁 석조전을 개수하여 이전함으로써 상설 전시와 특별기획전을 더욱 원활하게 진행할 수 있게 되었다.

③ 1986년에 이르러서는 직제개정을 통해 사무국에 관리과, 전시과, 섭외 교육과를 두고, 학예연구실을 신설하는 한편, 국제적 규모의 시설과 야외조각장을 겸비한 과천으로 신축·이전하여 미술작품과 자료를 수집·보존·전시·조사·연구를 하고 국제교류 및 미술 활동을 보급할 수 있는 국립 미술 기관으로 자리하였다. ④ 1998년에는 근대 미술 전문기관인 덕수궁 미술관을 분관으로 설립하여 강북권의 새로운 문화 공간을 조성하였다.

---

46) 국립민속박물관은 선조들의 삶의 모습을 조사·연구·수집·전시·보존·교육하는 전문기관을 표방하고 있다. 전시는 한민족 생활문화사관을 비롯하여, 일상(日常)·일생(一生) 등 3개의 상설 전시실과 야외 전시장으로 이루어져 있고, 연 4회 이상의 기획·특별전을 개최하고 있다. 조사 연구는 세시풍속, 마을신앙, 지역축제 등의 전통생활문화를 조사 범주에 포함시키고 있다. 근래에는 해외 박물관에 한민족 문화실 및 해외 문화원의 한국실 설치를 지원하며, 국제교류사업도 활발하게 진행하고 있다. 이 밖에 국립민속박물관에 있는 국립 어린이박물관은 체험 위주의 어린이 박물관으로 어린이와 관련된 민속 자료의 수집·보존·관리 기능도 하고 있다[국립민속박물관 홈페이지(http://www.nfm.go.kr)].

47) 어린이박물관은 어린이의 눈높이에 맞춘 우리나라 최초의 어린이박물관으로 경복궁 내의 국립민속박물관 부대 시설 중 하나이다. 2003년 2월에 문을 열었다.

(3) 지방 국립박물관의 역사

지방 국립박물관은 일제강점기와 광복 초기 경주, 부여, 개성, 공주에 있던 지방 박물관들을 광복과 한국전쟁을 거친 후, 1975년을 기점으로 지방 국립박물관으로 개칭하면서 시작되었다. 현재 우리나라의 지방 박물관은 국립 경주, 광주, 전주, 부여, 공주, 대구, 청주, 김해, 제주, 춘천, 진주, 나주, 익산으로 총 13개이다.

> **The 중요**
>
> **우리나라의 지방 국립박물관**
> - 국립경주박물관 : 경주의 유적 조사와 연구, 신라의 고고학 유물을 전시하는 기관으로 1975년 개관하였다.
> - 국립부여박물관 · 국립공주박물관 : 백제의 고고학 유물과 무령왕릉 등의 백제 문화를 전시하는 기관으로 1975년 개관하였다.
> - 국립광주박물관 : 광주, 전남 지역의 문화를 소개하는 기관으로 1978년 개관하였다.
> - 국립진주박물관 : 가야 문화와 임진왜란 관련 유물을 전시하는 기관으로 1984년 개관하였다.
> - 국립청주박물관 : 충북 지역의 문화를 소개하는 기관으로 1987년 개관하였다.
> - 국립전주박물관 : 전북 지역의 문화를 소개하는 기관으로 1990년 개관하였다.
> - 국립대구박물관 : 대구 · 경북 지역의 문화를 소개하는 기관으로 1994년 개관하였다.
> - 국립김해박물관 : 금관가야의 문화를 소개하는 기관으로 1998년 개관하였다.
> - 국립제주박물관 : 제주 문화를 소개하는 기관으로 2001년 개관하였다.
> - 국립춘천박물관 : 강원도의 문화를 소개하는 기관으로 2002년 개관하였다.
> - 국립나주박물관 : 영산강 유역의 고고 자료를 보존하고 전시하는 기관으로 2013년 개관하였다.
> - 국립익산박물관 : 백제 문화와 미륵사지 관련 유물을 전시하는 기관으로 2020년 국립 미륵사지 유물 전시관이 국립 익산 박물관으로 증축 개관하였다.

① 경주박물관의 역사

1913년 경주고적보존회(慶州古蹟保存會)가 결성되고, 1915년 옛 객사(客舍) 건물을 이용하여 신라의 유물을 수집 · 전시하였다. 1926년 조선총독부 박물관의 경주분관이 되었고, 1945년 8 · 15 광복과 함께 국립박물관의 경주분관이 되었으며, 1975년 국립 경주 박물관으로 승격되었다. 1975년 7월 2일 새 경주박물관을 건립하여 준공식 및 개관식을 가졌다.

1913년	경주고적보존회 발족
1926년	조선총독부 박물관 분관 편입
1945년	국립박물관 경주분관으로 변경
1975년	국립경주박물관으로 승격

② 부여박물관의 역사

1929년 부여고적보존회가 발족되고, 옛 객사 건물에 백제관을 개관하면서 박물관으로 발전하였다. 1939년 4월 조선총독부 박물관 부여분관이 되었고, 1945년 8 · 15 광복과 함께 국립박물관 부여분관이 되었다. 1975년 국립부여박물관으로 승격하고, 1993년 8월 현재의 건물로 이전하였다. 현재까지 약 1만 3,000여 점의 유물을 소장하였으며, 이 중 1,000여 점의 유물을 전시하고 있다.

1929년	부여고적보존회 발족
1939년	조선총독부 박물관 분관 편입
1945년	국립박물관 부여분관으로 변경
1975년	국립부여박물관으로 승격

③ 공주박물관의 역사

일제강점기에 공주 지역 사람들이 백제 문화재를 보존하기 위해 만든 공주고적보존회를 모태로 시작하였다(1934). 1940년 공주사적현창회(公州史蹟顯彰會)에서 조선 시대 관아 건물인 선화당(宣化堂)을 이용하여 박물관 사업을 시작하였고, 해방 이후 1946년 국립박물관 공주분관(公州分館)을 거쳐, 1975년 국립 공주 박물관으로 승격되었다.[48]

1934년	공주고적보존회 발족
1940년	박물관 사업 시작
1946년	국립박물관 공주분관으로 변경
1975년	국립공주박물관으로 승격

- 개성 부립박물관 : 1931년 개성에 건립하였으며, 고려 시대의 문화재를 주로 전시한 일제강점기 박물관이다.
- 평양 부립박물관 : 1933년 평양에 건립하였으며, 낙랑(樂浪)과 고구려 문화를 중심의 전시를 운영한 일제 조선총독부 박물관이다.

> **The 알아보기**
>
> **구별하기 어려운 공립 박물관**
> - 서울역사박물관
> - 둘리 박물관
> - 서울 상상나라
> - 펄벅기념관
> - 김해 클레이아크 미술관

(4) 사립박물관 및 미술관의 역사

국립박물관 외에도 경영 주체에 따라 공립과 사립박물관도 존재한다. 우리나라 사립 미술관·박물관의 시초는 일본인 야나기 무네요시(柳宗悅)가 1924년 개관한 '조선민족미술관'과 전형필이 1938년 보화각에서 개관한 한국인이 세운 한국 최초의 근대식 사립 미술관인 '간송 미술관(당시 명칭 보화각)'이다.

① 조선민족미술관

1924년 4월 9일 경복궁 안 집경당에서 개관한 미술관이다. 이 미술관은 일본인 야나기 무네요시(柳宗悅)가 1916년 조선을 여행한 이후 1940년까지 25년간 수집한 조선 미술품을 기반으로 설립되었다. 조선민족미술관의 수장품 수집은 야나기 혼자의 힘으로 이루어진 것은 아니었지만 수집 방향은 야나기의 영향을 깊게 받았다. 이는 1921년 5월 7일부터 11일까지 칸다(神田) 류이츠소(流逸莊)에서 조선미술관 주최로 개최된 조선민족미술전람회에서 잘 드러난다. 이 전람회에 전시된 품목은 대부분은 조선 시대 백

---

48) 이보아, 『박물관학 개론』, 김영사, 2005, p.55.

자였고 회화, 자수, 금속공예품, 반닫이 가구가 몇 점 포함되어 있었다. 조선 시대 미술품들이 폄하되고 있었던 당시의 상황 속에서 개최된 이 전시는 야나기의 한국의 미술품에 대한 확신 없이는 불가능한 것이었다. 1945년 광복 직후 조선민족미술관의 소장품은 민속학자 송석하(宋錫夏)가 관장이 된 국립민족박물관에 이관되었고, 이는 다시 한국전쟁 직후 국립중앙박물관 남산분관에 흡수되었다.[49]

② 간송 미술관

이 미술관은 간송 전형필 선생(1906~1962)이 1938년 서울시 성북동 보화각(葆華閣)에서 개관한 한국 최초의 근대식 사립미술관이다. 제2차 세계대전 및 8·15 광복, 한국전쟁 등을 겪으면서 일반 공개를 위한 미술관은 열지 못하고 있다가 1966년부터 후손들이 정리작업을 진행하면서 개관할 수 있었다. 1971년 개최한 '겸재전(謙齋展)'을 시작으로 해마다 봄가을에 한 번씩 수장품의 전시회를 여는 동시에 논문집 『간송문화(澗松文華)』를 발간하고 있다.

보화각은 우리나라 전통미술품 등 유물 보존 및 활용을 위해 1938년 건립한 사립미술관으로 건축가 박길룡(1898~1943)이 설계한 모더니즘 양식의 건축물이다.

간송의 소장품 수집에 있어 중요한 사건 두 가지가 주목된다. 1937년 2월, 일본 동경에서 고려자기를 수집해 오던 영국인 존 게츠비가 그의 컬렉션을 처분하고 본국으로 돌아간다는 소식이 들어오자 간송은 비행기를 타고 바로 일본으로 향했다. 이때 사들인 고려청자 10점 중 훗날 2점은 국보로, 2점은 보물로 지정이 되었다. 1938년 6월에는 조선에 살다가 일본으로 돌아간 일본인 골동 수집가 11인의 애장품을 가지고 와서 경성미술구락부에서 경매를 개최할 때 간송은 여기서 중요 문화재들을 대거 구입해 소장품을 구성한 것이다. 일제강점기 사회적으로 어려운 여건 속에서 우리나라를 대표하는 다수의 문화유산이 멸실 위기 속에서 보전될 수 있도록 중요한 역할을 하였던 간송의 행동은 역사적 의미가 크다.

③ 이외에 중요 사립미술관

1982년 호암 미술관이 개관하였으며, 1990년대부터는 선재 미술관, 월전 미술관, 성곡 미술관, 금호 미술관 등의 사립미술관들이 개관하였다. 박물관에 있어서도 2000년대에 접어들면서 종합박물관의 성격을 가진 국립박물관과는 별개로 유·무형의 다양한 주제를 전시하는 전문 사립박물관이 급속도로 건립되었다. 순수하게 개인이 운영하는 박물관으로는 가회 박물관, 거제 박물관, 금오 민속 박물관, 남철 미술관, 만해 기념관, 동산 도기 박물관, 목아 박물관, 목암 미술관, 사람 얼굴 박물관, 서울 닭 문화관, 옹기민속 박물관, 현대 도자 미술관, 서울 미술관 등이 있으며, 기업에서 운영하는 박물관으로는 호암 미술관(삼성)을 비롯하여 최초의 기업 박물관인 한독 의약 박물관, 풀무원 김치 박물관, 우리은행 은행사 박물관, 포스코 역사 박물관, 코리아나 화장 박물관, 철 박물관, 필룩스 조명 박물관, 신세계 한국상업사 박물관, 세종 옛돌 박물관 등이 있다.

(5) 대학박물관의 역사

우리나라 대학박물관의 역사는 일제강점기, 교육의 목적과 공공의 이익을 위하여 1934년 보성전문학교(현 고려대학교)와 1935년 이화여자전문학교(현 이화여자대학교)[50]가 박물관을 설립하면서 시작하였다.

---

49) 한국민족문화대백과사전 홈페이지[표제어 : 조선민족미술관(朝鮮民族美術館)]
50) 1935년 민속품·목공품·도자기 등을 본관 1층에 진열하면서 박물관 창설의 계기가 되었고, 1960년 독립된 공간에 박물관을 설립하였다.

이후 경성제국대학(현 서울대학교)은 1941년 동숭동 구 캠퍼스의 2층 건물에 경성제국대학 진열관을 개관하였고, 1946년에는 서울대학교 부속 박물관으로 명칭을 변경하여 현재에 이르고 있다. 연희전문학교(현 연세대학교)는 1965년 공주 석장리 유물의 발굴을 계기로 개관하였다.[51]

한편, 대학박물관은 1955년 대학설치기준령을 정하여 대학박물관의 설치를 권장하고, 1961년 한국대학박물관협회를 조직하여 박물관의 발전을 이뤘다. 이후 1967년에는 대학설치기준령을 개정하여 종합대학에서의 대학박물관 설치를 의무화하였다. 1970년대부터 고고·역사·민속·미술 자료를 수집·전시하는 대학박물관 설치 운동이 확산되고, 각종 토목 공사의 붐으로 유적조사와 발굴이 활발해지면서 대학박물관이 사회적으로 관심을 받게 되었다. 하지만, 1982년 대학설치기준령에서 박물관 설치의 조항이 삭제되고, 1984년 「박물관법」과 1992년 「박물관 및 미술관 진흥법」에서 대학박물관이 적용대상에서 제외되는 등 점차 쇠퇴하는 측면이 나타났다.

대표적인 대학박물관으로는 서울대학교 박물관, 고려대학교 박물관, 이화여자대학교 자연사 박물관, 공주대학교 박물관, 영남대학교 박물관, 충북대학교 박물관, 제주대학교 박물관 등이 있다.

04 만국 박람회 개최와 박물관

(1) 만국 박람회(World Fairs)

근대적 의미의 박람회의 모습을 갖추게 된 것은 산업혁명 이후, 즉 1761년 런던 왕립미술공업상업진흥회가 개최한 공업품 전시의 박람회가 그 시초이다. 이후 1851년에 개최된 런던 대박람회[52]를 시작으로 유럽 여러 도시에서는 더욱 규모가 큰 박람회가 개최되었다. 런던 대박람회는 출품 수 1만 3,939점, 입장자 수 600만 명이라는 획기적인 성과를 거두었다.

그 후 19세기 말까지 파리·빈·필라델피아·시드니 등지에서 10회 정도 개최되었다. 그중에서도 1889년의 파리 만국 박람회는 에펠탑의 건설로 유명하다. 20세기에 들어서면서 각국의 박람회 개최를 위한 경쟁이 더욱 치열해졌기 때문에, 1928년 '국제 박람회 조약'이 제정되어 파리에 그 사무국을 두었다.

제2차 세계대전 후에 개최된 박람회는 1958년 브뤼셀 박람회, 1962년 시애틀 21세기 박람회, 1964~1965년 뉴욕 세계 박람회, 1967년 몬트리올 만국 박람회(Expo '67), 1970년 오사카 만국 박람회(Expo '70), 1974년 스포캔 만국 박람회(Expo '74), 1975년 특별박람회인 오키나와 국제 해양 박람회, 1976년 필라델피아 독립 200주년 박람회, 1982년 미국 녹스빌 세계 박람회 등이다. 국제 박람회의 주제를 사용하기 시작한 것은 1933~1934년 시카고 만국 박람회부터이다.

---

51) 1929년 교육사업의 일환으로 민속품실을 설치하였으나 활동이 미미하였다. 1965년 선사 유물 중심의 박물관을 개관하였으며, 1981년에는 종합박물관으로 개편하였다.

52) 런던 대박람회는 출품 수 1만 3,939점, 입장자 수 600만 명이라는 획기적인 성과를 거두었다.

(2) 만국 박람회와 박물관

1870년 이후에 열린 거의 모든 대규모 박람회는 대형 박물관들의 모체가 되었다. 만국 박람회를 개최한 정부는 막대한 돈을 들여 모은 전시품들을 박람회가 끝난 뒤 폐기해 버릴 수 없었다. 따라서 전시품들은 박물관에 이양되어 보존되고, 종종 초기의 박물관들은 이렇게 단순히 수집품들을 보관할 장소가 필요해지면서 설립되었다.

① 수정궁 대박람회와 빅토리아 & 앨버트 박물관, 사우스 켄싱턴 박물관

국제적 박람회의 효시로는 1851년 런던에서 개최된 수정궁 대박람회(The Great Exhibition at the Crystal Palace)가 있다. 이 박람회 덕에 자연사 과학 박물관(The Natural History and Science Museums)뿐 아니라 빅토리아 & 앨버트 박물관(Victoria & Albert Museum)[53], 로열 앨버트 홀을 포함하는 사우스 켄싱턴에 소재한 빌딩군인 앨버토폴리스(Albertopolis)를 건설할 수 있었다.

② 필라델피아 미국 독립 100주년 기념 박람회와 뉴욕 자연사 박물관, 메트로폴리탄 박물관, 보스턴 미술관

1876년 필라델피아의 미국 독립 100주년 기념 대박람회(The Centennial Exposition in Philadelphia)와 뉴욕의 자연사 박물관(The American Museum of Natural History), 메트로폴리탄 박물관(The Metropolitan Museum of Art), 보스턴 미술관(Museum of Fine Arts, Boston) 등이 설립되었다.

③ 시카고 박람회와 시카고 자연사 박물관

1893년 시카고에서 개최된 만국 박람회 전시회장의 하나로 만들어진 시카고 자연사 박물관은 지금까지는 1,600만 점 이상의 수장품을 가지고 있는 최대 규모의 박물관이기도 하다.

④ 오사카 엑스포 70'과 오사카 민족학 박물관

1970년 오사카 만국 박람회 개최 후 민족학 박물관을 1974년 설립해서 1977년 일반인에게 공개하였다.

⑤ 우리나라 세계 박람회의 역사

우리나라가 최초로 국제 박람회에 참가한 것은 1889년(고종 26) 파리 만국 박람회이다. 이때 우리나라가 출품한 것은 갓·모시·돗자리·가마 등이었다. 하지만 공식적으로 참가한 것은 그 후 4년 뒤인 1893년 시카고 박람회라 할 수 있다. 우리나라는 시카고 박람회에서 기와집 모형 안에 나전칠기와 방석, 대포와 갑옷 등을 전시하였다.

이후 일제강점기와 한국전쟁으로 한동안 박람회에 참석하지 못했던 우리나라는 대한무역투자진흥공사를 설립하고 1962년부터 본격적으로 한국이라는 국호를 내걸고 미국 시애틀 박람회에 참가하였다.

그 후 우리나라는 1993년 개발도상국으로는 최초로 BIE[세계 박람회(EXPO)를 관장하는 국제기구]의 공인을 받고 대전 엑스포 '93을 개최하였다. 대전 엑스포 '93은 대덕 연구 단지와 국립중앙과학관(1990년 개관)의 인프라를 바탕으로 대전광역시 대덕 연구 단지 내에서 열린 국제 박람회이다. 대전 엑스포는 '새로운 도약의 길'이라는 주제로 93일 동안 펼쳐졌으며, 약 1,400만 명의 관람객 수를 기록하였다. 이후 1993년 대전 엑스포에 이어 2012년에 전남 여수에서 두 번째 인정박람회를 개최하였다.

---

53) 런던에 소재한 세계에서 가장 큰 장식 미술 박물관으로 그 전신은 사우스 켄싱턴 박물관이다.

03 박물관의 유형과 등록

01 박물관의 분류 체계

The 중요

박물관의 분류 체계

① 소장품(전시하는 내용)에 의한 분류

- **종합박물관** : 한 분야만이 아닌 미술, 역사, 지질 등 2가지 이상의 전문박물관이 결합된 박물관을 말한다. 여러 종류의 전시품을 함께 모아 전시하는 박물관이므로 소장품 또한 각 분야별 100점 이상이 있어야 하며, 학예사도 각 분야별 1인 이상이 있어야 한다. 설립조건으로는 각 분야별 전문박물관의 구성 요건인 100m² 이상의 전시실이 준비되어 있어야 한다.
- **전문박물관** : 고고학 · 역사 · 미술사 · 인류학 분야 등에서부터 민속학 · 자연사 · 산업 · 체신 · 교통 · 의약 · 서예 · 회화 등의 한 가지 분야의 유물을 수집하고 전시하는 박물관
  - 인문계 박물관 : 고고학 박물관, 미술관, 민속 박물관, 역사 박물관, 종교 박물관, 민족학 박물관, 교육 박물관, 기타 등
  - 자연계 박물관 : 자연사 박물관, 지질학 박물관, 과학 박물관, 산업 박물관, 군사 박물관, 기타 등

② 경영 주체에 의한 분류

  국립박물관, 공립 박물관, 대학박물관, 군 박물관, 독립 · 사립 법인 박물관[54], 기업 박물관

③ 봉사 영역(서비스 지역)에 의한 분류

  국립중앙박물관, 지역 박물관(Regional Museums), 지방 박물관(Local Museums)

④ 봉사 대상(서비스 대상)에 의한 분류

  교육 박물관, 공공 박물관, 전문박물관, 어린이박물관[55], 장애인 박물관

⑤ 소장품 전시 방법에 의한 분류

  전통 박물관, 유적지 박물관, 야외 박물관, 옥외 박물관, 사이버 박물관

(1) 지역 박물관(Regional Museums)과 지방 박물관(Local Museums)

영어로 지역 박물관은 Regional Museum, 지방 박물관은 Local Museum으로 사용되고 있는데, 이는 곧 지방이 지역보다 더 좁은 의미를 갖고 있음을 말한다. 지방 박물관은 중앙 박물관에 대응하는 의미로서 '중앙 박물관이 아닌 지방 박물관'을 지칭할 때 사용하는 용어이다. 반면, 지역 박물관의 경우는 중앙 정부에

---

54) 독립기념관, 전쟁기념관은 독립 법인 형태의 박물관이며, 국립박물관으로 볼 수 있다. 왜냐하면 이들은 국가가 설립 · 운영하는 박물관이기 때문이다. 1989년 대한민국은 국방부 소속으로 '전쟁기념사업회'를 설립하였다. 전쟁기념사업회는 전쟁에 관한 자료를 수집 · 보존하고, 전쟁의 교훈을 통하여 전쟁 예방과 조국의 평화적 통일을 이룩하는 데에 이바지함을 목적으로 서울 용산구에 '전쟁기념관'을 설립하여 운영하고 있다.

55) 세계 최초의 어린이박물관은 1899년 미국 뉴욕시 브루클린에 건립된 브루클린 어린이박물관이다. 우리나라 어린이박물관의 역사는 1954년에 국립 경주 박물관 어린이 박물관 학교가 최초로 시작되었고, 1970년 서울 남산에 건립된 '서울어린이회관'이 어린이박물관 유관시설로 볼 수 있다. 이후 본격적인 어린이 박물관은 1995년 서울 송파구에 최초로 설립된 삼성 어린이 박물관이다. 이를 시작으로 국립박물관 부설 형태인 국립중앙박물관 어린이 박물관, 국립민속박물관 어린이박물관, 국립 광주 · 청주 · 공주 · 경주 어린이박물관, 전쟁 기념관 어린이박물관 등 7개와 독립형 박물관 형태인 경기도 어린이박물관, 인천 어린이박물관, 아해 한국전통문화 어린이박물관 등이 운영 중이다. (장화정, 「어린이를 위한 체험전시콘텐츠와 공간의 다변화」, 서울상상나라세미나, 2019.) 국립어린이박물관이 세종시에 2023년 12월 26일 개관하였다.

반대되는 의미를 내포하는 것이 아니며, 또한 시·주·도와 같은 정확히 구획된 행정구역을 지칭하는 것도 아니다.

지역 박물관은 몇 개의 행정구역이 모인 '어떤 지역'이나 지리적 또는 정치적 지역으로 구분될 수도 있다. 예를 들면, 지리나 방위에 의한 구분인 경기, 충청, 전라, 경상 등의 지역 구분이 그것이다. 이보다 좁게 보면 지역 박물관은 그 지역, 구(區) 정도의 의미를 줄 수 있지만 지방 박물관은 동네에 소재하고 있는 작은 박물관을 지칭하는 정도의 의미로 볼 수 있을 것이다.

(2) 에코뮤지엄(Eco-Museum, 생태 박물관, 야외 박물관, Open-Air Museum)

에코뮤지엄의 어원은 프랑스어로 '에코뮈제(Écomusée)'에서 시작되었으며, 생태학을 뜻하는 에콜로지(Ecology)와 박물관을 뜻하는 뮤지엄(Museum)의 합성어이다. 여기에서 에콜로지는 인간과 환경의 관계성에 주목한 인간을 둘러싼 환경을 강조하고자 하는 의미인, 휴먼 에콜로지(Human Ecology) 측면이라고 볼 수 있다.[56] 에코뮤지엄이라는 용어가 최초로 사용된 것은 1971년 프랑스 그르노블에서 열린 국제박물관협의회의 제9차 정기총회에서 프랑스 환경부 장관이었던 푸자드(R. Poujade)가 생활사 복원 전시를 기반으로 생태와 박물관의 통합적인 개념의 필요성에 대해 주창하였고, 프랑스의 리비에르(G. H. Riviere)가 이를 '에코뮤지엄'이라는 용어로 통일하여 사용할 것을 제안하였다. 그 후 이 용어가 국제박물관협의회에서 공식적으로 인정되어 현재 전 세계적으로 통용되고 있다.[57]

에코뮤지엄은 지역의 문화특색과 환경에 따라 여러 가지 모습의 용어가 나타나는데, 대표적으로 생태 박물관, 환경 박물관, 민속박물관, 에코뮈제(Écomusée), 지역공동체 박물관 등의 이름으로 혼용되어 불리고 있다. 에코뮤지엄이 조명받기 시작한 계기는 1960년대 후반 프랑스의 사회문화적 변혁 속에서 지역문화의 재조명과 함께 '신박물관학'이 대두되면서 촉진되었다.

> '지역사회 사람들의 생활과 그 지역의 자연환경, 사회 환경의 발달과정을 역사적으로 탐구하고, 자연 유산 및 문화유산을 현장에서 보전, 육성하고 전시하는 것을 통해서 해당 지역사회 발전에 기여하는 것을 목적으로 하는 박물관이 되어야 한다.'
>
> – 조르주 앙리 리비에르(1827~1883) –
>
> '프랑스는 대부분 지역의 전통가옥이 그 지역에서 잘 유지되고 있으니까 그 지역의 자연환경과 풍속, 생활양식 등의 문화를 보전·전시할 수 있는 에코뮤지엄이면 좋겠다!'
>
> – 위그 드 바린(1935~) –

에코뮤지엄의 기원은 스웨덴 스칸센 민속박물관에서 찾을 수 있다. 세계 최초의 야외 민속박물관인 스칸센 민속박물관은 1891년 스웨덴에 산재해 있던 150여 채의 전통가옥들을 한곳으로 이전하는 계기로 만들어졌다. 스칸센 민속박물관은 농촌의 보존을 위해 마을 전체를 옛날 모습 그대로 복원 전시하려는 구상에서 시작되었기 때문에 에코뮤지엄의 기원으로 삼고 있다.

에코뮤지엄은 소장품의 진열에 치중하는 일반적인 박물관과는 다른 새로운 형태의 박물관으로 지역 고유의 문화와 건축유산, 생활방식, 자연환경 등을 그대로 보존 계승하면서 이를 일반인들에게 알리는 독특한 형태의 박물관이다. 에코뮤지엄은 주민들이 직접 박물관 운영에 참여할 뿐 아니라 지역 유산 전시 이외에 다

---

56) 오하라 가즈오키(김현정 역), 『마을은 보물로 가득 차 있다 에코뮤지엄 기행』, 아르케, 2008, p.47.
57) 정수희, 이병민, 「에코뮤지엄의 속성을 통해 본 도시의 문화적 지속가능성 연구: 한국 경기도 광주시와 일본 가나자와시의 사례를 중심으로」, 글로벌문화콘텐츠, 2016, p.173~194.

양한 체험 활동 프로그램을 운영하기 때문에 '살아 있는 박물관'이라고 불린다.

수십 혹은 수백여 채의 가옥들이 모여 있고, 주민들이 직접 생활을 하거나 농장을 운영하는 이 형태는 마치 하나의 생동감이 넘치는 작은 마을을 보는 것 같은 인상을 준다. 방문객들은 박물관 내의 전통가옥에서 투숙을 하거나 지역의 공예품을 만들어 보는 등 다채로운 문화경험을 통해 지역의 민속과 건축, 자연유산 등을 자연스럽게 접할 수 있다. 이를 통해 뿌리가 약한 이 사회에서 근원을 제시해 주고, 삶의 방식과 기술들을 보존해 주며, 남녀노소를 막론하고 독특한 교육의 기회를 제공해 주는 것이 기존 박물관의 형태와 다른 점이다. 또 다른 특징은 건물을 수집하여 하나의 전시로서 조합해 놓고 이에 대한 연구를 진행하기도 하며, 종종 원래 있던 장소에서 다른 장소로 옮겨지는 경우도 있다. 원래 있던 장소에서 다른 장소로 옮겨진 대표적인 예가 세계 최초의 에코뮤지엄인 스웨덴의 스칸센 민속박물관이다. 이 경우에는 오픈 에어 뮤지엄 (Open-Air Museum)이라고 부른다.

에코뮤지엄의 3요소는 지역 '유산'과 주민 '참여' 그리고 '박물관 활동'으로 구성된다. 리바르(R. Rivard)에 의하면 "전통박물관은 '건물(structure)'과 '소장품(collection)', '전문가(experts)'라는 구성 요소를 가지는 박물관 중심의 전시공간으로 관람객은 단지 '방문자(visitor)'로서 박물관을 찾는다. 이에 반해 에코뮤지엄은 일정한 '지역(territory)'의 범위에 존재하는 '유산(heritage)'과 역사적 문화유산이 보존되어 온 '특별한 장소들(special sites)' 그리고 '주민(population)'과 '연장자(elders)' 등이 모두 참여하여 전문가의 역할을 수행하며 나아가는 다른 구조를 가지고 있으며, 심지어 그들의 삶이 그 자체로 전시의 대상이 될 수도 있다."라고 제언한 바 있다.

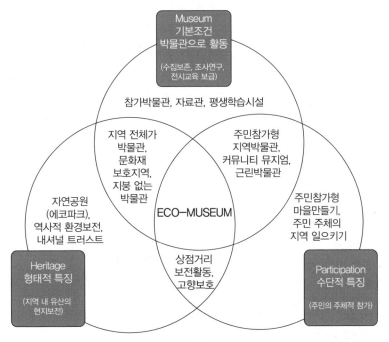

[에코뮤지엄의 세 요소(오하라 가즈오키, 2008)]

지역에 보존되어 있는 산업유산, 문화유산, 자연유산	지역을 대상으로 수집, 조사, 보존, 연구, 전시, 교육 등의 기능을 수행하는 활동	주민 자신이 스스로 운영의 주체가 되어 참여

여기서 '유산'은 에코뮤지엄의 형태적 특징으로, 지역에 흩어져 있는 산업유산, 문화유산, 자연유산 등으로 지역의 현장성을 갖고 보존된 모든 것들을 포함한다. '참여'는 에코뮤지엄의 주체적 특징으로, 주민의 미래를 위해 주민 자신이 스스로 참여하여 운영의 주체가 되며 향수의 주체가 되는 것을 의미한다. '박물관 활동'은 뮤지엄의 기본조건으로서, 전통적으로 박물관에서는 학예사를 중심으로 수행되던 수집, 보존, 조사, 연구, 전시, 교육 등의 활동이 에코뮤지엄에서는 지역을 중심으로 이루어져야 함을 의미한다. 이 세 가지 요소가 균형을 맞추고, 지역 상황에 맞는 적용, 지역주민의 삶과 연계된 역동적인 활동, 지역에 보존되어 있는 유산의 결합을 통해 밀접한 네트워크를 형성하고 있는 것이 에코뮤지엄의 가장 이상적인 모습이다.[58]

지역 상황에 맞는 적용	지역주민의 삶과 연계된 역동적인 활동	지역에 보존되어 있는 유산의 결합

[에코뮤지엄의 가장 이상적인 모습]

> '지역공동체가 지속가능한 발전을 위해 공동체 유산을 보존하고 해석하고 관리하는 역동적인 활동'
>
> – 유럽에코뮤지엄연합회 –

에코뮤지엄의 시원인 스칸센 야외 민속박물관은 스웨덴 각 지역의 다양한 자생 동·식물과 생활문화를 야외에 전시한 '오픈 에어 뮤지엄(Open-Air Museum)'으로 그 개념이 발전되었다.

The 중요

에코뮤지엄의 주요 특징
- (자연, 문화, 산업) 유산, (박물관 기능과 역할) 활동, (지역주민) 참여
- 과거, 현재, 미래의 시간 축과 박물관의 공간 축이 결합된 박물관
- 지역의 생태와 주민, 환경 전체를 포함
- 주민들에게 자신들이 살고 있는 지역에 관한 역사적 설명을 제공
- 위그 드 바랭과 조르주 앙리 리비에르가 처음 사용한 용어

---

58) 허지연, 김봉석, 「에코뮤지엄을 도입한 사회과 지역학습 프로그램의 개발과 실제」, 사회과교육, 2018, p.55.

대표적인 에코뮤지엄

- 해외
  - 스웨덴의 스칸센 에코뮤지엄 : 세계 최초의 에코뮤지엄으로 스웨덴 스톡홀름에 위치하고 있다. 스웨덴 각지에서 실제 건물을 옮겨다 한 곳에 모아 놓은 야외 박물관으로 스칸디나비아 지역의 전원생활을 엿볼 수 있다.[59]
  - 코르빗 샤프하우스(Corbit-Sharp House) : 미국 델라웨어주의 오데사에 있는 것으로 헨리 프란시스 듀퐁 윈터써 박물관의 소유이다. 조지아식 주택 건축 중 하나로 18세기 원형대로 복원되어 있으며, 1959년 일반에게 개방되었다.
  - 콜로니얼 윌리엄스버그 : 미국 버지니아주에 위치한 것으로 J. 록펠러와 그의 가문이 1926년부터 40여 년 동안 이 도시에 5백여 개 이상의 건물을 복원하고 재건한 것으로 약 8,000만 달러를 들여 정비하였다.
  - 이 밖에 미국 미시간주 디어본의 그린필드 빌리지 등이 있다.
- 한국
  - 우리나라에서는 안동 하회마을, 북촌 한옥마을, 외암리 민속마을, 영주 선비촌, 용인 한옥마을, 경주 양동 민속마을 등이 에코뮤지엄 방식과 유사하게 운영되고 있다.
  - 자연환경 그대로를 즐기고 이해하려는 에코 투어리즘(생태 관광, Eco-Tourism)과 연계하여 만들어진 충남 논산, 경기 여주 등 전국 각지의 그린투어 프로그램도 에코뮤지엄의 다른 형태로 볼 수 있다.

[스칸센 에코뮤지엄]

[경주 양동 민속마을]

(3) 옥외 박물관

박물관은 전시하는 장소에 따라 실내와 실외로 나눠진다. 대부분의 박물관은 실내에서 전시하고 있지만, 그 밖에 실외에 소장품을 전시해 놓은 박물관이 존재하면 이를 옥외 박물관 또는 실외 전시장이라고 부른다. 옥외 박물관은 박물관의 영역 안에 포함되어 있으며, 야외 박물관과는 구분된다.

---

59) 1891년 스웨덴 민속학자이며, 교육자인 하셀리우스(A. Hazelius)가 설립한 세계 최초의 야외 박물관이다. 스칸센은 '요새'의 의미로서, 그 명칭은 스톡홀름 중앙에 있는 스칸센 유적에 설립된 것에서 유래한다. 스웨덴 사람들의 과거 생활을 보여 주는 건물과 농장 그리고 동물원으로 구성되어 있는데, 특히 건물과 농장들은 스웨덴 각지에서 옮겨온 것으로 대체로 17~20세기의 것이다(세그롤라 교회, 17세기 영주의 저택 등). 총 150여 개의 시설과 구축물(교회·풍차·농가·산장·저택 등)이 있으며 이를 통해 다른 신분의 사람들이 어떻게 일하고 거주했는지를 보여 준다. 또한 내부의 장식 역시 당시의 양식으로 재현되었으며, 인쇄공장·직물공장 등에는 민속 의상을 입은 사람들이 당시의 작업 환경을 실연하고 있다.

(1) 제1종 박물관 · 미술관

유 형	박물관자료 또는 미술관자료	학예사	시 설
종합박물관	각 분야별 100점 이상	각 분야별 1명 이상	1. 각 분야별 전문박물관의 해당 전시실 2. 수장고(收藏庫) 3. 작업실 또는 준비실 4. 사무실 또는 연구실 5. 자료실 · 도서실 · 강당 중 1개 시설 6. 도난 방지시설, 온습도 조절장치
전문박물관	100점 이상	1명 이상	1. 100제곱미터 이상의 전시실 또는 2,000제곱미터 이상의 야외 전시장 2. 수장고 3. 사무실 또는 연구실 4. 자료실 · 도서실 · 강당 중 1개 시설 5. 도난 방지시설, 온습도 조절장치
미술관	100점 이상	1명 이상	1. 100제곱미터 이상의 전시실 또는 2,000제곱미터 이상의 야외 전시장 2. 수장고 3. 사무실 또는 연구실 4. 자료실 · 도서실 · 강당 중 1개 시설 5. 도난 방지시설, 온습도 조절장치
동물원	100종 이상	1명 이상	1. 300제곱미터 이상의 야외 전시장(전시실을 포함한다) 2. 사무실 또는 연구실 3. 동물 사육 · 수용 시설 4. 동물 진료 · 검역 시설 5. 사료창고 6. 오물 · 오수 처리시설
식물원	1. 실내 : 100종 이상 2. 야외 : 200종 이상	1명 이상	1. 200제곱미터 이상의 전시실 또는 6,000제곱미터 이상의 야외 전시장 2. 사무실 또는 연구실 3. 육종실 4. 묘포장 5. 식물병리시설 6. 비료저장시설
수족관	100종 이상	1명 이상	1. 200제곱미터 이상의 전시실 2. 사무실 또는 연구실 3. 수족치료시설 4. 순환장치 5. 예비수조

(2) 제2종 박물관 · 미술관

유 형	박물관자료 또는 미술관자료	학예사	시 설
자료관 · 사료관 · 유물관 · 전시장 · 전시관 · 향토관 · 교육관 · 문서관 · 기념관 · 보존소 · 민속관 · 민속촌 · 문화관 및 예술관	60점 이상	1명 이상	1. 82제곱미터 이상의 전시실 2. 수장고 3. 사무실 또는 연구실 · 자료실 · 도서실 및 강당 중 1개 시설 4. 도난 방지시설, 온습도 조절장치
문화의 집	도서 · 비디오 테이프 및 CD 각각 300점 이상	–	1. 다음의 시설을 갖춘 363제곱미터 이상의 문화 공간 　가. 인터넷 부스(개인용 컴퓨터 4대 이상 설치) 　나. 비디오 부스(비디오테이프 레코더 2대 이상 설치) 　다. CD 부스(CD 플레이어 4대 이상 설치) 　라. 문화관람실(빔 프로젝터 1대 설치) 　마. 문화창작실(공방 포함) 　바. 안내데스크 및 정보 자료실 　사. 문화사랑방(전통문화사랑방 포함) 2. 도난 방지시설

03　박물관의 종류

국제박물관협의회가 정의한 내용에 의거하면, 상당히 많은 종류의 문화 공간이 박물관의 영역에 들어오게 되며, 아래에 제시된 문화 공간들이 박물관의 영역에 포함되는 것들이 된다.[60]

The 중요

박물관의 영역
- 역사 박물관 및 사료 보관소(History Museums and Archives)
- 미술 박물관 및 갤러리(Art Museums and Galleries)
- 자연사 박물관(Natural History Museums)
- 생활사 박물관 및 문화 지역(Cultural Heritage Museums)
- 과학 및 기술 박물관(Science and Technology Museums)
- 어린이, 청소년 박물관(Children's and Youth Museums)
- 동물원(Zoos)
- 수족관(Aquariums)
- 식물원 및 정원(Botanical Gardens)
- 자연 체험현장 학습센터(Nature Centers)
- 우주탐험관 및 천문관(Planetariums)
- 기념관(Memorials)
- 생가 및 민속촌(Historic Homes)

---

60)　문화체육부박물관과, 『국제박물관협의회 규정집』, 문화체육부박물관과, 1994, p.10.

앞에서 제시된 오프라인의 문화 공간 이외에도, 인터넷의 발달과 더불어 최근에는 온라인 공간에서의 박물관도 많은 주목을 받고 있으며, '사이버 박물관(cyber museum)'이나 '전자 박물관(e-museum)', '스마트 박물관(smart museum)' 등이 대표적인 사례이다.

특히, 기술의 유비쿼터스(ubiquitous) 개념이 사회적인 관심을 받으면서, 언제(anytime), 어디서든 (anywhere) 문화 공간에 접속할 수 있는 다양한 매체들(web, I-Pad, mobile 등)이 꾸준히 개발되고 있다.

- 유비쿼터스(ubiquitous)의 정의
  - 언제 어디서나 어떤 방식이나 인터넷(가상공간)에 접속하여 정보의 교류가 가능한 제3의 공간
    예 홈페이지, 인스타그램, 페이스북 등
  - 유비쿼터스 환경 발전 방향

▷ 보다 편리하게	▷ 보다 빠르게
▷ 보다 안전하게	▷ 보다 많은 곳에서

- 변화되는 생활
  - 사회 기간산업을 비롯하여 생활의 모든 모습을 바꿔 나아가고 있다.
  - 코로나19 이후 오프라인 전시를 대체하여 전시의 혁명을 예고하고 있다.
  - 관람자들이 박물관의 누리집에서 소장품을 감상하고, 교육에 참여하는 세상이 펼쳐진다.
  - 실시간 정보 교류 프로그램에 의해 비대면으로 상호소통이 가능한 세상을 만든다.

04 박물관의 적용범위

우리나라의 「박물관 및 미술관 진흥법」 제5조에 의하면 이 법은 종합박물관, 전문박물관, 미술관, 동물원, 식물원, 수족관 이외에 "자료관, 사료관, 유물관, 전시장, 전시관, 향토관, 교육관, 문서관, 기념관, 보존소, 민속관, 민속촌, 문화관, 예술관, 문화의 집, 야외 전시 공원 및 이와 유사한 명칭과 기능을 갖는 문화시설 중 대통령령으로 정하는 바에 따라 문화체육관광부장관이 인정하는 시설에 대하여도 적용한다. 다만, 다른 법률에 따라 등록한 시설은 제외한다."라고 명시되어 있어, 다양한 문화시설들이 박물관의 범주로 확대ㆍ적용되고 있다.

04 박물관학

01 박물관학이란?

박물관학은 종합과학이다. 박물관학자들이 조사·연구하는 분야는 학제 간 또는 다학문적 접근을 통해서 인간의 삶을 풍요롭게 하고, 문화와 자연유산을 지키고 가꾸는 데 이바지하고 있기 때문이다. 박물관학의 연구목적은 첫째, 박물관의 역사와 발달 과정을 밝히고, 둘째, 박물관의 사회적 역할과 기능을 충실하게 수행할 수 있도록 이론과 실무경험을 학문적으로 체계화하며 셋째, 인류의 삶을 풍요롭게 하고, 문화유산을 보존하며, 자연환경을 보호하는 것에 있다. 이를 위해 박물관학은 박물관 건축과 시설, 박물관 자료와 정보, 박물관의 대내외적 활동, 박물관을 움직이는 사람과 박물관을 이용하는 사람 등에 관한 연구를 하고 있다.[61]

02 박물관학의 기원

(1) 뮤즈(Muses)

박물관학(Museology)[62]에서 뮤즈(Muses)란 그리스·로마의 종교와 신화에 나오는 뮤사(Mousa)·모이사(Moisa)의 아홉 자매 여신들을 말하는데,[63] 이 중 클리오 여신(Muse of Clio)이 박물관 활동과 매우 밀접한 재능과 외모를 지니고 있다.

그리스 신화에 나오는 제우스(Zeus) 신과 므네모시네(Mnemosyne) 여신 사이에 태어난 아홉 자매 여신들인 뮤사(Mousa)·모이사(Moisa) 등은 창조적인 구상력과 무한대의 기억을 지니고 있으며, 또한 죽어야 할 운명을 구할 수 있는 통찰력을 지니고 있었다. 그들은 과거의 영광스러운 사건에 대한 기억과 민속예술, 음악, 시(詩), 온유한 흥겨움, 조화와 관련이 있으며, 그들의 춤과 노래는 인간들의 슬픔과 고뇌를 잊게 하였다. 이처럼 뮤즈의 신화적 성격을 통해서도 알 수 있듯이 박물관학은 어떤 특정 분과 학문(철학·문학·공연예술 등)이 아닌 전체 목록을 포괄한 종합과학임을 알 수 있다. 물론 문예와 관련된 아홉 자매 중 서책(書冊) 두루마리를 들고 있는 역사의 여신 클리오(Clio)가 박물관의 사회적 역할과 가장 밀접한 관련을 맺고 있다.

---

61) 최종호, 「박물관학과 민속학의 통섭과 융합을 위한 시론」, 한국민속학 제61권, 2015, p.55~85.
62) 그리스 신화의 문예와 관련된 아홉 자매 여신들인 뮤즈(Muses)와 학문을 의미하는 로고스(Logos)의 합성어이다.
63) 칼리오페(Calliope)는 웅변·서사시의 여신, 클리오(Clio)는 역사의 여신, 에라토(Erato)는 서정과 연애시의 여신, 에우테르페(Euterpe)는 음악·피리의 여신, 멜포메네(Melpomene)는 비극의 여신, 폴리힘니아(Polyhymnia)는 성시(聖詩)·흉내 예술의 여신, 테르프시코레(Terpsichore)는 합창과 춤의 여신, 탈리아(Thalia)는 희극의 여신, 우라니아(Urania)는 천문의 여신이다.

하지만 뮤즈를 위한 조사 · 연구 활동을 박물관학이라고 하기에는 무리가 있다. 왜냐하면 박물관학은 박물관 자체와 박물관 자료 · 정보, 박물관을 움직이는 사람과 이용하는 사람에 대한 조사 · 연구라고 할 수 있기 때문에 뮤제이옹(Museion)[64]의 후계자격인 박물관(Museum)에 관한 연구인 것이다.

(2) 뮤지엄(Museum)

라틴 파생어인 뮤지엄(Museum)이라는 용어는 15세기 이전까지 주로 철학의 토론 장소로서 사용되었으나, 이탈리아 피렌체[영어 : 플로렌스(Florence)]의 상인이자 골동품 수집가인 코시모 디 메디치(Cosimo de' Medici)의 손자 로렌초 디 메디치(Lorenzo de' Medici)가 진기한 수집품을 서술할 때 '뮤지엄'이라는 용어를 사용하기 시작하여 의미의 변동이 나타나기 시작하였다.

영어권에서는 영국 람베스(Lambeth)의 존 트라데스칸트(John Tradescant)가 1656년에 그의 과학 수집품을 소개하는 '뮤제움 트라데스칸티어넘(Musaeum Tradescantianum)'이라는 카탈로그로 출판할 때 처음으로 '뮤제움'이라는 용어를 사용하였다.

메리엄-웹스터의 대학사전에 의하면 영어에서 뮤지엄(museum)은 1672년부터 '관심이나 가치가 지속되는 물건을 획득하고 관리, 연구, 전시하는 데 이바지하는 시설 또는 물건이 전시되어 있는 장소를 지칭하는 용어'로 사용되기 시작하였고, 1683년 영국 옥스퍼드 대학에서 엘리어스 애쉬몰(Elias Ashmole)이 수집 · 기증한 자료를 바탕으로 근대적인 전시실을 갖춘 애쉬몰리언 박물관(Ashmolean Museum)이 처음으로 일반에게 공개됨으로써 박물관 연구에 대한 학술적인 관심이 나타나게 되었다.

박물관은 17세기 중반까지는 '수집품'을 의미하였고, 17세기 후반부터는 '수집품을 보관 · 전시하는 장소'를 의미하였다. 1845년 영국의 「박물관법(Museum Act of 1845)」이 공포된 이후부터는 근대적인 의미의 박물관 인식이 확산되기 시작하였다. 이후 산업혁명을 거치면서 박물관학은 분과 학문으로서의 위상을 갖추기 시작한 것이다.[65]

---

64) 이집트 알렉산드리아에 세워진 뮤제이옹은 뮤즈의 전당(殿堂) · 신전(神殿)으로서 철학의 연구기관 또는 명상의 장소였다.
65) 최종호, 「박물관의 설립과 운영」, 대전보건전문대학박물관학 연구소, 1996, p.17.

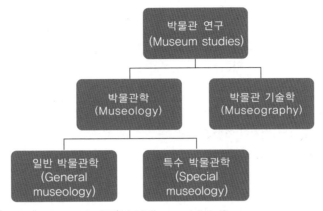

[박물관 연구(Museum studies)]

박물관 연구(Museum studies)는 박물관학과 박물관 기술학의 연구 대상과 영역을 포괄하는 종합과학이라고 할 수 있다. 박물관학(Museology)이 박물관과 박물관의 종사자를 주 대상으로 하여, 보다 이론적인 연구에 치중되어 있는 반면에 박물관 기술학은 박물관의 환경과 박물관 시설물 운영을 주 대상으로 하여 기술적이고 실용적인 측면의 연구에 치중되어 있다.

박물관학은 크게 일반적인 박물관학(General museology)과 박물관의 각 분야에 응용분야를 다루는 특수 박물관학(Special · Specialized museology)으로 나눌 수 있다. 일반적인 박물관학이란 박물관학의 대상과 영역, 이론, 방법론, 박물관 자료의 해석, 박물관의 설립과 운영 등을 조사 · 연구하는 순수 박물관학이며, 특수 박물관학은 인문 · 사회계의 인류학적인 박물관학, 자연 · 이공계의 자연과학적인 박물관학, 예술계의 예술학적인 박물관학으로 구별할 수 있다. 즉, 특수 박물관학은 각 분과 학문의 특성을 살려 관심 있는 박물관 자료를 소재로 박물관 활동에 필요한 조사 · 연구 활동을 수행하는 것이다.

박물관 전문직 종사자들은 누구나 특수 박물관학의 한 분야를 전공영역으로 갖게 되지만 20세기에 들어와 순수 박물관학이 독립된 분과 학문으로서 번창하면서 이제는 순수 박물관학 전공자들이 박물관학의 발전을 이끌고 있다.

(1) 박물관학의 정의

『신 박물관학(The New Museology)』이라는 저서를 낸 버고(Vergo)에 따르면, '박물관학은 박물관들에 관하여 새로이 밝혀지고 있고 발전되고 있는 역사와 근본적인 철학은 물론 박물관들의 목적과 정책들 그리고 교육적인 면에서나 정치적인 면에서의 사회적인 역할까지도 포함한 것들에 관한 학문'이라고 정의하고 있다.[66] 국제박물관협의회의 1972년 보고서에 나타난 정의에 따르면, '박물관학은 박물관들에 관한 역사와 배경에 관한 학문이자 박물관들의 사회적인 역할과 위상, 연구 활동, 보존, 교육, 조직 그리고 주변 환경과의 관계와 더불어 각기 다른 박물관들에 관한 분류 등을 망라한 학문'이라고 하였다.[67]

(2) 학계의 정의

① **A. J. 젤리네크(1970)** : 1970년 A. J. 젤리네크는 박물관학에 대하여 '박물관학과 박물관 기술학의 이론과 실습에 대한 교습의 필요성을 보존과 복원뿐만 아니라 일시적이거나 항구적인 전시물의 준비와 배치, 전시 보조물과 모형의 제작·본뜨기·주조 그리고 주조물의 복원, 전시작업, 수집품 연구, 해충 등으로부터의 수집품 보호를 포함한다.'라고 언급하였다.

② **제9차 국제박물관협의회 총회(1971)** : 1971년 프랑스 그르노블(Grenoble)에서 개최된 제9차 국제박물관협의회 총회에서는 박물관학을 '박물관에 대한 학문'으로 재규정하였다.

③ **국제박물관협의회 보고서(1971)** : 박물관학은 '박물관의 역사와 사회에서의 박물관의 역할, 연구 방법, 보존과학, 교육, 조직 구성 그리고 환경과 유형론적인 관계를 연구하는 것이다. 즉, 박물관학은 이론적인 훈련을 위한 것이고, 박물관 기술학은 실습훈련을 위한 것이다.'라고 규정하였다.

④ **미국박물관협회(1973)** : 미국박물관협회는 박물관학을 '박물관의 역사, 철학, 기능 및 관리 등을 포함하고, 박물관 업무에 대한 전체 개념과 분야를 다룬다.'라고 규정하였으며, 박물관 기술학은 '효과적인 박물관 전시의 해석을 창출하기 위해 결합되는 예술, 공예, 고안 그리고 기술을 포함한다.'라고 규정하였다.

> **The 중요**
>
> **박물관학에 대한 정의들**
> - 박물관 이론에 관한 교습 과정은 고급 박물관 종사자를 위한 것이다(ICOM, 1965).
> - 박물관학은 '박물관에 대한 학문(Science of Museums)'이다(ICOM, 1971).
> - 박물관의 역사, 철학, 기능 및 관리를 포함하고 박물관 업무에 대한 전체 개념과 분야를 다룬다(AAM).
> - 박물관의 역사와 사회에서의 박물관의 역할, 연구 방법, 보존과학, 교육, 조직 구성 그리고 환경과 유형론적인 관계를 연구하는 것이다.
> - 박물관학은 이론적인 연구를 위한 것이다.
> - 문화자원의 관리에 관한 정부정책의 발전을 위한 기본 개념을 제공한다.
> - 연구 계획의 발전을 위한 이론적인 근거의 틀을 제공한다.

---

66) Peter Vergo(edit.), 『The New Museology』, Reaktion Book, 1997, p.1.
67) ICOM 홈페이지(http://icom.museum/resolutions)

(1) 박물관 기술학의 정의

박물관 기술학(Museography)은 박물관학(Museology)과 관계된 기술적 영역들을 지칭하며, 박물관의 모든 측면의 운영에 대한 방법과 실무의 문제를 다루는 분야이다. 즉, 박물관 기술학은 박물관의 환경과 박물관 시설물 운영을 주대상으로 기술적이고 실용적인 측면의 연구를 하는 분야이다.

또한 박물관 기술학은 유물들을 어떻게 수집, 보존, 연구 그리고 전시하는가에 대한 실제적인 문제를 다루는 것이라 할 수 있다. 박물관 기술학은 전시 진행 과정의 체계화를 의미하는데 전시의 진열, 동선 그리고 보관창고들의 조직화를 만드는 것이라 할 수 있다. 박물관 기술학은 또한 관람객들에게 전달하고자 하는 내용들을 만들고 전체적으로 통일성을 유지하면서도 때때로 독특한 주변 환경들로 맥락화를 구축하는 것이다.[68]

(2) 박물관 기술학의 역사

① 고 대

박물관 기술학에 대한 관심은 기원전 2세기경 고대 그리스 제국의 쇠락과 로마 정복자들의 헬레니즘 유물의 약탈 및 약탈의 불가능 상황에 따른 예술품의 복제를 통한 부와 교양을 과시하려고 했던 시기부터라고 볼 수 있다.

그 무렵 하드리안(Hadrian)은 티볼리(Tivoli) 부근의 별장에서 야외 박물관(Open-Air Museum)을 구상하여, 자신이 여행했던 지역의 구조물을 복제하여 세우게 하였고, 회화작품은 배치된 장소가 시선을 끌 수 있고 직사광선을 받지 않도록 방향을 설정할 수 있는 특별화랑을 만들게 하였다(G. D. Lewis). 로마제국(기원전 27년~기원후 395년) 시대에 이르면서 세속적인 관심으로 미술품 복제가 더욱 극성기를 맞게 되었다.

② 중 세

서로마제국(395~479)이 멸망하고 중세(5~15세기)가 도래하자 미술품 역시 가치의 변화를 맞게 되었다. 더 이상 미술품은 세속적인 가치나 탐미의 대상이 아닌 종교적인 성격을 지닌 '교회의 보물'이 되었다. 미술품은 오로지 신을 예배하고 찬미하는 수단으로서 제작되었고, 만들어진 미술품은 성보함(cabinet of sacred object)에 보관되었다.

③ 근 세

르네상스 시대에 들어오면 인문주의자들이 그들의 문화적 근원을 찾기 위해서 고전주의 예술에 주목하였고, 고대 유물에 대하여 열광적으로 탐구하기 시작하였다. 바로 이 시기에 이탈리아 피렌체의 신흥 부르주아인 로렌초 디 메디치가 미술품의 수집뿐만 아니라 새로운 작품의 생산을 위하여 1474년 최초의 근대적인 미술학교인 아카데미아 플라토니카를 창설하였다.

15세기 후반부터는 박물관 기술학에 대한 본격적인 관심이 나타나기 시작하였다. 미술품에 대한 신흥 부

---

68) Art Tribal 05, 2004, p.105.

르주아들의 관심은 예술작업에 대한 후원으로 이어져 미술가의 사회적 지위 향상에 이바지하였고, 자신들의 소장품을 관리하기 위하여 저명한 미술가를 초빙하고 조언자 겸 관리인으로 고용하기 시작하였다.

이탈리아에서는 16세기경부터 미술품 수집에 대한 전문적인 논문이 나타나기 시작했으며, 17세기에 들어서면서 미술품 거래의 중심지가 되고, 유럽 절대 군주들의 예술품에 대한 관심과 더불어 각국의 외교관들이 미술품 중개인의 역할을 수행하였다.

18세기 산업혁명 이후 등장한 신흥자본가들은 유럽 절대 군주들과 비슷한 예술품 수집열을 보였다. 산업혁명에 성공한 영국이 미술품 거래의 천국이 되었으며 크리스티(Christie)와 소더비(Sotheby) 같은 경매장이 형성되어, 위작(fake)과 모작(replica) 등이 거래되었다.

이처럼 역사적으로 볼 때, 박물관 기술학에 대한 관심이 박물관학에 대한 관심보다 시대적으로 앞선 것을 살펴볼 수 있지만, 1845년 「박물관법」의 공포로 영국을 중심으로 박물관학이 박물관 기술학을 포괄하는 것으로 인식하기 시작하였다.

(3) 학계의 정의

① Y. 오돈(1971) : 1971년 오돈은 국제박물관협의회 보고서에서 '어떤 수준에서든지 박물관학의 전문적이거나 직업적인 훈련에는 박물관이나 실험실에서의 실습을 포함해야 한다. 또한 박물관학은 이론적인 훈련을 위한 것이고, 박물관 기술학은 실습훈련을 위한 것이다.'라고 규정하였다.

② S. J. 박시 & V. P. 디위베디(1973) : 인도의 박물관 학자인 박시와 디위베디는 '박물관 기술학은 응용 박물관학(Applied Museology)으로서 모든 박물관의 다양한 분야에 관련된 박물관 기술의 실습이다.'라고 정의하였다.

③ G. E. 버코(1975) : 버코는 이들의 이론을 더욱 발전시켜 '박물관 기술학은 박물관과 관련된 기술의 주체로서 온갖 박물관의 다양한 분야에 관련되고 박물관의 운용에 관련된 방법과 실습을 포함한다.'라고 언급하였다.

> **The 중요**
>
> **박물관 기술학에 대한 정의들**
> - 박물관 작업의 다양한 기술을 다루고 특히 박물관의 기술진들을 위한 것이다(ICOM, 1965).
> - 효과적인 박물관 전시의 해석을 창출하기 위해서 결합되는 예술, 공예, 고안 그리고 기술을 포함한다(AAM, 1973).
> - 박물관 기술학은 실습훈련을 위한 것이다.

(4) 박물관 기술학과 박물관학의 관계

오늘날 시행되고 있는 대부분의 박물관학 기본 교과 과정표는 박물관학을 위주로 구성되어 있다. 물론 박물관학과 박물관 기술학의 결합과 분리에는 장단점이 있다. 양자 사이의 적절한 결합은 박물관 전문직원 양성을 위한 훈련에서 상호보완적인 관계를 유지할 수 있으며, 양자 사이의 분리는 전문 분야의 발전에 이바지할 뿐만 아니라 독자적인 영역과 깊이 있는 연구가 가속화될 수 있게 한다.

보존과학이란 '문화재의 보존과 복원을 위한 과학'이다. 문화재는 각각 놓여 있는 주변 환경과 오랜 세월 속에서 자연적(물리·화학·생물학적) 피해, 환경적(대기오염) 피해, 인적 피해를 받게 된다.

손상된 문화재에 새로운 생명력을 불어넣기 위해서는 전통 기술과 현대 과학 기술을 잘 조화시켜 본래 모습으로 되돌려 놓아야 하는데, 이를 연구·조사·보존(보존환경과 수복)하는 것이 문화재 보존과학이다. 다시 말해 무엇을(훼손된 문화재), 누가(보존 과학자), 어떻게(과학적·전통적 방식), 치료(처리)하고, 간호(관리)하여 미래까지 유지될 수 있도록 하는 학문이다.

보존과학의 대상은 과거에는 유형문화재[금속제품·토도자기(土陶磁器)·목제품·고건축물(古建築物)·석제품(石製品)·회화·지류(紙類)·섬유제품 등의 문화재]를 수복(restoration, 수리·복원)하는 것이었으나 현재는 문화재의 기술사적(技術史的) 연구 및 환경 관리 등과 같은 예방·보존의 의미도 포함하고 있다.

보존과학은 크게 Art conservation과 Conservation science로 구분할 수 있다. 전자는 고(古) 예술품을 손으로 직접 다루는 보존과학의 실무를 담당하는 것이고, 후자는 보존과학 및 재질 분석 등에 관련된 연구를 담당하는 것이다.

(1) 보존과학과 보존처리

① 보존과학과 보존처리의 정의

　㉠ 보존과학 : 문화재의 손상원인을 규명하여 그에 적합한 보존처리 방안을 마련하고 보존에 적합한 환경을 조성하기 위한 과학적 조사·연구를 목적으로 한다.

　㉡ 보존처리 : 자연과학적인 이론을 바탕으로 문화재를 보존, 복원 또는 수리하는 행위이다. 여기서 보존과학적 조사 연구의 결과는 적용 가능한 방법론과 기술상의 해법을 제공한다.

② 보존과학과 보존처리의 역사

'보존과학'과 '보존처리'는 따로 분리할 수 없는 하나의 보존 체계(conservation system)라고 볼 수 있다. 서구에서는 18세기와 19세기 혹은 그 이전에 행해진 무분별한 문화재 수리와 복원의 문제점이 나타나면서 보다 체계적인 문화재의 보존 관리가 필요하다는 인식이 널리 확산되었고, 1950년대 이후 전문적인 교육을 받은 보존처리사들이 문화재 보존과 복구사업에 참여하면서 과학적 방법론에 기초한 보존처리가 시작되었다.

우리나라에서는 1971년 무령왕릉, 1973년 천마총, 1974~1975년 황남대총 등 중요 유적의 발굴을 계기로 보존과학의 필요성이 대두되었고, 1975년부터 국립중앙박물관과 문화재 연구소 보존과학실에서 발굴 문화재에 대한 과학적 보존처리를 시작하게 되었다.

(2) 보존처리(Conservation Treatment)

과학적 보존처리의 기본적인 목적은 문화재가 지니고 있는 고유의 가치를 유지·보존하고 그 수명을 연장하는 것이다. 박물관 소장품의 보존처리는 다음의 두 가지 요소가 중요시된다. 첫째는 유물의 구조·양식, 재질과 제작 기법, 보존 상태를 상세하게 조사하는 것이고, 둘째는 손상 또는 열화의 진행을 억제하기 위한 '신속하고 적절한 보존조치'를 취하는 것이다.

각각의 유물은 그 재질 상태나 전시, 보관, 조사 등의 목적에 따라 각기 다른 등급의 보존처리가 요구된다. 보존처리 등급의 선택은 그 유물 자체의 필요성과 큐레이터 및 보존처리자의 요구에 따라 좌우된다.

박물관에서 소장하고 있는 유물(전세품으로 보관된 도자기나 일부 금속공예품 등)은 특별한 조치가 없어도 잘 보존될 수 있다. 또한 발굴 유물이라 하더라도 바다에서 인양된 것이 아니라면 토·도기, 석기와 같은 유물은 위와 유사한 조건이라고 볼 수 있다. 하지만 이와 같은 유물은 한정되어 있고, 대부분의 유물이나 소장품은 손상의 진행 속도가 빠르고 환경변화에 민감하기 때문에 신속하게 처리되어야 한다.

보존처리는 ① 현상 유지를 위한 최소한의 보존조치, ② 부분적인 보존처리, ③ 복구·복원을 포함하는 표준적인 보존처리의 3가지 등급으로 구분되며, 이 중 표준적인 보존처리의 경우에는 유물의 종류나 재질에 따라 다르기는 하지만 보통은 다음과 같은 진행 과정을 거치게 된다.

사전조사	제1단계	재질 상태의 조사·분석, 손상 요인 파악
	제2단계	보존처리의 범위 및 방법 결정
처리실행	제3단계	유해한 오염물 또는 부식 산화물의 제거
	제4단계	재질의 안정화처리, 강화처리, 보강 조치
	제5단계	파손부 접합, 결실부 복원
기록정리	제6단계	조사·분석 및 보존처리 실행 내용의 기록·정리

[유물 보존처리 진행 과정[69]]

국립문화재연구소는 문화재 보존을 위한 보존처리, 조사, 분석 등에 대한 실무적인 지침 내용을 다음과 같이 제시한 바 있다.

① 문화재 보존을 위한 기초자료 확보를 위하여 다양한 방법으로 조사를 실시하되, 조사 방법이나 과정이 문화재에 영향을 미칠 수 있는가를 충분히 사전에 검토하여야 한다.

② 문화재의 과학적 정보 획득과 이해를 위하여 분석을 실시하되 목적에 적합한 방법을 선택하여야 한다.

③ 분석 수행 시 해당 문화재에 물리적 손상 또는 변형이 없어야 하며, 시료의 채취가 필요할 경우는 소유자 또는 관리자의 동의를 얻어야 하며 가능한 최소한의 양을 채취하여야 한다.

④ 문화재 보존처리 시 전 과정을 기록하고 후대에도 참고할 수 있도록 공유하여야 한다.

⑤ 문화재 보존처리 시 해당 문화재의 조사, 분석 자료를 충분히 검토하고 적용 가능한 재료와 방법을 검토한 뒤 수행하여야 한다.

⑥ 문화재 보존처리 및 복원 시 가능한 한 가역성 있는 기술 및 재료를 선택하여야 한다.

⑦ 문화재 보존처리 및 복원 부위는 과학적 방법이나 육안으로 식별할 수 있어야 한다.

⑧ 문화재의 장기적인 보존을 위하여 예방보존을 우선적으로 적용해야 하고 이와 관련된 환경 조건, 손상요인을 검토하여야 한다.

⑨ 문화재 보존처리 후 보존 상태 및 환경을 정기적으로 점검하는 등 사후관리를 통하여 추가적인 손상을 방지하고, 문화재 소유자 및 관리자에게도 관련 교육을 실시하여 지속적인 보존관리가 이루어질 수 있도록 하여야 한다.

---

69) 국립중앙박물관 홈페이지(http://www.museum.go.kr/site/main/content/conservation_science_role)

(3) 보존처리의 절차

① 재질 상태의 조사

문화재의 재질 상태 조사는 그 보존처리 방법이나 등급을 결정함에 있어, 필수적인 부분이다. 조사는 보존처리의 여러 공정 단계에서 행해져야 한다.

㉠ 현미경 조사

현미경을 이용한 미시경적 조사는 그 어떤 조사보다도 많은 중요한 정보자료를 얻을 수 있다. 예를 들어 10~30배 배율의 실체 현미경은 천의 섬유와 같이 육안으로는 분명하게 구별하기 어려운 물질의 작은 조각이나 유물의 표면을 세밀하게 조사할 수 있다. 실제로 실체 현미경은 금속 유물의 세척·조사, 특히 청동이나 금동 유물의 표면의 부식물과 이물질 제거 등과 같은 정교한 보존처리 작업에서 많이 활용되고 있다.

그 밖에 현미경 조사의 종류에는 투과 현미경(목재의 수종감식, 종이나 섬유의 재질 조사), 편광 현미경(광물의 조사), 금속 현미경(금속의 미세조직 관찰) 등이 있으며, 최근에는 일반 광학 현미경의 능력 범위보다 더 많은 정보를 얻을 수 있는 주사전자현미경(SEM)이 광범위한 분야에서 사용되고 있다.

㉡ 방사선 조사

방사선은 겉으로 볼 수 없는 유물의 내부 구조와 재질 상태를 파악하는 데 도움을 주는데, 특히 금속 유물의 상태 조사와 보존처리에 매우 유용하다. 일반적으로 80~150kV 또는 상한 300kV 범위의 X선 장비가 많이 사용되지만 동이나 납처럼 비중이 큰 물질이나 두꺼운 철물은 보통의 X선이 투과되기 어렵기 때문에 Cobalt-60(60Co) 등과 같은 방사성 물질을 이용한 감마선 촬영을 활용하는 경우도 있다.

방사선 조사를 통해 녹과 이물질 속에 감추어진 유물의 외관을 비교적 정확하게 확인할 수 있으며, 금속심의 잔존 상태와 부식의 정도를 가늠할 수 있다. 또한 방사선은 허리띠의 장식이나 칼의 상감 부분과 같이 복잡한 대상물의 구조를 파악하고 이들 유물에 부착된 녹과 이물질을 제거하는 길잡이 역할을 수행한다.

이 밖에 방사선은 목재(목재의 충해 상태, 결구), 토·도기 등 비금속이나 복합 유물, 유화, 광물 안료로 그려진 회화의 비파괴적 조사에서도 활용되고 있다.

㉢ 물리·화학적 분석

물리·화학적 분석은 대상 유물의 재질 상태를 파악하여 보존처리에 필요한 정보를 얻기 위하여 행해진다. 발굴된 금속이나 토·도기, 석재 유물의 경우에는 내부에 존재하는 염($NaCl$, $CaCl$, $MgCl$)이 풍화와 부식의 주된 원인이 되므로 보존처리 과정에서 화학적 분석법($AgNO3$ 침전법)이나 기타의 방법으로 염의 제가상황(탈염, 脫鹽)을 확인해야 한다.

또한 물리·화학적 분석은 육안이나 현미경 조사만으로는 알 수 없는 유물의 본질을 확실하게 밝혀준다. 그러나 어떤 종류의 분석은 불가피하게 유물의 일부를 분석시료로 소모시켜야 한다는 문제가 있다.

따라서 분석을 위해 사용되는 시료는 매우 제한적으로 중요한 증거가 포함된 부분이나 유물의 가치에 손상을 줄 수 있는 부분에서의 시료 채취는 절대적으로 피해야 하며, 반드시 필요한 경우가 아니라면 비파괴적인 분석 방법을 선택하는 것이 바람직하다. 유물의 구조와 제작기법, 구성성분을 알기 위한 비파괴분석법은 다음과 같다.

ⓐ X선 투과 측정법(X-ray Radiography)

ⓑ X선 단층 촬영법(X-ray Computerized Tomography)

ⓒ X선 형광 분석법(X-ray Fluorescence Spectroscopy)

(4) 재질별 보존처리 방법

박물관 자료의 재질별 보존환경에 대한 기본 사항은 다음과 같다. 금속류는 비교적 빛에 강하므로 조도에 너무 민감할 필요는 없으며 염분이나 습도 관리에 신경 써야 한다. 도·토기류는 충격과 급격한 온도 변화에 유의해야 한다. 직물(섬유)류는 온도, 습도 그리고 조도관리에 유의해야 한다. 지류는 직사광선과 산성화를 최소화해야 한다.

① 금속 재질 보존처리 과정

박물관 자료의 복원처리 과정 순서는 다음과 같다. 예비조사(처리 준비) - 세척 부식물 제거(클리닝) - 안정화 처리 - 건조 - 강화 처리 - 접합 및 복원(성형) - 색맞춤 - 처리 후 기록, 마무리(포장 등) 순서로 진행된다.[70]

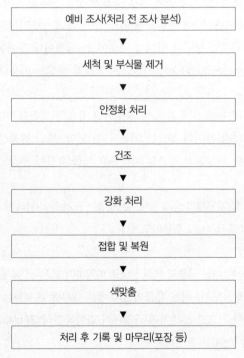

[금속 유물 보존처리 과정]

㉠ 예비 조사(처리 전 조사 분석)

ⓐ 금속문화재 보존처리에 앞서 유물의 형태 및 구조를 파악하고, 과학적 방법으로 금속 재질과 부식 정도를 파악해야 한다.

---

70) 국립문화재연구소 산하 문화재 보존과학센터에서 발간한 『보존처리 지침서』를 기반으로 구성하였다.

ⓑ 처리 전 조사에는 보존처리 기록카드 작성, 사진 촬영, 실측, X선 투과 조사, 성분 분석 등을 실시한다.

ⓒ 처리 전 조사 결과에 따라 구체적인 보존처리 방법을 수립한다.

ⓛ 과학적 비파괴 조사

　ⓐ X선 투과 조사

　　• X선 투과 조사를 통해 금속유물의 외형상 나타나지 않는 문양이나 내부구조, 세부 형태, 부식 상태를 진단한다.

　　• X선 투과 조사는 금속유물의 재질, 종류, 크기, 두께, 부식 상태에 따라 부과 조건(kV, mA)을 각각 다르게 적용하며, 이때 적용한 투과 조건은 상세히 기록한다.

　　• X선 투과 조사는 금속유물의 전체를 확인할 수 있도록 촬영하고, 특징적인 부분은 투과 조건을 다르게 추가 촬영하여 세밀한 관찰이 가능하도록 한다.

　　• X선 투과 조사는 평면적인 이미지를 제공하기 때문에 금동신발, 정병 등 3차원적인 형태를 가진 금속유물의 내부구조를 파악하기에는 한계가 따른다. 따라서 3차원적인 이미지로 내부구조의 파악이 필요한 경우에는 CT 촬영법으로 추가적인 조사를 실시한다.

　ⓑ 금속 재질 및 성분 분석

　　• 비파괴 분석 방법으로 금속유물의 재질과 성분을 우선 파악하며, 정밀한 성분 조성 및 금속 제작기술의 특징을 파악하기 위해 금속 시편을 채취하여 분석한다.

　　• 금속문화재의 재질과 성분을 파악하기 위한 비파괴 분석 방법으로 XRF 분석을 실시한다. 이때 정확한 분석이 이뤄지도록 분석 대상면의 부착 토양을 제거하고 알코올로 세척한 후 분석한다.

　　• 분석은 동일 분석면을 상하좌우로 조금씩 이동한 상태에서 3회 이상 분석한 결과를 평균값으로 구한다.

ⓢ 세척 및 부식물 제거

　ⓐ 세척은 표면에 부착된 흙이나 오염물을 제거하고, 표면에 고착된 부식화합물을 제거하는 것으로 유물 본래의 형태를 찾아주는 과정이다.

　ⓑ 세척 시 누적된 역사의 흔적과 제작 당시의 가공흔적, 시대의 변화를 담은 보수흔적 등은 최대한 남겨야 하며 물리적 방법으로 제거되지 않는 표면의 오염물은 무리하게 제거하지 않는다.

　ⓒ 금속문화재에 고착된 부식화합물은 유물의 일부 형태를 이루는 경우가 많으므로, X선 투과 조사 및 성분 분석 등 과학적 조사 결과를 토대로 정확한 형태 파악과 부식물의 종류를 파악한 뒤 제거 여부를 결정한다.

　ⓓ 금속문화재는 다양한 금속 재질을 포함하므로 각 재질 및 부식 상태에 적합한 세척 방법을 적용한다.

ⓔ 안정화 처리

안정화 처리는 탈염처리와 부식억제처리를 모두 포함하는 과정으로 금속유물의 부식을 촉진시키는 부식인자를 제거 또는 억제하는 처리과정이다.

탈염처리는 철제유물의 부식인자인 염화이온(Cl⁻)을 제거하는 것이며, 부식억제처리는 청동유물의 표면에 안정한 불활성 Cu-BTA 막을 형성시키는 과정이다.

ⓐ 탈염처리

탈염처리는 철재유물의 부식인자 중 가장 치명적인 수용성 활성염인 염화이온(Cl^-)을 추출해 제거하는 것으로, 유물의 부식 정도 및 보존상태, 매장환경, 제작기법 등에 따라 알맞은 방법을 적용한다.

• 다양한 탈염처리 방법

The 중요

『문화재를 위한 보존 방법론』(서정호, 2008)을 참고해 탈염처리 방법을 살펴보면 다음의 9가지가 있다.
1. Sodium Sesquicarbonate(Na_2CO_3＋$NaHCO_3$)법
2. 냉온수 교체법(Intensive Washing)
3. LiOH법
4. NaOH법
5. 붕사
6. Auto-Clave법
7. Soxhylet 장치법
8. 수소 Plasma 환원장치
9. 탈염처리 후 탈알칼리 및 잔류약품 제거

대표적으로 사용하는 탈염처리법은 다음과 같다.

– 수산화나트륨(NaOH), 세스퀴탄산나트륨(Sodium Sesquicarbonate) 등은 알칼리 용액을 사용하여 철제 유물을 부식시키는 염소 이온을 제거함으로써 금속 재질 유물의 탈염 처리 과정에 해당한다.

– 오토크레이브법(Auto-Clave) : 오토크레이브에 냉온수 교체법과 세스퀴탄산나트륨법을 병행하여 1.5기압 80℃에서 6~8시간 추출하고 증류수로 씻어주는 가열추출 방법으로, 모든 금속유물에 적용이 가능하다.[71]

– 냉온수 교체법(Intensive Washing) : 유물을 수조에 넣고 반복하여 냉·온수에 침적시키는 방법이다. 자연 상태에서 100℃의 증류수에 침적한 후 60℃로 떨어지는 시간을 측정한다. 냉수에도 온수에 침적했던 시간 동안 침적한 것은 1회로 하여 반복한다. 이 방법은 알칼리 용액으로 탈염처리한 다음 잔존하는 염화물과 알칼리 용액을 동시에 제거하기 위해 주로 사용한다. Cl^-이 10ppm 이하가 될 때까지 반복하여 처리하여 준다. 만약 탈염 도중 약간 유물의 형태가 변화되는 경우 곧바로 작업을 중단한다.[72]

ⓑ 부식억제처리

청동, 금동 등 구리소재가 사용된 금속유물은 BTA(Benzotriazole, 벤조트리아졸)을 이용해 부식을 억제한다. BTA법은 구리와 BTA가 반응하여 구리금속에 염화물이온의 침식활동을 저지하는 화합물 피막을 만들어 부식을 방지한다. 에틸알코올에 3% 용해시킨 BTA 용액을 진공함침시키는데, 함침시간은 30분에서 수 시간 소요된다.

---

71) 서정호, 『문화재를 위한 보존 방법론』, 경인문화사, 2008, p.257.
72) 서정호, 위와 같음.

ⓜ 건조

　　ⓐ 금속유물에 포함되어 있는 잔류 수분을 제거하는 과정이다.

　　ⓑ 금속유물에 수분이 남아 있으면 합성수지가 침투되었을 때 재부식 등의 문제가 발생하므로 충분한 건조가 반드시 필요하다.

ⓗ 강화처리

　　부식되어 파손될 우려가 있는 유물에 구조적 강도를 주기 위한 과정이다. 금속유물의 대부분은 녹으로 덮여 있고 내부에는 다수의 균열이나 틈이 있어 파손되기 쉽기 때문에 합성수지를 주입시켜 표면을 코팅시키고 재질을 강화처리한다.

　　ⓐ 철제유물

　　　철제유물은 합성수지로 진공함침하여 강화처리하며, 합성수지는 가역성이 우수하고 용제에 용해 가능한 것을 사용한다.

　　　진공함침 방법은 진공함침탱크(chamber)에 유물을 넣고 약 200~300mmHg(20~30torr)로 감압하여 1시간 내외 함침한 후 다시 상압으로 전환하여 1~2시간 정도 유지한 다음 실온 상태에서 건조한다.

The 알아보기

진공함침법
유물을 진공탱크에 넣고 진공 상태를 만든 뒤, 진공을 풀면 공기가 있던 유물 내부의 미세기공까지 합성수지가 들어가게 되고, 수지가 건조되면 부식된 부분은 강화되고 유물의 표면은 코팅되는 방법이다.

　　ⓑ 비철제유물(청동, 은, 금동 등)

　　　비철제유물은 합성수지로 진공함침하여 강화처리하며, 합성수지로는 Paraloid-B72나 Incralac을 사용한다. 다만, 유물의 보존상태가 취약한 경우에는 고압의 진공함침이 유물에 손상을 가할 수 있으므로 자연함침한다.

ⓢ 접합 및 복원

　　ⓐ 복원은 파손된 유물을 현 상태에서 더 이상 파손되지 않도록 수리하거나 물리적 화학적으로 변형되는 유물의 원래의 모습을 찾아 복구하는 과정이다.

　　ⓑ 재질이 강화된 금속유물은 원형을 찾아주기 위해 파손된 것은 접합하고 결실된 부분은 복원한다.

ⓞ 색맞춤

　　ⓐ 색맞춤은 복원된 부분과 원소재가 이질감이 없도록 유물의 색상과 유사하게 고색처리하는 과정이다.

　　ⓑ 유물이 지니고 있는 분위기와 조화, 고고학 연구에 있어 착시현상으로 그릇된 착오, 전시유물의 관람상 불편 등을 고려하여야 한다.

ⓩ 처리 후 기록 및 마무리

　　ⓐ 보존처리 과정이 끝난 유물은 기록카드에 처리과정, 사용약품, 사용기자재, 처리 후 중량 및 크기 등을 상세히 기록하고 사전 촬영으로 마무리한다.

ⓑ 보존처리가 완료된 금속유물은 추가 부식을 억제하기 위하여 적정한 온습도 조건에서 보관해야 한다.

② 목재(木材) 재질 보존처리 과정

목제(木製) 문화재에는 유적지에서 출토되는 목제품, 농기구, 선박 등이 있으며 대부분 수침상태이거나 탄화된 상태로 발굴된다. 수침고목제는 물에 잠긴 상태에서 매몰되어 있던 것으로 대부분 생물학적 열화에 의해 셀룰로오스(cellulose) 성분 대부분을 잃고 있어 목재로서의 강도가 상당한 부분이 손실되어 있다. 이러한 수침고목제는 자연적으로 건조시키면 본래의 형태를 알아볼 수 없을 정도로 수축·변형되기 때문에 수분을 다른 안정된 물질로 치환함으로써 목제의 형태를 안정화시켜야 한다. 보존처리는 이러한 목제의 구조적 취약점을 개선하여 안정된 상태로 보존하고자 수행하는 조치를 말한다. 목제 유물의 적합한 보존처리를 위해서는 예비실험 등으로 치수 안정화, 물리적 강도 부여, 처리 후의 안정성 등 효과를 검증하고 처리 재료 및 방법을 선택하여 보존처리하는 것이 중요하다.[73]

㉠ 조사·분석

보존처리 전에 목재 유물을 각각의 상태에 따라 적절한 방법으로 보존처리하기 위해 그 재질 및 분해 상태를 사전조사하고 처리 전 유물의 상태를 기록한다. 이러한 조사들에는 수종 및 조직 분해 상태 조사, X선 조사, 연륜 연대 조사, 칠의 현미경적 관찰 및 FT-IR 분석 등이 있다.

㉡ 보존처리

적합한 보존처리를 위해서는 예비실험 등으로 치수 안정화, 물리적 강도 부여, 처리 후 안정성 등의 효과를 검증하고 처리 재료 및 방법을 선택해 보존처리한다.

수침고목제(水浸古木製)의 경우에는 해부학적 구조의 취약성과 내부의 고함수율로 인해 건조응력 발생 시 매우 약하다. 따라서 이를 위한 보존처리 방법으로서 목질부 내의 공극을 PEG, 슈크로스, 고급알코올 등의 물질로 대체시키기 위하여 목재 유물을 이들 용액에 담가 확산 현상을 이용해 점차적으로 저농도에서 고농도에 이를 때까지 함침하고 진공동결건조, 조습건조, 자연건조 등으로 내부 잔존 수분을 제거하여 보존처리한다.

The 알아보기

목재류 보존처리 - 진공동결건조법

진공동결건조법은 목재 중의 수분을 동결하여 건조시키는 것이며, 물의 표면장력에 의한 변형작용을 방지한다. 진공동결건조법은 두 가지 방법이 있다. 물을 수지로 교체하는 법과 T-부틸알코올로 교체하여 진공동결시키는 방법이다. 첫 번째 목조 유물 내부의 물을 40~60%만 PEG로 교체한 뒤 -40℃까지 냉각시켜 내부에 남아 있는 물을 얼린다. 그러고 나서 진공펌프로 진공에 가까운 상태로 만들면, 유물 내부의 얼음이 승화하여 수증기가 되어 제거된다. 이 처리법은 물을 증발시키는 것과는 달라서 직접 고체인 얼음을 수증기로 바꾸어 주므로 수축이나 변형이 일어나지 않는다. 또 PEG 함침법에 비해 강도의 면에서는 약해지지만 온도를 가하지 않기 때문에 옻칠제품 등에 적합한 처리법이다. 성냥갑 크기의 목재에 포함되어 있는 수분을 동결건조하는 데 약 20시간이라는 많은 시간이 요구된다. 그런데 이 물을 T-Butanol(T-부틸알코올)으로 치환하여 건조하면 3시간으로 단축할 수 있다. 이렇게 건조시간을 단축할수록 건조물체에 미치는 작용은 그만큼 작아지게 되며, 목재는 보다 안전한 조건에서 형태를 그대로 건조할 수 있게 된다.[74]

---

73) 국립중앙박물관 홈페이지 보존처리 참조.
74) 양석진·안복용, 「함안 성산산성 출토 목간의 과학적 보존처리」, 보존과학연구 25집, 2005.

③ 직물 재질 보존처리 과정

　㉠ 직물 재질 보존처리

　　직물(織物) 문화재는 면 · 마 · 견 · 모 섬유를 바탕으로 하며 출토되거나 전세된 복식(관모 · 의류 · 대 · 신발 · 장신구 등), 불복장직물 등의 각종 염직물, 생활용품, 의례용품 등 그 종류가 많다. 직물은 빛(자외선, 적외선)에 의한 변 · 퇴색, 미생물에 의한 부패 및 충해를 받기 쉬운 천연 유기재질로 되어 있어 환경에 민감하며, 한번 손상된 문화재는 원형복구가 어려우므로 보관이나 취급에 주의해야 한다. 직물보존처리는 이러한 손상요인을 제거하여 최상의 상태로 보존 · 관리하기 위해 행해지는 최소한의 물리적 · 화학적인 조치를 말한다.

　㉡ 직물 재질 보존처리 방법

　　직물 재질의 손상에는 표면의 얼룩과 오염물에 의해 직물이 부분적으로 손상된 경우, 겉과 안의 접착력이 약화되면서 분리된 경우, 연결부위 등이 동사(銅絲)로 되어 있어 부식되어 탈락이 진행되는 경우가 있다. 이러한 경우에는 본체를 해체하여 재질별로 클리닝한 후 직물손상부는 동일한 색상으로 염색한 직물을 사용하여 짜깁기 방법으로 보수한다.

　　직물에 새겨진 글씨 등을 보존처리 하는 경우에는 XRF/X선 조사(글씨 부분의 성분 파악)와 현미경 조사(섬유 종류, 오염도, 손상도 등 파악)를 실시한 후 글씨 부분이 더 손상되지 않도록 안정화처리를 해주고, 찢겨진 부분은 동일한 직물을 염색하여 짜깁기 방법으로 보수, 본체 전체의 지지를 위해 전면을 배접한 후 재결합한다.

④ 지류의 보존처리 과정

　서화류 문화재는 대개 셀룰로오스 성분의 식물성 섬유로 구성되어 있어 손상이 쉽게 일어날 수 있다. 서화류의 손상 원인으로는 온 · 습도, 빛, 생물, 미생물 또는 화학물질 등의 물리 화학적인 요인과 보존환경에 따른 손상과 인위적인 손상이 있다. 이러한 손상 원인에 가장 취약한 재질이 지류이다.

　일반적으로 종이의 수명에 영향을 주는 요인으로는 주로 환경적 요인(물리, 화학, 생물적 요인)과 제지 기술적인 요인(원료 처리 방법, 제지 시 첨가약품의 종류 등)으로 구분된다. 물리적인 환경요인에는 온도, 습도, 먼지 등이 있고, 화학적인 원인으로는 빛과 대기 중의 오염물질이 있다. 생물학적 요인으로는 쥐와 같은 동물과 해충, 미생물(곰팡이, 세균) 등이 있다.[75] 위와 같은 요인들을 철저히 예방할 수 있는 보존환경이 필요하다.

　㉠ 지류의 과학적 조사

　　평면적인 서화에서 육안으로 확인이 어려운 표현 기법과 재질 그리고 손상 상태 등은 현미경, 적외선 그리고 X선 관찰 등에 의한 과학적 조사를 통해 보다 명확한 정보를 얻을 수 있다.

　　현미경을 이용한 화면의 확대 관찰은 바탕재료가 가지는 재질 특성, 안료의 상태 그리고 채색 방법에 대한 정보를 얻을 수 있고, X선 촬영은 사용된 안료의 종류와 세밀한 손상 상태를 확인할 수 있다. 적외선 사진에서는 안료층이나 이물질에 가려진 묵흔 등을 확인할 수 있어 회화에서의 밑그림과 화기(畵記) 등의 관찰에 유용하다.[76]

---

75)　서정호, 『문화재를 위한 보존 방법론』, 경인문화사, 2008, p.244.

76)　국립중앙박물관 홈페이지(http://www.museum.go.kr/site/main/content/calligraphy_conservation ·)

© 지류의 보존처리[77]

물리적 처리법으로는 세척하기, 새로 배접하기, 접혀진 곳 펴기 등이 있으며, 화학적 처리법으로는 소독, 탈산처리 등을 이용한다. 보존처리 후에는 중성지 파일박스 등의 보존용기에 넣어 항온항습이 되는 곳에 보관한다.

지류의 보존처리는 미생물의 영양분이 될 수 있는 지류 내에 있는 얼룩이나 이물질을 제거하는 클리닝에서부터 시작된다. 세척 방법으로는 건식세척과 습식세척 두 가지로 나눌 수 있다. 건식세척은 지류 표면에 묻어 있는 이물질 등을 부드러운 붓 등으로 털어 주어 곤충이나 곰팡이 등의 영양분을 제거하며, 습식세척은 건식세척으로 제거되지 않는 화면의 얼룩 등을 증류수를 이용하여 제거하는 방법이다. 이러한 세척은 화면과 안료 상태 등을 고려하여 실시 여부를 결정하게 된다.

다음으로 충해(蟲害), 꺾임 현상, 표면 마찰 등으로 인해 결실된 부분 화면은 동일한 재질의 재료를 이용하여 복원한다. 결실부 복원 후에는 전체적인 색맞춤과 장황을 통하여 보존처리를 완료하게 된다.

The 알아보기

지류의 대표적 보존처리 '탈산처리'[78]

종이의 주성분인 셀룰로오스는 중성 및 알칼리성(pH 7~9)에서 매우 안정하지만 산성(pH 4~5)에서는 불안정하여 셀룰로오스 분자결합이 쉽게 분해된다.[79] 지류의 경우 20~30년이 지나면 자연 상태에서도 산성화가 진행되므로 오래된 지류 유물은 이미 산성화된 경우가 많다. 이로 인한 분자량의 감소는 종이의 결합력을 저하시키고, 종이의 강도를 떨어지게 한다. 이 때문에 탈산처리를 통해 중화를 하거나, 보관 조건을 정비하여 손상의 진행을 늦추는 등의 대책을 취해야 한다. 또는 중화 후 잉여 알칼리 물질이 종이 내부에 잔류하면 앞으로 내부적으로 발생하는 산이나 외부(대기 중의 오염물질 등)로부터 침입할 우려가 있는 산을 중화하여 보존성을 향상시킬 수 있다.

(5) 문화재 조사 방법

① 비파괴 조사법

③ X선 투과측정법(X-ray Radiography) : 녹이 심하여 형태를 알 수 없는 철제 유물을 조사할 때 주로 이용하며 X선을 이용해 자료의 투과상을 얻고, 자료의 내부를 밝히는 것이다.[80]

© X선 단층촬영법(X-ray Computerized Tomography, CT) : 시료 주변의 사방에서 X선을 비춰서 얻은 다수의 데이터를 이용하여 금속제품과 같은 무기질 유물이나 목제품 등의 내부 구조를 횡 측면과 종 측면으로 잘라 보는 방법이다.[81]

© X선 형광분석법(X-ray Fluorescence Spectroscopy) : X선을 유물에 비춰서 파장분석형 분광기로 분광하는 원리를 이용하여 많은 원소를 정확히 동시에 측정하는 방법이다.[82]

---

77) 국립중앙박물관 홈페이지(http://www.museum.go.kr/site/main/content/calligraphy_conservation ·)
78) 탈산처리에는 Bookkeeper법, BPA법, DEZ(Diethyl Zinc)법, 웨이트(Wei'to)법, FMC법 등이 있다.
79) 서정호, 『문화재를 위한 보존 방법론』, 경인문화사, 2008, p.257.
80) 위와 같음, p.50.
81) 위와 같음, p.51.
82) 위와 같음, p.52.

② 파괴 조사법[83]

　　㉠ 금속현미경 및 주사전자현미경(SEM) : 주사전자현미경은 10~100,000배의 배율로 전자선을 시료상에 주사시켜 샘플(Sample)과의 상호작용에 의해 발생하는 2차 전자 및 반사 전자를 이용하여 표면을 관찰하는 법이다.[84]

　　㉡ 고주파유도결합 플라즈마 발광분석법(ICP-AES) : 시료 용액을 고주파유도 플라즈마에 도입하여 고온($6,000 \sim 10,000$℃)에서 각 원소의 발광강도를 측정하는 분석법이다.[85]

　　㉢ X선 회절분석법(X-ray Diffraction Spectroscopy, XRD) : X선 회절분석은 유물에 X선을 비춰서 반사되는 각의 굴절 유형을 통하여 유물 속에 존재하는 화합물의 상태를 분석하는 방법이다. 대상 고체 화합물(무기물), 점토질 유물(도기, 토기, 자기), 고대 건조물 단청안료, 벽화 안료, 금속 표면의 부식 생성물의 화합상태 분석에 활용한다.[86]

(6) 문화재 분석

문화재가 가지고 있는 특성을 자연과학적인 방법으로 밝혀냄으로써 유물의 제작 기술, 산지 분석, 연대 측정 및 고환경 연구 등, 고고학 및 역사학적으로 중요한 정보를 제공하는 보존과학의 한 분야이다.

박물관에서 행해지는 문화재 분석은 주로 성분(재질) 분석을 통하여 문화재의 제작 기술을 연구하고, 그동안 알려지지 않았던 문화재의 중요 정보를 밝혀내는 역할을 한다. 그 결과 최근에는 보존처리 못지않게 중요한 분야로 인식되고 있으며, 박물관에서 수행되고 있는 문화재 분석의 역할을 다음 세 가지로 요약할 수 있다.

① 고대 과학ㆍ기술사 연구

　문화재가 가지고 있는 특성을 자연과학적인 방법으로 밝혀냄으로써 유물의 제작 기술, 산지분석, 연대 측정 및 고환경 연구 등 고고학 및 역사학적으로 중요한 정보를 제공하며 그 의의는 다음과 같다.

　　㉠ 고고, 역사 및 미술사 자료의 보존과학적인 연구 수행 가능

　　㉡ 소장품의 제작 기술 연구 : 우리나라 문화의 우수성 확인 가능

　　㉢ 발굴문화재의 재질 분석 및 유구의 성격 규명

　　㉣ 소장품의 재질분석 데이터베이스 구축(시대, 작가별) : 진위 판별 등에 도움

② 고대 생활 복원

　고고유적에서 출토되는 유기물의 정성 및 정량 분석을 통하여 고대인의 생활에 관한 정보를 유추할 수 있는 연구 분야로 분석 방법은 다음과 같다.

　　㉠ 가스 크로마토그래피(GC)

　　㉡ 질량 분석기(MS)

　　㉢ 고성능 액체 크로마토그래피(HPLC)

　　㉣ 변환 적외선 분광법(FT-IR)

---

83) 위와 같음, p.52.
84) 위와 같음, p.52.
85) 위와 같음, p.52~53.
86) 위와 같음, p.53.

③ 보존처리 지원

문화재의 상태 조사 및 재질 분석 등으로 부식 원인을 규명하고 예방함으로써 문화재의 생명을 연장시키는 데 기여한다. 즉, 재질에 적합한 보존처리를 수행하기 위한 조치이며, 확인 방법에는 다음과 같은 것들이 있다.

㉠ 보존처리에 필요한 유물의 재질 확인

물질을 구성하고 있는 원소를 확인하고 정량하는 방법으로서 다음과 같은 것들이 있다.

ⓐ 원자 흡수 분광 분석법(AAS)

ⓑ X선 형광분석법(XRF, X-ray Fluorescence Analysis) : 금속과 토ㆍ도기 등 무기질 유물의 성분 분석(원소)에 이용

ⓒ 유도 결합 플라즈마 발광분석법(ICP)

ⓓ 에너지/파장 분산형 분광법(EDS/WDS)

ⓔ 가스 크로마토그래피 질량 분석계(Gas Chromatography-Mass Spectrometer), FT-적외선 분광기(Fourier Transform Infrared Spectroscopy) : 섬유, 칠, 기름 등 주로 유기물 분석에 이용

㉡ 금속 유물 표면의 부식화합물 종류 규명

유물이 안정한지 아니면 부식이 진행되고 있는 화합물인지의 여부를 판단하기 위한 분석 방법으로 X선 회절분석법(XRD, X-ray Diffraction Analysis)이 있다(부식녹과 안료 등의 성분 분석).

㉢ 탈염농도 측정

금속 유물, 특히 철제 유물의 탈염처리 후 용액을 분석하여 이온성 부식물을 확인하고 정량함으로써 탈염처리의 종료시점을 알려 준다. 이를 위한 방법으로 이온 크로마토그래피(IC ; Ion Chromatography)가 있다.

05 박물관 경영

01 박물관의 설립

(1) 박물관의 설립 주체와 운영 주체

① 설립 주체와 운영 주체는 일치하는 경우가 대부분이다.

② 경영 주체 : 국립, 공립, 대학, 학교, 군, 독립 · 사립법인, 기업 등

(2) 박물관 관련 법규의 형성

1984년 「박물관법」(법률 제3775호)이 제정되고, 1985년 공포되어 박물관에 대한 용어와 박물관의 사업 내용을 법적으로 규정하였다. 1999년 2월 개정된 「박물관 및 미술관 진흥법」[87] 제4조 제1항에서는 박물관이 다음의 사업을 수행한다고 규정하고 있다.

The 중요

「박물관 및 미술관 진흥법」 제4조(사업)

① 박물관은 다음 각 호의 사업을 수행한다.

1. 박물관자료의 수집 · 관리 · 보존 · 전시
2. 박물관자료에 관한 교육 및 전문적 · 학술적인 조사 · 연구
3. 박물관자료의 보존과 전시 등에 관한 기술적인 조사 · 연구
4. 박물관자료에 관한 강연회 · 강습회 · 영사회(映寫會) · 연구회 · 전람회 · 전시회 · 발표회 · 감상회 · 탐사회 · 답사 등 각종 행사의 개최
5. 박물관자료에 관한 복제와 각종 간행물의 제작과 배포
6. 국내외 다른 박물관 및 미술관과의 박물관자료 · 미술관자료 · 간행물 · 프로그램과 정보의 교환, 박물관 · 미술관 학예사 교류 등의 유기적인 협력
   6의2. 평생교육 관련 행사의 주최 또는 장려
7. 그 밖에 박물관의 설립 목적을 달성하기 위하여 필요한 사업 등

② 미술관 사업에 관하여는 제1항을 준용한다. 이 경우 제1호부터 제5호까지의 규정 중 "박물관자료"는 "미술관자료"로 보며, 제6호 및 제7호 중 "박물관"은 "미술관"으로 본다.

---

87) • 1984년 제정된 「박물관법」을 1991년 「박물관 및 미술관 진흥법」으로 개정하였다.
    • 1999년도의 법 개정이 가장 혁신적으로 수정 · 보완된 것이다(예 준학예사 시험의 도입).
    • 2007년도에 와서야 한국의 '박물관의 정의'에 '교육'이 첨가되었다.

(3) 주요 법 개정 사항

① 제6공화국의 '박물관 1,000개 세우기' 공약 사업의 일환

② 1997년부터 지방화 시대에 박물관 및 미술관 설립을 촉진하고 핵심적인 문화 인프라를 구축하기 위한 개정 시안 마련

③ 박물관, 미술관 외 유관기관[88] 등에까지 적용 대상 확대

④ 등록 대상의 확대(기존의 공·사립박물관, 미술관 → 국·공·사립 대학박물관으로 확대 적용)

⑤ 박물관·미술관 설립을 적극적으로 유도하기 위하여 도지사의 설립 계획 승인을 얻으면 「산림법」에 의거한 보전임지의 전용 허가를 받은 것으로 인정하도록 범위를 확대

⑥ 학예사 자격 인증제도 도입

⑦ 박물관 및 미술관에 대한 진흥 기본계획 수립 (2023년 신설)

2023년 정부에서는 박물관과 미술관을 건전하게 육성하기 위하여 박물관과 미술관의 설립과 운영에 필요한 사항에 대해 진흥 기본계획을 수립하고 이를 공포하였다.

[시행 2023.12.21]

「박물관 및 미술관 진흥법」 제2조의2(국가 및 지방자치단체의 책무)

① 국가와 지방자치단체는 박물관 및 미술관의 확충, 지역의 핵심 문화시설로서의 지원·육성, 학예사 양성 등 박물관 및 미술관 진흥을 위한 시책을 강구하여야 한다.

② 국가와 지방자치단체는 제1항에 따른 책무를 다하기 위하여 이에 수반되는 예산상의 조치를 하도록 노력하여야 한다. [본조신설 2023. 6. 20.], [시행일: 2023. 12. 21.]

제5조의2(박물관 및 미술관 진흥 기본계획)

① 문화체육관광부장관은 박물관 및 미술관의 설립을 촉진하고 그 운영을 활성화하기 위하여 박물관 및 미술관 진흥 기본계획(이하 "기본계획"이라 한다)을 5년마다 수립·시행하여야 한다.

② 기본계획에는 다음 각 호의 사항이 포함되어야 한다.

  1. 박물관 및 미술관의 설립 촉진 및 운영 활성화를 위한 정책목표와 기본방향
  2. 박물관 및 미술관 진흥 시책 및 추진계획
  3. 진흥 시책 및 추진계획의 시행을 위한 재원조달 계획
  4. 국내외 박물관 및 미술관의 현황과 전망
  5. 국내외 박물관 및 미술관 간의 협력에 관한 사항
  6. 박물관 및 미술관의 전문인력 양성에 관한 사항
  7. 그 밖에 박물관 및 미술관 진흥을 위하여 필요한 사항

③ 기본계획의 수립·시행에 필요한 사항은 대통령령으로 정한다.

제5조의3(박물관 및 미술관 진흥 시행계획 등)

① 문화체육관광부장관, 관계 중앙행정기관의 장 및 지방자치단체의 장은 기본계획에 따라 소관 박물관 및 미술관에 대하여 박물관 및 미술관 진흥 시행계획(이하 "시행계획"이라 한다)을 수립·시행하여야 한다.

② 관계 중앙행정기관의 장과 지방자치단체의 장은 시행계획에 따른 추진실적을 문화체육관광부장관에게 제출하고, 문화체육관광부장관은 추진실적을 평가하여야 한다.

③ 시행계획의 수립·시행 및 제2항에 따른 추진실적 평가에 필요한 사항은 대통령령으로 정한다.

---

88) 식물원, 동물원, 수족관, 상설 전시장을 유지하는 공공 도서관, 역사적 문서 보관소, 문서관, 민속촌, 교육관, 향토관 등

> **제5조의4(실태조사)**
> ① 문화체육관광부장관은 기본계획 및 시행계획을 효율적으로 수립하기 위하여 박물관 및 미술관 운영 실태에 관한 조사를 실시하고, 그 결과를 기본계획 및 시행계획에 반영하여야 한다.
> ② 문화체육관광부장관은 제1항에 따른 실태조사를 위하여 관계 중앙행정기관의 장, 지방자치단체의 장 및 관련 법인·단체 등에 대하여 필요한 자료의 제출이나 의견의 진술을 요청할 수 있다. 이 경우 요청을 받은 자는 정당한 사유가 없으면 이에 따라야 한다.
> ③ 제1항에 따른 실태조사의 범위, 방법 등 필요한 사항은 대통령령으로 정한다. [본조신설 2023. 6. 20.], [시행일: 2023. 12. 21.]

(4) 박물관 신청과 등록 절차

① 신청 및 등록 절차 : 「박물관 및 미술관 진흥법 시행규칙」에 명시

② 등록하지 않더라도 설립과 운영은 가능하나 명칭을 사용하지는 못한다. 대신 사료관, 민속관, 전시관 등의 명칭을 제한하여 사용이 가능하다.

③ 박물관 및 미술관 '등록' 구비서류

　㉠ 신청서

　㉡ 시설명세서

　㉢ 박물관 또는 미술관 자료의 목록(사진 첨부)[89]

　㉣ 학예사 명단

　㉤ 관람료 및 자료 이용료

④ 사립박물관의 경우에는 건립 전 아래의 서류를 구비하여 '설립 계획 승인'을 얻은 후 등록이 가능하다.

　㉠ 신청서

　㉡ 사업계획서

　㉢ 토지의 조서(위치·지번·지목·면적, 소유권 외의 권리 명세 및 소유자의 성명·주소, 지상권, 지역권, 전세권, 저당권, 사용대차 또는 임대차에 관한 권리, 기타 토지에 관한 권리를 가진 자의 성명·주소를 적은 것)

　㉣ 건물의 조서(위치, 대지지번, 건물 구조, 바닥면적, 연면적, 소유권 외의 권리 명세 및 소유자의 성명·주소, 전세권, 저당권, 사용대차 또는 임대차에 관한 권리, 건물에 관한 권리를 가진 자의 성명·주소를 적은 것)

　㉤ 위치도

　㉥ 개략설계도

　㉦ 박물관 자료 또는 미술관 자료의 목록과 내역서

---

89) 「박물관 및 미술관 진흥법 시행규칙」 별지 제8호 서식 '자료목록서'에 기재되는 사항으로는 번호, 자료명, 수량, 물질, 시대, 소장연월일, 소장경위, 출처, 크기, 구조 및 특징, 참고 사항 등이 있다.

The 중요

박물관 건립 과정의 순서
기본이념 → 기본구상 → 입지분석 → 건축 설계

(1) 기획 단계

① 건립의 여부를 확정하고 건립에 대한 전반적인 계획을 수립하는 과정

② 건립결정 → 부지확정 → 공유재산 관리 계획 → 타당성 조사

　※ 건립결정을 위한 자문기구(건립추진위원회 등)의 설정 가능

(2) 준비 단계

① 기획 단계의 결과물을 대상으로 재정 투 · 융자심의를 거쳐 예산 지원을 확정하게 되는 과정

② 박물관 건립 담당자(행정직)가 박물관의 소유 예산 및 건립 방향성을 확정하여 과업지시서를 작성

③ 투 · 융자심의 → 국 · 도비 신청 및 결정 → 과업지시서 작성

(3) 건립 단계

① 설계 공모 등의 입찰 과정을 통해 공사에 착수하게 되는 과정

② 건립 단계 : 공모 단계, 설계 단계, 시공 단계

공모 단계	경쟁 입찰을 통한 설계사 선정 및 계약
설립 단계	기본 설계와 실시, 설계 진행 및 건축 심의와 감리 선정
시공 단계	토목 공사, 건축 공사, 실내 공사, 전시 공사 진행

③ 설계 및 공모 선정 → 기본 및 실시 설계 → 시공 및 감리 업체 선정 → 착공 → 시공

(4) 개관 단계

① 건물이 준공된 후 실제 박물관 운영을 위한 최종 실무 내용을 점검하고 개관에 이르는 과정

② 개관 단계 : 운영분야와 시설분야로 구분

운영분야	박물관 조직 구성 및 재정 계획 등 사업계획서 작성
시설분야	보수 공사 및 시운전, 시설 및 관리운영계획서 작성

③ 준공 → 시운전 · 운영 및 사업 계획 → 개관

---

90) 박신의, 「한국의 박물관 건립 현황 분석에 따른 박물관 건립 계획의 필요성」, 한국문화관광연구원, 2009, p.155.

(1) 박물관 경영 개요

① 박물관의 경영 원리

영리를 추구하는 기업은 '수익성의 원칙'에 따라 경영을 하지만, 비영리기관과 비영리사회 봉사단체는 '경제성의 원칙'에 따라 투입과 산출을 적절하고 합법적으로 균형을 맞추는 것에 경영의 목표를 두고 있다.[91]

⊙ 경제성의 원칙(economic principle)

ⓐ '최소의 비용으로 최대의 효과' 그리고 '일정의 효과를 얻기 위하여 최소의 비용'을 원칙으로 하는 합리주의 정신에 바탕을 두고 있다.

ⓑ 적정 수익성을 바탕으로 하는 투입과 산출(성과)의 바람직한 관계이다.

ⓒ 경영 활동을 위해 투입된 모든 것과 투입된 결과로서 산출된 모든 것을 비교하여 바람직한 관계로 유지하는 원칙이다.

ⓓ 적절하고 합법적인 영리 추구를 통해서 적정 수익을 유지하고, 투입과 산출의 균형을 맞추는 것이다.

ⓛ 수익성의 원칙(profit principle)

ⓐ 수익성의 원칙이란 자본에 대한 이익의 관계를 살펴보는 관점으로 자본에 대한 이익이 크면 클수록 좋다는 원칙이다.

ⓑ 수익성 = 수익÷자본 수익률(%) = 수익÷자본×100

② 박물관 경영환경 변화

박물관은 건전한 여가선용 장소라는 특성이 강조되고 있으며 최근 자유학기제 실행으로 교육활동이 대폭 확대되고 있다. 그로 인해 박물관은 공공을 위한 봉사를 수행해야 하는 의무를 가지게 되었으며 박물관은 다양한 강좌, 체험학습 운영 등 복합 문화센터로서의 역할을 감당하고 있다.

③ 박물관의 경영 활동을 위한 기본 요소

기본요소는 하드웨어(hardware), 소프트웨어(software), 휴먼웨어(humanware)로 구성된다.[92]

⊙ 하드웨어 : 조직 구조, 건물과 시설, 재원 등

ⓛ 소프트웨어 : 소장품, 전시, 교육 프로그램, 특별 행사, 다양한 프로그램 등

ⓒ 휴먼웨어 : 전문인력, 자원봉사자, 이사회, 후원회 등

④ 박물관 경영

⊙ 박물관의 설립취지와 경영목표를 달성하기 위한 행동원리를 실현하는 것이 박물관 경영이다.

ⓛ 보존중심에서 벗어나 교육중심으로 영역을 확장하고 지역의 문화발전을 위한 네트워크를 형성해야 한다.

ⓒ 박물관 경영은 공급자 중심에서 이용자 중심으로 변화시켜야 한다.

---

91) 서울대경영연구소, 『경영학 핸드북』, 서울대출판부, 1985.
92) 이보아, 『박물관학 개론』, 김영사, 2005, p.76.

(2) 박물관 기획

① **전략적 계획** : 박물관의 설립 취지와 목적에 부합

  ⊙ **설립 취지** : 박물관의 경영 효율성의 가치를 제시하고 경영과 의사소통의 체계를 확립하며, 박물관의 설립 또는 운영 주체가 재단이나 사단법인의 설립 허가를 받기 위해서는 반드시 설립 취지를 명문화해야 한다.

  ⓒ **포함될 내용** : 존재의 의의, 봉사대상, 봉사목표나 실천 과제, 기능과 활동, 소장품의 범주, 박물관의 목적과 지역사회·구성원과의 상호 관련성, 다른 문화기관의 관계에서 박물관의 역할, 사회 내에서의 가치와 박물관 활동과의 관련성, 박물관이 지향하거나 관심을 갖고 있는 사회적인 현안·역할·기능·이정표, 공익을 위해 존재하는 박물관의 핵심적인 역할을 제시한다.

② **박물관의 경영 전략**[93]

  ⊙ 유비쿼터스 박물관[94]

  ⓒ 자원 관리 DB 활용

  ⓒ 콘텐츠 부가가치 창출

  ⓔ 공동체 네트워크 구축

  ⓜ 인력개발과 친절 교육

  ⓗ 참여 활동 프로그램 개발

  ⓢ 공동체 브랜드 마케팅

  ⓞ 지역사회 봉사활동

  ⓩ 지역경제 활성화 지원

  ⓣ 디지털 지식 경영 실천

  ⓥ 감동을 주는 서비스 제공

  ⓔ 미래를 위한 공동체 비전 제시

③ **박물관 협력사업**

  우리나라에서는 박물관의 협력사업을 통해 운영 효율화와 아이디어를 제공 받고자 (사)한국박물관협회, (사)한국사립박물관협회, (사)한국대학박물관협회 등의 박물관 협의체들이 운영되고 있다.

(3) 문화상품으로서 박물관 상품의 개발

① 문화상품으로 판매하는 상품은 박물관 본연의 목적 사업, 즉 교육적인 목적을 위해 제작되어야 한다.

② 상품을 보고, 체험하고, 즐기기 위해 방문할 만한 구매가치를 잠재 관람객들에게 인식시킨다. 즉, 잠재 관람객들로 하여금 방문 동기를 부여할 수 있는 상품이어야 한다.

③ 박물관 문화상품점의 상품은 박물관의 소장품과 연계되어야 하며, 박물관 전시물에 대한 감동을 집으로 가져갈 수 있는 제품으로 구성하는 것이 바람직하다.

---

93) 한국박물관협회, 「박물관의 이론과 실제 – 박물관 실무지침(2)」, 한국박물관협회, 2004, p.42.

94) 박물관의 경영 효율을 높이기 위해 박물관 이용자들이 현실 공간이나 가상현실 공간 등 어디에서나 쉽게 접근할 수 있는 '유비쿼터스(Ubiquitous) 박물관'의 필요성이 부각되고 있다.

④ 문화상품은 한국의 문화적 전통성과 현대성을 조화롭게 갖추어야 하며, 박물관은 각각의 요소를 어떻게 균형 있게 접목시켜 상품적인 가치를 부각시킬 것인지를 고민하고 제품을 개발하여야 한다.

(4) 박물관의 조직 구성

박물관 조직화 과정은 의사결정의 과정이라고 할 수 있다. 의사결정의 구조는 수직적 계층 구조와 수평적 기능별 부서 구조가 있다. 박물관은 수평적 기능별 부서 구조로 구성되는 것이 바람직하다.

① 수직적 계층 구조(집권적 조직 구조)

　　㉠ 관리 한계의 범위에 따라서 하향적으로 분화

　　㉡ 구성원의 수가 적을 때 적합한 구조

② 수평적 기능별 부서 구조(분권적 조직 구조)

　　㉠ 각 조직 단위의 설정이나 기능의 분화 과정에 따라 조직을 구성한다.

　　㉡ 기능별 부서로는 학예연구과(소장품·유물관리과), 전시기획과, 교육개발과, 섭외홍보과 등이 있으며 서로 동등한 수평적 위치에서 업무를 수행하고 협조한다.

(5) 박물관 인력 관리

박물관은 관장, 전문인력, 행정인력, 이사회, 자원봉사자(인턴, 도슨트) 등으로 구성되어 있다.

> **The 중요**
>
> **박물관의 13가지 전문 직종[1973, 미국박물관협회(AAM)][95]**
> - 관리 위원회(감독기관, Governing Body)
> - 관장(director)
> - 학예연구원(학예사, Curator)
> - 교육 감독관(교육담당자, Educational Supervisor)
> - 전시디자이너(Exhibition Designer)
> - 편집인(Editor)
> - 보존과학자(Conservator)
> - 자료관리자(소장품등록관, Registrar)
> - 사서(Librarian)
> - 홍보 담당관(Public Information director)
> - 사무장(서무 담당자, Business Manager)
> - 영선관(시설 관리 담당자, Superintendent)
> - 안전 감독관(안전요원, Security Supervisor)

---

95) 미국박물관협회(AAM)의 박물관 연구 교과 과정 위원회(Museum Studies)에서 1973년에 제출한 「박물관 연구: 대학과 박물관을 위한 교과 과정 안내」에서 13가지로 구분하였다.

① 관 장

　⊙ 작품 수집, 보존, 연구, 전시, 작품 분석 등 실무에까지 관여하기 때문에 업무 추진능력이 필요하다.

　ⓒ 조직 구성원에게 직접적으로 명령을 내리는 것보다는 그들에게 동기를 유발시키는 것이 바람직한 관장의 자세이다.

　ⓒ 박물관 관장은 예산의 획득과 편성, 집행 능력을 갖추어야 한다.

② 박물관 전문인력

박물관 전문직[96]의 구성원들은 박물관의 운용 및 유산의 보호와 관련된 중요한 역할을 수행하기에 알맞은 학문적, 기술적, 전문적인 능력을 갖추고 있어야 한다.[97]

　⊙ 학예사(Curator)[98]

소장품에 대한 전문적인 지식을 소유한 전문가로서 작품 수집, 분류, 처분, 보존 등의 업무와 창의적인 전시, 효율적인 교육활동, 기타 행정업무를 수행하는 인력이다.

큐레이터란 예술가와 관람자를 이어주는 중개자의 입장, 전시되는 예술을 설명하고 시각예술의 흐름과 역사의 맥락 속에서 당대 예술이 가지는 위치를 알려주는 교육자의 입장, 그리고 더 나아가 전시 속 저자, 편집자 그리고 평론가의 입장까지 두루 섭렵하고 있어야 한다.[99]

　　ⓐ 역 할

　　　• 소장품의 구입과 처분, 분류, 감정에 대한 의견 제시

　　　• 소장품에 대한 연구 · 조사와 출판 등의 업무 담당

　　　• 행정 업무, 전시기획, 보존처리 등에 관여

　　　• 소장품과 전시작품 선정, 대여 전시물에 대한 학술적인 분석과 관리에 직접적인 책임 부여

---

96) 좁은 의미의 박물관 전문직 : 학예사, 교육담당자, 등록 담당원, 보존처리사, 전시기획자

97) 국제박물관협의회 정관 제2조 제2항, 국제박물관협의회 전문직 윤리요강 제1조 제3항

98) 큐레이터의 어원은 라틴어 동사 curare로부터 시작된다. 이는 '관리하다' 혹은 '돌보다'라는 의미를 가지고 있다. 단어의 정의를 역사적으로 거슬러 올라가보면 로마시대의 curatores는 공공시설을 돌보는 공무원이라는 개념이었으며 중세시대에는 영혼을 돌보는 신부라고 정의되어 사용되었다. 그리고 마침내 18세기 후반에 들어서는 공공 미술관의 설립과 더불어, 우리에게 익숙한 박물관 소장품을 관리하는 사람으로서 그 의미를 갖게 된다. 몇 세기를 지나며 큐레이터라는 단어의 의미와 그에 따른 역할은 그 시대에 맞춰 변화해 왔지만 본질적으로 무엇을 돌보는 혹은 관리하는 사람이라는 점은 현재까지도 변하지 않았다. 최초의 큐레이터라는 직함과 오늘날 큐레이터들이 맡고 있는 기본적인 업무들을 전문적으로 담당했던 사람은 17세기 철학자 로버트 훅(Robert Hook)이었다. 그는 1661년 '자연과학 진흥을 위한 런던왕립학회(The Royal Society of Lodon for Improving Natural Knowledge)' 컬렉션의 '실험 큐레이터(curator of experiments)'라는 명칭으로 학회에 기록되어있다. 그가 학회에서 일한 40여 년 동안 그의 업무 범위는 기본적인 것(시연할 과학 실험의 준비, 감독, 기획)을 시작으로 점차 확장(학회 연구의 분류, 조사, 기록)되었으며 오늘날 큐레이터가 맡고 있는 기본적인 직무 정의와 매우 흡사하다.

99) 전승보, 『큐레이팅을 말하다 전문가 29인이 바라본 동시대 미술의 현장』, 파주: 미메시스, 2019. p.27~33.

ⓑ 특 징
- 학예사는 국제박물관협의회(ICOM)의 윤리강령과 국제협약을 준수해야 한다.[100]
- 학예사는 1급 정학예사, 2급 정학예사, 3급 정학예사 및 준학예사로 구분하고 그 자격제도의 시행 방법, 절차 등에 관하여 필요한 사항은 대통령령으로 정한다.
- 「박물관 및 미술관 진흥법」에서 '대통령이 정하는 바에 의하여 박물관, 미술관 학예사를 둘 수 있다.'라고 되어 있으며, 등록을 위해서는 '학예사 명단'이 첨부되어야 한다.

ⓛ 등록 담당원[기록담당자, 레지스트라(Registrar)]

작품의 수집 · 취득, 목록 작성, 대여(물품 대여에 관련된 절차 처리), 포장, 총 목록 작성과 관리, 보험(보험담보협정과 보험금 지불요구), 소장품의 관리(작품 이전 계약, 판권과 복제), 보관, 통제, 운송 및 관세 등의 업무와 일련의 정보 검색 시스템 구축 및 이와 관련된 법률 서류를 만들고 체계화하며, 유지하는 책임을 맡고 있다.

ⓒ 보존처리사(Conservator)

유물을 과학적으로 조사하고, 훼손을 방지하며, 필요한 경우 보수하거나 복원하는 역할을 담당한다.

The 중요

보존처리사의 역할
- 소장품들의 재질 및 보존 방법에 대한 연구
- 유물의 손상을 막기 위해 평소 전시장과 수장고의 환경을 점검함
- 손상된 유물의 원상태로의 수리 · 복원 담당

ⓔ 전시기획자(Exhibition Manager)

전시기획자는 학예연구원과 교육담당자의 아이디어를 연출 · 드로잉(전시장 모형 측정, 조명 확인, 안내 표지의 배열 등 결정)을 통해 상설 전시, 기획 전시, 순회 전시 등의 형태로 발전시킨다. 또한 전시기획자는 전시된 작품들을 관리 · 감독하는 행정적인 책임을 진다.[101]

ⓜ 교육담당자[에듀케이터(Educator)]

교육담당자는 관장이 보직을 임명한다. 에듀케이터는 박물관 교육 프로그램을 개발, 실행, 평가, 감독하는 사람으로서 행정관리책임과 박물관 경영의 팀원 그리고 전시계획위원으로서 설명안내원(도슨트, docent)과 안내원(가이드, guide)을 관장한다.

에듀케이터 자격 요건은 학습 · 이론 분야에서 박물관 전공분야로 석사학위를 취득했거나 박물관 교육을 전공한 박물관학 석사학위를 취득한 사람으로서 박물관 교육부서 또는 그 밖의 비정규(informal) 교육 프로그램과 프로그램 기획을 담당하는 교육기관에서 2~3년간의 경험을 갖고 있어야 한다. 또한, 지식과 능력, 숙련 기술 분야에서 충실해야 하는데, 예를 들면, 박물관의 설립취지, 목표, 정책 등을 숙지하고 있어야 한다.[102]

---

100) 학예사는 대통령령에 의해 선임된 박물관 운영 위원회의 윤리강령과 협약을 준수해야 하는 것은 아니다(「박물관 및 미술관 진흥법」 제6조 제5항 참조).
101) 게리 에드슨 · 데이비드 딘(이보아 역), 「21세기 박물관 경영」, 시공사, 2001, p.42.
102) Jane R. Glaser, Artemis A. Zenetou, 「Museums: A Place to Work」, Smithsonian Institution, 1996, p.65~125.

에듀케이터의 역할은 일반 관람객들의 박물관 이용도를 증진시키고, 소장품에 대한 이해와 해석을 돕기 위하여 박물관 교육 프로그램을 개발·실행·평가·감독하며, 이를 위해 다양한 대중매체와 첨단 기술을 도입하여 교육에 활용한다. 뿐만 아니라 관람객의 성향을 적절하게 파악하여 박물관에서 이루어지는 다양한 전시에 대한 셀프가이드(self-guide) 출판물 기획 및 전시실 안내 영화, 강연, 강의, 특별이벤트, 실기 강좌, 교사 연수 프로그램, 박물관 학교, 박물관 외부의 활동 프로그램 등의 개발을 담당한다. 전시연계 프로그램과 강연, 체험전시, 고적 답사 등의 이론·실기 프로그램의 개발 및 교육 또한 담당한다.

ⓑ 소장품 관리자(Collection Manager)

소장품의 관리·감독, 목록 작성, 일련 번호 입력, 소장품의 개별 부서 보관 등의 업무를 맡는다. 때로는 소장품 등록원이나 학예사의 일부 업무를 혼합한 역할을 수행하기도 한다.

ⓒ 전시디자이너(Exhibition Designer)

전시 주제에 어울리도록 박물관의 다른 인력들과 회의를 거쳐 전시의 타당성을 검토하고 전시장 모형·드로잉 등을 제작하여 전시 연출기법과 재료·콘셉트 등을 바탕으로 특별기획전시, 상설전시의 형태를 기획하는 인력이다. 보통 디자인이나 미술 전공자로 박물관의 설립 목적에 맞게 전시디자인을 할 수 있는 미학적 판단능력과 디자인 도면작성능력, 전시장 구상과 설치능력을 요구하며, 전시에 필요한 각종 문서 작성과 견적 및 예산관리능력 등의 전반적인 이해가 필요하다.

③ 박물관 이사회

이사회의 이사진은 관장을 부하가 아닌 동료로서 대해야 한다. 또한 이사회는 일반적으로 관장을 통하는 경우가 아니라면 직원과 직접적인 접촉을 하지 않으며, 박물관의 세부적인 행정에 관여하지 않는다. 즉, 행정적인 문제는 오직 관장의 책임이자 특권이며, 이사회는 박물관의 모든 일에 대하여 최종적이고 법적인 책임만을 갖는다.

The 중요

이사회의 임무
• 박물관의 사명과 활동범위를 정하고 필요할 때마다 이를 재검토한다.
• 관장을 채용하고 관장의 업무를 감독한다.
• 박물관 정책을 수립하여 박물관의 특성을 결정한다.
• 박물관의 유지와 운영, 성장을 위한 충분하고 지속적인 재원을 확보한다.

④ 자원봉사자

㉠ 도슨트(docent)의 정의

도슨트는 1845년 영국에서 처음 생겼고, 1907년 미국의 보스턴 미술관에서 자원봉사자들로 이루어진 전시 안내원의 등장과 영국 박물관에서 1911년 가이드 설명인의 출연과 함께 전 세계 각국으로 확산된 제도이다.

㉡ 도슨트의 역할

도슨트는 전시와 전시품에 대한 정보를 박물관 이용객에게 전달하는 역할을 하기 때문에 전시물이나 관람객에 대한 전문적인 지식을 갖추고 일을 한다. 이러한 측면에서 일반적인 자원봉사자와는 달리

'전문직 봉사요원'의 역할을 수행한다. 이러한 전문직 봉사요원인 도슨트는 '박물관의 주인'이자 '박물관의 의미 전달자'이며 '이용자의 대변자'라는 세 가지 역할을 담당한다.

ⓒ 도슨트의 전시해설 계획

ⓐ 전시해설 과정의 계획

전시해설 과정에 대한 기본 정보 정리	• 전시의 특징 및 주제를 고려한 테마의 설정 • 관람객의 성향 및 요구 사항 분석 • 효과적인 전시해설의 시간 계획 • 예약 사항의 확인(일시, 관람객 정보, 특별 요청 사항 등)
전시해설 과정의 시작 부분 계획하기	• 시작 장소의 선정 및 환영 인사말 준비 • 박물관, 전시관, 도슨트에 대한 소개 • 전시해설의 목적, 과정, 원칙 소개
전시해설 과정 계획하기	• 설명할 전시물(또는 체험물, 체험 공간) 선정 • 전시물에 담긴 의미의 분석 • 관람객들의 관찰 및 사고를 유도하는 질문 준비
전시해설의 마무리 부분 계획하기	• 마무리 장소의 선정 및 마무리 인사말의 준비 • 전시해설의 총정리 방법 준비 • 전시해설에 대한 관람객의 느낌을 공유하는 방법 마련

ⓑ 전시물이나 관람객에 대한 전문적인 지식을 갖추고 일한다는 측면에서, 도슨트는 일반 자원봉사자와 구별되어야 하며, 효과적인 전시해설을 진행하기 위해서는 전시물에 대한 전문 지식뿐만 아니라, 관람객에 대한 충분한 이해를 갖추고 있어야 한다. 즉, 전시품과 관람객에 대한 전문성은 도슨트에게는 필요요건 중 하나이다.

ⓓ 도슨트의 효용성

ⓐ 도슨트는 전시를 관람하고, 박물관의 행사에 참여하며, 박물관의 자료를 사용하는 일반 이용자(user) 중에 한 사람이다.

ⓑ 도슨트는 박물관 이용객의 '대변자'로서 고객의 목소리를 전하며, 이러한 도슨트의 노력은 박물관이 대중을 위한 기관으로 자리하는 데 큰 도움을 준다.

The 중요

도슨트의 '대변자 역할'
• 전문가적 입장에서 박물관에 건설적인 조언을 제시
• 전시해설을 진행하면서 발견하게 된 관람객의 요구 사항을 정리하여 박물관에 전달
• 관람객들이 표현하는 눈빛이나 몸짓을 읽어내고 고객의 입장에서 제안하는 의견을 정리하여 이용자들의 요구가 무엇인지를 박물관에 전달

(6) 문화재단 및 공공기관

① 국립 박물관문화재단

> **「박물관 및 미술관 진흥법」 제35조(국립 박물관문화재단의 설립)**
> ① 정부는 문화유산의 보존 · 계승 및 이용촉진과 국민의 문화향유 증진을 위하여 국립 박물관문화재단(이하 "문화재단"이라 한다)을 설립한다.
> ② 문화재단은 법인으로 한다.
> ③ 문화재단에는 정관으로 정하는 바에 따라 임원과 필요한 직원을 둔다.
> ④ 문화재단은 다음 각 호의 사업을 한다.
>   1. 국립 박물관 공연장 운영
>   2. 문화예술창작품 개발 · 보급
>   3. 문화관광상품의 개발과 제작 및 보급
>   4. 문화상품점, 식음료 매장, 그 밖의 편의 시설 등의 운영
>   5. 국가, 지방자치단체 및 공공기관 등으로부터 위탁받은 사업
>   6. 그 밖에 문화재단의 설립 목적에 필요한 사업
> ⑤ 문화재단에 관하여 이 법에서 정한 것을 제외하고는 「민법」중 재단법인에 관한 규정을 준용한다.
> ⑥ 정부는 예산의 범위에서 문화재단의 사업과 운영에 필요한 재정상의 지원을 할 수 있다.
> ⑦ 정부는 문화재단의 사업을 위하여 필요하다고 인정하는 경우 「국유재산법」에도 불구하고 국유재산을 문화재단에 무상으로 대부하거나 사용 · 수익하게 할 수 있다.

② 한국문화재재단

> **「문화재보호법」 제9조(한국문화재재단의 설치)**
> ① 문화재의 보호 · 보존 · 보급 및 활용과 전통생활문화의 계발을 위하여 문화재청 산하에 한국문화재재단(이하 "재단"이라 한다)을 설립한다.
> ② 재단은 법인으로 한다.
> ③ 재단은 설립목적을 달성하기 위하여 다음 각 호의 사업을 수행한다.
>   1. 공연 · 전시 등 무형문화재 활동 지원 및 진흥
>   2. 문화재 관련 교육, 출판, 학술조사 · 연구 및 콘텐츠 개발 · 활용
>   3. 「매장문화재 보호 및 조사에 관한 법률」 제11조 제1항 및 같은 조 제3항 단서에 따른 매장문화재 발굴
>   4. 전통 문화상품 · 음식 · 혼례 등의 개발 · 보급 및 편의시설 등의 운영
>   5. 문화재 공적개발원조 등 국제교류
>   6. 문화재 보호운동의 지원
>   7. 전통문화행사의 복원 및 재현
>   8. 국가 · 지방자치단체 또는 공공기관 등으로부터 위탁받은 사업
>   9. 재단의 설립목적을 달성하기 위한 수익사업과 그 밖에 정관으로 정하는 사업
> ④ 재단에는 정관으로 정하는 바에 따라 임원과 필요한 직원을 둔다.
> ⑤ 재단에 관하여 이 법에 규정한 것 외에는 「민법」 중 재단법인에 관한 규정을 준용한다.
> ⑥ 재단 운영에 필요한 경비는 국고에서 지원할 수 있다.
> ⑦ 국가나 지방자치단체는 재단의 업무 수행을 위하여 필요하다고 인정하면 국유재산이나 공유재산을 무상으로 사용 · 수익하게 할 수 있다.

③ 국외소재문화재재단

　　나라 밖에 흩어진 우리 문화재에 대해 종합적인 사업을 수행하고자 2012년 7월 문화재청 산하단체로 설립되었다. 재단은 불법·부당하게 국외로 반출된 문화재는 환수를 추진하며, 적법·합법적으로 반출된 문화재는 현지에서 널리 활용될 수 있도록 지원사업을 실시하고 있다.

④ 문화유산국민신탁

> **「문화유산신탁법」 제2조(정의)**
> "국민신탁"이라 함은 제3조에 따른 국민신탁법인 또는 제20조의2 제1항에 따른 국민신탁단체가 국민·기업·단체 등으로부터 기부·증여를 받거나 위탁받은 재산 및 회비 등을 활용하여 보전가치가 있는 문화유산과 자연환경자산을 취득하고 이를 보전·관리함으로써 현세대는 물론 미래세대의 삶의 질을 높이기 위하여 민간차원에서 자발적으로 추진하는 보전 및 관리 행위를 말한다.
>
> **제3조(국민신탁법인의 설립)**
> ① 문화유산을 취득하고 이를 보전·관리하기 위하여 문화유산국민신탁을, 자연환경자산을 취득하고 이를 보전·관리하기 위하여 자연환경국민신탁을 각각 설립한다.

06 박물관 소장품

01 박물관의 수집 기능

박물관 수집 기능은 박물관 초기 형태부터 시작된 고전적 기능에 해당한다. 박물관의 가장 중요한 기능은 소장품을 수집·관리하는 것이다.

박물관 기능상 수집이라는 것은 자연 상태에서의 파손·인멸·멸실 등으로부터 유물을 보호하고 적절한 환경을 조성하여 영구히 보존하기 위한 노력을 기울이는 과정이다. 박물관의 소장품은 외견상 박물관이 어떠한 활동을 수행하는지를 대중에게 제시해 주는 수단이다.

02 소장품의 수집 및 처분 흐름

(1) 박물관 자료의 수집 방법

① **구입을 통한 수집** : 예산의 범위 내에서 학술적 가치가 있는 자료를 유물구입심의평가위원회의 심의를 거쳐 구입하는 방법을 말한다. 구입 후 국립박물관은 국가귀속 작업을 거쳐 유물로 등록한다. 구입은 일종의 상거래의 하나로 일정한 금전적인 가치를 소장자에게 지불하고 구매하는 경우를 말한다. 구입공고를 통해 불특정 소장가에게 유물을 사들이는 방법이다.

② **경매를 통한 수집** : 경매는 일단의 작품 구입 절차 중 일부를 생략하며, 경매라는 공적인 제도를 통해 구입하는 방법이다. 대상을 미리 결정한 후 경매에 참여하여 구입하는 방법이다.

③ **기탁을 통한 수집** : 기탁은 박물관이 외부 소장가나 다른 박물관의 소장품을 일정한 기간 동안 박물관이 보관해 주는 방법이다. 국립박물관에 기탁한 유물의 경우 국가 귀속작업을 하지 않고 유물기탁원부에 기록한다.

④ **기증을 통한 수집** : 각 박물관 및 미술관에서 소정의 절차를 밟아 박물관·개인 및 단체로부터 기증을 받는 것을 말한다. 국립박물관의 경우 기증원·기증증서 등의 발급 이후 국가귀속 작업을 거쳐 유물로 등록한다. 단, 수집경위나 출처가 명확하지 않은 유물은 기증받지 않는 것이 원칙이다.

⑤ **이관을 통한 수집** : 이관은 공공기관에서 문화재 관리를 이관받은 경우를 말한다. 공직자 선물, 이관 매장문화재 등이 이에 해당된다.

⑥ **국고귀속** : 출토된 매장문화재나 발굴조사에 의한 출토자료로 국가에서 귀속한 자료

매장문화재법에는 모든 매장문화재 발견 시에는 신고를 의무화하고 감정가격에 따른 보상 후 국고 귀속하게 되어 있다.

「매장문화재 보호 및 조사에 관한 법률(약칭: 매장문화재법)」 제17조(발견신고 등)

매장문화재를 발견한 때에는 그 발견자나 매장문화재 유존지역의 소유자·점유자 또는 관리자는 그 현상을 변경하지 말고 대통령령으로 정하는 바에 따라 그 발견된 사실을 문화재청장에게 신고하여야 한다.

제20조(발견신고된 문화재의 소유권 판정 및 국가귀속)

① 제18조 제2항과 제19조 제1항에 따라 경찰서장 또는 자치경찰단을 설치한 제주특별자치도지사가 공고한 후 90일 이내에 해당 문화재의 소유자임을 주장하는 자가 있는 경우 문화재청장은 대통령령으로 정하는 소유권 판정 절차를 거쳐 정당한 소유자에게 반환하고, 정당한 소유자가 없는 경우 국가에서 직접 보존할 필요가 있는 문화재가 있으면 「민법」 제253조 및 제254조에도 불구하고 국가에 귀속한다.

제21조(발견신고된 문화재의 보상금과 포상금)

① 문화재청장은 제20조에 따라 해당 문화재를 국가에 귀속하는 경우 그 문화재의 발견자, 습득자(拾得者) 및 발견된 토지나 건조물 등의 소유자에게 「유실물법」 제13조에 따라 보상금을 지급한다.

(2) 소장품의 수집 및 처분의 흐름

수집 (Acquisition)		등록 (Accession)		보관 (Storage)		불용결정 (Deaccession)		처분 (Disposition)
소유권 취득 (물리적 수집)	→	서류 등록 (논리적 수집)	→	현물 관리	→	서류상 삭제 (논리적 처분)	→	소유권 상실 (물리적 처분)

① **소장품(Collection)** : 수집 및 등록 과정을 통하여 물리적(物理的)·합법적(合法的)인 소유권을 지니고 있으며, 영구 소장품으로 등록되어 보관·관리되고 있는 유물 또는 작품을 말한다.

② **수집(Acquisition)** : 발굴·기증(유증)·구입·교환 또는 다른 거래를 통하여 유물 또는 작품에 대한 물리적·합법적 소유권을 수집하는 행위를 말한다.

③ **등록(Accession)** : 수집이 완료된 유물 또는 작품을 일정한 작품 관리 서류 및 시스템에 유물·작품과 관련된 내용을 기록 또는 입력하여 영구히 소장품화하는 행위를 말한다.

④ **불용결정(Deaccession)** : 소장품 중 사용할 필요가 없거나 사용할 수 없는 경우에는 이를 폐기처분하기 위하여 사전에 소장품 목록에서 해당 유물 또는 작품을 공식적으로 등록을 삭제하여 소장품을 영구히 제거하는 행위를 말한다.

⑤ **처분(Disposition)** : 박물관의 불용결정 이후에 기증·교환·판매·관리전환·본국반환 등의 방법을 통하여 소장품의 소유권을 다른 기관에 양도하거나 물리적으로 폐기하는 행위를 말한다.

소장품을 단순히 문화재 또는 작품이 지니고 있는 경제적, 희소적 가치의 측면에서 피상적으로 이해하기보다는, 그 속에 내재된 역사적 · 예술적 · 과학적 · 고고학적 가치와 함께 향후 후손에게 물려줄 인류 문화의 소중한 유산으로 이해하고 존중하는 자세가 필요하다. 이를 위해서는 다음과 같은 몇 가지의 기본적인 직업윤리가 뒷받침되어야 한다.

(1) 관련 법규의 준수

소장품의 관리를 담당하고 있는 박물관 직원은 소장품의 수집 및 처분 과정에서 국내법과 국제법을 위반해서는 안 되며, 국제박물관협의회가 규정하고 있는 윤리강령을 준수하여 소장품 수집 및 관리에 대한 소명의식을 증진시켜야 한다.

특히 소장품을 구입하는 과정에 있어서 윤리적인 의식이 더욱 강조된다. 막대한 예산을 집행하는 유물 구입에 있어서 사적인 이권의 개입이나 비윤리적인 행위는 많은 문제를 야기하며 소장품의 질적 수준을 저하시킬 위험이 있다. 또한 생물학적 · 지질학적인 자료는 어떤 나라의 조약(條約)을 위배하여 수집해서는 안 되며, 불법적인 거래는 국내적 · 국제적으로 문화재의 도굴을 조장하고, 멸종 위기에 처한 희귀동식물을 위험에 처하게 할 수 있다.

(2) 비밀 준수의 의무

박물관 직원들은 소장품 수집 또는 처분과 관련된 비밀을 준수할 의무가 있다. 또한 기증자가 익명을 요구하거나 감정을 위해서 외부 유물이 박물관에 반입된 경우에도 비밀을 준수하여야 한다. 더불어 소유자의 특별한 허락이 없는 한 그러한 물건에 관한 정보를 다른 박물관, 업자 또는 타인에게 전해서는 안 된다.

특히 레지스트라(등록 담당원)는 보안 유지가 필요한 자료 및 정보를 항시 취급하기 때문에 대외적으로 주의할 필요가 있으며, 민감하거나 보안 유지가 필요한 자료가 외부로 유출되거나, 허가 없는 직원이 접근하지 않도록 항시 체크하여야 한다.

(3) 소장품 수집의 금지

국제박물관협의회에서는 '박물관 직원 · 이사회 임원, 또는 그들의 가족이나 친척들은 직 · 간접적으로 박물관의 소장품을 수집하여서는 안 되며, 또한 소장품을 개인적인 용도로 사용해서도 안 된다.'라고 명시하고 있다.

또한 박물관의 정책이나 운영에 참여하는 사람들이 박물관과 유물 수집 경쟁을 하여서도 안 되며, 정책적으로 처분되는 소장품일지라도 그 소장품에 대한 수집을 금지하고 있다. 이러한 윤리의식은 많은 해외 박물관들의 규정 속에서 자주 강조되고 있다.

(4) 유물 감정의 제한

박물관 직원들은 기증 또는 구입으로 박물관에 제의된 유물의 세금 공제 또는 기타 다른 목적으로 기증자 또는 판매인에게 유물 가격을 감정해 주어서는 안 된다. 이는 박물관 직원이 외부인의 유물에 대한 가격 감정이 조세 감면 등 여러 가지 문제의 소지를 담고 있기 때문이다. 감정은 기증자가 직접 외부의 감정 전문가에게 자비로 의뢰하여 처리하는 것이 바람직하다.

(1) 소유권의 획득 필요성

박물관에서는 주로 구입 및 기증을 통하여 소장품을 수집하고 있으며, 이외의 방법으로는 유증·교환·발굴 등을 통한 방법이 있다.

소장품을 수집함에 있어서 가장 중요한 핵심은 박물관이 소장품에 대한 실질적인 소유권을 획득하고, 이를 증명할 수 있는 각종 서류를 구비·관리하는 것이다. 또한 필요시 소유권자의 변동 사항에 대해서도 주무관청에 신고를 하여야 한다.

소유권은 대여, 판매, 전시, 저당 등 하고 싶은 많은 것들을 할 수 있는 권리이며, 소유권자의 권리 일부를 타인에게 줄 수도 있는 등 소장품을 자유로이 운용함에 있어 저작권과 더불어 절대적으로 중요한 권리라고 할 수 있다.[103] 따라서 박물관은 소장품을 수집함에 있어서 발생되는 증명서, 계약서, 서신 등 각종 자료를 철저하게 관리하여야 한다.

유물은 일정한 등록 절차를 거쳐 박물관으로 그 소유권을 이전하게 되는데, 이를 소장품 취득이라고 한다. 이러한 소장품의 취득은 등록 담당원이 담당한다.

(2) 수집 방법

박물관 소장품은 기증, 구입, 발굴 등의 현장 수집과 직원에 의한 비형식적 수집(중고 구입, 경매 등), 이전, 교환, 선물 등의 방법, 타기관으로부터의 영구적인 대여 등으로 이루어진다.[104]

① 발굴

발굴은 순수한 미술작품보다는 과학, 인류학, 역사학, 고고학 및 자연사 분야의 유물을 소장하고 있는 박물관에서 많이 사용되는 방법이다. 일반적으로 발굴은 일정한 발굴지에서 다량의 유물들이 일시에 출토되며, 수집 비용이 거의 들지 않기 때문에 소장품을 손쉽게 구할 수 있는 방법 중 하나이다. 대학박물관의 경우에는 구입과 기증의 형식보다는 발굴을 통해 많은 유물을 수집하고 있다.[105]

ㄱ 발굴 조사

ⓐ 발굴 조사는 시굴과 발굴로 구분되며, 일반적으로 시굴 조사를 실시한 후에 이를 토대로 발굴 조사를 실시한다. 여기서 시굴 조사는 유적의 존재 유무, 분포 범위를 확인·조사하는 것을 말한다.

ⓑ 발굴 조사는 문화재청의 허가를 받아 실시하여야 하며, 발굴의 규모가 크거나 중요한 유적의 경우에는 문화재위원회의 심의를 거쳐 허가 여부가 결정된다.

[발굴 현장(여주 매룡리 고분군)]

---

103) 실제적으로는 소유권이 없는 소장품을 관리하는 박물관이 국내외적으로 많이 존재한다.
104) 영구대여는 소장품을 매각할 수 없는 규정에 묶여 있는 박물관이 불필요한 소장품을 해결할 때 사용되는 유용한 방법이다.
105) 발굴 조사는 그 대상에 따라 크게 두 가지의 방법으로 구분된다. 하나는 유적지에 대한 학술 정보를 얻기 위해 실시되는 학술 발굴이고, 다른 하나는 건설 공사 등의 개발로 인하여 유적이 파괴될 상황에 있는 경우 부득이하게 실시하는 구제 발굴이다.

발굴 조사의 과정

예비 조사(사전 조사) → 문헌 조사 → 지표 조사 → 유적의 위치도 작성(1/25,000, 1/5,000 지형도 사용) → 조사 지역 촬영 → 시굴 조사 → 정리 및 복원 → 보고서 작성

ⓛ 발굴 조사 과정

ⓐ 문헌(자료) 조사 : 고고학적 기록에 관한 조사

ⓑ 지표 조사 : 조사 지역 내 관련 유물의 분포에 관한 조사로서 '지상 조사'라고도 하며, 지역 내의 유물의 유무 · 분포 · 성격 등을 파악하기 위해 땅 위에 드러난 유적 · 유물을 훼손하지 않고 조사 · 기록하는 행위이다. 조사 내용은 조사 지역 및 주변 문화재의 현황, 역사 · 고고 분야(유적의 매장과 분포 여부 중심), 민속 및 지질 · 자연환경 분야(필요한 경우 조사)를 조사한다.[106]

ⓒ 유적의 위치도 작성 : 1/25,000 또는 1/5,000의 지형도 사용

ⓓ 시굴 조사(trial digging, 試掘) : 유적의 존재 유무, 분포범위의 확인 조사 등을 말하며, 지형의 측량과 지질 조사를 실시한다.

ⓔ 발굴 조사(excavation, 發掘) : 과거의 역사적 유물 · 유적(遺蹟)을 파내어 지상으로 드러내는 작업을 말한다.

ⓕ 정리 및 복원

ⓖ 보고서의 작성

② 구 입

박물관에서는 경매 · 화랑 · 개인 소장가 등이 다양한 경로를 통하여 소장품을 구입할 수 있는데, 보통 경제적인 예산상의 부담이 따르고 있다. 다만 해당 박물관에서 특별전과 같은 전시를 개최한 후 출품작을 선별하여 구입하는 경우에는 좋은 조건하에서 경제적으로 구입할 수 있는 장점이 있어 선호되고 있는 추세이다.[107]

③ 기증(증여와 유증)

기증은 경제적 부담이 없는 무상의 수집 방법으로 선호받고 있는 방식이다. 이는 개인 또는 비전문기관에서 유물을 적절하게 보관 · 관리하기 어려워, 유물의 영구보호 및 사회 공익을 위하여 선의(善意)로 박물관에 유물에 대한 소유권을 양도하는 행위이다.

박물관은 유물의 기증 제의를 받았을 때는 해당 유물과 관련된 모든 정부를 수집 · 분석한 후, 박물관 수집정책과 부합되는지의 여부 및 유물의 상태 및 크기, 진위 여부, 유물의 가치, 향후 기증 유물의 보관 · 관리에 소요되는 직간접 비용 등을 종합적으로 고려하여야 하며, 이를 바탕으로 전체 또는 일부의 기증 수용 여부를 결정하여야 한다. 다만, 법적 · 윤리적 측면에서 출처가 불분명한 유물의 경우에는 기증을 받지

---

106) 지표 조사의 대상은 사업면적 3만 제곱미터 이상의 건설 공사 또는 문화재 분포 가능성이 예상되어 해당 지방자치단체장이 조사하여야 할 것으로 결정한 건설 공사가 해당된다.

107) 국내에서 미술품을 구입하는 경우, 「부가가치세법」 제26조 제1항 제16호에 의해 예술창작품은 면세혜택을 받고 있으며, 해외에서 구입하는 경우에도, 예술품은 무세(無稅)이므로, 부가세뿐만 아니라 관세까지도 면세 받고 있다. 또한 예술품이 아니라 표본 등 박물관에서 학술 연구 목적으로 수입되는 물품 또한 관세를 감면받을 수 있다. 다만, 현대 미술의 경우, 사진은 예술품으로 분류되어 있지 않기 때문에 과세의 대상이며, 비디오아트, 설치미술, 디지털아트 등의 새로운 미술 경향을 반영하는 작품은 통관 시 역시 예술품으로 분류되지 않을 수도 있기 때문에 주의하여야 한다.

않는 것이 좋다.

개인 또는 법인이 공익 법인에 유물을 기증하는 경우, 상속세·증여세·소득세·법인세 및 지방세 등을 감면받을 수도 있기 때문에 이러한 사항을 기증자에게 알려 줄 필요가 있다. 그러나 기증자가 지나치게 세금 감면에 집착하거나 기증 유물의 가액을 높게 책정하는 것은 선의(善意)의 동기를 퇴색하게 만드는 것으로 바람직하지 못한 현상이다.

④ 교 환

교환은 주로 박물관 또는 비영리기관 사이에 우호적인 신뢰를 바탕으로 쌍방이 필요한 목적에 따라 서로 다른 유물을 상호 교환하는 것이다. 각 박물관마다 필요 이상으로 중복된 소장품이 있거나, 소장품의 수집정책에 부합되지 않는 경우에는 이를 필요로 하는 다른 박물관과 소장품을 교환하여, 개별적인 박물관의 소장품 수준 향상과 더불어 박물관의 전체적인 사회적 가치를 증대시킬 수 있다. 미국이나 유럽 등에서는 일반화된 수집 방법 중 하나로 사용된다.

⑤ 대여, 기탁

  ㉠ 대여 : 유물의 소유권이 이전되지 않은 상황에서 다른 기관에 일시적으로 소장품이 옮겨지는 것을 의미한다. 대여는 대여계약서의 작성을 통해 명시된 일정 기간 동안에만 연구·조사와 교육이 이루어진다. 원칙적으로 대여는 기관에만 적용되며, 대여 기간은 통상적으로 6개월에서 2년까지 가능하다.

  ㉡ 기탁 : 문화재의 기탁은 개인 또는 단체가 소장하고 있는 문화재를 전시와 연구, 보존 관리를 위하여 박물관에 일정 기간 보관하면서, 관리권을 위임하는 것이다.[108]

⑥ 반 환

1960년대 이후 피식민지 국가와 제3세계 국가가 독립하는 과정에서 문화재의 반환 요구가 나타났으며, 이는 문화민족주의에 근거를 둔 하나의 사회적 현상으로 볼 수 있다.

The 중요

소장품 취득 시 주의 사항
- 조건부 기증의 수용 거부 : 기증품을 반드시 전시하고, 온전한 상태로 전시하며, 기증인의 이름을 오브제 옆에 명시할 것을 전제로 기증하는 경우, 이러한 제한 조건은 부득이한 경우가 아니면 수용하지 않는 것이 좋다.
- 대여를 받는 경우 : 기간이 불분명하거나 일시적인 활용을 전제로 하지 않는 경우라면 대여를 받지 않는 것이 좋다.

The 알아보기

문화유산을 보호하기 위한 국제협약
무력 충돌 시 문화재보호협약과 문화재 불법 반·출입 및 소유권 양도의 금지 협약, 도난 또는 불법 반출된 문화재의 부정거래 방지 및 예방수단, 불법 문화재의 반환촉진, 문화유산보호 등을 위한 정부간 또는 국제협력을 이끌어 내기 위해서 유네스코(UNESCO)와 유엔(UN), 유니드로와(UNIDROIT), 불법 문화재 반환 촉진 위원회(ICPRCP) 등이 협약과 의정서, 권고안 등을 제정하여 문화유산보호에 앞장서고 있다.

---

108) 일반적으로 기탁 기간은 2년을 기본으로 하되 기탁자와의 협의에 따라 조정할 수 있다. 기탁된 문화재는 박물관 소장품과 동일하게 취급하여 관리·보존되며, 상설 전시 또는 관련 기획전을 통해 일반인에게 공개하고 있다(국립고궁박물관 기준).

대표적인 국제협약

① 1954년 무력 충돌 시 문화재 보호 협약과 두 개의 부속의정서(1954, 1999, 이하 1954년 헤이그협약과 그 의정서)가 전쟁으로부터 각국의 문화유산을 보호하기 위해 약정이 체결되었다. 주요 사항은 다음과 같다.

[청방패 마크]

  1. 피점령 지역으로부터 문화재를 구매하거나 다른 방법으로 권유하거나 취득하지 않는다.

  2. 훼손, 약탈, 불법사용, 강제징발은 금지지만, 전쟁이 끝난 후 문화재를 원산국으로 반환하는 것에 대해서는 소급 적용되지 않는다.

  3. 흰색과 남색의 방패 모양으로 밑이 뾰족한 X자형 마크를 한 차량이나 운송수단에 적대 행위를 하지 않는다.[109]

② 1960년 박물관 이용 권고 : 모든 사람이 박물관을 이용하도록 권고

  1960.12.4. 프랑스 파리 제11차 유네스코 총회에서 채택 – 박물관을 만인에게 이용하게 하는 가장 유효한 방법에 관한 권고

③ 1968년 공공 및 사적 작업에 의해 위험시되는 문화재 보존에 관한 권고

④ 1970년 '문화재의 불법적인 반출입 및 소유권 양도의 금지와 예방 수단에 관한 협약'(약칭 1970년 협약)

⑤ 1972년 세계 문화 및 자연 유산 보호 협약(Convention Concerning the Protection of the World Cultural and Natural Heritage ; 약칭 세계유산협약)

⑥ 1978년 불법 소유 문화재 반환추진 정부간 위원회(ICPRCP) : 1978년 제20차 유네스코 총회에서 창립되었다. 동위원회는 22개국으로 구성되고, 4년 임기로 재구성된다. 한국은 1983년 2월 14일 동위원회에 가입하고, 현재 북한과 중국이 가입되어 있으며 도난 및 불법반출문화재의 반환 · 환수 및 원상회복에 중점을 두고 있다.

⑦ 1992년 개정판 고고학적 유산 보호에 관한 유럽 협약(이하 1992년 유럽 협약 개정판)

⑧ 1995년 도난 또는 불법 반출된 문화재에 관한 유니드로와(UNIDROIT) 협약(이하 1995년 유니드로와 협약)[110]

⑨ 2001년 수중문화유산보호협약 : 2001년 11월 2일 제31차 유네스코(UNESCO ; 국제연합교육과학문화 기구) 총회에서 채택된 국제협약으로, 수중문화유산의 상업적 개발 및 불법거래 금지 등 수중문화유산을 보호하기 위한 국제협약이다.

⑩ 2002년 문화재 반환촉진 및 불법거래방지 국제전문가회 권고안

⑪ 2003년 무형문화유산보호협약(UNESCO) : 2003년 10월 17일 유네스코 총회에서 최초의 무형유산보호 국제협약인 '무형문화유산보호협약'이 채택되었다.

---

109) 국제 청방패 위원회(ICBS ; International Committee of the Blue Shield)는 1996년 설립된 단체로 위험에 처한 문화유산보호 및 보존을 위한 국제 공조, 전쟁, 무력충돌, 자연재해, 사회적 재해에 대한 문화유산보호 국제 활동, 문화유산보호 및 보존 전문인력 훈련 및 국제회의 운영 등의 사업을 한다. 1954년 헤이그협약과 긴밀히 연결되어 있으며 국제박물관협의회(ICOM), 국제도서관협회연맹(IFLA), 국제기념물유적협의회(ICOMOS), 국제기록관리협의회(ICA) 등의 국제기관의 역할을 통합하여 무력충돌이나 자연재해 시 문화재 보호에 앞장서고 있다. 2016년 제18차 국제기록관리협의회(ICA) 총회 개최지로 우리나라가 선정되었다.

110) 도난 또는 불법적으로 반출된 문화재 반환에 관한 유니드로와협약(UNIDROIT Convention on Stolen or Illegally Exported Cultural Objects), 1995년 6월 24일 로마에서 채택되었다.

구 분	작업 순서	작업 내용	비 고
준 비	신수유물의 운반	임시로 보관 · 격납된 신수유물을 유물 정리실로 운반	유물 정리실
	해 포	포장 풀기 및 상태 확인	환경 적응 기간
	분류배열	해포된 유물을 확인 · 분류하여 배열 정리	유물 확인 작업 및 분류
	세 척	먼지 · 오물 등 제거	유물에 따라 건조 과정이 필요
	약품투여	자료에 기생하는 균의 제거나 예방처리	정리작업 전 약품 투여
	목록 준비	구입 · 기증 자료를 참고한 목록 작성 및 명세서 양식 준비	유물 번호 없이 임시 번호 상태로 진행
명세서 작성	명칭부여	유물의 정확한 명칭을 표준어에 준하여 부여	국립민속박물관 명세서 작성수칙 참조
	기능분류	유물 분류 표준화 분류안에 기준한 분류	박물관 유물 관리 전산화를 위한 유물 분류 표준화 참조
	수량파악	해당 번호에 따른 점수 및 세부 수량 파악	국립민속박물관 명세서 작성수칙 참조
	유물 번호 부여 및 기재	유물의 수입 순서에 따라 일련 번호를 부여하고, 자료에 번호 기재	유물 번호가 기재된 목록 완성
	물 질	유물의 구체적인 재질 기재	주재료 → 부재료 순으로 기재
	크 기	유물의 형태를 알 수 있도록 정확히 실측	국립민속박물관 명세서 작성수칙 참조
	시대 구분	기본 자료를 토대로 작성	박물관 유물 관리 전산화를 위한 유물 분류 표준화 참조
	명세서 내용 작성	유물의 특징 · 용도 · 수입사유 등 항목 작성	항목 작성 후 DB 입력
	명세서 교정	상기 내용의 교정	평균 3차 교정
	촬 영	신수유물에 번호 표시하여 촬영	유물 번호 순서에 의해 촬영
	사진확인	디지털로 촬영한 유물 사진의 확인	사진과 함께 명세서 4차 교정
	사진정리	유물 번호순으로 문화유산표준관리시스템에 입력	–
	카드 및 대장 출력	문화유산표준관리시스템으로 카드 및 대장 출력	카드 1매 출력, 대장은 100매 단위로 제본 관리
유물 격납	격 납	운반 및 기능별 · 재질별 격납	유물의 이동 사항 작성
유물 등록	서류 작성	국가 귀속 처리에 따른 서류 작성	국가 귀속 목록, 명세서, 기안 등의 기본 서류 작성

박물관 유물 등록 업무는 크게 두 가지 종류의 중요한 소장품 정보를 포함하고 있다. 그 하나는 소장품 목록 카탈로그 정보이고, 다른 하나로는 소장품 관리정보이다.

소장품 목록 카탈로그 정보	이 문서에는 박물관의 소장품을 구성하고 있는 작가나 제작자에 대한 인구 통계학적인 데이터, 제작과 장식 기법, 과학적인 분석의 결과, 소유권과 사용권의 관례 등이 기록되어 있다. 뿐만 아니라 소재와 도해, 원본의 필사와 번역, 대여 · 대차 · 간행 내력, 진위 여부에 대한 견해 역시 소장품을 목록 카탈로그 정보에 포함되어 있다.
소장품 관리 정보	소장품 관리 정보는 소장품에 영향을 주는 어떤 활동, 어느 소장품과 관련된 특정한 거래, 소장품의 이동 등을 기록하는 것이다. 소장품 관리 정보에는 전시, 취득, 처분, 보존, 대여, 사진, 그리고 기타 다른 사항들을 비롯하여 전반적인 박물관의 운영이 포괄되어 있다.

박물관 및 미술관 소장품의 분류체계는 근본적으로 자료 목록카드 작성(카달로깅, cataloging) 작업이 핵심인데 자료 목록카드 작성에는 소장품에 대한 작품 관리 및 선정(큐레이토리얼) 기능으로 작품의 연구에 정확성을 기하기 위한 학술적 차원에서의 기술(description)이 이루어져야 한다.[111]

소장품 기록관리 업무를 소장품 문서자료의 분류정리(도큐먼테이션, documentation)라고 하며, 이것은 크게 자료 등록(registration)과 자료목록카드 작성(카달로깅, cataloging)으로 이루어져 있다.

자료 등록은 작품의 취득에서 소장품 등록 · 전시 · 보존 · 수장 · 보험 · 폐기에 이르는 전 과정의 기록과 절차에 따르는 업무를 말하며 이를 담당하는 사람을 레지스트라라고 한다. 한편 자료목록카드 작성은 소장품에 대한 설명적인 세부사항이 체계적으로 정리되어 있는 하나의 완전한 목록으로 작품관리카드, 유물카드, catalog worksheet 등으로 불리며 대개 소장품 분야에 대한 전문적인 학술지식이 있는 직원, 즉 큐레이터가 맡아 한다.

> **The 중요**
>
> **소장품의 분류와 과학적 관리가 필요한 이유**
> • 소장품의 보관, 관리에 편리하다.
> • 소장품을 정리하고 연구를 편리하게 하기 위하여 분류한다.
> • 소장품의 활용에 편리하다.

(1) 소장품 자료 등록 작성법

① 유물의 표면에 식별 번호를 쓸 때에는 가능한 잘 보이지 않는 곳에 작게 쓴다.

② 새로 입수된 유물은 분류 코드에 따라 분류한다.

③ 명세서는 표준화된 기록 원칙을 마련하여 작성한다.

④ 소장 유물의 상태가 변경되어 사진을 새로 촬영한 경우 데이터베이스(DB)에 갱신한다.

---

111) 큐레토리얼이란 박물관 및 미술관이 소장하고 있는 소장품의 관리와 작품 선정의 행위를 말한다.

(2) 자료목록카드 내에 유물 명칭 표기법

유형별	명칭을 이루는 요소의 조합 순서	유물의 종류
제1유형	명문 + 재질 + 색상 + 문양 + 부가물 + 형태 + 기종(용도)	토기, 마구, 금속풍, 동경, 도자기, 문방구, 목칠공예
제2유형	원 소장처 + 명문 + 현 소장처, 고유명사화 된 명칭 + 재질 + 기능(용도)	동종, 금고
제3유형	원 소재지(사찰) + 형태 + 재질 + 탑의 고유명칭	탑파(부도), 비
제4유형	명문 + 재질 + 주제 + 형태	불상
제5유형	작자 + 주제(제목, 내용)	회화, 서예, 서적
제6유형	토용, 토우 + 형태(주제)	토용, 토우
제7유형	고유명	민속품, 복식

예를 들어 나무 재질이고 색상은 빨간색이고 윗면의 형태가 사각형인 나전 기법이 사용된 제기함이 수집 되었을 때 자료목록카드 내에 유물 명칭 표기법을 적용하면 아래와 같다.

나무 재질이며 나전 기법이 사용된 유물의 종류는 '목칠 공예품'에 해당하므로 제1유형의 표기법에 따라 작성한다. 명문 → 나무 재질 → 빨간색 → 문양 → 부가물 → 윗면의 형태가 사각형인 → 나전 기법이 사용된 → 제기함 모두 결합해 보면 '목제 적색 사각 나전 제기함'이 된다.

(3) 유물번호 기재 위치

① 원칙 : '길이(가로) 방향'으로 표기

② 크기별

  ㉠ 작고 가벼운 상물 : 육안으로 쉽게 보이지 않는 곳 → 손으로 쉽게 뒤집을 수 있는 바닥 면에 기재한다.

  ㉡ 크고 무거운 상물 : 뒷면 상단에 기재한다.

③ 기재 예시

  ㉠ 크기가 작고 가벼워 뒤집기가 용이한 그릇류 · 도 · 토기류 · 문방구류 등 : 바닥을 뒤집었을 때 하단에서 약간 오른쪽 가장자리 면에 붙인다. 바닥과 접촉 면은 마모로 인해 넘버링이 쉽게 지워질 수 있으므로 넘버링 위치로 부적합하다.

  ㉡ 크기가 크고 무거운 가구류 · 도 · 토기류(장 · 농 · 뒤주 · 독 등) : 뒷면 우측 상단의 가장자리 면 또는 노출 안 되는 위치 뒷면에서 쉽게 육안으로 확인 가능한 위치 중 선택한다.

  ㉢ 가구류 : 뒷면 오른쪽 상단의 가장자리 면에 붙인다.

  ㉣ 액자류 : 뒷면 오른쪽 상단의 가장자리 면에 붙인다.

  ㉤ 서첩 · 서책 : 뒷면 겉표지와 맞닿은 속표지의 오른쪽 하단 가장자리 면에 붙인다.

소장품 폐기처분 대상 선정 시 고려 사항
- 박물관이 규정한 범위에 부합되지 않는 것
- 중요성을 지니지 않는 것과 연구, 전시 또는 대여에 활용할 수 없는 것
- 심하게 손상되거나 노후되어 활용도가 거의 없거나 또는 전혀 없는 것
- 다른 박물관이 더 필요로 할 만한 것
- 여러 번 복제되었거나 다른 것과 중복되는 것
- 복원이 불가능할 정도로 심하게 훼손된 자료
- 진위평가에서 위작으로 판명된 자료
- 유사한 자료가 있어 가치가 절하된 자료

07 저작권법

(1) 저작권

저작권은 저작인격권, 저작재산권이 합해진 권리이다.

(2) 저작재산권의 보호 기간

「저작권법」 제39조(보호기간의 원칙)에서 저작재산권은 저작권자가 생존하는 동안과 사망한 이후 70년간 존속한다. 공동저작물일 경우 공동저작자 중에서 맨 마지막으로 사망한 저작자가 사망한 후 70년간 존속한다. 「저작권법」 제41조(업무상저작물의 보호기간)에서 업무상 저작물의 저작재산권은 공표한 때부터 70년간 존속한다.

(3) 저작인격권

저작자의 인격권은 「저작권법」 이외에 다른 법률, 예를 들면 「민법」에 의해서 보호받을 수도 있지만 저작인격권에 대하여는 「민법」과 같은 일반법에 의한 보호만으로는 불충분하여 「저작권법」에 특별규정을 둔 것이다. 그 종류로는 공표권, 성명표시권, 동일성유지권 등이 있다.

① 공표권

저작물을 작성했을 때 저작자는 자기의 저작물을 공연·방송 또는 전시, 그 밖의 방법으로 일반 공중에게 공개하거나 발행할 수 있는 공표권을 가진다(「저작권법」 제11조). 이 공표권은 공표할 권리와 공표하지 아니할 권리를 포함하기 때문에 저작자 본인이 공표를 원하지 않는 경우에는 이 의사에 반하여 타인이 그 저작물을 공표하는 것은 저작인격권에 침해되는 것이다.

② 성명표시권

저작자는 저작물의 원작품이나 그 복제물, 또는 저작물의 공표에 있어서 그 저작물의 저작자임을 주장할 수 있다. 즉, 저작자로서의 실명 혹은 이명을 표시할 권리를 갖는다(「저작권법」 제12조). 성명은 실명이건 예명 또는 이명이건 상관없이 저작자의 자유의사에 따라 표시할 수 있으며, 이 성명표시권에는 성명을 표시하지 않을 권리도 포함된다.

③ 동일성유지권

저작물은 저작자의 인격의 표현물이라고 할 수 있는 바, 저작자는 자기 저작물의 내용·형식 및 제호를 원래의 상태로 유지할 권리를 가진다(「저작권법」제13조). 따라서 타인이 함부로 어떤 저작물의 내용이나 형식, 제호를 변경하는 것은 저작자의 동일성유지권을 침해하는 것이 된다. 물론 저작자는 자기 저작물의 내용·형식·제호를 변경할 수 있다.

(4) 저작재산권

저작재산권은 경제적인 권리로서 소유권과 같이 배타적인 권리이며 누구라도 저작권자의 허락 없이는 그 저작물을 이용할 수 없게 하는 효력을 가지고 있다. 저작재산권에는 복제권, 공연권, 방송권, 전시권, 배포권, 2차적 저작물 등의 작성권이 포함된다(「저작권법」제16조 내지 제22조). 그러나 이러한 권리들은 「저작권법」상 저작재산권의 행사제한규정에 따라, 즉 정당한 범위 내에서의 인용 등과 같은 경우에는 그 행사가 제한된다.

① 복제권

복제권이란 저작권 중 가장 기본적인 권리의 하나이다. 복제의 개념은 단순한 복사라는 의미를 넘어서 인쇄, 사진, 녹음, 녹화 등의 방법을 사용하여 유형물로 다시 제작하는 것을 말한다. 예를 들면 소설 원고의 출판, 논문의 복사, 강연 및 음반의 녹음 등이 모두 복제에 해당한다. 건축물의 경우에는 그 건축을 위한 모형 또는 설계도서에 따라 시공하는 것도 복제의 개념에 포함되며 공연, 방송 또는 실연을 녹음하거나 녹화하는 것도 복제에 포함된다. 따라서 일반적인 경우 이러한 복제 행위를 하고자 하는 때는 저작권자의 허락을 받아야만 한다.

② 공연권

공연권이란 그 저작물을 일반 공중이 직접 보거나 듣게 할 수 있는 권리를 뜻한다. '공연'이란 저작물을 상연, 연주, 가창, 상영 그 밖의 방법으로 일반 공중에게 공개하는 것을 말하며, 공연, 방송, 실연의 녹음·녹화물을 재생하여 일반 공중에게 공개하는 것도 포함한다. 즉, 판매용 음반을 방송국이나 음악감상실 등에서 구입하여 시청자나 손님에게 틀어주거나 노래방, 단란주점 등에서 손님에게 노래반주기를 틀어 주는 것도 공연의 범위에 해당하므로 저작권자의 허락을 받아야 하는 것이다.

③ 방송권

저작자는 자신의 저작물이 방송에 이용되도록 허락할 권리를 가진다. 방송이란 일반 공중으로 하여금 수신하게 할 목적으로 무선 또는 유선통신의 방법에 의하여 음성, 음향 또는 영상 등을 송신하는 것을 뜻한다. 재방송이나 중계방송도 모두 저작권자의 방송권의 대상이 되며, 저작권자에게 허락을 얻지 않고 방송한 경우에는 저작권 침해가 된다. 아마추어 방송은 일반 공중으로 하여금 수신하게 하는 것이 목적이 아니므로 방송에 포함되지 아니한다.

④ 전시권

전시권이란 회화, 조각, 응용미술작품과 같은 미술 저작물뿐만 아니라 건축, 사진을 모두 포함하는 저작물의 전시에 관한 권리이다. 미술작품의 원작품을 가지고 있는 사람은 그 원작품을 전시할 수는 있지만 그 저작물의 복제물을 전시할 수 있는 권리도 아울러 가지는 것은 아니라는 것에 주의해야 한다. 또한 원작품이라 하더라도 가로, 공원, 건축물의 외벽, 그 밖의 일반 공중에게 개방된 장소에 항시 전시하는 경우에는, 그 미술작품을 누구나 복제할 수 있게 되므로 저작권자의 허락을 받아야만 한다.

⑤ 배포권

배포권이란 저작물의 원작품 또는 그 복제물을 판매, 대여, 대출, 점유이전, 기타의 방법으로 일반 공중에게 제공하는 권리를 말한다. 배포권은 기본적으로 복제권에서 유래된 권리로 이해된다. 그런데 저작권자가 일단 어느 원작품 또는 그의 복제물을 공중에게 배포한 때에는 그 배포권은 소멸한다(일차배포의 원칙). 따라서 누구든 정당하게 취득한 저작물의 원작품 또는 그 복제물을 저작권자의 허락 없이 다른 사람에게 판매, 대여 기타의 방법으로 양도할 수 있다.

하지만 특정한 경우에는 이러한 일차배포의 원칙이 제한되는데, 이것이 대여권 또는 수입권이다. 대여권이란 상업적인 목적으로 저작물의 복제물을 대여하는 경우 저작권자가 이를 허락할 수 있는 권리이며, 수입권이란 일정한 지역(보통은 국가) 외부에서의 저작물의 복제물의 수입을 금지할 수 있는 권리를 말한다. 현재 우리 「저작권법」은 상업적 목적으로 공표된 음반이나 프로그램에 대해서만 영리를 목적으로 한 대여권을 인정하고 있으며, 상업적 목적으로 공표된 수입권은 인정하고 있지 않다.

⑥ 2차적 저작물 등의 작성권[112]

저작자는 그 저작물을 원저작물로 하는 2차적 저작물 또는 그 저작물을 구성ㆍ부분으로 하는 편집저작물을 작성할 권리를 가지므로 2차적 저작물이나 편집저작물을 작성하기 위해서는 원저작자의 허락을 받아야 한다. 특히 원저작물을 변형, 각색하는 경우에는 원저작물의 내용의 변경이나 내용의 동일성을 침해할 우려가 많으므로 그 이용계약을 매우 엄격하게 해 두지 않으면 분쟁이 일어날 우려가 있다.

⑦ 전송권

전송권이란 저작자가 인터넷 등 온라인상에 저작물을 송신하거나 이용에 제공하는 권리를 말한다. 최근 정보 통신 기술의 발달에 따라 이용자의 주문에 의하여 인터넷 등을 통해 이용자가 개별적으로 원하는 시간과 장소에 저작물을 전달하는 형태의 자료 이용이 증가하고 있으나 이러한 전달 형태는 기존의 「저작권법」이 예상하지 못했던 것이다.

전송권은 WIPO 저작권 조약의 공중전달권(Right of Communication to the Public)을 국내에 수용한 것으로 기존의 공연ㆍ방송의 배포 개념과 달리 1:1, 이시(異時)송신, 쌍방향성 및 무형성을 특징으로 하는 개념이다. 이에 따라, 디지털 송신으로서 '전송'의 개념을 신설하고 저작자에게 이에 대한 권리가 새로이 부여되었다.

전송은 직접 송신이용 제공 행위가 포함되며, 단순히 송신 설비만을 제공하는 부가통신사업자의 행위는 제외된다. 한편, 저작인접권자에게는 전송권을 부여하지 않았는데, 이는 현행작물 전송계약 관행상 '복제권'으로 저작인접권자의 권리보호가 가능한 점, 우리법상 실연자가 국제법상 인정되는 청각실연 외에 시청각실연까지 포괄함으로써 영상저작물의 원활한 이용관계가 저해될 가능성 및 WIPO 실연ㆍ음반 조약에서도 저작인접권자에게는 공중전달권이 아닌 이용제공권만을 인정하고 있는 점 등을 고려한 것이다.

---

112) 원저작물을 번역ㆍ편곡ㆍ변형ㆍ각색ㆍ영상제작 그 밖의 방법으로 작성한 창작물은 독자적인 저작물로서 보호된다.

박물관 소장품은 중요한 공공 문화유산임과 동시에 법적으로 특별한 지위를 가지며 국제적 법령에 의해 보호를 받는다. 그러므로 박물관은 박물관 소장품을 합법적으로 취득하는 것이 원칙이다. 박물관 소장품을 어떻게 수집하느냐에 따라 유물의 가치가 좌우되며 어떻게 보존하느냐에 따라 유물의 영구성이 결정된다. 박물관 소장품의 인수 및 인계는 전문 학예사(학예사, 등록 담당자, 보존처리사)의 관리하에 진행되어야 한다.

보존은 유물을 손상시키는 환경적인 요인을 분석하고 통제하며, 손상의 진행 속도를 지연시키거나 사전에 예방 조치하는 기술을 말한다. 보존을 하기 위한 조치로는 다음과 같은 방법이 있다.

The 중요

소장품의 보존을 위한 조치
- 유물 자체에 처방하는 것이 아니라 유물을 둘러싸고 있는 주변 환경을 정비하여 온도, 습도, 조도가 반드시 조절되고 통제되는 보존환경을 형성한다.
- 화학적 처방이 아닌 물리적인 이동이나 재배치, 물리적인 보호막 등을 형성한다.
- 손상된 유물을 원형이나 원상태로 복구하기 위한 화학적인 조치가 가해진다.
- 전시 진열장은 전시물의 도난과 상해로부터 보호하고 일정 수준의 상대 습도, 온도, 조도[113]가 유지될 수 있는 미시 환경을 조성하며, 전시물을 일반 대중에게 공개하는 장의 역할을 한다.

박물관 자료의 보존처리를 위한 가장 좋은 방법은 악화예방조치(Prevention of deterioration)를 포함하여 다음의 범주들이 있다.

The 중요

박물관 자료 보존처리의 범주
- 악화예방조치(Prevention of deterioration)
- 보존(Conservation)
- 보전(Preservation)
- 복원(Restoration)
- 보강(Consolidation)
- 보수(Remedial Conservation)
- 개장(Refurbishment)
- 재건(Reconstruction)
- 복제(Replica)
- 재평가(Revaluation)

---

113) 조도의 국제 단위는 럭스(Lux)이다. 수채화, 직물, 수성물감, 타피스트리, 판화, 소묘, 필사본, 가죽, 벽지, 식물표본, 깃털은 50Lux가 적절하며, 금속, 석기류, 도기류, 유리 등은 300Lux가 적절하다.

(1) 박물관 자료 보존처리

① 악화예방조치(Prevention of deterioration)

    ㉠ 환경적인 요인(빛, 습도, 온도)을 조절하는 행위

    ㉡ 소장품을 지속적으로 관찰하고 기록하는 행위

    ㉢ 소장품을 수장하는 공간에 병충해 방지를 관리하는 프로그램(IRM)을 설치하는 행위

    ㉣ 소장품을 다루는 방법, 수장 관리하는 방법, 전시하는 방법, 포장하고 운송하는 기술 등을 연습하는 행위

    ㉤ 박물관 소장품의 특성과 상태를 고려한 응급상황 시 대처할 수 있는 계획을 마련하는 행위

② 보존(Conservation)

현존하는 어떤 것을 유지하고 더 이상의 변화로부터 안전하게 보호하는 것이다. 즉, 유지, 감시, 관리, 유실, 부패, 상해로부터 보호하고, 손상된 고예술품을 심미적인 이유 및 안정성의 이유로 복원처리하는 것뿐만 아니라 그 상태를 안정시켜 후손들에게 물려줄 수 있도록 보존처리하는 영역 등을 말한다.

'보존'이란 문화재 보존 관련 개념 중 가장 크고 넓은 의미로 사용되는 용어이다. 문화재의 안전한 보호 및 전승을 위해 행해지는 모든 활동과 조치, 즉 조사, 연구, 기록, 보존처리, 복원, 예방 보존 및 관리의 의미까지 모두 포함하는 개념이다. 다시 말해 현존하는 어떤 것을 유지하고 더 이상의 변화로부터 안전하게 보호하는 것이다. 예를 들어 유지, 감시, 관리, 유실, 부패, 상해로부터 보호하고, 손상된 고예술품을 심미적인 이유 및 안정성의 이유로 복원 처리하는 것뿐만 아니라 그 상태를 안정시켜 후손들에게 물려줄 수 있도록 보존처리하는 영역 등을 말한다.

③ 보전(Preservation)

'보전'이란 '보존'과 유사한 의미를 지니나 '예방보존'적 의미가 더 크게 내포되어 있는 용어이다. 문화재가 현재보다 더 오래 존속될 수 있도록 문화재의 재질적인 특성이나 상태가 더 이상 변화되거나 훼손되는 것을 막기 위해 행해지는 조치의 개념으로 환경 관리 등의 범위까지 포함되기도 한다. 예를 들어 유지 활동, 즉 훼손, 손상, 파손으로부터 안전하게 유지하는 행위를 말한다.

④ 복원(Restoration)

'복구'라고도 하며, 현존하는 건물을 원래 모습이나 상태로 되돌려 놓는 것이다. 초기 모습 이후에 추가된 것을 제거하고, 유실된 부분을 교체하며, 세정, 도색작업 등이 요구된다. 즉, 원상태, 손상되지 않은 상태로 복구하는 것을 말한다.

'복원'이란 문화재의 현재 상태에서 개입을 통해 어떠한 상태로 변경되는 것을 의미한다. '보존'의 개념보다 더 적극적인 행위로 인식되며, '복원'을 위해서는 통상적으로 예측 가능하거나 변화하려는 상태에 대한 명확한 증거가 수반되어야 한다.

⑤ 보존처리(Treatment)

'보존처리'는 문화재의 '보존'을 목적으로 행해지는 직접적인 조치를 의미하며, 주로 문화재의 형태 및 특성 변화가 발생되는 구체적인 행위를 일컫는 용어이다. 다른 용어에 비하여 문화재에 영향을 가장 직접적으로 미치는 행위라는 개념으로 사용된다. 보존처리는 '복구'라고도 하며, 현존하는 건물을 원래 모습이나 상태로 되돌려 놓는 것을 말한다. 초기 모습 이후에 추가된 것을 제거하고, 유실된 부분을 교체하며, 세정, 도색작업 등이 요구된다. 즉, 원상태, 손상되지 않은 상태로 복구하는 것을 말한다.

⑥ 재건(Reconstruction)

이미 사라진 것을 재현하여 새로 건축하는 것이다. 이러한 건물은 원래 건물의 주춧돌 위에 세워지기도 한다.

⑦ 보수(Remedial conservation)

유물의 상태가 악화되는 것을 막고 안정된 상태를 유지하는 것을 말한다.

⑧ 개장(改裝, Refurbishment)

유물을 세정하고, 새롭게 보이도록 정비하는 것이다.

⑨ 복제(Replica, Copy)

원형의 정확한 복제품 또는 원형과 유사한 복제품을 말한다. 이미테이션(imitation)은 원형의 양식이나 형태를 따르기는 하지만 유사한 복제품은 아니다.

㉠ 유물의 진품을 사용하기 어려운 곳에는 복제품을 설치하여 관람객의 관심을 유도할 수 있다.

㉡ 전시실보다 큰 건물, 도시, 자연사 표본 등은 모형으로 제작하여 전시할 수 있다.

㉢ 실제적인 광경을 전달하는 기능을 하는 파노라마(panorama)는 물체를 $180°$ 범위 내에서 볼 수 있게 제작되기도 한다.

㉣ 정확하게 재현된 모형은 중요한 교육 자료로 활용될 수 있다.

⑩ 시뮬레이션(Simulation)

원형의 특징적인 요소를 흉내 내어 원형과 같게 보이도록 하는 것으로, 일반적으로 연극무대와 같이 표피적이고 전형화된 것을 말한다.[114]

(2) 유물 손상의 요인

유물의 재질	손상 현상	주요 공기 오염 물질	손상을 가속화시키는 환경인자
금속, 금, 은	침식, 변색	유황산화물, 산성가스	수분, 산소, 염분
돌	표면침식, 탈색	유황산화물, 산성가스	수분, 온도, 염분, 진동, 미생물, 탄소이산화물
도료	표면침식, 탈색	유황산화물, 수소, 유황, 오존, 미립자	수분, 자연광선, 미생물
직물	섬유강도의 약화, 얼룩	유황산화물, 질소산화물, 미립자	수분, 자연광선, 기계 및 전기제품
종이	연화	유황산화물	습기, 기계 및 전기제품
가죽	연화, 표면의 가루화	유황산화물	기계 및 전기제품
요업류 (점토, 석고)	표면변화	산성가스	습기

---

114) 조지 엘리스버코(양지연 역), 『큐레이터를 위한 박물관학』, 김영사, 2004, p.277.

(3) 박물관 자료의 보존환경

① 온도와 습도

⊙ 온도 : 여름철에 섭씨 22℃±0.5℃를 유지하며, 겨울철에는 18℃±0.5℃를 유지하는 것이 일반적이다.

ⓒ 습도 : 일반적으로 습도를 말할 때는 상대 습도[115]를 의미한다. 상대 습도는 포화수증기량을 대비해서 공기 중에 함유되어 있는 수분의 양의 비율을 의미하며, 퍼센트로 표시한다. 포화수증기량은 공기에 최대 함유될 수 있는 수분량이다. 유기물(나무, 가죽, 직물, 상아, 뼈, 종이)로 구성된 유물은 상대 습도(RH)가 65% 이상의 습한 환경에 놓이게 되면 곰팡이가 발생한다. 또한 높은 습도에서는 퇴색이 나타나므로 50~55%의 습도를 유지하는 것이 바람직하다.[116]

$$상대\ 습도(\%) = \frac{현재\ 공기\ 중에\ 함유되어\ 있는\ 수분의\ 양(g)}{포화수증기량(g)} \times 100$$

수장물의 종류	온도(℃)	상대 습도(%)
책, 종이, 제도지, 우표	16~24	45~65
양피지	15.15~23.5	55~60
중요 출판물, 서적류	13~18	35
금속제품	16~24	40~63
점토, 모피, 가구, 가죽, 조각		45~63
카페트, 의류, 곤충, 동식물 표본		50~63
다공성의 돌, 회화, 목세공품		55~63
유화, 목재	15.6	58
뎃생물 보관고	18~20	65
미술품 소장	18~22	50
박제품	4~10	50

[박물관 수장고의 분류(UNESCO, ICOM의 규정)[117]]

---

115) 절대 습도는 공기 중에 함유되어 있는 수분의 양을 말한다.

116) 박물관 내부의 상대 습도는 55%±5%가 적당하며, 금속은 70% 이상의 습도에서는 녹이 발생하므로 40~50% 정도의 습도를 유지하는 것이 적당하다. 수장고나 전시실과 같은 공간의 이상적인 상대 습도는 40~60%이다.

117) 조혜진, 「국·공립 미술관의 수장고 환경 조사 및 공동수장고에 관한 연구」, 한국 공간 디자인 학회 논문집, 제6권 제2호 통권16호(2011년 6월), p.53~60.

항목		온도(℃)	습도(%)	이산화황(SO_2) ($\mu g/m^3$)	이산화질소(NO_2) ($\mu g/m^3$)	오존(O_3) ($\mu g/m^3$)
수장 공간	금속(철기)류	20±2	40~50	10↓	10↓	2↓
	금속(비철기)류		40~50			
	도토기, 토제류		40~60			
	석재, 유리, 옥류		40~60			
	서화, 전적류		40~60			
	직물류		50~60			
	목기류, 골각류		50~60			
	칠기류		60~70			
전시 공간	금속, 도토기, 석재, 유리, 옥류		40~60	100↓	100↓	20↓
	목기, 칠기, 골각류		50~60			
	서화, 전적, 직물류		50~60			

[박물관 소장품 재질별 보존환경 기준[118]]

습 도	현 상
70% 이상	• 곰팡이 발생 위험이 있으므로 절대 초과 금지 • 퇴색 가속
65% 정도	• 유물에 대한 최고 습도 • 다습이 필요한 칠기 보관에 적정
50~60%	직물류의 이상적인 습도
55%	일반적으로 가장 이상적인 습도
50~55%	유화 보관에 적정한 습도
40~50%	금속 중 청동유물의 부식 방지를 위한 최적 습도
40% 이하	• 목재, 종이, 직물 등 민감한 유물의 뒤틀림 • 찢어짐, 쪼개짐 등이 발생
20~40%	적색 계통의 식물성 염료의 퇴색이 가장 적음

[상대 습도와 발생 현상[119]]

---

118) 국내 박물관에서는 위 표와 같이 실질적 환경을 유지하고 있다. 김종보, 「박물관내 전시 및 수장 공간의 공조 환경 기준 연구 최종 보고서」, 문화체육부, 1996.
119) 우성호, 「국립산악박물관 전시소장유물에 대한 조사와 확보 방안 연구」, 산림청, 2011, p.102.

② 빛(조도 단위 : Lux)

규 격	대 상	ICOM
빛에 매우 민감한 것	직물(염직물, 의상), 수채화, 염색된 가죽, 타피스트리, 판화, 소묘, 필사본, 벽지, 동양화, 인쇄물, 우표, 자연사 관계표본	50Lux, 낮으면 낮을수록 좋음 (색 온도 2,000K)
빛에 비교적 민감한 것	유화, 템페라화, 프레스코화, 피혁품, 골각, 상아, 목기제품, 칠기	200Lux (색 온도 4,000K)
빛에 민감하지 않은 것	금속, 석기류(돌), 유리, 도기류(도자기), 보석, 에나멜, 스테인드글라스	300Lux (색 온도 4,000~6,000K)

구 분	열화요인	대 책
자외선	• 광화학작용에 의한 변·퇴색 • 형광등, 백열등, 자연광, 고압수은등, 메탈하이드램프, 메탈할로겐등	무자외선 형광등 사용, 자외선 흡수필터 사용, 아크릴/폴리카보네이트
적외선	• 열작용 • 목질의 균열, 안료의 탈색, 백열등	백열과 열선 흡수필터 사용
가시광선	장시간 조명은 열화를 촉진함	전시 시간 단축

③ 곤충, 미생물(병충해)

   ㉠ 대책방안은 먼지제거, 전시 및 수장 환경의 적정 온도·습도 유지와 방부제·방충제의 투입 등이 있다.

   ㉡ 방제는 예방 방제와 구제법으로 나누어지는데, 훈증처리 소독법과 약제처리법을 사용한다.[120]

   ㉢ 약제처리의 경우에는 파리티클로로벤젠을 살포한다.

④ 공기오염

박물관 자료에 영향을 미치는 실내 오염 물질은 부유분진, 아황산가스, 질소산화물, 유황산화물, 탄산가스, 이산화질소와 신축 콘크리트 재료 등에서 발생한다.[121]

---

120) 섬유, 서적, 회화 등 직물·종이류의 문화재뿐만 아니라 목재, 가죽 등의 유기질 제품은 재질 특성상 벌레나 곰팡이 등에 의해 생물학적 손상을 입기 쉽다. 따라서 정기적인 훈증 소독을 통하여 손상의 원인을 살충·살균하고 안전한 보존 상태를 유지하여야 한다(훈증처리 소독법). 하지만 오염된 장소나 유물에 침입한 기생 물질을 제거하기 위한 독성이 강한 화학가스를 사용하여 소독하는 방법과 훈증 소독에 사용되는 화학물질(메틸브로마이드)은 인체에 유해하기 때문에 법규에서 그 사용을 제한하고 있다[게리 에드슨·데이비드 딘(이보아 역), 『21세기 박물관 경영』, 시공사, 2001, p.442.].

121) 신축 콘크리트 건물의 경우 습도가 일반적으로 높은 것에 유의해야 한다. 또한 알칼리성 물질이 다량으로 배출되기 때문에 미술품의 전시나 수장은 일정 기간을 두는 것이 좋다.

오염물질	영향
분진(dust)	• 물체 표면에 부착된 후 일부가 용해되어 유화되며, 금속 자료 등의 재질을 변화시킨다. • 대처방안으로는 전기 집진기, 공기정화기, 제오라이트(zeolite)필터가 있다.
질소산화물(NO_x)	물과 결합하여 초산이 되고, 모든 자료의 변화를 유발한다.
유황산화물(SO_x)	황산미스트가 금속, 석회석, 대리석, 종이 등을 산화한다.
오존(O_3)	모든 유기물이 산화된다.
염화나트륨(NaCl)	금속이 부식된다.
탄산가스(CO_2)	탄산염을 만들기 쉬운 안료에 작용한다.
암모니아(NH_3)	공기 중의 이산화황과 반응하여 유화 표면을 오염시킨다.
황화수소(H_2S)	은, 청동을 부식시킨다.

09 소장품의 유지 보수에 관한 용어

(1) 소장품 상태에 관한 용어[122]

① 파손(破損) : 박물관 자료의 한 부분이 부서지거나 깨진 경우의 현상을 기록하는 용어

② 결손(缺損) : 자료가 깨지거나 부서졌을 뿐 아니라 그 파편마저 제대로 남아 있지 않은 경우

③ 탈락(脫落) : 박물관 자료의 연결부위 어느 부분이 빠지고 없을 경우

④ 멸실(滅失) : 금속제품의 산화작용이 심해서 그 원형이 없어질 만큼 변한 상태

⑤ 오염(汚染) : 다른 물질이 섞이거나 더러워지거나 변색이 이루어진 경우

⑥ 충식(蟲飯) : 좀 등 벌레 먹은 피해를 입은 상태

⑦ 박락(剝落) : 안료나 도료가 탈락된 경우

(2) 복원에 관한 용어

① 수리(修理) : 파손되었지만 파편이 모두 남아 있는 것을 상태 조사 후 최초의 온전한 형태로 재생시킨 경우

② 복원(復原) : 결손되어 파편의 일부가 없어졌지만 원초적 형태를 조사한 후 최초의 모습으로 재생시킨 경우

③ 수복(修復) : 자료를 본래의 상태, 디자인, 색채로 복귀시키기 위하여 이루어지며, 자료의 미학적, 역사적 고유 기능을 회복시키기 위하여 취하는 조치. 수리와 복원을 포괄하는 의미

---

122) 이영진, 『박물관 전시의 이해』, 학문사, 2000, p.15.

(3) 색에 관한 보존 과학 용어

　① 탈색(脫色) : 박물관 자료의 원래의 색조가 완전히 없어진 경우

　② 퇴색(退色) : 그림이나 옷감의 빛깔이 바래서 원래의 색조가 변했을 경우

　③ 변색(變色) : 원래의 빛깔이 산화해서 변하거나 달라진 경우

10　유물 관리의 기본 수칙

(1) 불필요하게 유물을 만지거나 필요 이상으로 움직이지 않는다.

(2) 유물을 움직이기 위해서는 충분한 시간을 두며, 서두르지 않는다.

(3) 유물을 만질 때는 정신을 집중한다.

(4) 혼자서는 수장고에 출입하지 않는다.

(5) 유물을 다룰 때에는 시계, 목걸이, 반지, 팔찌, 귀걸이 등이 유물에 닿지 않도록 풀어 놓는다.

(6) 주머니 속에서 빠져나갈 수 있는 소지품은 미리 꺼내 놓는다.

(7) 웃옷의 주머니에는 어떠한 소지품도 넣지 않는다.

(8) 신체의 건강 상태가 좋지 않을 때는 출입하지 않는다.

(9) 유물을 이동하기 전에 유물의 약한 부분이 어느 곳인지를 파악한다. 유물은 손잡이, 테두리, 구석과 같은 부분을 잡고 옮기면 안 된다.

(10) 유물을 움직이는 작업은 오직 한 사람만이 지시하며, 유물을 움직일 때는 지휘자가 아니면 어떠한 결정이나 지시를 하지 않도록 한다.

(11) 유물을 다루고 움직이는 책임자는 동료들에게 작업 과정을 명확하게 이해시켜 혼선이 없게 한다.

(12) 유물을 다루거나 움직이기 전에 미리 위험요소를 살펴서 책임자에게 알린다.

(13) 유물을 이동하는 데 인원이 너무 적다고 생각되거나 위험성이 있다고 판단하는 경우에는 유물의 안전을 위해 작업을 거부할 수 있다.

(14) 두 개 이상으로 분리되는 유물은 따로 독립시켜 이동한다.

(15) 면장갑을 착용하여야 한다.

(16) 서로 다른 유형의 유물은 함께 두지 않는다.

(17) 유물 부근에서는 펜을 사용하지 않고 연필을 사용한다.

(18) 아무리 작은 유물일지라도 한 번에 한 점씩만 운반한다.

(19) 유물을 다른 사람에게 전해 줄 때는 손에서 손으로 전해 주지 않고, 안전한 곳에 유물을 내려놓고 다른 사람으로 하여금 유물을 가지고 가게 한다.

(20) 복장은 작업복을 착용한다.

(21) 유물은 두 손으로 들며, 몸에 밀착해서 다룬다.

(22) 유물에 숨결, 땀, 손자국 등이 닿지 않도록 한다.

(23) 유물을 운반할 때는 포장 운반, 상자 운반, 밀차 운반을 원칙으로 한다.

(24) 유물 포장을 해체한 후, 포장 재료를 버리기 전에 유물의 상태와 수량을 모두 확인한다.

(25) 박물관자료의 가치나 비중을 가리지 말고 가장 중요한 것처럼 생각하여 다룬다.

(26) 박물관자료를 운반할 때는 박물관 자료를 운반기구 쪽으로 가져가는 것이 아니라, 운반기구를 박물관자료 쪽으로 가져가서 운반한다.

(27) 박물관 및 미술관자료(유물)의 안전한 관리를 위하여 사용하는 방범 대책은 다음과 같다.
   ① 전시실 내 CCTV 설치
   ② 진열장 내 방범센서(감지센서) 설치
   ③ 노출전시물을 위한 알람센서(적외선 탐지기 등) 설치

(28) 종이, 금속, 칠기 등 습기나 기름에 약한 유물을 다룰 때에는 반드시 장갑을 착용한다.

11　유물 취급 및 보관 방법

2016년 문화재 보존과학센터에서 발급한 「유물 취급 매뉴얼」에 기초하여 유물 취급 및 보관 방법과 취급 주의사항과 보관 주의사항에 대해 살펴보면 아래와 같다.

(1) 취급 주의사항

유물은 재질별 특성이 다르고, 손상 상태도 각기 다르므로 취급자는 유물을 다루기 전 미리 계획을 세우고 준수사항을 생각한 뒤 실행에 옮긴다. 또한 가급적 지정된 담당자만이 유물을 다루도록 하며, 유물을 다루는 중에는 다른 행동이나 대화를 삼간다. 유물을 다룰 때의 복장은 가능한 실험복을 착용하고 유물을 다루는 장소는 항상 깨끗하게 정리, 정돈하여 사용한다.

① 일반사항

㉠ 취급자는 유물의 보존상태 및 중요 손상부위에 대한 이력을 먼저 숙지한 후 유물을 다룬다.

㉡ 취급자는 유물의 포장과 이동 시 진동, 충격을 흡수할 수 있는 재질로 포장하고 하나의 유물은 하나의 보관 상자에 넣어 운반한다.

㉢ 유물을 옮길 때는 양손을 사용하며 가장자리 또는 손잡이와 같이 약한 부분을 잡고 들지 않도록 한다.

㉣ 유물의 오염 방지를 위하여 취급자가 장갑을 착용한 경우, 유물을 직접 잡거나 들고 이동할 때에는 미끄러질 위험이 있으므로 장갑을 벗고 맨손으로 이동하기도 한다.

㉤ 유물을 가급적 이동하지 않고 운반차를 유물 쪽으로 이동하여 사용하고, 과도하게 많이 싣거나 담지 않는다.

㉥ 유물 너머로 손을 뻗거나 지나가거나 다른 유물 위를 가로질러 운반하지 않는다.

㉦ 유물은 사람의 손과 손으로 전달하지 않고, 안전한 곳에 유물을 내려놓은 뒤 전달자가 다시 들어서 운반한다.

㉧ 유물을 한 공간에서 다른 공간으로 이동할 경우는 취급자 이외에 도움을 줄 수 있는 인력이 함께 이동하고, 무거운 유물의 경우 운반용 밀차, 유압식 리프트 등을 이용한다. 이때 취급자는 운반차만을 다루고, 조력자가 이동 통로의 정리, 출입문 개폐 등을 수행한다.

㉨ 유물을 겹쳐서 쌓거나 한꺼번에 여러 유물을 같이 보관 또는 이동을 하지 않는다.

㉩ 유물을 원거리 이송할 시에 경고 문구를 부착하고 특히 취약한 부분이 있는 경우 빨간색으로 경고 표시를 붙인다.

㉪ 유물 취급 시 목걸이, 넥타이, 팔찌, 반지, 시계 등 취급자의 물품이 닿지 않도록 유의하고 가급적 착용을 풀고 다룬다.

㉫ 가급적 실험복을 착용하며, 유물 취급 시 실험복 주머니에서 물건이 쏟아져 유물에 손상이 가지 않도록 주머니의 물품은 꺼내어 둔다.

㉬ 유물 취급 시 오염을 방지하고자 면장갑이나 수술용 장갑을 적합한 상황에 맞추어 착용하고 다룬다.

(2) 유물 이동

① 금속유물

㉠ 금속유물은 내부 구조가 취약할 수 있으므로 운반차를 이동할 경우 두 사람 이상이 면장갑을 착용하고 유물을 보호하며 운반한다.

㉡ 범종이나 동경을 운반할 때는 어느 한 부분을 잡지 않고 아랫부분도 받쳐서 이동한다.

㉢ 대도와 같이 길이가 긴 금속유물은 받침대에 유물을 올리고 두 손으로 운반한다.

㉣ 금속유물을 보관 상자에 넣어 이동할 때에는 반드시 상자 밑을 받쳐 들고 이동한다.

㉤ 보관 상자에 끈이 있는 경우에도, 끈으로만 잡지 않고 상자 본체를 같이 받쳐 들고 이동한다.

② 석조유물

㉠ 소형 석조유물을 이동할 때 두 손을 사용하되 한 손은 밑 부분을 받치고 한 손은 몸체를 받쳐서 운반한다.

     ⓛ 대형 석조유물을 다루거나 이동 시 중량을 고려하여 인적 피해나 유물에 손상이 가지 않도록 주의하여 천천히 수행하고, 한 사람이 지시를 하고 이에 따라 작업을 진행한다.

     ⓒ 불상 등의 형태가 있는 석조유물을 이동할 때 어느 일부분을 잡고 들지 않으며, 전체를 잡고 이동한다.

     ⓔ 석조유물을 크레인으로 들어 올릴 때는 유물을 완충재로 보강하고 끈으로 묶어서 작업하고, 무게중심이 쏠리지 않도록 중심을 잡고 옮겨야 한다.

     ⓜ 대형 석조유물은 바닥에 닿은 채 끌어서 이동하지 말아야 한다.

     ⓗ 유물 이동에 필요한 인원이 적을 시에는 유물과 취급자의 안전을 위하여 작업을 중단해야 한다.

③ 도자기, 토기유물

     ㉠ 유약이 있는 도자기를 다룰 때는 면 목장갑이 미끄러우므로 착용이 부적합하며, 손에 밀착되는 라텍스 장갑의 착용 또는 손을 깨끗하게 세정한 후 작업한다.

     ⓛ 유물의 손잡이, 주둥이 등 약한 부분이나, 수리 가능성이 있는 부분을 잡지 않고 반드시 바닥을 함께 잡는다.

     ⓒ 도자기류 유물의 제원을 측정할 때는 금속 재질 계측도구의 사용을 금한다.

     ⓔ 도자기류 유물을 이동할 때는 유물을 안전하게 고정시킨 후 운반차를 이용하여 운반한다.

     ⓜ 보관 상자 등에서 유물을 꺼낼 때는 완충제 등 보호용 재료를 먼저 꺼낸 후 약한 부분이나 파편이 있는지 확인한 후 유물을 꺼낸다.

     ⓗ 포장 재료나 끈의 경우 사용 후 항상 정리정돈하여 사물에 의해 손, 발이 걸려 유물에 손상을 입히지 않도록 주의한다.

     ⓢ 유물의 크기가 작아도 한 번 이동 시 한 점씩만 다루어 움직이고, 유물을 다룰 때 부적절한 대화 등을 삼간다.

     ⓞ 운반 시 밀차 등을 이용할 경우 유물이 움직이지 않도록 보호용 완충제를 넣은 상자에 담아 이동하고 가급적 가장자리에 안전가드가 설치되어 있는 밀차를 사용한다.

---

12   박물관 자료의 분류

(1) 일원적인 분류

박물관 자료의 분류는 시대와 환경 조건에 따라 자신에 맞는 분류법으로 만들어지고 실행되어 왔다. 하지만 이 방법의 문제점은 박물관 자료 분류체계가 표준화되어 있지 않기 때문에 등록담당자나 학예사가 근무지를 바꿀 때마다 새롭게 익혀야 한다는 점이 가장 큰 단점이다.

(2) 이원적인 분류

일원적 분류법의 문제점을 해결하기 위해 출토지별과 시대별 분류, 물질별과 출토지별 또는 물질별 과 시대별 분류로 나누는 방법이 제시되었다. 또한 자료 제작 기법에 따른 분류와 재질별로 분류하는 이원적 분류 방법도 있다.

(3) 분류 방침

분류 종류	내 용
전시를 위한 자료의 분류	시대적 전시실을 가질 경우 역사 시간적 요건을 적용하여 각 자료가 가진 시대 구분을 분명히 해두어야 한다. 이 시대 구분 중에는 물건 자체의 시대성과 자료의 출토상황에 따른 시대성의 구분이 필요해진다.
보관(보존)관리를 위한 자료의 분류	보존 관리를 위한 자료의 분류 방법은 공식적인 분류법으로 보존 관리를 위한 자료의 분류 방법에는 다음 네 가지가 있다. • 수입별 분류 : 박물관에 자료가 입수하게 된 경위(구입, 기증, 발굴 등)에 따른 분류, 소장품 전체량의 현황을 파악하는 데 필요한 분류법이다. • 격납별 분류 : 자료의 크기, 자료의 활용빈도, 동시/별도 격납의 여부에 따른 분류 • 물질별 분류 : 보존 관리에 필요한 분류법이다. 물질별로 크게 나누어 각기 그 물질들의 성격에 적합한 장소에 격납 보관함으로써 관리상의 문제를 쉽게 해결할 수 있다. 일괄유물을 물질별로만 분류하여 각기 적당한 장소에 격납하거나 아니면 유물의 형태에 따라 크고 작은 것은 작은 것끼리 나누어서 두는 것이 보통이다. • 출토지별 분류 : 지역별 일괄유물의 상태를 파악하기 위한 분류법이다. 출토지별 일괄유물은 비단 물질 분류에 의한 격납창고의 설정뿐 아니라, 출토품의 크기나 모양에 따라 보관하는 데도 필요하다.[123]
조사 연구를 위한 자료의 분류	조사 연구를 위한 자료의 분류법은 많은 방법 또 많이 세분될수록 편리하고 빠른 자료의 이용방법이 된다. 고고학적 자료는 출토지별 분류가 우선적으로 마련되어야 할 것이다. 물질별 분류는 비단 보존 관리를 위해서 뿐 아니라, 조사 연구를 위해서도 마련되어야 한다.[124] 조사연구를 위한 세분화된 분류 방법들 • 물질별 분류 : 재질별 분류는 유물을 구성하고 있는 물질의 종류에 따른 분류를 말한다. 재질별 분류는 소장품을 보존 관리하는 데 유리하기 때문에 일반적으로 가장 많은 박물관에서 사용하고 있는 분류법이다(예 금속, 목재, 유리, 토기, 종이, 가죽, 석재). • 시대별 분류 : 시대별 분류법은 소장품이 제작된 시기로 구분하는 법을 말한다. 시대별 분류는 현재 대부분의 박물관에서 사용하고 있는 문화사적 구분을 적용한다(예 구석기, 신석기, 청동기, 철기, 삼국시대, 통일신라, 고려, 조선, 개화기, 근대, 현대). • 출토지별 분류 : 출토지별 분류법은 유물이 매장문화재인 경우에 사용하는 분류법이다. 즉, 출토된 장소에 따라 분류하는 것을 말한다. 일반적인 유물의 경우에는 재질별, 장르별로 분류하는 것이 보통인 데 반해, 출토지별 분류는 출토된 장소에 따라 각 시, 도, 구, 군, 동, 면, 리의 구분으로 나눠 분류하는 특징을 가지고 있다. 이외에 다음과 같은 분류들로 세분화될 수 있다. 조사연구를 위한 세분화된 분류 방법들 • 기능 · 용도별 분류 • 형질(크기, 무게, 특징)별 분류 • 제작 기술(기법)별 분류 • 작자 · 제작처별 분류 • 수장 구분에 의한 분류

---

123) 이난영, 「박물관 자료의 분류 및 정리법」, 국립문화재연구소, 1973, 7 : 80~93.
124) 위와 같음.

(1) 수장고 설계 조건[125]

① **내화성** : 화재발생 시 수장고 내 안전 온도 유지(80℃ 이하), 평상시에는 실내 온도가 최고 28℃를 넘지 않고 0℃ 이하로 내려가지 않도록 조절되어야 한다.

② **차단성** : 대기오염, 콘크리트 오염인자의 수장고 내 유입이 차단되게 설계한다. 또한 지진 대비를 위해 방진 또는 면진할 수 있도록 설계한다.

③ **조습성/단열성** : 공조를 중지시켜도 온·습도 변화가 최소화되도록 설계한다. 또한 단열, 방화, 방수, 방재를 할 수 있도록 설계한다.

④ **환경성** : 유해성분을 발산하지 않고, 청결성이 유지되도록 설계한다. 정기적으로 수장고를 훈증처리하기 위하여 원통형 배선구를 설치한다(대형방범철제문을 설치했을 경우).

⑤ **입출고 이동성 및 수납성** : 안정된 공간 내에 안전하고 효율적인 수납 공간을 설계한다. 수장고의 출입문은 최소 높이 3m, 폭 2m 이상으로 설치하여 차량출입이 가능하도록 제작한다. 수장고와 전시실이 연계되는 동선에 5mm 이상의 틈새가 없어야 하고, 3% 이상의 요철이 없도록 시공한다. 수장고는 완만한 경사로를 설치하거나 최소한 높이 3m, 폭 2m, 길이 3m 크기의 적재량 5톤 이상의 승강기를 이용할 수 있도록 한다. 수장품은 반드시 이동차를 이용하여 운반하고, 계단이나 3% 이상의 경사로를 삼간다.

⑥ **방범성** : 출입구 관리, 시건장치 등의 방범 대책을 수립한다. 벽은 이중벽으로 처리하고, 방범철제문과 방충망이 붙은 속문을 부착한다. 속문에는 투시점검구를 설치한다. 또한 화상 인터폰을 설치한다. 출입 시 2인 이상이 출입하고, 출입일지 기록을 의무화한다.

(2) 유물의 입출고 공간

① **차량진입로** : 외부로부터의 유물 운반 차량의 진입이 용이하고 박물관 전시동과 시각적으로 분리되어야 한다.

② **업무용 진입로** : 사무실, 전시실 등의 구역에서 유물의 출입이 용이해야 한다.

③ **하역 및 차량적재 공간** : 반출·반입되는 유물의 하역이나 적재가 수월하도록 충분한 공간의 확보와 기능적인 설비가 필요하다.

④ **유물 운반 통로** : 외부에서 수장고 내부로의 통로, 내부에서 각 격납장 사이의 통로에 안전 공간 확보가 필요하다(특히, 교차 공간 확보에 주의해야 함).

⑤ **승강기** : 다량의 유물, 중량급 유물의 수직이동에 적합한 용량이 필요하며, 유물의 입출고 및 전시실과 연구실로의 운반이 용이한 지점에 설치한다.

---

125) 국립민속박물관 홈페이지(http://www.nfm.go.kr/_Upload/BALGANBOOK/259/04.pdf)

(3) 수장고 온·습도 조건[126]

구 분	습도(RM%)	온도(℃)	주요 수장품
건 조	40±5	20±2	금속, 도검류
통 상	60±5	20±2	일반품
고 습	70±5	20±2	목재, 종이, 섬유

(4) 충·균·해 대책[127]

충·균이 생기지 않는 온·습도를 유지하는 것은 가장 중요한 것이며 정기적으로 훈증하거나 증산성 방충제, 방균제의 배치를 검토한다.

(5) 수장고 내 공기청정화 계획[128]

발생원인		오염인자	대 책
신설콘크리트		• 알칼리성 오염인자 • 대량의 수분성분	• 콘크리트 건조 기간을 6개월 이상 유지 • 2차벽으로 오염인자 차단
외기유입	공조기 경유	• 알칼리성 오염인자 • 대량의 수분성분 • 질소산화물 • 유황산화물 • 염분 • 분진 등	• 공기청정필터로 정화함 • 공기정화필터로 정화함 • 도어에 패킹을 취부 • 공조 방식에 유의
	도어의 개폐		
내장재	목재	휘발성분(산, 알칼리)	유해성분을 방출하지 않는 재료를 선택
	신건재		
	도료		
	접착제		

(6) 빛에 대한 대책[129]

① **자외선 열화** : 자외선은 자연광뿐만 아니라 일반 형광등, 백열등에도 포함되어 발산되기 때문에 무자외선 형광등, 자외선 흡수필터에 의한 차단 방법을 강구하여야 한다.

② **적외선 열화** : 적외선은 열선이라고 부르는 열작용을 하는 광원으로 전시물의 표면 온도 상승, 내부응력을 발생시키고, 상대 습도의 저하를 일으켜 목질의 비틀림, 갈라짐, 안료의 녹리 현상을 일으킬 수 있다. 따라서 열선 흡수필터, 배열장치 등을 사용하여 영향을 최소화해야 한다.

③ 태양빛에 의한 유물의 손상을 줄이기 위해서 전시실에 자연채광 창문이 있으면 커튼이나 블라인드 등의 차광막을 설치한다.

---

126) 국립민속박물관 홈페이지(http://www.nfm.go.kr/_Upload/BALGANBOOK/259/04.pdf)
127) 위와 같음.
128) 위와 같음.
129) 위와 같음.

(7) 전시 환경에 적합한 수장고 내 조명 계획[130]

① 무자외선 형광등(기존제품 사용)

② 적외선을 최소화한 백열등

　㉠ 골드 미러 적외선 차단된 레이저빔 전구

　㉡ 할로겐 램프

　㉢ 일반 백열등의 경우는 광원의 전면에 열선흡수 필터 부착이 필요함

③ 청소 및 작업할 때를 제외하고 수장고 내의 조명은 항상 꺼둔다.

(8) 훈증 설비 계획[131]

① 훈증 설계 목표

　㉠ 유물의 심부까지 훈증제를 침투시켜 충·균·해를 제거하며 유물을 보호

　㉡ 훈증 방법은 경제성, 효율성을 고려하여 감압훈증설비로 10m 규모 설계

② 훈증 방식

　㉠ 국가공인기관에서 사용 승인을 취득한 불활성가스 계열의 약제를 사용

　㉡ 스틸제 봄베형의 용기 사용

　㉢ 상압, 감압겸용의 자동수동겸용 방식

③ 감압 훈증 방식

　㉠ 훈증설비를 내압형으로 제작하여 훈증하는 방식으로 침투 효과가 뛰어난 방식

　㉡ 상압 또는 감압 훈증 소독을 병행 가능

　㉢ 경제적 운용을 위해 10m 규모로 제작

(9) 박물관 수장고(격납창고) 출입 시 유의해야 하는 사항

① 출입 시 최소 두 사람 이상이 함께 출입하는 것이 바람직하다.

② 수장고 열쇠를 여러 벌 복사하여서는 안 된다.

③ 수장고 관리자의 승인을 얻은 후 수장고에 출입하는 경우에라도 수장고 출입일지(관리일지) 기록은 의무적으로 남겨야 한다.

④ 수장고 출입 및 유물 출납과 관련한 사항은 ICOM 전문직 윤리강령을 따른다.

(10) 수장고의 보존환경

① 항상 일정한 온도와 습도를 유지하여야 한다.

② 출입은 최소화하여 외부로부터 유해한 요소가 침투할 가능성을 줄인다.

③ 유물의 물질적 성격에 맞는 환경이 조성되어야 한다.

④ 개방형 수장고는 소장품 보존 및 전시장의 기능을 수반한다.

---

130) 위와 같음.
131) 위와 같음.

소장품 관리학은 컬렉션을 관리하는 책임에 관련된 업무 영역에서 필요한 일반적인 소장품 관리의 개념과 기술 절차 등을 다룬다.

소장품 관리의 최근 개념은 소장품의 취득에서 폐기까지 단계별로 요구되는 다큐멘테이션 기법과 소장품의 보존에 따른 예방 관리(preventive conservation), 컴퓨터 테크놀로지를 이용한 정보 관리(information management)로 확장되고 있다.

이러한 폭넓은 개념 위에서 소장품의 취득 절차, 카달로깅 시스템, 보관과 취급, 소장품 정책의 수립, 보험과 재해 관리, 법적 · 윤리적 문제 등을 이론과 실행의 차원에서 동시적으로 접근함으로써 소장품 관리의 기본원칙들을 규모와 성격이 다른 각각의 미술관 · 박물관에 적용할 수 있다.

15 박물관 소장품과 정보화

(1) 박물관 자료의 정보 관리

정보 표준화는 현재 미국과 유럽에서 ICOM, CIDOC, Getty Information Institute 등의 지휘하에 많은 박물관이 협력하고 있는 추세로서, 개개의 박물관이나 지역성을 넘어서는 전 세계의 보편화된 현상으로 이해할 수 있다.

1979년 기록 분과 위원회는 박물관 소장품을 기술하는 데 필요한 최소한의 데이터 범주를 채택하였다(기관명, 취득번호, 취득 방법, 취득일자, 취득원, 사물의 일반적 이름, 분류, 기술, 이력). 박물관 · 미술관 정보화에 대한 접근은 소장품 정보 관리의 개념과 전산화 시스템의 역사, 표준화 작업의 맥락과 적용, 현대의 정보 통신과 멀티미디어 기술의 환경 등, 포괄적인 영역에 대한 인식을 바탕으로 하며, 그 목적은 관련 학문의 기반을 제공하고, 궁극적으로는 국가 간의 문화재 불법 유출을 방지하며, 인터넷 정보 교류를 통한 박물관의 수익원 확보라는 경제적 전략이 수반되는 복합적인 성격을 가지고 있다.

> **The 중요**
>
> **박물관 자료의 정보 관리 기관과 프로그램**
> - 국제박물관협의회(ICOM) : 정보 관리 국제 위원회(CIDOC)
> - 영국박물관협회 : 영국박물관협회 정보 정정 집단(IRGMA)
> - 박물관정보관리협회(MDA) : 박물관 정보 관리 체계(MDS), 컴퓨터 패키지(GOS) 개발

미술관 전산화 정보 관리 기관과 프로그램
- 1983년 폴 게티 재단의 재정 지원 아래 MPP(Museum Prototype Project) 수행
- MPP : 회화작품을 중심으로 분류
  - 회화작품에 대한 표준화된 목록법 설정
  - 연합 목록 제공
  - 목록에 나타나는 미술가에 대한 DB 구축

(2) 자료의 수집 방법과 수집정책 입안

박물관 자료의 중요성과 가치는 자료 자체가 지닌 희귀성, 예술성, 역사성, 재질, 형태, 제작 기법, 보존 상태에 따라 크게 차이가 있고, 그 밖에 기능, 구조, 출처, 명성, 소장자의 소유 집착과 수집가의 구매 의욕에 따라 결정되는 고동품 · 골동품의 거래 가격과 평형을 이룬다(Pearce, Susan M).

16 문화유산표준관리시스템의 이해와 운영

박물관의 기능은 유물의 수집 · 보존, 관리, 전시, 교육, 연구 등 여러 가지이다. 이 중에서도 가장 중요한 기능이 유물의 보존 · 관리이다. 유물을 체계적이고 과학적으로 보존 관리하기 위하여 유물 관리 전산화가 이루어져야 한다는 데에는 이론의 여지가 없다. 즉, 유물 관리 전산화는 유물카드, 대장, 각종 목록, 영상 자료 등을 신속하고 정확하게 검색 · 출력하여 유물 관리 기본 업무에 활용함으로써 인력과 예산을 절감할 수 있으며 관련 전문학자들이나 일반인들에게 보다 정확하고 풍부한 학술 자료 및 문화 교육 자료를 제공할 수 있다. 또한 구축된 자료는 인터넷이나 각종 통신망을 통해 박물관의 홍보는 물론이고 국민들의 문화 향수를 충족시킬 수 있으며 나아가 우리 문화의 우수성을 해외에 널리 알릴 수 있는 좋은 계기가 된다.

(1) 우리나라 국립중앙박물관의 정보 전산화

① 1995년에 박물관 전산화가 시작되었으며, 유물 분류 표준화 방안에 의해 106가지 항목으로 구성되었다.

② 2000년 유물 분류 표준화의 확대 보완으로 탑(7), 승탑(5), 비(3), 석등(3) 총 18개 항목이 추가되어 현재는 124개 항목으로 분류되고 있다.

(2) 유물 분류 표준화

① 자료정리 기준

텍스트 자료의 정리 기준은 표준화를 따른다. 표준화의 유물 항목 전체 수는 106개이며 유물 관리나 학술 정보 활용에 기본적으로 필요한 항목인 일반 항목(46개)과 특정 유물(장르별)에만 필요한 항목인 장르별 세부 항목(60개)으로 대별되어 있다. 그리고 각 항목은 코드와 비코드로 구분되어 있다.

⊙ 일반 항목(46개)

일반 항목은 유물 관리나 학술 정보 활용에 기본적으로 필요한 항목으로서 어떠한 장르의 유물에도 적용될 수 있어야 한다. 즉, 명칭, 시대, 재질 등과 같이 기본적인 항목과 유물의 이동 사항 등 관리에 필요한 항목이 이에 포함된다. 여기에는 총 46개의 항목으로 구성되어 있다.

⊙ 장르별 세부 항목(60개)

장르별 세부 항목은 일반 항목에 속하지는 않으나 특정 유물(장르)에서만 분류되는 보다 세부적인 항목으로서 전문학술 자료로 활용하기 위한 분류 체계이다. 현재 분류되어 있는 장르는 일반회화, 도자기, 불상, 불화, 고도서 총 5개 부문이다.

이외에 복식, 가구, 고고품 등 여러 부문의 장르가 있으나 이들은 세부 항목의 분류 체계를 완성하지 못하여 전산화를 위한 체계적인 장르로 아직 채택되지 않고 있다. 현재 사용하고 있는 장르별 세부 항목은 일반회화(12), 도자기(9), 불상(8), 불화(7), 고도서(24) 총 60개의 항목으로 구성되어 있다.

(3) 문화유산표준관리시스템

국립중앙박물관에서는 문화유산의 총량을 파악하고 통합 관리하기 위한 '문화유산표준관리시스템'을 구축하여 전국 박물관에 무상으로 보급하고 있다.

문화유산표준관리시스템은 문화유산의 총량을 파악하고 통합 관리할 수 있는 시스템으로, 2001년 국립중앙박물관이 개발하여 보급한 '표준유물관리시스템'의 기능을 업그레이드한 인터넷 기반의 시스템이다. 소장품 정보를 시스템에 입력하는 시간을 현저하게 줄였으며, 기존의 표준유물관리시스템의 데이터를 간편하게 이관하는 등의 기능을 통해 쉽고 편리하게 이용할 수 있다.

또한 전국의 박물관이 표준화된 정보로 관리할 수 있으며, 박물관 간 소장품 정보를 공유할 수 있다. 새 시스템은 국립중앙박물관에 대형 서버와 스토리지를 두기 때문에 이 시스템을 사용하는 박물관들이 별도의 네트워크 장비나 유지보수 인력을 두지 않아도 되며, 국·공·사립박물관과 대학박물관에 관계없이 희망하는 모든 박물관에 보급되고 있다.

[유물 정보 등록]

① 필수 항목 : 소장구분, 소장품번호, 수량, 수량단위, 명칭, 국적/시대, 작자/제작처, 재질, 용도/기능, 장르, 문화재 지정 일자, 문화재 지정 구분, 문화재 지정 호수, 크기1(실측 부위), 크기2(실측치), 특징 - 총 16가지 항목

② 국립중앙박물관 문화유산표준관리시스템의 데이터 항목

필수 항목	관리 항목	이동 항목
1. 소장 구분	1. 문양 · 장식	1. 이동 일자
2. 소장품번호	2. 명문 구분	2. 이동 수량
3. 수량	3. 명문 내용	3. 보관 구분
4. 수량 단위	4. 발굴(견)일자	4. 보관처 1
5. 명칭	5. 출토지	5. 보관처 2
6. 국적/시대	6. 위도 · 경도	
7. 작자/제작처	7. 무게	
8. 재질	8. 무게 단위	
9. 용도 · 기능	9. 보존 처리 기간	
10. 장르	10. 보존 처리 내용	
11. 문화재 지정 일자	11. 전시 순위	
12. 문화재 지정 구분	12. 유물 상태	
13. 문화재 지정 호수	13. 원판 번호	
14. 크기1(실측 부위)	14. 입수 일자	
15. 크기2(실측치)	15. 입수 연유	
16. 특징	16. 입수처	
	17. 가격	
	18. 가격 단위	
	19. 등록 일자	
	20. 자료 기록자	
	21. 자료 입력자	
	22. 보험 관계 기록	
	23. 참고 자료	
	24. 현존 여부	
	25. 기관별 관리항목	

③ 분류 체계

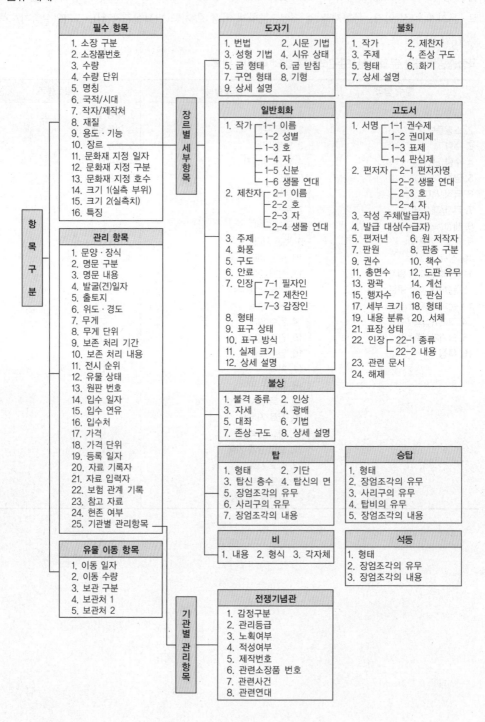

항목 구분

필수 항목
1. 소장 구분
2. 소장품번호
3. 수량
4. 수량 단위
5. 명칭
6. 국적/시대
7. 작자/제작처
8. 재질
9. 용도 · 기능
10. 장르
11. 문화재 지정 일자
12. 문화재 지정 구분
13. 문화재 지정 호수
14. 크기 1(실측 부위)
15. 크기 2(실측치)
16. 특징

관리 항목
1. 문양 · 장식
2. 명문 구분
3. 명문 내용
4. 발굴(견)일자
5. 출토지
6. 위도 · 경도
7. 무게
8. 무게 단위
9. 보존 처리 기간
10. 보존 처리 내용
11. 전시 순위
12. 유물 상태
13. 원판 번호
14. 입수 일자
15. 입수 연유
16. 입수처
17. 가격
18. 가격 단위
19. 등록 일자
20. 자료 기록자
21. 자료 입력자
22. 보험 관계 기록
23. 참고 자료
24. 현존 여부
25. 기관별 관리항목

유물 이동 항목
1. 이동 일자
2. 이동 수량
3. 보관 구분
4. 보관처 1
5. 보관처 2

장르별 세부항목

도자기
1. 번법   2. 시문 기법
3. 성형 기법   4. 시유 상태
5. 굽 형태   6. 굽 받침
7. 구연 형태   8. 기형
9. 상세 설명

일반회화
1. 작가 ─ 1-1 이름
        ├ 1-2 성별
        ├ 1-3 호
        ├ 1-4 자
        ├ 1-5 신분
        └ 1-6 생몰 연대
2. 제찬자 ─ 2-1 이름
         ├ 2-2 호
         ├ 2-3 자
         └ 2-4 생몰 연대
3. 주제
4. 화풍
5. 구도
6. 안료
7. 인장 ─ 7-1 필자인
        ├ 7-2 제찬인
        └ 7-3 감장인
8. 형태
9. 표구 상태
10. 표구 방식
11. 실제 크기
12. 상세 설명

불상
1. 불격 종류   2. 인상
3. 자세   4. 광배
5. 대좌   6. 기법
7. 존상 구도   8. 상세 설명

탑
1. 형태   2. 기단
3. 탑신 충수   4. 탑신의 면
5. 장엄조각의 유무
6. 사리구의 유무
7. 장엄조각의 내용

비
1. 내용 2. 형식 3. 각자체

불화
1. 작가   2. 제찬자
3. 주제   4. 존상 구도
5. 형태   6. 화기
7. 상세 설명

고도서
1. 서명 ─ 1-1 권수제
       ├ 1-2 권미제
       ├ 1-3 표제
       └ 1-4 판심제
2. 편저자 ─ 2-1 편저자명
         ├ 2-2 생몰 연대
         ├ 2-3 호
         └ 2-4 자
3. 작성 주체(발급자)
4. 발급 대상(수급자)
5. 편저년   6. 원 저작자
7. 판원   8. 판종 구분
9. 권수   10. 책수
11. 총면수   12. 도판 유무
13. 광곽   14. 계선
15. 행자수   16. 판심
17. 세부 크기   18. 형태
19. 내용 분류   20. 서체
21. 표장 상태
22. 인장 ─ 22-1 종류
         └ 22-2 내용
23. 관련 문서
24. 해제

승탑
1. 형태
2. 장엄조각의 유무
3. 사리구의 유무
4. 탑비의 유무
5. 장엄조각의 내용

석등
1. 형태
2. 장엄조각의 유무
3. 장엄조각의 내용

기관별 관리항목

전쟁기념관
1. 감정구분
2. 관리등급
3. 노획여부
4. 적성여부
5. 제작번호
6. 관련소장품 번호
7. 관련사건
8. 관련연대

(4) 항목의 종류

항목은 필수 항목, 관리 항목, 유물의 이동 항목, 장르별 세부 항목, 기관별 관리 항목 등 크게 5가지로 구분하였다. 필수 항목은 명칭, 시대, 재질 등 유물의 기본적인 내용들로서, 전국 박물관에서 공동으로 사용할 수 있는 공통 항목이고, 관리 항목은 주로 유물 관리나 일반 학술 정보 활용에 필요한 항목이다. 또 유물의 이동 항목은 유물 관리 업무에서 가장 중요한 유물의 소재를 명확하게 하는 반·출입 사항을 관리하는 항목이고, 장르별 세부 항목은 전문 학술 정보로 활용하기 위한 항목이며 기관별 관리 항목은 일부 박물관에서 특별히 관리하는 항목들이다.

① 필수 항목

필수 항목은 전체의 항목 중에서 일반 박물관은 물론 특수 박물관이나 소규모의 박물관에서도 사용할 수 있는 항목으로, 전국 박물관이 여러 가지의 사용 형태나 방법을 서로 통일하여야 한다. 필수 항목에는 다음과 같이 16개의 항목이 있다.

1. 소장 구분	2. 유물 번호	3. 수량
4. 수량 단위	5. 명칭	6. 국적/시대
7. 작자/제작처	8. 재질	9. 용도·기능
10. 장르	11. 문화재 지정 일자	12. 문화재 지정 구분
13. 문화재 지정 호수	14. 크기 1(실측 부위)	15. 크기 2(실측치)
16. 특징		

㉠ 국적/시대별 분류 : 국적, 국적별 시대, 상세(절대)연도 등으로 기록한다. 역사·시간적 요건을 적용하여야 할 소장품은 각각의 소장품에 대한 시대성과 소장품이 출토된 상황에 따른 시대성의 구분이 필요하다.

㉡ 용도/기능별 분류 : 해당 유물의 쓰임새나 기능을 말하며, 의·식·주라는 기초 생활에서 구분될 수 있지만 이것을 토대로 사회·문화생활 등을 고려하여 더욱 전개될 수 있다. 즉, 취미·오락[음악, 무용, 다도(茶道) 등], 종교(불교, 기독교, 천주교, 민간신앙 등), 무기, 교통 관계(마차, 배, 가마류 등), 경제 관계[화폐, 인지류(印紙類) 등]와 같이 확장될 수 있다.

㉢ 재질별 분류 : 해당 유물의 구성 재질을 말하여, 복합적인 재질로 구성되어 있는 경우는 모든 재질을 모두 기록한다. 예를 들어 일반적으로 동물, 식물, 광물의 물질에 따라 구분하는데 그 자체가 반드시 단일 재질에 의해서만 이루어지지 않는 유물도 많으므로 유의한다.

㉣ 지역/출토지별 분류 : 해당 유물이 출토되었던 장소나 제작된 후 현재까지 위치해 있던 장소를 말하며, 유물이 실제로 제작된 지역이나, 양식이 발달된 지역을 나타낸다.

㉤ 문화재 지정 구분별 분류 : 해당 유물의 국가 지정 문화재 등록 여부와 지정된 유물일 경우의 그 지정 구분을 말하며, 국보, 보물, 중요민속, 시도지정 문화재, 기타 지정으로 분류한다.

㉥ 문양/장식별 분류 : 유물에 나타난 문양이나 부조 또는 부착된 여러 가지의 문양이나 문양 형태의 장식을 말한다. 복합적으로 표현된 문양이나 장식은 가장 많이 표현된 것을 기준으로 하지만 비중이 적은 것도 학술적, 예술적으로 중요하다고 판단되면 주문양이나 장식으로 한다.

② 관리 항목

관리 항목은 일반 박물관에서 활용하도록 포괄적으로 분류한 항목으로, 전시 순위, 유물 상태, 입수 연유 등 유물 관리 차원에 필요한 항목과 출토지, 명문, 문양 등 특정한 유물들이나 특정 분야에 필요한 항목으로 분류하였다. 여기서 출토지는 회화나 서예 등의 분야에서는 필요하지 않거나 중요하지 않은 항목이지만 고고품이나 고고학에서는 아주 중요한 항목이다. 또 명문은 선사 유물에는 해당되지 않는 항목이지만 역사 미술품에서는 아주 중요한 항목이다. 이렇듯 관리 항목은 일반적(전체적)이지는 않지만 분야별로 중요한 25개의 항목들로 구성되어 있다. 따라서 관리 항목은 분야별 특수 유물만 소장하고 있는 박물관이나 소규모의 관리 체계를 갖고 있는 박물관에서는 필요한 항목만 선택적으로 사용하는 취사 선택 항목이다.

1. 문양 · 장식	2. 명문 구분	3. 명문 내용
4. 발굴(견) 일자	5. 출토지	6. 위도 · 경도
7. 무게	8. 무게 단위	9. 보존처리 기간
10. 보존처리 내용	11. 전시 순위	12. 유물 상태
13. 원판 번호	14. 입수 일자	15. 입수 연유
16. 입수처	17. 가격	18. 가격 단위
19. 등록 일자	20. 자료 기록자	21. 자료 입력자
22. 보험 관계 기록	23. 참고 자료	24. 현존 여부
25. 기관별 관리 항목		

③ 유물의 이동 항목

박물관에 유물이 들어오게 되면 행정 절차를 거쳐 정식으로 등록이 된다. 등록된 유물은 다시 적절한 온 · 습도 시설이 되어 있는 안전한 수장고의 격납장에 보관된다. 이렇게 보관된 유물은 여러 가지 사유, 즉 보관 장소의 변경, 진열, 임시 이관, 대여, 해외 전시 등을 위하여 다른 장소로 이동할 경우가 있다. 이러한 유물의 이동 사항, 즉 유물의 현 위치 파악과 이동 사항별 통계나 목록(LIST)을 만드는 것은 유물 관리 업무에서 빼놓을 수 없는 매우 중요한 일로서 이에 필요한 항목들이 유물의 이동 항목이다. 특히 이동 항목은 항목의 종류와 코드, 비코드의 구분 등 체계는 통일시키되 항목별 내용(주로 코드 항목의 내용)은 각 기관의 유물 관리 체계에 맞게 분류하는 것이 효과적이다.

1. 이동 일자	2. 이동 수량	3. 보관 구분
4. 보관처 1	5. 보관처 2	

④ 장르별 세부 항목

장르 분류의 목적은 일반 항목에서 다루지 못한 필요 항목과 유물의 그룹(장르)별로 보다 세부적인 항목으로 분류하여 전문 학술 자료용으로 활용하기 위함이다. 이러한 목적에 의해 장르는 이번 사업이 시작되기 전에 이미 국립박물관의 분류안으로서 도자기, 회화(일반회화로 수정), 불상, 불화, 고문서(고도서로 수정), 복식, 가구, 탑, 승탑, 비, 석등, 화살촉 총 12개 부문으로 설정되었다. 이들 중에서 일반회화(12), 도자기(9), 불상(8), 불화(7), 고도서(24) 총 60개의 항목으로 1996년 유물 분류 표준화를 통하여 확정되었으며 2000년 유물 분류 표준화 확대 · 보완으로 탑(7), 승탑(5), 비(3), 석등(3) 총 18개 항목이 확정되었다. 복식과 가구는 항목과 항목별 내용이 미비하여 전담반원 및 외부의 전문가들과의 협의를 거쳐 좀 더 보완하기로 하였으나, 시간과 집중적인 분석 부족으로 완전한 장르로 설정하는 데 실패하였다. 따라서 장르 분류의 목적에 맞게 제대로 분류된 것은 일반회화, 도자기, 불상, 불화, 고도서, 탑, 승탑, 비, 석등 총 9가지이며, 각 장르에 해당하는 항목은 다음과 같다.

도자기	1. 번법, 2. 시문 기법, 3. 성형 기법, 4. 시유 상태, 5. 굽 형태, 6. 굽 받침, 7. 구연 형태, 8. 기형, 9. 상세 설명
일반회화	1. 작가(이름, 성별, 호, 자, 신분, 생몰 연대), 2. 제찬자(이름, 호, 자, 생몰 연대), 3. 주제, 4. 화풍, 5. 구도, 6. 안료, 7. 인장(필자인, 제찬인, 감장인), 8. 형태, 9. 표구 상태, 10. 표구 방식, 11. 실제 크기, 12. 상세 설명
불 상	1. 불격 종류, 2. 인상, 3. 자세, 4. 광배, 5. 대좌, 6. 기법, 7. 존상 구도, 8. 상세 설명
불 화	1. 작가, 2. 제찬자, 3. 주제, 4. 존상 구도, 5. 형태, 6. 화기, 7. 상세 설명
고도서	1. 서명(권수제, 권미제, 표제, 판심제), 2. 편저자(편저자명, 생몰 연대, 호, 자), 3. 작성 주체(발급자), 4. 발급 대상(수급자), 5. 편저년, 6. 원저작자, 7. 판원, 8. 판종 구분, 9. 권수, 10. 책수, 11. 총면수, 12. 도판 유무, 13. 광곽, 14. 계선, 15. 행자수, 16. 판심, 17. 세부 크기, 18. 형태, 19. 내용 분류, 20. 서체, 21. 표장 상태, 22. 인장(종류, 내용), 23. 관련 문서, 24. 해제

[장르별 세부 항목]

07 박물관 전시

01 전시의 개념과 역사

(1) 전시의 정의

전시의 사전적인 의미는 '보는 것(to show)', '진열하는 것(to display)', '눈에 띄게 하는 것(to make visible)'을 의미한다. 즉, 전시는 전시물을 선정하는 의미 있는 표시(meaningful showing of thing)와 목적 있는 진열(display with purpose)을 의미하는 것이다.

전시란 특정한 장소에서 전시의 주최자가 관람자에게 유 · 무형의 작품들의 내용과 가치를 효과적으로 보여주어서 이해와 감동, 나아가 교육적 효과를 얻게 할 수 있도록 하는 일련의 행동 및 기술이자 커뮤니케이션이라고 할 수 있다.

거시적 안목에서 전시를 논했을 때, 전시는 공간적, 시간적 요소들의 복합된 구성을 통하여 목적 대상의 이미지를 부각시키고자 하는 개인 또는 국가 차원에서 이루어지는 적극적인 문화 활동이다. 사람과 사람의 만남, 사람과 대상물 간의 만남의 장(場)인 전시공간은 전시의 내용, 즉 대상과 관련된 그 사회의 문화적인 정보 및 가치를 공유 · 교류 가능하게 하는 문화적인 커뮤니케이션 기능을 갖는다.

(2) 전시의 어원

박물관에서 전시(exhibition)와 진열(display)의 개념에는 각각 차이가 있다. 박물관학자 조지 엘리스 버코(George Ellis Burcaw)는 1997년 출간한 그의 저서에서 오브제들을 그냥 쇼케이스 안에 나열하여 관람객들에게 일방적으로 보여주는 진열(display)과 오브제의 의미와 중요성에 대해 전시기획자의 의도와 해석을 부여하고 이를 관람객과 상호 공유하는 전시(exhibition)를 구분하여 제안했다.[132] 전시는 전시기획자의 해석이 개입된 진열이다. 그러므로 자료선택과 전시 방법에 따라 전체적인 관람 흐름이 결정된다.

전시는 영어로는 'Exhibition'으로 전시 · 진열 · 열람 등의 의미가 있으며, '펼쳐 보인다', '남의 눈을 끈다' 등의 의미를 내포하고 있다. 프랑스어로는 Expotion '설명하다'의 의미를 가지고 있으며, 이 두 가지 단어는 모두 회화(繪畵)에 관한 전람회에서 비롯되었다. 동양에서 '전시'는 '펼쳐서 보여준다'의 적극적 의지와 프랑스어에서 내포하고 있는 '설명하다'의 의미가 동시에 들어 있다. 즉, 전시란 위에서 언급한 것처럼 '보는 것', '진열하는 것', '눈에 띄게 하는 것', '설명하는 것'을 말한다.

---

132) Burcaw, George Ellis, 『Introduction to Museum Work』, Rowman & Littlefield Pub Inc, 1997, p.144~149.
조지 엘리스 버코(양지연 역), 『큐레이터를 위한 박물관학』, 김영사, 2004.

용 어	설 명	의 미
전시 (exhibition)	오브제의 의미와 중요성에 대해 전시기획자의 의도와 해석을 부여하고 이를 관람객과 상호 공유하는 것이다. 전시기획자의 해석이 개입된 진열이다.	'보는 것', '진열하는 것', '눈에 띄게 하는 것', '펼쳐서 보여준다' '설명하는 것'을 의미 한다.
진열 (display)	오브제들을 쇼케이스 안에 나열하여 판매 촉진의 의도를 부여하고 이를 보는 사람으로 하여금 사고 싶은 욕구가 일어나게 만드는 나열이다.	오브제의 의미와 중요성보다는 영리 목적으로 여러 사람에게 보이기 위하여 물건을 죽 벌여 놓은 행위이다.

(3) 전시의 본질적 의미

① 전시는 전시 주최자와 관람자 간의 커뮤니케이션 도구이다.

　　㉠ 이는 특정한 장소에서 전시의 주최자가 관람자에게 유·무형 전시자료들의 내용과 가치를 효과적으로 보여 주어 관람자들이 이해와 감동을 받는 일련의 행동 및 기술이기 때문이다.

　　㉡ 전시 내용 또한 대상과 관련된 그 사회의 문화적인 정보 및 가치를 공유하고 상호 간의 교류를 가능하게 하기 때문이다.

② 전시는 개인 혹은 국가 차원에서 이루어지는 적극적인 문화 활동이다.

　　이는 시간적 요소(유물 혹은 작품 등)와 공간적 요소(전시장, 전시디자인 등)의 복합적인 구성으로, 시공의 만남을 통하여 전시의 주제와 그 이미지를 부각시키려고 하기 때문이다.

③ 전시는 교육, 계몽, 감상 등의 정보 전달을 목적으로 한다.

　　과학관, 박물관, 박람회 등의 경우는 일반 대중의 문화적 사고 개발, 지식의 전달, 교육에 그 목적이 있으나 영리를 주 목적으로 하는 백화점의 경우에는 쇼룸의 상품을 효과적으로 전시하여 판매를 촉진하는 데 그 목적이 있다.

02　전시의 역사적 배경

(1) 전시의 효시

기원전 284년 프톨레마이오스 왕이 이집트의 알렉산드리아 궁전에 그림과 조각을 전시한 것이 전시의 효시라고 할 수 있다. 이후 위정자나 소수의 수집가들이 신전이나 기념물관을 설치하여 그들이 수집한 미술품을 공개하였으나 진정한 의미의 전시는 되지 못하였다. 이러한 전시 방식은 중세까지 계승되었다.

(2) 본격적인 전시 개념의 시작(17세기)

① 캐비닛(Cabinet of Curiosities)

　　㉠ 캐비닛은 대상물들을 진열하거나 소장하기 위해 만들어진 가구에서 출발하였다.

　　㉡ 캐비닛에는 예술적 가치를 가진 것보다는 희귀한 것, 호기심 유발의 대상, 식물 표본류 등을 전시하였다.

　　㉢ 캐비닛에는 르네상스인들의 우주관이 투영되었다. 당시의 사람들은 자연을 창조한 신을 의미하는 대우주(macrocosm)와 예술을 창조한 인간을 재현하는 소우주(microcosm)의 세계관이 있었으며, 르

네상스인들에게 있어 수집을 통한 '전시'는 대우주를 소우주에 질서화하는 작업이었다. 따라서 캐비닛에 전시된 대상물들은 소우주를 질서화하듯 '시각적 유사성'에 따라 대상물들을 전시하였다.

[1655년 웜스 뮤지엄의 카탈로그[133]]

[캐비닛 전시 그림(1690년대)]

② 갤러리(Gallery)

　ㄱ 프랑스 혁명 이후 등장한 용어로 1667년 루브르 궁전에서 개최된 프랑스 아카데미 전람회가 열린 곳에서 유래한다.[134]

　ㄴ 캐비닛이 정사각형의 공간이라면, 갤러리는 캐비닛보다 크고 거대한 홀을 말하며, 회화나 조각 등의 예술작품이 전시되는 공간을 지칭한다.

　ㄷ 대상물들의 긴밀한 관계성, 특히 내적 관계성을 강조하는 방향으로 전시가 이루어졌다.

The 중요

캐비닛과 갤러리
- 캐비닛과 갤러리의 전시는 일반 대중들의 것이 아닌, 소장가들만이 보고 느낄 수 있는 것이었다.
- 캐비닛과 갤러리는 18~19세기 유럽 · 미국의 공공 박물관의 전시 개념을 형성하는 데 기초가 되었다.

---

(3) 19세기 근대적 개념의 전시 : 일반 공개의 본격화

19세기에는 계몽주의 철학과 함께 형성된 진보에 대한 믿음이 영향을 미쳐 박물관 건축과 전시가 일반 대중에게 공개되기 시작하였다. 이 시기의 박물관 건축물은 중앙부의 큰 공간을 중심으로 엄격한 대칭적 평면 구조로 구성되었으며, 전시공간천장에서 들어오는 자연광을 이용하는 조명방식이 일반적이었다.

진보에 대한 믿음은 역사와 시간의 개념을 통한 과거의 질서를 찾는 작업이었는데, 이것이 박물관에 적용되어 각 유물들은 유형적 또는 연대기적 방법에 의해 전시되었다. 현재의 큐레이터나 전시 디자이너들도 이러한 전시 방법을 따르고 있는 경우가 많은데, 이는 새로운 개념의 전시창출이 얼마나 어려운 일인지를 보여 주는 사례이다.

또한, 19세기 중엽부터 말기까지는 유럽 각국에서 개최된 국제 박람회의 영향으로 관람자의 흥미를 유발하기 위한 각종 전시 시설과 극적 장면을 묘사한 패널 등이 등장하며 대중적인 접근성을 높여나갔다.

---

133) 은동판화로 제작된 것으로 1655년 올레 웜(Ole Worm)의 웜스 뮤지엄(Worm's Museum) 카탈로그 앞표지이다. 다양한 대상물들이 선반 위에 놓여 있거나 천장에 걸려 있으며, 이를 더욱 자세히 살펴보면 크기 혹은 자연적인 것, 인공적인 것에 따른 '시각적 유사성'에 의해 분류되어 있음을 알 수 있다.
134) 프랑스 루이 14세 때 재상 콜베르의 제안으로 세계 최초의 전람회를 기획하여, 1667년 4월 9일부터 4월 27일까지 루브르 궁전 대살롱에서 '프랑스 아카데미 전람회'가 개최되었다.

(4) 20세기 전시 개념의 변화 : 미학의 추구 + 커뮤니케이션 매체로서의 전시로 발전

① 20세기 초에는 전시디자인과 산업 디자인의 만남으로 전시물을 중심으로 한 기존의 회랑식 전시나 정연한 격자 형식의 전시를 벗어나 자연채광보다는 임의대로 조절 가능한 인공 조명을 사용하였다. 또한 벽 이외에도 천장이나 바닥에 입체적인 전시를 시도하는 다양한 전시 기법이 도입되었다.

② 20세기 중엽에는 새로운 미학적 사고와 소재를 바탕으로 고도의 예술적 감각을 동원하여 전시물들을 하나하나 디자인하였으며, 계몽적이고 연대기적인 딱딱한 형식을 탈피하여 전시품 자체를 심미적으로 즐길 수 있도록 하였다.

③ 20세기 말부터 현재에 이르기까지는 이러한 미학 추구 이외에도 쉬운 용어의 사용, 디지털을 이용한 다양한 전시 및 보조 자료의 활용을 통해 종합적인 정보의 전달이 이루어지고 있어 기획자와 관람자 간, 전시물과 관람자 간의 커뮤니케이션 매체로서의 전시로 그 영역이 확대되었다.

03 전시의 구성 요소

전시는 진열되는 전시품, 전시품을 조사 · 연구하고 분석하여 전시의 전체 흐름 속에 의미를 부여하는 전시조직, 유물이 진열되는 전시공간, 전시에 활기를 불어넣어 주는 관람객의 네 가지 요소로 구성된다.
이 밖에도 전시에는 시간이나 예산 등 다른 요소들도 포함되어 있으며, 전시는 이러한 구성 요소들이 서로 유기적으로 작용하여 만들어지는 것으로 어느 하나라도 빠지면 전시는 성립될 수 없다.

(1) 전시품

① 전시품은 전시의 기본 출발점으로 전시품이 없으면 전시 자체가 성립될 수 없다.
② 또한 다른 것들이 아무리 좋아도 유물이 좋지 않으면 대중의 관심을 끌기가 어렵다.
③ 최근에는 순수전시품이 아닌 모형, 디오라마 등도 전시에서 중요한 역할을 한다.

(2) 전시조직

① 전시품이 있다고 해서 전시가 이루어지는 것은 아니다.
② 전시에는 전시품을 조사, 연구, 분석하여 전시에 의미를 부여하는 조직을 필요로 한다.
③ 전시조직은 전시를 기획하고 통괄하는 큐레이터와 전시디자이너, 교육 프로그램 담당자, 홍보담당자 등으로 구성된다.

  ㉠ 학예사 : 전시에 따른 조사 및 연구진행, 전시 계획의 수립, 유물(작품) 선정, 전시의 총괄 업무
  ㉡ 전시디자이너 : 전시공간의 설계, 전시 보조물의 제작 및 설치
  ㉢ 교육담당자 : 전시 활동지의 기획 및 제작
  ㉣ 홍보담당자 : 보도자료의 제작 및 배포, 언론 홍보
  ㉤ 유물 운송 책임자 쿠리어(courier, 호송관)
    ⓐ 유물의 이동을 위한 상하차 작업을 지휘, 감독한다.
    ⓑ 운송 경로와 차량에 실은 유물의 안전 관리 등을 지휘, 감독한다.

ⓒ 유물의 안전을 위해 인수 후 기후적응 기간을 두고 수장고에 옮긴다.

ⓓ 유물 운송 중 발생할 수 있는 모든 이상 징후 및 사고에 대한 1차 책임자로서의 임시 조치와 비상 연락을 취한다.

(3) 전시공간

① 전시품이 진열되는 장소로 관람객과 전시품이 실제적으로 접촉하는 공간이다.

② 실내, 야외 등 전시품이 진열되는 공간은 어디든지 전시공간이 된다.

③ 전시공간이란 단순한 물리적 공간이 아니라 관람객과 전시품이 만나 커뮤니케이션을 하는 특별한 장소이다.

(4) 관람객

① 관람객은 전시에 있어 중요한 필수 조건이다.

② 전시란 관람객에게 보여 주기 위한 적극적 행동이기 때문에 관람객이 없는 전시란 상상할 수 없다.

③ 관람객이 없는 전시는 전시의 의미 자체를 상실하며, 관람객이 많이 찾아오지 않는 전시 또한 큰 의미가 없게 된다.

④ 현대의 전시는 많은 관람객의 유치를 위해 훌륭한 디자인과 광범위한 홍보, 다양한 교육 프로그램과 체험 프로그램의 개발이 필수적이다.

04 전시기획 단계

전시 업무는 기획, 설계 및 이를 실제로 전시장에 표현하는 복잡한 일련의 과정이다. 이 때문에 각종 일정표와 차트, 도표와 같은 도구를 동원하는 것이 현명하다. 이러한 도구들은 업무의 일정과 진척 사항을 체크하는 데 도움을 준다.

전시에 따라서는 보다 복잡한 단계 또는 간소한 단계로 나아갈 수 있다. 하지만 반드시 한 단계가 종료되었다고 해서 다음 단계로 이어지는 것은 아니며, 여러 단계가 병행적으로 진행될 수 있다. 대부분의 박물관 전시기획의 단계는 다음과 같다.

(1) 전시기획 방법

전시기획의 필요성에 대한 인식은 여러 통로를 통해 가능한데, 중요한 점은 박물관의 기본 취지와 성격에 부합되어야 한다는 점이다. 전문인력의 연구 활동을 포함하여 관람객이 제시한 아이디어도 타당성이 입증되면 전시로 구현될 수 있다. 또한 소장품의 증대, 발굴 또는 기증에 따른 상황, 기관의 운영 방식 변경 등도 전시의 필요성에 대한 인식에 포함될 수 있다. 전시는 다음과 같은 제작 과정을 거쳐 완료된다.

전시의 제작 과정
개념 단계(자료 조사 및 연구) → 개발 단계(기획 및 전개) → 기능 단계(운영 및 최종) → 평가 단계(전시 평가)

① 개념 단계 : 자료 조사 및 연구

전시의 기획 단계에서 전시 주제와 내용을 선정하기 위해서는 1차적으로 단행본과 같은 도서를 중심으로, 2차적으로는 잡지 · 카탈로그 · 팸플릿 등의 인쇄물을 통해 다양한 정보와 자료를 조사하여야 한다. 이러한 조사 과정을 거쳐 '브레인스토밍' 작업을 진행한다.

이 단계에서는 '연구 보고서'가 제작되며, 연구 보고서를 토대로 내부 검토를 거친 후, 이사회의 회의를 거쳐 타당성의 검토가 이루어진다. 이후 전시를 진행하기로 결정되면 참여할 인력의 선정, 예산의 확보 등을 추진하게 된다. 참여할 인력은 대체로 준비팀으로 꾸려지기도 한다.

② 개발 단계 : 기획 및 전개

전시의 아이디어를 수립하고 기획하는 업무는 일반적으로 학예사와 전시기획자의 협의 하에 진행되며, 이러한 과정의 결과물로서 '전시기획안'이 만들어진다. 전시기획안에는 작가와 작품의 선정 및 수집, 작품의 소재지 파악(대여 전시의 경우), 전시기획에 따른 소요 예산, 업무 분장에 따른 조직과 인력, 전시 진행의 일정 · 규모 · 일자 등의 사업성 검토, 포장, 운송, 보험, 보도기사의 작성 및 출판물의 제작, 관계 인사의 초청 등 전시 행정 업무의 내용이 포함된다. 전시의 오프닝을 하기 전까지 모든 업무가 마무리되는 단계이다.

전시기획안 작성
전시기획안 내의 '전시 개요'에 들어갈 요소들은 다음과 같다.
• 주제 : 전시가 무엇을 말하고자 하는지 함축적으로 서술한다.
• 개념 : 전시기획에 포함될 개념을 포괄적으로 서술한다.
• 내용 : 전시를 이론적으로 해석하고 전시물의 상관성을 설명한다.
• 메시지 분량 : 메시지의 내용을 요약해서 멀리서 읽을 수 있게 작성한다.

㉠ 전시디자인

전시디자인은 건축 및 인테리어 디자인부터 공간 디자인, 그래픽 디자인, 출판물 디자인, 웹 디자인, 조명, 음향, 인터액티브 장치 등 수많은 디자인 분야를 다양한 위치에서 통합하는 총체적인 분야이다. 전시디자이너는 전시공간 디자인과 커뮤니케이션 공간, 이 두 공간을 결합하여 커뮤니케이션 공간을 창출하는 사람이다. 전시디자이너는 전시를 하는 공간의 구도 및 동선, 벽의 색, 조명 위치, 전시 작품의 설치 위치 등 모든 실내 구성 요소를 고려하여 전시공간에 기획의도를 담는다.

전시디자인 프로세스

전시디자인은 전시공간의 물리적 특성, 전시 기법, 소장품 배치 및 구성 방법, 동선에 따라 다양하다. 전시디자인의 프로세스는 크게 6단계로 나눌 수 있다.

1. 주제 수립 : 전시 주제와 관련한 배경 이해
   - 전시 목표 확립
   - 전시 주제 설정
   - 전시 내용 수집
2. 개념 설계 : 전시관의 구체적인 주제를 설정
   - 전시 주제 정리
   - 공간 조명 계획
   - 전시디자인 정책
   - 주요 연출 매체 선정
3. 세부 연출계획 : 패널, 체험물, 미디어, 디자인 등을 개발
   - 전시 콘텐츠 개발 및 구체화
   - 평면 및 동선 계획
   - 주요 연출 매체 선정
4. 실시 설계 : 공사 단계 전 모든 설계도면을 제작
   - 도면 작성 및 모크업 제작
   - 패널 텍스트, 캡션 및 레이블 작성
5. 제작 및 설치
   - 실내 인테리어 목공, 페인팅 도장, 시트지 마감, 조명 설치, 바닥 시공, 도장, 멀티미디어 제작, 포토그래픽 제작 설치
6. 시운전

ⓛ 해석 매체의 개발

전시 해석 매체란 박물관 전문가들에 의해 전시와 교육 프로그램이 실행될 때 관람자와 유물 간의 이해와 소통 그리고 해석을 돕는 매체들을 말한다. 구체적으로는 인적 해석 매체(도슨트, 갤러리토크, 시연, 강연, 강좌, 교육 프로그램, 체험전시), 텍스트 기반 해석 매체(캡션, 레이블, 도록, 팸플릿), 정보통신기술 기반 해석 매체(오디오 가이드, PDP, 멀티미디어) 등으로 나뉘어 개발한다.

ⓒ 박물관 자료를 활용한 출판 시 고려사항

ⓐ 박물관 출판물은 일반인이나 전문가들이 이용할 수 있어야 한다.

ⓑ 박물관 자료는 기본적으로 소장자료의 목록이나 도판집에 수록하여야 한다.

ⓒ 전시회 출전 기록이나 전시 도록에 인용된 박물관 자료는 기록·정리되어야 한다.

ⓓ 전시 관련 간행물이나 전문 학술도서에 인용된 자료는 기록·정리되어야 한다.

③ **기능 단계 : 전시의 운영과 최종**

관람객에게 전시가 공개되는 단계로 여기에는 두 가지 단계가 있다. 첫 번째는 전시회를 지속시키고 경영하는 등의 일상적 활동이 포함되는 운영 단계와 전시회를 공식적으로 마감하는 단계인 최종 단계가 그것이다. 이때 교육 프로그램과 특별 행사가 제공된다.

아울러 전시 소요경비와 전시물의 보존과 유지에 소요되는 경비를 정산하는 재무회계 업무가 진행되어야 한다. 또한 평가 단계에서 이루어질 관람객의 조사(설문조사, 인터뷰, 행동관찰)를 실시하여 전시회의 목표가 얼마나 잘 성취되고 있는가에 대하여 정보를 얻을 수 있다.[135]

The 중요

운영 단계와 최종 단계

1. 운영 단계
   - 관람표의 발행과 입장 절차에 관련된 전시회의 운영, 직원과 관람객을 보호하며 안전장치를 살피고, 전시품의 보호 관리에 필요한 요소들을 모니터하면서 전시장과 수집품을 건사하는 것이 매우 중요
   - 프로그램, 전시장 순회, 강연, 실물 설명, 장거리 순회 전시와 그에 따른 프로그램과 같은 특별한 박물관·미술관 활동의 이해
   - 관람객 조사, 관람 전후의 설문조사, 비공식적으로 이루어지는 관람객 관찰과 관련 임무에 대한 평가 활동(전시회로부터 자료를 취합하여 훗날 다른 전시회의 성패를 평가하기 위해 필요)
   - 회계 정산
   - 직원과 서비스 관리
   - 운영 단계의 결과는 기획 단계에서 설정했던 교육의 목표를 수행하는 것. 또한 수집품 경영에서 가장 중요한 점은 수집품이 진열되는 동안 어떤 형태의 손실도 방지하는 것

2. 최종 단계
   - 전시회 철거
   - 전시품의 수장고 반환 기록
   - 전시품을 빌려 준 기관에 반환하거나 다음 전시 장소로 보내기 위한 포장
   - 기금을 적절히 사용했는지를 평가하고 기부단체에 보고하기 위한 결산
   - 전시품을 적당한 장소로 돌려보내고 전시장을 청소하며, 다음 전시를 준비

---

④ 평가 단계 : 전시의 평가

전시에 대한 평가는 선제 평가, 형성 평가, 종합 평가의 세 가지 유형이 있다.

㉠ 선제 평가(front-end evaluation) : 전시가 제작되기 전이나 전시디자인이 기획되기 이전에 실시하는데, 전시 제약 조건이나 아이디어를 점검하고 잠재 관람객 계층을 분석하는 데 목적이 있다.

㉡ 형성 평가(formative evaluation) : 전시를 제작하는 과정에서 전시물과 전시회의 효과성을 실험하는 방법으로서 전시의 아이디어와 효율성을 조정하고, 전시에 대한 취약점을 재발견하여 점진적으로 보완하기 위해 실시하는 평가이다.

㉢ 종합 평가(summative evaluation) : 전시기획이 완성되어 개막된 후 전시에 대해 실시하는 평가 조사이다. 즉, 전시가 의도했던 목표를 실제로 달성하고 있는지를 파악하는 것이다. 일반적인 방법으로는 관람객들이 관람하는 방향과 전시물 앞에서 얼마만큼 시간을 소요하는지를 체계적으로 관찰하거나 추적하는 방법, 무작위로 뽑은 관람객을 샘플로 하여 인터뷰하는 방법, 외부 전문가를 초빙하여 비평을 받는 방법 등이 있다.

---

135) 데이비드 딘, 『미술관 전시, 이론에서 실천까지』, 학고재, 1998, p.35~36.

(1) 전시의 장점과 단점

전시는 관람객과 전시대상물 사이의 새로운 소통 체계를 구축하여 의미의 공유를 유발시키는 중재적 행위이며, 전시회란 인간의 역사와 주변 환경의 물질적인 증거와 연관된 정보, 사고, 감정을 3차원의 시각매체를 통해 대중에게 전달하는 의사소통 방법이다.

① 전시의 장점

    ⊙ 전시품을 3차원적으로 가장 가깝게 만날 수 있다.

    ⊙ TV나 영상물, 인쇄물은 이미지만 보여 줄 뿐 실제 물건을 접하지는 못한다.

    ⊙ 축소나 확대 없이 본래의 크기 그대로를 보여 준다.

    ⊙ 큰 전시품은 거리를 두고 관람하게 하며, 작은 전시품은 시각적으로 강조하고 눈에 잘 띄게 전시하는 등 전시품의 크기에 맞는 연출이 가능하다.

    ⊙ 전시품에 대한 시각적 경험 외에도 청각, 촉각, 후각, 때로는 미각을 느낄 수도 있다.

        예 김치 전문 박물관에서 미각을 자극하는 전시 보조 자료 사용, 해양 전문 박물관에서 바닷소리 등 청각을 자극하는 전시 보조 자료 사용 등

    ⊙ 다양한 전시자료의 활용을 통해 각기 다른 연령대 및 지적 수준의 관람객과 소통이 가능하다.

    ⊙ 자율성 : 관람객이 자유롭게 돌아다닐 수 있어 관람객의 취향과 관심사에 따라 보고 싶은 내용의 선택이 가능하다. 또한 제한된 시간에 이루어지는 공연이나 영상물과는 달리 전시는 일정 기간 같은 모습으로 고정되어 있어 여러 번에 걸친 관람이 가능하다.

    ⊙ 전시는 관람객에게는 경험을 통한 지식 습득의 기회를, 기획자에게는 정보 전달의 효과적인 매체이자 실제 물건을 보여 주는 기회이다.

> **The 중요**
>
> **전시의 장점**
> - 전시는 한 번에 많은 관람객을 대상으로 하기 때문에 비용 효율성이 높다.
> - 전시는 실제 사물을 제시한다.
> - 관람객은 자신의 관심과 수준을 고려하여 적절하게 전시를 활용할 수 있다.

② 전시의 한계점

    ⊙ 전시의 질을 높이기 위해서는 많은 예산이 소요 · 투입된다.

    ⊙ 많은 관람객에게 보여 주기 위해서는 적당한 장소와 충분한 시간이 필요하다.

    ⊙ 전시를 제대로 보기 위해서는 특정 장소로 이동해야 한다.

    ⊙ 편안하게 앉아서 관람할 수 없고, 이동이 필수적이다.

    ⊙ 관람객에게 피로감을 야기한다.

    ⊙ 관람객의 지적 한계와 편견, 마음가짐 등의 편차로 인해 전시의 기획의도가 제대로 전달되지 않을 수 있다.

ⓐ 전시되는 순간부터 전시물은 강한 조명과 일정하지 않은 온·습도 등 부적절한 전시 환경이나 도난, 물리적 훼손 등의 위험에 노출된다.

(2) 전시 방법 및 환경 조성

① 전시작품을 진열하는 방법으로는 작품(유물)을 중심으로 구성하는 방법, 연대기적으로 전시를 전개하는 방법, 대표작 또는 대표유물을 중심으로 진열하는 방법 등이 대표적이다.

② 전시 연출 시, 관람객의 편의와 안전에 필요한 전시 보조물은 다음과 같다. 작품(유물) 설명문, 레이블, 시청각 자료, 대형 실사출력 패널(슈퍼그래픽), 그래픽 패널, 서책식 패널, 와이드 패널 등이 있다.

③ 전시 그래픽 패널에는 유물에 관련된 모든 설명을 담을 필요는 없다. 관람자의 이해를 도울 수 있는 최소한의 설명으로 작성되어야 한다.

④ 전시 환경은 전시물과 관람객에게 안전하도록 설계되어야 한다.

(3) 전시정책과 전시기획

전시정책은 한 박물관의 기본정책에서 커뮤니케이션 정책의 하위요소이다. 따라서 전시정책은 소장품, 교육 및 디자인 등 전시와 관련된 분야의 정책에 대한 고려가 선행되어야 한다.

① 전시정책에 영향을 미치는 요소들

전시정책에 영향을 미치는 요소들은 박물관의 정책 전반과 밀접한 관련이 있다. 박물관 정책에 의해 전시공간이 만들어지는데, 일단 공간이 만들어지면 그 공간은 박물관 정책을 제한하는 요소로 작용하게 된다. 전시정책이 부적절한 결과를 낳았을 때 박물관 전체의 정책이 재검토되어야 한다. 따라서 전시정책에 가장 큰 영향을 미치는 것은 박물관 정책이며, 전시정책의 모든 부분은 박물관의 기본 취지에 부합되어야 한다.

㉠ 소장품

소장품은 박물관 정책을 반영한 전시정책을 실현하는 데 가장 기초적인 것이다. 과거에는 소장품을 단순히 진열하는 것이 곧 전시였으며, 소장품을 일정 기준을 두고 선정하여 전시하기 마련이었다. 소장품은 박물관의 존재 이유이며, 박물관 전시의 핵심으로 소장품의 특성과 질적 수준은 그 박물관의 전시 주제를 결정하기에 충분하다.

소장품이 부족한 경우에는 타기관에서 대여하거나 새로운 소장품을 구입하기도 한다. 이러한 변화를 주는 것은 관람객의 재방문을 유도하거나 새로운 관람객을 유치하고자 할 때 매우 중요하다.[136]

㉡ 위치와 전시공간

박물관이 위치한 지역의 문화적 특성과 인근 박물관의 위치 및 특성을 고려하여 전시 계획을 실행할 수 있다. 이는 중복적인 전시를 개최하는 사회적인 낭비를 피할 수 있다.

박물관이 어떠한 전시공간을 보유하고 있는지도 전시정책에 중요한 요소이다. 기획전을 위한 공간의 보유 여부 및 상설 전시실에 새로운 소장품을 보여 줄 수 있는 코너의 마련 여부는 그 박물관이 전시 활동에서 갖는 열의와 관람객에 대한 배려를 보여 주는 척도로 볼 수 있다.

기획 전시의 경우에는 전시의 개최시기 및 기간 또한 전시정책의 하나로 여름 휴가철이나 성수기, 학생의 방학은 기획 전시를 개최하기에 좋은 시기이다.

---

136) 관람객의 재방문이나 새로운 관람객의 유치를 위한 활동 중 하나가 '기획전'이라고 할 수 있다.

ⓒ 관람객

박물관을 찾는 관람객에 대한 이해는 전시정책을 수립하는 데 유용한 정보가 된다. 이 때문에 최근에는 관람객들의 인적 통계 사항이나 관람객들의 박물관 방문 여부를 조사하는 표본 조사가 진행되고 있다. 특히 기획전의 경우에는 전시 전반에 대한 만족도 조사를 통해 전시의 개선 사항 또는 문제점 등을 도출하여 전시정책에 반영하고 있으며, 이러한 관람객 조사를 통해 얻어진 의견에 기반을 두고 전시 마케팅이나 전시 홍보 전략을 수립하여야 한다. 즉, 성공적인 전시로 나아가는 정책을 관람객에서 찾을 수 있는 것이다.

관람객의 특성과 형태도 전시정책의 수립과 기획에 많은 정보를 제공해 준다. 특히 '혼자 전시를 찾는 관람객은 거의 없다' 혹은 '가족들이 많이 관람한다' 등의 정보는 전시의 기획에 많은 시사점을 제공한다. 이를 위해 관람객의 의중을 파악하고 반응을 모니터링하는 작업이 필수적이다. 이렇게 할 때 대중의 요구에 부응하여 박물관이 융통성 있게 변할 수 있는 것이다.

The 중요

전시관람이 불편한 장애인을 위한 전시기획 방법
- 시각장애인을 위하여 전시공간 내 바닥, 벽, 기둥 등을 활용하여 공감각적인 사고를 이끌어 낼 수 있는 전시를 기획한다.
- 청각장애인을 위한 수화 투어를 진행한다.
- 쇼케이스 제작 시 빛이 반사되지 않도록 반사유리를 사용하지 않는다.
- 난독증이 있는 관람객을 위하여 전시작품과 함께 그래픽 디자인을 보조 전시물로 연출하여 이해도를 높인다.

ⓔ 운영 주체

박물관 운영에 필요한 예산을 누가 부담하느냐에 따라 전시정책은 달라질 수 있다. 운영 주체가 내세우는 방침은 박물관 정책에 반영되고, 그 하위정책인 전시정책에 적용되기 마련이다. 하지만 전시정책의 결정에는 운영 주체가 내세우는 방침 이외에도 세금과 입장료를 납부하는 일반 대중들의 다양한 의견이 수용되어야 한다. 따라서 전시정책은 재정을 부담하는 운영 주체뿐만 아니라 박물관 직원 및 관람객들의 입장을 참고하여 결정되어야 한다.

ⓕ 예 산

효과적인 전시의 전제 조건은 풍부한 예산이다. 예산이 있어야 유능한 직원을 고용할 수 있고, 직원은 예산이 있어야 효율적으로 업무를 수행할 수 있다. 최근의 전시 경향은 전시품의 감상 외에도 체험 프로그램, 교육 프로그램 등 다양한 부대 행사를 중요시하고 있으며, 관람객들도 이를 선호하고 있다.

예산이 없다면 이러한 부대 행사 및 프로그램 · 교육 담당자 등의 인력 투입은 어려워진다. 전시의 성공은 예산의 규모와 반드시 일치하는 것은 아니라 정비례하는 경향이 크다. 예산이 부족하면 전시의 규모가 작아지고 완성도가 떨어지게 된다. 또한 전시에 필요한 외부기관의 소장품 대여가 불가능할 수도 있다. 이는 전시의 완성도를 떨어뜨리는 결정적인 요인이 될 수밖에 없으며, 결정적으로 관람객이 감소하고 박물관의 이미지가 저하될 수 있는 사태로 이어질 수 있다.

ⓗ 전시 담당자(큐레이터, 교육담당자, 전시디자이너)

전시정책을 작성하고 집행하는 데 전시 담당자만큼 강력한 영향력을 미치는 사람은 없다. 전시의 담당자는 큐레이터와 전시디자이너, 교육담당자 등인데, 이들은 전문 지식을 바탕으로 소장품을 연구하고 조사하며, 전시의 주제와 목적을 결정하게 된다. 전시의 세부적인 목표와 목표의 도달 방법을 설정하는 것 역시 전시 담당자의 역할이다.

06 전시의 유형과 특성

현대의 전시는 전시물을 수집 · 전시하는 전통적인 기능만이 아니라 구성과 연출로 시각적인 효과를 더하고, 관람객과 전시물의 커뮤니케이션을 극대화시키며, 지각적인 혼란을 방지하는 데 그 목적이 있다.

커뮤니케이션의 전달은 전시의 핵심적인 부분이다. 또한 전시의 목적에 따라 전시물의 종류, 성격, 상태에 맞는 적절한 전시장치 및 전시매체를 채택하여 전시공간에 적절하게 배치함으로써 관람객에게 단지 보여주고 진열하는 것이 아닌 구성과 연출을 통하여 강렬한 이미지나 의미를 전달시키는 것 역시 전시의 중요한 부분이다.

전시는 전시의 목적과 의도, 전시공간의 물리적 특성(공간성), 전시 기간(시간성), 전시 기법, 자료의 배치, 전시물의 구성 방법에 의해 분류된다.

전시 장소	• 실내 전시(Indoor exhibition) • 이동 전시(Mobile exhibition) • 가상 전시(Cyber exhibition)	• 실외 전시(Outdoor exhibition) • 순회 전시(Traveling exhibition)
전시 기간	• 상설 전시(항구 전시) • 단기 전시(임시 전시) : 특별 전시(기획 전시), 계절 전시 등	
전시 기법	• 정지 전시 • 실연(實演) 전시, 실험(實驗) 전시 • 사육 · 재배 전시	• 영상 전시 • 동력 전시 • 체험 전시
자료 배치	• 개별 전시(개체 전시) • 분류 전시 : 시간축 전시(통시적 전시), 공간축 전시(공시적 전시)	
전시 의도	• 감상형 전시(제시형 전시) • 설명형 전시(학술 해설 전시) • 교육형 전시	

(1) 전시공간의 물리적 특성(공간성)에 의한 분류

전시공간의 물리적 특성에 따라 실내 전시, 실외 전시, 이동 전시, 순회 전시, 가상 전시 등으로 구분된다. 이를 크게 나누면 실재(實在) 전시와 가상(假像) 전시로 나눌 수 있다.

실재 전시는 전시물을 직접 보고 감상할 수 있는 장점이 있지만, 특정 전시물의 경우 전시가 어렵거나 메시지 전달이 어렵다는 단점이 있다. 실재 전시는 실내 전시, 이동 전시, 순회 전시로 나눌 수 있다.

실내 전시, 이동 전시, 순회 전시

- 실내 전시 : 박물관이 가장 보편적으로 사용하는 유형으로 전시물을 관내의 전시실, 중앙홀, 복도 등에 전시한다. 규모가 작은 것은 실내 전시를 위주로 하며, 자연환경을 배경으로 체험을 하거나 전시공간이 외부여야 하는 것은 실외에서 전시가 이루어진다. 전시물의 보관과 관리가 어렵다는 단점이 있다.
- 이동 전시 : 문화를 접할 수 없는 여러 지역으로 전시물을 운송하여 많은 관람객에게 제공하는 기회를 줌으로써 지역문화를 향상시키는 데 그 목적이 있다.
- 순회 전시 : 실내 전시에 비해 높은 수준의 전시를 보여 줄 수 있다. 특히 해외 순회전의 경우에는 박물관의 이미지를 홍보할 뿐만 아니라 국가의 문화적 정체성과 우수성을 널리 알려 국가 이미지 향상에 기여한다.

가상 전시는 표현과 메시지 전달에 용이함이 있으나 전시물을 직접 만지거나 볼 수 없다는 단점이 있다. 따라서 실재 전시와 가상 전시의 특징을 잘 활용할 필요가 있다.

(2) 전시의 기간(시간성)에 의한 분류

전시의 기간에 따라 분류하면, 수집된 전시물을 중심으로 장기간 지속적으로 전시하는 상설 전시(항구 전시)와 상설 전시에서 보여 줄 수 없는 내용이나 주제를 비교적 짧은 기간에 전시하는 단기 전시(기획 전시, 특별 전시)로 나눌 수 있다.

단기 전시는 기획 전시와 특별 전시로 구분된다. 기획 전시는 목적, 주제, 전시물, 전시 내용, 전시공간의 구성이 다양하게 전개되고 가변성이 뛰어나야 하며, 단순히 전시회뿐만 아니라 관련 주제의 학술 세미나, 특별 행사 등을 동시에 기획하여 그 주제의 표현을 극대화하는 것이 바람직하다.

전시종류	내 용
상설 전시	• 박물관의 기능과 목적에 의해 수집된 소장품을 중심으로 언제든 찾아가면 볼 수 있는 전시이며 장기간 지속적으로 전시하는 것이 특징이다. • 고정된 내용으로 잦은 교체가 쉽지 않더라도 정기적(통상 5년)으로 주제별로 소장품을 교체한다. 상설 전시는 전시실 간의 유기적 관계, 내용과 전시물 측면에서 항구성이 고려되어야 한다. 또한 전시 환경의 조성에 주의를 기울이고 주제별 또는 전시물의 보존적 특성을 고려하여 소장품을 정기적으로 교체하며, 관람객에게 전시의 내용이 정체된 느낌을 주지 않도록 해야 한다.
기획 전시	• 특정한 주제를 중심으로 기획된 전시를 말한다. • 기획 전시는 관람객으로 하여금 특별한 주제에 관심을 가질 수 있도록 특정한 테마를 중심으로 기획된다. 그 주제는 작가 개인의 연대기적 발전상이나 그룹 또는 사조에 대한 설명이기도 하다. • 기획 전시는 목적, 주제, 전시물, 전시내용 등을 주제로 하며, 특별히 사회적 이슈와 진보적인 시각이나 한정된 목표 등을 보여 줄 수 있는 실험적인 전시를 기획하기도 한다. 일반적으로 기획전은 주제를 부각시키기 위해 서론, 본론, 결론 등으로 진행되는 구조가 많다. 전시 목적, 주제, 전시물, 이벤트의 내용이 기획될 때마다 다양하므로 전시공간의 구성이 다양하게 전개되며 가변성이 뛰어나야 하는 게 특징이다. 또한 새로운 기술을 도입되기도 한다. 관람객들에게 깊은 인상과 가치 있는 전시의 느낌이 들도록 유도하기 위해 주제를 부각하기도 하는데 그러기 위해서 전시뿐만 아니라 관련 주제의 학술 세미나, 체험프로그램 등의 전시연계 프로그램 등을 동시에 기획하여 그 주제의 표현을 극대화하기도 한다.
특별 전시	특별 전시는 박물관이나 미술관에서 수장하고 있는 소장품위주의 일반적인 전시가 아니라, 역사적 의미가 있는 사건을 주제로 특별기획과 한자리에 모으기 쉽지 않은 작품으로 행하는 전시를 말한다. 그러므로 특별전의 경우에는 외부의 의뢰에 의한 전시, 외부기관과 당관과의 공동주최전시, 또는 특별한 행사나 인물 및 사건을 기념하기 위해 마련되는 전시이다. 예를 들면 '한국박물관100주년 기념'전 같이 아주 특별한 기념을 위한 기획 전시, '한불 수교 120주년 기념 루브르 박물관전' 등이다.

(3) 전시 기법에 의한 분류

전시 기법에 의한 분류는 정지 전시, 영상 전시, 시연 전시(실연 전시와 실험 전시), 동력 전시, 사육 및 재배 전시, 체험 전시 등으로 분류된다.

> **The 중요**
>
> **정지 전시, 영상 전시, 시연 전시, 동력 전시, 사육 및 재배 전시, 체험 전시**
> - 정지 전시 : 가장 전통적인 전시로, 전시물의 형태나 색채를 정확하고 세밀하게 관찰할 수 있으며, 전시물의 파손이나 소모가 적다는 이점이 있다. 개체 전시나 분류 전시에서 채택되는 경우가 많으나 시간의 흐름을 표현할 수 없다는 단점 때문에 생태행동 및 형성 과정 등을 표현하는 전시에서는 부적합하다는 단점을 지닌다. 주로 실물, 모형, 모조품을 전시물로 사용한다.
> - 영상 전시 : 평면에 이차원의 동영상을 투영하는 기법으로, 실물을 직접 보여 주는 박물관 전시의 본래 목적에서 본다면 치명적인 결함이 있으나, 시간적인 요소를 의도적으로 계획하여 표현하는 것이 자유로우며, 문자나 언어만으로는 이해하기 어려운 부분에서 사용할 수 있다는 장점이 있다. 설명형 전시에 적합하며 특별한 경우를 제외하면, 관람보조 · 해설도구로 사용된다.
> - 시연 전시(실연 전시, 실험 전시) : 사람이 행하는 조작이나 동작이 대상이 되는 것으로 학예연구관이 시간을 정하여 몸소 구현하는 전시를 일컫는다.
> - 동력 전시 : 동물 · 풍력 · 수력 · 인력 등의 동력을 이용하여 전시물이 움직이는 것을 보여 주는 것을 의미한다. 기계나 운송수단, 맥박이나 호흡횟수, 혈압의 변화를 제시할 때 주로 사용한다.
> - 사육 · 재배 전시 : 전시공간에 살아 있는 생물을 사육하거나 재배하여 동식물의 형태 관찰을 주목적으로 하는 전시이다.
> - 체험 전시 : 수동적인 관람 형태가 아닌, 관람객이 전시에 능동적으로 참여하여 체험을 통해 정보를 이해하도록 되어 있는 전시를 의미한다. 시각에 의해 정보를 습득하는 다른 종류의 전시와는 달리, 체험 전시는 시각, 촉각, 미각, 청각, 후각 등 인간의 오감을 활용하여 정보를 습득한다. 체험 전시는 관람객을 '관찰자'가 아니라 '적극적인 참여자'로 전환시켜 관람객의 참여를 유도하여 친화감을 높일 수 있다는 장점이 있으며, 최근 관람객의 참여에 대한 가치가 높아지면서 다양한 방법으로 활용되고 있다.

네일 코틀러(Neil Kotler)와 필립 코틀러(Philip Kotler)는 『박물관의 전략과 마케팅(Museum Strategy and Marketing)』에서 박물관 체험의 목적을 6가지로 분류하였다.[137]
① 여가 선용 활동
② 타인과의 사회적 교류
③ 정보수집을 통해 교육적 체험
④ 감각적 인지를 통한 미학적 체험
⑤ 과거와 관련된 기념적인 체험
⑥ 개인의 정서적 · 정신적인 경험의 향상

(4) 자료 배치에 의한 분류

자료를 근거로 각 시대나 국가별 특징만을 엮어서 전시하는 것으로 개별 전시(관람객의 이해의 체계성과 관람 효과를 돕는 전시)와 분류 전시(특정 기준에 의해 전시물을 분류하여 전시)가 있으며, 이 밖에 시간축 전시와 공간축 전시가 있다. 시간축 전시는 전시물들을 시대순, 발달사, 생산 과정 등의 배열 방법으로 전시하는 것을 의미하며, 공간축 전시(공시적 전시)는 국가적, 지역적으로 특정 대상으로 중심으로 자료를 조사 · 연구하여 전시하는 것을 말한다.

---

137) 네일 코틀러 · 필립 코틀러, 『박물관의 전략과 마케팅 Museum Strategy and Marketing』, Jossey-Bass Publishers, 1998, p.35.

(5) 기 타

전시의 의도에 따라 감상형 전시, 해설형 전시, 교육형 전시로 나눌 수 있으며, 전시 내용의 밀도에 따라 주 전시공간과 준전시공간으로 나눌 수 있다. 내용적으로는 준전시공간이 주 전시공간의 보조적 의미를 지니고 있으며, 공간적으로는 여러 개의 주 전시공간을 연결하는 보조공간으로서의 역할도 존재한다.

이 밖에 전시 과제에 따라 종합 전시, 구조 전시, 생태 전시, 역사 전시, 비교 전시, 교과 단원 전시로 나눌 수 있다.

The 알아보기

박물관 전시의 일반적 유형[138]

전시 기간에 의한 분류 (형식에 따른 분류)	상설 전시	• 박물관 소장품을 중심으로 진행되는 전시이다. • 고정된 내용으로 잦은 교체가 쉽지는 않지만, 정기적으로 소장품(주제별로)을 교체한다.
	기획 전시	• 특별 전시 또는 기획 전시, 주제를 통한 기획 전시 등이다. • 목적, 주제, 전시물, 이벤트의 내용이 기획될 때마다 다양하기 때문에 전시공간과 가변성이 뛰어나야 한다.
		계절 전시(전시 기간을 계절별 단위로 하는 전시)
		신간 전시(신 소장품을 소개하기 위한 전시)
		교류 전시(타 박물관의 소장품을 소개하는 전시)
	특별 전시	일반적인 기획전이 아니라, '한국 박물관 100주년 기념전'과 같이 아주 특별한 기념을 위한 기획 전시를 말한다.
전시 주제 (정보 특성)에 의한 분류	종합 전시	하나의 유물에 대한 접근을 다양한 각도와 다양한 해석을 통해 종합적이고 체계적으로 보여 주는 전시를 말한다.
	구조 전시	문화사 박물관의 취지를 가지고, 전시물을 역사적 구조 내에서 고찰하여 기획하는 전시를 말한다.
	생태 전시	• 동물 · 식물 · 지리학적 관점에 따라 전시이다. • 전시물은 모두 실물 그대로의 모형으로 제작되고, 배경화와 조화롭게 배치되어, 마치 3차원의 그림과 같은 느낌을 주는 전시이다.
	역사 전시	역사관에 입각한 전시에 초점을 둔다.
	비교 전시	비교문화론, 비교인류학, 비교행동학 등의 연구 분야를 전시에 도입한다. 그 밖에 분류학이나 진화학의 연구 기법도 사용된다.
	주제 전시	사물지향적인 전시에 가깝고 주제별로 소장품을 전시하고 레이블과 같은 가장 기본적인 정보만을 제공한다.
	교육 전시	• 교육적 효과에 집중하여 실제 학교 교육과 상관관계를 맺게 한다. • 주제 전시와 마찬가지로 사물지향적인 전시의 성격을 띠고 있지만, 60%의 정보와 40%의 사물을 결합시킨 형태이다.

---

138) 경희대학교 문화예술연구소, 「여주 남한강 박물관 건립 타당성 조사 및 기본 계획 수립」, 2003, p.55.

자료의 배치법에 의한 분류		개체 전시	전시할 단위가 하나의 개체로 완성되게 한다(개별 전시).
	분류	시간축 전시	역사나 문화사 외의 것들(진화, 지각변동사, 생물발생, 장식공예발달사 등)을 시간적인 순으로 나열하여 전시하는 것이다.
		공간축 전시	3차원의 세계에서 발생하는 사상이나, 2차원 면에서 생산되는 사물들을, 그 위치 관계를 중시하여 전시하는 방법이다. 지리적 분포 전시가 대표적인 예이다.
전시 기법에 의한 분류		실물 전시	전시품의 형태에 중점을 두고 전시물 자체의 명확성과 조형성을 나타내는 데 주력한다.
		모형 전시	현장에서 박물관으로 옮길 수 없거나, 실내에 전시하기에 너무 규모가 크거나 미세한 것들은 축소 또는 확대모형으로 만들어 전시하는 것이다.
		복원 전시	민속촌과 같이 살림집이나 당대의 현실을 그대로 복원하여 전시하는 것이다.
		해설 전시	어떤 사물이 지닌 의미를 그림, 사진, 말과 글 등으로 설명하는 기법으로, 실물 전시의 보조적 역할로 출발하였으나 근래에는 그 비중이 높아져, 최근에는 해설로만 진행하는 전시도 있다.
		영상 전시	영상의 발달로 인해 해설 전시에서 영상을 활용하는 사례가 늘고 있다.
		체험 전시	관람자를 전시실 내부로 끌어 들여 실제 체험을 할 수 있는 프로그램을 만들고, 전시 효과를 높이는 것이다.
전시공간성에 의한 분류		관내 전시	강의, 강좌를 중심으로 행해지는 교육 전시 및 프로그램이다.
		관외 전시	• 이동 박물관(움직이는 박물관 · 미술관) : 박물관 문화로부터 소외된 지역에 박물관 소장품을 가지고 순회하여 더 많은 대중과 접할 수 있는 기회를 갖게 해준다는 데 그 의의가 있다. • 순회 전시(traveling exhibition) : 여러 장소로 이동하면서 개최되는 전시를 말한다. • 휴대형 전시(portable exhibition) : 규모가 작고 일체 완비된 것으로 필요한 장소에 손쉽게 설치하고 일정 기간 후에는 해체하여 운반할 수 있는 전시를 말한다. • 이동식 전시(mobile exhibition) : 일체 완비되고 자체적으로 운반이 가능하며 특정 장소에 고정될 필요가 없는 전시를 말한다(특수제작차량, 기차 등). • 대여 전시(loan exhibition) : 외부기관 또는 개인이 박물관의 소장품을 빌려 이를 전시한 것을 대여 전시라고 부른다.[139]
전시 과제에 의한 분류			종합 전시, 구조 전시, 생태 전시, 역사 전시, 비교 전시, 교과 단원 전시

---

139) 마이클 벨처(신자은 역), 『박물관 전시의 기획과 디자인』, p.84~89.

(1) 정지 전시

정지 전시는 고정 전시라고도 하며, 천장·벽면·바닥을 이용하는 2차원 전시와 입체적인 전시매체가 벽체로부터 독립되어 전시되는 3차원 전시로 나뉜다.

① 2차원 전시

한 방향에서만 볼 수 있는 전시로 전시물 및 전시 기법이 다양화되기 전에 이용되었던 전시 기법이다. 천장 전시, 벽면 전시, 바닥 전시 등으로 구분하며, 각각의 전시 면을 단독으로 사용하여 전시되기도 하고, 벽면 + 천장, 벽면 + 바닥, 천장 + 벽면 등과 같이 여러 면을 하나의 주제로 하여 전시하기도 한다.

ⓐ 천장 전시

전시실의 천장을 전시 면으로 이용하여 전시물을 붙이기도 하며, 천장에 전시물을 매달기도 하는 등의 전시 기법으로 전시물 하부의 관찰이 요구될 때 효과적이다. 특히, 천장에 전시물을 매다는 경우는 전시물 및 전시공간의 다양화에 따라 시도되고 있는 전시 기법으로 전시의 효과를 살리기 위해서는 기존 천장 면과 전시 면의 이질감을 주어야 한다.

조명은 상향 조명을 원칙으로 하며 측면 조명을 부수적으로 사용할 수 있다. 천장에서의 자연채광은 눈부심이 심하므로 천장 전시에는 사용할 수 없다. 단, 천장 전시는 천장을 사용하여 공간의 다양화를 준다는 장점이 있으나 머리를 젖혀서 봐야 하기 때문에 피로감을 빨리 느끼게 한다는 단점이 있다.

ⓑ 바닥 전시

전시실의 바닥 면이나 바닥 요철 면을 이용하는 전시 기법으로 좁은 공간에서 개방감을 얻을 수 있으며, 전시 면 전체를 볼 수 있다. 전시물의 상부를 보여 주고자 할 때 유효한 방법이다.

바닥 전시에는 바닥 평면 전시, 가라앉은 바닥 전시, 경사면 바닥 전시 등의 세분화된 전시 방법이 있다. 바닥 전시는 관람객들로부터 보호를 필요로 할 경우 가드레일이나 유리스크린 등을 설치하여야 하며, 조명은 자연채광과 인공 조명을 혼용하되, 상부로부터의 조명을 기본으로 한다. 단, 가라앉은 바닥 전시의 경우에는 바닥 밑 조명을 사용한다.

> **The 중요**
>
> **바닥 전시의 유형**
> - 바닥 평면 전시 : 전시실 바닥 면을 그대로 이용한 것으로 바닥 전시가 벽면 쪽에 붙었을 경우 벽면 전시와 연계할 수 있다. 바닥 면에 높이가 낮은 모형 등을 설치할 경우 활용된다.
> - 가라앉은 바닥 전시 : 전시의 바닥 면을 기준 바닥 면보다 낮게 한 것으로 전시물을 눈에 잘 띄게 하며, 바닥 평면 전시보다 시각적 집약성을 가져올 수 있는 장점이 있다. 입체물 전시가 가능하며 위가 개방된 무덤이나 주거지 등의 전시에 이 방법을 사용한다.
> - 경사면 바닥 전시 : 전시 바닥 면을 기준 바닥 면보다 돌출시켜 경사지도록 하는 전시로 바닥 면 전시보다 편안한 시각이 보장되고 시거리를 단축시킬 수 있으며, 벽면 전시와도 연계할 수 있다는 장점이 있다.

© 벽체 전시

벽체는 공간을 구획하는 물리적 실체이며, 전시공간에 있어서는 시선의 방향성, 동선, 배경적 효과, 전시물 지지 구조 등의 역할을 한다. 이러한 벽면을 전시 매개체로 이용하는 경우 다양한 전시 기법의 활용이 가능하다. 그 종류에는 벽면 자체가 전시 면이 되는 경우, 벽면에 진열장을 만드는 경우, Alcove 전시(벽면 자체가 안으로 들어간 경우), Alcove 벽 진열장 전시(들어간 벽면에 진열장을 만드는 경우) 등이 있다.

벽면을 전시 면으로 이용하는 경우에는 회화류 등이 전시되지만, 공간이 있는 벽 진열장 전시나, Alcove 전시, Alcove 벽 진열장 전시 등에는 입체 전시물이 전시되어 3차원 전시와의 경계가 애매해지기도 한다.

조명의 경우에는 Alcove 전시나 벽 진열장 전시의 경우 측면 조명이나 부분 조명을 설치하여야 하며, 빛의 밝기, 방향 등을 고려하여 그림자, 반사 현상 등에 대처하여야 한다.

② 3차원 전시

3차원 전시는 입체적인 전시물이 벽체에서 독립되어 전시되는 것을 말한다. 입체적인 전시물들은 크기, 상태, 보존성 등에 따라 진열장, 전시대, 전시판 등에 전시되며, 디오라마와 같은 전시법과 더불어 아일랜드, 하모니카 등의 전시 기법으로 전시된다.

전시대상물은 토기, 도자기, 불상 등 부피감을 가지는 것들이 대부분인데, 이는 두 방향 이상에서 전시물을 감상할 수 있으며, 전시물의 입체감을 살릴 수 있다.

3차원 전시는 전시물과 진열장, 전시 보조 자료, 전시 구조물 등이 전체 실내와 조화되도록 배치되어야 한다. 조명은 입체감과 재질감이 살고, 감상에 쾌적함을 주어야 하므로, 주 조명은 전시물의 전면 상부에 비스듬히 비춰야 하며, 보조광선으로 확산광을 비춰야 한다. 또한 주된 전시물을 돋보이게 하기 위하여 바닥이나 전시대 바닥으로부터의 반사광을 이용한 극적인 연출을 시도하기도 한다.

㉠ 진열장의 기능

ⓐ 도난과 손상으로부터 전시물 보호

ⓑ 전시물을 편리하게 볼 수 있도록 배치

ⓒ 전시물의 이동, 케이스 내의 청소, 조명기구의 관리 등을 위하여 개폐가 쉬워야 함

ⓓ 전시품의 안전을 위해 보안성 강화

ⓔ 전시물과 진열장의 크기가 조화를 이루어야 함

ⓕ 가능한 하나의 진열장 내에서 관련된 내용의 맥락을 체계화하여 전시

ⓖ 광원에 의한 눈부심을 방지하기 위하여 루버를 사용

ⓗ 전면 유리에 전시물의 반사현상이 생기지 않도록 진열장 내의 조도를 높여야 함. 하지만 반사현상이 나타나더라도 전시물의 감상 분위기를 차분하고 은은하게 연출하여야 하는 경우에는 조도를 낮출 필요가 있음

ⓘ 관람객이 간단한 메모를 할 수 있는 지지대로 활용하게 해서는 안 됨

ⓙ 전시실 내 동선 패턴을 형성하는 요소로 활용해야 함

ⓛ 전시대 전시

전시물을 케이스 없이 노출 전시하는 것으로 주로 대형 전시물이나 보존성이 요구되지 않는 전시물이 그 대상이 된다. 케이스가 없는 노출 전시이므로 시각적으로 가장 근접할 수 있어 생동감을 주며, 전시물을 사방에서 볼 수 있다. 또한 정면만을 보게 할 경우에는 전시판과 함께 전시할 수 있는 장점이 있다. 하지만 직접 만질 수 있는 경우를 제외하고는 전시물과 관람객의 안전을 위해 난간이나 유리벽 같은 경계물을 만들기도 하며, 노출 전시의 특징상 먼지가 문제가 되므로 실내 공기의 청정 유지가 요구되어, 청소 및 관리가 용이한 소재를 사용하여야 한다.

전시대의 높이는 전시물의 높이를 고려하여 관람객이 편안하게 전시물을 감상할 수 있도록 하여야 한다. 조명은 일반적으로 위에서 아래까지 고른 조도를 얻을 수 있어야 한다. 중점적인 전시물에 스포트라이트를 하는 경우에는 전시물을 잘 보이게 하는 라이트의 각도, 광원에 의한 관람객의 눈부심의 방지, 라이트에서의 직사열 등 여러 가지 요소를 고려하여 조명의 위치를 결정하여야 한다.

전시물의 형태, 크기, 색, 무늬 등이 선명한 경우에는 스포트라이트나 백라이트가 적합한데, 이 중 백라이트는 전시물의 윤곽을 뚜렷이 할 때 효과적이다.

ⓒ 전시판 전시

전시판 전시는 전시판이 전시의 역할을 하는 것으로 전시물이 전시판에 걸리거나 부착되는 벽면상의 독립된 전시 시설장치 또는 조합으로 구성된다. 전시판을 걸 때는 장치와 조명 등이 따로 필요하다.

ⓡ 디오라마(Diorama) 전시

과학 박물관, 역사 박물관, 자연사 박물관, 민속 박물관 등에서 자료를 축소모형으로 제작하여 실제 상황처럼 연출하는 전시기법이다. 파노라마(panorama)와 유사하지만, 파노라마가 실제 환경에 가깝도록 무대 도처에 실물이나 실제 크기의 모형을 배치하여 전체와 부분의 관계를 명백하게 하는 데 비해, 디오라마 전시는 실제의 자연환경 속에 존재하거나, 존재했던 형태대로 식물과 동물, 지형 등을 축소된 모형으로 제작해 놓은 전시 기법으로 주위 환경이나 배경을 그림으로 하고, 모형 역시 축소모형으로 배치한다는 점에서 차이가 있다.

주제가 되는 중심 전시물은 모형 또는 실물로서 독립시켜 전시하고, 바닥·벽·천장 등은 원근법에 의한 그림 또는 영상으로 처리하여 현장감을 느끼도록 한다. 조명은 전면이 균일하게 하는 것이 기본이며, 특히 배경의 경우에는 전체가 균일한 상태로 유지되어야 한다.

정확한 현장재현을 중심으로 입체적으로 전시되므로 관람객이 현장감을 가지고 전시물을 정확하고 빠르게 이해할 수 있으며, 쇼케이스 안에서 전시되므로 시각은 정면 방향으로 한정된다.

ⓜ 파노라마(Panorama) 전시

실제 경관을 보는 것과 같은 느낌을 가지게 하는 전시 방법이다. 보여 주고자 하는 주제를 시간적·공간적으로 집약시켜 입체감과 현장감을 극대화시키는 것으로, 대부분이 반원형 공간으로 되어 있다. 공간 구성은 완만한 곡선을 이루고 있는 안쪽 벽면의 배경그림과 전시 주제 주변의 현장에서 채집하거나 인공적으로 제작한 소도구를 배치한 전경, 전시공간의 중앙에 전시의 중심이 되는 오브제를 설치하는 기법으로 이루어져 있다.

[디오라마 전시]

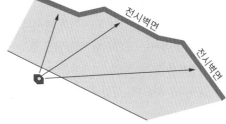

[파노라마 전시]

ⓗ 아일랜드 전시

벽면이나 천장을 이용하지 않고 입체 전시물을 섬처럼 빈 공
간에 위치시키는 기법으로 대형 전시물이나 소형 전시물의
배치에 유효한 전시이다. 관람객이 전시물에 보다 가까이
갈 수 있으며, 관람객의 동선을 마음대로 변화시킬 수 있어
전시를 다양하게 활용할 수 있다.

독립된 전시공간이 전체와 조화를 이루어야 하며, 동선이
전시물 사이를 지나갈 수 있도록 한다. 전시물은 크기에 따
라, 또는 중요도에 따라 노출하거나 쇼케이스에 넣어 전시
해야 한다. 또한 천장에 거울을 설치하는 등 모든 방향에서
관람이 가능하도록 전시한다(예 공중에 떠 있는 것처럼 전시
된 동물 박제나 모형, 비행기 모형 등).

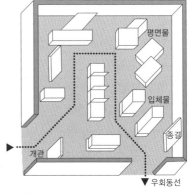

[아일랜드 전시]

ⓢ 하모니카 전시

전시평면이 하모니카의 흡입구처럼 동일한 공간으로 연속 배치되는 전시 기법으로 동일 종류의 전시
물을 반복 전시하는 경우에 유효하다. 사각형의 평면을 반복적으로 배치하되, 필요에 따라서는 육각
형, 오각형으로 배치할 수 있다.

천장은 공간의 효율성에 따라 개방, 반개방, 폐쇄 등을 할 수 있으며, 조명은 각 공간 단위로 설치하
고, 필요에 따라 부분 조명을 하여도 된다.

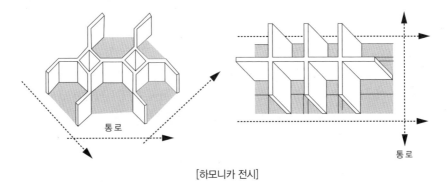

[하모니카 전시]

③ 4차원 전시

4차원 전시는 동적 전시 또는 작동 전시의 범주에 포함되는 것으로 자연과학의 기본원리나 특성, 기계장치 등의 움직이는 모양이나 작동원리 등을 전문가 혹은 관람객이 직접 실연, 실험, 작동하여 전시물이 지닌 정보를 습득, 관찰, 이해하는 전시 형태이다. 전시물이 시간이 경과함에 따라 변화하기 때문에 4차원 전시라고 부르며, 실연 전시, 실험 전시, 작동 전시, 모빌 전시 등이 이에 포함된다.

(2) 영상 전시

영상 전시는 실물을 직접 전시할 수 없는 경우나 단일한 입체 전시의 한계를 극복하기 위한 방안으로 사용된다. 영상 전시는 신속한 정보를 다수의 관람객에게 동시에 전달하고, 관람객과 정보 교환을 할 수 있는 등의 이점을 가지고 있다. 일반적으로 과학 박물관이나 자연사 박물관 등에서 많이 활용되고 있으며, 역사 박물관이나 미술 박물관 등에서도 전시의 흥미를 유발하거나 체계적인 전시 설명을 위한 보조 자료로 활용하고 있다.

① 정지 영상 전시

　㉠ 정지 단일 영상 전시

　　정지된 단일 영상 전시로 실물을 직접 전시할 수 없는 경우나 전시물의 이해를 돕는 보조수단으로 환등기와 영사기에 의한 방법이 있다.

　　ⓐ 환등기에 의한 방법 : 단락이 분명한 정지 영상전달매체로 입체적인 전시물의 설명 및 보조 전시에 활용된다.

　　ⓑ 영사기에 의한 방법 : 프론트 스크린(front screen)과 리어 스크린(rear screen)의 두 방법으로 나누어진다. 프론트 스크린은 스크린의 앞면에 영사기가 설치되어 화상을 전달하는 방법으로 전시실이 어두워야 화면을 보는 것이 가능하다. 반면, 리어 스크린의 경우에는 반사경의 굴절성질을 이용하여 스크린에 화상을 투과시켜 보여주는 것으로 전시공간이 어두울 필요가 없다.

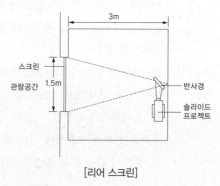

[리어 스크린]

　㉡ 정지 다원 영상 전시

　　정지 단일 영상이 되는 환등기나 영사기를 여러 개 설치하여 복합영상을 구성한 것으로 한 개의 스크린에서 얻을 수 없는 큰 화면을 연출할 수 있다. 또한 실물 전시가 불가능한 전시물을 복합적으로 설명하고 전시물의 이해를 돕는 보조수단으로 활용된다(예 형태가 비슷한 전시물의 비교, 같은 전시물을 여러 각도에서 비교, 전시물과 관련된 화상의 복합적 구현 등).

② 동영상 전시

　㉠ 단일 동영상 전시

　　정지 영상과 달리 움직임이 있어 관람객에게 현실감을 전달하는 전시이다. 현실감이 그대로 전달되므로 관람객의 이해를 높이고 정지 영상에서 오는 단조로움을 극복하는 데 유리하다. 비디오, 멀티미디어[140] 등에 의한 방법 등이 있다.

　㉡ 다원 동영상 전시

　　단일 동영상 체계에 컴퓨터 제어 메커니즘을 복합시켜 다채로운 영상을 보여 주는 것으로, 멀티 비전(multi-vision) 시스템, 멀티 큐브(multi-cube) 시스템, 써클 비전(circle-vision) 등에 의한 방법이 있다.

　　ⓐ 멀티 비전 : 일반 모니터가 갖고 있는 화면의 한계를 극복하기 위한 시스템으로 여러 대의 모니터와 컨트롤러로 구성된다. 모니터마다 각기 다른 영상을 창출할 수 있고, 모니터 전체에 하나의 영상을 창출할 수도 있다.

　　ⓑ 멀티 큐브 시스템 : 기존의 멀티 비전에서의 모니터 간 간격을 최소화시켜 화면 구성이 하나의 거대한 스크린으로 보이는 효과를 나타낸다. 대형 화면의 경부 큐브(40인치)를 256대까지 어떤 형태로든 확장할 수 있다. 밝은 조명의 실내뿐만 아니라 옥외에서도 전시가 가능하다.

　　ⓒ 서클 비전 : 360° 스크린에 동영상을 비추는 것으로 스케일이 커, 관람객들이 화면 전체를 다 보지 못하는 한계가 있다.

③ 특수 영상 전시

　선진국 박물관 및 미술관들은 첨단과학기술을 활용하여 전시 해석매체 콘텐츠를 개발함으로서 관람객들의 반응을 이끌어 내고, 학습효과를 극대화시키고 있다. 대표적인 예를 들어 보면 다음과 같다.

　㉠ 매직비전(Magic Vision) : 실물과 인간, 동물 등을 홀로그램으로 제작하여 환상적이고 쇼적인 연출로 전시물을 설명하는 것이다. 해설이 어려운 과학의 원리나 스토리가 있는 내용의 전시물에 적합한 방법이다.

　㉡ QR코드(Quick Response) : 바코드보다 훨씬 많은 정보를 담을 수 있는 격자무늬의 2차원 코드이다. 스마트폰으로 QR코드를 스캔하면 보다 많은 각종 안내정보, 소장품의 상세정보를 얻을 수 있는 웹사이트로 연결되게 만든 것이다. 바코드가 주로 계산이나 재고관리, 상품 확인 등을 위해 사용된다면 QR코드는 마케팅이나 홍보 · PR 수단으로 많이 사용된다.

　㉢ 가상현실(VR) : 자신과 배경, 환경이 모두 현실이 아닌 가상의 이미지를 헤드셋 등의 장비를 이용하여 현실과 흡사한 가상환경을 체험하게 하는 전시기법이다. 컴퓨터가 만들어 낸 가상의 환경에서 자유롭게 활보하고 물체를 만지면서 오감을 느끼는 인공적인 체험을 하는 기술이다. 즉, 실제로 존재하거나 혹은 존재하지 않는 인공세계를 컴퓨터로 만들어서 비디오카메라와 동작센서에 감지된 관람객의 신체 움직임을 컴퓨터가 공간상의 좌표로 인식, 이미 입력되어 있는 프로그램에 맞추어 각기 다른 명령을 수행하고 감각을 느껴 체험할 수 있게 하는 것이다.

---

140) 멀티미디어는 문자 · 음성 · 동영상 · 그림 등 여러 가지 다른 미디어를 한 대의 컴퓨터에 조합해 정보를 전달하는 기술 또는 컴퓨터 시스템을 말한다. 관람객은 컴퓨터 화면에 표시되어 있는 메뉴를 손가락 등으로 접촉함으로써 원하는 항목을 선택할 수 있다. 컴퓨터 조작에 대한 전문 지식이 없어도 누구나 쉽게 정보를 얻을 수 있는 환경을 제공한다.

ⓔ 증강현실(AR) : 현실의 이미지나 배경에 3차원 가상 이미지를 겹쳐서 하나의 영상으로 보여 주는 기술이다. 즉, 현실세계에 대한 부가 정보를 갖는 가상세계를 합쳐서 하나의 영상으로 보여 주는 것, 혼합현실과 같은 의미이다.

ⓜ 인공지능(AI) : 사람을 따라 하는 컴퓨터 공학 기술이다. 즉, 사고능력, 학습 능력, 자기 개발 등 인간이 하는 일을 컴퓨터가 할 수 있도록 하는 방법을 연구하는 분야이다. 다시 말해 컴퓨터가 인간의 지능적인 행동을 모방할 수 있도록 하는 것을 말한다.

ⓗ 관람객 빅데이터 활용 전시서비스 : 빅데이터와 인공지능기술을 활용하여 관람객 특성 분석, 관람객 수요 예측, 혼잡도 예측 등을 가능하게 지원하는 기술이다. 솔루션에 대한 분석을 통해 전시기반에 대한 최적의 전시물 배치, 동선안내, 핫스팟, 전시물 식별 등의 서비스를 제공할 수 있다.

(3) 관람 동선

① 동 선

동선의 사전적 의미는 건축물의 내 · 외부에서, 사람이나 물건이 어떤 목적이나 작업을 위하여 움직임이나 자취나 방향을 나타내는 선을 말한다. 다르게 말하면 동선이란 전시공간의 입구와 출구 사이의 이동 체계를 말하며, 관람객의 흐름을 유도하는 가상의 인적 · 정보적인 흐름이다. 전시 디자인에 있어 동선 계획은 공간에 유기체적인 생명력을 부여하는 작업으로, 3차원 세계에 시간 개념을 도입하는 것이다.

빈도(頻度) · 속도(速度) · 하중(荷重) 등으로 구성된 동선은 공간과 공간을 연결하는 요소로서 동선의 유연함, 편리함, 거리의 가까움, 정리, 에너지, 독립성 등을 종합적으로 고려하여 계획한다.[141] 이러한 박물관의 동선의 종류에는 관람(자) 동선, 관리자 동선, 자료의 동선 등이 있다.

㉠ 관람 동선

ⓐ 관람 동선은 말 그대로 관람객이 전시물을 보면서 이동하는 경로이지만, 또 다른 한편으로는 관람객이 전시물에 접근하는 방법으로 볼 수 있다.

ⓑ 방문객이 혼돈 없이 주 출입구로 도달할 수 있는 명확한 체계가 필요하며, 안내 사인물을 통하여 전체시설이 안내되지만 관람자 스스로 동선을 파악할 수 있는 건축적인 명료성을 갖추도록 설계해야 한다.[142]

ⓒ 기본적으로 관람자는 공공영역, 전시영역으로의 접근은 자유롭고 사무 · 연구영역으로의 접근은 적절한 통제가 필요하며, 비공공 영역 중 특히 유물이 이동하는 경로와는 철저히 격리가 될 수 있도록 구성하는 것이 필요하다.

ⓓ 장애인을 위한 시설은 경사로 또는 엘리베이터로써 시설 전체의 모든 공공영역에서 절대적으로 필요하며, 연구 · 사무영역에의 도입도 고려 대상이다.

---

141) 최준혁, 「박물관 실내 공간에서의 관람 동선 및 행태에 관한 연구」, 홍익대학교 대학원 박사논문, 2004, p.50.
142) 국립익산박물관 건립 기본 계획 연구 보고서[국립중앙박물관 홈페이지(https://www.museum.go.kr/site/main/archive/report/article_11131)]

ⓔ 관람 동선은 관람객이 자신의 의지대로 자유롭게 움직이는 '자유 동선'과 정해진 관람 순서에 의해서는 관람을 하는 '강제 동선'이 있다.[143] 강제 동선의 경우에는 연대순의 역사 전시나 순차적인 관람을 통한 전시 메시지의 전달이 가능한 경우에만 사용되며, 관람자의 효과적인 통제나 관리, 운영의 효율성을 높이기 위하여 채택되는 경우도 있다.

ⓕ 대부분의 관람 동선은 관람객이 글을 읽는 방향인 왼쪽에서부터 오른쪽으로 돌도록 되어 있다.

> **The 중요**
>
> **관람 동선**
> 주 접근 → 주 진입 → 전시실 및 교육 보급 공간 등 관람자 서비스 공간 → 출구 → 야외 전시

ⓛ 관리자 동선

ⓐ 관리자를 위한 별도의 출입구는 일반 관람객의 출입구와 분리하는 것이 일반적이나, 개인적 용무를 갖고 박물관을 찾는 방문자의 출입구로서 기능을 함께 고려해야 한다.

ⓑ 관리자를 위한 출입구는 보안을 위해 가능한 한 하나의 출입구를 이루는 것이 바람직하다. 비상시를 대비해 주 출입구와 비상 출입구는 명확한 구분이 필요하며, 일상적 출입은 주 출입구로 집약할 수 있도록 계획한다.

ⓒ 관리자를 위한 동선은 전시영역, 수장영역 및 공공공간, 교육공간, 유지관리시설로 접근할 수 있는 동선체계가 필요하나, 직원이라도 수장영역 등 전문적인 담당직원의 접근만이 허락되는 영역으로의 접근은 제한하는 방침이 필요하다.

ⓓ 관리(자) 동선은 전시 시설의 신속한 보수 및 유지 관리를 위한 것으로 크게 일반 관리 동선과 학예직원의 동선으로 구별된다. 소규모일 경우에는 자료의 동선이 상당한 부분 중복되지만, 자료의 동선이 은폐되어 있을 경우 관리자 동선을 별도로 마련하는 것이 불가피하다.
갑작스러운 전시 시설의 고장 등을 고려하여 관람자의 시선을 피할 수 있는 전시 시설의 후면을 이용한 관리 동선의 계획이 바람직하다.

ⓔ 많은 관람객이 모여 있는 전시관 내부의 화재나 비상사태를 대비한 비상 동선도 함께 계획되어야 한다.

ⓒ 자료 동선

ⓐ 자료의 동선이란 전시물의 교체 · 수납 · 반입 등에 따른 동선으로 크게 세 가지 경로로 구별된다. 반입구에서 점검한 후 전시 준비실로 이동하는 경로, 수장고에 수납되는 경로, 임시 보관창고에 가는 경로이다.

ⓑ 전시물을 위한 자료 동선체계는 철저한 보안과 통제 및 안전이 고려되어야 한다.
박물관의 소장품 및 전시물 동선은 각 건물들 간에 이동이 가능할 수 있도록 고려하여야 하며, 여기에는 수장고와 보존처리실 간의 유물의 이동이 빈번할 수 있음을 반드시 고려하여야 한다.

---

143) '자유 동선'은 미술관이나 전근대적인 박물관에서 주로 활용한 방법으로 내부 공간에 관람객이 진입하여, 자신의 의지대로 이동하는 것이다. 이러한 동선체계에 있어 전시매체는 고정 전시 형태를 주로 채택하며, 전시의 내용은 서사성보다는 전시 대상들의 공간내 부각을 우선으로 한다. '강제 동선'은 전시자의 시나리오 작업에 따라 정해지는 관람 순서에 따라 계획되는 것으로, 전시자가 공간에 부여한 의미를 관람자에게 전달하기 위해 철저한 분석과 조사가 이루어져야 한다. (이주형, 「전시 시나리오의 구조와 공간연출 프로그래밍에 관한 연구」, 홍익대학교 대학원 석사논문, 2001, p.77~78.)

ⓒ 전시물을 운반하는 트럭 등 대형의 차량이 안전하게 수장고로 접근할 수 있는 체계를 갖추는 것이 필요하며, 이들 서비스 차량의 동선은 직원 및 일반방문객, 기타 서비스 차량과 구분되는 접근체계를 가져야 한다.

ⓓ 차량으로 운반된 전시물은 하역장으로 직접 들어가야 하므로 트럭의 하해를 위한 로딩덱크(roading deck)의 규모를 결정함에 있어서는 운반차량의 최대 길이를 사전에 협의하여 결정할 필요가 있다.

ⓔ 전시물의 안전한 수송을 위하여 하역장에서 수장고, 전시실로의 이동경로는 급한 경사가 없도록 하되, 불가피하게 경사가 생기는 경우라 하더라도 그 경사는 1/30~1/50의 범위가 되도록 계획하여야 한다.

ⓕ 전시물의 수직 이동은 엘리베이터를 이용하도록 하며, 엘리베이터는 전시물의 안전한 이동을 위한 충분한 크기와 하중을 견딜 수 있도록 한다.

The 중요

전시실 동선 기획 시 고려사항

전시실의 동선을 기획할 때 고려해야 할 사항은 다음과 같다.
- 전시실의 동선은 전시품의 크기, 보는 사람의 눈높이와 거리 등을 배려해야 한다.
- 동선은 관람객이 전시를 원활하게 관람할 수 있도록 구성해야 한다.
- 전시 시설의 신속한 보수와 유지를 위한 관리 동선도 고려해야 한다.
- 시대순 전시 등 순차적인 관람을 통해 전시메시지를 전달하는 경우에는 강제적인 동선이 도움이 된다.
- 동선은 단순명료하여 관람객이 분별하기 쉬워야 하고 동선이 교차하지 않도록 한다.
- 전시공간에서의 동선은 진열장을 이용하여 조성되기도 하고 시공간의 구조물에 의해 결정되기도 한다.
- 전시물을 통로 한쪽에만 설치하여 관람할 수 있게 하면 안 된다.

---

(4) 데이비드 딘(David Dean)의 관람 동선 구분

데이비드 딘은 저서 『박물관·미술관 전시법, 이론에서 실천까지』에서 관람 동선을 전시물에 접근하는 방법의 차이에 따라 암시된 관람 동선, 통제되지 않은 관람 동선, 통제된 관람 동선 등으로 구분하였다.

① 제안 동선(Suggested approach, 암시된 관람 동선)

이 접근 방법은 어떤 방향으로의 움직임을 제한하는 물리적인 장애물을 설치하지 않고 미리 정해 놓은 경로대로 관람객을 자연스럽게 유도하는 것으로, 색상·조명·안내 표지판·경계를 표시한 전시물 및 그와 비슷한 시각매체를 사용하는 방법이다.

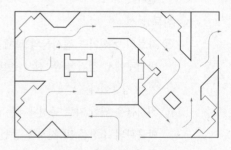

전시장에 전후 맥락의 연속성을 유지시키면서 관람객들이 자유롭게 선택할 수 있도록 하여, 편안한 학습 경험을 촉진시킨다.

[제안 동선]

㉠ 장점 : 암시된 접근은 일관된 구성과 소화하기 쉬운 설명으로 정보를 제공하면서 관람객들에게 그때그때 경로를 안내해 준다.

㉡ 단점 : 학습 경험을 유도하는 디자인 요소의 성공에 좌우된다.

② 임의 동선(Unstructured approach, 통제되지 않은 관람 동선)

관람객들이 전시장에 들어가서 어느 쪽으로 가야 하는지 암시를 받지 않고 자기 나름대로의 동선을 선택할 수 있는 방법이다. 따라서 동선은 통제되지 않고 무작위적일 수밖에 없다. 미술품 전시장 등의 특색과 통하는 점이 있다.

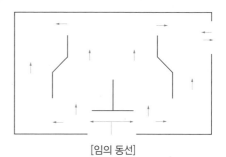

[임의 동선]

ㄱ 장점 : 주로 물품 위주의 전시에 적합하며, 관람객들에게 자신의 속도대로 이동하고 관람의 우선순위를 결정하게 해준다.

ㄴ 단점 : 스토리나 방향성을 가진 전시에는 적합하지 않다.

③ 유도 동선(Directed approach, 통제된 관람 동선)

전시를 모두 관람하기 전에는 출구로 나가기 힘든, 일방 통행의 동선으로 배치된다. 따라서 엄격하고 제한적일 수밖에 없다.

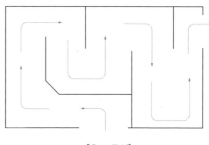

[유도 동선]

ㄱ 장점 : 매우 체계적으로 조직되고 일관되며, 교훈적인 주제에 적절하다.

ㄴ 단점 : 출구를 찾기 힘들기 때문에 출구로 빠져 나가려는 관람객이 관람에 열중하는 관람객과 뒤섞여 통행 흐름에 병목 현상을 일으키기도 한다.

(5) M. 렘부르크(M. Lehmbruck)의 관람 동선 구분

M. 렘부르크는 「심리학, 인식과 행동」이라는 글에서 전시공간의 배치와 관람객의 이동 경로 모양에 따라 관람 동선을 간선형(arterial), 빗형(comb), 체인형(chain), 별형(star), 블록형(block)의 다섯 가지 형태로 분류하였다.

① 간선형

ㄱ 입구와 출구가 같다.

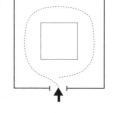

ㄴ 반듯하거나 각지거나, 둥글거나 등에 상관없이 관람객에게 다른 길을 제공하지 않는 연속된 동선이 이어진다. 따라서, 관람객에게는 다른 길을 알려 주지 않는다.

ㄷ 관람객이 한 방향으로 움직이기 때문에 이미 본 것을 보기 위해 돌아가고자 하는 관람객이 생기면, 동선이 복잡해진다. 또한 인기 있는 전시물에만 사람이 몰리게 된다.

ㄹ 전시의 통로는 한쪽에만 있는 것이 이상적이나 그렇지 않을 경우에는 혼잡해질 수 있다.

② 빗 형

    ⊙ 양쪽에 출입구가 있어 쌍방통행이 가능하다.

    ⓒ 전시공간이 골방처럼 구획되어 관람객들이 서로 부딪히지 않고 관람할 수 있다는 장점이 있다.

    ⓒ 각각의 골방은 주제를 담고 있으며, 필요에 따라 크기를 자유롭게 조정할 수 있다.

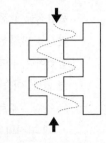

③ 체인형

    ⊙ 입구와 출구가 다르다.

    ⓒ 직선적인 동선이 간선형과 비슷하나 전시공간이 분리되어 있어 복잡하며, 각각의 공간에 변형된 통로가 많다.

    ⓒ 미술관 등에서 자주 사용되며, 전시실이 교차되는 곳은 혼잡할 수 있으나 각 공간 내에서의 동선은 자유롭다.

    ⓔ 출구가 입구의 반대쪽에 있다.

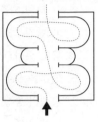

④ 별 형

    ⊙ 부채형이라고도 하며, 중앙에서 퍼져 나가는 여러 통로가 있다.

    ⓒ 중앙의 혼잡을 피하면 서로 다른 주제를 진열할 수 있다(예 일본 큐슈 국립박물관의 동선).

    ⓒ 중앙 지점이 너무 강조되지 않으면 관람에 쾌적한 동선이 될 수 있다.

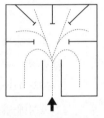

⑤ 블록형

    이동이 자유로우며, 특정한 형식이 없고, 관람객이 마음 내키는 방향 또는 전시공간의 특성에 따라 이동하는 것이다.

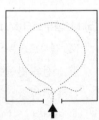

(6) 박물관 오리엔테이션 시스템

오리엔테이션이란 관람객에게 현재의 위치와 그들이 이동할 장소를 안내해 주는 것이다.

관람객이 박물관을 관람할 때 가장 필요한 정보는 무엇을 관람해야 하고(정보 오리엔테이션)[144], 그러한 것이 어느 장소에 있는지(물리적 오리엔테이션)[145] 등이다.

오리엔테이션 정보(orientation clue)란 과제 관련 전시물이나 전시관을 어떻게 찾을지에 대한 정보를 포함하고 있는가를 의미한다. 오리엔테이션은 관람객들이 박물관을 제대로 찾아올 수 있도록 하는 일이 무엇보다도 중요하며, 방향표시와 도로표지판의 여부, 건물의 위치, 건물 디자인이나 표지, 혹은 배너 등을 통해 장소에 정확히 도착할 수 있도록 도와주는 역할, 이용 가능, 접근 가능, 적절한 주차장, 박물관 건물의 외관, 도착했다는 느낌, 다음에 무엇을 해야 하는지를 알려 주는 명확한 방향 감각, 눈에 잘 띄는 리셉션과 매

---

144) 정보 제공 오리엔테이션을 실행하는 방법 : ① 관람객을 반갑게 맞이하는 태도, ② 리플릿, ③ 안내원(가이드), ④ 오리엔테이션 갤러리(관람객에게 그들이 관람할 것과 전시물을 관람하는 태도를 설명하는 것), ⑤ 연구용 갤러리(특별한 정보나 연구용 갤러리에서 전산처리된 정보를 제공하여 소장품의 색인과 설명된 목록을 보여 주는 것으로 쌍방향 인터렉티브 컴퓨터 스크린을 통한 소장품 검색, 박물관 지원, 방문 계획처리 등을 말한다)

145) 전시 계획과 주요 전시물의 사진을 수록한 리플릿, 박물관의 설계도, 안내 표지판, 관람객 질문 답변 인력(매표원, 안전요원, 안내데스크 직원)의 배치 등이 있다. [티모시 앰브로즈(이보아 역), 『실무자를 위한 박물관 경영 핸드북』, p.300~303.]

표소, 쓸모 있고 일관성 있는 안내서 등을 포함한 관람객이 박물관에 도착하기까지의 경험하는 모든 것을 제시하는 것을 말한다.

① 오리엔테이션의 방법

박물관은 다양한 고객들에게 어떻게 하면 관람객들이 원하는 정보를 쉽게 찾을 수 있도록 할 것인가에 집중하여야 한다.

고객은 크게 가족 단체, 어린이 단체, 외국인, 특별배려가 필요한 관람객, 사이버상의 이용객으로 나누어 각자에게 필요한 정보를 마련하여야 하며, 웹사이트와 홍보물은 박물관을 정확하게 대변할 수 있도록 제작해야 한다.

박물관은 네 가지 형태의 오리엔테이션으로 관람객을 도와야 하며, 오리엔테이션은 박물관의 특별한 시스템으로서 고유한 목적과 목표가 있어야 하고, 정기적인 평가와 검토가 이루어져야만 한다. 각각의 오리엔테이션 형태는 다음과 같다.[146]

㉠ 심리적 오리엔테이션 : 올바른 사고와 태도를 갖게 하는 것으로 관람객들이 기대와 관심을 갖고 수용적이도록 하는 데 그 목적이 있다. 즉, 관람자들에게 적극적인 태도를 갖도록 하는 것이다. 여기에는 박물관의 전시 홍보 자료, 전시 학습지와 교육 자료 모음집 등이 있다.

㉡ 개념적 오리엔테이션 : 전시의 지적 내용과 관련된 것으로 전시 내용을 다루는 것이 아니라 전시가 전달하는 아이디어와 개념을 다룬다(전시개요, 목적, 취지). 관람객이 전시의 개념을 이해하면 전체 전시 역시 쉽게 이해할 수 있다. 박물관 조직과 각 전시에 대한 안내문, 소책자, 교육 자료 모음집, 설명 패널, 숫자로 나타낸 순서, 오리엔테이션 장소 등이 이에 속한다.

㉢ 지적 오리엔테이션 : 아는 것에서부터 모르는 것까지 모든 것을 배우려는 마음의 준비를 하는 것으로 사람들에게 미리 박물관 전시에 관한 기본적인 정보를 주어 전시를 관람할 때 더 많은 것을 얻도록 하는 것이다. 즉, 지적 오리엔테이션은 주제에 대해 알고, 친숙해지고, 미리 읽어 보는 일 등이다. 박물관 소개와 전시 주제에 관한 소책자, 출판물과 도서 목록, 카탈로그, 교육 자료 모음집, 전시 주제, 강의, 비디오에 대한 소개 패널이 이에 속한다.

㉣ 지리적 오리엔테이션 : 두 장소 간의 지리적 관계를 알려 주는 것이다. 즉, 박물관으로 오는 길이나 박물관의 표지판, 박물관을 표시한 지역지도나 관광지도 등을 말한다. 박물관 안내도면은 편리한 소책자 형태로 관람객들이 이용할 수 있어야 하고, 건물 어디에나 놓여 있어야 한다. 또한 박물관과 전시에 대한 내부 표지판 시스템도 갖춰져 있어야 한다.

박물관은 위의 네 가지 형태의 오리엔테이션으로 관람객을 도와야 한다. 비록 서로 중첩되는 부분이 있고, 광고나 이미지 등은 박물관의 다른 활동에 일부가 되기도 하지만, 오리엔테이션은 박물관의 특별한 시스템으로서 고유 목적과 목표가 있어야 하며, 정기적인 평가와 검토가 이루어져야만 한다. 이와 더불어 박물관 관람객 센터, 안내 데스크, 박물관 안내도면과 전시 목록 게시판과 같은 일반적인 오리엔테이션 시설은 중요한 시스템이다. 또한 능력 있는 직원으로 하여금 관람객을 돕도록 하는 것 역시 중요하다.

---

146) 마이클 벨처(신자은 역), 『박물관 전시의 기획과 디자인 – 박물관 오리엔테이션 시스템』, 예경, p.150.

박물관 자료는 조사 · 연구되어 그 진가를 밝히어 박물관 자료로서의 가치가 형성되어야 한다. 즉, 박물관자료는 박물관의 기능을 위해 이용되는 모든 것을 뜻하는 것이다.

박물관 자료는 실물 또는 표본 자료(보관 · 연구 자료), 모형이나 모사(보급 자료), 보조 자료(참고 자료) 등으로 구분할 수 있다. 다시 말해 소장품을 비롯하여 교육적 활동에 이용하는 보조 자료까지 모두 박물관 자료로 볼 수 있다. 이러한 박물관자료를 기능별로 분류해 보면 대략 다음과 같다.

(1) 보관 자료

보관 자료란 박물관이 가져야 할 실물 또는 표본, 출토품과 관계되는 자료이다. 한마디로 정의하면 '영구히 보관해야 할 자료'를 뜻한다. 이것은 직접 전시에 이용되어야 할 것이며, 가장 1차적인 것이므로 '소장품'을 의미한다.[147]

(2) 연구 자료

박물관의 전시 · 연구 활동을 위해 사용되는 수집 · 보관품을 말한다. 따라서, 전시실에 꼭 놓이는 것은 아니지만 전시실에 쓰일 자료들을 정의하기 위하여 반드시 필요한 것들이다. 수집된 보관 자료에 관계되는 각종 기록도 여기에 속한다.[148]

(3) 보급 자료

보급과 교육 활동을 위한 자료로서 어떤 면에서는 전시 업무가 원활하게 진행되는 박물관일수록 다양한 보급 자료가 다수 존재할 것이다. 각종 모형 그림 외에 디오라마(Diorama), 시네라마(Cinerama), 파노라마(Panorama) 등 보다 많은 사람들이 전시작품을 보기 쉽고 이해하기 쉽도록 하기 위해 제공하는 자료를 말한다.[149]

(4) 참고 자료

박물관의 활동, 특히 큐레이터의 충실을 기하기 위해 필요로 하는 자료들로서 참고서 등의 도서실 관계 자료와 각종 박물관에 의한 출판물[150] 사진 자료들인 아카이브 관계 자료[151] 등이 여기에 속한다. 박물관 출판물은 학예사의 유능도를 측정하게 하는 기본이 될 것이다.[152]

---

147) 이난영, 『박물관학 입문』, 삼화출판사, 2001, p.76~82.

148) 이난영, 위와 같음.

149) 이난영, 『박물관학 입문』, 삼화출판사, 2001, p.76~82.

150) 큐레이터의 능력을 가늠할 수 있는 기본 자료가 된다.

151) 아카이브란 '공 · 사적 조직이나 개인이 일정한 목적을 위해 생산하거나 다양한 방법으로 수집한 자료, 혹은 그러한 자료를 항구적으로 보존하며, 체계적으로 관리, 연구, 개발, 이용할 수 있게 하는 기관이나 부서'를 말한다. 한국에서는 국가기록원(國家記錄院, National Archives of Korea)이 원론적 아카이브의 대표적인 기관이다. 미주기록전문가협회(SAA)의 용어집에 의하면 아카이브를 매우 상세하고 다양하게 6가지 범주로 나누어 정의하고 있다.

152) 이난영, 위와 같음.

08 박물관 교육

01 박물관 교육

박물관 교육에 대한 관심의 증대는 문화 사업이 이용자 중심적으로 변화하는 사회 현상과 맥락을 같이한다. 여기서는 박물관 이용자의 위상 변화를 중심으로 살펴보고, 더불어 이용자 중심의 교육 환경을 창출하기 위해 박물관 교육이 초점을 둘 방향을 확인하고자 한다.

> **The 중요**
>
> **박물관 교육**
> 실물을 통한 직관 교육, 오감을 통한 체험 학습, 전시를 통한 교육, 연령과 성별, 접근성, 지적 수준에 대한 제약을 두지 않는 비정규 교육, 자기 학습, 평생교육으로 규정할 수 있다.

(1) 박물관 교육의 핵심

박물관 교육은 체험과 참여에 초점을 맞춰서 감상과 이해, 발견, 상호작용의 전시를 바탕으로 실행할 수 있다.

일린 후퍼-그린힐(Eilean Hooper-Greenhill)은 박물관 교육정책을 입안하는 방법에 대하여 밝힌 바 있다. 그는 '유럽과 북미지역의 앞서가는 박물관에서는 설립취지(museum mission)를 ① 박물관 경영 정책(museum management policies), ② 교류 정책(communication policies), ③ 소장품 정책(collections policies)으로 설정하고, 교류 정책 아래 ⓐ 전시 정책, ⓑ 디자인(design) 정책, ⓒ 교육 정책, ⓓ 판촉(marketing) 정책, ⓔ 방문객 편의(facilities) 정책을 설정하여 운영하고 있다고 밝힌 바 있으며 박물관 교육 정책은 교류 정책의 하나'라고 정의하였다.[153]

(2) 박물관 교육의 특성

① 실물자료를 통한 체험적 학습과정으로 교육을 개발한다.

② 교육목표, 교수방법, 학습내용, 평가방법 등 교육학 요소를 활용한다.

③ 개인의 동기와 관심에 따라 학습자의 자발적인 참여를 유도하고 주도적 학습형태를 지향한다.

④ 박물관은 학교교육에 비해 제한적이지 않고 비교적 다양한 계층의 참여로 이루어지기 때문에 각기 다른 요구와 능력, 관심 등을 반영하여야 한다. 또한 일반인을 상대로 창의적으로 교육할 수 있는 기회를 제공하여야 한다.

⑤ 다른 교육프로그램과 보완적 관계를 형성하여 구성한다.

---

153) 프랭크 오펜하이머(Frank Oppenheimer)는 '교육의 기본 목표는 문화를 전달하는 것이며, 박물관은 이를 위해 중요한 기능을 담당한다. 문화를 보존하는 것은 교육을 통해서 이루어져야 한다.'라고 정의하였다.

사회 구성원들의 문화·예술 향유에 대한 욕구 증가는 사회 발전의 수준과 관련이 있다. 의식주에 대한 기본적인 욕구가 충족되면, 인간은 정서적으로 안정을 취할 수 있고 자아의 내적성장에 도움을 주는 문화 활동을 원하게 된다. 실제로 한국의 경우에도 개발도상국의 시기를 거쳐 선진국의 대열로 접어든 1990년대부터 전시나 공연의 관람객 수가 증가하는 추세를 보였다.

그런데 관람객의 증가는 양적인 측면뿐만 아니라 질적인 측면에서도 변화를 보이고 있다. 21세기의 관람객들은 전시 및 공연 기획자들이 만들어 놓은 결과물을 무비판적으로 받아들이는 '수용자'의 입장을 넘어, 문화 공간에서 적극적으로 참여하고 자신의 삶 속에서 예술의 의미를 재구성하는 '창조자'의 모습을 보이고 있다.

이러한 문화 창조자의 개념은 참여자가 전인격적 성장을 추구하며 문화를 삶과 연계하여 이해하고 배우려 한다는 점에서, 평생교육의 키워드와 상당 부분 연결이 되어 있다. 따라서 21세기의 문화·예술 활동은 '이용자 중심 (Audience-centered)'의 교육 환경, 즉 이용자의 참여를 독려하고 이용자의 삶으로 전이되며, 이용자의 자아 발전에 도움을 주는 환경 내에서 이루어져야 한다.

근래에 이루어지는 박물관 교육도 이러한 '이용자 중심'의 개념과 맥락을 같이한다. 최근에 발표되는 '박물관 이용자 연구'에 의하면 방문 목적이나 개인의 성향에 따라 박물관 만족도를 높이는 경험의 종류가 다르게 제시되지만, 일반적으로 사람들은 진귀하고 신기한 전시물을 접하거나, 전시물에 담겨 있는 뜻을 배우거나, 전시물에 대하여 의견을 나누거나, 전시물을 통해 자신의 삶을 되돌아보는 기회를 가질 때 박물관에서의 경험이 유익하다고 여긴다.

이러한 연구 결과는 박물관 이용자들이 단순히 전시나 공연을 관람하거나 강좌에서 제공되는 내용을 무비판적으로 수용하기보다는 박물관 활동에 대한 내적(인지적)·외적(사회적)인 교감을 통하여 교육 내용을 자신의 삶과 연계하여 받아들이고 해석하려 한다는 것을 보여 준다. 즉, 무엇을 어떤 과정을 통해 왜 배웠는지를 스스로 살펴보고, 배우고 경험한 바를 자신의 이전 경험이나 지식과 연계하여 재구성하려 한다는 것이다.

이에 대하여 도어링(Doering)은 '박물관 이용자들의 위상이 이방인(stranger)에서 손님(guest) 그리고 고객(client)으로 변화됨을 보여 주면서 박물관 이용자의 요구를 적극적으로 수렴하여 이용자의 만족도를 높이기 위한 방안을 마련하여야 한다.'라고 지적하였다.[154]

---

154) '이용자 중심'의 교육 환경을 창출하기 위해서 박물관 교육자들은 다음과 같은 질문을 스스로에게 던져야 한다.
　　① 박물관 교육은 무엇이고, 어디에 초점을 두고 진행되어야 하는가?
　　② 박물관 교육 과정은 어떻게 계획해야 하는가?
　　③ 수업을 진행할 때는 어떤 점에 유념해야 하는가?
　　④ 수업을 마친 후에는 무엇을 평가해야 하는가?

박물관 교육에 대한 학자들의 관점은 차이가 있는데, 이를 학습의 내용과 공간적인 측면에서 정의하면 '박물관의 의미·기능·역할 그리고 박물관의 소장품을 이해하기 위해 박물관과 연계하여 이루어지는 모든 형태의 교육'을 박물관 교육이라 할 수 있다.

(1) 박물관 교육의 특성

① 박물관에 담긴 교육적 의미

박물관은 전인 교육이나 통합 교육을 실행하기 용이하기 때문에 효과적인 **평생교육기관**이 될 수 있다.

박물관은 대중에게 개방된 공간이기 때문에 다양한 학습자를 대상으로 교육을 진행할 수 있으며, 박물관의 다양한 자료를 이용하여 수업을 다채롭게 구성할 수도 있다. 또한 다양한 가치관과 문화가 만나는 곳이기 때문에 지식 네트워크를 형성하는 교육 공간으로 기능하기도 한다.

평생학습을 위한 교육 공간	• 삶과 연계된 학습 • 자아발전을 위한 학습 • 통찰 가능한 학습 • 전인적 성장을 위한 학습
다양한 학습자를 위한 교육 공간	• 전 연령을 대상으로 학습 • 사회 전 계층을 대상으로 학습 • 아웃리치(Out reach, 원조·지원 활동) 개념의 학습(문화 소외계층으로 접근)
다양한 자료를 제공하는 교육 공간	• 유물, 작품, 표본 등을 실제로 체험할 수 있는 학습 • 전문서적, 전문 자료, 전문가와의 만남이 용이한 학습
다양한 학습 형태의 교육 공간	• 강좌, 세미나, 토론, 영화 등(여러 형태의 교수별 적용) • 체험을 통한 학습 • 전시관 견학을 통한 학습
지식 네트워크를 형성하는 교육 공간	• 사회적 교류를 강화하는 학습 • 형식 교육기관 및 비형식 문화 교육기관의 연계 학습 • On and Off-line이 가능한 학습

[박물관의 교육적 역할]

② 교육 패러다임의 변화

박물관 교육에 대한 관심의 증대는 교육 패러다임의 변화와 연관지어 생각할 수 있다. 절대적 지식을 추구하는 객관주의 시대에서는 교육의 주체를 '교수자'로 보는 경향이 강했지만, 지식의 상대성을 중시하는 구성주의 시대에서는 교육의 주체를 '학습자'로 인식한다.

박물관 교육도 이와 마찬가지로, 엘리트주의 시대의 박물관은 이용자보다는 박물관이나 유물에 관심을 갖고 유물에 담긴 절대적 지식을 전문가적 입장에서 전달하는 것에 교육의 초점을 두었다. 그러나 대중과 호흡하는 시대로 나아가면서 박물관은 이용자의 지식 형성이나 구성에 관심을 갖고 이용자의 요구에 기반을 둔 실천적이고 실용적인 교육 환경을 제공하기 위해 노력하고 있다. 즉, 유물에 담긴 의미를 일방적으로 전달하기보다는 이용자가 유물의 의미를 발견하고 자신과 사회와의 관계 안에 그 의미를 재구성할 수 있는 교육을 제공하기 위하여 노력하는 '이용자 중심'의 박물관이 증가하는 것이다.

이러한 시대의 변화에 조응하여 요즈음의 박물관 교육은 '사물 중심 학습(Object-based Learning)', '이용자 중심 학습(audience-centered learning)', '조력자로서의 교사(Educators as Facilitators)'라는 세 가지 키워드로 특징화되고 있다.

교육의 3요소를 '학습 내용(contents)', '학습자(learner)', '교수자(instructor)'로 볼 때, 박물관 교육은 다음의 그림과 같이 '사물 중심', '이용자 중심', '조력자로서의 교사'로 구성되어 진행된다.

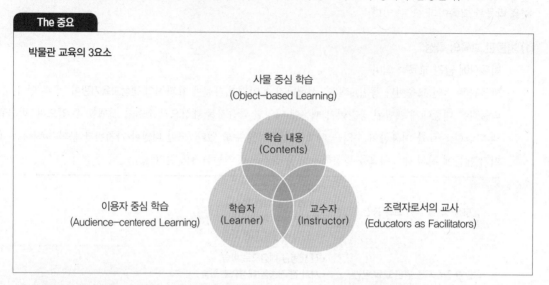

The 중요

박물관 교육의 3요소

사물 중심 학습
(Object-based Learning)

학습 내용
(Contents)

이용자 중심 학습
(Audience-centered Learning)

학습자
(Learner)

교수자
(Instructor)

조력자로서의 교사
(Educators as Facilitators)

③ **박물관 교육의 특징** : 사물 중심 학습, 이용자 중심 학습, 조력자로서의 교사

㉠ 사물 중심 학습(Object-based Learning)

박물관 교육이 다른 교육기관(학교, 기업, 사립 학원 등)의 교육과 구별되는 것은 '사물 중심 학습(Object-based Learning)'으로 진행된다는 점이다. 예를 들어, '도자기 만들기' 수업을 한다고 가정해 보면, 학습자는 도자기를 만드는 과정에서 도자기가 생성되는 지역의 문화적 · 사회적 · 자연적 환경에 대하여 함께 학습하게 될 것이다. 또한 자신이 배우고 있는 제작 기술의 역사적 · 문화적 의미 역시 학습하게 되며, 이를 통해 도자기에 담긴 의미가 현재의 나에게 어떤 의미로 다가오는지에 대해 고민하게 될 것이다. 이는 사립학원에서 도자기의 제작 기법만을 배우거나 학교에서 성적을 받기 위한 수단으로 도자기 만드는 과정을 암기해야 하는 것과 차이가 있다.

이처럼 박물관 교육의 강사들은 기본적으로 학습 내용에 대한 전문적인 지식을 갖추고 있어야 하며, 사물 중심 학습과 관련하여 아래와 같은 학습 활동을 주로 사용한다.[155]

ⓐ 비교 및 대조하기(comparing and contrasting) : 사물(혹은 전시품) 간의 유사점이나 차이점을 찾아보는 것이다.

ⓑ 정의 및 분류하기(identifying and classifying) : 사물의 특징을 인식하고, 그 특징에 의거하여 사물을 유목화하는 것이다.

ⓒ 표현하기(describing) : 시각적으로 드러나는 사물의 특징이나 사물을 통해 개인이 느낀 바를 말 · 글 · 몸으로 표현하거나 직접 만들어 보는 것이다.

---

155) 사물 중심 학습을 효과적으로 진행하기 위해서는 학습자의 관찰과 적극적 사고를 이끌어 낼 수 있는 질문을 제시하는 것이 좋다.

ⓓ 예측하기(predicting) : 사물이 어떻게 사용되고, 어떻게 만들어지며, 왜 생기게 되었는지, 누가 사용했는지 등을 추론해 보는 것이다.

ⓔ 요약·정리하기(summarizing) : 수집된 자료를 토대로 사물에 대한 중심 개념을 축약하여 표현하는 것이다.

ⓛ 이용자 중심 학습(Audience-centered Learning)

이용자의 요구와 특징을 수렴하여 학습자가 적극적으로 학습에 임하도록 수업을 설계하고 교육 환경을 구성하는 것이 이용자 중심 학습의 기본이다. 교육 프로그램의 강사는 학습자의 특성이 무엇인지, 학습자가 무엇을 요구하는지를 파악하여 그에 맞는 수업을 준비해야 한다.[156] 즉, 강사들은 다양한 학습자를 위한 학습 방법론과 의사 소통 기술을 갖추고 있어야 한다.

'이용자 중심'이라는 개념은 교육 패러다임의 변화와 관련이 있다. 절대적 지식을 추구하던 '객관주의 시대'에서는 교육의 주체인 교사가 지식을 학습자에게 잘 전달하도록 하기 위하여 교육에 대한 모든 권한을 갖고 수업을 설계·진행하였다. 그러나 지식은 학습자가 개인의 경험이나 지식 그리고 사회와의 소통을 통해서 새롭게 재구성된다는 입장의 '구성주의 시대'에서는 교육의 주체를 학습자로 보고 있다.

따라서 박물관 교육도 학습자의 필요에 의해서 제공되고, 학습자의 특성에 의거하여 진행되며, 학습자가 학습에 대한 편안함과 자신감, 성취감을 느끼는 환경에서 이루어져야 한다.

ⓒ 조력자로서의 교사(Educators as Facilitators)

교사는 학습자가 비판적이고 창의적이며, 주도적인 학습을 진행할 수 있도록 수업을 구성해야 한다. 여기서 '조력자(facilitator)'란 단순히 도움을 주는 사람(helper, assistant)을 넘어, 학습자가 적극적으로 학습할 수 있도록 '촉진'하는 사람을 말하며, 나아가 학습의 목적을 이루기 위해 학습자와 협업하는 사람을 의미한다.

조력자로서의 교사는 학습자가 자신의 수업을 주체적으로 이끌어 갈 수 있도록 교육의 제반 환경을 구축한다(예 학습 목표, 과정, 결과의 설계 과정에서 학습자의 주체성이 드러나도록 하는 것). 학습의 주도권이 학습자에게 있다고 하여 교사의 교육에 대한 책임이 줄어드는 것은 아니다.

조력자로서의 교사는 학습자의 특성을 파악하여 수업 환경을 구축하고 학습자를 깊이 있게 관찰하면서 시의적절한 피드백을 제공하기 때문에 교육에서 매우 중요한 역할을 담당한다. 분명 학습은 교사가 없어도 진행될 수는 있다. 그러나 학습 내용에 대한 전문적인 지식과 학습자에 대한 교육학적 이해를 갖춘 교사의 개입이 학습의 효율성과 효과성을 증진시킬 수 있다는 점을 간과해서는 안 될 것이다.

(2) 박물관 교육의 담당 직원

① 박물관 교육 담당자(Educator)

② 설명 안내원(Docent), 안내원(Guide)

③ 해설자·해석자(Interpreter)

④ 문화유산 해설사(국내)

---

156) 미취학 아동의 인지수준은 어떠한지, 공교육에서의 교과 과정은 어떻게 편성되었는지, 장애인이 수업하기에 불편함이 없는 환경인지, 사회적 소수자들이 소외감을 느끼지 않도록 하는 방법은 무엇인지, 성인 교육은 어떻게 진행하는 것이 효과적인지 등에 대한 고민을 끊임없이 해야 한다.

(3) 박물관의 교육 기능

존 코튼 다나(John Cotton Dana)는 박물관의 교육 기능에 대해 다음과 같이 설명하였다. '박물관은 대중을 유도하여 즐거움을 주고 호기심을 자극하며, 질문을 이끌어 내어 학습을 촉진시킬 수 있는 능력을 가지고 있어야 한다.'

학습을 촉진시킬 수 있는 방법은 다음과 같다.

① 박물관은 비형식 교육기관으로 유동성을 지니고 있기 때문에 학문적이고 예술적인 가치가 있는 박물관 자료뿐만 아니라 평범한 사물을 또한 객관적으로 실체화하여 성취할 수 있다.

② 박물관은 관람자들에게 호기심을 자극하여 즐거움을 주고, 전시 유물에 관심을 유발시킬 수 있도록 유물 관련 정보에 대한 기초지식을 함양하여야 한다.

③ 박물관은 관람자가 이용할 때에만 도움을 줄 수 있다. 그러므로 박물관 전시에 대해 관심이 생길 수 있도록 다양한 전시 연계 프로그램을 구성해야 한다.

④ 전시 연계 교육은 해당 전시의 기획의도를 고려해야 한다.

⑤ 박물관 교육은 실물에 기반한 학습 기회를 제공한다는 점에서 효과적이다.

⑥ 박물관은 비영리 교육기관이므로 지역 공동체 구성원들이 바람직하고 더 나은 삶을 영위할 수 있도록 방문하기 어려운 문화소외계층을 위해 찾아가는 박물관 프로그램을 운영하기도 한다.

⑦ 활동지를 반드시 무료로 제공할 필요는 없다.

(4) 박물관 교육 프로그램의 유형

① 강좌(lecture) : 박물관 소장품이나 전시 관련 정기 강좌나 특별 강연, 세미나 등을 하는 것을 말한다.

② 전시 안내(guided tours) : 전시 내용의 이해를 돕기 위한 안내와 오리엔테이션 해설 등의 활동을 말한다.

③ 전시 설명회(gallery talk) : 전시를 기획한 큐레이터가 직접 나와 작품설명회나 작가와의 대화를 진행하는 설명회이다.

④ 현장 학습(field trip) : 발굴 현장이나 유적지 등 현장 탐방 및 답사하는 것을 말한다.

⑤ 오디오 가이드(audio guide)

⑥ 비디오 프로그램(video program)

⑦ 학교 연계 프로그램(school program)

⑧ 교사 연수 프로그램(teachers' workshop)

⑨ 움직이는 박물관(mobile museum)

⑩ 가족 프로그램(family program)

⑪ 어린이 프로그램(children program)

⑫ 장애인 프로그램(program for the disabled)

후퍼 그린힐은 박물관 교육 프로그램 구성 방안을 다음과 같이 제시한 바 있다.

첫째, 박물관의 관람(관찰)유물과 전시 구성을 수업목적에 맞게 재구성하여야 한다.

둘째, 박물관을 이용하는 수업 목표는 교과서의 수업 목표나 자료의 활용 차원에 국한될 것이 아니라 보다 차별적으로 설정되어야 한다.

셋째, 박물관이라는 현장성을 극대화하기 위하여 유물 중심의 수업구성이 이루어져야 한다.

넷째, 박물관의 다양한 전시물을 재구성하여 교과서에서 누락된 역사상을 보완하는 자료로 활용되도록 구성되어야 한다.

그는 박물관 교육이 유물과 소장품 전시에서 탈피하여 이들 유물과 소장품으로부터 가치 있는 가르침을 이끌어 내고 배우는 데 관심의 초점을 두어야 한다고 제안하였다.[157] 이에 대한 교육방법론으로 유물에 대한 7가지 요소별 통합적 접근 방법을 제시하였다. 박물관 교육이 기본적으로 소장품 중심의 이해 과정이므로 소장품 자체를 효과적으로 이해하고 학습할 수 있는 통합적 전시물의 해석 방법은 박물관 전시를 이해하는 데 도움이 된다. 그는 전시품을 생산(제작), 재료, 디자인, 기능(사용), 의미, 연상, 다른 정보와의 비교 등으로 크게 나눈 후 다음의 질문들로 세분화하였다.[158]

구 분	관 점	내 용
제1요소	생 산	언제, 어디서, 누가, 누구를 위하여, 어떻게 그리고 왜 제작하였나?
제2요소	소 재	어디로부터 온 어떠한 화풍이나 양식인가? 어떠한 재료가 쓰였으며 연관되는 다른 것은 없는가?
제3요소	디자인	장식과 기능 중 어떤 것이 더 강조되었으며 어떠한 화풍이나 양식인가? 어떠한 재료가 쓰였으며 연관되는 다른 것은 없는가?
제4요소	사 용	언제 쓰였으며, 누구에 의해 어떤 이유에서 이용되었으며 이로 인한 변화는 어떤 것이 있었는가?
제5요소	의 미	생산 당시 소비자와 소유자에게는 어떠한 의미가 있으며 오늘날 우리에게, 이용객에게, 또 다른 문화권에게는 어떤 의미인가?
제6요소	연 상	개인적·사회적 연계성과 시간의 흐름 속에서, 또 다른 문화 속에서 연관성은 있는가?
제7요소	다른 정보와의 비교	관련된 책, 사진, 유물, 비디오와 영상물, 기록자료와 연구물들은 어떤 것이 있는가?

(5) 교육 장소에 의한 분류

① 관내 교육

강연, 강좌, 세미나 등 강의 위주의 프로그램 및 체험 학습 위주의 워크숍 등이 있다.[159]

㉠ 강의 위주 프로그램 : 강연, 강좌, 세미나 등

㉡ 체험 학습 위주 워크숍 : 전시물 안내 해석의 가이드 투어, 셀프 가이드 투어와 전시실 설명

㉢ 관람객 계층: 공공 프로그램, 가족 단위 프로그램, 학교 연계 프로그램, 장애인 프로그램 등

② 관외 교육

박물관 안내 및 소장품 미디어 자료 제작 및 보급, 순회 전시, 현장 답사 등 전시회나 교육 프로그램에 특정 지역의 관람객을 유도하기 위하여 지역사회 주민의 공통적인 관심사와 관련된 주제를 설정하여 교육적·계몽적인 효과를 거둘 수 있다. 순회 전시, 고적 답사 프로그램, 학교 대여 서비스, 행사 및 활동 프로그램 등이 대표적이다.

---

157) Hooper-Greenhill, Eilean, 『Museums and Their Visitors』, London:Routledge, 1994, p.230.
158) Eilean Hooper-Greenhill, 『Museum and Gallery Education』, London, Leicester Museum Studies, 1994, p.110.
159) 전시, 전시해설, 강연, 강좌, 실습, 교구재 활동, 가이드 투어(전시물에 대한 안내 및 해석), 셀프 가이드 투어, 전시실 설명, 체험 학습 위주의 워크숍 등으로 구성

(6) 관람객 계층별 분류

① 일반 대중을 위한 공공 프로그램 : 청소년 강좌, 어린이 교육 프로그램, 주부 강좌, 노인대학, 관광 안내원 강좌

② 가족 단위 프로그램

③ 학교 연계 프로그램

④ 국내 거주 외국인 대상 프로그램

⑤ 장애인 프로그램

(7) 교육 프로그램의 개발

① 박물관 교육 프로그램의 개발 목적은 다음과 같다.[160]

㉠ 대중성 : 유물을 더 쉽고 재미있게 이해하게 한다.

㉡ 전문성 : 유물에 대해 더욱 자세하고 심화된 내용을 할 수 있도록 돕는다.

㉢ 자율성 : 학습자가 유물에 스스로 몰입하여 흥미를 가지고 유물을 관찰, 탐구하게 한다.

② 박물관 교육 프로그램 개발은 대체로 7단계의 과정을 거쳐 진행된다.[161]

㉠ 요구 분석 : 학습자의 요구를 분석하는 것으로 시작한다.

㉡ 목표 설정 : 학습자의 요구 분석을 토대로 교육 프로그램의 목적과 세부 목표를 설정한다.

㉢ 내용 선정 : 목적과 목표가 설정되면, 그 기초 위에 프로그램의 내용을 선정한다.

㉣ 교육 구성 : 내용이 선정되면 수집한 자료를 연구하여 전시를 교육 프로그램으로 어떻게 구현할지를 구상한다(강사 섭외, 자료 제작 및 구입, 홍보, 접수 등을 포함).

㉤ 교육 실행 : 교육 프로그램이 본격적으로 시행되기 전, 실제와 같이 운영해 보는 시범 교육을 실시하고, 교육 구성이 완료되면 준비된 교육 프로그램이 실행된다.

㉥ 교육 평가 : 교육 프로그램 실행 후 학습자와 진행 인력들로부터 교육에 대한 평가를 받는다.

㉦ 교육 수정과 최종 정리 : 교육 프로그램에 대한 평가 기록은 다음 회차 교육 프로그램을 실행할 때 보완을 위한 가이드라인의 역할을 하며, 향후 다른 교육 프로그램을 개발할 때에도 반영이 된다. 박물관 교육의 평가방법 중 평가시점에 따른 분류로는 진단평가, 형성평가, 총괄평가 등이 있다.

(8) 박물관 교육 프로그램 기획의 구성 요소

박물관 교육 프로그램 기획의 구성 요소에 대해 백령은 「박물관·미술관 교육 프로그램 개발 방법론」에서 '박물관의 철학과 기능, 인문주의적 학문과의 연계적 접근, 전시 중심의 박물관적 요소, 박물관적 요소와 통합되는 교육 프로그램, 주제별·과목별 방법론의 교육적 요소, 소장품으로부터 개발되는 학문적 요소, 관람객 연구의 주제적 요소 등의 요소들을 바탕으로 교육 프로그램이 단계적으로 개발되어진다.'라고 하였다.[162] 박물관 교육 프로그램 기획의 7단계는 다음과 같다.

제1단계는 전시의 개념과 전시물의 이해이다.

제2단계는 전시의 개념을 중심으로 한 교육 목표의 설정이다.

---

160) 한국 박물관 교육학회, 「한국 박물관 교육학」, 문음사, 2010, p.312.

161) 위와 같음.

162) 백령, 「박물관·미술관 교육프로그램 개발 방법론」, 문화관광부, 2006, p.27.

제3단계는 위의 2단계의 결정 사항을 중심으로 교육담당자들이 교육 프로그램을 구상하는 단계이다.

제4단계는 위의 과정을 통해 결정된 내용으로 교육 목표를 구체화하고, 세분화된 실행안을 개발한다.

제5단계는 4단계의 결과물을 확인, 수정하는 작업과 프로그램 확정의 단계이다.

제6단계는 수업 진행의 단계로 박물관 에듀케이터들의 활동이다.

제7단계는 평가의 단계이다.

제1단계	• 전시의 개념과 전시물 의미의 이해 • 체계적 조사(비교/분석)

제2단계	• 전시의 개념 이해를 중심으로 교육의 목표 설정
	• 전 대상을 포함한 포괄적이고 통합적 목표
	   – 전시 중심 : 캡션, 라벨, 설명문, 배포 자료
	       도슨트, 오디오 가이드
	   – 전시 관련 : 감상과 제작
	       강의, 강연, 세미나, 심포지엄

제3단계	• 교육 프로그램 구상
	   – 대상별
	   – 기관의 조건 : 교육실, 예산, 교사
	   – 활동지, 교재 제작

제4단계	• 교육 목표의 구체화, 세분화된 실행안 개발
	   – 박물관 교육의 철학
	   – 교육의 이론
	   – 교육의 요소 이해를 기반으로 선택하여 개발

제5단계	실행과 수정을 통한 프로그램 확정
제6단계	프로그램 실행
제7단계	평 가

[백령, 박물관 교육 프로그램의 단계별 기획과정, 2006]

The 중요

박물관 교육 프로그램 개발 시 고려 사항
• 박물관의 설립 취지와 관련하여 박물관에서 교육 기능의 본질과 개념을 명확히 파악하며, 교육 프로그램의 목표와 박물관의 설립 취지가 동일선상에 있도록 일관성을 유지해야 한다.
• 어린이 대상 프로그램의 경우 만들기, 퀴즈 등 흥미 유발 요소를 포함시킨다.
• 장애인 대상 프로그램의 경우 장애의 정도에 따른 보조원 투입을 고려해야 한다.
• 설문지, 인터뷰 등의 평가 결과를 추후 프로그램의 기획 및 운영에 활용한다.

(1) 박물관 체험 교육 이론

존 포크(John H. Falk)와 디어킹(Lynn Dierking)의 저서 『박물관 체험(The Museum Experience)』은 관람자에 대한 방대한 연구결과들을 바탕으로 관람자의 행동적 경향과 속성을 제시해 주었다. 이 책은 더 나가 관람자를 박물관에 끌어들이는 요인을 분석하고 이에 알맞은 소통과 해석의 매체를 발견하는 데 도움을 주었다. 이 책에서 소개한 '상호작용체험' 이론은 관람자들이 박물관에서 체험할 때 어떻게 하면 유의미한 경험이 이루어질 수 있느냐에 대한 설명을 해주고 있다. 이점은 전시해석의 체계를 중요하게 인식할 수 있도록 해줌으로써 관람자들이 혼잡한 환경 속에서도 전시 관람에 몰입할 수 있는 효과를 가져왔다.

① 존 포크(John H. Falk)의 상호체험유형(Interactive Experience Model)

박물관 교육이론가인 존 포크(John H. Falk)는 상호체험유형(Interactive Experience Model) 이론으로 관람자의 체험은 ⓐ 개인적, ⓑ 사회적, ⓒ 물리적 맥락 가운데 끊임없이 상호작용하며 변하는 것으로 보았다. 즉 개인적 맥락(개인의 흥미, 관심, 동기, 계획), 사회적 맥락(그룹으로 오는가, 누구와 동행하는가, 혼잡한가), 물리적 맥락(전시장 환경)에 영향을 받으며 이들 맥락들의 상호적인 교류에 의해 끊임없이 변해가면서 관람자의 학습이 생성된다는 것이다.

존 포크와 디어킹은 '상호작용체험' 이론으로 박물관 관람체험의 본질을 설명하였다. 박물관을 가는 사람들은 누구이고 사람들은 왜 박물관에 가게 되는가, 방문에 대해 무엇을 기대하는가 즉 박물관 관람 중에 무엇을 경험하는가? 그리고 나중에 무엇을 기억하게 되는가? 하는 일련의 물음 속에서 철저히 관람자의 입장에서 관람체험의 전체적인 프로세스에 접근하고 있다.

상호작용체험 이론의 핵심은 박물관이나 관람객 유형과 관계없이 관람자는 뚜렷한 행동패턴을 보여주며 이 패턴은 방문빈도, 관람객의 기대, 지식, 사전경험 등 여러 변수들에 근거하고 있다. 이러한 요인들이 개인적, 사회적, 물리적 맥락을 구성하며 이들 맥락의 상호적인 교류에 의해 끊임없이 변해가면서 관람자의 체험이 생성되는 것이다. 포크와 디어킹은 이러한 맥락의 작용을 설명하는 '상호작용체험유형'을 제시하고 있다. 이 유형에서 보이는 각 맥락의 상대적 크기는 그 작용의 상대적 중요성을 가리킨다기보다 어떤 경우라도 셋 중의 어떠한 맥락이 관람자에게 중요하게 다가올 수도 있다는 것을 의미한다. 이 모델에서 각각의 맥락들은 다음과 같이 설명된다.

먼저 '개인적 맥락'은 개인적 경험의 특수성이 다양한 경험과 지식으로 통합되어지는 것이다. 박물관의 내용과 지식, 그에 대한 경험의 정도에 따라 개인의 경험은 자신의 경험과 동기, 관심사를 포함하며 이에 따라 어떻게 즐기고 감상하며 어떻게 시간을 쓰고자 하는 자기성취를 추구하는 경험을 형성하게 된다. 그리하여 관람자가 처음 방문하는지 자주 방문하는지 또는 초심자와 숙련가 사이에 있는 개별적 상황의 차이는 박물관에서 주어진 주제에 대해서 행동하고 배우려는 차이를 예측하게 해준다.

'사회적 맥락'은 사람들이 그룹으로 오는가, 누구와 동행하는가에 따라 영향을 받게 됨을 의미한다. 비록 혼자 오는 경우라 해도 다른 관람자나 박물관의 직원들과 접하게 되기 때문에 모든 관람자의 시각은 이러한 사회적 맥락에 강하게 영향을 받는다. 그러므로 가족과 오는 성인과 성인일행과 함께 온 성인, 학교 현장수업으로 온 어린이들, 그리고 부모와 함께 오는 어린이들, 이런 모든 경우들 간에는 그들의 행동에 어떤 변수가 작용함을 이해하게 해준다.

마지막으로 '물리적 맥락'은 전시장 환경, 전시의 기획의도와 제공되는 정보들로서 관람자들이 어떤 것에 관심을 보이고 어떤 것을 피하고자 하는 행동을 이해하는 데 도움을 줄 수 있을 것이다. 박물관은 관람자들이 자유로이 선택하여 들어가는 물리적 세팅(환경)이다. 여기에는 박물관의 건축이나 건물의 느낌 같은 것과 그 안에 채워진 작품이나 오브젝트 들이 포함된다. 예를 들어 동물원과 수족관, 미술관과 사적지 사이의 구별이 많은 부분 그 건축이나 물건의 배열 공간의 안락함 같은 물리적 문맥에서 보며 이러한 요인이 관람자에게 중대한 영향을 끼친다는 것이다.

과거의 박물관들은 관람자의 체험에 대해서 이 세 가지 맥락을 개별적으로 보거나 또는 이들 가운데 두가지 요소만의 부분집합으로 보아왔다. 예를 들어 전시디자인과 같은 물리적 공간적 기술에 대한 접근에만 치중한다든지, 관람자의 사회적 맥락을 특질을 고려하지 않고 전시를 기획하는 경우가 많았다. 이렇게 되면 관람자와의 소통에 있어 성공적이지 못한 결과를 낳게 된다. 이에 대한 대안으로 해석적 전시개발 방법이나 체계적인 해석장치에 복합적 맥락을 고려하는 방법 등을 포함하고 있다.

개인적 맥락	• 관람객 개인의 적절한 동기 부여와 기대들, 선행지식, 흥미, 신념(믿음), 자유선택 학습과 통제, 감정·신체·정신적인 동작의 조합이 필요할 뿐 아니라 적절한 맥락이 있어야 하는데 그것은 각자의 머릿속에 저장된 선행지식의 패턴들, 연상들은 학습에 영향을 끼친다. • 관람자는 개인의 흥미, 관심, 동기에 따라 체험의 차이를 보여준다. 또한 자신의 지적능력에 따라 체험의 영향이 다르다. 즉 사람들은 효과적으로 배우는 방식이 다르므로 다른 유형의 체험을 고려해야 한다.
사회적 맥락	• 개인과 연결된 사회 구성원과의 학습은 개인적이면서도 집단적인 경험이다. 지식은 모든 개인에게 같은 것이라기보다 학습자의 공동체 안에서 공유되기 때문이다. 일반적으로 공동체 안에서의 대화형식으로 말할 때 정보를 효과적으로 조직화하는 데 이 대화는 사람 간의 대화와 함께 의사소통 매체들 즉 텔레비전, 영화, 라디오, 박물관 전시, 책, 인터넷 등과 의사소통하기도 한다. • 사람들이 그룹으로 오는가, 누구와 동행하는가에 따라 상호작용 영향을 미친다. 사회적 맥락은 박물관 관람에서 더 많이 아는 사람들이 덜 아는 사람들의 학습을 도와주는 발판을 마련 할 수 있게 되기 때문에 박물관 내에 사회적 상호작용이 학습에 깊은 영향을 끼친다.
물리적 맥락	이 맥락은 전시장 환경과 관련된 것으로 인간은 어떤 사건이나 장소를 감정이 담긴 장기 기억으로 자동 형성하므로 공간과 그 공간 속의 의미를 탐색하고 경험의 의미를 만들고자 한다. 박물관 경험에서 영향을 미치는 요소들로는 박물관 건물, 소장품, 배열방식, 분위기(사람들로 혼잡), 전시장 환경(온도, 습도, 조도), 오리엔테이션, 디자인, 박물관 밖에서의 이벤트 및 체험 강화가 이에 해당한다. 이러한 하드웨어적인 부분 등이 박물관 경험에 중요한 영향력을 미치는 물리적 맥락의 구성요소이다. 다시 말해 사람들이 어떤 정보를 받아들이고 저장하고 기억해내는 것은 물리적 공간에 의해 영향을 깊게 받는다는 것이다.

[상호체험유형 모델 (Interactive Experience Model)[163]]

② 칙첸 미하일리(Csikzent Mihalyi)의 '몰입 경험(Flow Experience) 이론'

이 이론은 사람이 어떠한 일에 깊이 몰입할 때는 힘들지 않고 전진 하는 행위를 하게 되는데 이와 같이 내재적인 보상 이외의 다른 것이 없이도 어떤 행위에 몰입 하도록 동기유발이 되는 것이 무엇인지 연구한 이론이다. 이 몰입 이론은 '도전'(challenge)과 '능력'(skill)의 함수관계에 주목하였다. 다시 말해 참여자는 과제가 너무 어려우면 불안함을 느끼게 되는 반면 과제가 너무 쉬우면 지루함을 느껴 충분히 몰입하지 못한다는 이론이다. 그러므로 몰입(flow) 상태는 개인이 가진 능력 수준(skill level)과 과제의 난이도(challenge level)가 적절하게 균형을 이룰 때에만 몰입을 경험할 수 있다(Csikszentmihalyi, 1996).

---

163) 존 포크(이보아 역), 『관람객과 박물관』, 북코리아, 2008, p.28~34.

다시 말해 분명한 목표와 피드백이 주어지고 도전 수준과 능력 수준이 균형을 이루게 되면 거의 모든 활동에서 몰입을 경험하게 된다는 것이다(한성열, 1995).

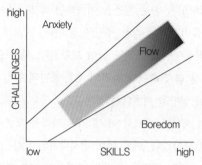

[최초의 플로우 모델(Csikszentmihalyi, 1975)]

몰입 경험은 세 가지 요소가 전제될 때 발생 된다. 즉, ⓐ 명확한 목표와 적절한 규칙이 있어야 한다. ⓑ 주어진 과제가 도전과 능력의 균형(challenge–skill balance)이 이 이루어져야 한다. ⓒ 즉각적인 피드백(immediate feedback)이 있어야 한다.

ⓐ 명확한 목표(clear goals)와 적절한 규칙이 있어야 한다.
ⓑ 도전과 능력의 균형(challenge–skill balance)이 이루어져야 한다.
ⓒ 즉각적인 피드백(immediate feedback)이 있어야 한다.

[몰입 경험 또는 흐름 체험(Flow Experience) 이론]

미하일리는 예술가나 암벽등반가, 체스경기자들이 일에 몰입하는 행동과 심리를 연구함으로써 어떤 복잡한 상황 속이라도 그 속에서 즐길 수 있는 방식, 즉 내재적으로 보상되는 방식이 제시될 때에 한층 더 집중하는 것을 "몰입 경험"이라고 설명하였다. 위에 열거한 세 가지 원리는 박물관 경험에서 내재적 보상이 일어나게 되는 기제를 미하일리는 다음과 같이 설명하고 있다.

"... 박물관의 전시는 우선 사람들의 흥미나 호기심을 유발해야 한다. 이는 감각기관과 지성과 감성적 기제를 사용하여 내재적으로 보상되는 경험에 임하게 되는 최적의 상태에 놓이는 것이다. 일단 유발되어진 흥미나 호기심이 확장된 배움에의 몰입상태로 가는 데에 있어서는 랑거(E. J. Langer)가 말하는 "유의성(mindfulness)"이 십분 고려되어야 한다. "유의성"이란 새로운 관점에서 정보를 검토하고 문맥에 민감해 있으면서 뚜렷한 구분이 일어나는 심적 상태로서 박물관의 전시물이 유의성을 지닐 때 컨텍스트와 현재의 여러 관점들 안에서 관람객들은 몰입하여 정보를 받아들이게 된다."

미하일리의 '몰입경험 or 흐름체험'이 지적하는 바는 박물관의 물리적 환경과 정보의 구성에 있어서 명확한 목표(메시지)와 적절한 규칙은 전시의 스토리 전개와 전시공간의 논리적 체계를 필요 한다는 것으로 설명된다. 이는 종종 관람자들이 박물관에 들어서면 어떻게 해야 할지 모르는 상황에 접할 때 관람자로 하여금 자신에 맞는 적절한 목표를 세우게끔 도와주는 역할일 것이다. 이러한 역할을 하는 것이 세 가지가 있는데 그것은 바로 오리엔테이션과 해석 장치이고, 다른 하나는 다양한 관람자들의 능력에 맞게 배움의 기회를 제공할 수 있어야 한다는 점이다.

여기에는 점층적으로 난이도를 높여가든지 가이드의 도움으로 전시를 이해하도록 이끈다든지 하는 방식을 고려할 수 있다. 도전과 능력에 더해서 어떤 행위나 전시에 온전한 주의를 기울일 수 있어야 하므로 물리적 방해요인은 쾌적한 환경과 직원들의 배려에 의해 제거되어질 수 있다는 점을 상기시킨다. 미하일리는 관람자의 배움을 이끄는 박물관 체험이 다른 매체에서의 경험보다도 특별한 의미가 있다고 보았다. 다시 말해 다른 사람들과 함께 경험을 공유하게 되면 복합적이고 전인적인 성장이 이루어 질 수 있기 때문에 그는 박물관 체험에 대해 의미를 크게 부여하였다.

③ 맥카시(McCarthy)의 학습유형의 4MAT System

사고학습자 (Imaginative learners)	의미를 추구하며 대화를 통해 생각을 나눔
분석학습자 (Analytic learners)	이론이나 구체적이고 깊이 있는 사실들에 대해 흥미를 가짐
이성적학습자 (Common sense learners)	실재경험과 정보를 종합하여 문제를 해결함
동적 학습자 (Dynamic learners)	즉각적인 적용과 실패를 통해 배움

(2) 박물관 교육의 해석적 기능

① 해석적 전시개발 (Interpretive Exhibition Development) 방법론의 개념

박물관·미술관 전시에서 해석의 개념은 1927년 다나(J.C. Danna)의 저서 『Should Museums be Useful』(1927)에서 시작되었다. 다나는 "전시품은 말이 없기 때문에 캡션, 라벨, 가이드 북, 도록 등을 통해서 전시품과 그 기원, 목적, 위치 등 수많은 부분에 대해서 밝힐 필요가 있다."고 하였다. 여기서 캡션, 라벨, 가이드 북, 도록 등이 전시 해석 매체에 해당하는 것이다.

박물관·미술관 전시에서는 다양한 관람객과의 소통을 위한 해석의 의미와 필요성이 1950년대 후반과 1960년대 초반부터 틸든(Freeman Tilden)의 저서 『우리 문화유산 해석하기(Interpreting Our Heritage)』(1957)에서 본격적으로 시작되었다고 할 수 있다. 틸든은 "첫째, 진열되었거나 묘사된 전시물을 관람객이 이해하지 못한다면 해석은 무익하다. 둘째, 정보 자체는 해석이 아니다. 해석은 정보에 바탕을 둔 것이지만 정보와 해석은 완전히 다르다. 그럼에도 모든 해석은 정보를 담고 있다. 셋째, 전시된 자료가 역사적이든 과학적이든 건축적이든, 자료의 해석은 예술이며, 여러 다른 예술을 결합한 것이다. 따라서 어떠한 예술도 어느 정도까지는 가르침이 가능하다. 넷째, 해석의 궁극적 목적은 관람객들을 가르치는 것이 아니라 관심과 흥미를 유발할 수 있도록 자극하는 것이다. 다섯 째, 해석은 부분보다 전체를, 특정 대상보다는 모든 연령대를 대상으로 해야 한다. 여섯 째, 어린이를 대상으로 하는 해석은 어른을 상대로 하는 해석과는 다른 접근 방식으로 해석 프로그램을 준비해야 한다."고 하였다.[164]

이처럼 틸든은 전시의 해석을 단순히 사실적인 정보만을 전달하기보다는 진품유물을 직접 이용해서 경험케 하고 더불어 다양한 해석매체를 통해 전시품과 전시의 의미와 관계를 밝히는 교육적인 행동이라고 정의한 것은 중요한 지적이었다. 틸든의 해석에 대한 정의는 당시 다른 연구자들에게 영감을 주었고 특

---

164) Freeman Tilden, Interpreting Our Heritage, Chapel Hill, University of North Carolina Press, 1957를 Michael Belcher, Exhibitions in Museums, Leicester University Press in GB and Smithsonian Institution Press in US, 1991에서 재인용.

별히 필드와 와거(Field & Wager, 1973)는 이 해석의 문제를 다음과 같이 좀 더 확장해 나갔다.

첫째, 관람객들은 다양한 해석의 접근방법을 필요로 한다. 왜냐하면 전시를 찾는 관람객은 여가 시간을 보내기 위해서 찾는 부류와 학습을 목적으로 찾는 부류로 나누어 볼 수 있기 때문이다.

둘째, 관람객들은 편안하고 즐길만한 분위기를 기대한다. 역사적인 유적지나 박물관을 방문하는 사람들은 긴장된 일상의 생활에서 벗어나 편안한 분위기 속에서 즐길 수 있기를 바란다.

셋째, 해석 정보는 방문객들에게 보상을 해주어야 한다.

넷째, 해석 정보는 쉽게 이해되어야 한다.

다섯 째, 피드백(feedback)은 매우 중요한 요소이다.

1990년대 이후 최근에 통용되는 전시에서의 해석의 개념은 마이클 벨처(Michael Belcher)와 토머스 암브로즈(Timothy Ambrose)와 크리스핀 페인(Crispin Paine)의 이론으로 정의할 수 있다. 마이클 벨처는 1991년에 출간한 저서에서 해석 이란 사인(signs)과 상징(symbols)을 알지 못하는 사람들에게 그 의미를 번역해주고 설명해주는 일이다. 따라서 모든 전시형태에서 해석적인 역할을 매우 중요하며 해석에 도움을 주는 해석매체들은 다양한 관람객과의 소통을 위한 정보 전달이 쉬운 형태로 행해야 한다고 말하는가 하면, 암브로즈와 페인은 1997년에 발표한 글을 통해 박물관·미술관들이 수장고에서 전시품을 꺼내어 진열하여 관람객들에게 보여주는 모든 과정이 해석이라고 말한다. 그러므로 박물관·미술관은 늘 전시품을 해석하고 있다고 볼 수 있으며, 다만 해석의 과정에서 다양한 방법이 등장할 수 있는데 전시품의 성질과 전시 유형에 따라서 복잡하거나 정교한 방법이 될 수 있다는 것이다.

전시에서의 해석이란 전시기획자가 낯선 전시품들을 다양한 관람객과 소통할 수 있도록 전시품 진열의 문제부터 그 외의 다양한 방법의 개발을 통해 전시 주제와 전시품의 의미를 쉽고 즐겁게 설명해 나가는 과정 혹은 행위라고 할 수 있다. 그러므로 해석하는 사람의 전시품에 대한 깊은 안목과·다양한 지식이 요구되며 이를 바탕으로 관람객과의 소통을 위해 전시에서 어떤 방법을 개발할 것인가 하는 마치, 예술품 창작자와 같은 기획의 창의성이 요구된다고 할 수 있다(이일수, 2014).[165]

박물관 전시전문가들은 전시유형을 역사적으로 3단계 진화과정을 거쳐 왔다고 통상적으로 말하고 있다. 그 첫 단계는 과거 18세기 '희귀품의 진열장' 즉 캐비닛 개념에서 비롯된 단순 집적에 의해 진열하는 방식, 둘째 단계는 큐레이터의 전문적 연구와 학술적인 지식에 바탕을 둔 체계적인 연관성의 결과물로서의 전시기획방식으로 기획자의 의도와 주제를 강조하는 방식, 이로부터 진보된 세 번째 단계는 "해석적 전시개발"이라고 하는 관람자와의 효과적인 소통을 목적으로 전달에 있어서의 심리적, 물리적, 사회적 메카니즘을 분석하여 체계화하는 예술과 과학으로서의 전시기획단계이다. 1980년대 중반 이후 미국의 많은 박물관과 미술관에서 활발하게 적용되어오고 있는 해석적 전시개발 방법론(Interpretive Exhibition Development)은 전시기획의 역사에 있어 새로운 지평을 제시하고 있다.

이 분야는 미국의 전시기획자 캐슬린 매클린(Kathleen Mclean)의 저서 『관람자를 위한 박물관 전시의 기획(Planning for People in Museum Exhibitions)』에서 구체화 되어 있다. 이 해석적 전시개발 방법론은 산업분야의 경영기법과 교육 심리학적 이론을 근거로 체계화한 것으로서 전시에서 전달하려고 하는 메시

---

165) 이일수, 「해석적 전시개발 방법론으로 본 국내 블록버스터 전시 연구」, 홍익대학교 미술대학원 국내석사학위논문, 2014, 서울

지를 매우 효과적으로 관람자가 인지할 수 있고 동시에 관람자의 입장에서 풍요로운 경험과 지식과 감성을 확대하는 기회가 되도록 전시기획의 프로세스를 개념 개발에 중점을 두고 치밀하게 그리고 매우 창의적으로 전시 개념을 발전시켜나가는 방법들을 강조한다.

② 박물관 교육을 돕는 해석 체계

전시 해석 체계라 함은 앞서 언급한 해석기능의 범주인 오리엔테이션, 레이블과 텍스트, 해설장치와 유사한 맥락으로 사용된다. 여기에다 미술교육학자 엘리엇 아이즈너(Elliot Eisner)와 스테판 돕스(Stephen Dobbs)는 소장품의 배치와 전시물의 설치까지를 포함하는 해석 체계를 두고 "박물관 체험을 돕는 소리 없이 들려지는 해설과 메시지"라고 표현하였다. 전시의 체험을 돕는 전시 해석 체계(해설과 메시지는 소개와 오리엔테이션, 배치와 설치, 표지)들은 관람자의 이해를 심화시킬 수 있는 교육 요소들이다. 바람직한 설명체계를 확립할 수 있도록 해석체계들을 검토하기 위해서 알아야 할 기본적인 내용들은 다음과 같다.

㉠ 박물관 오리엔테이션의 정의

국립국어원 표준국어대사전에 의하면 오리엔테이션이란 '신입사원이나 신입생 등 새로운 환경에 놓인 사람들에 대한 환경적응을 위한 교육'으로 정의한다.

일반적인 오리엔테이션 의미를 중심으로 박물관 오리엔테이션을 정의해 보면 '박물관 이용자가 관람을 목적으로 방문하였을 때 박물관의 역사, 미션, 주요 소장품 및 교육프로그램 등의 정보를 압축하여 받음으로써 새로운 환경에서 느낄 수 있는 불안감 완화와 낯선 환경에 신속하게 적응할 수 있도록 도와주는 교육'이라고 할 수 있다. 궁극적으로 심리적 안정과 환경적응을 통해 상설전시 관람 시 개인의 학습이 원활하게 이루어지도록 도와주는 교육이라고 할 수 있다.

박물관 오리엔테이션은 관람객들이 박물관을 제대로 찾아올 수 있도록 하는 역할을 한다. 또한 관람객에게 현재의 위치와 그들이 이동할 장소를 안내해준다. 관람객이 박물관에 처음 방문했을 때 가장 필요한 정보는 무엇을 우선 관람해야 하고 그러한 것이 어느 장소에 있는지에 대한 정보이다.[166] 구체적으로는 다음과 같은 것들이 있다. 관람자가 이용 가능한 장소, 각종 장치에 대한 안내, 적절한 주차장, 박물관 건물을 인식할 수 있는 외관, 도착했다는 분명한 느낌을 주는 표지판, 다음에는 무엇을 해야 하는지를 알려주는 안내 표시, 방향감각을 확인할 수 있는 표식, 눈에 잘 띄는 리셉션과 매표소, 쓸모 있고 일관성 있는 안내서 등을 포함해 관람객이 원하는 박물관 전시실에 도착하기까지 경험하는 모든 것을 말한다.

㉡ 박물관 오리엔테이션 종류

마이클 벨처(1991)는 박물관 현장에서 일어날 수 있는 오리엔테이션에 대해 4가지로 정리하였다.

첫 번째는 지리적인 정보에 따른 오리엔테이션(Geographical Orientation)이다. 건물 안내도와 같은 맥락으로 건물 내에서 자신이 현재 위치에 대해 알려주는 오리엔테이션이다.

두 번째는 지식의 정보에 따른 오리엔테이션(Intellectual Orientation)이다. 이 오리엔테이션은 자세한 설명을 하는 것이 아니라 '관람 목적이 드러나는 전시 요점을 알 수 있는 경험'에 대한 설명이다. 이를 통해 전시관 내 텍스트만 읽기보다는 전시된 전시물을 관찰하고 연구하는 데 좀 더 집중할 수 있게 해

---

166) 마이클 벨처(신자은 역), 『박물관 전시의 기획과 디자인』, p.149~150.

준다고 말한다.

세 번째는 개념에 따른 오리엔테이션(Conceptual Orientation)으로 전시의 취지나 내용에 연관성 등에 관한 내용으로 전시의 전체적인 맥락을 이해하는 데 중요한 역할을 하게 된다.

마지막으로 네 번째는 심리에 따른 오리엔테이션(Psychological Orientation)으로 전시에 대해 내재적인 동기를 갖게 해주고 관람객에게 기대감을 주어 전시 관람에 긍정적인 태도를 보이도록 도와주는 역할을 한다.

지리적 오리엔테이션(Geographical Orientation)	
• 건물 안내도와 같은 맥락으로 건물 내에서 자신이 현재 위치에 대해 알려주는 오리엔테이션이다. • 두 장소 간의 지리적 관계를 알려주는 것으로 박물관 안내 도면은 편리한 소책자 형태로 관람객들이 이용할 수 있어야 하고, 건물 어디에나 놓여 있어야 한다. 박물관과 전시에 대한 내부 표지판 시스템도 갖춰져 있어야 한다. • 대표적 예로는 박물관 소책자에 포함된 정보인 '박물관 오는 길', 박물관 표지판, 지역 지도와 관광지도 등과 같은 박물관의 위치에 대한 안내이다.	
지적 오리엔테이션(Intellectual Orientation)	
• 지적 오리엔테이션은 자세한 설명을 하는 것이 아니라 '관람 목적이 드러나는 전시 요점을 알 수 있는 경험'에 대한 설명이다. 이를 통해 전시관 내 텍스트만 읽기보다는 전시된 전시물을 관찰하고 연구하는 데 좀 더 집중할 수 있게 해준다. • 사람들에게 미리 박물관 전시에 관한 기본적인 정보를 주어 전시를 관람할 때 더 많은 것을 얻도록 하는 것이다. 지적 오리엔테이션은 주제에 대해 알고, '친숙해지고' '미리 읽어보는 일' 등이다. 즉 지적 오리엔테이션 자료는 사람들이 미리 주제를 알고 잘 이해할 수 있도록 도와주는 것들이다. • 대표적 사례로는 전시 주제에 관한 출판물과 도서 목록, 카탈로그, 교육 자료 모음집, 전시 주제, 강의, 비디오에 대한 소개 패널 등이다.	
개념적 오리엔테이션(Conceptual Orientation)	
• 개념적 오리엔테이션은 전시의 취지나 내용에 연관성 등에 관한 내용으로 전시의 전체적인 맥락을 이해하는 데 중요한 역할을 한다. • 전시의 지적 내용과 관련된 것으로 전시 내용을 다루는 것이 아니라 전시개요, 목적, 취지 등 관람객이 전시의 개념을 이해하면 전체 전시를 쉽게 이해할 수 있도록 돕는 요소들을 말한다. 실제로 기초 개념들이 통합하여 서로 어떻게 연관되는지 알지 못한다면 그 개념들은 별로 가치가 없기 때문이다. 만일 방문하기 전에 지적 오리엔테이션과 함께 개념적 오리엔테이션을 충분히 제공 받는다면 관람객은 관람할 준비가 충분히 된 것이다. • 대표적 사례로는 전시에 대한 안내문, 소책자, 교육 자료 모음집, 설명 패널, 숫자로 나타낸 순서, 오리엔테이션 장소 등이다.	
심리적 오리엔테이션(Psychological Orientation)	
• 전시에 대해 내재적인 동기를 갖게 해주고 관람객에게 기대감을 주어 전시 관람에 긍정적인 태도를 보이도록 도와주는 역할을 한다. • 심리적 오리엔테이션은 올바른 사고와 태도를 갖게 하는 것으로 관람객들이 기대와 관심을 갖고 수용적이 되도록 하는데 있다. 즉, 관람자들에게 적극적인 태도를 갖도록 하는 것이 목표이다. • 대표적 사례로는 박물관 전시 홍보에 대한 TV, 라디오 홍보 자료가 이에 해당된다.	

[마이클 벨처가 제시한 박물관 오리엔테이션 종류 4가지]

09 박물관 마케팅

01 박물관 마케팅

(1) 박물관 마케팅의 의미

미국 박물관협회와 코틀러의 마케팅 정의를 바탕으로 박물관에서의 마케팅이란 박물관의 성공적 전시 목표 달성을 위해 표적시장에 속한 관람객들의 필요와 욕구를 찾아내어 그것을 경쟁기관들보다 더 효과적이고 효율적으로 충족시키고자 하는 과정이라고 요약할 수 있다.

The 중요

마케팅의 의미
- 넓은 의미 마케팅 : 다양한 시장에서 일어나는 대중과의 교환 활동을 효과적으로 경영하는 것이다.
- 좁은 의미 마케팅 : 잘 기획된 전시와 홍보 도구를 사용하여 의도한 바를 정해진 시간과 한정된 예산 내에 이루도록 만드는 일이다.

The 중요

마케팅의 일반적 정의(AMA, 2007)
마케팅이란 개인이나 조직의 목표를 만족시키는 교환을 창출해내기 위해 아이디어, 재화, 서비스의 개념 설정, 가격책정, 촉진 및 유통활동을 계획하고 집행하는 과정이다.
Marketing is the process of planning and executing the conception, pricing, promotion, and distribution of ideas, goods, and services to create exchanges that satisfy individual and organizational objectives.

The 중요

코틀러의 마케팅 정의
개인이나 집단이 제품이나 서비스 등의 가치를 창출하고 제공해 그것을 다른 사람들과 교환함으로써 자신들의 니즈(needs)와 원츠(wants)를 만족시키는 사회적 관리 프로세스이다(필립 코틀러와 게리 암스트롱, 「마케팅 원칙」).
Marketing is a social and managerial process by which individuals and groups obtain what they need and want through creating and exchanging products and value with others. (Philip Kotler, Gary Armstrong, 「Principles of Marketing」)

---

(2) 마케팅 진행 방법

마케팅 계획의 수립과정 절차는 '상황분석 → 마케팅 목표 설정 → 마케팅 전략 개발 → 마케팅 통제' 순으로 이루어진다. 코틀러의 마케팅 요소 분류에서 마케팅 진행 방법은 전략, 전술, 가치 창출로 진행되어진다.

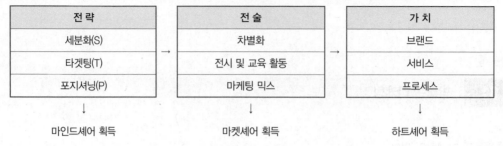

전 략	전 술	가 치
세분화(S)	차별화	브랜드
타겟팅(T)	전시 및 교육 활동	서비스
포지셔닝(P)	마케팅 믹스	프로세스
↓	↓	↓
마인드셰어 획득	마켓셰어 획득	하트셰어 획득

[지속 가능한 마케팅 사업 모델의 전략적인 사업체계]

① 마인드셰어(Mind Share) : 주요 전략으로는 STP 전략을 꼽을 수 있다. 필립 코틀러가 제창한 전략으로 시장을 개척하는 데 유용한 마케팅 기법 중 하나이다. 관람자들이 전시나 교육프로그램을 결정할 때, 어느 특정한 박물관, 미술관을 제일 먼저 떠올리는 비율을 말한다. 이것으로 인지도를 알 수 있다.

② 마켓셰어(Market Share) : 시장에서의 차별화와 수준 높은 전시기획 그리고 효과적인 마케팅 믹스 전술을 통해 경쟁 상대들과의 우위성을 확보하는 것을 말한다. 연간 전시 관람자 수, 티켓 판매액(시장점유율)을 포함한다.

③ 하트셰어(Heart Share) : 차별화된 서비스와 프로세스를 통해 특정 박물관이나 미술관에 대한 관람자의 충성심(브랜드 선호도)을 갖게 만드는 것을 말한다. 잠재관람자가 어느 나라나 지역에 방문해서 찾아갈 박물관을 선택할 때 가장 가고 싶어 하는 박물관이나 미술관의 비율을 말한다. 예를 들어 뉴욕에 가게 되면 뉴욕 현대 미술관(MoMA), 메트로폴리탄 박물관, 휘트니 미술관, 구겐하임 미술관을 떠올리는 것과 같은 것이다.

(3) 마케팅 컨셉의 정의

관람객 지향적인 사고와 마켓 인(market in)의 발상하에 박물관이 선택한 표적시장에 대해 경쟁기관보다 한층 효과적으로 관람객 가치를 창출, 공급하고 커뮤니케이션하여 박물관의 목표를 달성하는 것을 말한다.

표적 시장	박물관이 집중해야 할 타겟 시장
고객 니즈	관람객이 진심으로 원하는 전시와 교육 프로그램 서비스 제공
종합적 마케팅	관람객의 이익을 위한 박물관 내 모든 부서의 협력
경제성	마케팅의 성공 여부는 최종적으로 경제성에 반영

[마케팅 컨셉의 구성 요인]

(4) 마케팅을 실천하는 방법

전략적 마케팅 계획 과정을 수립하고 관람객 연구를 통해 시장 세분화, 타겟팅, 포지셔닝 전략(STP 전략)을 실행에 옮기는 데 있다.

① 전략적 마케팅 계획 과정 수립

박물관이 설립 취지를 만들어서 계획하고 실행하며 관리하는 데 기초가 되는 과정으로 다음 세 가지 단계로 분류된다. 첫째는 환경요인과 조직의 강점과 약점, 설립 취지, 운영지침, 목표를 분석한 후 그것에 알맞은 전략을 세울 수 있는 전략적 마케팅 계획 시스템 구축 단계, 둘째는 선택된 전략에 맞도록 조직을 디자인하는 단계, 셋째는 계획의 실행과 결과를 관리할 수 있는 시스템을 디자인하는 단계가 마련되어야 한다. 여기서 특히 시장 정보를 모으고 계획을 세워 관리할 수 있어야 한다.

㉠ 마케팅 문제해결이나 마케팅 목표를 달성하기 위해 현재 처한 마케팅 환경을 분석하여 기회요인과 위협요인을 파악하고 박물관의 마케팅 수단을 동원하여 효율적으로 대응해 가는 과정을 의미한다.

㉡ 이 과정은 계획, 실행, 통제의 세 단계를 거쳐 수행된다.

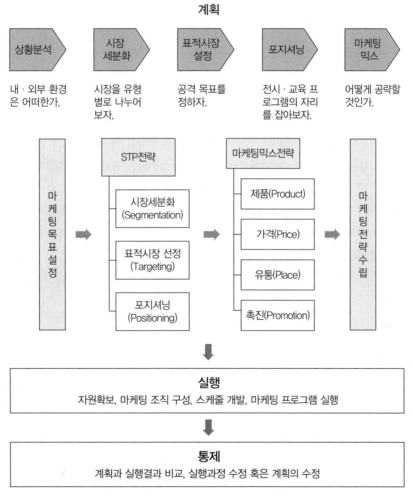

[마케팅 전략수립 프로세스]

② 관람객 연구

박물관이 관람객을 유치하기 위해서 우선 관람객을 이해하는 단계가 필요하다. 이는 관람객의 특징을 통해 파악할 수 있다. 관람객이 원하는 프로그램과 서비스를 만들기 위해, 박물관 방문 선택(행동결정 과정의 단계) 시 영향을 미치는 요인을 파악해서 박물관 방문이 긍정적이고 만족스러운 경험이 되도록 해야 할 것이다.[167] 박물관 방문에 영향을 미치는 요인은 다음과 같다.

㉠ 문화적·민족적 요인

㉡ 사회 계층적 요인

㉢ 인생 주기적 요인

㉣ 라이프스타일 요인

㉤ 권유그룹

㉥ 사회화 요인

㉦ 사회경향 요인

③ 세분화, 타겟팅, 포지셔닝(STP 전략)[168]

박물관 마케팅을 위해 시장접근 방법과 시장 세분화 기준을 마련하여야 한다. 기준을 바탕으로 특정한 세분화 시장을 결정하여 타겟 마케팅을 구현한다. 목표 관람층을 대상으로 하는 박물관 프로그램을 기획하고 교육 서비스의 포지셔닝을 구축한다. 다시 말해 시장 관객층을 분할하고 타겟팅하여 박물관을 포지셔닝하는 것이 바로 박물관의 전략 계획 과정이다.

㉠ 시장 세분화(Segmentation)

시장 세분화란 비슷한 성향을 가진 사람들을 다른 성향을 가진 사람들의 집단과 분리하여 하나의 집단으로 묶는다는 의미이다. 박물관에 대한 시장 세분화는 관람자의 연령, 배우자 유무, 지리적 위치, 소득, 인종과 같은 인구통계학적 특성을 고려하여 관객 집단을 분류할 수 있다. 현대에 와서는 인구통계학적 기준만으로 세분화하는 것은 어렵고 라이프스타일에 따른 개인의 심리적 특성을 분석하는 사이코그래픽스 접근법(psychographics approach)을 병행하는 것이 바람직하다.

시장 세분화는 측정 가능성, 접근 가능성, 실행 가능성, 경제성을 바탕으로 이루어진다.

---

167) 욕구 발생 → 정보 수집 → 결정 평가 → 결정의 실행 → 결정 이후의 평가와 행동(네일 코틀러·필립 코틀러, 『박물관 미술관학 – 뮤지엄 경영과 전략』, 박영사, 2007, p.132.)

168) STP 전략은 시장을 여러 개로 구분하여 목표를 정한 뒤, 목표 시장을 대상으로 기업의 마케팅 활동을 집중시키는 전략으로 마케팅의 가장 기본적인 개념 중 하나이다. 문화 소비자 취향의 다양화로 오늘날의 박물관들은 이제 우수한 문화 콘텐츠만 가지고는 다수의 고객의 확보하기 어려운 것이 현실이다. 따라서 대중 전체를 잠재 관객으로 보아서는 안 되며, 기관이 어떠한 유형의 관객을 확보하고 있으며, 무엇을 확보하길 원하는지, 패키지로 묶는 행사를 적절하게 제공하면서 표적 관객을 관람에 참여시키기 위해서는 어떠한 동기를 부여할 것인지를 결정해야 한다.

The 중요

시장 접근 방법
- 시장 세분화의 목표 결정(왜 시장을 세분화하는가?)
  - 박물관 및 미술관의 마케팅 전략 수립
- 시장 세분화의 근거를 선정(무엇으로 시장을 세분화할 것인가?)
  - 인구 통계학적 세분화, 지리학적 세분화, 심리학적 세분화, 행동 세분화, 집단 세분화
- 시장 세분화의 기준을 설정(시장을 세분화하는 구체적 기준은 무엇인가?)
  - 근거를 이용하여 세분 시장을 나누는 구체적인 기준
- 집단 세분화 기법을 이용하여 각 세분 시장의 프로파일 작성
  - 주요한 집단의 차별적 특성을 근거로 각 세분 시장의 프로파일을 개발
- 각 세분 집단의 프로파일을 이용하여 마케팅 전략 개발
  - 세분 집단의 특성을 고려한 마케팅 믹스(4PS)의 개발

The 중요

시장 세분화 기준
- 지리적 세분화 : 지역 관람객, 단거리, 장거리 관람객, 그리고 해외 관람객으로 세분화
- 인구통계학적 세분화 : 연령과 인생주기 단계, 성별, 수입, 민족과 문화로 세분화, 경제적 능력과 직업, 교육수준
- 심리학적 세분화 : 사회계층, 라이프스타일, 개성으로 세분화
- 행동 세분화 : 참여하는 상황, 이익추구, 사용경험, 선호도, 선택준비, 태도에 따라 세분화
- 지리적 · 인구통계학적 세분화 : 지역 우편번호와 블록, 또는 통계청 자료에 의해 세분화
- 집단 세분화 : 관람객이나 회원뿐 아니라 여러 집단까지도 계층을 분류하여야 함
- 효과적 세분화를 위한 조건 : 측정 가능성, 실체성, 접근성

시장 세분화를 통한 박물관 관람층을 분리해 보면 관람자들은 단일화된 총체적인 시장이 형성되어 있는 것이 아니라 작은 계층의 단위가 모아져서 하나의 시장을 이룬다. 이를 구분하여 보면 박물관 관람층은 열성 집단, 관심 집단, 비참여 · 무관심 집단으로 구분된다.

관람객 집단의 유형에 따라 연구한 대표적인 학자인 로저 스트랭(Roger A. Strange)과 조나단 굿먼(Jonathan Gutman)에 의하면 "박물관 경험에 따라 관람객 집단을 피라미드 체계로 보여주고 있다"고 하였다. 다시 말해 박물관 관람층을 분리해 보면 관람자들은 단일화된 총체적인 시장이 형성되어 있는 것이 아니라 작은 계층의 단위가 모아져서 하나의 시장을 이룬다는 의미이다. 이를 구분하여 보면 박물관 관람층은 열성 집단(enthusiasts), 관심 집단(Interested), 비참여 · 무관심 집단(Non-interested /Non-attenders)으로 나누었다.

ⓐ 열성 집단(enthusiasts) : 박물관 문화체험에 대한 긍정적이며 적극적인 수요자 계층

박물관 경험이 풍부하며 관람 빈도가 높은 집단으로 관심 집단(Interested)보다 박물관의 선호 범위가 다양하며 기존의 박물관 경험에 대해 긍정적인 평가를 갖고 있는 세 집단 중 가장 적극적인 박물관 수요자 계층으로서 문화 수용 능력과 문화 활동의 관련성이 높은 집단이다.

- 예술과 관련된 활동이나 취미 활동을 함
- 자발적으로 회원에 가입하여 박물관의 다양한 프로그램에 참여
- 특정 예술인을 후원

- 박물관에 재정적인 지원
- 독자적으로 박물관이나 갤러리의 설립에 비전을 가진 사람

ⓑ 관심 집단(interested) : 예술 소비자의 범주에 포함되는 수요자 계층

박물관 관람 빈도는 비교적 낮으며 다양한 분야보다 한정된 분야에 관심 주제영역을 갖고 있지만 문화수용능력을 갖고 있어 방문 동기를 촉진해 주면 적극적인 참여를 유도할 수 있는 개방성과 탄력성을 지닌다. 다시 말해 특정 분야나 활동에 관심을 가지고 있지 않으나, 동기부여가 되면 상황에 따라 관심이 유발될 수 있는 사람

ⓒ 비참여 집단 · 무관심 집단(Non-interested/Non-attenders) : 기존 박물관의 체험이 부정적이었던 수요자 계층

박물관에서의 경험이 전혀 또는 거의 없는 관람객이다. 이 집단의 관람객은 박물관 이외의 시설인 동물원, 놀이동산, 스포츠 관람 등의 영역에서 여가 시간을 보낸다. 이 집단에 속하는 유형으로 저소득층, 극빈자, 장애인, 문맹자, 노약자 등이 있다. 특히 교육적인 혜택을 받지 못해 문화수용능력이 매우 낮은 편이거나 기존의 박물관 경험에 대해 부정적인 집단이 이에 속한다. 또한, 의식주 기본욕구가 충족되지 않아 정신적 · 육체적 · 경제적인 여유가 상대적으로 부족하여 박물관 관람 동기를 갖지 못하는 것이 근본적인 원인이다.

- 박물관 체험의 기회를 갖지 못함
- 박물관 체험을 할 수 있는 심리적, 경제적, 신체적 여건을 갖고 있지 못함
- 저소득층, 노약자, 문맹자, 병약자, 장애인

ⓛ 표적 시장의 선정(Targeting)

박물관은 그동안 마케팅 대상을 선정하는 데 있어 특정 집단보다는 전체 시장으로 접근하여 마치 동일한 하나의 시장이 존재하는 듯이 모든 사람들에게 동일한 마케팅 메시지를 전달해 왔다.[169] 전체 시장의 규모가 작거나 잠재 고객들이 동질적 선호패턴이나 확산된 선호패턴의 양상을 보이지 않는 한 이러한 접근 방식은 효율적인 마케팅 결과를 기대하기 어렵다. 표적 시장은 하나의 세분 시장으로서 특정 제품에 대한 요구와 취향을 공유하고 있는 개인적으로 구성된 집단이다.[170] 각 세분 시장의 잠재성을 평가한 다음에 이들 시장을 몇 개의 시장으로 나눌 것인가를 분석하고, 집중 마케팅, 차별화 마케팅, 획일적 마케팅을 적절히 구사하여야 한다.

ⓐ 집중 마케팅 : 1개 또는 소수의 세분 시장만을 대상으로 모든 마케팅을 집중하는 전략이다. 대개의 박물관들은 마케팅 예산이 한정되어 있기 때문에 범위를 좁혀 표적 시장을 선정하게 되면 그들의 재원을 좀 더 효과적으로 사용할 수 있다.

ⓑ 차별화 마케팅 : 다양한 세분 시장을 선정하고 각 세분 시장에 적합한 마케팅 믹스를 다양하게 활용하는 접근 전략이다.

ⓒ 획일적 마케팅 : 각 세분 시장 간의 특성을 무시하고 전체 소비자를 대상으로 마케팅 전략을 구사하는 접근 전략이라는 점에서 대중 지향적인 단일 마케팅이다.

169) Lamp,C, Hair, J. and McDaniel, C, 「Essentials of Marketing」, Southwestern College Publishing, 1999.
170) 보니타 M. 콜브, 이보아(안성아 역), 「새로운 문화 소비자를 위한 문화예술기관의 마케팅」, 2004, p.235.

ⓒ 포지셔닝(Positioning)

포지셔닝은 관람자의 마인드에 전시와 교육 프로그램에 대한 차별화된(특정한) 우위를 차지하게 만드는 모든 활동을 말한다. 이미지는 박물관에 대한 전체적인 인상인 데 반해, 포지션은 일반적으로 선정된 목표 시장에서 박물관의 전시와 교육 프로그램을 어디에 위치시킬 것인가를 해결하는 작업으로 관람객의 머릿속에서 박물관의 상품을 다른 경쟁자와 다르게 기억시키는 것을 말한다. 따라서 박물관이 제공하는 모든 서비스가 우선적으로 문화 소비자의 마음속에 어떻게 자리 잡고 있는지를 분석하고 경쟁기관으로부터 분리시킬 수 있는 특성을 찾아내는 것이 포지셔닝 전략의 핵심이다. 포지셔닝의 분류로는 ⓐ 박물관 또는 문화예술 상품의 속성, ⓑ 효익에 의한 표지셔닝, ⓒ 사용 현황에 대한 포지셔닝, ⓓ 문화 소비자에 의한 포지셔닝, ⓔ 경쟁기관 또는 매체에 의한 포지셔닝, ⓕ 틈새 시장(Niche Market)에 대한 포지셔닝 등 표적 세분 시장의 분류 기준과 기관의 전략적 의도에 따라 활용될 수 있다.[171] 기타 포지셔닝으로는 박물관의 건축적 특성, 전시의 수준, 입장료 수준, 관람자의 편익, 박물관 및 미술관 이용 기회, 박물관 및 미술관에 대한 이미지에 대한 포지셔닝 등이 있다.

(5) 시장 접근 방법

① 집단 마케팅(Mass marketing) : 헨리 포드(Henry Ford)의 Model T 자동차 회사가 좋은 예로 여기서 생산자는 하나의 상품을 모든 소비자에게 판매한다. 이 이론은 최저의 비용과 가격이 결국 잠재적인 시장을 최대한 이끌어 낸다는 논리에서 시작되었다. 즉, 모든 대중이 박물관 프로그램과 서비스의 잠재적인 대상일 수 있다는 인식에서 시작된다. 단점으로는 홍보나 섭외하는 과정에서 자원낭비가 될 위험이 있으며, 박물관에 관심을 가지고 있고, 동시에 박물관에 이득을 가져오는 특정 그룹을 위한 전략을 발전시킬 수가 없다.

② 세분화 마케팅(Segmentation marketing) : 시장이 다양한 행위와 취향을 가진 제각기 다른 그룹의 사람들로 이루어져 있다고 가정한다. 따라서 박물관은 관심을 얻고자 하는 그룹을 밝혀서 특정 그룹을 타겟팅하여 각기 다른 프로그램을 운영하게 된다.

③ 특정 관객층 마케팅(Niche marketing) : 특정 관객층 마케팅은 시장에 존재하는 몇 가지 관객층의 주의를 끄는 대신에 단 하나의 극소수 관객층을 만족시키는 데에 초점을 두는 방법이다. 대개 특정한 시장 멤버들의 흥미에 박물관 소장품과 전시 프로그램을 맞추게 된다. 예를 들어 골프 박물관, 희귀 서적 박물관 등이다.

④ 관객 개인 마케팅(Segmentation-of-one marketing) : 박물관이 각각의 회원을 만족시키기 위하여 그들 하나하나를 연구하는 마케팅 방법이다. 다른 말로 개인 맞춤 마케팅(customized marketing)이라고도 한다.

---

171) 주진윤, 「사립박물관의 마케팅에 관한 연구」, 단국대 대학원 석사논문, 2007, p.28.

(6) 박물관 마케팅 활성화를 위한 요소

① 다양한 교육 프로그램 운영과 영역별 전문인력 배치

② 환경 · 시설 및 지역사회와 관람객과의 연계성

③ 최고경영자의 전문성과 박물관의 비전

④ 박물관 상호 간의 정보네트워크 구축

The 중요

상호교류와 관람객 개발

- **상호교류** : 상호교류 작용의 발생은 관람객과 소장품, 전시, 교육 프로그램, 특별 행사, 박물관 종사자, 출판물, 건물, 부대 시설 이용을 통해 발생된다. 현대 박물관의 문화 촉매 활동을 강조하며, 그 의미는 '박물관과 대중과의 상호작용의 발생'을 의미한다. 즉, 현대 박물관에서는 전시회를 상품이라는 국한된 개념이 아닌 봉사의 개념으로 해석하고 있다.
- **관람객 개발** : 박물관과 박물관이 봉사하는 다양한 관람객의 관계는 그 중요성이 더해가고 있으며, 이러한 관계는 박물관과 소장품을 창의적이고 효율적으로 사용함으로써 증진될 수 있다.
- **전시자료 개발** : 박물관과 박물관이 봉사하는 다양한 관람객의 관계는 그 중요성이 더해가고 있으며, 이러한 관계는 박물관과 소장품을 창의적이고 효율적으로 사용함으로써 증진될 수 있기 때문에 지속적인 전시자료 개발이 필요하다.
- **전시공간 개발** : 박물관의 소장품과 관련된 전시공간 개발은 다각적인 방법을 통해 좀 더 광범위한 범주에서 관람자를 유도하는 한편, 관람자들에게 보다 유의미한 즐거운 체험을 전달하기 위한 목표를 가지고 개발한다. 이러한 개념을 충족하기 위해 전시품들은 이전보다 풍부한 공간규모를 요구하게 되었으며, 전시 전달의 쾌적성과 시간성을 고려한 전시기법 역시 다른 형식으로 세련되어지게 되었다.

박물관의 관람 목적	박물관을 방문하지 않는 이유
• 여가생활 활용 • 타인과의 사회적 교류 • 정보 수집을 통한 교육적인 체험 • 감각적인 인지를 통한 미학적 체험 • 과거와 관련된 기념적인 체험 • 개인의 정서적 · 정신적인 경험의 향상 • 가치 있는 일의 추구 • 새로운 경험에 대한 도전 • 학습(배움)의 기회를 갖고자 함 • 주어진 환경 속에서 편안함을 느끼고자 함 • 능동적인 자세로 어떤 일에 참여하고자 함 • 박물관에 고용되기 위해서 • 자원 봉사 활동(도슨트, 인턴)	• 전시회가 호기심을 유발시키지 못해서 • 전시회와의 상호교류 작용이 발생하지 않아서 • 전시회에 대한 좋지 않은 기억이 남아서 • 박물관이 어떠한 곳인지 몰라서 • 교통편이 불편해서 • 입장료가 비싸서 • 직원이 불친절해서 • 시설이 불편해서 • 지적 욕구를 충족시킬 수가 없어서 • 필요성을 느끼지 못해서 • 시간이 없어서 • 정보를 얻지 못해서(홍보 부족) • 사람들이 많아서

[박물관을 관람하는 목적과 방문하지 않는 이유[172]]

---

172) 이보아, 『박물관학 개론』, p.239.

(1) 마케팅 기획

마케팅 목표를 설정하고 그 목표를 달성하기 위한 전략을 수립하기 위해 다양한 마케팅 도구를 어떻게 활용하고 이용 가능한 마케팅 도구 전체를 어떻게 조합하여야 목표를 달성할 수 있는가를 결정하는 과정이다. 마케팅기획을 수립할 때 전략결정에 유효한 정보를 제공하는 수단으로서 '시장 조사'와 '소비자 연구'가 선행되어야 한다. 또한 효과적인 믹스를 형성하기 위해서는 '표적 시장'을 우선적으로 확정하고 그것에 적합한 믹스를 구축하여야 한다.

시장 조사는 현재의 관람객과 잠재적 관람객에 대한 정보, 박물관을 관람하고 이용하는 이유 그리고 그들의 요구 사항이 무엇인지를 파악할 수 있다. 여기서 박물관 마케팅의 성공 여부는 상품, 가격, 장소, 홍보와 같은 요소들이 결합된 마케팅 믹스(Marketing Mix)에 따라 결정된다.

특별히 마케팅 믹스 시 고려 사항으로는 누적적 효과(시너지 효과)보다는 상승적 효과를 발휘할 수 있도록 각 요소에 가중치를 붙여 종합해 나가는 방향으로 추진하는 것이 믹스를 성공시키는 주요한 사고 방식이다.

(2) 마케팅 믹스(Marketing Mix, 혼합 마케팅)

박물관이 기대하는 마케팅 목표를 달성하기 위하여 마케팅에 관한 각종 전략, 전술을 기초로 박물관이 사용 가능한 자원 및 마케팅 전략 요소를 결합하는 과정이다. 여기서 사용 가능한 자원은 맥카시(McCarthy)가 언급한 상품(Product), 가격(Price), 장소(Place), 홍보(Promotion)의 4Ps이다.

> **The 중요**
>
> **마케팅 믹스**
> - 박물관 마케팅의 성공은 고객을 만족시키는 맞춤형 서비스와 적정 요금의 징수, 접근하기 좋은 곳에서 요구하는 서비스를 제공하고, 고객에게 감동을 줄 수 있는 홍보가 필요하다.
> - 박물관 마케팅은 불특정 다수를 대상으로 하지만 표적 이용자를 설정하여 마케팅 믹스를 통해서 경영 효율을 높일 수 있다.
> - 박물관 마케팅의 성공 여부는 볼거리 · 즐길거리, 입장료 · 이용료, 전시 장소 · 공간, 홍보 · 판촉의 기본적인 요소가 적절히 합리적으로 조화를 이루어야 한다.
> - 박물관 마케팅의 성공을 위해서는 학예연구실이 독자적으로 마케팅을 주도하기보다 관련 부서의 전문가들이 공동 작업을 통해서 다각도로 접근하는 것이 필요하다.

(1) 상품(Product)

박물관의 상품이란 무엇을 말하는가? 박물관 상품을 이해하고 관람객의 요구에 맞도록 개발하는 것은 박물관 경영의 업무이고 마케팅 믹스의 핵심적인 요소이다. 박물관 상품은 서비스, 사람, 건물, 시설, 분위기, 고객 관리, 접근과 접근용이성, 공동발표, 소장품, 행사, 활동 그 밖의 많은 양적 · 질적 요소들의 혼합물이다. 상품은 박물관의 정체성과 특성을 형성하는 데 필요한 것이다.

① **상품의 넓은 뜻** : 서비스, 사람, 건물, 시설, 분위기, 관람객에 대한 배려, 자료 등의 입수 및 이용, 발표회, 소장품, 각종 행사 등 다양한 양적 · 질적 요소들의 혼합물

② **상품의 좁은 뜻** : 전시회, 교육 프로그램, 특별 행사, 출판물

③ **박물관 중심적 공급** : 전시회

④ **박물관 주변적 공급** : 교육 프로그램, 특별 행사

(2) 가격(Price)

박물관을 경영하는 데는 비용이 든다. 여기에는 직원, 전시, 전시회, 보존, 문서화, 홍보, 박물관의 기타 업무를 수행하는 데 소요되는 제반 경비가 포함된다.[173] 이러한 제반 소요 경비를 충당하는 방법은 박물관에 따라 다를 수가 있다. 어떤 박물관은 이러한 비용 전체를 또는 일부를 공공기관에서 지원받으며, 어떤 박물관은 최소의 경비만을 기금으로 충당하고, 나머지는 입장료와 판매수입을 통해 발생한 수입에 크게 의존한다. 박물관이 제반 경비를 확충하는 방식은 경영상의 업무이지만, 가격을 책정하는 것은 마케팅 믹스의 핵심적인 구성요소이다. 성공적으로 운영되는 박물관은 가격정책이 시장에 손상을 미치지 않는지를 검토하고, 박물관의 전체적인 책임을 원활히 수행할 수 있도록 책정되어야 한다.

(3) 장소(Place)

박물관의 가장 적합한 입지 조건은 무엇인가? 박물관은 도심이나 지방의 다양한 장소에 설립될 수 있으며, 건물은 신축될 수도 있고, 개조해서 사용할 수도 있으며, 경제적으로 여유가 있는 지역사회나 여유가 없는 지역사회에도 설립될 수 있다. 박물관의 입지 조건은 접근성과 관련하여 주요한 요인으로 작용하며, 박물관을 누가 방문하는가를 결정하는 데 중요한 요인으로 작용한다. 박물관의 규모가 크건 작건 간에 박물관이 서비스를 제공하기 위해 가능한 많은 관람객을 유치하는 것 이외에 특별한 최적의 장소는 없다.

(4) 홍보 · 판촉(Promotion)

박물관이 시장에서 효과적으로 스스로를 알릴 수 있는 방법은 무엇인가? 박물관을 위해 마케팅이나 홍보 전략을 세울 때에 염두에 두어야 할 가장 중요한 사항은 '홍보나 마케팅 전략의 영향력을 어떠한 방법으로 실험하는가.'이다. 포스터, 광고, 우편물, 리플릿, 방송매체를 이용한 촉진활동에 필요한 자본이 제한되어 있다면 마케팅을 위해 책정된 예산을 사용하여 최대의 효과를 거둘 수 있는 방법을 알아야 한다.

---

173) 티모시 앰브로즈(이보아 역), 『실무자를 위한 박물관 경영 핸드북』, 학고재, 2001, p.43.

박물관 잠재 관람객의 계층 분포, 관람동기, 관람객의 박물관 이용에 대한 정보를 얻는 과정을 시장 조사(Market Research)라고 한다. 시장 조사는 합리적인 마케팅 의사결정을 하는 데 유용한 정보를 제공하기 위하여, 수요자의 경험을 근거로 특정제품(봉사)에 대한 고객의 만족을 평가하고 요구를 수렴하기 위한 자료를 체계적으로 획득, 분석, 해석하는 과학적이고 공식적인 과정이라고 정의할 수 있다.

(1) 관람객 조사

① 박물관의 목표를 수정하거나, 시설의 향상, 전시장의 오리엔테이션 체계나 기획을 측정하기 위해 실시한다.
② 관람자의 행동성향과 심리 상태를 파악하기 위한 목적으로 시행한다.
③ 누가, 어디서, 언제, 무엇을, 왜, 어떻게 등의 질문에 대한 답을 얻을 수 있다.
④ 박물관의 전시, 교육 프로그램 혹은 박물관 이용에 관한 관람객의 의견과 태도를 파악한다.

(2) 먼리(Munley)의 박물관 시장 조사 목적 9가지

① 객관적인 방법으로 박물관의 약점, 강점, 기회, 위협요인을 파악할 수 있다.
② 관람객의 정체성, 요구 사항, 의견을 지속적으로 반영할 수 있다.
③ 박물관의 조직 구성원에게 박물관의 운영과 발전 방향을 인식시켜 준다.
④ 비참여 · 무관심 집단의 정체성을 파악하고 이러한 계층을 유도할 수 있는 방안을 모색할 수 있다.
⑤ 박물관 경영자가 시장을 확장시키기 위한 중장기 계획과 전략을 수립하는 데 도움이 된다.
⑥ 현재 도출된 문제점을 인식하고 이를 위한 해결방안을 제시할 수 있다.
⑦ 박물관 경영상의 문제점을 규명하고 문제 해결에 대한 우선순위를 결정할 수 있다.
⑧ 박물관이 제 기능을 수행하기 위해 최선을 다하고 있다는 것을 대외적으로 증명할 수 있다.
⑨ 박물관의 후원자와 기금 지원기관에게 박물관의 전문성과 경영 능력을 제시하여 재원 조성에 대한 가능성을 진단해 볼 수 있다.

(3) 시장 조사 방법

개인 인터뷰, 전화 인터뷰, 포커스 그룹 토의, 설문조사 등
① 설문조사
  ㉠ 박물관에서 가장 보편적으로 사용되고 있는 관람객 조사
  ㉡ 경험적이며 통계적인 자료를 분석하여 논리적이며 일관성 있는 경영 구조의 틀을 제시
② 설문조사 내용
  ㉠ 인구통계적 정보 : 연령, 성, 경제적 능력과 직업, 교육수준, 여가선용 방법, 생활 방식
  ㉡ 박물관 이용 목적과 이용 방법
    ⓐ 박물관에서 제공하고 있는 전시회와 교육 프로그램에 관한 관람객의 반응
    ⓑ 박물관의 접근성

ⓒ 박물관 이용료

ⓓ 박물관에 대한 관람객의 인지도와 박물관에 대한 정보원

ⓔ 박물관 시설의 편의성

(4) SWOT 분석

마케팅 계획을 수립하고 실행하기 위해서는 스와트 분석(SWOT analysis)을 행하며, 설문조사의 결과가 스와트 분석의 형태로 요약된다.

> **The 중요**
>
> **SWOT 분석**
>
> 마케팅 분석 방법으로 박물관의 내부 자원과 외부 환경에 대한 정보를 수집하여 강점(Strengths), 약점(Weaknesses), 기회(Opportunities), 위협(Threats)을 검증하는 과정을 말한다.
>
>
>
> - SO 전략(외부기회/내부강점) : 내부강점을 활용하여 외부기회를 사용함
> - ST 전략(외부위협/내부강점) : 외부위협에 회피하기 위해서 내부강점을 사용함
> - WO 전략(외부기회/내부약점) : 내부약점을 극복함으로써 외부기회를 활용함
> - WT 전략(외부위협/내부약점) : 외부위협을 회피하고 약점을 최소화하는 전략

(5) 관람객 발굴 방법 : PICA의 법칙[174]

> Planning(체계적이고 효과적인 계획을 수립하기)
> Information(의미 있는 정보를 수집하고 정리하기)
> Continuous(일시적이 아닌 지속성을 갖게 하기)
> Awareness(세심하게 (무엇이 중요한지에 대해) 인식을 갖게 하기)

체계적인 관람객 발굴을 위해서 'PICA 방정식'을 토대로 진행하는 것이 효과적이다. 관람객 발굴이 '일회성'에 그치지 않고 꾸준히 진행되도록 하기 위해서는 '주도적인 계획 수립'이 필요하며 이를 위해 '정보를 모으고 이를 기록, 관리'하는 것이 중요하다.

관람객 발굴의 최상의 결과를 얻기 위해서는 '세심하게 무엇이 중요한지에 대한 의식'을 가지고 세밀한 관람객 관찰을 통해 전략을 구축하고 실천해 나아가는 것이 경쟁력 있는 관람객 발굴을 모색하는 방법이 될 것이다.

① Planning : 계획하라

가망 관람객 발굴의 가장 중요한 단계이다. 가망 관람객을 어떻게 만들어 갈 것인지에 대한 계획을 수립하는 단계이다. 홍보담당자의 일을 Plan to Work, Work to Plan이라고 한다. 계획하는 것이 중요하고,

---

174) SP&S 홈페이지(http://www.spnsconsulting.co.kr/pdf/market_sample.pdf)

그 계획을 수행하는 것이 전부라는 의미이다. 가망 관람객 발굴은 잘 짜여진 계획이 가장 중요하다. 그리고 이를 지속적으로 실행함으로써 양질의 많은 가망 관람객을 확보할 수 있다. 계획을 위해서 먼저 알아야 할 것은 '시장'의 개념이다. 시장이란 동질의 니즈를 가진 사람들의 집단이다. 어떤 시장을 만들어 나갈지에 대한 계획을 세워야 한다. 가망 관람객 발굴은 '시장발굴'이기 때문이다.

Plan에는 어떤 요소들이 들어갈까?

㉠ 첫째는 시장의 종류이다. 시장 개척에 효과적인 방법으로 지금은 잘 모르는 분야라도 꼭 진입하고 싶은 시장군을 2~3곳 정도 미리 정해 두는 것이 좋다.

㉡ 둘째는 확보할 잠재 관람객 규모와 시기이다. 잠재 관람객은 당장 만날 사람이 아니다. 그저 내가 원하는 '시장'에 속하는 사람의 명단이자 연락처일 뿐이다. 인터넷, SNS, 웹카페, 신문 등 다양한 방법을 동원하여 그저 명단만 확보하면 된다. 가망 관람객이 아니고 당장 만날 사람이 아니다. 따라서 무조건 많을수록 좋다.

㉢ 셋째는 접촉계획이다. 시장은 진입하기 어려운 곳이다. 정보도 많지 않고 자신이 없을 수도 있다. 그들을 가망 관람객화하기 위해서는 접촉해서 배우는 수밖에 없다. 따라서 '시장을 배우기' 위해서 가망 관람객을 만나야 한다. 경험상 5명에서 10명을 만나면 그 시장의 특성을 알 수 있는데 스스로 몇 명쯤 만나면 그 시장을 이해할 수 있는지 정하고 만나라. 그러면 진입 준비는 끝난 것이다. 그 5명, 10명을 얼마 만에 만나볼 것이냐가 접촉 계획이다.

② Information : 상세한 정보를 획득하라

잠재 관람객이든 가망 관람객이든 관람객에 대해 최대한 자세한 정보를 확보해야 한다. 관람객의 정보를 많이 알수록 준비가 수월하고 성공 확률이 높아진다. 다만, 처음부터 많은 정보를 한꺼번에 얻기는 쉽지 않다. 그저 이름과 연락처 정도만 확보할 수 있도록 설문조사나 포커스 그룹 토의, 인터뷰 등을 통해 차근차근 정보를 채워 나가면 된다.

③ Continue : 지속적으로 실행하라

자신의 시장을 지속적으로 점검하고 수정하는 작업, 플랜에 의해 만나는 작업, 풀을 확보하는 작업을 지속해야 한다. 매 주말에는 다음 주 계획을 점검하고 확보할 풀·접촉할 사람·상담할 사람을 정해야 한다. 매월 말, 분기 말에도 같은 작업을 지속해야 한다. Plan-Do-See라고 했다. 계획을 점검하고 실행 결과를 확인·수정하는 작업을 매일, 매주, 매월 정해진 시간에 지속적으로 실시해야 한다. 이 작업이 PICA를 제대로 완성하도록 해 준다. 매일 잠재 관람객 Pool을 늘리는 일을 게을리 해서는 안 된다.

④ Awareness : 의식화되어 있어야 한다

홍보담당자에게 세상에는 두 종류의 사람밖에 없다. 가망 관람객과 관람객이다. 만나는 사람, 접하는 모든 정보로부터 내가 계획한 시장의 잠재 관람객이 있는지, 잠재 관람객으로의 접근이 가능한지를 늘 염두에 두고 있어야 한다. 뇌 깊은 곳에서부터 시장 진입, 가망 관람객 확보 활동이 의식화되어야 한다.

가망 관람객은 그냥 만들어지지 않는다. PICA를 지속적으로 실행한다면 당신은 많은 가망 관람객들 사이에서 여유 있는 전시 홍보를 할 수 있을 것이다. 홍보담당자로서 성공하고 싶다면 실적 없이 넘어가는 날이 있을 수 있어도, 약속이 취소되어 면담이 없는 날이 있을 수 있어도, PICA가 실행되지 않는 날이 있어서는 안 된다는 것을 명심해야 한다.

(6) PICA를 실시해야 하는 이유

Planning	Information	Continuous	Awareness
▼	▼	▼	▼
계획 수립이 이루어지지 않으면?	정보를 수집하고 기록하지 않으면?	지속적으로 유지되지 못하면?	(중요성에 대한) 의식이 결여되게 되면?
▼	▼	▼	▼
더 이상 찾아갈 관람객이 없을 때 즉흥적으로 급하게 진행하게 됨	구체적인 실행의 아이디어, 전략 수립으로의 진전이 어려움	일회성 이벤트는 연속성이 없어 시장을 주도적으로 성숙시키지 못 함	확률이 떨어지게 되고, 관람객 발굴 활동의 즐거움, 보람을 찾기가 어려움

(7) 관람객 발굴 방정식 PICA의 법칙

구 분	세부 내용
목표 및 기대효과	• 관람객 정의에 대한 명확한 인식과 관람객 발굴에 대한 폭넓은 영감을 얻음 • 적극적인 관점에서 관람객을 세 가지 유형으로 분류하고 찾아냄 • PICA의 법칙을 이해하고 이를 시장별 특성에 따라 분류하고 창출해 내는 프로세스로 인식, 적용 • 관람객의 정의와 적극적인 관점에서의 관람군 분류 • 관람객 발굴의 체계적인 프로세스의 중요성 인식 • PICA의 법칙 안내와 필요성/PICA에 대한 이해를 위한 사례 및 이해 • PICA의 법칙에 의해 가망 관람객을 발굴하고 있는가에 대한 질문 • MARKET의 분류 및 특성에 대한 이해 • 시장별 특성에 따른 사례 적용
주요 Point	• 단순해 보이는 법칙을 명확히 이해하고 적용해 보면, 시장 개발을 위한 아이디어와 전략 체득 • 당장 핸드폰이나 주소록에 과연 찾아갈 지인시장이 없는가부터 시작 • 함께 연구하고 고민하면 분명히 시장을 찾아내고 만들 수 있음을 인식

05 박물관 회원제도

회원제는 박물관의 관심 집단과 열성 집단에게 공식적으로 박물관을 지원할 수 있는 장을 마련해 준다. 또한 박물관의 역할이나 사명을 구현하는 데 회원제 프로그램이 도움이 된다.

(1) 회 원

개인, 가족, 기부, 동의, 유지, 법인, 종신, 원조, 후원 · 특별 회원으로 구분한다.

① 회원제도 : 개인, 가족, 특별, 종신 회원이 속한다.

② 후원자 그룹 : 기부, 동의, 유지, 법인, 원조, 후원 회원이 속한다.

(2) 박물관 경영자의 입장에서 회원제를 운용하는 주요 목적

① 고정적인 관람객 계층을 확보할 수 있다.

② 자원봉사자를 활용할 수 있다.

③ 박물관 재정 수입에 기여한다.

④ 박물관 활동 참여 인구의 저변을 확대시킨다.

⑤ 박물관 후원 세력을 양성할 수 있다(재정후원자로 발전).

⑥ 지속적인 관심을 유발시킬 수 있다.

The 중요

박물관 파트너십제도
문화예술 분야의 파트너십제도란 협력 활동(cooperation)으로 혁신, 자원 관리, 전문성 확보, 상호지원, 비용절감, 상호협력, 환경인식 등의 차원에서 필요하다고 보고 있다. 또한 정부와 시장만으로는 공공 서비스를 전달하는 데 한계가 있기 때문에 정부와 민간 부문, 비영리 부분 등과의 상호작용과 네트워크를 통해서 공공정책을 추진함이 바람직하다.
이러한 상호작용과 네트워크는 공식적인 권한 관계뿐만 아니라 비공식적인 관계를 모두 포함한다는 점에서 하나의 제도이면서 과정이라고 할 수 있다. 박물관 활성화 차원에서 박물관 자체의 질적 수준 강화는 물론, 지역사회와의 연계를 맺기 위하여 학교, 예술가, 타 문화기관 또는 지역사회 단체 등 다양한 영역의 전문가 및 단체와 관계를 형성해야 한다. 따라서 파트너십제도란 박물관을 운영하는 데 필요한 자원을 확보하고, 관리하는 데 있어 상호협력 관계를 유지하기 위한 활동이라 할 수 있다.

---

06 박물관 설립 취지의 의미와 내외 마케팅 환경의 변화

(1) 비영리기관의 특성에 대한 이해

국제박물관협의회에서 정의한 박물관은 인류와 인류 환경의 물적 증거를 연구, 교육, 향유할 목적으로 이를 수집, 보존, 조사 연구, 상호교류(교육, 전시)하는 비영리적이며 항구적인 기관[175]으로서, 대중에게 개방되고 사회와 사회발전에 이바지하는 기관이다.

정의를 먼저 이해해야 하는 이유는 박물관이 비영리적인 기관이라는 정의 때문이다. 박물관 마케팅을 이해하기 위해서는 무엇보다 비영리적 기관이라는 특성을 잘 알아야 한다. 비영리기관(non-profit Organization)이란 수입(잉여금 혹은 이익금 포함)이 전적으로 기관과 기관 운영을 위해서만 사용되는 합법적으로 설립된 법인을 말한다. '비법인기관', '비영리 목적(not-for-profit)'이라는 용어도 동일한 의미이다.

---

175) 일반 대중을 대상으로 공공이익의 실현을 최우선 과제로 삼고 설립·운영되는 조직

박물관의 비영리기관적 특성

• 박물관은 궁극적으로 사회의 공동체와 공동체 구성원의 발전에 이바지하기 위해서 설립
• 교육이나 심미적, 문화적인 목적으로 소장품을 관리·활용하고 정기적으로 대중을 위해 전시하는 기능을 수행
• 작품수집, 보존, 조사 연구 등의 제반적인 박물관의 업무와 전반적인 박물관의 경영과 마케팅에 있어서도 공익을 우선적으로 염두하고 이를 반영

(2) 박물관 설립 취지의 의미와 중요성

박물관을 설립하기 위해서는 제일 먼저 무엇을 해야 하는가를 이해할 필요가 있다. 우선 박물관 조직의 비전(vision)과 조직의 설립 취지(mission statement)를 설정하고, 목적(goals)과 목표(objectives)를 달성하기 위한 체계적인 전략을 구상하는 것이다. 예를 들면, 국립현대미술관은 근·현대 한국미술과 국제미술의 흐름을 대표하는 미술작품과 자료들을 수집, 보존하고 그것을 연구, 전시, 교육하며, 국제교류를 통하여 우리나라의 미술문화의 기틀을 세우고 미술문화를 진흥시키고자 하는 취지로 1969년 경복궁에서 개관되었다.

(3) 박물관 내외 마케팅 환경의 변화

① 근대 이후 박물관의 내외 환경 변화

㉠ '공공성'의 개념과 영역이 급격하게 확대됨

㉡ 과학 기술의 발달과 정치적인 변혁은 박물관의 수요를 급격히 증대시킴

㉢ 각종 산업 박람회의 영향으로 박물관의 전문화를 불러옴

㉣ 제2차 세계대전 이후 박물관은 양적으로 획기적인 증가를 보임

㉤ 박물관에 대한 대중의 관심이 높아짐

② 19~20세기에 걸쳐 박물관이 직면하게 된 환경

㉠ 다양한 여흥 수단과의 경쟁이 불가피해짐

㉡ 1930년부터 시작된 경제 대공황과 제2차 세계대전의 종식으로 박물관 경영은 일시적으로 침체를 겪게 됨

㉢ 소장품 관리를 위한 제반적인 보존환경 시설의 확충에 따른 운영 비용이 상승됨

㉣ 박물관 전문인력 고용이 의무화됨

㉤ 다양한 프로그램의 개발과 전시회 기획에 소요되는 제반 경비 부담 증가로 인한 재정난이 가중되고 있음[176]

㉥ 중앙정부의 공공 지원에 의존하던 박물관들은 재정 지원 삭감으로 인해 심각한 재정난을 겪고 있음

㉦ 1960~1970년대 박물관의 급격한 증가로 경쟁력을 상실하게 됨[177]

㉧ 재정 부담과 과도한 경쟁으로 공공 박물관이 민영화되는 경우가 발생하게 됨

---

176) 내부 환경 변화로 소장품 관리를 위한 제반적인 보존환경 시설의 확충, 박물관 전문인력의 고용, 대중을 위한 다양한 교육 프로그램의 개발과 전시회 기획에 소요되는 제반경비가 개인 기부금과 정부 지원금으로 운영되던 예산을 초과함에 따라 심각한 재정난에 봉착하게 되었다. (이보아, 『박물관학 개론』, 김영사, 2000, p.63.)

177) 1960~1970년대에는 박물관의 숫자가 양적으로 증가함으로써 시장내부가 포화 상태를 이루어 많은 박물관이 경제적으로 정치적으로 경쟁력을 상실하게 되었다. 그 결과 몇몇 공공 박물관은 민영화되기도 하고 아예 문을 닫기도 하였다.

③ 현대 박물관의 내외 환경 변화

  ㉠ 멀티플렉스 문화기관으로서의 기능

  ㉡ 정보 센터로서의 기능

  ㉢ 박물관 전문인력에 대한 교육 기능

  ㉣ 개인이나 사립박물관에 대한 정보 제공과 업무 지도 기능

  ㉤ 패밀리 레스토랑, 커피숍, 멀티플렉스 영화관이 함께 운영되는 휴식 공간의 기능

    대중들은 박물관을 과거의 따분하고 무거운 분위기의 장소에서 가볍고 유익하고 즐거운 장소로 인식을 전환하게 되었다.

(4) 박물관의 재원 조성

재원 조성이란 특정 목적을 위하여 모금액수의 목표를 정해 놓고 이를 달성하기 위해 기금을 모으는 전략적인 과정이다. 박물관의 운영을 위한 재원 조성 방법은 다음과 같다. ① 정부, 공공기관, 지자체 문화재단의 공모 사업을 통한 지원금 제도 활용, ② 기업, 국제기구, 개인 후원자 등 기부금 후원, ③ 특별/기획전시를 통한 입장료 티켓 판매 수입, ④ 강좌 및 교육 프로그램 운영을 통한 교육비 수입, ⑤ 뮤지엄샵 운영 및 박물관 문화(아트)상품 개발을 통한 판매 수익 창출, ⑥ 도록 판매, ⑦ 회원제 운영으로 인한 회비, ⑧ 부대시설(레스토랑, 커피숍) 운영 등을 통한 수익 창출 등이 있다. 단, 소장품 처분으로 재원 조성을 하지는 않는다. 왜냐하면 소장품을 처분한다면 박물관의 근본적 상품인 전시를 진행할 수 없기 때문이다.

① 토마스 브로스의 재원 조성의 기본 원칙

  ㉠ 단체의 목표와 실천 과제를 정한다.

  ㉡ 단체의 목적에 부합되는 재원 개발 목표를 세워야 한다.

  ㉢ 지원의 필요성에 따라 각기 그에 적합한 재원 조성 프로그램을 기획한다.

  ㉣ 재원의 조성은 단체 내부에서 시작하여 외부로 확산시켜야 한다.

  ㉤ 프로그램의 가치나 필요성을 통하여 단체의 중요성을 반영할 수 있어야 한다.

  ㉥ 지도력과 지원을 확보하기 위해서는 사람들을 단체 활동에 참여하도록 하는 것이 우선되어야 한다.

  ㉦ 잠재적 기부자에 대한 조사는 철저히 해야 하며, 현실적이어야 한다.

  ㉧ 잠재적 기부자와 관계를 형성하고 발전시켜 나아가야 한다.

  ㉨ 재원의 조성은 위의 8가지 사항을 모두 지킬 수 있어야만 성공적일 수 있다.

  ㉩ 재원 조성은 관장, 이사진, 자원봉사자, 전문인력이 모두 참여한다.

② 재원 조성

  ㉠ 첫 번째 단계

    ⓐ 박물관의 내부, 외부 환경의 분석에서 시작한다.

    ⓑ 내부 환경 분석은 박물관이 갖고 있는 강점(S)과 약점(W)을 분석하는 작업이다.

    ⓒ 외부 환경 분석은 박물관을 둘러싼 기회(O)와 위협(T) 요인을 분석하는 작업이다.

ⓛ 두 번째 단계

    ⓐ 재원 조성의 필요성, 목적, 규모를 기술한다(재원 조성의 성공 여부 좌우).

    ⓑ 박물관이 안고 있는 현재의 문제점을 정확히 기술하고, 기부기관이나 기부자에게 인식시켜 설득력 있게 제시한다.

ⓒ 세 번째 단계

    기부를 할 수 있는 기관과 개인, 기부 능력, 지원 항목, 접촉 방법, 지원 조건, 이전 기부 사례 등을 통해 잠재적인 기부기관이나 기부자의 특성 및 성향에 대한 조사를 실행한다.

ⓒ 네 번째 단계

    세 번째 단계의 조사에서 걸러진 기관과 개인 중에서 가장 가능성이 높은 목표기관이나 개인을 선정하는 작업이다.

ⓜ 다섯 번째 단계

    지원 요청기관과 기부자를 접촉하고, 지원요청신청서를 제시한다. 신청 기간이나 지원자격 요건에 대한 구체적인 정보를 확인하고 담당자의 연락처를 기록해 두어 지속적 유대관계를 형성하는 단계이다.

ⓗ 여섯 번째 단계

    지원요청신청서를 작성하고 제출한다.

10 박물관 건축

01 박물관 건축 유형

일반적으로 박물관은 다양한 건물들이 리모델링되거나 처음부터 박물관 용도로 지어지는 두 가지 유형으로 분류할 수 있다.

(1) 역사적으로 중요한 의미를 지닌 건물이나 동시대에 지어진 건축물로서, 처음에는 주거, 공공기관, 상업, 산업, 종교 또는 군사적인 목적으로 사용되었으나 전체 또는 일부가 박물관의 용도로 사용되는 건물

① 역사적으로 중요한 의미를 지닌 건물

    ㉠ 프랑스 루브르 박물관(Musée du Louvre, 1793년, 루브르 궁전)

    ㉡ 러시아 에르미타주 박물관(Hermitage Museum, 1764년)

    ㉢ 이탈리아 우피치 미술관(Galleria degli Uffizi, 1737년)

② 산 업

    ㉠ 프랑스 오르세 미술관(기차역 리모델링)

    ㉡ 영국 테이트 모던 갤러리(화력발전소 리모델링)

    ㉢ 영국 발틱 현대 미술관(제분소 재활용)

    ㉣ 독일 레드닷 디자인 뮤지엄(폐광산 재활용)

    ㉤ 이탈리아 파르마의 파가니니 음악당(설탕공장 재활용)

    ㉥ 일본 기타큐슈의 모지항 레트로지구(항만이전적지를 수변복합지구로 재탄생)

    ㉦ 일본 삿포로 삿포로 팩토리(맥주공장 재활용)

③ 종교 : 바티칸 미술관(Musei Vaticani, 1773년)

④ 공공기관 : 서울 기무사 터를 국립현대미술관 서울관으로 재건축

⑤ 주거 : 스웨덴 스칸센 민속 박물관, 북촌 한옥마을, 안동 하회마을

(2) 처음부터 박물관 용도로 건축된 역사적인 건물

① 미국 스미소니언 박물관(Smithsonian Institution, 1846년)

② 미국 메트로폴리탄 박물관(Metropolitan Museum of Art, 1870년)

③ 미국 뉴욕 구겐하임 미술관, 스페인 빌바오 구겐하임 미술관(쇠퇴한 광산 도시)

④ 미국 뉴욕 현대 미술관(MoMA)

⑤ 한국 국립중앙박물관

⑥ 프랑스 퐁피두 미술관

(3) 건축학적인 관점에서 그 중요성을 높이 인정받지 않은 유휴 건물

　① 난지도 미술관(쓰레기 매립장을 창작센터로 변경)

　② 중국 베이징의 따산즈 798 예술특구(군수공장을 아티스트들의 작업 공간 겸 갤러리로 변경)

02 국내 박물관 건축의 새로운 경향

국내에서도 역사적으로 중요한 의미를 지닌 건물이나 동시대에 지어진 건축물을 박물관이나 미술관으로 탈바꿈한 변화가 다양하게 나타나고 있다. 이러한 경향은 도심의 폐허 속에서 우리 문화의 미래를 발견할 수 있는 좋은 사례이다. 아래 내용은 우리나라에서 박물관 건축의 다양한 변화를 살펴볼 수 있는 사례들이다.

(1) 옛 대법원 자리에 현대적인 문화 공간으로 신축 · 개관한 '서울시립미술관'

(2) 정수장 건축물을 재활용한 '선유도 생태공원'[178]

(3) 서울 문래동 공장지대에 예술가들이 자발적인 작업 공간으로 변모시킨 '문래 예술촌'

(4) 복합 문화 공간으로 재탄생된 '문화역서울 284'[179]

(5) 당인리 발전소의 문화 공간 재활용[180]

(6) 동 통폐합으로 잉여 공간이 될 뻔한 서울 마포구 서교동사무소를 사용하는 '서교예술 실험센터'

(7) 낡은 부두창고를 개조해 문화 공간으로 만드는 인천시의 '인천아트플랫폼' 사업[181]

(8) 대전시 구도심에 일제시대 때 건립된 농수산물 품질검사소를 '대전 창작센터'로 탈바꿈

(9) 서울 종로구 소격동 국군기무사령부 터를 '국립현대미술관–서울관'으로 재건축

(10) 서울 종로구 문화체육관광부청사 건물을 리모델링하여 '국립대한민국역사박물관' 건립

(11) 서울 용산구 국립중앙박물관 내에 '국립한글박물관' 건립(2014년 개관)

---

178) 하수종말처리장과 취수장 등 강변의 폐시설들도 이제 문화예술 창작 공간으로 탈바꿈한다. 정부가 '4대강 살리기' 사업의 일환으로 강변의 폐시설과 강변마을 공가 · 폐교 등 유휴 공간을 문화예술 공간으로 재조성하기로 한 것으로 산업 시설의 부지와 구조물을 그대로 남기면서 그 시스템과 프로세스를 재활용한다는 방침이다.

179) 1925년 일본인의 설계로 준공된 뒤 경성역이라 불리다 광복 이듬해부터 서울역으로 이름이 바뀐 옛 서울역사. 지난 2004년 KTX 신역사 준공 뒤 그 기능을 접어야만 했다. 사적 제284호로도 지정됐지만, 한때 노숙인들이 진을 치고 있어 음산한 모습까지 연출했던 이곳은 앞으로 프랑스 파리의 오르세 미술관과 같은 문화 공간의 역할을 맡게 되었다.

180) 마포구 당인동 한강변에 위치한 '당인리 발전소'. 1930년 국내 최초 화력발전소로 지어진 이곳은 오랜 기간 서울의 전기 공급원의 역할을 해왔지만, 분진과 대기오염의 진원지라는 오명을 늘 함께 따라다녔다. 더욱이 위치상 한강을 끼고 있어 가뜩이나 회색빛 아파트와 도로로 둘러싸인 한강변을 더욱 삭막하게 만드는 주범이 되어 왔다. 그랬던 이곳이 '테이트모던'의 영광을 재현할 문화발전소로의 변신을 앞두고 있다.

181) 인천은 지난 1883년 인천항 개항 이후 근대 신문물이 쏟아져 들어오던 곳이다. 19세기 후반부터 부두창고와 무역 · 해운 업체들의 사옥들도 잇달아 들어섰다. 그러나 인천항 배후의 구도심이 쇠퇴하면서 근대 건축물들도 흉물로 전락해 버렸다. 그리고 지금은 창고건물들이 예술 공간으로 탈바꿈했다. 근대 건축물들을 시가 매입해 리모델링한 후 전시장과 공연장, 아카이브와 창작스튜디오 등으로 활용하고 있는 것이다. 여기에 더해서 시는 '박물관 확충', '개항장 역사 문화 자원 스토리텔링 사업' 등 개항장 일대를 문화지구로 조성하는 사업도 함께 펴나가고 있다.

(1) 박물관 시설관리지침

① 박물관의 주요 시설물 내외부에는 안전을 위한 감지기와 잠금장치, 감시카메라 등을 설치하여 안전관리에 최선을 다해야 한다.

② 박물관 시설관리 점검자는 2명이 1개조로 정기적인 순회점검과 현장 확인을 지속적으로 수행해야 한다.

③ 박물관의 시설관리는 지속적으로 관리하는 것을 원칙으로 하고, 최소한 2교대 근무를 원칙으로 한다.

(2) 박물관 건축 설계 시 도난 방지 시설 권고안

① 수장고에 출입하는 인원과 유물자료에 대한 점검을 수시로 한다.

② CCTV 등 도난방지 장비를 설치하고 감시센터를 운영한다.

③ 경찰 등 관계기관과의 신속한 연락망을 구축한다.

④ 진열장 내 방범센서(감지센서)를 설치한다.

⑤ 노출전시물을 위한 알람센서(적외선 탐지기 등)를 설치한다.

⑥ 수장고 출입구 관리, 시건장치 등의 방법 대책을 수립한다.

⑦ 수장고 출입 시 2인 이상 출입하고, 출입 일지 기록을 의무화한다.

⑧ 수장고 속문에 투시 점검구와 화상 인터폰을 설치한다.

⑨ 수장고의 벽은 이중벽으로 한다.

⑩ 창문 설계는 높이 또는 폭이 최대 25cm 이상 넘지 않게 설계한다.

⑪ 수장고 출입구에 방범 철제문과 방충망이 붙은 속문을 설치한다.

(3) 박물관의 공간배분 기준

① 산업혁명 이후 근대적 박물관의 공간배분율 : 전시와 수장을 위한 공간이 약 60%

② 오늘날 현대 박물관 : 교육과 교류를 위한 공간이 60%

(4) 규모가 큰 현대 박물관의 공간배분율

관외 이용자를 위한 공간	교육과 교류를 위한 공간
40%	60%
전시공간, 서비스 공간	학예 연구와 행정 관리 공간, 자료 수집과 정보 관리를 위한 공간

가장 성공적으로 운영되고 있는 박물관은 이용가능 공간할애의 원칙을 가지고 있어, 리셉션·관람객 이용 시설 25%, 수장고 25%, 전시공간 25%, 지원 서비스 25% 등으로 공간을 배분하고 있다. 이처럼 규모에 따라 한정된 전시공간을 극대화시켜 활용하는 방법을 적용하여야 한다.

(1) 박물관 건축의 평면 구성 형식

① 중정형(Court type) : 중정을 중심으로 回자형 배치형식

② 집약형(Intensive type) : 단일 건물 내 대 · 소 공간을 집약시킨 형식

③ 개방형(Open plan type) : 공간의 구획 없이 전체가 한 공간으로 개방된 형식

④ 분동형(Pavilion type) : 몇 개의 전시관들이 핵을 이루는 광장(communicore)을 중심으로 건물군을 형성하는 형식

⑤ 증 · 개축형(Extension & Renovation type) : 기존 건물을 외부적으로 확장 또는 기존 규모 내에서 실내공간을 재조정하는 형식

(2) 유형별 특성[182]

① 중정형(CO형)

개별 전시실들이 중정을 중심으로 둘레를 에워싼 回자형 평면형식이다. 중정이 단순히 외부공간으로서가 아닌 상징적 대공간의 역할을 겸하는 반개방적 외부 공간으로, 실내의 연장이 되는 유기적 평면 구성을 가능케 하며 자연채광을 도입하는 데도 큰 역할을 한다. CO형은 인공적으로 만들어진 중성화된 특수공간을 보유하는 특징이 있다. 즉, 건물 외곽은 폐쇄되어 있으나 중정으로 인하여 외부와의 접촉이 가능해지므로, 건물 자체는 폐쇄적으로 보일지라도 다이나믹한 전시공간 구성에 효과적이다.

② 집약형(IN형)

단일 건물 내 대 · 소 전시공간을 집약시킨 형식으로, 대개는 대공간과 개별 공간으로 구성된다. 대공간(major space)이란 그 전시장의 핵이 되는 주요 공간으로서 중심홀, 대홀(hall) 혹은 대전시실을 의미하고, 개별 전시공간이란 대공간을 둘러싸고 있는 중소 전시실로서 대공간에서 보여 준 전체적인 주제를 시간별 · 국가별 · 유형별 · 요목별로 상세하게 보여 주는 전시실을 의미한다. IN형의 특성은 다음과 같이 분류해서 볼 수 있다.

㉠ 중심부에 대공간을 두고 둘레에 개별 전시실이 에워싼 형으로, 이때 대공간을 강한 메이저 스페이스로 삼고 입구에 들어설 때부터 퇴관할 때까지 몇 번이고 대공간을 접하게 되며 개별 전시공간의 전실 역할도 겸한다.

㉡ 대공간이 상층까지 개방(open)되어 각 층에서 내려다 볼 수 있는 형으로, 전판이 유리되지 않고 유기적 연결, 전체를 파악하고 부분을 보는 특성을 갖는다.

㉢ 대공간이 현관에 들어서면서 선큰(sunken)된 형

㉣ 전 층이 유기적으로 연결된 형

㉤ 수직 기능 분리로 입구층과 전시층이 구분된 형

㉥ 순수 공간(servant space)과 서비스 공간(service space)이 완연히 구분된 형

---

182) 서상우, 「미술관 건축의 공간 구성」, 2000, 미술관학 강좌 자료.

③ 개방형(OP형)

전시공간 전체가 구획됨이 없이 개방된 형식을 의미한다. 주로 미스 반 데어 로에(Mies van der Rohe)가 즐겨 쓰는 수법으로 필요에 따라 간이 칸막이로 구획하고 언제나 가동적(可動的, flexible)이라는 특성 때문에 IN형에서 독립시켜 생각된다. 이 형식은 강한 공간감과 free · universal space의 이점을 잘만 살리면 효과적인 전시 분위기를 연출할 수 있다. 또한 내 · 외부 공간의 구분이 투명한 유리벽이라는 점에서도 내 · 외부 공간의 구분 없는 해석을 얻는다.

④ 분동형(PA형)

분동형이란 몇 개의 단독 전시관들이 파빌리온(pavilion) 형식으로 건물군을 이루고, 핵이 되는 중심광장(communicore)이 있어서 많은 관객의 집합 · 분산 · 휴식 · 선별관람이 용이하도록 도와주는 것이 보통이며, '순환동선 고리'를 고려해야 한다. CO형과 유사한 특성을 가지나 주로 규모가 큰 경우에 적용된다.

⑤ 증 · 개축형(R&E형)

다른 용도로 사용되었던 건물을 기존 규모에서 외부적으로 확장한다든가, 변경 없이 실내 공간을 재조정하는 경우이다. 증 · 개축의 형식은 매우 다양하지만 구조적인 골격은 다음과 같다.

ⓐ 별동형식 : 기존 건물의 구조적 원형을 유지하면서 독립적으로 존재하는 형식

ⓑ 접속형식 : 특별한 영역의 자율적인 성장을 위해 초기 단계에서 대비하는 방법

ⓒ 성장형식 : 불확실한 장래 변경에 대한 중성적이며, 균질한 공간의 틀(grid)을 따르는 형식

05 시설물의 설계와 관리

(1) 시설물의 설계와 관리

① **공조 시설** : 난방장치와 환기장치, 냉방장치(HVAC ; Heating, Ventilation and Air Conditioning system), 공기정화기를 설치하여 관리가 필요하다.

② **자연환기** : 외기와 내기의 온도 차이가 가능하면 5℃ 범위 안에서 환기, 최대 10℃ 범위 안에서 급격한 온 · 습도의 변화가 일어나지 않도록 환기를 한다.

③ **창문 설계** : 높이 또는 폭이 최대 25cm 이상 넘지 않게 설계한다.

④ 통기창을 내는 경우 반드시 셔터, 그릴, 블라인드로 구성되는 삼중창 처리를 한다.

⑤ 지능빌딩장치(intelligent building system)로 설계한다.

(2) 수장고 시설 설계 시 중요 사항

① 벽은 이중벽으로 처리한다.

② 실내 온도가 최고 80℃가 넘지 않도록 하고, 0℃ 이하로 내려가지 않도록 단열한다.

③ 단열, 방화, 방수, 방재를 할 수 있도록 조치한다.

④ 지진 대비를 위해 방진 또는 면진할 수 있도록 조치한다.

[국립부여박물관 훈증처리작업]

⑤ 수장고의 출입문은 최소 높이 3m, 폭 2m 이상 설치하여 차량출입이 가능하도록 설계한다.

⑥ 방범철제문과 방충망이 붙은 속문을 부착한다.

⑦ 대형방범철제 설치 시 정기적으로 수장고를 훈증처리하기 위하여 원통형 배선구를 설치한다.

⑧ 속문에는 투시 점검구를 설치한다.

⑨ 안과 밖을 연결하는 화상인터폰을 설치한다.

⑩ 2인 이상 출입하고, 출입일지 기록을 의무화한다.

⑪ 수장고와 전시실이 연계되는 동선에 5mm 이상의 틈새가 없어야 하고, 3% 이상의 요철이 없도록 시공한다.

⑫ 수장품은 반드시 이동차를 이용하여 운반하고, 계단이나 3% 이상의 경사로를 삼간다.

⑬ 수장고는 완만한 경사로를 설치하거나 최소한 높이 3m, 폭 2m, 길이 3m 크기의 적재량 5톤 이상의 승강기를 이용할 수 있도록 한다.

⑭ 수장고는 관리자와 각종 시설에 가깝게 위치하는 것이 좋다.

⑮ 수장고는 박물관 자료의 보관 장소로만 이용되어야 하고, 보관 이외의 다른 작업은 수장고가 아닌 곳에서 행해져야 한다.

⑯ 수장고의 모든 조명기구는 퇴색 방지용을 사용하고, 그것에 필터를 끼워서 자외선을 차단하여야 한다.

⑰ 수장고에 페인트칠을 할 경우에는 산이나 유황 성분이 없는 수성 아크릴 페인트를 골라 사용하는 것이 좋다.

[국립중앙박물관 수장고 내부]

⑱ 수장고의 면적은 보유한 박물관 자료를 수용할 만큼 규모가 커야 한다.

(3) 온 · 습도 관리

여름에는 섭씨 5℃ 정도 외기보다 낮게 유지하고, 겨울에는 섭씨 5℃ 정도 외기보다 높게 유지한다. 박물관 내부의 상대 습도를 55%(±5%)를 유지하며, 상대 온도는 여름에는 섭씨 22℃(±0.5℃)를 유지하고 겨울에는 18℃(±0.5℃)를 유지 · 관리한다.

(4) 조명 시설

조명은 태양으로부터 오는 자연조명과 사람에 의하여 만들어진 인공조명으로 나눌 수 있다. 실내 공간에서의 조명은 단순히 공간을 밝게 연출하기 위한 것이 아니라 여러 가지 종류나 형태의 조명을 이용하여 분위기를 조성하고 관람객이 전시물을 통해 여러 미적 체험을 할 수 있게 해준다. 좋은 조명이란 충분한 양의 빛이 있어야 하며, 공간 연출에 맞추어 조도, 눈부심, 휘도, 빛의 방향 등 다양한 요소가 고려된 조명을 의미한다.

박물관 전시공간의 쾌적한 조명환경 조성을 위한 요소는 조도, 휘도, 눈부심의 방지, 광원의 색온도, 연색성, 빛의 방향성과 확산성 등으로 분류된다. 박물관의 조명은 전시물의 보존 환경에 영향을 미치기 때문에 적절한 기준이 필요하다. 전시공간의 조도가 필요 이상으로 높으면 눈부심의 원인이 될 뿐만 아니라, 열에 의하여 전시품이 손상될 수 있다.

① 박물관 조명 조성을 위한 요소

용 어	의 미	상세 설명
조 도	• 빛의 양을 측정하는 기준 단위이다. • 단위 : lux(룩스)	물체의 단위 면적에 들어오는 빛의 양을 말한다. 즉, 빛에 비추어진 면 위의 단위 면적당 광속(Luminous Flux)을 가리키며 1lux는 1lm(루멘)의 광속이 1㎡의 면적에 입사할 때의 조도다. $$조도(lux) = \frac{조사되는\ 광속}{조사\ 면적(㎡)}$$
휘 도	• 밝기에 대한 평가 기준으로 광원으로부터 복사되는 빛의 밝기의 척도로 구체적으로 관측자가 광원을 특정 방향에서 볼 때, 얼마나 밝아 보이는가를 나타내는 값이다. • 단위 : nit(니트) 혹은 cd/㎡(칸델라/제곱미터)	• 휘도는 조도와 달리 관람객의 시각에 도달하는 빛의 양을 측정할 수 있으므로 휘도 측정값을 통하여 빛의 상태를 파악하는 것이 중요하다. • 박물관의 경우에는 보존적인 측면을 우선 고려해야 하기 때문에 정해져 있는 광량을 필요한 위치에 가장 효율적으로 전달하고, 주변 배경과 유물 간의 심한 휘도 대비들을 최소화시켜 관람객들의 체감할 수 있는 밝기를 극대화 하는 것이 중요하다. $$휘도(cd/m^2) = \frac{광도}{조사\ 면적(㎡)}$$
색온도	• 물체를 가열해서 동일한 파장의 빛을 내게 될 때의 온도로 나타낸 것으로 표준물체(흑체)가 방출하는 광원색과 그 때의 절대 온도에 의한 빛의 색을 표현한 것이다. • 단위 : 절대온도 K(Kelvin, 켈빈)	• 어떤 물체가 빛을 띠고 있을 때, 이 빛과 같은 빛을 띠는 흑체의 온도를 이용하여 물체의 색온도를 결정한다. 완전 방사체인 흑체는 열을 가하면 금속과 같이 달궈지면서 붉은색을 띠다가 점차 밝은 흰색을 띠게 된다. 따라서 색온도는 높을수록 차가운 광색(청색)을 갖고, 색온도가 낮을수록 따뜻한 광색(적색)을 갖는다. • 붉은색 계통의 광원일수록 색온도가 낮고, 푸른색 계통의 광원일수록 색온도가 높다. • 정오의 태양광 색온도는 약 5,500K, 백열전구의 색온도는 약 2,700K, 형광등의 색온도는 약 6,000K이며, 일반적으로 실제 온도보다 다소 높게 매겨진다. • 6500K : 주광색, 햇빛이 없는 상태의 빛색 • 5000K : 주백색, 여름날 푸른 한낮의 태양빛 • 4000K : 백색, 늦은 오후의 태양빛 • 3000K : 온백색, 일반적인 할로겐 램프 컬러 • 2700K : 전구색, 붉은 일몰 무렵의 빛

연색성	• 조명된 사물의 색재현 충실도를 나타낸다. 광원의 성질 중의 하나이다. • 단위 : CRI(연색지수 ; Color Rendering Index)	• 자연광(태양광)에서 본 사물의 색과 특정조명에서 본 사물의 색이 어느 정도 유사한 가를 수치화 한 것이다. • 표준광원(자연광 또는 태양광)을 100으로 두고 그에 대비한 비교치를 숫자로 나타내는 방식으로 표현된다. 연색지수(CRI)가 80이라는 건 태양광 대비 80% 정도의 색 구현을 할 수 있다는 의미이다.[183] 일반적으로 80이 넘어가면 무난하다. 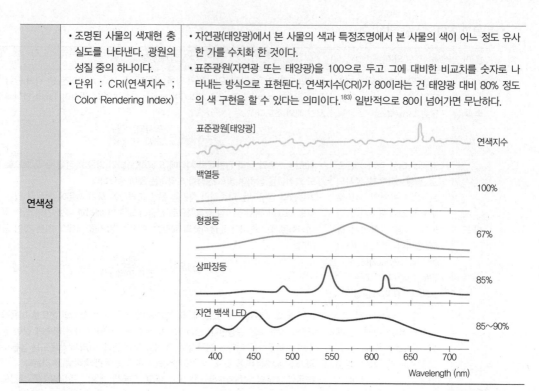

② 조명의 종류 및 특징

조명 종류	장 점	단 점
백열 램프	• 유리구에 아르곤, 질소 등 불활성 기체를 봉입하고 가는 텅스텐 필라멘트에 전류를 흐르게 하여 2,000℃ 이상의 고온에서 복사하는 빛을 이용하는 램프이다. 필라멘트의 백열을 이용하므로 백열전구라고 하며, 텅스텐 필라멘트를 사용하므로 텅스텐 전구라고도 부른다. • 텅스텐 백열등은 자외선 차단필터가 필요하지 않다.	• 백열등은 형광등보다 적외선 방사량이 많다. • 백열전구는 복사열에 따른 온도 상승의 직접적인 원인보다 그에 따라 일어나는 상대습도의 부분적 저하가 원인이 되기 때문에, 함수율에 따라 변색이 발생되는 유기재질의 유물에 치명적이다.
할로겐 램프	• 연색성이 매우 좋아 밝고 환하며 수명이 오래가고 색온도가 낮아 자연적인 빛처럼 색을 선명하게 보이게 해주며 따뜻한 느낌을 주는 조명이다. • 입체감을 주기 위해서 스포트라이트용으로 많이 사용한다.	텅스텐 할로겐은 단파장의 자외선을 차단하기 위해 유리필터 사용이 요구 된다.
형광 램프	전구식 컴팩트 형광램프는 에너지효율이 높아 밝고, 절전효과가 높으며 수명이 백열 램프에 비해 훨씬 길어 경제적이다.	자외선 방출량이 가장 많은 광원으로 이는 유물의 열화를 가속시켜 전시에 있어 가장 치명적이다.

---

183) 연색지수(CRI ; Color Rendering Index)란 태양광에서 본 사물의 색과 특정 조명이 어느 정도 유사한가를 수치로 나타낸 것으로 연색성 지수(CRI)는 광원이 색상을 얼마나 정확하게 표시 하는지를 나타내는 척도다.

LED 램프	• 자외선에서 적외선 영역까지 모든 색 구현이 가능하다. • 가시광 영역과 자외선 영역이 분리된 빛을 얻을 수 있다. • 발열이 없고 발광 다이오드로 색온도를 제어할 수 있어 쾌적한 관람환경을 조성 가능하다. • 깜빡임 현상(flicker)이 거의 없어 소장품 보존 측면에 안정적이다.	황색 안료가 LED램프에 의한 변색을 일으킨다.

The 중요

조명 시설 설치 시 유의할 점

자외선	• 자외선 필터가 부착된 얇은 판 모양의 유리를 설치한다. • 아크릴/폴리카보네이트 용지를 붙인다. • 창문이나 전시 진열장의 유리에 자외선을 차단할 수 있도록 니스를 칠한다. • 창문이나 전시 진열장의 유리에 폴리에스터 필름을 입힌다. • 형광등 튜브에 플라스틱 필터 판을 설치한다.
적외선	• 적외선의 열화요인을 줄이기 위해 쿨빔필터를 부착, 환기팬을 설치한다.

(5) 방벽(barrier) 시설

방벽 시설은 사람과 박물관 자료의 안전을 위해 설치한다. 물리적인 방벽은 울타리, 난간, 플라스틱이나 유리로 된 판, 가드레일 등이 있다.

(6) 소화 시설

사무실이나 관람객 서비스 공간, 교육 공간에는 주로 스프링클러를 적용하고, 수장고 및 전시공간에는 스프링클러 사용이 불가하므로 가스 소화기를 필수로 배치한다. 가스식 소화설비로는 NAF-3, Halon(할론 가스식 소화기), CO_2(이산화탄소 소화기) 등의 가스식 소화설비가 있다.[184]

---

184) Halon(할론가스) 소화기는 불연성가스인 할로겐화물소화약제를 용기에 저장해 두었다가 화재 발생 시 화재지점에 할로겐화합물소화약제를 방출 분사시켜 할로겐원자의 억제작용에 의하여 화재를 소화하는 소화기이다.

(1) 전시 환경 계획

전시실은 밝고, 보기 쉽고, 조용하고 즐거운 분위기에서 흥미있게 전시물을 관람할 수 있도록 해야 한다. 전시 환경을 계획함에 있어 아래의 사항을 충실히 검토해야 한다.

① 개관 후 전시물의 수량 증가에 따른 전시물 교체가 가능하도록 성장형 전시 개념을 반영해야 한다.

② 전시실에 관람 피로를 해소할 수 있는 휴게 공간을 마련해야 하며 관람객의 동향을 충분히 고려하여 전시실 중간에 놓이는 의자 등을 적절하게 배치한다.

③ 전시공간은 과도한 건축적 표현성보다는 전시의 시각적 환경을 우선하는 관점에서 디자인되어야 한다.

④ 주요 동선 주변에는 통상적으로 기둥을 설치하지 않는다. 건축 구조 형태는 존중하되 추후 물리적으로 가공되지 않도록 해야 한다.

⑤ 전시공간은 실내 분위기를 조성하기 위한 강조성 표현을 배제하고 공간 자체의 격조를 높일 수 있는 형태로 계획한다.

⑥ 전시 내용을 정확히 전달하기 위해서 관람객이 일정 시간 동안 체류할 수 있도록 통로에 적정 공간을 미리 확보해 둔다.

(2) 전시 환경의 구분(생리적 요건과 심리적 요건)

① 생리적 요건 : 관람객 입장에서 직면하게 되는 요소들로 '관람코스'와 '휴게시설', '조명 상태', '전시매체' 등이다.

② 심리적 요건 : 전시물과 관람객 사이의 '교류'라고 할 수 있다.

(3) 생리적 요건을 가진 전시공간

주 동선의 방향, 관람의 진행 방향이 밝고, 보기 좋고, 쾌적하고, 전시 시설이 전시의 흐름에 따라 가변성이 좋은 구성을 갖추도록 계획하는 것이 바람직하다.

The 중요

전시실의 관람 피로(museum feet) 발생 요건

- 휴게 공간이 적은 곳
- 명시성이 떨어지는 조명 사용과 일률적인 인공 조명
- 인체공학적으로 부자연스러운 자세에서 봐야 하는 곳
- 방향감각 상실
- 전시 환경의 단조로움, 대비의 부재
- 지나친 난방

- 온 · 습도가 쾌적하지 못한 곳
- 전시가 단조롭고 관람 동선이 너무 긴 곳
- 보행 위주의 학습
- 오랜 시간 시각만 사용
- 관람객이 많아 혼잡스러움

※ 관람 피로의 주원인인 지루함을 덜어주는 요소는 '불연속(discontinuity)'이다.

---

(4) 전시실의 빛 환경

조명 환경이 사람들에게 시각적 피곤함을 주는 요인으로 눈부심(glare), 광막 반사(veiling reflection)로 시각적인 방해가 일어나거나 그로 인해 눈의 순응이 이루어지지 않을 경우 등이 있다.

(5) 전시 조명의 종류

조명은 분위기를 조성하고 관람객이 전시물을 통해 여러 미적 체험을 할 수 있게 해준다. 또한 조명은 전시물의 보존 환경에 영향을 미친다.

① 주 조명(Key light) : 확산되지 않는 빛을 사용하며 조명의 밝기와 비춰지는 각도에 따라 전시물의 재질이나 성격을 달리한다.

② 충진 조명(Fill light) : 부드럽게 확산되는 빛, 후면 조명과 음영 간의 대조를 줄이는 역할을 한다. 그림자가 지는 부분이 잘 보이도록 돕는 역할을 한다.

③ 후면 조명(Back light) : 공간감을 주기 위한 조명이다. 대개 확산되지 않는 빛이 전시물의 위와 뒤에 $180°$ 원호를 사용할 수 있다. 배경으로부터 전시물을 떨어뜨려 공간감을 주는 역할을 한다.

④ 배경 조명(Background light) : 확산된 빛을 사용하고 전시물이 그의 배경으로부터 두드러지도록 돕는다.

(6) 진열장

① 진열장의 기능

진열장의 기능은 1차적으로 '전시유물 보존'과 '관람의 효율적 환경 제공'에 있다. 전시물의 특성에 따라 공기 중의 유해 물질을 차단하고 온도, 습도 그리고 조도 등을 최적화하여 관리하기 위해서 진열장이 만들어진다. 다음으로 진열장은 보완성과 관리성 기능을 유지하며 관람자가 전시물을 효과적으로 관람할 수 있도록 도와주는 역할을 해야 한다. 관람의 효율적 환경 제공은 부차적 기능이고, 진열장의 1차적인 기능은 전시물 보존이다.

기 능	개 념
보존성	전시물 훼손 방지(밀폐구조, 온습도 환경제어, 유해광선 차단)
보안성	도난 방지, 전시물 파손 방지
관리성	개폐 용이(수동, 전동시스템), 통합관리기능(마스터키 관리시스템)
디자인	다양한 디자인 적용 가능

② 진열장의 종류

박물관 진열장은 크게 필요에 따라 개별적인 형태로 위치 이동이 가능한 이동식 독립형 진열장과 전시물에 따라 다양한 형태와 구조를 취하는 것으로서 이동이 불가능하며, 외형에 따라 벽에 붙어 설치되어 있는 고정식 벽부형 진열장 그리고 조감형 진열장 등으로 구분된다.

㉠ 독립형 진열장

독립형은 각 전시물의 크기와 관람 시점에 맞추어 개별 선택할 수 있다는 것과 벽부형에 비해 여러 각도에서 관람할 수 있다는 장점을 갖는다. 책상 형태로 위에서 내려다보는 진열장은 '조감장'이라고 한다. 벽부형, 독립형과 다른 제3의 형태로 보기도 하지만 형태로 보아서는 독립형 진열장의 일종으로 보는 것이 타당하다.

4면 유리 독립형 진열장   5면 유리 독립형 진열장

5면 유리 조감형 진열장   테이블형 조감형 진열장

[박물관 전시실 진열장의 종류[185]]

ⓛ 벽부형 진열장

벽부형 진열장은 일반적으로 박물관에서 가장 많이 이용하는 유형으로써 전시실의 벽면에 부착하는 것이 일반적이다. 즉, 대부분 양끝 쪽의 출입문으로 출입하면서 전시실의 양쪽 벽면을 이용하여 전시물을 전시, 관리하도록 되어 있어 비교적 편리한 구조체이나, 출입구를 위한 벽면공간이 필요하므로 비교적 좁은 전시실에서는 적당하지 않다. 벽부형은 벽면을 활용하면서 수납공간도 상대적으로 넓어서 공간 활용도가 높고 전시물을 교체할 때 호환성이 우수하다는 장점을 갖는다. 이때 진열장이 벽면 마감을 대신하므로 예산을 많이 절감할 수 있지만, 이로 인해 설명 패널 등 읽기 자료가 진열장 안에 설치된다면 관람 환경 측면에서는 큰 손실이 된다.

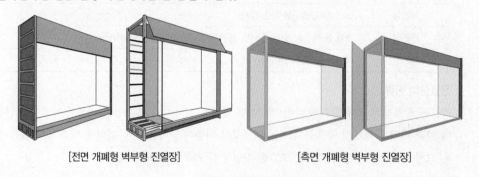

[전면 개폐형 벽부형 진열장]   [측면 개폐형 벽부형 진열장]

---

185) (주)씨원에스 홈페이지(http://c1s.co.kr/specialization-2/)

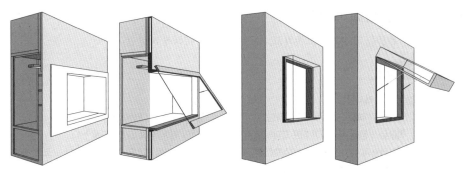

[액자형 1면 유리 매입형 진열장]   [액자형 5면 유리 매입형 진열장]

ⓒ 부착형 진열장

전시장 벽면에 진열장을 부착하는 형식으로, 벽의 일부분이 도출된 모양으로 나타난다. 주로 소품이나 미술품 등을 전시하는 데 사용된다.

ⓔ 천장 고정형 진열장

천정에 4개의 기둥을 고정하여 다리 없이 공중에 떠 있는 구조로 제작된 진열장이다.

ⓜ 벽부조감형 진열장

진열장 한쪽 면을 전시실의 벽면에 부착하여 책상 형태로 위에서 내려다보는 진열장을 벽부조감형 진열장이라고 한다.

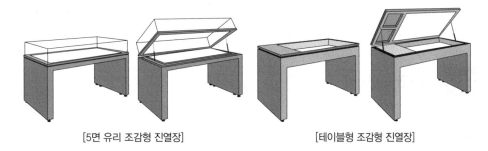

[5면 유리 조감형 진열장]   [테이블형 조감형 진열장]

③ 진열장 설계 시 고려사항[186]

진열장은 유물을 안전하게 보존하고, 유지관리가 용이하게 제작한다.

> **The 중요**
>
> **진열장 설계 시 고려사항**
> - 비상시에는 수동개폐가 가능하도록 제작한다.
> - 유리는 접합유리 등을 사용하여 파손되더라도 유물 및 관람객의 피해가 최소가 되도록 한다.
> - 진열장 조명기구의 유지관리가 가능한 충분한 공간을 확보하여 관리의 편리와 통풍이 원활한 구조로 제작한다.
> - 유지 보수 시 유물공간을 개방하지 않고 점검이 이루어지도록 제작한다.
> - 도난방지를 위한 방범필름 등의 시공을 고려한다.
> - 전기 사용기계, 기구는 유물이 설치되는 공간과 분리되어 별도 공간에 잠금장치를 두어 제작한다.
> - 1차 전원공급 간선의 용량(부하)에 준하여 제작한다.
> - 조명기구와 기계 · 기구는 별도회로로 구성한다(조작전원, 동력, 조명용).
> - 전선 및 배관은 전기설비기술기준에 준하여 설치한다.
> - 배선 및 배관은 움직이지 않도록 진열장 내부에 고정한다.
> - 전기기계 · 기구와 외함 간 절연 및 외함접지(제3종 접지)를 반드시 한다.
> - 조명등기구의 재질(아크릴)은 변색이 없어야 한다.
> - 전자조도조절장치가 설치되는 경우 설정 조도값이 초기화되지 않아야 한다.
> - 형광구 베이스는 틈새로 인한 접촉 불량, 탈락이 없도록 시설한다.
> - 인공광원장치는 고조파 발생이 20% 이하인 안정기를 시설한다.

07 박물관 안전관리 매뉴얼

(1) 사립박물관 안전관리 매뉴얼[187]

① 추진 목표 : 재난으로부터 관람객의 생명과 우리 박물관의 유물을 안전하게 보호

  ㉠ 재난 관리체계 구축을 통해 재난에 대비하고 대응 · 복구능력 배양

  ㉡ 재난의 사전 예방을 위해 정기적이고 체계적인 안전 점검 및 교육 훈련 실시

  ㉢ 평상시 재난대응 체제의 확립, 긴급 구조 기관과의 협조체제 구축을 통한 재난발생시 피해의 최소화

② 박물관의 임무

  ㉠ 박물관은 재난으로부터 관람객의 생명과 재산을 보호할 의무를 가지고, 재난의 예방과 피해경감을 위하여 노력하여야 하며, 발생한 재난을 신속히 대응 및 복구하기 위한 계획을 수립하여야 한다.

  ㉡ 박물관은 소관업무와 관련된 안전관리계획을 수립하고 이를 시행하여야 한다.

---

186) 국립중앙박물관 기획운영단 관리과, 『국립박물관 전시개편공사 기술지침』, 2009, p.29.
187) 문화체육관광부, 『사립박물관 안전관리 매뉴얼』, (재)한국재난안전기술원 · 문화관광부 홈페이지(www.mcst.go.kr)servlets)

(2) 시설물관리

① 시설물관리 업무

　ⓐ 구성 : 박물관 시설물관리 주요 업무는 안전사고 예방을 위한 점검활동과 발생된 결함을 조치하는 유지관리 활동으로 구분한다.

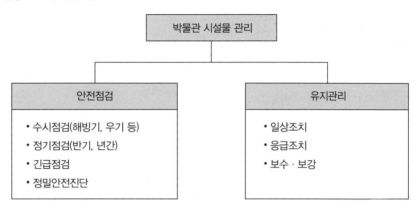

　ⓑ 안전 점검 : 박물관 안전점검은 수시점검, 정기점검, 긴급점검, 정밀안전진단 등으로 구분해서 실시하며 점검시기 및 점검방법은 아래와 같다.

　　ⓐ 수시점검 : 매주 − 모든 시설의 육안점검

　　ⓑ 정기점검 : 매월, 매년 − 소방 및 전기설비 점검

　　ⓒ 긴급점검 : 필요시 − 비상사태 예상 등 필요시

　　ⓓ 정밀 안전진단 : 필요시 − 안전진단 전문기관 의뢰

구 분	1회당 점검시기				점검방법
	매 년	매 월	매 년	필요시	
수시점검	●				모든 시설의 육안점검
정기점검		●	●		소방 및 전기설비 점검
긴급점검				●	비상사태 예상 등 필요시
정밀 안전진단				●	안전진단 전문기관 의뢰

ⓒ 유지관리 : 박물관 시설물 유지관리의 주요대상은 아래와 같다.

구 분	유지관리 대상부위	비 고
건물옥상	옥상 및 지붕	• 바닥의 상태(균열, 파손 등) • 방수층 상태(누수 등)
건물내부	배수구 및 배수관	파손 및 막힘
	전시실	• 내장재(마감재) 손상 • 주요 구조체 손상 여부(벽체, 바닥, 기둥, 보 등의 균열, 박락, 철근부식, 철근노출 등)
	창호	• 유리의 파손 여부 • 창호 작동 상태
	화장실	• 급 · 배수 상태 • 환기시설 작동 여부 • 마감재(타일 등)의 상태(탈락, 파손, 균열 등)
	계단실	• 난간 상태 • 미끄럼방지 패드의 상태(마모, 탈락, 변형 등)
	지하실 및 지하주차장	주요 구조체 손상 여부(누수, 결로, 균열, 파손 등)
옥외시설	담장, 옹벽 및 석축	파손, 침하, 전도 등
	배수로	배수로 청소 및 유지상태

ⓔ 시설물관리 업무의 수행

  ⓐ 점검계획 수립

   • 점검의 종류, 범위, 항목, 방법 및 장비 결정

   • 대상 부위의 설계자료, 과거 이력 파악

   • 전시품, 소장품 위치 및 관람객 동선 고려

   • 규모 및 점검의 난이도 고려

   • 점검 인원 구성 및 분야 고려

  ⓑ 정기점검 및 수행방법

   • 자체인력 및 장비보유 상태 파악

   • 조치방법 선정

   • 보수 범위 결정

   • 보수 부위 확인 및 검사

(3) '인파 관리' 대책

① 대규모 군중이 몰릴 것으로 예상되는 경우에는 담당 큐레이터는 사람이 모이는 곳을 구획화하거나 바리 케이드를 치는 등의 조치로 적절히 공간을 분리해야 한다.

② 군중 충돌을 막기 위해 구조 작업 등에 필요한 여분의 비상 공간이 확보돼 있는지도 미리 확인해야 한다. 군중 밀집을 신경 쓰는 것 외에도 사고가 날 것을 대비해 항상 비어 있는 공간을 확보해 놓아야 한다.

③ 밀집도 높은 경우, 군중의 일방통행 관리 의무화가 필요하다. 특히 연휴 기간 같이 많은 인파가 집중되어 밀집도가 일정 수준을 넘어서면 사람들이 한쪽 방향으로만 움직이도록 동선을 잘 배분해서 사고의 가능성을 크게 낮춰야 한다.

④ 행사 소음 규제 및 비상시 위험 상황 적극적 전파하여야 한다. 사고가 날 경우, 언제든 상황을 알릴 수 있도록 과도한 소음의 규제가 필요하다. 또 비상시 자신의 위험을 주변에 적극적으로 알리고, 주변 사람들도 다른 사람의 위험 신호를 적극적으로 전파하는 문화가 조성되어야 한다.

교육이란 사람이 학교에서 배운 것을 잊어버린 후에 남은 것을 말한다.

– 알버트 아인슈타인 –

PART 2

박물관학 관련 법령

SD에듀와 함께, 합격을 향해 떠나는 여행

01 박물관 및 미술관 진흥법

01 박물관 및 미술관 진흥법 [시행 2023.12.21.] [법률 제19481호, 2023.6.20., 일부개정]

제1장 총칙

제1조(목적)

이 법은 박물관과 미술관의 설립과 운영에 필요한 사항을 규정하여 박물관과 미술관을 건전하게 육성함으로써 문화 · 예술 · 학문의 발전과 일반 공중의 문화향유(文化享有) 및 평생교육 증진에 이바지함을 목적으로 한다.

제2조(정의)

이 법에서 사용하는 용어의 뜻은 다음과 같다.

1. "박물관"이란 문화 · 예술 · 학문의 발전과 일반 공중의 문화향유 및 평생교육 증진에 이바지하기 위하여 역사 · 고고(考古) · 인류 · 민속 · 예술 · 동물 · 식물 · 광물 · 과학 · 기술 · 산업 등에 관한 자료를 수집 · 관리 · 보존 · 조사3연구 · 전시 · 교육하는 시설을 말한다.

2. "미술관"이란 문화 · 예술의 발전과 일반 공중의 문화향유 및 평생교육 증진에 이바지하기 위하여 박물관 중에서 특히 서화 · 조각 · 공예 · 건축 · 사진 등 미술에 관한 자료를 수집 · 관리 · 보존 · 조사 · 연구 · 전시 · 교육하는 시설을 말한다.

3. "박물관자료"란 박물관이 수집 · 관리 · 보존 · 조사 · 연구 · 전시하는 역사 · 고고 · 인류 · 민속 · 예술 · 동물 · 식물 · 광물 · 과학 · 기술 · 산업 등에 관한 인간과 환경의 유형적 · 무형적 증거물로서 학문적 · 예술적 가치가 있는 자료 중 대통령령으로 정하는 기준에 부합하는 것을 말한다.

4. "미술관자료"란 미술관이 수집 · 관리 · 보존 · 조사 · 연구 · 전시하는 예술에 관한 자료로서 학문적 · 예술적 가치가 있는 자료를 말한다.

> **제2조의2(국가 및 지방자치단체의 책무)**
> ① 국가와 지방자치단체는 박물관 및 미술관의 확충, 지역의 핵심 문화시설로서의 지원 · 육성, 학예사 양성 등 박물관 및 미술관 진흥을 위한 시책을 강구하여야 한다.
> ② 국가와 지방자치단체는 제1항에 따른 책무를 다하기 위하여 이에 수반되는 예산상의 조치를 하도록 노력하여야 한다.
> [본조신설 2023. 6. 20.]

제3조(박물관 · 미술관의 구분)

① 박물관은 그 설립 · 운영 주체에 따라 다음과 같이 구분한다.

   1. 국립 박물관 : 국가가 설립 · 운영하는 박물관

   2. 공립 박물관: 지방자치단체가 설립 · 운영하는 박물관

   3. 사립 박물관 :「민법」,「상법」, 그 밖의 특별법에 따라 설립된 법인 · 단체 또는 개인이 설립 · 운영하는 박물관

   4. 대학 박물관 :「고등교육법」에 따라 설립된 학교나 다른 법률에 따라 설립된 대학 교육과정의 교육기관이 설립 · 운영하는 박물관

② 미술관은 그 설립 · 운영 주체에 따라 국립 미술관, 공립 미술관, 사립 미술관, 대학 미술관으로 구분하되, 그 설립 · 운영의 주체에 관하여는 제1항 각 호를 준용한다.

제4조(사업)

① 박물관은 다음 각 호의 사업을 수행한다.

   1. 박물관자료의 수집 · 관리 · 보존 · 전시

   2. 박물관자료에 관한 교육 및 전문적 · 학술적인 조사 · 연구

   3. 박물관자료의 보존과 전시 등에 관한 기술적인 조사 · 연구

   4. 박물관자료에 관한 강연회 · 강습회 · 영사회(映寫會) · 연구회 · 전람회 · 전시회 · 발표회 · 감상회 · 탐사회 · 답사 등 각종 행사의 개최

   5. 박물관자료에 관한 복제와 각종 간행물의 제작과 배포

   6. 국내외 다른 박물관 및 미술관과의 박물관자료 · 미술관자료 · 간행물 · 프로그램과 정보의 교환, 박물관 · 미술관 학예사 교류 등의 유기적인 협력

   6의2. 평생교육 관련 행사의 주최 또는 장려

   7. 그 밖에 박물관의 설립 목적을 달성하기 위하여 필요한 사업 등

② 미술관 사업에 관하여는 제1항을 준용한다. 이 경우 제1호부터 제5호까지의 규정 중 "박물관자료"는 "미술관자료"로 보며, 제6호 및 제7호 중 "박물관"은 "미술관"으로 본다.

제5조(적용 범위)

이 법은 자료관, 사료관, 유물관, 전시장, 전시관, 향토관, 교육관, 문서관, 기념관, 보존소, 민속관, 민속촌, 문화관, 예술관, 문화의 집, 야외 전시 공원 및 이와 유사한 명칭과 기능을 갖는 문화시설 중 대통령령으로 정하는 바에 따라 문화체육관광부장관이 인정하는 시설에 대하여도 적용한다. 다만, 다른 법률에 따라 등록한 시설은 제외한다.

제5조의2(박물관 및 미술관 진흥 기본계획)

① 문화체육관광부장관은 박물관 및 미술관의 설립을 촉진하고 그 운영을 활성화하기 위하여 박물관 및 미술관 진흥 기본계획(이하 "기본계획"이라 한다)을 5년마다 수립·시행하여야 한다.

② 기본계획에는 다음 각 호의 사항이 포함되어야 한다.

    1. 박물관 및 미술관의 설립 촉진 및 운영 활성화를 위한 정책목표와 기본방향

    2. 박물관 및 미술관 진흥 시책 및 추진계획

    3. 진흥 시책 및 추진계획의 시행을 위한 재원조달 계획

    4. 국내외 박물관 및 미술관의 현황과 전망

    5. 국내외 박물관 및 미술관 간의 협력에 관한 사항

    6. 박물관 및 미술관의 전문인력 양성에 관한 사항

    7. 그 밖에 박물관 및 미술관 진흥을 위하여 필요한 사항

③ 기본계획의 수립·시행에 필요한 사항은 대통령령으로 정한다.

[본조신설 2023. 6. 20.]

제5조의3(박물관 및 미술관 진흥 시행계획 등)

① 문화체육관광부장관, 관계 중앙행정기관의 장 및 지방자치단체의 장은 기본계획에 따라 소관 박물관 및 미술관에 대하여 박물관 및 미술관 진흥 시행계획(이하 "시행계획"이라 한다)을 수립·시행하여야 한다.

② 관계 중앙행정기관의 장과 지방자치단체의 장은 시행계획에 따른 추진실적을 문화체육관광부장관에게 제출하고, 문화체육관광부장관은 추진실적을 평가하여야 한다.

③ 시행계획의 수립·시행 및 제2항에 따른 추진실적 평가에 필요한 사항은 대통령령으로 정한다.

[본조신설 2023. 6. 20.]

제5조의4(실태조사)

① 문화체육관광부장관은 기본계획 및 시행계획을 효율적으로 수립하기 위하여 박물관 및 미술관 운영 실태에 관한 조사를 실시하고, 그 결과를 기본계획 및 시행계획에 반영하여야 한다.

② 문화체육관광부장관은 제1항에 따른 실태조사를 위하여 관계 중앙행정기관의 장, 지방자치단체의 장 및 관련 법인·단체 등에 대하여 필요한 자료의 제출이나 의견의 진술을 요청할 수 있다. 이 경우 요청을 받은 자는 정당한 사유가 없으면 이에 따라야 한다.

③ 제1항에 따른 실태조사의 범위, 방법 등 필요한 사항은 대통령령으로 정한다.

[본조신설 2023. 6. 20.]

제6조(박물관·미술관 학예사)

① 박물관과 미술관은 대통령령으로 정하는 바에 따라 제4조에 따른 박물관·미술관 사업을 담당하는 박물관·미술관 학예사(이하 "학예사"라 한다)를 둘 수 있다.

② 학예사는 1급 정(正)학예사, 2급 정학예사, 3급 정학예사 및 준(準)학예사로 구분하고, 그 자격제도의 시행방법과 절차 등에 필요한 사항은 대통령령으로 정한다.

③ 제2항에 따른 학예사 자격을 취득하려는 사람은 학예사 업무의 수행과 관련된 실무경력 등 대통령령으로 정하는 자격요건을 갖추어 문화체육관광부장관에게 자격요건의 심사와 자격증 발급을 신청하여야 하며, 문화체육관광부장관은 신청인의 자격요건을 심사하여 해당 자격요건을 갖춘 사람에게 자격증을 발급하여야 한다. 이 경우 준학예사 자격을 취득하려는 사람은 문화체육관광부장관이 실시하는 준학예사 시험에 합격하여야 한다.

④ 제3항에 따른 준학예사 시험에 응시하려는 사람은 문화체육관광부령으로 정하는 바에 따라 응시수수료를 납부하여야 한다.

⑤ 학예사는 국제박물관협의회의 윤리강령과 국제협약을 지켜야 한다.

제6조의2(자격 취소)

문화체육관광부장관은 제6조 제3항에 따라 자격증을 발급받은 사람이 다음 각 호의 어느 하나에 해당하는 경우에는 그 자격을 취소하여야 한다.

1. 거짓이나 그 밖의 부정한 방법으로 자격을 취득한 경우
2. 제6조 제3항에 따라 발급받은 자격증을 다른 사람에게 대여한 경우

제7조(운영 위원회)

① 제16조에 따라 등록한 국·공립의 박물관과 미술관(각 지방 분관을 포함한다)은 전문성 제고와 공공 시설물로서의 효율적 운영 및 경영 합리화를 위하여 그 박물관이나 미술관에 운영 위원회를 둔다.
② 운영 위원회의 구성과 운영에 필요한 사항은 대통령령으로 정한다.

제8조(재산의 기부 등)

① 「민법」, 「상법」, 그 밖의 특별법에 따라 설립된 법인·단체 및 개인은 박물관이나 미술관 시설의 설치, 박물관자료 또는 미술관자료의 확충 등 박물관이나 미술관의 설립·운영을 지원하기 위하여 금전이나 부동산, 박물관 또는 미술관 소장품으로서 가치가 있는 재산(이하 "기증품"이라 한다)을 박물관이나 미술관에 기부 또는 기증(이하 "기부 등"이라 한다)할 수 있다.
② 박물관 또는 미술관의 장이 기증품을 기증받고자 하는 경우에는 수증 심의 위원회를 두어 기증받을지 여부를 결정하여야 한다. 〈신설 2023. 8.8.〉
③ 국립 박물관 또는 미술관의 장은 제1항에 따른 법인·단체 및 개인이 해당 박물관이나 미술관에 기증품을 기증하여 감정 평가를 신청한 경우 기증 유물 감정 평가 위원회를 두어 감정 평가를 할 수 있다.
④ 수증 심의 위원회 및 기증 유물 감정 평가 위원회의 구성, 운영 및 그 밖에 필요한 사항은 대통령령으로 정한다.
⑤ 국가 또는 지방자치단체가 설립한 박물관이나 미술관은 제1항에 따른 기부 등이 있을 때에는 「기부금품의 모집 및 사용에 관한 법률」에도 불구하고 이를 접수할 수 있다.
⑥ 문화체육관광부장관은 제1항에 따른 기부 등에 현저한 공로가 있는 자에 대하여 시상(施賞)을 하거나 「상훈법」에 따라 서훈을 추천할 수 있으며, 수증한 박물관·미술관의 장은 기증품에 대한 전시회 개최 등의 예우를 할 수 있다.
⑦ 제1항 및 제5항에 따른 기부 등의 절차, 관리·운영 방법 등은 문화체육관광부령으로 정한다.

제9조

삭 제 〈2023. 6. 20.〉

제9조의2(박물관 및 미술관 자료수집 등의 원칙)

① 박물관과 미술관은 박물관·미술관 자료의 목록 및 자료의 취득·변경·활용 등에 관한 사항을 성실히 기록하고 이를 지속적으로 관리하여야 한다.
② 박물관과 미술관은 소장품의 보존 및 관리를 위하여 적정한 전문인력, 수장(收藏) 및 전시 환경을 마련하여야 한다.

③ 제1항에 따른 박물관·미술관의 자료 목록 및 기록 방법 등과 제2항에 따른 박물관·미술관 소장품의 보존 및 관리에 필요한 사항은 문화체육관광부령으로 정한다.

제9조의3(박물관 또는 미술관의 장애인 편의성 보장 등)

① 박물관 또는 미술관을 설립·운영하는 자는 장애인이 박물관 또는 미술관을 자유롭게 이용할 수 있도록 장애 유형 및 정도, 성별 등의 특성에 따른 적절한 편의를 제공하기 위하여 노력하여야 한다. 이 경우 박물관 또는 미술관에 장애인 관련 업무를 전담하는 인력을 둘 수 있다.

② 박물관 또는 미술관을 설립·운영하는 자는 장애인이 문화를 향유할 수 있도록 적절한 프로그램을 운영·제공하기 위하여 노력하여야 한다.

> **제9조의4(안전관리매뉴얼 마련·활용 등)**
> ① 문화체육관광부장관은 대통령령으로 정하는 일정 규모 이상의 박물관 및 미술관에 대하여 관람객의 안전과 박물관·미술관 자료의 보존·관리 등에 필요한 매뉴얼(이하 "안전관리매뉴얼"이라 한다)을 마련하고, 이를 박물관 및 미술관을 운영하는 자가 활용할 수 있도록 하여야 한다.
> ② 제1항에 따른 안전관리매뉴얼의 수립·활용 등에 필요한 사항은 대통령령으로 정한다.
> [본조신설 2023. 10. 31.]
> [시행일 2024. 5. 1.]

제2장   국립 박물관과 국립 미술관

제10조(설립과 운영)

① 국가를 대표하는 박물관과 미술관으로 문화체육관광부장관 소속으로 국립중앙박물관과 국립현대미술관을 둔다.

② 민속자료의 수집·보존·전시와 이의 체계적인 조사·연구를 위하여 문화체육관광부장관 소속으로 국립민속박물관을 둔다.

③ 국립중앙박물관은 제4조 제1항의 사업 외에 다음 각 호의 업무를 수행한다. 〈개정 2023. 8. 8.〉

  1. 국내외 문화유산의 보존·관리

  2. 국내외 박물관자료의 체계적인 보존·관리

  3. 국내 다른 박물관에 대한 지도·지원 및 업무 협조

  4. 국내 박물관 협력망의 구성 및 운영

  5. 그 밖에 국가를 대표하는 박물관으로서의 기능 수행에 필요한 업무

④ 문화체육관광부장관은 문화유산의 균형 있고 효율적인 수집·보존·조사·연구·전시 및 문화향유의 균형적인 증진을 꾀하기 위하여 필요한 곳에 국립중앙박물관, 국립민속박물관 또는 국립현대미술관의 지방 박물관 및 지방 미술관을 둘 수 있다.

⑤ 국립현대미술관은 제4조 제1항의 사업 외에 제3항 각 호의 업무를 수행한다. 이 경우 각 호의 "박물관"은 "미술관"으로 본다.

⑥ 국립민속박물관은 민속에 관하여 제4조 제1항의 사업 외에 제3항 각 호의 업무를 수행한다. 이 경우 각 호의 "박물관"은 "민속 박물관"으로 본다.

⑦ 국립중앙박물관과 국립현대미술관 및 국립민속박물관의 조직과 운영 등에 필요한 사항은 대통령령으로 정한다.

⑧ 국립중앙박물관에는 관장 1명을 두되, 관장은 정무직으로 한다.

제11조(설립 협의)

① 중앙행정기관의 장은 소관 업무와 관련하여 국립 박물관이나 국립 미술관을 설립하려면 미리 문화체육관광부장관과 협의하여야 한다.

② 제1항의 협의에 필요한 사항은 대통령령으로 정한다.

제3장　공립 박물관과 공립 미술관

제12조(설립과 운영)

① 지방자치단체는 지역사회의 박물관자료 및 미술관자료의 구입·관리·보존·전시 및 지역문화 발전과 지역주민의 문화향유권 증진을 위하여 대통령령으로 정하는 절차와 기준에 따라 박물관과 미술관을 설립할 수 있다.

② 제1항에 따른 박물관과 미술관 운영에 필요한 사항은 지방자치단체의 조례로 정한다.

제12조의2(공립 박물관·공립 미술관의 설립타당성 사전평가)

① 지방자치단체의 장이 제3조 제1항 제2호 및 같은 조 제2항에 따른 공립 박물관·공립 미술관을 설립하려는 경우에는 미리 박물관·미술관 설립·운영계획을 수립하여 문화체육관광부장관으로부터 설립타당성에 관한 사전평가(이하 "사전평가"라 한다)를 받아야 한다.

② 사전평가의 절차, 방법 등에 필요한 사항은 대통령령으로 정한다.

제4장　사립 박물관과 사립 미술관

제13조(설립과 육성)

① 법인·단체 또는 개인은 박물관과 미술관을 설립할 수 있다.

② 국가나 지방자치단체는 제1항에 따른 박물관 및 미술관의 설립을 돕고, 문화유산의 보존·계승 및 창달(暢達)과 문화 향유를 증진하는 문화 기반 시설로서 지원·육성하여야 한다.

③ 사립 박물관과 사립 미술관은 제1조 및 제2조에 따른 목적과 기능에 맞도록 설립·운영하여야 한다.

제5장　대학 박물관과 대학 미술관

제14조(설립과 운영)

①「고등교육법」에 따라 설립된 학교나 다른 법률에 따라 설립된 대학 교육과정의 교육기관은 교육 지원 시설로 대학 박물관과 대학 미술관을 설립할 수 있다.

② 대학 박물관과 대학 미술관은 대학의 중요한 교육 지원 시설로 평가되어야 한다.

③ 대학 박물관과 대학 미술관은 박물관자료나 미술관자료를 효율적으로 보존·관리하고 교육·학술 자료로 활용할 수 있도록 지원·육성되어야 한다.

제15조(업무)

대학 박물관과 대학 미술관은 제4조 제1항의 사업 외에 다음 각 호의 업무를 수행한다.

1. 교수와 학생의 연구와 교육 활동에 필요한 박물관자료나 미술관자료의 수집·정리·관리·보존 및 전시
2. 박물관자료나 미술관자료의 학술적인 조사·연구
3. 교육과정에 대한 효율적 지원
4. 지역문화 활동과 사회 문화 교육에 대한 지원
5. 국·공립 박물관 및 미술관, 다른 박물관 및 미술관과의 교류·협조
6. 박물관 및 미술관 이용의 체계적 지도
7. 그 밖에 교육 지원 시설로서의 기능 수행에 필요한 업무

제6장 등 록

제16조(등록 등)

① 박물관과 미술관을 설립·운영하려는 자는 그 설립 목적을 달성하기 위하여 필요한 학예사와 박물관자료 또는 미술관자료 및 시설을 갖추어 대통령령으로 정하는 바에 따라 국립 박물관 및 미술관은 문화체육관광부 장관에게, 공립 박물관 및 미술관은 특별시장·광역시장·특별자치시장·도지사·특별자치도지사(이하 "시·도지사"라 한다) 또는 「지방자치법」 제198조에 따른 서울특별시·광역시 및 특별자치시를 제외한 인구 50만 이상 대도시의 시장(이하 "대도시 시장"이라 한다)에게 등록하여야 한다. 다만, 사립·대학 박물관 및 미술관은 시·도지사 또는 대도시 시장에게 등록할 수 있다.
② 제1항에 따라 등록하려는 자(이하 "신청인"이라 한다)는 대통령령으로 정하는 요건을 갖추어 개관 전까지 등록 신청을 하여야 한다.
③ 문화체육관광부장관, 시·도지사 또는 대도시 시장은 제2항에 따른 등록신청을 받은 경우 신청일부터 40일 이내에 등록심의를 거쳐 그 결과를 신청인에게 통보하여야 한다.
④ 제3항에 따른 등록, 심의방법 및 절차 등에 필요한 사항은 대통령령으로 정한다.

제17조(등록증과 등록 표시)

① 문화체육관광부장관, 시·도지사 또는 대도시 시장은 제16조 제3항에 따른 등록 심의 결과가 결정된 때에는 박물관 또는 미술관 등록원부에 필요한 사항을 기재하고, 신청인에게 문화체육관광부령으로 정하는 바에 따라 박물관 등록증 또는 미술관 등록증(이하 "등록증"이라 한다)을 발급하여야 한다.
② 등록증을 받은 박물관 또는 미술관(이하 "등록 박물관·미술관"이라 한다)은 국민의 박물관·미술관 이용 편의를 위하여 대통령령으로 정하는 바에 따라 옥외 간판, 각종 문서, 홍보물, 박물관·미술관 홈페이지 등에 등록 표시를 하여야 한다.

제17조의2(변경등록)

① 등록 박물관·미술관은 등록 사항에 변경이 발생하면 대통령령으로 정하는 바에 따라 문화체육관광부장관, 시·도지사 또는 대도시 시장에게 지체 없이 변경 등록을 신청하여야 한다.

② 제1항에 따른 변경 등록의 허용 범위 및 절차 등에 필요한 사항은 대통령령으로 정한다.

③ 문화체육관광부장관, 시·도지사 또는 대도시 시장은 제1항 및 제2항에 따른 변경 등록 시에 변경 사항이 대통령령으로 정하는 등록요건을 충족시키지 못하거나 제2항에 따른 허용 범위 및 절차를 지키지 아니한 경우에는 제28조에 따라 시정 요구를 하여야 한다.

제17조의3(등록 사실의 통지)

시·도지사 또는 대도시 시장은 신규로 등록하거나 변경 등록한 박물관이나 미술관이 발생하였을 경우에 매 반기별로 그 등록 또는 변경 등록 사실을 문화체육관광부장관에게 통지하여야 한다.

제18조(사립 박물관·사립 미술관의 설립 계획 승인 등)

① 시·도지사 또는 대도시 시장은 사립 박물관 또는 사립 미술관을 설립하려는 자가 신청하면 대통령령으로 정하는 바에 따라 박물관이나 미술관의 설립 계획을 승인할 수 있다.

② 제1항에 따라 설립 계획의 승인을 받은 자가 그 설립 계획 중 대통령령으로 정하는 중요한 사항을 변경하려면 시·도지사 또는 대도시 시장의 변경 승인을 받아야 한다.

③ 시·도지사 또는 대도시 시장은 제1항과 제2항에 따라 설립 계획을 승인하거나 변경 승인하려면 미리 제20조 제1항 각 호 해당 사항의 소관 행정기관의 장과 협의하여야 한다.

④ 시·도지사 또는 대도시 시장은 제1항에 따라 설립 계획의 승인을 받은 자의 사업 추진 실적이 극히 불량할 때에는 대통령령으로 정하는 바에 따라 그 승인을 취소할 수 있다.

⑤ 시·도지사 또는 대도시 시장은 제1항·제2항 및 제4항에 따라 설립 계획을 승인 또는 변경 승인하거나 승인을 취소한 때에는 지체 없이 제3항에 따른 협의기관이나 이해관계가 있는 자에게 그 사실을 알려야 한다.

제19조(유휴 공간 활용)

① 지방자치단체의 장은 그 소유의 유휴 부동산 또는 건물을 「공유재산 및 물품 관리법」으로 정하는 바에 따라 박물관, 미술관 또는 문화의 집 등 지역문화 공간으로 용도 변경하여 활용할 수 있다.

② 지방자치단체의 장은 박물관, 미술관 또는 문화의 집 등을 설립·운영하려는 자가 제1항에 따른 유휴 부동산 또는 건물을 대여(貸與)할 것을 요청하면 유상 또는 무상으로 대여할 수 있다. 다만, 제1항의 유휴 부동산 또는 건물 중 폐교 시설에 관하여는 「폐교재산의 활용촉진을 위한 특별법」이 정하는 바에 따른다. 〈개정 2023. 8. 8.〉

제20조(다른 법률과의 관계)

① 시·도지사 또는 대도시 시장이 제18조 제1항과 제2항에 따라 사립 박물관 또는 사립 미술관 설립 계획을 승인하거나 변경 승인하는 경우 같은 조 제3항에 따라 다음 각 호의 어느 하나에 해당하는 사항에 관하여 소관 행정기관의 장과 협의를 한 때에는 그에 해당하는 허가·인가·지정을 받거나 신고나 협의(이하 이 조에서 "허가·인가 등"이라 한다)를 한 것으로 본다.

1. 「국토의 계획 및 이용에 관한 법률」 제56조 제1항 제1호 및 제2호에 따른 개발 행위의 허가, 같은 법 제86조에 따른 도시 계획 시설 사업 시행자의 지정, 같은 법 제88조에 따른 실시 계획의 인가

2. 「도로법」 제36조에 따른 도로 공사 시행 또는 유지의 허가, 같은 법 제61조에 따른 도로의 점용 허가

3. 「수도법」 제52조에 따른 전용 상수도의 인가

4. 「하수도법」 제16조에 따른 공공 하수도에 관한 공사 또는 유지의 허가

5. 「농지법」 제34조에 따른 농지전용의 허가 및 협의

6. 「산지관리법」 제14조 및 제15조에 따른 산지전용허가와 산지전용신고, 같은 법 제15조의2에 따른 산지 일시사용허가·신고, 「산림자원의 조성 및 관리에 관한 법률」 제36조 제1항·제4항에 따른 입목·벌채 등의 허가·신고 및 「산림보호법」 제9조 제1항 및 제2항 제1호·제2호에 따른 산림보호구역(산림유전자원보호구역은 제외한다)에서의 행위의 허가·신고와 같은 법 제11조 제1항 제1호에 따른 산림보호구역의 지정 해제

② 제18조 제1항에 따라 사립 박물관이나 사립 미술관 설립 계획의 승인을 받은 자가 그 승인 내용을 다른 목적으로 용도 변경한 때 또는 제22조에 따라 폐관 신고를 하거나 제29조에 따라 등록이 취소된 경우에는 제1항 각 호의 허가나 인가는 취소된 것으로 본다.

③ 제1항에 따라 소관 행정기관의 장이 협의에 응할 때 관련 법률에서 규정한 그 허가·인가 등의 기준을 위반하여 협의에 응할 수 없다.

제7장 관리와 운영·지원

제21조(개관)
제16조 제1항에 따라 등록한 박물관 또는 미술관은 연간 문화체육관광부령으로 정한 일수 이상 일반 공중이 이용할 수 있도록 개방하여야 한다.

제22조(폐관 신고)
① 등록한 박물관이나 미술관을 운영하는 자가 박물관이나 미술관을 폐관하려면 박물관 또는 미술관의 시설 및 자료의 처리계획을 첨부하여 대통령령으로 정하는 바에 따라 문화체육관광부장관, 시·도지사 또는 대도시 시장에게 신고하여야 한다.

② 문화체육관광부장관, 시·도지사 또는 대도시 시장은 제1항에 따른 신고를 받은 날부터 14일 이내에 신고수리 여부를 신고인에게 통지하여야 한다.

③ 문화체육관광부장관, 시·도지사 또는 대도시 시장은 제2항에서 정한 기간 내에 신고수리 여부 또는 민원 처리 관련 법령에 따른 처리기간의 연장을 신고인에게 처리하지 아니하면 그 기간(민원 처리 관련 법령에 따라 처리기간이 연장 또는 재연장된 경우에는 해당 처리기간을 말한다)이 끝난 날의 다음 날에 신고를 수리한 것으로 본다.

④ 문화체육관광부장관, 시·도지사 또는 대도시 시장은 제1항에 따라 신고를 받은 경우(제3항에 따라 신고를 수리한 것으로 보는 경우를 포함한다)에는 그 등록을 취소하여야 한다.

제23조(자료의 양여 등)

① 박물관이나 미술관은 상호 간에 박물관자료나 미술관자료를 교환·양여(讓與) 또는 대여하거나 그 자료의 보관을 위탁할 수 있다.

② 국가나 지방자치단체는 박물관자료나 미술관자료로 활용할 수 있는 자료를 「국유재산법」, 「지방재정법」 또는 「물품관리법」에 따라 박물관이나 미술관에 무상이나 유상으로 양여·대여하거나 그 자료의 보관을 위탁할 수 있다.

③ 박물관이나 미술관은 제2항에 따라 박물관자료나 미술관자료를 대여받거나 보관을 위탁받은 경우에는 선량한 관리자의 주의 의무를 다하여야 한다.

④ 국가나 지방자치단체는 제2항에 따라 자료의 보관을 위탁할 경우에는 예산의 범위에서 그 보존·처리 및 관리에 필요한 경비를 지원할 수 있다.

제24조(경비 보조 등)

① 국가나 지방자치단체는 제18조 제1항에 따라 사립 박물관이나 사립 미술관 설립 계획의 승인을 받은 자에게는 설립에 필요한 경비를, 등록한 박물관이나 미술관에 대하여는 운영에 필요한 경비를 예산의 범위에서 각각 보조할 수 있다.

② 정부는 국영 수송기관에 의한 박물관자료나 미술관자료의 수송에 관하여 운임이나 그 밖의 요금을 할인하거나 감면할 수 있다.

③ 다른 법률에 따라 설립 또는 운영에 필요한 경비 등의 지원을 받고 있는 시설에 대하여는 제1항 또는 제2항에 따른 지원을 하지 아니할 수 있다.

제25조(관람료와 이용료)

① 박물관이나 미술관은 관람료, 그 밖에 박물관자료나 미술관자료의 이용에 대한 대가를 받을 수 있다.

② 공립 박물관이나 공립 미술관의 관람료, 그 밖에 박물관자료나 미술관자료의 이용에 대한 대가는 지방자치단체의 조례로 정한다.

제8장 평가와 지도·감독

제26조(박물관 및 미술관의 평가인증)

① 문화체육관광부장관은 박물관 및 미술관의 운영의 질적 수준을 향상시키기 위하여 제16조에 따라 등록한 후 3년이 지난 국·공립 박물관 및 미술관에 대하여 평가를 실시하여야 한다.

② 문화체육관광부장관은 제1항에 따른 평가 결과를 대통령령으로 정하는 바에 따라 공표하고, 관계 행정기관의 장에게 행정기관 평가에 반영하도록 협조 요청할 수 있다.

③ 문화체육관광부장관은 제1항에 따른 평가 결과에 따라 우수한 박물관 및 미술관을 인증할 수 있다.

④ 문화체육관광부장관은 제3항에 따른 인증 박물관 또는 미술관(이하 "인증 박물관·미술관"이라 한다)에 대하여 문화체육관광부령으로 정하는 바에 따라 인증서를 발급하고 인증사실 등을 공표하여야 한다.

⑤ 제1항, 제3항 및 제4항에 따른 평가 실시, 평가인증의 기준·절차 및 방법과 인증 유효 기간, 인증표시 등에 필요한 사항은 대통령령으로 정한다.

제27조(인증 박물관 · 미술관의 평가인증 취소)

① 문화체육관광부장관은 제26조 제3항에 따른 인증 박물관 · 미술관이 다음 각 호의 어느 하나에 해당하는 경우에는 인증을 취소할 수 있다.

  1. 거짓이나 부정한 방법으로 평가인증을 받은 경우

  2. 제29조 제1항에 따른 등록 취소 및 제22조에 따른 폐관 신고를 받은 경우

  3. 그 밖에 인증자격을 유지하기 어렵다고 문화체육관광부장관이 인정하는 경우

② 문화체육관광부장관은 제1항에 따라 인증을 취소한 경우에는 그 사실을 공표하여야 한다.

제28조(시정 요구와 정관)

① 문화체육관광부장관, 시 · 도지사 또는 대도시 시장은 박물관이나 미술관이 그 시설과 관리 · 운영에 관하여 이 법이나 설립 목적을 위반하면 시정할 것을 요구할 수 있다.

② 제1항에 따른 시정 요구를 받은 박물관이나 미술관은 정당한 사유가 없으면 이에 따라야 한다. 〈개정 2023. 8. 8.〉

③ 문화체육관광부장관, 시 · 도지사 또는 대도시 시장은 제1항에 따라 시정 요구를 받은 박물관이나 미술관이 정당한 사유 없이 이에 따르지 아니하면 6개월 이내의 기간을 정하여 정관(停館)을 명할 수 있다.

④ 문화체육관광부장관, 시 · 도지사 또는 대도시 시장은 제1항에 따른 시정 요구를 위하여 필요하다고 인정하면 그 시설과 관리 · 운영에 관한 자료를 제출하게 할 수 있다.

제29조(등록취소)

① 문화체육관광부장관, 시 · 도지사 또는 대도시 시장은 등록한 박물관이나 미술관이 다음 각 호의 어느 하나에 해당하면 그 등록을 취소할 수 있다. 다만, 천재지변이나 그 밖의 부득이한 사유로 제3호에 해당하게 된 경우 6개월 이내에 그 사유가 해소된 때에는 그러하지 아니하다.

  1. 속임수나 그 밖의 부정한 방법으로 등록을 한 경우

  2. 제17조의2에 따른 변경 등록을 하지 아니한 경우

  3. 제16조 제2항에 따른 등록요건을 유지하지 못하여 제4조에 따른 사업을 수행할 수 없다고 인정되는 경우

  4. 제21조(제16조 제1항에 따라 등록한 박물관 또는 미술관은 연간 문화체육관광부령으로 정한 일수 이상 일반 공중이 이용할 수 있도록 개방하여야 한다)를 위반하여 제28조 제1항에 따른 시정 요구를 받고도 이에 따르지 아니한 경우

  5. 제28조 제3항에 따른 정관명령을 받고도 박물관이나 미술관의 정관을 하지 아니한 경우

  6. 그 밖에 이 법에 따른 박물관이나 미술관의 설립 목적을 위반하여 박물관자료나 미술관자료를 취득 · 알선 · 중개 · 관리한 경우

② 제1항에 따라 등록이 취소된 경우에 그 박물관 또는 미술관의 대표자는 7일 이내에 등록증을 문화체육관광부장관, 시 · 도지사 또는 대도시 시장에게 반납하여야 한다.

③ 제1항에 따라 박물관이나 미술관의 등록이 취소되면 취소된 날부터 2년 이내에 취소된 등록 사항을 다시 등록할 수 없다.

제30조(보고)

① 제16조에 따라 등록한 국립 박물관과 미술관의 장, 시·도지사 또는 대도시 시장은 매년 대통령령으로 정하는 바에 따라 해당 국립 박물관과 미술관 또는 관할 등록 박물관과 미술관의 관리·운영, 관람료와 이용료, 지도·감독 현황 등의 운영 현황을 다음 해 1월 20일까지 문화체육관광부장관에게 보고하여야 한다.

② 시·도지사 또는 대도시 시장은 제16조에 따른 박물관·미술관의 등록이나 제22조 제4항 또는 제29조 제1항에 따른 등록 취소의 처분을 하면 그 처분을 한 날부터 7일 이내에 문화체육관광부장관에게 그 사실을 보고하여야 한다.

제31조(청문)

문화체육관광부장관, 시·도지사 또는 대도시 시장은 다음 각 호의 어느 하나에 해당하는 처분을 하려면 청문을 하여야 한다.

1. 제6조의2에 따른 자격 취소
2. 제18조 제4항에 따른 설립 계획의 승인 취소
3. 제28조 제3항에 따른 정관명령
4. 제29조 제1항에 따른 등록 취소

제9장 운영자문·협력 등

제32조(중요 사항의 자문)

① 문화체육관광부장관은 다음 각 호의 사항에 관하여 필요한 경우 「문화유산의 보존 및 활용에 관한 법률」 제8조에 따라 설치된 문화유산위원회에 자문을 할 수 있다. 〈개정 2023. 6. 20., 2023. 8. 8.〉
  1. 기본계획의 수립에 관한 사항
  2. 제11조에 따른 관계 중앙행정기관의 장과의 협의에 관한 사항
  3. 그 밖에 박물관 또는 미술관의 진흥에 관하여 자문할 필요성이 있다고 인정되는 사항
② 시·도지사 또는 대도시 시장은 다음 각 호의 사항에 관하여 「문화유산의 보존 및 활용에 관한 법률」 제71조 제1항에 따라 설치된 시·도문화유산위원회에 자문을 하거나 제34조 제1항에 따라 설립된 박물관 협회나 미술관 협회에 자문을 할 수 있다. 〈개정 2023. 6. 20., 2023. 8. 8.〉
  1. 시행계획의 수립에 관한 사항
  2. 박물관 또는 미술관의 등록과 그 취소에 관한 사항
  3. 제18조에 따른 사립 박물관이나 사립 미술관 설립 계획 승인에 관한 사항
  4. 사립 박물관 또는 사립 미술관에 대한 지원의 방향 및 지원사업의 평가에 관한 사항
  5. 그 밖에 박물관 또는 미술관의 진흥에 관하여 자문할 필요성이 있다고 인정되는 사항
[시행일: 2024. 5. 17.]

제33조(박물관 · 미술관 협력망)

① 문화체육관광부장관은 박물관 또는 미술관에 관한 자료의 효율적인 유통 · 관리 및 이용과 각종 박물관 또는 미술관의 상호 협력을 도모하기 위한 협력 체제로서 다음 각 호의 기능을 수행하는 박물관 · 미술관 협력망(이하 "협력망"이라 한다)을 구성한다.

  1. 전산 정보 체계를 통한 정보와 자료의 유통

  2. 박물관자료나 미술관자료의 정리, 정보 처리 및 시설 등의 표준화

  3. 통합 데이터베이스 구축, 상호 대여 체계 구비 등 박물관이나 미술관 운영의 정보화 · 효율화

  4. 그 밖에 박물관이나 미술관의 상호 협력에 관한 사항

② 박물관이나 미술관은 그 설립 목적을 달성하기 위하여 「지방문화원진흥법」, 「도서관법」 및 「문화예술진흥법」에 따라 설립된 문화원 · 도서관 · 문화예술회관 등 다른 문화시설과 협력하여야 한다.

③ 협력망의 조직과 운영을 위하여 필요한 사항은 대통령령으로 정한다.

제34조(협회)

① 문화체육관광부장관은 박물관 또는 미술관에 관한 정보 자료의 교환과 업무 협조, 박물관이나 미술관의 관리 · 운영 등에 관한 연구, 외국의 박물관이나 미술관과의 교류, 그 밖에 박물관이나 미술관 종사자의 자질 향상을 위하여 필요한 경우 박물관 협회 또는 미술관 협회(이하 "협회"라 한다)의 법인 설립을 각각 허가할 수 있다.

② 국가는 제1항에 따른 협회의 운영에 필요한 경비를 보조할 수 있다.

③ 협회에 관하여는 이 법에 규정된 것 외에는 「민법」 중 사단법인의 규정을 준용한다.

제35조(국립 박물관문화재단의 설립)

① 정부는 문화유산의 보존 · 계승 및 이용촉진과 국민의 문화향유 증진을 위하여 국립 박물관문화재단(이하 "문화재단"이라 한다)을 설립한다.

② 문화재단은 법인으로 한다.

③ 문화재단에는 정관으로 정하는 바에 따라 임원과 필요한 직원을 둔다.

④ 문화재단은 다음 각 호의 사업을 한다.

  1. 국립 박물관 공연장 운영

  2. 문화예술창작품 개발 · 보급

  3. 문화관광상품의 개발과 제작 및 보급

  4. 문화상품점, 식음료 매장, 그 밖의 편의 시설 등의 운영

  5. 국가, 지방자치단체 및 공공기관 등으로부터 위탁받은 사업

  6. 그 밖에 문화재단의 설립 목적에 필요한 사업

⑤ 문화재단에 관하여 이 법에서 정한 것을 제외하고는 「민법」 중 재단법인에 관한 규정을 준용한다.

⑥ 정부는 예산의 범위에서 문화재단의 사업과 운영에 필요한 재정상의 지원을 할 수 있다.

⑦ 정부는 문화재단의 사업을 위하여 필요하다고 인정하는 경우 「국유재산법」에도 불구하고 국유재산을 문화재단에 무상으로 대부하거나 사용 · 수익하게 할 수 있다.

제1조(목적)

이 영은 「박물관 및 미술관 진흥법」에서 위임된 사항과 그 시행에 필요한 사항을 규정함을 목적으로 한다.

제1조의2(박물관자료의 기준)

「박물관 및 미술관 진흥법」(이하 "법"이라 한다) 제2조 제3호에서 "대통령령으로 정하는 기준"이란 다음 각 호와 같다.

1. 박물관의 설립 목적 달성과 법 제4조의 사업 수행을 위하여 보존 또는 활용이 가능한 증거물일 것
2. 무형적 증거물의 경우 부호 · 문자 · 음성 · 음향 · 영상 등으로 표현된 자료나 정보일 것

제2조(문화시설의 인정)

① 문화체육관광부장관이 법 제5조에 따라 법이 적용되는 문화시설을 인정하려면 법 제4조 제1항 각 호에 따른 사업을 수행할 목적으로 설치 · 운영되는 동물원이나 식물원 또는 수족관 중에서 인정하여야 한다.

② 문화체육관광부장관은 제1항에 따라 법의 적용을 받는 문화 시설을 인정하려면 「문화재보호법」에 따른 문화재위원회의 의견을 들을 수 있다.

제2조의2(박물관 및 미술관 진흥 기본계획의 수립 · 시행)

① 문화체육관광부장관은 법 제5조의2 제1항에 따른 박물관 및 미술관 진흥 기본계획(이하 "기본계획"이라 한다)을 수립할 때에는 관계 중앙행정기관의 장 및 지방자치단체의 장의 의견을 들어야 한다.

② 문화체육관광부장관은 관계 중앙행정기관의 장 및 지방자치단체의 장에게 기본계획을 수립하는 데 필요한 자료의 제출을 요청할 수 있다. 이 경우 자료의 제출을 요청받은 관계 중앙행정기관의 장 및 지방자치단체의 장은 특별한 사유가 없으면 이에 따라야 한다.

③ 문화체육관광부장관은 기본계획을 수립하였을 때에는 이를 관계 중앙행정기관의 장 및 지방자치단체의 장에게 통보하고, 문화체육관광부 인터넷 홈페이지에 공고해야 한다.

[본조신설 2023. 12. 12.]

제2조의3(박물관 및 미술관 진흥 시행계획의 수립 · 시행)

① 법 제5조의3 제1항에 따른 박물관 및 미술관 진흥 시행계획(이하 "시행계획"이라 한다)에는 다음 각 호의 사항이 포함되어야 한다.

1. 소관 박물관 및 미술관 진흥정책 추진의 기본방향
2. 소관 박물관 및 미술관의 역량강화 방안
3. 소관 박물관 및 미술관의 관람 활성화 방안
4. 그 밖에 소관 박물관 및 미술관 진흥을 위하여 필요한 사항

② 문화체육관광부장관은 시행계획의 작성방법 등에 관한 지침을 마련하여 매년 9월 30일까지 관계 중앙행정기관의 장 및 지방자치단체의 장에게 통보해야 한다.

③ 관계 중앙행정기관의 장 및 지방자치단체의 장은 제2항의 지침에 따라 수립한 시행계획을 매년 3월 31일까지 문화체육관광부장관에게 제출해야 한다.

[본조신설 2023. 12. 12.]

제3조(학예사 자격요건 등)

① 법 제6조 제3항 전단에 따른 박물관 · 미술관 학예사(이하 "학예사"라 한다)의 자격요건은 별표 1과 같다.

② 문화체육관광부장관은 신청인의 자격요건을 심사한 후 별표 1의 자격요건을 갖춘 자에게는 자격증을 내주어야 한다.

③ 학예사 자격요건의 심사, 자격증의 발급 신청과 발급 등에 필요한 사항은 문화체육관광부령으로 정한다.

제4조(준학예사 시험)

① 법 제6조 제3항 후단에 따른 준학예사 시험은 연 1회 실시하는 것을 원칙으로 한다.

② 문화체육관광부장관은 제1항에 따라 준학예사 시험을 실시할 때에는 준학예사 시험의 시행 일시 및 장소를 시험 시행일 90일 전까지 공고하여야 한다.

③ 제1항에 따른 준학예사 시험의 방법은 필기시험으로 하며, 공통과목은 객관식으로, 선택과목은 주관식으로 시행한다. 다만 제4항 제1호의 공통과목 중 외국어 과목 시험은 별표 1의2에서 정한 외국어능력검정시험으로 대체한다.

④ 준학예사 시험 과목은 다음 각 호와 같다.

  1. 공통과목 : 박물관학 및 외국어(영어 · 불어 · 독어 · 일어 · 중국어 · 한문 · 스페인어 · 러시아어 및 이탈리아어 중 1과목 선택).

  2. 선택과목 : 고고학 · 미술사학 · 예술학 · 민속학 · 서지학 · 한국사 · 인류학 · 자연사 · 과학사 · 문화사 · 보존과학 · 전시기획론 및 문학사 중 2과목 선택

⑤ 준학예사 시험은 매 과목(외국어 과목은 제외한다) 100점 만점을 기준으로 하여 매 과목 40점 이상과 전 과목 평균 60점 이상을 득점한 자를 합격자로 한다.

⑥ 준학예사 시험의 응시원서 제출과 합격증 발급, 그 밖에 시험을 실시하는 데에 필요한 사항은 문화체육관광부령으로 정한다.

제5조(학예사 운영 위원회)

문화체육관광부장관은 제3조에 따른 학예사 자격요건의 심사나 그 밖에 학예사 자격제도의 시행에 필요한 사항을 심의하기 위하여 그 소속으로 박물관·미술관 학예사 운영 위원회를 구성하여 운영할 수 있다.

제6조(박물관·미술관 운영 위원회)

① 법 제7조 제1항에 따라 등록한 국공립의 박물관 또는 미술관에 두는 박물관·미술관 운영 위원회(이하 "운영 위원회"라 한다)는 위원장 1명을 포함하여 10명 이상 15명 이내의 위원으로 구성한다.

② 운영 위원회의 위원장은 위원 중에서 호선(互選)한다.

③ 운영 위원회의 위원은 문화·예술계 인사 중에서 그 박물관·미술관의 장이 위촉하는 자와 그 박물관·미술관의 장이 된다. 이 경우 박물관·미술관의 장은 해당 박물관·미술관이 소재한 지역의 문화·예술계 인사를 우선하여 위촉하도록 노력해야 한다. 〈개정 2023. 11. 16.〉

④ 운영 위원회는 다음 각 호의 사항을 심의한다.

　1. 박물관·미술관의 운영과 발전을 위한 기본방침에 관한 사항

　2. 박물관·미술관의 운영 개선에 관한 사항

　3. 박물관·미술관의 후원에 관한 사항

　4. 다른 박물관·미술관과 각종 문화 시설과의 업무 협력에 관한 사항

제6조의2(수증심의위원회의 구성 등)

① 법 제8조 제2항에 따른 수증심의위원회(이하 "수증심의위원회"라 한다)는 위원장 1명을 포함하여 3명 이상의 위원으로 구성한다.

② 수증심의위원회의 위원은 박물관 또는 미술관의 자료 등에 관하여 학식과 경험이 풍부한 사람 중에서 박물관 또는 미술관의 장이 위촉한다.

③ 수증심의위원회의 위원장은 박물관 또는 미술관의 장이 된다.

④ 위원회의 회의는 위원 과반수의 찬성으로 의결한다.

⑤ 박물관 또는 미술관의 장은 수증심의위원회의 심의를 거쳐 법 제8조 제1항에 따른 기증품(이하 "기증품"이라 한다)을 기증받을지 여부를 결정한 후 기증을 하려는 자에게 서면으로 그 결과를 통보하여야 한다. 이 경우 기증받지 아니하는 것으로 결정하면 그 사유를 명시하여 즉시 해당 기증품을 반환하여야 한다.

⑥ 제1항부터 제5항까지에서 규정한 사항 외에 수증심의위원회의 운영 등에 필요한 사항은 박물관 또는 미술관의 장이 정한다.

제6조의3(기증유물감정평가위원회의 구성 등)

① 법 제8조 제3항에 따른 기증유물감정평가위원회(이하 "기증유물감정평가위원회"라 한다)는 위원장 1명을 포함하여 5명 이상의 위원으로 구성한다.

② 기증유물감정평가위원회의 위원은 박물관 또는 미술관 자료의 감정평가에 관하여 학식과 경험이 풍부한 사람 중에서 국립 박물관 또는 미술관의 장이 위촉한다.

③ 기증유물감정평가위원회의 위원장은 국립 박물관 또는 미술관의 장이 된다.

④ 위원회의 회의는 위원 과반수의 찬성으로 의결한다.

⑤ 제1항부터 제4항까지에서 규정한 사항 외에 기증유물감정평가위원회의 운영 등에 필요한 사항은 국립 박물관 또는 미술관의 장이 정한다.

제7조(협의)

① 중앙행정기관의 장은 법 제11조 제2항에 따라 국립 박물관이나 국립 미술관을 설립하려면 다음 각 호의 서류를 첨부하여 문화체육관광부장관에게 협의를 요청하여야 한다.

　　1. 사업계획서

　　2. 시설의 명세서 및 평면도

　　3. 박물관자료 또는 미술관자료 내역서

　　4. 조직 및 정원

② 지방자치단체의 장은 법 제12조 제1항에 따라 공립 박물관이나 공립 미술관을 설립하려면 제1항 각 호의 서류를 첨부하여 문화체육관광부장관에게 협의를 요청하여야 한다.

제7조의2(공립 박물관 · 공립 미술관의 설립타당성 사전평가)

① 지방자치단체의 장은 법 제12조의2 제1항에 따라 공립 박물관 또는 공립 미술관의 설립타당성에 관한 사전평가(이하 "사전평가"라 한다)를 받으려면 문화체육관광부령으로 정하는 사전평가 신청서에 다음 각 호의 사항에 관한 서류를 첨부하여 문화체육관광부장관에게 제출하여야 한다.

　　1. 설립의 목적 및 필요성

　　2. 박물관 또는 미술관 설립 추진계획 및 운영계획

　　3. 운영 조직 및 인력 구성계획

　　4. 부지 및 시설 명세

　　5. 박물관 또는 미술관 자료의 목록 및 수집계획

② 사전평가는 반기별로 실시한다.

③ 지방자치단체의 장은 상반기에 실시되는 사전평가를 받으려면 1월 31일까지, 하반기에 실시되는 사전평가를 받으려면 7월 31일까지 제1항에 따른 사전평가 신청서와 첨부 서류를 문화체육관광부장관에게 제출하여야 한다.

④ 문화체육관광부장관은 상반기에 실시되는 사전평가의 경우에는 4월 30일까지, 하반기에 실시되는 사전평가의 경우에는 10월 31일까지 해당 사전평가를 완료하여야 한다.

⑤ 문화체육관광부장관은 제4항에 따른 사전평가 결과를 사전평가 완료일부터 14일 이내에 해당 지방자치단체의 장 및 관계 중앙행정기관의 장에게 통보하여야 한다.

⑥ 제1항부터 제5항까지에서 규정한 사항 외에 사전평가의 운영 등에 필요한 사항은 문화체육관광부장관이 정한다.

제8조(등록신청 등)

① 법 제16조 제1항에 따라 박물관이나 미술관을 등록하려는 자는 등록신청서에 다음 각 호의 서류를 첨부하여 국립 박물관 및 미술관은 문화체육관광부장관에게, 공립·사립·대학 박물관 및 미술관은 관할 특별시장·광역시장·특별자치시장·도지사·특별자치도지사(이하 "시·도지사"라 한다) 또는 「지방자치법」 제198조 제1항에 따른 서울특별시·광역시 및 특별자치시를 제외한 인구 50만 이상 대도시의 시장(이하 "대도시 시장"이라 한다)에게 제출(전자문서에 의한 제출을 포함한다)해야 한다.

1. 시설명세서
2. 박물관자료 또는 미술관자료의 목록
3. 학예사 명단
4. 관람료 및 자료의 이용료

② 제1항에 따른 신청을 받은 문화체육관광부장관, 시·도지사 또는 대도시 시장은 박물관 또는 미술관 자료의 규모와 가치, 학예사의 보유, 시설의 규모와 적정성 등에 대하여 심의한 후 박물관 또는 미술관의 등록 여부를 결정해야 한다.

③ 문화체육관광부장관, 시·도지사 또는 대도시 시장은 제2항에 따라 등록을 하면 법 제17조 제1항에 따라 문화체육관광부령으로 정하는 등록증을 내주어야 한다.

제9조(등록요건)

① 법 제16조에 따른 박물관 또는 미술관의 등록은 박물관 또는 미술관의 자료, 학예사, 시설의 규모 등에 따라 제1종 박물관 또는 미술관, 제2종 박물관 또는 미술관으로 구분하여 등록한다.

② 법 제16조 제2항에서 "대통령령으로 정하는 요건"이란 별표 2에 따른 요건을 말한다.

제10조(변경 등록)

① 법 제17조 제1항에 따라 등록증을 받은 박물관 또는 미술관(이하 "등록 박물관·미술관"이라 한다)은 다음 각 호의 어느 하나에 해당하는 등록 사항에 변경이 발생하면 법 제17조의2 제1항에 따라 그 등록 사항이 변경된 날부터 14일 이내에 문화체육관광부장관, 시·도지사 또는 대도시 시장에게 변경 등록을 신청해야 한다.

1. 명칭, 설립자 또는 대표자
2. 종 류
3. 소재지
4. 삭 제
5. 시설명세서
6. 박물관자료 또는 미술관자료의 목록
7. 학예사 명단
8. 관람료 및 자료의 이용료

② 제1항에 따라 변경 등록을 신청하려는 등록 박물관·미술관은 문화체육관광부령으로 정하는 변경등록신청서에 다음 각 호의 서류를 첨부하여 문화체육관광부장관 또는 시·도지사에게 제출(전자문서에 의한 제출을 포함한다)하여야 한다.

1. 등록증(제1항 제1호부터 제4호까지의 변경에 한정한다)

2. 변경 사항을 증명하는 서류

③ 문화체육관광부장관, 시·도지사 또는 대도시 시장은 제1항에 따른 변경 등록의 신청이 있는 날부터 30일 이내에 변경 사항이 기재된 등록증을 내주어야 한다.

제11조(등록 표시)

제8조 제3항에 따라 등록증을 받은 박물관과 미술관이 등록 표시를 할 때에는 설립주체, 등록연도 및 등록번호 등을 문화체육관광부장관이 정하여 고시하는 방법에 따라 표시해야 한다.

[전문개정 2023. 12. 12.]

제12조(사립 박물관 또는 사립 미술관의 설립계획 승인 신청)

① 법 제18조 제1항에 따라 사립 박물관 또는 사립 미술관의 설립계획을 승인받으려는 자는 설립계획 승인신청서에 다음 각 호의 서류를 첨부하여 시·도지사 또는 대도시 시장에게 제출(전자문서에 의한 제출을 포함한다)해야 한다.

1. 사업계획서

2. 토지의 조서(위치·지번·지목·면적, 소유권 외의 권리명세, 소유자의 성명·주소, 지상권·지역권·전세권·저당권·사용대차 또는 임대차에 관한 권리, 토지에 관한 그 밖의 권리를 가진 자의 성명·주소를 적은 것)

3. 건물의 조서(위치·대지지번·건물 구조·바닥면적·연면적, 소유권 외의 권리명세, 소유자의 성명·주소, 전세권·저당권·사용대차 또는 임대차에 관한 권리, 건물에 관한 그 밖의 권리를 가진 자의 성명·주소를 적은 것)

4. 위치도

5. 개략설계도

6. 박물관자료 또는 미술관자료의 목록과 내역서

② 법 제18조 제2항에 따라 설립 계획의 변경 승인을 받으려는 자는 설립 계획 변경승인신청서에 문화체육관광부령으로 정하는 서류를 첨부하여 시·도지사 또는 대도시 시장에게 제출(전자문서에 의한 제출을 포함한다)해야 한다.

제13조(중요 사항의 변경)

법 제18조 제2항에서 "대통령령으로 정하는 중요한 사항"이란 승인된 해당 설립 계획 중 다음 각 호의 어느 하나에 해당하는 사항을 말한다.

1. 박물관·미술관의 명칭 및 별표 2에 따른 종류·유형

2. 박물관·미술관의 설립 위치 및 면적

3. 전시실·야외 전시장 또는 수장고(收藏庫) 시설의 위치 및 면적

4. 전시실·야외 전시장 또는 수장고 시설을 제외한 시설의 면적(해당 면적의 10분의 1 이상의 면적을 변경하는 경우로 한정한다)

5. 사업 시행 기간(해당 사업 시행 기간을 3개월 이상 연장하는 경우로 한정한다)

제14조(설립계획 승인 등의 협의)

① 시 · 도지사 또는 대도시 시장은 법 제18조 제3항에 따라 소관 행정기관의 장에게 설립계획의 승인 또는 변경 승인의 협의를 요청하는 때에는 각각 제12조 제1항 또는 같은 조 제2항에 따른 서류의 사본을 첨부해야 한다.

② 제1항에 따라 협의를 요청받은 소관 행정기관의 장은 특별한 사유가 없으면 협의 요청을 받은 날부터 30일 이내에 의견을 통보하여야 한다.

제15조(설립 계획 승인의 취소)

법 제18조 제4항에 따라 시 · 도지사 또는 대도시 시장은 제12조에 따른 설립 계획의 승인 또는 변경 승인을 받은 자가 그 승인 내용을 1년 이내에 추진하지 않거나 정당한 사유 없이 6개월 이상 사업추진을 중단하면 시정을 명할 수 있으며, 시정명령에 따르지 않으면 그 승인을 취소할 수 있다.

제16조(대관 및 편의시설)

① 등록한 박물관 또는 미술관은 필요한 경우 그 설립 목적에 지장을 주지 아니하는 범위에서 그 시설의 일부를 대관(貸館)할 수 있다.

② 등록한 박물관 또는 미술관은 그 설립 목적을 달성하기 위하여 필요한 범위에서 매점 · 기념품 판매소, 그 밖의 편의시설을 설치하여 운영할 수 있다.

제17조(폐관신고)

등록한 박물관 또는 미술관을 폐관한 자는 법 제22조 제1항에 따라 폐관 즉시 폐관신고서에 등록증, 박물관 또는 미술관의 시설 및 자료의 처리계획을 첨부하여 문화체육관광부장관, 시 · 도지사 또는 대도시 시장에게 신고해야 한다.

제17조의2(박물관 및 미술관의 평가인증)

① 문화체육관광부장관은 법 제26조 제1항에 따라 박물관 및 미술관에 대한 평가를 실시하려면 해당 연도의 평가 대상을 매년 1월 31일까지 고시하여야 한다.

② 문화체육관광부장관은 다음 각 호의 기준에 따라 평가를 실시한다.

  1. 설립 목적의 달성도
  2. 조직 · 인력 · 시설 및 재정 관리의 적정성
  3. 자료의 수집 및 관리의 충실성
  4. 전시 개최 및 교육 프로그램 실시 실적
  5. 그 밖에 박물관 또는 미술관 운영의 적정성을 평가하는 데 필요하다고 인정되어 문화체육관광부장관이 정하는 사항

③ 문화체육관광부장관은 평가에 필요한 자료를 해당 박물관 및 미술관에 요청할 수 있다.

④ 문화체육관광부장관은 해당 박물관 및 미술관에 대한 평가 결과를 해당 연도의 12월 31일까지 해당 지방자치단체의 장, 박물관 및 미술관의 장에게 통보하고, 그 평가 결과를 문화체육관광부 홈페이지 등에 공표하여야 한다.

⑤ 법 제26조 제3항에 따른 인증의 유효 기간은 3년으로 한다.

⑥ 법 제26조 제4항에 따른 인증 박물관·미술관은 옥외간판, 각종 문서, 홍보물 및 박물관 또는 미술관 홈페이지 등에 해당 인증사실 및 내용을 표시할 수 있다.

⑦ 제1항부터 제6항까지에서 규정한 사항 외에 평가 실시 및 평가인증의 운영 등에 필요한 사항은 문화체육관광부장관이 정하여 고시한다.

제18조(시정요구 및 정관)

① 문화체육관광부장관, 시·도지사 또는 대도시 시장은 법 제28조 제1항에 따라 시정을 요구하려면 해당 박물관이나 미술관이 위반한 내용, 시정할 사항과 시정기한 등을 명확하게 밝혀 서면으로 알려야 한다.

② 문화체육관광부장관, 시·도지사 또는 대도시 시장은 법 제28조 제3항에 따라 정관(停館)을 명하려면 그 사유와 정관 기간 등을 명확하게 밝혀 서면으로 알려야 한다.

제19조(공고)

문화체육관광부장관, 시·도지사 또는 대도시 시장은 다음 각 호의 사항이 발생하면 7일 이내에 공고하여야 한다.

1. 법 제16조 제1항에 따른 박물관 또는 미술관의 등록
2. 법 제18조 제1항에 따른 사립 박물관 또는 사립 미술관 설립 계획의 승인
3. 법 제18조 제4항에 따른 사립 박물관 또는 사립 미술관 설립 계획 승인의 취소
4. 법 제29조 제1항에 따른 박물관 또는 미술관 등록의 취소

제20조(협력망 구성 등)

① 법 제33조 제1항에 따른 박물관·미술관 협력망은 박물관 협력망과 미술관 협력망으로 구분한다.

② 박물관 협력망과 미술관 협력망에 각각 중앙관과 지역대표관을 두되, 박물관 협력망의 중앙관은 국립중앙박물관과 국립민속박물관이, 미술관 협력망의 중앙관은 국립현대미술관이 되며, 박물관 협력망과 미술관 협력망의 지역대표관은 시·도지사 또는 대도시 시장이 지정하여 중앙관에 통보한다.

③ 문화체육관광부장관은 법 제33조 제1항에 따른 박물관·미술관 협력망의 기능을 효율적으로 수행하기 위하여 협력망 운영계획을 수립하여 시행할 수 있다.

제21조(고유 식별 정보의 처리)

① 문화체육관광부장관(해당 권한이 위임·위탁된 경우에는 그 권한을 위임·위탁받은 자를 포함한다)은 다음 각 호의 사무를 수행하기 위하여 불가피한 경우 「개인정보 보호법 시행령」 제19조 제1호 또는 제4호에 따른 주민등록번호 또는 외국인등록번호가 포함된 자료를 처리할 수 있다.

1. 법 제6조 제3항 전단에 따른 학예사 자격 취득 신청의 접수, 자격요건의 심사 및 자격증 발급
2. 법 제6조 제3항 후단에 따른 준학예사 시험의 관리에 관한 사무

② 문화체육관광부장관, 시·도지사 또는 대도시 시장(해당 권한이 위임·위탁된 경우에는 그 권한을 위임·위탁받은 자를 포함한다)은 법 제16조 제1항 및 제17조의2 제1항에 따른 박물관·미술관 등록 및 변경등록에 관한 사무를 수행하기 위하여 불가피한 경우 「개인정보 보호법 시행령」 제19조 제1호 또는 제4호에 따른 주민등록번호 또는 외국인등록번호가 포함된 자료를 처리할 수 있다.

③ 시·도지사 또는 대도시 시장(해당 권한이 위임·위탁된 경우에는 그 권한을 위임·위탁받은 자를 포함한다)은 법 제18조 제1항 및 제2항에 따른 사립 박물관 또는 사립 미술관 설립 계획의 승인 또는 변경 승인에 관한 사무를 수행하기 위하여 불가피한 경우 「개인정보 보호법 시행령」 제19조 제1호 또는 제4호에 따른 주민등록번호 또는 외국인등록번호가 포함된 자료를 처리할 수 있다.

제22조(규제의 재검토)

문화체육관광부장관은 제13조에 따른 설립 계획 중 변경 승인을 받아야 하는 중요 사항에 대하여 2017년 1월 1일을 기준으로 3년마다(매 3년이 되는 해의 1월 1일 전까지를 말한다) 그 타당성을 검토하여 개선 등의 조치를 하여야 한다.

03 **박물관 및 미술관 진흥법 시행규칙** [시행 2021.1.1.] [문화체육관광부령 제426호, 2020.12.28., 일부개정]

제1조(목적)

이 규칙은 박물관 및 미술관 진흥법과 같은 법 시행령에서 위임된 사항과 그 시행에 필요한 사항을 규정함을 목적으로 한다.

제2조(학예사 자격 요건심사 및 자격증 발급신청서 등)

① 「박물관 및 미술관 진흥법」(이하 "법"이라 한다) 제6조 제3항에 따른 박물관·미술관 학예사(이하 "학예사"라 한다)의 등급별 자격을 취득하려는 자는 별지 제1호 서식의 학예사 자격요건 심사 및 자격증 발급신청서에 다음 각 호의 서류 중 해당 서류와 반명함판 사진 2장을 첨부하여 문화체육관광부장관에게 제출하여야 한다.

1. 해당 기관에서 발급한 재직경력증명서 또는 실무경력확인서
2. 학예사 자격증 사본
3. 최종학교 졸업증명서 또는 최종학교 학위증 사본

② 제1항 제1호에 따른 재직경력증명서와 실무경력확인서는 각각 별지 제2호 서식과 별지 제3호 서식에 따른다.

③ 「박물관 및 미술관 진흥법 시행령」(이하 "영"이라 한다) 제3조 제2항에 따른 학예사 자격증은 별지 제4호 서식에 따른다.

제3조(응시원서 및 응시수수료)

① 영 제4조에 따른 준학예사 시험에 응시하려는 자는 별지 제5호 서식의 준학예사 시험 응시원서를 작성하여 문화체육관광부장관에게 제출하여야 한다.

② 법 제6조 제4항에 따른 준학예사 시험의 응시수수료는 실비(實費) 등을 고려하여 문화체육관광부장관이 정하여 고시한다.

③ 준학예사 시험에 응시하려는 사람이 납부한 응시수수료에 대한 반환 기준은 다음 각 호와 같다.

    1. 응시수수료를 과오납한 경우 : 그 과오납한 금액의 전부

    2. 시험 시행일 20일 전까지 접수를 취소하는 경우 : 납입한 응시수수료의 전부

    3. 시험관리기관의 귀책사유로 인해 시험에 응시하지 못한 경우 : 납입한 응시수수료의 전부

    4. 시험 시행일 10일 전까지 접수를 취소하는 경우 : 납입한 응시수수료의 100분의 50

제4조(박물관 · 미술관 학예사 운영 위원회의 구성 및 운영)

① 영 제5조에 따른 박물관 · 미술관 학예사 운영 위원회는 박물관 · 미술관계 및 학계 등의 인사 중에서 문화체육관광부장관이 위촉하는 15명 이내의 위원으로 구성한다.

② 제1항에 따른 박물관 · 미술관 학예사 운영 위원회는 다음 각 호의 사항을 심의한다.

    1. 준학예사 시험의 기본 방향

    2. 학예사 자격 취득 신청자의 등급별 학예사 자격요건의 심사

    3. 영 별표 1에 따른 경력인정대상기관의 인정

제4조의2(기증의 절차 등)

① 법 제8조 제1항에 따른 기증품(이하 "기증품"이라 한다)을 기증하려는 자는 기증품과 별지 제5호의2 서식의 기증서약서를 박물관 또는 미술관의 장에게 제출하여야 한다.

② 박물관 또는 미술관의 장은 영 제6조의2 제5항에 따라 기증품을 기증받는 것으로 결정하면 해당 기증품에 관한 사항을 별지 제5호의3 서식의 기증품 관리대장에 기록 · 관리하여야 한다.

③ 박물관 또는 미술관의 장은 기증받는 것으로 결정한 기증품의 명칭 · 수량 · 크기 및 사진을 박물관 또는 미술관의 홈페이지 등에 게시하여야 한다.

제4조의3(박물관 · 미술관의 자료 목록 및 기록방법)

① 박물관과 미술관은 법 제9조의2 제1항에 따라 박물관 · 미술관 자료의 취득에 관한 사항을 별지 제5호의4 서식의 관리대장에 기록 · 관리(전자문서로 작성 · 관리하는 것을 포함한다. 이하 같다)하여야 한다.

② 박물관과 미술관은 법 제9조의2 제1항에 따라 박물관 · 미술관 자료의 목록 및 자료의 변경 · 활용에 관한 사항을 별지 제5호의5 서식의 관리대장에 기록 · 관리하여야 한다.

제4조의4(박물관 · 미술관 소장품의 보존 및 관리)

박물관과 미술관은 법 제9조의2 제2항에 따라 소장품의 보존 및 관리를 위하여 다음 각 호의 수장(收藏) 및 전시 환경을 마련하여야 한다.

1. 도난방지를 위하여 2개 이상의 잠금장치를 설치한 수장고(收藏庫)

2. 온도 · 습도 조절장치

3. 소화설비 및 안전장치

제4조의5(공립 박물관 · 공립 미술관 사전평가 신청서)

영 제7조의2 제1항에 따른 사전평가 신청서는 별지 제5호의6 서식에 따른다.

제5조(등록신청서 등)

① 영 제8조 제1항에 따른 박물관 또는 미술관 등록신청서는 별지 제6호 서식에 따르고, 등록신청서에 첨부하는 서류의 서식은 다음 각 호와 같다.

1. 시설명세서 : 별지 제7호 서식
2. 박물관자료 또는 미술관자료의 목록 : 별지 제8호 서식
3. 학예사 명단 : 별지 제9호 서식
4. 관람료 및 자료의 이용료 : 별지 제10호 서식

② 영 제8조 제3항에 따른 박물관 또는 미술관 등록증은 별지 제11호 서식에 따른다.

제6조(변경등록신청서 등)

① 영 제10조 제2항에 따른 변경등록신청서는 별지 제6호 서식에 따른다.

제7조(사립 박물관 또는 사립 미술관 설립 계획 승인신청서)

① 영 제12조에 따른 사립 박물관 또는 사립 미술관의 설립 계획 승인신청서와 설립 계획 변경승인신청서는 별지 제12호 서식에 따른다.

② 영 제12조 제2항에서 "문화체육관광부령으로 정하는 서류"란 설립 계획 승인 사항의 변경을 증명하는 서류를 말한다.

제8조(개방일수)

법 제16조 제1항에 따라 등록한 박물관 또는 미술관은 법 제21조에 따라 연간 90일 이상 개방하되, 1일 개방시간은 4시간 이상이 되도록 하여야 한다.

제9조(폐관신고)

① 영 제17조에 따른 박물관 또는 미술관의 폐관신고서는 별지 제13호 서식에 따른다.

② 영 제17조에 따른 박물관 또는 미술관의 시설 및 자료의 처리계획은 별지 제13호의2 서식에 따른다.

제9조의2(인증서)

법 제26조 제4항에 따른 인증서는 별지 제13호의3 서식에 따른다.

제10조(등록 박물관 및 등록 미술관의 운영현황 보고서)

법 제28조에 따른 등록 박물관 및 등록 미술관의 운영현황 보고서는 별지 제14호 서식에 따른다.

제11조(규제의 재검토)

① 문화체육관광부장관은 다음 각 호의 사항에 대하여 다음 각 호의 기준일을 기준으로 3년마다(매 3년이 되는 해의 기준일과 같은 날 전까지를 말한다) 그 타당성을 검토하여 개선 등의 조치를 하여야 한다.

1. 삭 제
2. 제3조에 따른 응시원서 제출 및 응시수수료 납부 : 2014년 1월 1일
3. 삭 제

② 삭 제

학예사 등급별 자격요건(시행령 제3조 관련)

등급	자격요건
1급 정학예사	2급 정학예사 자격을 취득한 후 다음 각 호의 기관(이하 "경력인정대상기관"이라 한다)에서의 재직경력이 7년 이상인 자 1. 국공립 박물관 2. 국공립 미술관 3. 삭 제 4. 삭 제 5. 삭 제 6. 박물관·미술관 학예사 운영 위원회가 등록된 사립 박물관·사립 미술관, 등록된 대학 박물관·대학 미술관 및 외국 박물관 등의 기관 중에서 인력·시설·자료의 관리 실태 및 업무실적에 대한 전문가의 실사를 거쳐 인정한 기관
2급 정학예사	3급 정학예사 자격을 취득한 후 경력인정대상기관에서의 재직경력이 5년 이상인 자
3급 정학예사	1. 박사학위 취득자로서 경력인정대상기관에서의 실무경력이 1년 이상인 자 2. 석사학위 취득자로서 경력인정대상기관에서의 실무경력이 2년 이상인 자 3. 준학예사 자격을 취득한 후 경력인정대상기관에서의 재직경력이 4년 이상인 자
준학예사	1. 고등교육법에 따라 학사학위 이상을 취득하고 준학예사 시험에 합격한 자로서 경력인정대상기관에서의 실무경력이 1년 이상인 사람 2. 고등교육법에 따라 3년제 전문학사학위를 취득하고 준학예사 시험에 합격한 사람으로서 경력인정대상기관에서의 실무경력이 2년 이상인 사람 3. 고등교육법에 따라 2년제 전문학사학위를 취득하고 준학예사 시험에 합격한 사람으로서 경력인정대상기관에서의 실무경력이 3년 이상인 사람 4. 제1호부터 제3호까지의 규정에 따른 학사 또는 전문학사학위를 취득하지 아니하고 준학예사 시험에 합격한 자로서 경력인정대상기관에서의 실무경력이 5년 이상인 사람

※ 비 고
1. 삭 제
2. 실무경력은 재직경력·실습경력 및 실무연수 과정 이수경력 등을 포함한다.
3. 등록된 박물관·미술관에서 학예사로 재직한 경력은 경력인정대상기관 여부에 관계 없이 재직경력으로 인정할 수 있다.

외국어능력검정시험의 종류 및 기준 점수ㆍ등급(제4조 제3항 단서 관련)

구 분		시험의 종류	기준 점수
1. 영어	토플(TOEFL)	아메리카합중국 이.티.에스.(ETS : Education Testing Service)에서 시행하는 시험(Test of English as a Foreign Language)으로서 그 실시방식에 따라 피.비.티.(PBT : Paper Based Test) 및 아이.비.티.(IBT : Internet Based Test)로 구분한다.	PBT 490점 이상, IBT 58점 이상
	토익(TOEIC)	미국의 교육평가원(Education Testing Service)에서 시행하는 시험(Test of English for International Communication)을 말한다.	625점 이상
	텝스(TEPS)	서울대학교 영어능력검정시험(Test of English Proficiency developed by Seoul National University)을 말한다. 서울대학교 영어능력검정시험(Test of English Proficiency developed by Seoul National University)을 말한다.	520점 이상(2018년 5월 12일 전에 실시된 시험), 280점 이상(2018년 5월 12일 이후에 실시된 시험)
	지텔프(G-TELP)	미국의 국제테스트연구원(International Testing Services Center)에서 주관하는 시험(General Tests of English Language Proficiency)을 말한다.	Level 2의 50점 이상
	플렉스(FLEX)	한국외국어대학교 어학능력검정시험(Foreign Language Efficiency Examination)을 말한다.	520점 이상
	토셀(TOSEL)	국제토셀위원회에서 주관하는 시험(Test of Skills in the English Language)을 말한다.	Advanced 550점 이상
2. 불어	플렉스(FLEX)	한국외국어대학교 어학능력검정시험(Foreign Language Efficiency Examination)을 말한다.	520점 이상
	델프(DELF), 달프(DALF)	알리앙스 프랑세즈 프랑스어 자격증시험 델프(Diploma d'Etudes en Langue Francaise), 달프(Diploma approfondi de Langue Francaise)를 말한다.	DELF B1 이상
3. 독어	플렉스(FLEX)	한국외국어대학교 어학능력검정시험(Foreign Language Efficiency Examination)을 말한다.	520점 이상
	괴테어학검정시험 (Goethe Zertifikat)	독일문화원 독일어능력시험(Goethe-Zertifikat)을 말한다.	GZ B1 이상
4. 일본어	플렉스(FLEX)	한국외국어대학교 어학능력검정시험(Foreign Language Efficiency Examination)을 말한다.	520점 이상
	일본어능력시험 (JPT)	일본순다이학원 일본어능력시험(Japanese Proficiency Test)을 말한다.	510점 이상
	일본어능력시험 (JLPT)	일본국제교류기금 및 일본국제교육지원협회 일본어능력시험(Japanese Language Proficiency Test)을 말한다.	N2 120점 이상
5. 중국어	플렉스(FLEX)	한국외국어대학교 어학능력검정시험(Foreign Language Efficiency Examination)을 말한다.	520점 이상
	한어수평고시 (신HSK)	중국국가한반 한어수평고시(신HSK)를 말한다.	4급 194점 이상

6. 한문	한자능력검정	한국어문회에서 시행하는 한자시험을 말한다.	4급 이상
	상공회의소한자	대한상공회의소에서 시행하는 한자시험을 말한다.	3급 이상
7. 스페인어	플렉스(FLEX)	한국외국어대학교 어학능력검정시험(Foreign Language Efficiency Examination)을 말한다.	520점 이상
	델레(DELE)	스페인 문화교육부 스페인어 자격증시험 델레(Diplomas de Espanol como Lengua Extranjera)를 말한다.	B1 이상
8. 러시아어	플렉스(FLEX)	한국외국어대학교 어학능력검정시험(Foreign Language Efficiency Examination)을 말한다.	520점 이상
	토르플(TORFL)	러시아 교육부 러시아어능력시험 토르플(Test of Russian as a Foreign Language)을 말한다.	기본단계 이상
9. 이탈리아어	칠스(CILS)	이탈리아 시에나 외국인 대학에서 시행하는 이탈리아어 자격증명시험(Certificazione di Italiano come Lingua Straniera)을 말한다.	B1 이상
	첼리(CELI)	이탈리아 페루지아 국립언어대학에서 시행하는 이탈리아어 자격증명시험(Certificato di Conoscenza della Lingua Italiana)을 말한다.	Level 2 이상

[비 고]

1. 위 표에서 정한 시험의 종류 및 기준 점수·준학예사 시험예정일부터 거꾸로 계산하여 3년이 되는 해의 1월 1일 이후 실시된 시험으로서, 시험 접수마감일까지 점수가 발표된 시험에 대해서만 인정한다.

2. 시험 응시원서를 제출할 때에는 위 표에서 정한 기준 점수를 확인할 수 있어야 한다.

3. 「장애인복지법」 제32조에 따라 등록된 장애인으로서 같은 법 시행령 별표 1 제4호의 청각장애인 응시자에 대해서는 문화체육관광부 장관이 정하여 고시하는 청각장애 응시자의 합격 기준 점수·등급을 적용한다.

[별표 2]
박물관 또는 미술관 등록요건(시행령 제9조 관련)

1. 공통 요건

　가. 「소방 시설 설치 및 관리에 관한 법률」 제12조 제1항에 따른 소방시설의 설치

　나. 「화재의 예방 및 안전관리에 관한 법률」 제36조 제3항에 따른 피난유도 안내정보의 부착(「소방시설 설치ㆍ유지 및 안전 관리에 관한 법률」 제20조 제2항 전단에 따른 소방안전관리대상물에 해당하는 박물관 또는 미술관으로 한정한다)

　다. 박물관 또는 미술관 자료의 가치는 다음의 기준에 따라 평가한다.

　　1) 자료의 해당 분야에의 적합성

　　2) 자료 수집의 적정성

　　3) 자료의 학술적ㆍ예술적ㆍ교육적ㆍ역사적 가치

　　4) 자료의 희소성

　　5) 그 밖에 박물관 또는 미술관의 자료가 해당 박물관 또는 미술관에서 소장할 가치가 있다고 판단할 수 있는 기준으로서 문화체육관광부장관 또는 시ㆍ도지사가 정하는 기준

2. 개별 요건

　가. 제1종 박물관 또는 미술관

유 형	박물관자료 또는 미술관자료	학예사	시 설
종합 박물관	각 분야별 100점 이상	각 분야별 1명 이상	1. 각 분야별 전문박물관의 해당 전시실 2. 수장고(收藏庫) 3. 작업실 또는 준비실 4. 사무실 또는 연구실 5. 자료실ㆍ도서실ㆍ강당 중 1개 시설 6. 도난 방지시설, 온습도 조절장치
전문 박물관	100점 이상	1명 이상	1. 100제곱미터 이상의 전시실 또는 2,000제곱미터 이상의 야외 전시장 2. 수장고 3. 사무실 또는 연구실 4. 자료실ㆍ도서실ㆍ강당 중 1개 시설 5. 도난 방지 시설, 온습도 조절장치
미술관	100점 이상	1명 이상	1. 100제곱미터 이상의 전시실 또는 2,000제곱미터 이상의 야외 전시장 2. 수장고 3. 사무실 또는 연구실 4. 자료실ㆍ도서실ㆍ강당 중 1개 시설 5. 도난 방지시설, 온습도 조절장치
동물원	100종 이상	1명 이상	1. 300제곱미터 이상의 야외 전시장(전시실을 포함한다) 2. 사무실 또는 연구실 3. 동물 사육ㆍ수용 시설 4. 동물 진료ㆍ검역 시설 5. 사료창고 6. 오물ㆍ오수 처리시설

식물원	1. 실내 : 100종 이상 2. 야외 : 200종 이상	1명 이상	1. 200제곱미터 이상의 전시실 또는 6,000제곱미터 이상의 야외 전시장 2. 사무실 또는 연구실 3. 육종실 4. 묘포장 5. 식물병리시설 6. 비료저장시설
수족관	100종 이상	1명 이상	1. 200제곱미터 이상의 전시실 2. 사무실 또는 연구실 3. 수족치료시설 4. 순환장치 5. 예비수조

나. 제2종 박물관 또는 미술관

유 형	박물관자료 또는 미술관자료	학예사	시 설
자료관·사료관·유물관· 전시장·전시관·향토관· 교육관·문서관·기념관· 보존소·민속관·민속촌· 문화관 및 예술관	60점 이상	1명 이상	1. 82제곱미터 이상의 전시실 2. 수장고 3. 사무실 또는 연구실·자료실·도서실 및 강당 중 1개 시설 4. 도난 방지시설, 온습도 조절장치
문화의 집	도서·비디오 테이프 및 CD 각각 300점 이상	-	1. 다음의 시설을 갖춘 363제곱미터 이상의 문화 공간 가. 인터넷 부스(개인용 컴퓨터 4대 이상 설치) 나. 비디오 부스(비디오테이프 레코더 2대 이상 설치) 다. CD 부스(CD 플레이어 4대 이상 설치) 라. 문화관람실(빔 프로젝터 1대 설치) 마. 문화창작실(공방 포함) 바. 안내데스크 및 정보 자료실 사. 문화사랑방(전통문화사랑방 포함) 2. 도난 방지시설

실무경력확인서

신청인	성명	(한자)
	생년월일 (외국인의 경우 생년월일과 국적 기재)	
	직위 · 직급 (재직자의 경우에만 적음)	
실무경력	기간	실무분야

위와 같이 실무경력이 있음을 확인합니다.

년   월   일

발급 기관의 장   인

210mm×297mm[백상지 80g/㎡(재활용품)]

[ ] 박물관   [ ] 등록
[ ] 미술관   [ ] 변경 등록   신청서

변경등록 신청시에는 * 표시란만 적어 넣으십시오.   (앞쪽)

접수번호	접수일자	처리기간	등록 : 40일/변경등록 : 5일 (다만, 명칭 또는 종류의 변경등록인 경우 20일)

신청인	성명		생년월일	
	주소			

	명칭			
박물관 · 미술관	종류(1종/2종)		유형	
	소재지		개관연월일	
	설립자 성명(명칭)		설립자 주소	
	대표자 성명(명칭)		대표자 주소	
	*등록번호		*등록 연월일	

변경 사항	변경 전
	변경 후

「박물관 및 미술관 진흥법」 제16조 제1항·제17조의2 제1항 및 같은 법 시행령 제8조 제1항, 제10조 제1항·제2항에 따라 위와 같이 ([ ]등록, [ ]변경 등록)을 신청합니다.

년   월   일

신청인   (서명 또는 인)

문화체육관광부장관 ·
특별시장 · 광역시장 · 특별자치시장 ·   귀하
도지사 · 특별자치도지사 · 시장

첨부 서류	〈등록 신청 시〉 1. 「박물관 및 미술관 진흥법 시행규칙」 별지 제7호 서식의 시설명세서 2부 2. 「박물관 및 미술관 진흥법 시행규칙」 별지 제8호 서식의 박물관 자료 또는 미술관 자료의 목록(자료의 사진 첨부) 1부 3. 「박물관 및 미술관 진흥법 시행규칙」 별지 제9호 서식의 학예사 명단 2부 4. 「박물관 및 미술관 진흥법 시행규칙」 별지 제10호 서식의 관람료 및 자료의 이용료 내역 2부 〈변경등록 신청 시〉 1. 등록증(박물관 또는 미술관의 명칭·종류, 설립자 또는 대표자의 성명·주소, 소재지가 변경된 경우로 한정합니다) 2. 등록사항의 변경을 증명하는 서류 1부(시설명세서, 박물관 자료 또는 미술관 자료의 목록, 학예사 명단, 관람료 및 자료의 이용료가 변경된 경우에는 2부)	수수료 없음

제 호

박물관(미술관) 등록증

1. 명   칭 :

2. 종류(유형) :

3. 소 재 지 :

4. 설립자 성명(명칭) :

    (주소) :

5. 대표자 성명(명칭) :

    (주소) :

6. 등록연월일 :   년   월   일

「박물관 및 미술관 진흥법」 제16조 제1항 및 같은 법 시행령 제8조에 따라 위와 같이 등록하였습니다.

년   월   일

문화체육관광부장관 ·
특별시장 · 광역시장 · 특별자치시장 ·
도지사 · 특별자치도지사 · 시장

| 직인 |

210mm×297mm[백상지 150g/㎡]

대한민국의 국립박물관

대한민국의 국립박물관		
국립 · 공립 · 사립 · 대학		
국가정보원	안보전시관(서울 서초구)	
국토교통부	국토지리정보원	지도박물관(경기 수원시)
	한국토지주택공사	토지주택박물관(경남 진주시)
기획재정부	한국조폐공사	화폐박물관(대전 유성구)
농림축산식품부	한국마사회	말박물관(경기 과천시)
과학기술정보통신부	국립중앙과학관 (대전 유성구)	국립과천과학관(경기 과천시) · (국립어린이과학관(서울 종로구) · 국립광주과학관 (광주 북구) · 국립대구과학관(대구 달성군) · 국립부산과학관(부산 기장군)
	한국지질자원연구원	지질박물관(대전 유성구)
	한국항공우주연구원	우주과학관(전남 고흥시)
문화체육관광부	국립민속박물관(서울 종로구) · 국립현대미술관(경기 과천시, 서울 종로구, 서울 중구, 충북 청주시) · 대한민국 역사박물관(서울 종로구) · 국립한글박물관(서울 용산구)	
	국립중앙박물관 (서울 용산구)	국립춘천박물관(강원 춘천시) · 국립청주박물관(충북 청주시) · 국립공주박물관(충 남 공주시) · 국립부여박물관(충남 부여군) · 국립대구박물관(대구 수성구) · 국립경 주박물관(경북 경주시) · 국립김해박물관(경남 김해시) · 국립진주박물관(경남 진주 시) · 국립광주박물관(광주 북구) · 국립전주박물관(전북 전주시) · 국립익산박물관 (전북 익산시) · 국립나주박물관(전남 나주시) · 국립제주박물관(제주 제주시)
	국립국악원	국악박물관(서울 서초구)
	국립중앙극장	공연예술박물관(서울 중구)
여성가족부	한국양성평등교육진흥원	국립여성사전시관(경기 고양시)
지식경제부 지식경제부	서울중앙우체국	우표박물관(서울 중구)
	지식경제공무원교육원	우정박물관(충남 천안시)
해양수산부	국립해양박물관(부산 영도구)	
경찰청	경찰박물관(서울 종로구)	
관세청	서울본부세관	관세박물관(서울 강남구)
국세청	서울지방국세청	조세박물관(서울 종로구)
농촌진흥청	국립농업과학원	잠사과학박물관(경기 수원시)
산림청	국립수목원	산림박물관(경기 포천시)
그 외	국립등대박물관(경북 포항시 · 항로표지기술협회) · 독립기념관(충남 천안시 · 국가보훈처) · 전쟁기념관(서울 용산구 · 전쟁기념사업회) · 제주항공우주박물관(제주 서귀포시 · 제주국제자유도시개발센터) · 한국체육박물 관(서울 노원구 · 대한체육회) · 화폐박물관(서울 중구 · 한국은행)	

※ 철도박물관(경기 의왕시 · 한국철도공사)은 사립으로 변경됨

제1조(목적)

이 규칙은 국립중앙박물관 및 소속 지방 박물관, 국립민속박물관과 대한민국역사박물관에 소장된 유물을 다른 공공기관에 대여하여 일반 공중(公衆)이 관람할 수 있게 함으로써 국민의 민족의식을 드높이고 문화수준의 향상을 꾀하는 것을 목적으로 한다.

제2조(대여의 대상기관)

국립중앙박물관장 및 소속 지방박물관장, 국립민속박물관장과 대한민국역사박물관장(이하 "박물관장"이라 한다)은 그 업무 수행에 지장이 없는 범위에서 해당 박물관에 소장된 유물(이하 "소장유물"이라 한다)을 다음 각 호의 어느 하나에 해당하는 기관에 대여할 수 있다.

1. 「박물관 및 미술관 진흥법」에 따른 국립 박물관 및 국립 미술관과 같은 법 제16조 제1항에 따라 등록한 박물관 및 미술관
2. 「과학관육성법」에 따른 국립 과학관 · 공립 과학관 및 등록 과학관
3. 「평생교육법」에 따른 각급학교에 부설되어 있는 박물관 · 미술관 및 과학관
4. 그 밖에 박물관장이 필요하다고 인정하는 박물관 · 미술관 및 과학관

제3조(대여의 신청)

제2조 각 호의 어느 하나에 해당하는 기관이 소장유물을 대여받으려면 다음 각 호의 사항을 모두 갖추어 박물관장에게 신청하여야 한다.

1. 대여받으려는 유물의 명칭 등이 수록된 유물의 목록
2. 대여 목적
3. 대여 기간
4. 대여받으려는 유물의 보관 장소와 전시공간의 시설 및 인력 현황

제4조(지정문화재의 대여 신고 등)

박물관장은 「문화재보호법」에 따른 지정문화재나 임시지정문화재인 소장유물을 대여한 경우에는 같은 법 제40조 제1항 제5호에 따른 보관 장소 변경 신고를 하여야 한다.

제5조(대여의 조건)

박물관장은 소장유물을 대여할 때에는 그 유물이 안전하게 관리될 수 있도록 필요한 조건을 붙일 수 있다.

제7조(비용 부담 등)

소장유물을 대여받은 자는 그 유물의 포장 및 운송, 사진촬영 등의 비용을 부담하여야 한다.

제8조(변상 책임)

① 소장유물을 대여받은 자가 그 유물을 분실하였을 때에는 박물관장의 요구에 따라 그에 상응하는 금액을 변상하여야 한다.

② 소장유물을 대여받은 자가 그 유물을 훼손하였을 때에는 박물관장의 요구에 따라 그 유물을 수리 · 복원하고, 그 훼손으로 인한 가치 하락분에 상응하는 금액을 변상하여야 한다.

③ 소장유물을 대여받은 자는 제1항과 제2항에 따른 수리 · 복원 조치나 변상 금액을 보장하기 위한 보험에 가입하여야 한다.

제9조(준수사항)

소장유물을 대여받는 자는 그 유물을 안전하게 보호 · 관리하기 위하여 박물관장이 정하는 사항을 성실히 준수하여야 한다.

05 국립 박물관 소장유물 복제 규칙 [시행 2016.10.27.] [문화체육관광부령 제271호, 2016.10.27., 일부개정]

제1조(목적)

이 규칙은 국립중앙박물관 및 소속 지방 박물관, 국립민속박물관, 대한민국역사박물관과 국립한글박물관에 소장된 유물 및 이에 준하는 자료를 복제(複製)할 때에 필요한 사항을 규정함을 목적으로 한다.

제2조(정의)

이 규칙에서 사용하는 용어의 뜻은 다음과 같다.

1. "복제"란 유물 및 이에 준하는 자료(이하 "유물"이라 한다)를 촬영 · 탁본 · 모사(模寫) · 모조(模造) · 복원 또는 정밀 실측하거나 사진 자료를 이용하는 것을 말한다.

2. "박물관장"이란 국립중앙박물관장 및 소속 지방 박물관장, 국립민속박물관장, 대한민국역사박물관장과 국립한글박물관장을 말한다.

제3조(복제 허가신청 등)

① 유물을 복제하려는 자는 별지 제1호 서식의 유물 복제 허가(승인)신청서를 박물관장에게 제출하여야 한다.

② 박물관장은 복제를 허가 또는 승인한 때에는 별지 제2호 서식의 유물 복제 허가(승인)서를 신청인에게 발급하여야 한다.

③ 「공공기관의 정보공개에 관한 법률」 제2조 제3호에 따른 공공기관이 업무상 필요하여 유물을 복제할 때에는 유물의 번호 · 명칭 · 수량과 복제의 목적 · 일시 · 종류 등을 적은 문서를 박물관장에게 제출하여 박물관장의 승인을 받아야 한다.

④ 허가 또는 승인을 받은 자가 허가 또는 승인 사항과 달리 유물을 제작 · 사용하려는 경우 또는 유물을 복제한 것(이하 "복제품"이라 한다)을 변형 · 개조하려는 경우에는 박물관장의 변경허가 또는 변경승인을 받아야 한다.

제4조(허가 등의 제한)

① 박물관장은 다음 각 호의 어느 하나에 해당하는 사유가 있을 때에는 복제를 허가하거나 승인을 하여서는 아니 된다.

    1. 유물을 훼손하거나 유물의 안전 관리에 지장을 줄 우려가 있을 때

    2. 이 규칙을 위반한 사실이 있는 자로서 복제를 허가하거나 승인하는 것이 부적당하다고 인정될 때

    3. 다른 법령에서 복제품의 제작·사용을 제한할 때

    4. 복제품이 범죄 등에 사용될 가능성이 있다고 인정될 때

② 박물관장은 박물관이 보관하거나 전시하고 있는 개인 소유의 유물에 대하여 복제를 허가하거나 승인하려면 해당 유물 소유자의 동의를 받아야 한다.

제5조(요금의 납부)

제3조에 따라 허가 또는 승인을 받아 유물을 복제하는 자는 복제요금을 복제 전에 수입인지로 내거나 정보 통신망을 이용하여 전자화폐·전자결제 등의 방법으로 내야 한다.

제6조(요금의 감면)

박물관장은 다음 각 호의 어느 하나에 해당하는 경우에는 복제요금을 면제할 수 있다.

1. 국가 또는 지방자치단체가 복제하거나 보도기관이 홍보 및 보도를 목적으로 복제할 때

2. 교육기관이 교육을 목적으로 복제할 때

3. 비영리 학술기관이 연구 목적으로 복제할 때

4. 박물관의 사업을 대행하는 자가 그 대행 목적으로 복제할 때

5. 그 밖에 박물관장이 특별한 사유가 있다고 인정할 때

제7조(복제요금의 구분)

복제 요금은 박물관장이 다음 각 호의 복제 종류에 따라 구분하여 정한다.

1. 3차원 입체촬영

2. 비디오촬영

3. 사진촬영

4. 탁 본

5. 모 사

6. 모 조

7. 복 원

8. 정밀 실측

9. 사진 자료의 이용

제9조(준수사항)

유물을 복제하는 자는 다음 각 호의 사항을 준수하여야 한다.

1. 박물관장이 정한 장소에서 유물을 복제할 것. 다만, 박물관장이 사진자료를 이용하기 위하여 필요하다고 인정하는 경우에는 기간을 정하여 외부로 반출할 수 있다.

2. 임의로 유물을 운반하거나 정리하지 않을 것

3. 박물관장이 허가 또는 승인한 인원 외에는 복제 작업 시 복제 작업장에 출입하지 않을 것

4. 복제작업에 필요한 기재(器材) 등 지참물은 박물관장이 허가 또는 승인한 것 외에는 반입하거나 사용하지 않을 것

5. 복제품을 이용하거나 이용하게 할 때에는 복제품에 소장 박물관과 복제품이라는 사실을 분명하게 적거나 적게 할 것

6. 그 밖에 복제허가 또는 복제승인의 조건과 박물관 소장유물의 보존 및 박물관 내 질서유지를 위한 박물관장 및 그 소속 공무원의 지시에 따를 것

7. 유물의 복제는 외형의 복제에 한정할 것

8. 유물의 복제가 완료된 경우에는 지체 없이 복제품의 재질, 수량, 사용계획 및 사진 등을 박물관장에게 서면으로 알릴 것

제9조의2(복제품의 점검)

① 박물관장은 준수사항 이행 여부의 확인을 위하여 복제품의 관리 및 사용에 관한 점검을 실시할 수 있다.

② 박물관장은 제1항에 따른 점검을 한 경우 별지 제3호 서식의 복제품 관리 점검부를 작성하여 보관하여야 한다.

제10조(변상)

유물을 복제한 자가 복제로 인하여 유물이나 시설물을 훼손하였을 때에는 박물관장의 요구에 따라 유물 또는 시설물을 수리 · 복원하고 훼손되어 가치가 하락한 부분은 그에 상응하는 금액을 변상하여야 한다.

제11조(허가 취소 등)

박물관장은 복제를 하는 자가 제9조에 따른 준수사항을 위반하거나 제9조의2 제1항에 따른 점검을 거부하는 경우에는 복제를 중지시키거나 복제 허가를 취소할 수 있다.

제12조(연기)

① 박물관장은 복제허가 또는 복제승인을 받은 자가 복제를 시작하기 전에 부득이한 사유로 복제를 연기하려는 경우에는 한 차례만 그 연기를 허가하거나 승인할 수 있다. 다만, 복제를 하는 자가 복제를 시작한 후에는 이를 허가하거나 승인하여서는 아니 된다.

② 제1항에 따른 연기 신청은 별지 제4호 서식의 유물 복제 연기신청서에 따른다.

제13조(복제 요금의 반환)

이미 납부한 복제요금은 반환하지 아니한다. 다만, 박물관 측의 사정으로 복제를 할 수 없게 된 경우에는 반환한다.

유물 복제 [ ]허가 [ ]승인 신청서

접수번호		접수일			처리기간	4일

신청인	성명		기관명	
	주소		전화번호	
			전자우편 주소	
			팩스번호	

유물 번호	유물 명칭	유물 수량	복제 수량	비고
				칸이 모자라면 별지에 적어 첨부합니다.

복제 일시		복제 인원	

복제 목적

복제 종류

(3차원 입체촬영, 비디오촬영, 사진촬영, 탁본, 모사, 모조, 복원, 정밀 실측, 사진자료의 이용 중 해당 종류를 적어 주시기 바랍니다)

복제 장비

그 밖의 참고사항

귀 박물관 소장유물을 복제하기 위하여 위와 같이 신청하오니 허가 또는 승인해 주시기 바랍니다.
복제를 할 때에는 「국립 박물관 소장유물 복제 규칙」과 귀 박물관의 지시에 따를 것을 서약합니다.

년   월   일

신청인   (서명 또는 인)

(   )박물관장   귀하

첨부서류	국립중앙박물관장 및 소속 지방박물관장, 국립민속박물관장, 대한민국역사박물관장 또는 국립한글박물관장이 정하는 규정에 따릅니다.

처 리 절 차

신청서 작성	➡	접 수	➡	검 토	➡	결 재	➡	통 보
신청인		처 리 기 관 [국립 박물관]		처 리 기 관 [국립 박물관]		처 리 기 관 [국립 박물관]		

210mm×297mm[백상지(80g/m²) 또는 중질지(80g/m²)]

복제품 관리 점검부

복 제 품		복제 신청일	20 년 월 일
허가수량		사용장소	
복제수량			
복제신청자 (신청기관)	성명 연락처	주 소	
복제목적			
사용현황			
복제품 재질			
준수사항 이행 여부 및 점검 의견			
점검일	20 년 월 일		
점검 및 확인자	( ) 박물관	(서명) (서명)	

210mm×297mm[백상지(80g/m²)]

유물 복제 연기 신청서

접수번호		접수일		처리기간	2일

신청인	성명		기관명	
	주소			
			(전화번호 :)	

신청 내용	복제 허가번호		허가일	
	연기일			
	연기 사유			

　　년　　월　　일자로 허가 또는 승인받은 유물 복제를 위와 같이 연기하려고 하오니 허가 또는 승인해 주시기 바랍니다.

년　　월　　일

신청인　　　　　　　　　　　　　　　(서명 또는 인)

(　　　)박물관장　　귀하

처 리 절 차				
신청서 작성	접 수	검 토	결 재	통 보
신청인	처 리 기 관 [국립 박물관]	처 리 기 관 [국립 박물관]	처 리 기 관 [국립 박물관]	

210mm×297mm[백상지(80g/m²) 또는 중질지(80g/m²)]

02 문화재보호법

01 문화재보호법 [시행 2022.12.1.] [법률 제18522호, 2021.11.30., 타법개정]

제1장 총칙

제1조(목적)

이 법은 문화재를 보존하여 민족문화를 계승하고, 이를 활용할 수 있도록 함으로써 국민의 문화적 향상을 도모함과 아울러 인류문화의 발전에 기여함을 목적으로 한다.

제2조(정의)

① 이 법에서 "문화재"란 인위적이거나 자연적으로 형성된 국가적 · 민족적 또는 세계적 유산으로서 역사적 · 예술적 · 학술적 또는 경관적 가치가 큰 다음 각 호의 것을 말한다.

1. 유형문화재 : 건조물, 전적(典籍 : 글과 그림을 기록하여 묶은 책), 서적(書跡), 고문서, 회화, 조각, 공예품 등 유형의 문화적 소산으로서 역사적 · 예술적 또는 학술적 가치가 큰 것과 이에 준하는 고고 자료(考古資料)

2. 무형문화재 : 여러 세대에 걸쳐 전승되어 온 무형의 문화적 유산 중 다음 각 목의 어느 하나에 해당하는 것을 말한다.

   가. 전통적 공연 · 예술

   나. 공예, 미술 등에 관한 전통 기술

   다. 한의약, 농경 · 어로 등에 관한 전통 지식

   라. 구전 전통 및 표현

   마. 의식주 등 전통적 생활관습

   바. 민간신앙 등 사회적 의식(儀式)

   사. 전통적 놀이 · 축제 및 기예 · 무예

3. 기념물 : 다음 각 목에서 정하는 것

   가. 절터, 옛무덤, 조개무덤, 성터, 궁터, 가마터, 유물 포함층 등의 사적지(史蹟地)와 특별히 기념이 될 만한 시설물로서 역사적 · 학술적 가치가 큰 것

   나. 경치 좋은 곳으로서 예술적 가치가 크고 경관이 뛰어난 것

   다. 동물(그 서식지, 번식지, 도래지를 포함한다), 식물(그 자생지를 포함한다), 지형, 지질, 광물, 동굴, 생물학적 생성물 또는 특별한 자연 현상으로서 역사적 · 경관적 또는 학술적 가치가 큰 것

4. 민속문화재 : 의식주, 생업, 신앙, 연중 행사 등에 관한 풍속이나 관습에 사용되는 의복, 기구, 가옥 등으로서 국민생활의 변화를 이해하는 데 반드시 필요한 것

② 이 법에서 "문화재교육"이란 문화재의 역사적·예술적·학술적·경관적 가치 습득을 통하여 문화재 애호의식을 함양하고 민족 정체성을 확립하는 등에 기여하는 교육을 말하며, 문화재교육의 구체적 범위와 유형은 대통령령으로 정한다.

③ 이 법에서 "지정문화재"란 다음 각 호의 것을 말한다.

1. 국가지정문화재 : 문화재청장이 제23조부터 제26조까지의 규정에 따라 지정한 문화재

2. 시·도지정문화재 : 특별시장·광역시장·특별자치시장·도지사 또는 특별자치도지사(이하 "시·도지사"라 한다)가 제70조 제1항에 따라 지정한 문화재

3. 문화재 자료 : 제1호나 제2호에 따라 지정되지 아니한 문화재 중 시·도지사가 제70조 제2항에 따라 지정한 문화재

④ 이 법에서 "등록문화재"란 지정문화재가 아닌 문화재 중에서 다음 각 호의 것을 말한다.

1. 국가등록문화재 : 문화재청장이 제53조에 따라 등록한 문화재

2. 시·도등록문화재 : 시·도지사가 제70조 제3항에 따라 등록한 문화재

⑤ 이 법에서 "보호구역"이란 지상에 고정되어 있는 유형물이나 일정한 지역이 문화재로 지정된 경우에 해당 지정문화재의 점유 면적을 제외한 지역으로서 그 지정문화재를 보호하기 위하여 지정된 구역을 말한다.

⑥ 이 법에서 "보호물"이란 문화재를 보호하기 위하여 지정한 건물이나 시설물을 말한다.

⑦ 이 법에서 "역사 문화 환경"이란 문화재 주변의 자연경관이나 역사적·문화적인 가치가 뛰어난 공간으로서 문화재와 함께 보호할 필요성이 있는 주변 환경을 말한다.

⑧ 이 법에서 "건설 공사"란 토목 공사, 건축 공사, 조경 공사 또는 토지나 해저의 원형 변경이 수반되는 공사로서 대통령령으로 정하는 공사를 말한다.

⑨ 이 법에서 "국외소재문화재"란 외국에 소재하는 문화재(제39조 제1항 단서 또는 제60조 제1항 단서에 따라 반출된 문화재는 제외한다)로서 대한민국과 역사적·문화적으로 직접적 관련이 있는 것을 말한다.

⑩ 이 법에서 "문화재지능정보화"란 문화재데이터의 생산·수집·분석·유통·활용 등에 문화재지능정보기술을 적용·융합하여 문화재의 보존·관리 및 활용을 효율화·고도화하는 것을 말한다.

⑪ 이 법에서 "문화재데이터"란 문화재지능정보화를 위하여 정보처리능력을 갖춘 장치를 통하여 생성 또는 처리되어 기계에 의한 판독이 가능한 형태로 존재하는 정형 또는 비정형의 정보를 말한다.

⑫ 이 법에서 "문화재지능정보기술"이란 「지능정보화 기본법」 제2조 제4호에 따른 지능정보기술 중 문화재의 보존·관리 및 활용을 위한 기술 또는 그 결합 및 활용 기술을 말한다.

제3조(문화재보호의 기본원칙)

문화재의 보존·관리 및 활용은 원형유지를 기본원칙으로 한다.

제4조(국가와 지방자치단체 등의 책무)

① 국가는 문화재의 보존·관리 및 활용을 위한 종합적인 시책을 수립·추진하여야 한다.

② 지방자치단체는 국가의 시책과 지역적 특색을 고려하여 문화재의 보존·관리 및 활용을 위한 시책을 수립·추진하여야 한다.

③ 국가와 지방자치단체는 각종 개발사업을 계획하고 시행하는 경우 문화재나 문화재의 보호물 · 보호구역 및 역사 문화 환경이 훼손되지 아니하도록 노력하여야 한다.

④ 국민은 문화재의 보존 · 관리를 위하여 국가와 지방자치단체의 시책에 적극 협조하여야 한다.

제5조(다른 법률과의 관계)

① 문화재의 보존 · 관리 및 활용에 관하여 다른 법률에 특별한 규정이 있는 경우를 제외하고는 이 법에서 정하는 바에 따른다.

② 지정문화재(제32조에 따른 임시지정문화재를 포함한다)의 수리 · 실측 · 설계 · 감리와 매장문화재의 보호 및 조사, 무형문화재 보전 및 진흥에 관하여는 따로 법률로 정한다.

제2장 문화재 보호 정책의 수립 및 추진

제6조(문화재 기본 계획의 수립)

① 문화재청장은 관계 중앙행정기관외 장 시 · 도지사와의 협의를 거쳐 문화재의 보존 · 관리 및 활용을 위하여 다음 각 호의 사항이 포함된 종합적인 기본계획(이하 "문화재기본계획"이라 한다)을 5년마다 수립하여야 한다.

  1. 문화재 보존에 관한 기본방향 및 목표

  2. 이전의 문화재기본계획에 관한 분석 평가

  3. 문화재 보수 · 정비 및 복원에 관한 사항

  4. 문화재의 역사문화환경 보호에 관한 사항

  5. 문화재 안전관리에 관한 사항

  5의2. 문화재 관련 시설 및 구역에서의 감염병 등에 대한 위생 · 방역 관리에 관한 사항

  6. 문화재 기록정보화에 관한 사항

  6의2. 문화재지능정보화에 관한 사항

  7. 문화재 보존에 사용되는 재원의 조달에 관한 사항

  7의2. 국외소재문화재 환수 및 활용에 관한 사항

  7의3. 남북한 간 문화재 교류 협력에 관한 사항

  7의4. 문화재교육에 관한 사항

  8. 문화재의 보존 · 관리 및 활용 등을 위한 연구개발에 관한 사항

  9. 그 밖에 문화재의 보존 · 관리 및 활용에 필요한 사항

② 문화재청장은 문화재 기본 계획을 수립하는 경우 대통령령으로 정하는 소유자, 관리자 또는 관리단체 및 관련 전문가의 의견을 들어야 한다.

③ 문화재청장은 문화재 기본 계획을 수립하면 이를 시 · 도지사에게 알리고, 관보(官報) 등에 고시하여야 한다.

④ 문화재청장은 문화재 기본 계획을 수립하기 위하여 필요하면 시 · 도지사에게 관할구역의 문화재에 대한 자료를 제출하도록 요청할 수 있다.

제6조의2(문화재의 연구개발)

① 문화재청장은 문화재의 보존·관리 및 활용 등의 연구개발을 효율적으로 추진하기 위하여 고유연구 외에 공동연구 등을 실시할 수 있다.

② 제1항에 따른 공동연구는 분야별 연구과제를 선정하여 대학, 산업체, 지방자치단체, 정부출연연구기관 등과 협약을 맺어 실시한다.

③ 문화재청장은 제2항에 따른 공동연구의 수행에 필요한 비용의 전부 또는 일부를 예산의 범위에서 출연하거나 지원할 수 있다.

④ 제2항에 따른 공동연구의 대상 사업이나 그 밖에 공동연구 수행에 필요한 사항은 대통령령으로 정한다.

제7조(문화재 보존 시행 계획 수립)

① 문화재청장 및 시·도지사는 문화재 기본 계획에 관한 연도별 시행 계획(이하 "시행 계획"이라 한다)을 수립·시행하여야 한다.

② 시·도지사는 해당 연도의 시행 계획 및 전년도의 추진실적을 대통령령으로 정하는 바에 따라 매년 문화재청장에게 제출하여야 한다.

③ 문화재청장 및 시·도지사는 시행 계획을 수립한 때에는 이를 공표하여야 한다.

④ 시행 계획의 수립·시행 및 제3항에 따른 공표 방법 등에 관하여 필요한 사항은 대통령령으로 정한다.

제7조의2(국회 보고)

문화재청장은 문화재 기본 계획, 해당 연도 시행 계획 및 전년도 추진실적을 확정한 후 지체 없이 국회 소관 상임위원회에 제출하여야 한다.

제8조(문화재위원회의 설치)

① 문화재의 보존·관리 및 활용에 관한 다음 각 호의 사항을 조사·심의하기 위하여 문화재청에 문화재위원회를 둔다.

1. 국가등록문화재 기본 계획에 관한 사항
2. 국가지정문화재의 지정과 그 해제에 관한 사항
3. 국가지정문화재의 보호물 또는 보호구역 지정과 그 해제에 관한 사항
4. 삭 제
5. 국가지정문화재의 현상 변경에 관한 사항
6. 국가지정문화재의 국외 반출에 관한 사항
7. 국가지정문화재의 역사 문화 환경 보호에 관한 사항
8. 국가등록문화재의 등록 및 등록 말소에 관한 사항
9. 매장문화재 발굴 및 평가에 관한 사항
10. 국가지정문화재의 보존·관리에 관한 전문적 또는 기술적 사항으로서 중요하다고 인정되는 사항
11. 그 밖에 문화재의 보존·관리 및 활용 등에 관하여 문화재청장이 심의에 부치는 사항

② 문화재위원회 위원은 다음 각 호의 어느 하나에 해당하는 자 중에서 문화재청장이 위촉한다.

　1. 「고등교육법」에 따른 대학에서 문화재의 보존·관리 및 활용과 관련된 학과의 부교수 이상에 재직하거나 재직하였던 사람

　2. 문화재의 보존·관리 및 활용과 관련된 업무에 10년 이상 종사한 사람

　3. 인류학·사회학·건축·도시 계획·관광·환경·법률·종교·언론 분야의 업무에 10년 이상 종사한 사람으로서 문화재에 관한 지식과 경험이 풍부한 전문가

③ 제1항 각 호의 사항에 관하여 문화재 종류별로 업무를 나누어 조사·심의하기 위하여 문화재위원회에 분과위원회를 둘 수 있다.

④ 제3항에 따른 분과위원회는 조사·심의 등을 위하여 필요한 경우 다른 분과위원회와 함께 위원회(이하 "합동분과위원회"라 한다)를 열 수 있다.

⑤ 분과위원회 또는 합동분과위원회에서 제1항 제2호부터 제11호까지에 관하여 조사·심의한 사항은 문화재위원회에서 조사·심의한 것으로 본다.

⑥ 문화재위원회, 분과위원회 및 합동분과위원회는 다음 각 호의 사항을 적은 회의록을 작성하여야 한다. 이 경우 필요하다고 인정되면 속기나 녹음 또는 녹화를 할 수 있다.

　1. 회의일시 및 장소

　2. 출석위원

　3. 심의내용 및 의결사항

⑦ 제6항에 따라 작성된 회의록은 공개하여야 한다. 다만, 특정인의 재산상의 이익에 영향을 미치거나 사생활의 비밀을 침해하는 등 대통령령으로 정하는 경우에는 해당 위원회의 의결로 공개하지 아니할 수 있다.

⑧ 문화재위원회, 분과위원회 및 합동분과위원회의 조직, 분장사항 및 운영 등에 필요한 사항은 대통령령으로 정한다.

⑨ 문화재위원회에는 문화재청장이나 각 분과위원회 위원장의 명을 받아 문화재위원회의 심의사항에 관한 자료수집·조사 및 연구 등의 업무를 수행하는 비상근 전문위원을 둘 수 있다.

⑩ 문화재위원회 위원 및 전문위원의 수와 임기, 전문위원의 자격 등에 필요한 사항은 대통령령으로 정한다.

제9조(한국문화재재단의 설치)

① 문화재의 보호·보존·보급 및 활용과 전통생활문화의 계발을 위하여 문화재청 산하에 한국문화재재단(이하 "재단"이라 한다)을 설립한다.

② 재단은 법인으로 한다.

③ 재단은 설립 목적을 달성하기 위하여 다음 각 호의 사업을 수행한다.

　1. 공연·전시 등 무형문화재 활동 지원 및 진흥

　2. 문화재 관련 교육, 출판, 학술 조사·연구 및 콘텐츠 개발·활용

　3. 「매장문화재 보호 및 조사에 관한 법률」 제11조 제1항 및 같은 조 제3항 단서에 따른 매장문화재 발굴

　4. 전통문화 상품·음식·혼례 등의 개발·보급 및 편의 시설 등의 운영

　5. 문화재 공적개발원조 등 국제교류

　6. 문화재 보호운동의 지원

7. 전통문화 행사의 복원 및 재현

8. 국가 · 지방자치단체 또는 공공기관 등으로부터 위탁받은 사업

9. 재단의 설립 목적을 달성하기 위한 수익사업과 그 밖에 정관으로 정하는 사업

④ 재단에는 정관으로 정하는 바에 따라 임원과 필요한 직원을 둔다.

⑤ 재단에 관하여 이 법에 규정한 것 외에는 「민법」 중 재단법인에 관한 규정을 준용한다.

⑥ 재단 운영에 필요한 경비는 국고에서 지원할 수 있다.

⑦ 국가나 지방자치단체는 재단의 업무 수행을 위하여 필요하다고 인정하면 국유재산이나 공유재산을 무상으로 사용 · 수익하게 할 수 있다.

제3장 문화재 보호의 기반 조성

제10조(문화재 기초조사)

① 국가 및 지방자치단체는 문화재의 멸실 방지 등을 위하여 현존하는 문화재의 현황, 관리실태 등에 대하여 조사하고 그 기록을 작성할 수 있다.

② 문화재청장 및 지방자치단체의 장은 제1항에 따른 조사를 위하여 필요한 경우 직접 조사하거나 문화재의 소유자, 관리자 또는 조사 · 발굴과 관련된 단체 등에 대하여 관련 자료의 제출을 요구할 수 있다.

③ 문화재청장 및 지방자치단체의 장은 지정문화재가 아닌 문화재에 대하여 조사를 할 경우에는 해당 문화재의 소유자 또는 관리자의 사전 동의를 받아야 한다.

④ 문화재 조사의 구체적인 절차와 방법 등에 관하여 필요한 사항은 대통령령으로 정한다.

제11조(문화재 정보화의 촉진)

① 문화재청장은 제10조에 따른 조사 자료와 그 밖의 문화재 보존 · 관리에 필요한 자료를 효율적으로 활용하고, 국민이 문화재 정보에 쉽게 접근하고 이용할 수 있도록 문화재정보체계를 구축 · 운영하여야 한다.

② 문화재청장은 제1항에 따른 문화재정보체계 구축을 위하여 관계 중앙행정기관의 장 및 지방자치단체의 장과 박물관 · 연구소 등 관련 법인 및 단체의 장에게 필요한 자료의 제출을 요청할 수 있다. 이 경우 요청을 받은 자는 특별한 사유가 없으면 이에 따라야 한다.

③ 문화재청장은 제2항에 따라 필요한 자료의 제출을 요청하는 경우 관계 중앙행정기관의 장 및 지방자치단체의 장 외의 자에 대하여는 정당한 대가를 지급할 수 있다.

④ 제1항에 따른 문화재정보체계의 구축 범위 · 운영절차 및 그 밖에 필요한 사항은 대통령령으로 정한다.

제12조(건설공사 시의 문화재 보호)

건설공사로 인하여 문화재가 훼손, 멸실 또는 수몰(水沒)될 우려가 있거나 그 밖에 문화재의 역사문화환경 보호를 위하여 필요한 때에는 그 건설공사의 시행자는 문화재청장의 지시에 따라 필요한 조치를 하여야 한다. 이 경우 그 조치에 필요한 경비는 그 건설공사의 시행자가 부담한다.

제13조(역사문화환경 보존지역의 보호)

① 시·도지사는 지정문화재(동산에 속하는 문화재와 무형문화재를 제외한다. 이하 이 조에서 같다)의 역사문화환경 보호를 위하여 문화재청장과 협의하여 조례로 역사문화환경 보존지역을 정하여야 한다.

② 건설공사의 인가·허가 등을 담당하는 행정기관은 지정문화재의 외곽경계(보호구역이 지정되어 있는 경우에는 보호구역의 경계를 말한다. 이하 이 조에서 같다)의 외부 지역에서 시행하려는 건설공사로서 제1항에 따라 시·도지사가 정한 역사문화환경 보존지역에서 시행하는 건설공사에 관하여는 그 공사에 관한 인가·허가 등을 하기 전에 해당 건설공사의 시행이 지정문화재의 보존에 영향을 미칠 우려가 있는 행위에 해당하는지 여부를 검토하여야 한다. 이 경우 해당 행정기관은 대통령령으로 정하는 바에 따라 관계 전문가의 의견을 들어야 한다.

③ 역사문화환경 보존지역의 범위는 해당 지정문화재의 역사적·예술적·학문적·경관적 가치와 그 주변 환경 및 그 밖에 문화재 보호에 필요한 사항 등을 고려하여 그 외곽경계로부터 500미터 안으로 한다. 다만, 문화재의 특성 및 입지여건 등으로 인하여 지정문화재의 외곽경계로부터 500미터 밖에서 건설공사를 하게 되는 경우에 해당 공사가 문화재에 영향을 미칠 것이 확실하다고 인정되면 500미터를 초과하여 범위를 정할 수 있다.

④ 제27조 제2항에 따라 지정된 보호구역이 조정된 경우 시·도지사는 지정문화재의 보존에 영향을 미치지 않는다고 판단하면 문화재청장과 협의하여 제3항에 따라 정한 역사문화환경 보존지역의 범위를 기존의 범위대로 유지할 수 있다.

⑤ 문화재청장 또는 시·도지사는 문화재를 지정하면 그 지정 고시가 있는 날부터 6개월 안에 역사문화환경 보존지역에서 지정문화재의 보존에 영향을 미칠 우려가 있는 행위에 관한 구체적인 행위기준을 정하여 고시하여야 한다.

⑥ 제5항에 따른 구체적인 행위기준을 정하려는 경우 문화재청장은 시·도지사 또는 시장·군수·구청장(자치구의 구청장을 말한다. 이하 같다)에게, 시·도지사는 시장·군수·구청장에게 필요한 자료 또는 의견을 제출하도록 요구할 수 있다.

⑦ 제5항에 따른 구체적인 행위기준이 고시된 지역에서 그 행위기준의 범위 안에서 행하여지는 건설공사에 관하여는 제2항에 따른 검토는 생략한다.

⑧ 제6항에 따른 자료 또는 의견 제출절차 등에 필요한 세부 사항은 문화체육관광부령으로 정한다.

제14조(화재등 방지 시책 수립과 교육훈련·홍보 실시)

① 문화재청장과 시·도지사는 지정문화재 및 등록문화재의 화재, 재난 및 도난(이하 "화재등"이라 한다) 방지를 위하여 필요한 시책을 수립하고 이를 시행하여야 한다.

② 문화재청장과 지방자치단체의 장은 문화재 소유자, 관리자 및 관리단체 등을 대상으로 문화재 화재등에 대한 초기대응과 평상시 예방관리를 위한 교육훈련을 실시하여야 한다.

③ 문화재청장과 지방자치단체의 장은 문화재 화재등의 방지를 위한 대국민 홍보를 실시하여야 한다.

제14조의2(화재등 대응매뉴얼 마련 등)

① 문화재청장 및 시 · 도지사는 지정문화재 및 등록문화재의 특성에 따른 화재등 대응매뉴얼을 마련하고, 이를 그 소유자, 관리자 또는 관리단체가 사용할 수 있도록 조치하여야 한다.

② 제1항에 따른 매뉴얼에 포함되어야 할 사항, 매뉴얼을 마련하여야 하는 문화재의 범위 및 매뉴얼의 정기적 점검 · 보완 등에 필요한 사항은 대통령령으로 정한다.

제14조의3(화재등 방지 시설 설치 등)

① 지정문화재의 소유자, 관리자 및 관리단체는 지정문화재의 화재예방 및 진화를 위하여 「소방시설 설치 및 관리에 관한 법률」에서 정하는 기준에 따른 소방시설과 재난방지를 위한 시설을 설치하고 유지 · 관리하여야 하며, 지정문화재의 도난방지를 위하여 문화체육관광부령으로 정하는 기준에 따라 도난방지장치를 설치하고 유지 · 관리하도록 노력하여야 한다.

② 제1항의 시설을 설치하고 유지 · 관리하는 자는 해당 시설과 역사문화환경보존지역이 조화를 이루도록 하여야 한다.

③ 문화재청장 또는 지방자치단체의 장은 다음 각 호의 어느 하나에 해당하는 시설을 설치 또는 유지 · 관리하는 자에게 예산의 범위에서 그 소요비용의 전부나 일부를 보조할 수 있다.
1. 제1항에 따른 소방시설, 재난방지 시설 또는 도난방지장치
2. 제14조의4 제2항에 따른 금연구역과 흡연구역의 표지

제14조의4(금연구역의 지정 등)

① 지정문화재 및 등록문화재와 그 보호물 · 보호구역 및 보관시설(이하 이 조에서 "지정문화재등"이라 한다)의 소유자, 관리자 또는 관리단체는 지정문화재등 해당 시설 또는 지역 전체를 금연구역으로 지정하여야 한다. 다만, 주거용 건축물은 화재의 우려가 없는 경우에 한정하여 금연구역과 흡연구역을 구분하여 지정할 수 있다.

② 지정문화재등의 소유자, 관리자 또는 관리단체는 제1항에 따른 금연구역과 흡연구역을 알리는 표지를 설치하여야 한다.

③ 시 · 도지사는 제2항을 위반한 자에 대하여 일정한 기간을 정하여 그 시정을 명할 수 있다.

④ 제2항에 따른 금연구역과 흡연구역을 알리는 표지의 설치 기준 및 방법 등은 문화체육관광부령 또는 시 · 도 조례로 정한다.

⑤ 누구든지 제1항에 따른 금연구역에서 흡연을 하여서는 아니 된다.

제14조의5(관계 기관 협조 요청)

문화재청장 또는 지방자치단체의 장은 화재등 방지시설을 점검하거나, 화재등에 대비한 훈련을 하는 경우 또는 화재등에 대한 긴급대응이 필요한 경우에 다음 각 호의 어느 하나에 해당하는 기관 또는 단체의 장에게 필요한 장비 및 인력의 협조를 요청할 수 있으며, 요청을 받은 기관 및 단체의 장은 특별한 사유가 없으면 이에 협조하여야 한다.
1. 소방관서
2. 경찰관서

3. 「재난 및 안전관리 기본법」 제3조 제5호의 재난관리책임기관

4. 그 밖에 대통령령으로 정하는 문화재 보호 관련 기관 및 단체

제14조의6(정보의 구축 및 관리)

① 문화재청장은 화재등 문화재 피해에 대하여 효과적으로 대응하기 위하여 문화재 방재 관련 정보를 정기적으로 수집하여 이를 데이터베이스화하여 구축·관리하여야 한다. 이 경우 문화재청장은 구축된 정보가 항상 최신으로 유지될 수 있도록 하여야 한다.

② 제1항에 따른 정보의 구축범위 및 운영절차 등 세부사항은 대통령령으로 정한다.

제15조(문화재보호활동의 지원 등)

문화재청장은 문화재를 보호·보존·보급하거나 널리 알리기 위하여 필요하다고 인정하면 관련 단체를 지원·육성할 수 있다.

제15조의2(문화재매매업자 교육)

문화재청장은 문화재매매업자 등을 대상으로 문화재매매업자가 준수하여야 할 사항과 문화재 관련 소양 등에 관한 교육을 실시하여야 한다.

제16조(문화재 전문인력의 양성)

① 문화재청장은 문화재의 보호·관리 및 수리 등을 위한 전문인력을 양성할 수 있다.

② 문화재청장은 제1항의 전문인력 양성을 위하여 필요하다고 인정하면 장학금을 지급할 수 있다.

③ 문화재청장은 제2항의 장학금(이하 "장학금"이라 한다)을 지급받고 있는 자의 교육이나 연구 상황을 확인하기 위하여 필요하다고 인정하면 성적증명서나 연구실적보고서를 제출하도록 명할 수 있다.

④ 장학금을 지급받고 있는 자 또는 받은 자는 수학이나 연구의 중단, 내용 변경 등 문화체육관광부령으로 정하는 사유가 발생하면 지체 없이 문화재청장에게 신고하여야 한다.

⑤ 문화재청장은 수학이나 연구의 중단, 내용변경, 실적저조 등 문화체육관광부령으로 정하는 사유가 발생하면 장학금 지급을 중지하거나 반환을 명할 수 있다.

⑥ 제1항부터 제5항까지의 규정에 따른 장학금 지급 대상자, 장학금 지급 신청, 장학금 지급 중지 또는 반환 등에 필요한 사항은 문화체육관광부령으로 정한다.

제17조(문화재 국제교류협력의 촉진 등)

① 국가는 문화재 관련 국제기구 및 다른 국가와의 협력을 통하여 문화재에 관한 정보와 기술교환, 인력교류, 공동조사·연구 등을 적극 추진하여야 한다.

② 문화재청장은 예산의 범위에서 제1항에 따른 문화재분야 협력에 관한 시책을 추진하는 데 필요한 비용의 전부 또는 일부를 지원할 수 있다.

제18조(남북한 간 문화재 교류 협력)

① 국가는 남북한 간 문화재분야의 상호교류 및 협력을 증진할 수 있도록 노력하여야 한다.

② 문화재청장은 남북한 간 문화재분야의 상호교류 및 협력증진을 위하여 북한의 문화재 관련 정책·제도 및 현황 등에 관하여 조사·연구하여야 한다.

③ 문화재청장은 대통령령으로 정하는 바에 따라 제1항 및 제2항에 따른 교류 협력사업과 조사 · 연구 등을 위하여 필요한 경우 관련 단체 등에 협력을 요청할 수 있으며, 이에 사용되는 경비의 전부 또는 일부를 지원할 수 있다.

제19조(세계유산등의 등재 및 보호)

① 문화재청장은 「세계문화유산 및 자연유산의 보호에 관한 협약」, 「무형문화유산의 보호를 위한 협약」 또는 유네스코의 프로그램에 따라 국내의 우수한 문화재를 유네스코에 세계유산, 인류무형문화유산 또는 세계기록유산으로 등재 신청할 수 있다. 이 경우 등재 신청 대상 선정절차 등에 관하여는 유네스코의 규정을 참작하여 문화재청장이 정한다.

② 문화재청장은 유네스코에 세계유산, 인류무형문화유산 또는 세계기록유산으로 등재된 문화재(이하 이 조에서 "세계유산등"이라 한다)를 비롯한 인류 문화재를 보존하고 문화재를 국외에 널리 알리기 위하여 적극 노력하여야 한다.

③ 국가와 지방자치단체는 세계유산등에 대하여는 등재된 날부터 국가지정문화재에 준하여 유지 · 관리 및 지원하여야 하며, 문화재청장은 대통령령으로 정하는 바에 따라 세계유산과 그 역사문화환경에 영향을 미칠 우려가 있는 행위를 하는 자에 대하여 세계유산과 그 역사문화환경의 보호에 필요한 조치를 할 것을 명할 수 있다.

제20조(외국문화재의 보호)

① 인류의 문화유산을 보존하고 국가 간의 우의를 증진하기 위하여 대한민국이 가입한 문화재 보호에 관한 국제조약(이하 "조약"이라 한다)에 가입된 외국의 법령에 따라 문화재로 지정 · 보호되는 문화재(이하 "외국문화재"라 한다)는 조약과 이 법에서 정하는 바에 따라 보호되어야 한다.

② 문화재청장은 국내로 반입하려 하거나 이미 반입된 외국문화재가 해당 반출국으로부터 불법반출된 것으로 인정할 만한 상당한 이유가 있으면 그 문화재를 유치할 수 있다.

③ 문화재청장은 제2항에 따라 외국문화재를 유치하면 그 외국문화재를 박물관 등에 보관 · 관리하여야 한다.

④ 문화재청장은 제3항에 따라 보관 중인 외국문화재가 그 반출국으로부터 적법하게 반출된 것임이 확인되면 지체 없이 이를 그 소유자나 점유자에게 반환하여야 한다. 그 외국문화재가 불법반출된 것임이 확인되었으나 해당 반출국이 그 문화재를 회수하려는 의사가 없는 것이 분명한 경우에도 또한 같다.

⑤ 문화재청장은 외국문화재의 반출국으로부터 대한민국에 반입된 외국문화재가 자국에서 불법반출된 것임을 증명하고 조약에 따른 정당한 절차에 따라 그 반환을 요청하는 경우 또는 조약에 따른 반환 의무를 이행하는 경우에는 관계 기관의 협조를 받아 조약에서 정하는 바에 따라 해당 문화재가 반출국에 반환될 수 있도록 필요한 조치를 하여야 한다.

제21조(비상시의 문화재보호)

① 문화재청장은 전시 · 사변 또는 이에 준하는 비상사태 시 문화재의 보호에 필요하다고 인정하면 국유문화재와 국유 외의 지정문화재 및 제32조에 따른 임시지정문화재를 안전한 지역으로 이동 · 매몰 또는 그 밖에 필요한 조치를 하거나 해당 문화재의 소유자, 보유자, 점유자, 관리자 또는 관리단체에 대하여 그 문화재를 안전한 지역으로 이동 · 매몰 또는 그 밖에 필요한 조치를 하도록 명할 수 있다.

② 문화재청장은 전시·사변 또는 이에 준하는 비상사태 시 문화재 보호를 위하여 필요하면 제39조에도 불구하고 이를 국외로 반출할 수 있다. 이 경우에는 미리 국무회의의 심의를 거쳐야 한다.

③ 제1항에 따른 조치 또는 명령의 이행으로 인하여 손실을 받은 자에 대한 보상에 관하여는 제46조를 준용한다. 다만, 전쟁의 피해 등 불가항력으로 인한 경우에는 예외로 한다.

제22조(지원 요청)

문화재청장이나 그 명령을 받은 공무원은 제21조 제1항의 조치를 위하여 필요하면 관계 기관의 장에게 필요한 지원을 요청할 수 있다.

제3장의2 문화재지능정보화 기반 구축

제22조의9(문화재지능정보화 정책의 추진)

① 문화재청장은 객관적이고 과학적인 문화재의 보존·관리 및 활용 등을 위하여 문화재지능정보화 정책을 수립하고 시행하여야 한다.

② 제1항에 따른 문화재지능정보화 정책의 수립·시행 등에 관하여 필요한 사항은 대통령령으로 정한다.

제22조의10(문화재데이터 관련 사업의 추진)

① 문화재청장은 문화재지능정보화의 효율적 추진을 위하여 다음 각 호의 사업을 추진할 수 있다.

  1. 문화재데이터의 생산·수집·저장·가공·분석·제공 및 활용

  2. 문화재데이터의 이용 활성화 및 유통체계 구축

  3. 문화재데이터에 관한 기술개발의 추진

  4. 문화재데이터의 표준화 및 품질제고

  5. 그 밖에 문화재데이터의 생산·수집·분석·유통·활용 등에 필요한 사항

② 문화재청장은 제1항에 따라 관리하는 문화재데이터에 대한 메타데이터(데이터의 체계적인 관리와 편리한 검색 및 활용을 위하여 데이터의 구조, 속성, 특성, 이력 등을 표현한 자료를 말한다. 이하 같다) 및 데이터 관계도(데이터 간의 관계를 나타낸 그림을 말한다)를 체계적으로 관리하여야 한다.

③ 문화재청장은 문화재데이터의 효율적 관리를 위하여 전문인력을 양성하거나 국가기관, 지방자치단체 및 대학 등과 연계하여 공동활용체계를 구축하고, 이를 지원·육성할 수 있다.

④ 제3항에 따른 대상·내용 및 방법 등에 관하여 필요한 사항은 대통령령으로 정한다.

제22조의11(문화재지능정보기술의 개발 등)

① 문화재청장은 문화재지능정보화의 효율적 추진을 위하여 다음 각 호의 사업을 추진할 수 있다.

  1. 문화재지능정보기술의 개발 및 보급

  2. 문화재지능정보기술의 표준화

  3. 문화재지능정보기술 개발에 필요한 데이터의 수집·분석·가공

  4. 문화재지능정보기술의 관리 및 활용을 위한 정보체계의 구축·운영

  5. 그 밖에 문화재지능정보기술의 개발·관리·활용 등에 필요한 사항

② 문화재청장은 문화재지능정보기술의 지속적 발전을 위하여 문화재지능정보기술을 개발하는 대학, 정부출연연구기관, 법인 또는 단체(이하 "대학등"이라 한다)와 협력체계를 구축하고, 예산의 범위에서 지원할 수 있다.

③ 제2항에 따른 지원의 대상 · 내용 및 방법 등에 관하여 필요한 사항은 대통령령으로 정한다.

제22조의12(문화재지능정보서비스플랫폼의 구축 · 운영)

① 문화재청장은 문화재지능정보화의 추진을 위하여 다음 각 호의 사항을 포함한 문화재지능정보서비스플랫폼을 구축 · 운영하여야 한다.

　1. 문화재데이터 및 메타데이터의 체계적인 관리

　2. 문화재지능정보기술의 개발 · 관리 · 활용 등

　3. 문화재데이터 및 메타데이터의 분석 등을 통한 문화재 보존 · 관리 및 활용 관련 정책 수립, 의사결정 지원, 관련 산업 지원, 문화재 활용 활성화 지원 등

　4. 그 밖에 문화재지능정보서비스플랫폼 구축 · 운영에 필요한 사항

② 문화재청장은 문화재지능정보서비스플랫폼의 구축을 위하여 필요한 경우 계약 또는 업무협약 등을 통하여 대학등에 해당 대학등이 생성하거나 취득하여 관리하는 데이터를 제공하여 줄 것을 요청할 수 있다.

③ 문화재청장은 문화재지능정보서비스플랫폼의 효율적 운영을 위하여 국가기관, 지방자치단체 및 대학등에서 구축 · 운영하고 있는 데이터 관리에 관한 시스템을 상호 연계할 수 있다. 이 경우 해당 국가기관, 지방자치단체 및 대학등의 장과 사전에 협의하여야 한다.

④ 제2항에 따른 계약 또는 업무협약의 내용 및 절차, 제3항에 따른 시스템의 상호 연계 및 사전 협의에 필요한 사항은 대통령령으로 정한다.

제22조의13(업무의 위탁)

① 문화재청장은 제22조의10 제1항 · 제2항, 제22조의11 제1항 및 제22조의12 제1항의 업무를 대통령령으로 정하는 바에 따라 법인 또는 단체에 위탁할 수 있다.

② 문화재청장은 제1항에 따라 업무를 위탁받은 법인 또는 단체가 해당 업무를 원활하게 수행할 수 있도록 필요한 지원을 할 수 있다.

제4장　국가지정문화재

제1절 지 정

제23조(보물 및 국보의 지정)

① 문화재청장은 문화재위원회의 심의를 거쳐 유형문화재 중 중요한 것을 보물로 지정할 수 있다.

② 문화재청장은 제1항의 보물에 해당하는 문화재 중 인류문화의 관점에서 볼 때 그 가치가 크고 유례가 드문 것을 문화재위원회의 심의를 거쳐 국보로 지정할 수 있다.

제24조(국가무형문화재의 지정)

① 문화재청장은 「무형문화재 보전 및 진흥에 관한 법률」 제9조에 따른 무형문화재위원회의 심의를 거쳐 무형문화재 중 중요한 것을 국가무형문화재로 지정할 수 있다.

제25조(사적, 명승, 천연기념물의 지정)

① 문화재청장은 문화재위원회의 심의를 거쳐 기념물 중 중요한 것을 사적, 명승 또는 천연기념물로 지정할 수 있다.

제26조(국가민속문화재 지정)

① 문화재청장은 문화재위원회의 심의를 거쳐 민속문화재 중 중요한 것을 국가민속문화재로 지정할 수 있다.

제35조(허가 사항)

① 국가지정문화재(국가무형문화재는 제외한다. 이하 이 조에서 같다)에 대하여 다음 각 호의 어느 하나에 해당하는 행위를 하려는 자는 대통령령으로 정하는 바에 따라 문화재청장의 허가를 받아야 하며, 허가 사항을 변경하려는 경우에도 문화재청장의 허가를 받아야 한다. 다만, 국가지정문화재 보호구역에 안내판 및 경고판을 설치하는 행위 등 대통령령으로 정하는 경미한 행위에 대해서는 특별자치시장, 특별자치도지사, 시장·군수 또는 구청장의 허가(변경 허가를 포함한다)를 받아야 한다.

 1. 국가지정문화재(보호물·보호구역과 천연기념물 중 죽은 것을 포함한다)의 현상을 변경[천연 기념물을 표본(標本)하거나 박제(剝製)하는 행위를 포함한다]하는 행위로서 대통령령으로 정하는 행위

 2. 국가지정문화재(동산에 속하는 문화재는 제외한다)의 보존에 영향을 미칠 우려가 있는 행위로서 대통령령으로 정하는 행위

 3. 국가지정문화재를 탁본 또는 영인(影印 : 원본을 사진 등의 방법으로 복제하는 것)하거나 그 보존에 영향을 미칠 우려가 있는 촬영 행위로서 대통령령으로 정하는 행위

 4. 명승이나 천연기념물로 지정되거나 임시지정된 구역 또는 그 보호구역에서 동물, 식물, 광물을 포획(捕獲)·채취(採取)하거나 이를 그 구역 밖으로 반출하는 행위

② 국가지정문화재와 시·도지정문화재의 역사 문화 환경 보존 지역이 중복되는 지역에서 제1항 제2호에 따라 문화재청장이나 특별자치시장, 특별자치도지사, 시장·군수 또는 구청장의 허가를 받은 경우에는 제74조 제2항에 따른 시·도지사의 허가를 받은 것으로 본다.

③ 문화재청장은 제1항 제2호에 따른 국가지정문화재의 보존에 영향을 미칠 우려가 있는 행위에 관하여 허가한 사항 중 대통령령으로 정하는 경미한 사항의 변경 허가에 관하여는 시·도지사에게 위임할 수 있다.

④ 문화재청장과 특별자치시장, 특별자치도지사, 시장·군수 또는 구청장은 제1항에 따른 허가 또는 변경허가의 신청을 받은 날부터 30일 이내에 허가 여부를 신청인에게 통지하여야 한다.

⑤ 문화재청장과 특별자치시장, 특별자치도지사, 시장·군수 또는 구청장이 제4항에서 정한 기간 내에 허가 또는 변경허가 여부나 민원 처리 관련 법령에 따른 처리기간의 연장을 신청인에게 통지하지 아니하면 그 기간(민원 처리 관련 법령에 따라 처리기간이 연장 또는 재연장된 경우에는 해당 처리기간을 말한다)이 끝난 날의 다음 날에 허가 또는 변경허가를 한 것으로 본다.

제39조(수출 등의 금지)

① 국보, 보물, 천연기념물 또는 국가민속문화재는 국외로 수출하거나 반출할 수 없다. 다만, 문화재의 국외 전시 등 국제적 문화교류를 목적으로 반출하되, 그 반출한 날부터 2년 이내에 다시 반입할 것을 조건으로 문화재청장의 허가를 받으면 그러하지 아니하다.

② 제1항 단서에 따라 문화재의 국외 반출을 허가받으려는 자는 반출 예정일 5개월 전에 관세청장이 운영·관리하는 전산시스템을 통하여 문화체육관광부령으로 정하는 반출허가신청서를 문화재청장에게 제출하여야 한다.

③ 문화재청장은 제1항 단서에 따라 반출을 허가받은 자가 그 반출 기간의 연장을 신청하면 당초 반출 목적 달성이나 문화재의 안전 등을 위하여 필요하다고 인정되는 경우 제4항에 따른 심사 기준에 부합하는 경우에 한정하여 2년의 범위에서 그 반출 기간의 연장을 허가할 수 있다.

④ 제1항 단서 및 제3항에 따른 국외 반출 또는 반출 기간의 연장을 허가하기 위한 구체적 심사 기준은 문화체육관광부령으로 정한다.

⑤ 문화재청장은 제1항 단서에 따라 국외 반출을 허가받은 자에게 해당 문화재의 현황 및 보존·관리 실태 등의 자료를 제출하도록 요구할 수 있다. 이 경우 요구를 받은 자는 특별한 사유가 없으면 이에 따라야 한다.

⑥ 제1항에도 불구하고 다음 각 호의 어느 하나에 해당하는 경우에는 문화재청장의 허가를 받아 수출할 수 있다.

1. 제35조 제1항 제1호에 따른 허가를 받아 천연기념물을 표본·박제 등으로 제작한 경우

2. 특정한 시설에서 연구 또는 관람 목적으로 증식된 천연기념물의 경우

⑦ 문화재청장은 제6항에 따른 허가의 신청을 받은 날부터 30일 이내에 허가 여부를 신청인에게 통지하여야 한다.

⑧ 문화재청장이 제7항에서 정한 기간 내에 허가 여부 또는 민원 처리 관련 법령에 따른 처리기간의 연장을 신청인에게 통지하지 아니하면 그 기간(민원 처리 관련 법령에 따라 처리기간이 연장 또는 재연장된 경우에는 해당 처리기간을 말한다)이 끝난 날의 다음 날에 허가를 한 것으로 본다.

제40조(신고 사항)

① 국가지정문화재(보호물과 보호구역을 포함한다. 이하 이 조에서 같다)의 소유자, 관리자 또는 관리단체는 해당 문화재에 다음 각 호의 어느 하나에 해당하는 사유가 발생하면 대통령령으로 정하는 바에 따라 그 사실과 경위를 문화재청장에게 신고하여야 한다. 다만, 제35조 제1항 단서에 따라 허가를 받고 그 행위를 착수하거나 완료한 경우에는 특별자치시장, 특별자치도지사, 시장·군수 또는 구청장에게 신고하여야 한다.

1. 관리자를 선임하거나 해임한 경우

2. 국가지정문화재의 소유자가 변경된 경우

3. 소유자 또는 관리자의 성명이나 주소가 변경된 경우

4. 국가지정문화재의 소재지의 지명, 지번, 지목(地目), 면적 등이 변경된 경우

5. 보관 장소가 변경된 경우

6. 국가지정문화재의 전부 또는 일부가 멸실, 유실, 도난 또는 훼손된 경우

7. 제35조 제1항 제1호에 따라 허가(변경 허가를 포함한다)를 받고 그 문화재의 현상 변경을 착수하거나 완료한 경우

8. 제35조 제1항 제4호 또는 제39조 제1항에 따라 허가받은 문화재를 반출한 후 이를 다시 반입한 경우

9. 동식물의 종(種)이 천연기념물로 지정되는 경우 그 지정일 이전에 표본이나 박제를 소유하고 있는 경우

9의2. 폐사한 천연기념물 동물을 부검하는 경우

9의3. 천연기념물로 지정된 동물에 대하여 질병 등 기타 위험의 방지, 보존 및 생존을 위하여 필요한 조치 등 대통령령으로 정하는 행위를 한 경우

② 제1항에 따른 신고를 하는 때에는 같은 항 제1호의 경우 소유자와 관리자가, 같은 항 제2호의 경우에는 신·구 소유자가 각각 신고서에 함께 서명하여야 한다.

③ 역사문화환경 보존 지역에서 건설 공사를 시행하는 자는 해당 역사문화환경 보존 지역에서 제35조 제1항 제2호에 따라 허가(변경 허가를 포함한다)를 받고 허가받은 사항을 착수 또는 완료한 경우에는 대통령령으로 정하는 바에 따라 그 사실과 경위를 문화재청장에게 신고하여야 한다. 다만, 제35조 제1항 단서에 따라 허가를 받고 그 행위를 착수하거나 완료한 경우에는 특별자치시장, 특별자치도지사, 시장·군수 또는 구청장에게 신고하여야 한다.

제41조(동물의 수입·반입 신고)

① 천연기념물로 지정된 동물의 종(種)[아종(亞種)을 포함한다]을 국외로부터 수입·반입하는 경우에는 대통령령으로 정하는 바에 따라 문화재청장에게 신고하여야 한다.

② 문화재청장은 제1항에 따른 신고사항과 관련하여 관계 중앙행정기관, 공공기관 등 관련 기관의 장에게 필요한 자료 또는 정보의 제공을 요청할 수 있다. 이 경우 자료 또는 정보의 제공을 요청받은 기관의 장은 특별한 사유가 없으면 이에 따라야 한다.

제44조(정기조사)

① 문화재청장은 국가지정문화재의 현상, 관리, 수리, 그 밖의 환경보전상황 등에 관하여 정기적으로 조사하여야 한다.

② 문화재청장은 제1항에 따른 정기조사 후 보다 깊이 있는 조사가 필요하다고 인정하면 그 소속 공무원에게 해당 국가지정문화재에 대하여 재조사하게 할 수 있다.

③ 제1항과 제2항에 따라 조사하는 경우에는 미리 그 문화재의 소유자, 관리자, 관리단체에 대하여 그 뜻을 알려야 한다. 다만, 긴급한 경우에는 사후에 그 취지를 알릴 수 있다.

④ 제1항과 제2항에 따라 조사를 하는 공무원은 소유자, 관리자, 관리단체에 문화재의 공개, 현황 자료의 제출, 문화재 소재 장소 출입 등 조사에 필요한 범위에서 협조를 요구할 수 있으며, 그 문화재의 현상을 훼손하지 아니하는 범위에서 측량, 발굴, 장애물의 제거, 그 밖에 조사에 필요한 행위를 할 수 있다. 다만, 해 뜨기 전이나 해 진 뒤에는 소유자, 관리자, 관리단체의 동의를 받아야 한다.

⑤ 제4항에 따라 조사를 하는 공무원은 그 권한을 표시하는 증표를 지니고 이를 관계인에게 내보여야 한다.

⑥ 문화재청장은 제1항과 제2항에 따른 정기조사와 재조사의 전부 또는 일부를 대통령령으로 정하는 바에 따라 지방자치단체에 위임하거나 전문기관 또는 단체에 위탁할 수 있다.

⑦ 문화재청장은 제1항 및 제2항에 따른 정기조사·재조사의 결과를 다음 각 호의 국가지정문화재의 관리에 반영하여야 한다.

1. 문화재의 지정과 그 해제

2. 보호물 또는 보호구역의 지정과 그 해제

3. 삭 제

4. 문화재의 수리 및 복구

5. 문화재 보존을 위한 행위의 제한·금지 또는 시설의 설치·제거 및 이전

6. 그 밖에 관리에 필요한 사항

제6장 일반동산문화재

제60조(일반동산문화재 수출 등의 금지)

① 이 법에 따라 지정 또는 등록되지 아니한 문화재 중 동산에 속하는 문화재(이하 "일반동산문화재"라 한다)에 관하여는 제39조 제1항과 제3항을 준용한다. 다만, 일반동산문화재의 국외 전시 등 국제적 문화교류를 목적으로 다음 각 호의 어느 하나에 해당하는 사항으로서 문화재청장의 허가를 받은 경우에는 그러하지 아니하다.

1. 「박물관 및 미술관 진흥법」에 따라 설립된 박물관 등이 외국의 박물관 등에 일반동산문화재를 반출한 날부터 10년 이내에 다시 반입하는 경우

2. 외국 정부가 인증하는 박물관이나 문화재 관련 단체가 자국의 박물관 등에서 전시할 목적으로 국내에서 일반동산문화재를 구입 또는 기증받아 반출하는 경우

② 문화재청장은 제1항 단서에 따라 허가를 받은 자가 제37조 제1항 각 호의 어느 하나에 해당하는 경우에는 허가를 취소할 수 있다.

③ 제1항 제2호에 따른 일반동산문화재의 수출이나 반출에 관한 절차 등에 필요한 사항은 문화체육관광부령으로 정한다.

④ 제1항 단서에 따라 허가받은 자는 허가된 일반동산문화재를 반출한 후 이를 다시 반입한 경우 문화체육관광부령으로 정하는 바에 따라 문화재청장에게 신고하여야 한다.

⑤ 일반동산문화재로 오인될 우려가 있는 동산을 국외로 수출하거나 반출하려면 미리 문화재청장의 확인을 받아야 한다.

⑥ 제1항 및 제5항에 따른 일반동산문화재의 범위와 확인 등에 필요한 사항은 대통령령으로 정한다.

⑦ 문화재청장은 제1항 단서(제1호의 경우에 한정한다)에 따라 반출을 허가받은 자가 그 반출 기간의 연장을 신청하면 당초 반출목적 달성이나 문화재의 안전 등을 위하여 필요하다고 인정되는 경우 제8항에 따른 심사기준에 부합하는 경우에 한정하여 당초 반출한 날부터 10년의 범위에서 그 반출 기간의 연장을 허가할 수 있다.

⑧ 제1항 단서 및 제7항에 따른 일반동산문화재의 국외 반출·수출 및 반출·수출 기간의 연장을 허가하기 위한 구체적 심사기준은 문화체육관광부령으로 정한다.

⑨ 문화재청장은 제1항 단서에 따라 국외 반출·수출을 허가받은 자에게 해당 문화재의 현황 및 보존·관리 실태 등의 자료를 제출하도록 요구할 수 있다. 이 경우 요구를 받은 자는 특별한 사유가 없으면 이에 따라야 한다.

제60조의2(문화재감정위원의 배치 등)

① 문화재청장은 문화재의 불법반출 방지 및 국외 반출 동산에 대한 감정 등에 관한 업무를 수행하기 위하여 「공항시설법」 제2조 제3호에 따른 공항, 항만법 제2조 제2호의 무역항, 관세법 제256조 제2항의 통관우체국 등에 문화재감정위원을 배치할 수 있다.

② 제1항에 따른 문화재감정위원의 배치·운영 등에 필요한 사항은 대통령령으로 정한다.

제76조(자격요건)

① 제75조 제1항에 따라 문화재매매업의 허가를 받으려는 자는 다음 각 호의 어느 하나에 해당하는 자이어야 한다.

1. 국가, 지방자치단체, 박물관 또는 미술관에서 2년 이상 문화재를 취급한 자
2. 전문대학 이상의 대학(대학원을 포함한다)에서 역사학·고고학·인류학·미술사학·민속학·서지학·전통공예학 또는 문화재관리학 계통의 전공과목(이하 "문화재 관련 전공과목"이라 한다)을 일정 학점 이상 이수한 사람
3. 「학점인정 등에 관한 법률」 제7조에 따라 문화재 관련 전공과목을 일정 학점 이상을 이수한 것으로 학점 인정을 받은 사람
4. 문화재매매업자에게 고용되어 3년 이상 문화재를 취급한 자
5. 고미술품 등의 유통·거래를 목적으로 상법에 따라 설립된 법인으로서 제1호부터 제4호까지의 자격 요건 중 어느 하나를 갖춘 대표자 또는 임원을 1명 이상 보유한 법인

② 제1항에 따른 박물관·미술관의 범위, 일정 학점 등에 관하여 필요한 사항은 문화체육관광부령으로 정한다.

---

02 **문화재보호법 시행령** [시행 2022.12.1.] [대통령령 제33004호, 2022.11.29., 타법개정]

제1조(목적)

이 영은 문화재보호법에서 위임된 사항과 그 시행에 필요한 사항을 규정함을 목적으로 한다.

제2조(건설공사의 범위)

법 제2조 제8항에서 "대통령령으로 정하는 공사"란 다음 각 호의 공사를 말한다. 다만, 제2호부터 제4호까지의 공사는 지표(地表)의 원형을 변형하는 경우만 해당한다.

1. 「건설산업기본법」 제2조 제4호에 따른 건설공사
2. 「전기공사업법」 제2조 제1호에 따른 전기공사
3. 「정보통신공사업법」 제2조 제2호에 따른 정보통신공사
4. 「소방시설공사업법」에 따른 소방시설공사
5. 지정문화재, 지정문화재의 보호구역 또는 법 제13조 제1항에 따른 역사문화환경 보존지역에서 수목을 식재(植栽)하거나 제거하는 공사

6. 그 밖에 토지 또는 해저(「내수면어업법」 제2조 제1호에 따른 내수면과 「연안관리법」 제2조 제2호에 따른 연안해역을 말한다)의 원형변경[땅깎기, 다시 메우기, 땅파기, 골재 채취(採取), 광물 채취, 준설(浚渫), 수몰 또는 매립 등을 말한다]

제3조(문화재 기본 계획 수립을 위한 의견 청취 대상자)

법 제6조 제2항에서 "대통령령으로 정하는 소유자, 관리자 또는 관리단체 및 관련 전문가"란 다음 각 호의 어느 하나에 해당하는 자를 말한다.

1. 지정문화재나 등록문화재의 소유자 또는 관리자
2. 지정문화재나 등록문화재의 관리단체
3. 법 제8조에 따른 문화재위원회(이하 "문화재위원회"라 한다)의 위원
4. 그 밖에 문화재와 관련된 전문적인 지식이나 경험을 가진 자로서 문화재청장이 정하여 고시하는 자

제3조의2(공동연구의 대상 사업)

법 제6조의2 제1항에 따른 공동연구의 대상 사업은 다음 각 호와 같다.

1. 문화재의 보존·관리 및 활용과 관련된 다른 분야와의 상호 협력이 필요한 연구개발 사업
2. 다른 중앙행정기관의 장 또는 지방자치단체의 장 등이 요청한 연구개발 사업으로서 문화재청장이 필요하다고 인정하는 사업
3. 제1호 및 제2호에 따른 연구개발 사업의 기초가 되는 사업
4. 그 밖에 문화재청장이 문화재의 보존·관리 및 활용 등의 연구개발을 효율적으로 추진하기 위하여 필요하다고 인정하는 사업

제4조(문화재 보존 시행 계획의 수립절차 등)

① 법 제7조 제1항에 따른 문화재 기본 계획에 관한 연도별 시행 계획(이하 "시행 계획"이라 한다)에는 다음 각 호의 사항이 포함되어야 한다.
  1. 해당 연도의 사업 추진방향
  2. 주요 사업별 추진방침
  3. 주요 사업별 세부계획
  4. 그 밖에 문화재의 보존·관리 및 활용을 위하여 필요한 사항
② 특별시장·광역시장·특별자치시장·도지사 또는 특별자치도지사(이하 "시·도지사"라 한다)는 법 제7조 제2항에 따라 해당 연도의 시행계획 및 전년도의 추진실적을 매년 1월 31일까지 문화재청장에게 제출하여야 한다.
③ 문화재청장 및 시·도지사는 법 제7조 제3항에 따라 해당 연도의 시행 계획을 매년 2월 말일까지 문화재청 및 해당 특별시·광역시·특별자치시·도 또는 특별자치도(이하 "시·도"라 한다)의 게시판과 인터넷 홈페이지를 통하여 공고해야 한다.

제5조(사업계획서 제출 등)

① 법 제9조에 따른 한국문화재재단(이하 "한국문화재단"이라 한다)은 매년 11월 30일까지 다음 연도의 사업계획서 및 예산서를 작성하여 문화재청장에게 제출하여야 한다.

② 한국문화재단은 매 사업연도의 사업실적 및 결산서를 작성하여 다음 사업연도 2월 말일까지 문화재청장에게 제출하여야 한다.

제6조(문화재 기초조사의 절차)

① 문화재청장은 법 제10조 제1항에 따른 조사를 하려면 조사자, 조사대상, 조사 경위 등 조사에 관한 전반적인 사항이 포함된 조사계획서를 조사 착수 전까지 작성하여야 한다.

② 중앙행정기관의 장(문화재청장은 제외한다) 또는 지방자치단체의 장은 법 제10조 제1항에 따른 조사를 하려면 제1항에 따른 조사계획서를 작성하여 조사 착수 전까지 문화재청장에게 제출하여야 한다.

③ 문화재청장은 법 제10조 제1항에 따른 조사가 끝난 후 60일 안에 다음 각 호의 사항이 포함된 결과 보고서를 작성하여야 한다. 이 경우 조사의 기간이 1년을 초과할 때에는 다음 각 호의 사항이 포함된 중간 보고서를 조사가 시작된 후 1년이 되는 때마다 작성하여야 한다.

  1. 조사자, 조사 경과, 조사 방법 등 조사의 일반적인 사항

  2. 조사한 문화재의 상세한 현재 상태

  3. 조사한 문화재의 소유자 또는 관리자, 소재지 및 이력 등에 관한 사항

④ 중앙행정기관의 장(문화재청장은 제외한다) 또는 지방자치단체의 장은 법 제10조 제1항에 따른 조사가 끝난 후 60일 안에 제3항 각 호의 사항이 포함된 결과 보고서를 작성하여 문화재청장에게 제출하여야 한다. 이 경우 조사의 기간이 1년을 초과할 때에는 제3항 각 호의 사항이 포함된 중간보고서를 조사가 시작된 후 1년이 되는 때마다 작성하여 제출하여야 한다.

제7조(문화재정보체계 구축 범위 및 운영 등)

① 법 제11조 제1항에 따른 문화재정보체계의 구축 범위는 다음 각 호와 같다.

  1. 문화재의 명칭, 소재지, 소유자 등이 포함된 기본현황자료

  2. 문화재의 보존 · 관리 및 활용에 관한 자료

  3. 문화재 조사 · 발굴 및 연구 자료

  4. 사진, 도면, 동영상 등 해당 문화재의 이해에 도움이 되는 자료

  5. 그 밖에 문화재 정보 가치가 있는 자료로서 문화재청장이 필요하다고 인정하는 사항

② 문화재청장은 제1항 각 호의 자료를 전자정보, 책자 등의 형태로 구축하고, 문화재 정보의 효율적인 활용을 위하여 그 구축한 내용을 문화재청 자료관이나 인터넷 홈페이지 등을 통하여 국민에게 제공할 수 있다.

제7조의2(역사문화환경 보존지역의 문화재 보존 영향 검토 절차)

① 건설 공사의 인가 · 허가 등을 담당하는 행정기관(이하 이 조에서 "인허가 행정기관"이라 한다)은 법 제13조 제1항에 따른 역사문화환경 보존지역에서 시행하는 건설 공사에 관하여는 법 제13조 제2항 전단에 따라 해당 건설 공사의 시행이 역사문화환경 보존지역에서 제21조의2 제2항 각 호의 행위에 해당하는지를 검토하여야 한다.

② 인허가 행정기관은 제1항에 따른 검토를 하는 경우 법 제13조 제2항 후단에 따라 다음 각 호의 어느 하나에 해당하는 전문가 3명 이상(제1호 또는 제2호에 해당하는 사람을 1명 이상 포함하여야 하며, 제4호에 해당하는 사람은 1명을 초과해서는 아니 된다)의 의견을 들어야 한다. 이 경우 제4호에 해당하는 사람은 해당 건설 공사를 시행하는 기관에 소속되지 아니한 사람이어야 한다.

  1. 문화재위원회의 위원 또는 전문위원
  2. 법 제71조에 따른 시 · 도 문화재위원회의 위원 또는 전문위원
  3. 고등교육법 제2조에 따른 학교의 문화재 관련 학과의 조교수 이상인 교원
  4. 문화재 업무를 담당하는 학예연구관, 학예연구사 또는 나군 이상의 전문경력관

③ 인허가 행정기관은 제1항에 따른 건설 공사의 시행이 제21조의2 제2항 제1호 나목 또는 다목의 행위에 해당하는지를 검토하는 경우에는 제2항에도 불구하고 제2항 제1호 또는 같은 항 제2호의 관계 전문가 1명 이상과 다음 각 호의 어느 하나에 해당하는 관계 전문가 1명 이상을 포함한 3명 이상의 관계 전문가의 의견을 들어야 한다.

  1. 「고등교육법」 제2조에 따른 학교의 건축, 토목, 환경, 도시 계획, 소음, 진동, 대기오염, 화학물질, 먼지 또는 열에 관련된 분야의 학과의 조교수 이상인 교원
  2. 제1호에 따른 분야의 학회로부터 추천을 받은 사람
  3. 제1호에 따른 분야의 연구기관에 소속된 연구원 이상인 연구자

④ 제2항 및 제3항에 따라 검토에 참여한 관계 전문가는 문화체육관광부령으로 정하는 검토의견서를 작성하여 인허가 행정기관에 제출하여야 한다.

⑤ 인허가 행정기관은 제1항부터 제4항까지의 규정에 따라 검토한 결과 해당 건설 공사의 시행이 지정문화재의 보존에 영향을 미칠 우려가 있는 행위에 해당하는지 여부를 결정하여 그 결과를 해당 건설 공사의 시행자에게 알려야 한다. 다만, 인허가 행정기관은 제2항 또는 제3항에 따라 의견을 들은 관계 전문가의 2분의 1 이상이 해당 건설 공사의 시행이 제21조의2 제2항 각 호의 행위에 해당한다고 판단한 경우에는 해당 건설 공사의 시행이 지정문화재의 보존에 영향을 미칠 우려가 있는 행위에 해당한다는 결정을 하여야 한다.

⑥ 인허가 행정기관은 제5항에 따라 지정문화재의 보존에 영향을 미칠 우려가 있는 행위에 해당한다는 결정을 한 경우에는 건설 공사의 시행자에게 법 제35조 제1항 제2호에 따른 허가를 받도록 안내하여야 한다.

⑦ 문화재청장은 인허가 행정기관에 제1항부터 제3항까지의 규정에 따른 검토와 관련된 자료의 제출을 요구하거나 의견을 제시할 수 있다.

제8조(화재, 재난 및 도난대응메뉴얼의 마련 등)

① 법 제14조 제3항에 따라 화재 및 재난대응 지침서를 마련하여야 하는 문화재의 범위는 다음 각 호와 같다.

1. 지정문화재 중 목조건축물, 석조건축물, 분묘 및 조적조 · 콘크리트조 건축물

2. 지정문화재 안에 있는 목조건축물과 보호구역 안에 있는 목조건축물. 다만, 화장실, 휴게시설 등 중요도가 낮은 건축물은 제외한다.

3. 법 제19조 제1항에 따른 세계유산 안에 있는 목조건축물. 다만, 화장실, 휴게시설 등 중요도가 낮은 건축물은 제외한다.

② 법 제14조 제3항에 따라 도난대응 지침서를 마련하여야 하는 문화재의 범위는 지정문화재 중 동산에 해당하는 문화재로 한다.

③ 화재, 재난 및 도난대응 지침서에는 다음 각 호의 사항이 포함되어야 한다.

1. 화재, 재난 및 도난예방 활동

2. 화재, 재난 및 도난 시 신고방법

3. 화재 및 재난 시 문화재의 이동 · 분산대피 등 대응방법

④ 문화재청장 및 시 · 도지사는 제1항 및 제2항에 따른 대응매뉴얼을 연 1회 이상 점검 · 보완하여야 한다. 이 경우 시 · 도지사는 보완한 대응매뉴얼을 보완한 날부터 15일 이내에 문화재청장에게 제출하여야 한다.

제8조의2(문화재 방재 관련 정보의 구축 및 관리)

① 법 제14조의6 제1항에 따라 문화재청장이 구축 · 관리하여야 하는 문화재 방재 관련 정보의 범위는 다음 각 호와 같다.

1. 문화재 방재 시설의 종류 및 수량

2. 문화재 방재 시설의 사용 교육 및 훈련 현황

3. 문화재 안전관리 인력 현황

4. 그 밖에 화재 등 문화재 피해에 효과적으로 대응하기 위하여 필요한 정보로서 문화재청장이 정하는 정보

② 문화재청장은 제1항 각 호의 정보를 전자정보의 형태로 구축하고, 지방자치단체의 장이 공동으로 활용할 수 있도록 하여야 한다.

③ 제1항 및 제2항에서 규정한 사항 외에 문화재 방재 관련 정보의 구축 및 관리에 필요한 세부사항은 문화재청장이 정한다.

제9조(남북한 간 문화재 교류 협력)

① 법 제18조 제3항에 따른 남북한 간 문화재 분야 교류 협력사업의 지원 대상은 다음 각 호와 같다.

1. 남북한 문화재 공동 조사 · 연구 및 수리

2. 남북한 문화재 보존 · 관리에 관한 정보와 기술의 교류

3. 문화재 분야 관계 전문가 인적 교류

4. 국제연합교육과학문화기구 세계유산에 북한 문화재 등재 지원

5. 남북한 간 문화재 교류 협력사업의 홍보

6. 그 밖에 남북한 문화재 교류 협력을 위하여 필요한 사항

② 법 제18조 제3항에 따라 남북한 간 문화재 분야 교류 협력사업과 조사 · 연구 등에 드는 경비의 전부 또는 일부를 지원받으려는 기관 또는 단체는 해당 사업에 대한 사업계획서를 작성하여 문화재청장에게 제출하고 그 승인을 받아야 하며, 사업이 끝난 후 2개월 안에 사업 실적 보고서를 문화재청장에게 제출하여야 한다. 승인 받은 사항 중 문화체육관광부령으로 정하는 사항을 변경하려는 경우에도 또한 같다.

제10조(세계유산 등의 보호)

① 문화재청장은 법 제19조 제2항에 따른 세계유산등(이하 이 조에서 "세계유산등"이라 한다)을 유지 · 관리하고, 그 보호에 필요한 조치를 하기 위하여 세계유산등의 현황 및 보존상태에 대하여 정기적으로 조사 · 점검(세계문화유산 및 자연유산의 보호에 관한 협약에 따른 정기보고 의무 이행을 위한 정기적인 점검 활동을 포함한다)할 수 있다.

② 문화재청장은 세계유산등의 소재지를 관할하는 지방자치단체의 장에게 제1항에 따른 조사 · 점검에 필요한 관련 자료 및 의견 제출을 요청할 수 있다.

③ 제2항에 따라 관련 자료 및 의견 제출을 요청받은 지방자치단체의 장은 특별한 사유가 없으면 그 요청에 따라야 한다.

④ 제1항에 따른 조사 · 점검의 방법, 절차 등에 관하여 필요한 사항은 문화재청장이 정한다.

제10조의2(문화재교육 실태조사의 범위 등)

① 법 제22조의3 제1항에 따른 문화재교육 현황 등에 대한 실태조사(이하 "실태조사"라 한다)의 범위는 다음 각 호와 같다.

1. 지역별 · 유형별 문화재교육 프로그램 현황
2. 문화재교육 전문인력 현황
3. 문화재교육 관련 기관 및 법인 · 단체 현황
4. 문화재교육 시설 현황
5. 문화재교육 현장의 수요
6. 그 밖에 문화재청장이 문화재교육 관련 정책의 수립 · 시행을 위하여 실태조사가 필요하다고 인정하는 사항

② 실태조사는 다음 각 호의 구분에 따라 실시한다.

1. 정기조사 : 3년마다 실시
2. 수시조사 : 문화재청장이 문화재교육 관련 정책의 수립 · 변경을 위하여 필요하다고 인정하는 경우에 실시

③ 문화재청장은 실태조사를 위하여 필요한 경우 관계 중앙행정기관의 장 또는 지방자치단체의 장에게 필요한 자료의 제출을 요청할 수 있다.

제10조의3(문화재교육지원센터의 지정요건 등)

① 법 제22조의4 제1항에 따라 같은 항에 따른 문화재교육지원센터(이하 "지원센터"라 한다)로 지정받으려는 자는 다음 각 호의 요건을 모두 갖추어 문화체육관광부령으로 정하는 바에 따라 문화재청장에게 신청해야 한다.

1. 삭 제

2. 다음 각 목의 시설을 갖출 것

　가. 지원센터의 업무를 수행하기 위한 사무실

　나. 강의실

　다. 문화재교육에 필요한 교재 및 교육장비 등을 보관할 수 있는 시설

3. 다음 각 목의 어느 하나에 해당하는 전문인력 1명 이상이 상시근무할 것

　가. 「고등교육법」 제2조에 따른 학교에서 문화재 관련 분야 또는 교육 관련 분야의 학사학위를 취득한 후 3년 이상의 문화재교육 경력을 갖춘 사람

　나. 「고등교육법」 제2조에 따른 학교에서 문화재 관련 분야 또는 교육 관련 분야의 석사학위를 취득한 후 1년 이상의 문화재교육 경력을 갖춘 사람

　다. 「고등교육법」 제2조에 따른 학교에서 문화재 관련 분야 또는 교육 관련 분야의 박사학위를 취득한 사람

　라. 그 밖에 가목부터 다목까지의 규정에 해당하는 자격과 동등한 수준 이상이라고 문화재청장이 인정하여 고시하는 자격을 갖춘 사람

② 문화재청장은 제1항에 따른 신청을 받은 경우에는 같은 항 각 호의 요건을 모두 갖추었는지를 검토하여 지정 여부를 결정해야 한다.

③ 문화재청장은 제2항에 따라 지정 여부를 결정할 때에는 최근 3년간 문화재교육을 실시한 실적을 고려할 수 있다.

④ 문화재청장은 지원센터를 지정한 경우에는 문화체육관광부령으로 정하는 지정서를 발급하고, 그 사실을 문화재청의 인터넷 홈페이지에 게시해야 한다.

⑤ 법 제22조의4 제3항에 따른 지원센터의 지정취소 및 업무정지의 기준은 별표 1과 같다.

⑥ 제1항부터 제5항까지에서 규정한 사항 외에 지원센터의 지정에 필요한 사항은 문화재청장이 정하여 고시한다.

제10조의4(문화재교육 업무의 위탁)

① 법 제22조의4 제4항에서 "대통령령으로 정하는 기관"이란 다음 각 호의 기관을 말한다.

1. 한국문화재재단

2. 「매장문화재 보호 및 조사에 관한 법률」 제29조 제2항에 따라 매장문화재의 조사, 발굴 및 보호에 관한 업무를 위탁받은 법인

3. 「문화유산과 자연환경자산에 관한 국민신탁법」 제3조 제1항에 따른 문화유산국민신탁

4. 「문화재수리 등에 관한 법률」 제41조의2에 따른 전통건축수리기술진흥재단(이하 "전통건축수리기술진흥재단"이라 한다)

5. 「한국전통문화대학교 설치법」 제2조에 따른 한국전통문화대학교가 「산업교육진흥 및 산학연협력촉진에 관한 법률」 제25조 제1항에 따라 설립한 산학협력단

6. 그 밖에 문화재청장이 문화재교육에 관한 업무를 수행할 능력이 있다고 인정하는 기관

② 문화재청장은 법 제22조의4 제4항에 따라 문화재교육에 관한 업무를 위탁받은 지원센터 또는 제1항 각 호의 기관이 업무를 수행하는 데 필요한 비용의 전부 또는 일부를 지원할 수 있다.

③ 제2항에 따라 지원을 받은 지원센터 또는 제1항 각 호의 기관은 다음 연도의 사업추진계획을 매년 12월 31일까지, 전년도의 사업추진실적과 예산집행실적을 매년 1월 31일까지 문화재청장에게 제출해야 한다.

④ 문화재청장은 법 제22조의4 제4항에 따라 업무를 위탁한 경우에는 수탁기관 및 위탁업무의 내용을 고시해야 한다.

제10조의5(문화재수증심의위원회의 구성 및 운영)

① 법 제22조의8 제3항에 따른 문화재수증심의위원회(이하 "수증심의위원회"라 한다)는 성별을 고려하여 위원장 1명을 포함한 5명 이상 10명 이내의 위원으로 구성한다.

② 수증심의위원회 위원은 문화재 전시 및 관리에 관한 학식과 경험이 풍부한 사람 중에서 문화재청장이 위촉한다.

③ 수증심의위원회의 위원장은 위원 중에서 호선(互選)한다.

④ 수증심의위원회의 회의는 구성위원 과반수의 출석으로 개의(開議)하고, 출석위원 과반수의 찬성으로 의결한다.

⑤ 제1항부터 제4항까지에서 규정한 사항 외에 수증심의위원회의 구성 및 운영 등에 필요한 사항은 문화재청장이 정한다.

제10조의6(문화재지능정보화 정책의 내용)

문화재청장은 법 제22조의9 제1항에 따라 문화재지능정보화 정책을 수립할 때에는 다음 각 호의 사항을 포함해야 한다.

1. 문화재지능정보화의 기반 구축
2. 문화재지능정보화 관련 산업의 지원 · 육성
3. 문화재지능정보화 관련 전문인력의 양성
4. 문화재지능정보기술 및 문화재데이터에 포함된 지식재산권의 보호
5. 문화재데이터 수집을 위한 「지능정보화 기본법」에 따른 초연결지능정보통신망의 구축 · 지원
6. 그 밖에 객관적이고 과학적인 문화재의 보존 · 관리 및 활용 등을 위하여 문화재청장이 문화재지능정보화 정책에 포함할 필요가 있다고 인정하는 사항

제10조의7(전문인력 양성 시책 등의 내용)

문화재청장은 법 제22조의10 제3항에 따라 전문인력을 양성하기 위한 다음 각 호의 시책을 마련해야 한다.

1. 전문인력의 수요 실태 조사와 중장기 수급 계획 수립
2. 전문인력 양성 교육훈련 프로그램의 개발 · 보급
3. 문인력 고용 지원
4. 그 밖에 문화재데이터의 효율적 관리를 위한 전문인력을 양성하기 위하여 문화재청장이 필요하다고 인정하는 사항

제10조의8(문화재데이터 공동활용체계의 구축 등)

① 법 제22조의10 제3항에 따른 공동활용체계(이하 "문화재데이터공동활용체계"라 한다)는 다음 각 호의 어느 하나에 해당하는 데이터를 관리하는 국가기관, 지방자치단체 및 대학과 연계하여 구축한다.

　　1. 문화재에 관한 데이터로서 「국가지식정보 연계 및 활용 촉진에 관한 법률」에 따른 디지털화(이하 "디지털화"라 한다)된 데이터 또는 디지털화가 필요하다고 인정되는 데이터

　　2. 문화재를 안전하게 보존·관리하는 데 필요하다고 인정되는 데이터

　　3. 문화재지능정보기술의 개발에 사용되는 데이터

　　4. 그 밖에 문화재지능정보화를 위하여 문화재데이터공동활용체계에서 관리가 필요하다고 인정되는 데이터

② 문화재데이터공동활용체계는 다음 각 호의 기능을 수행한다.

　　1. 문화재지능정보기술에 필요한 데이터의 디지털화

　　2. 문화재데이터의 유통·거래 시스템 구축·운영

　　3. 문화재데이터의 이용 활성화를 위한 문화재데이터의 가공·활용

제10조의9(문화재지능정보기술 협력체계의 지원 등)

① 문화재청장은 법 제22조의11 제2항에 따른 협력체계(이하 "문화재지능정보기술협력체계"라 한다)를 다음 각 호의 기관과 구축할 수 있다.

　　1. 「정부출연연구기관 등의 설립·운영 및 육성에 관한 법률」 제8조에 따라 설립된 연구기관

　　2. 「과학기술분야 정부출연연구기관 등의 설립·운영 및 육성에 관한 법률」 제8조에 따라 설립된 연구기관

　　3. 문화재 또는 「지능정보화 기본법」에 따른 지능정보기술(이하 "지능정보기술"이라 한다) 관련 학부·학과가 설치된 대학

　　4. 문화재 또는 지능정보기술을 연구하는 법인 또는 단체

② 문화재지능정보기술협력체계의 지원 등에 필요한 구체적인 사항은 문화재청장이 정한다.

제10조의10(계약 또는 업무협약의 내용 등)

① 법 제22조의12 제2항에 따라 체결되는 계약 또는 업무협약에는 다음 각 호의 사항이 포함되어야 한다.

　　1. 데이터의 이용 목적

　　2. 제공 대상 데이터의 항목

　　3. 데이터의 이용 기간

　　4. 데이터의 안전성 확보 조치에 관한 사항

　　5. 비밀유지에 관한 사항

② 법 제22조의12 제3항에 따른 시스템의 상호 연계 및 사전 협의의 내용에는 다음 각 호의 사항이 포함되어야 한다.

　　1. 데이터의 최신성, 정확성 및 상호 연계성의 유지에 관한 사항

　　2. 시스템의 상호 연계를 중단하려는 경우에는 중단 예정일 3개월 전까지 문화재청장에게 통보하도록 하는 등 상호 연계 중단 시의 조치 사항

제10조의11(문화재데이터 관련 사업 등 업무의 위탁)

문화재청장은 법 제22조의13 제1항에 따라 다음 각 호의 업무를 한국문화재재단에 위탁한다.

1. 법 제22조의10 제1항에 따른 문화재데이터 관련 사업의 추진

2. 법 제22조의10 제2항에 따른 문화재데이터에 대한 메타데이터 및 데이터관계도의 관리

3. 법 제22조의11 제1항에 따른 문화재지능정보기술의 개발 사업 등의 추진

4. 법 제22조의12 제1항에 따른 문화재지능정보서비스플랫폼의 구축 · 운영

제11조(국가지정문화재의 지정 기준 및 절차)

① 법 제23조에 따른 국보와 보물, 법 제25조에 따른 사적, 명승 또는 천연기념물 및 법 제26조에 따른 국가민속문화재의 지정 기준은 별표 1의2와 같다.

② 문화재청장은 제1항에 따라 해당 문화재를 국가지정문화재로 지정하려면 문화재위원회의 해당 분야 문화재위원이나 전문위원 등 관계 전문가 3명 이상에게 해당 문화재에 대한 조사를 요청하여야 한다.

③ 제2항에 따라 조사 요청을 받은 사람은 조사를 한 후 조사 보고서를 작성하여 문화재청장에게 제출하여야 한다.

④ 문화재청장은 제3항에 따른 조사 보고서를 검토하여 해당 문화재가 국가지정문화재로 지정될 만한 가치가 있다고 판단되면 문화재위원회의 심의 전에 그 심의할 내용을 관보에 30일 이상 예고하여야 한다.

⑤ 문화재청장은 제4항에 따른 예고가 끝난 날부터 6개월 안에 문화재위원회의 심의를 거쳐 국가지정문화재 지정 여부를 결정하여야 한다.

⑥ 문화재청장은 이해관계자의 이의제기 등 부득이한 사유로 6개월 안에 제5항에 따라 지정 여부를 결정하지 못한 경우에 그 지정 여부를 다시 결정할 필요가 있으면 제4항에 따른 예고 및 제5항에 따른 지정 절차를 다시 거쳐야 한다.

제13조(보호물 또는 보호구역의 지정기준)

① 법 제27조 제1항에 따른 국보, 보물, 사적, 명승, 천연기념물 및 국가민속문화재의 보호물 또는 보호구역의 지정 기준은 별표 2와 같다.

② 문화재청장은 자연적 조건, 인위적 조건, 그 밖의 특수한 사정이 있어 특히 필요하다고 인정하면 제1항에 따른 보호물 또는 보호구역의 지정 기준을 확대하거나 축소할 수 있다.

③ 제1항에 따른 국보, 보물, 사적, 명승, 천연기념물 및 국가민속문화재의 보호물 또는 보호구역의 지정에 관하여는 제11조 제2항부터 제5항까지의 규정을 준용한다.

제14조(보호물 또는 보호구역의 적정성 검토)

① 문화재청장은 법 제27조 제3항에 따라 보호물 또는 보호구역 지정 및 조정의 적정성(이하 "보호구역등의 적정성"이라 한다)을 검토하기 위하여 시 · 도지사에게 다음 각 호에 해당하는 자료의 제출을 요청할 수 있다. 이 경우 관련 자료의 제출을 요청받은 시 · 도지사는 특별한 사유가 없으면 요청을 받은 날부터 30일 이내에 요청받은 자료를 문화재청장에게 제출하여야 한다.

1. 보호구역 등의 적정성에 관한 해당 지정문화재의 소유자, 관리자, 관리단체와 해당 보호물 · 보호구역의 토지 또는 건물 소유자의 의견

2. 보호물 또는 보호구역의 역사문화환경에 관한 자료

3. 그 밖에 보호구역 등의 적정성 검토에 필요한 자료

② 문화재청장은 법 제27조 제3항에 따라 보호구역 등의 적정성 검토를 하는 경우에는 문화재위원회 위원이나 전문위원 등 관계 전문가 3명 이상에게 해당 보호구역 등의 적정성에 관한 의견을 들어야 한다.

③ 문화재청장은 보호구역 등의 적정성 검토 결과에 따라 해당 보호물 또는 보호구역을 조정할 필요가 있다고 판단되면 그 내용을 관보에 30일 이상 예고하여야 한다.

④ 문화재청장은 제3항에 따른 예고가 끝난 날부터 6개월 안에 문화재위원회의 심의를 거쳐 해당 보호물 또는 보호구역의 조정 여부를 결정하여야 한다.

⑤ 문화재청장은 이해관계자의 이의제기 등 부득이한 사유로 6개월 안에 제4항에 따라 조정 여부를 결정하지 못한 경우에 그 조정 여부를 다시 결정할 필요가 있으면 제3항에 따른 예고 및 제4항에 따른 조정 절차를 다시 거쳐야 한다.

⑥ 문화재청장은 제4항에 따라 보호물 또는 보호구역의 조정을 결정한 경우 그 취지를 관보에 고시하고, 그 내용을 지체 없이 해당 지정문화재의 소유자, 관리자 또는 관리단체와 해당 보호물·보호구역의 토지 또는 건물 소유자에게 알려야 한다.

제15조(보호물 또는 보호구역의 적정성 검토시기의 연기)

법 제27조 제3항 단서 및 제70조의2 제3항 단서에 따라 보호구역 등의 적정성 검토시기를 연기할 수 있는 경우 및 그 기간은 각각 다음 각 호와 같다.

1. 전쟁 또는 천재지변 등 부득이한 사유로 보호구역 등의 적정성 검토가 불가능한 경우: 그 불가능한 사유가 없어진 날부터 1년까지

2. 법 제27조 제3항 단서 및 제70조의2 제3항에 따라 보호구역 등의 적정성 검토시기가 도래한 문화재나 그 보호물·보호구역과 관련하여 소송이 진행 중인 경우 : 그 소송이 끝난 날부터 1년까지

제16조(지정 및 해제 등의 고시)

문화재청장은 법 제28조 및 제31조 제5항에 따라 국가지정문화재를 지정하거나 그 지정을 해제하는 경우에는 다음 각 호의 사항을 고시해야 한다.

1. 국가지정문화재의 종류, 명칭, 수량, 소재지 또는 보관 장소

2. 국가지정문화재의 보호물 또는 보호구역의 명칭, 수량 및 소재지

3. 국가지정문화재와 그 보호물 또는 보호구역의 소유자 또는 점유자의 성명과 주소

4. 삭 제

5. 지정의 이유 또는 지정 해제의 이유

제17조(지정에 관한 자료의 제출)

시·도지사는 법 제23조 및 제25조부터 제27조까지의 규정에 따라 지정하여야 할 문화재가 있으면 지체 없이 문화체육관광부령으로 정하는 바에 따라 사진, 도면 및 녹음물 등 지정에 필요한 자료를 갖추어 그 취지를 문화재청장에게 보고하여야 한다.

제19조(임시지정)

문화재청장은 법 제32조 제1항에 따라 중요문화재로 임시지정을 하는 경우에는 법 제23조에 따른 국보와 보물, 법 제25조에 따른 사적, 명승 또는 천연기념물, 법 제26조에 따른 국가민속문화재로 구분하여 지정하여야 한다.

제20조(문화재별 종합정비계획의 수립)

① 법 제34조에 따라 국가지정문화재를 관리하도록 지정된 관리단체는 해당 국가지정문화재의 효율적인 보존·관리 및 활용을 위하여 문화재청장과 협의하여 문화재별 종합정비계획(이하 이 조에서 "정비계획"이라 한다)을 수립할 수 있다.

② 제1항에 따라 수립하는 정비계획은 문화재의 원형을 보존하는 데 중점을 두어야 하며, 다음 각 호의 사항을 포함하여야 한다.

1. 정비계획의 목적과 범위에 관한 사항
2. 문화재의 역사문화환경에 관한 사항
3. 문화재에 관한 고증 및 학술조사에 관한 사항
4. 문화재의 보수·복원 등 보존·관리 및 활용에 관한 사항
5. 문화재의 관리·운영 인력 및 투자 재원(財源)의 확보에 관한 사항
6. 그 밖에 문화재의 정비에 필요한 사항

③ 문화재청장은 제1항에 따른 정비계획의 수립절차, 방법 및 내용과 그 시행 등에 관하여 문화재의 종류별 또는 유형별로 필요한 사항을 정할 수 있다.

제21조(허가절차)

① 법 제35조에 따라 문화재청장의 허가를 받으려는 자는 해당 국가지정문화재의 종류, 명칭, 수량 및 소재지 등을 적은 허가신청서를 관할 특별자치시장, 특별자치도지사, 시장·군수·구청장(자치구의 구청장을 말한다. 이하 같다)을 거쳐 문화재청장에게 제출해야 하며, 허가 사항을 변경하려는 경우에도 또한 같다. 이 경우 시장·군수·구청장은 관할 시·도지사에게 허가 신청 사항 등을 알려야 한다.

② 제1항 전단에도 불구하고 다음 각 호의 어느 하나에 해당하는 행위에 대한 허가 신청 또는 허가 사항의 변경 신청을 하는 경우에는 특별자치시장, 특별자치도지사, 시장·군수·구청장을 거치지 아니하고 문화재청장에게 직접 신청서를 제출하여야 한다.

1. 법 제35조 제1항 제3호에 해당하는 행위
2. 국유인 문화재로서 국가가 직접 관리하는 국가지정문화재(동산에 속하는 문화재로 한정한다)의 현상변경 행위
3. 문화재청장이 직접 관리하고 있는 국가지정문화재 안에서 이루어지는 현상변경 행위

제21조의2(국가지정문화재 등의 현상변경 등의 행위)

① 법 제35조 제1항 제1호에서 "대통령령으로 정하는 행위"란 다음 각 호의 행위를 말한다.

1. 국가지정문화재, 보호물 또는 보호구역을 수리, 정비, 복구, 보존처리 또는 철거하는 행위

2. 국가지정문화재(천연기념물 중 죽은 것과 법 제41조 제1항에 따라 수입·반입 신고된 것을 포함한다)에 대한 다음 각 목의 행위

   가. 포획(捕獲)·채취·사육·도살(屠殺)하는 행위

   나. 인공으로 증식·복제하는 행위

   다. 자연에 방사하는 행위(구조·치료 후 방사하는 경우를 제외한다)

   라. 위치추적기를 부착하는 행위

   마. 혈액, 장기 및 피부 등을 채취하는 행위(치료하기 위한 경우를 제외한다)

   바. 표본(標本)·박제(剝製)하는 행위

   사. 매장·소각(燒却)하는 행위

3. 국가지정문화재, 보호물 또는 보호구역 안에서 하는 다음 각 목의 행위

   가. 건축물 또는 도로·관로·전선·공작물·지하 구조물 등 각종 시설물을 신축, 증축, 개축, 이축(移築) 또는 용도 변경하는 행위

   나. 수목을 심거나 제거하는 행위

   다. 토지 및 수면의 매립·간척·땅파기·구멍뚫기, 땅깎기, 흙쌓기 등 지형이나 지질의 변경을 가져오는 행위

   라. 수로, 수질 및 수량에 변경을 가져오는 행위

   마. 소음·진동 등을 유발하거나 대기오염물질·화학물질·먼지 또는 열 등을 방출하는 행위

   바. 오수(汚水)·분뇨·폐수 등을 살포, 배출, 투기하는 행위

   사. 동물을 사육하거나 번식하는 등의 행위

   아. 토석, 골재 및 광물과 그 부산물 또는 가공물을 채취, 반입, 반출, 제거하는 행위

   자. 광고물 등을 설치, 부착하거나 각종 물건을 쌓는 행위

② 법 제35조 제1항 제2호에서 "대통령령으로 정하는 행위"란 다음 각 호의 행위를 말한다.

1. 역사문화환경 보존 지역에서 하는 다음 각 목의 행위

   가. 해당 국가지정문화재의 경관을 저해할 우려가 있는 건축물 또는 시설물을 설치·증설하는 행위

   나. 해당 국가지정문화재의 경관을 저해할 우려가 있는 수목을 심거나 제거하는 행위

   다. 해당 국가지정문화재의 보존에 영향을 줄 수 있는 소음·진동·악취 등을 유발하거나 대기오염물질·화학물질·먼지·빛 또는 열 등을 방출하는 행위

   라. 해당 국가지정문화재의 보존에 영향을 줄 수 있는 지하 50미터 이상의 땅파기 행위

   마. 해당 국가지정문화재의 보존에 영향을 미칠 수 있는 토지·임야의 형질을 변경하는 행위

2. 국가지정문화재가 소재하는 지역의 수로의 수질과 수량에 영향을 줄 수 있는 수계에서 하는 건설 공사 등의 행위

3. 국가지정문화재와 연결된 유적지를 훼손함으로써 국가지정문화재 보존에 영향을 미칠 우려가 있는 행위

4. 천연기념물이 서식·번식하는 지역에서 천연기념물의 둥지나 알에 표시를 하거나, 그 둥지나 알을 채취하거나 손상시키는 행위

5. 그 밖에 국가지정문화재 외곽 경계의 외부 지역에서 하는 행위로서 문화재청장 또는 해당 지방자치단체의 장이 국가지정문화재의 역사적·예술적·학술적·경관적 가치에 영향을 미칠 우려가 있다고 인정하여 고시하는 행위

③ 법 제35조 제1항 제3호에서 "대통령령으로 정하는 행위"란 다음 각 호의 행위를 말한다.

1. 국가지정문화재를 다른 장소로 옮겨 촬영하는 행위

2. 국가지정문화재의 표면에 촬영 장비를 접촉하여 촬영하는 행위

3. 빛 또는 열 등이 지나치게 방출되어 국가지정문화재의 보존에 영향을 줄 수 있는 촬영 행위

4. 그 밖에 촬영 장비의 충돌·추락 등으로 국가지정문화재에 물리적 충격을 줄 수 있는 촬영 행위

제21조의3(특별자치시장 등의 허가 대상 행위)

법 제35조 제1항 단서에 따라 특별자치시장, 특별자치도지사, 시장·군수·구청장의 허가(변경 허가를 포함한다. 이하 이 조에서 같다)를 받아야 하는 행위는 다음 각 호와 같다.

1. 법 제35조 제1항 제1호 및 이 영 제21조의2 제1항의 행위 중 문화재청장이 고시하는 천연기념물을 사육, 표본, 박제하거나, 죽은 것을 매장 또는 소각하는 등의 행위

2. 법 제35조 제1항 제1호 및 이 영 제21조의2 제1항의 행위 중 문화재청장이 문화재의 특성을 고려하여 고시하는 건축물 또는 시설물의 설치 행위

3. 법 제35조 제1항 제1호 및 이 영 제21조의2 제1항의 행위 중 다음 각 목의 어느 하나에 해당하는 행위. 다만, 해당 국가지정문화재를 대상으로 하는 행위는 제외한다.

  가. 건조물을 원형대로 보수하는 행위

  나. 전통양식에 따라 축조된 담장을 원형대로 보수하는 행위

  다. 문화재청장이 정하는 규모의 신축, 개축(改築) 또는 증축 행위

  라. 「전기사업법」에 따른 전기설비 및 「소방시설 설치 및 관리에 관한 법률」에 따른 소방시설을 설치하는 행위

  마. 표지돌, 안내판 및 경고판을 설치하는 행위

  바. 보호 울타리를 설치하는 행위

  사. 수목의 가지 고르기, 병충해 방제, 거름 주기 등 수목에 대한 일반적 보호·관리

  아. 학술·연구 목적이나 보존을 위한 종자 및 묘목을 채취하는 행위

4. 법 제35조 제1항 제2호 및 이 영 제21조의2 제2항의 행위 중 문화재청장이 경미한 행위로 정하여 고시하는 행위

5. 법 제35조 제1항 제3호의 행위 중 국가지정문화재(법 제48조 제2항에 따라 공개가 제한되는 국가지정문화재는 제외한다)의 촬영 행위

6. 법 제35조 제1항 제4호의 행위 중 문화재청장이 경미한 행위로 정하여 고시하는 행위

제21조의4(현상변경 등 허가를 위한 조사 시 관계 전문가의 범위)

법 제36조 제2항에 따라 문화재의 현상변경 등의 허가를 위하여 필요한 조사를 하게 할 수 있는 관계 전문가는 다음 각 호의 어느 하나에 해당하는 사람으로 한다.

1. 문화재위원회의 위원 또는 전문위원
2. 법 제71조에 따른 시·도 문화재위원회의 위원 또는 전문위원
3. 「고등교육법」 제2조에 따른 학교의 문화재 관련 학과의 조교수 이상인 교원
4. 문화재 업무를 담당하는 학예연구관, 학예연구사 또는 나군 이상의 전문경력관
5. 「고등교육법」 제2조에 따른 학교의 건축, 토목, 환경, 도시 계획, 소음, 진동, 대기오염, 화학물질, 먼지 또는 열에 관련된 분야의 학과의 조교수 이상인 교원
6. 제5호에 따른 분야의 학회로부터 추천을 받은 사람
7. 그 밖에 문화재 관련 분야에서 5년 이상 종사한 사람으로서 문화재에 관한 지식과 경험이 풍부하다고 문화재청장이 인정한 사람

제22조(허가서)

문화재청장은 법 제36조에 따라 허가하는 경우에는 신청인의 성명, 대상 문화재, 허가사항, 허가기간 및 허가 조건 등을 적은 허가서를 관할 특별자치시장, 특별자치도지사, 시장·군수·구청장을 거쳐 신청인에게 내주어야 한다. 이 경우 문화재청장은 관할 시·도지사(특별자치시장과 특별자치도지사는 제외한다)에게 허가 사항 등을 알려야 한다. 다만, 법 제35조 제1항 제3호에 해당하는 행위에 대한 허가 및 문화재청장이 직접 관리하고 있는 국가지정문화재 안에서 이루어지는 현상변경 행위에 대한 허가를 하는 경우에는 특별자치시장, 특별자치도지사, 시장·군수·구청장을 거치지 아니하거나 관할 시·도지사에게 허가사항 등을 알리지 아니하여도 된다.

제23조(관리자 선임 등의 신고)

① 국가지정문화재에 관하여 법 제40조 제1항 본문 및 같은 조 제3항 본문에 따라 신고하려는 자는 해당 국가지정문화재의 종류, 명칭, 수량 및 소재지 등을 적은 관리자 선임 등의 신고서를 그 사유가 발생한 날부터 15일 이내에 관할 시장·군수·구청장 및 시·도지사를 거쳐 문화재청장에게 제출해야 한다. 다만, 법 제40조 제1항 제9호의 경우에는 그 지정일부터 3개월 이내에 신고서를 제출하면 된다.

② 국가지정문화재에 관하여 법 제40조 제1항 단서 및 같은 조 제3항 단서에 따라 신고하려는 자는 해당 국가지정문화재의 종류, 명칭, 수량 및 소재지 등을 적은 신고서를 그 사유가 발생한 날부터 15일 이내에 특별자치시장, 특별자치도지사, 시장·군수·구청장에게 제출해야 한다.

제24조(천연기념물의 보존 및 생존을 위한 조치 등의 신고)

법 제40조 제1항 제9호의3에서 "질병 등 기타 위험의 방지, 보존 및 생존을 위하여 필요한 조치 등 대통령령으로 정하는 행위"란 다음 각 호의 행위를 말한다.

1. 「가축전염병 예방법」 제2조 제2호의 가축전염병으로 인한 사체의 긴급 매장·소각
2. 천연기념물과 항공기 간의 충돌 등으로 인한 사고예방을 위한 포획 등의 긴급 조치 및 사후처리

제25조(동물의 수입·반입 신고)

법 제41조 제1항에 따라 천연기념물로 지정된 동물의 종(種)[아종(亞種)을 포함한다]을 국외로부터 수입·반입한 자는 해당 동물의 수입·반입 후 30일 이내에 문화체육관광부령으로 정하는 신고서(전자문서로 된 신고서를 포함한다)에 다음 각 호의 서류(전자문서를 포함한다)를 첨부하여 문화재청장에게 제출하여야 한다.

1. 수입·반입의 경위를 확인할 수 있는 서류
2. 원산지 증명서
3. 해당 동물의 사진

제28조(정기조사 등의 위탁)

문화재청장은 법 제44조 제6항에 따라 국가지정문화재의 정기 조사와 재조사를 다음 각 호의 어느 하나에 해당하는 기관 또는 단체에 위탁할 수 있다.

1. 문화재 관련 조사, 연구, 교육, 수리 또는 학술 활동을 목적으로 설립된 법인 또는 단체
2. 「박물관 및 미술관 진흥법」 제10조 및 제12조부터 제14조까지의 규정에 따른 박물관 또는 미술관
3. 「고등교육법」 제2조에 따른 학교의 문화재 관련 부설 연구기관 또는 산학협력단

제29조(손실 보상의 신청)

법 제46조에 따라 손실을 보상받으려는 자는 국가지정문화재의 종류, 명칭, 수량, 소재지 또는 보관 장소와 그 사유를 적은 신청서에 증명서류를 첨부하여 문화재청장에게 신청해야 한다.

제33조(국가등록문화재의 관리자 선임 등 신고)

국가등록문화재의 소유자나 관리자 또는 법 제54조 제2항에 따라 지정을 받은 자는 법 제55조 각 호의 어느 하나에 해당하는 사유가 발생하면 그 사유가 발생한 날부터 15일 이내에 그 사실을 시장·군수·구청장 및 시·도지사를 거쳐 문화재청장에게 신고하여야 한다.

제33조의2(국가등록문화재의 현상변경 신고 대상 행위)

법 제56조 제1항 제1호에서 "대통령령으로 정하는 행위"란 국가등록문화재(동산에 속하는 문화재는 제외한다. 이하 이 조에서 같다)의 외관을 변경하는 행위로서 다음 각 호의 어느 하나에 해당하는 행위를 말한다. 다만, 국가등록문화재의 파손을 예방하거나 파손의 확대를 방지하기 위한 임시 조치는 제외한다.

1. 해당 문화재가 건축물인 경우 외관(지붕부를 포함한다) 면적의 4분의 1 이상에 이르는 디자인, 색채, 재질 또는 재료 등을 변경하는 행위
2. 해당 문화재가 건축물 외의 시설물인 경우에는 해당 시설물의 디자인, 색채, 재질 또는 재료 등을 다음 각 목에 따른 면적의 4분의 1 이상 변경하는 행위

   가. 교량·등대 등 구조물인 경우에는 그 외관 면적

   나. 터널·동굴 등 그 외관이 드러나지 아니하는 시설물인 경우에는 내부의 표면적

   다. 그 밖의 경우에는 법 제53조 제1항에 따라 국가등록문화재로 등록할 때 등록된 면적

제34조(국가등록문화재의 현상변경 허가 기준 및 절차)

① 법 제56조 제2항에 따라 현상변경의 허가를 받거나 허가 사항을 변경하려는 자는 해당 국가등록문화재의 명칭, 수량 및 소재지를 적은 허가신청서를 관할 특별자치시장, 특별자치도지사, 시장·군수·구청장을 거쳐 문화재청장에게 제출해야 한다. 이 경우 시장·군수·구청장은 관할 시·도지사에게 허가 신청 사항 등을 알려야 한다.

② 문화재청장은 제1항에 따른 허가 신청을 받으면 그 허가 신청 대상 행위가 국가등록문화재의 기본적인 양식, 구조 및 특성에 영향을 미치지 아니한 경우에만 허가하여야 한다.

③ 문화재청장은 제2항에 따라 허가하려면 신청인의 성명, 대상 문화재, 허가 사항, 허가 기간 및 허가 조건 등을 적은 허가서(변경허가서를 포함한다)를 관할 특별자치시장, 특별자치도지사, 시장·군수·구청장을 거쳐 신청인에게 내주어야 한다. 이 경우 문화재청장은 관할 시·도지사(특별자치시장과 특별자치도지사는 제외한다)에게 허가 사항 등을 알려야 한다.

제35조(국가등록문화재의 건폐율과 용적률 등)

① 법 제57조에 따른 국가등록문화재의 용도지역별 건폐율 및 용적률은 해당 국가등록문화재의 구조, 특성 및 주변 경관을 고려하여 「국토의 계획 및 이용에 관한 법률 시행령」 제84조 및 제85조에 따른 용도 지역에서의 건폐율 및 용적률의 150퍼센트 안에서 정하되, 그 세부적인 비율은 관할 지방자치단체의 조례로 정한다.

② 지방자치단체의 장은 제1항에 따른 건폐율 및 용적률의 특례를 적용하여 건축 허가를 한 경우에는 허가한 날부터 15일 안에 해당 허가 내용을 문화재청장에게 통보하여야 한다.

제36조(일반동산문화재의 범위)

법 제60조 제1항에 따른 일반동산문화재의 범위는 다음 각 호의 분야에 해당하는 동산 중 별표 3의 기준을 충족하는 것으로 한다.

1. 회화류, 조각류, 공예류, 서예류, 석조류 등 미술 분야
2. 서책(書冊)류, 문서류, 서각(書刻 : 글과 그림을 새겨 넣는 것)류 등 전적(典籍) 분야
3. 고고자료, 민속자료, 과학기술자료 등 생활기술 분야
4. 동물류, 식물류, 지질류 등 자연사 분야

제37조(일반동산문화재의 확인 등)

① 문화재청장은 법 제60조 제5항에 따른 확인을 하려면 법 제60조의2 제1항에 따라 배치된 문화재감정위원의 감정을 받아야 한다.

② 법 제60조의2 제1항에 따라 배치되는 문화재감정위원은 다음 각 호의 어느 하나에 해당하는 사람이어야 한다.

  1. 문화재위원회의 위원 또는 전문위원

  2. 문화재청, 국립중앙박물관 또는 시·도 소속 공무원으로서 동산문화재 관계 분야의 학예연구관 또는 가군 전문경력관

  3. 동산문화재 관계 분야의 학사 이상 학위 소지자로서 해당 문화재 분야에 종사한 경력이 2년 이상인 사람

  4. 대학의 동산문화재 또는 천연기념물 관계 분야 학과의 조교수 이상인 사람 또는 그 학과에서 2년 이상 강의를 담당한 경력이 있는 사람

5. 동산문화재 관계 분야의 저서가 있거나 3편 이상의 논문을 발표한 사람

6. 동산문화재 관계 분야에서 5급 이상의 국가공무원 또는 지방공무원으로 3년 이상 계속 근무한 경력이 있는 사람

7. 동산문화재 관계 분야에서 5년 이상 계속 근무한 경력이 있는 사람

③ 문화재청장은 법 제60조의2 제1항에 따라 문화재감정위원을 다음 각 호의 장소에 배치할 수 있다.

1. 「공항시설법」 제2조 제3호의 공항

2. 「항만법」 제2조 제2호의 무역항

3. 「관세법」 제256조 제2항의 통관우체국

4. 통일부와 그 소속기관 직제 제30조의4의 남북출입사무소

④ 제1항에 따른 감정의 절차 및 요령에 관하여 필요한 사항은 문화체육관광부령으로 정한다.

제38조(일반동산문화재의 보존 · 관리 방안)

① 법 제61조 제2항에 따른 문화재에 관한 보존 · 관리 방안은 다음 각 호의 사항을 포함하여야 한다.

1. 일반동산문화재의 현황

2. 일반동산문화재의 보관 경위 및 관리 · 수리 이력

3. 보존 · 관리의 개선이 필요한 문화재와 그 조치 방안(조치할 내용, 추진 일정 및 방법 등을 포함한다)

4. 일반동산문화재의 보존처리계획 및 학술 연구 등 활용계획

② 법 제61조 제3항에 따라 문화재청장의 요청을 받은 국가기관 또는 지방자치단체의 장은 요청받은 날부터 30일 이내에 문화재청장에게 해당 문화재에 관한 보존 · 관리 방안을 보고하여야 한다.

제40조(보고)

시 · 도지사는 법 제73조 제1항 각 호의 어느 하나에 해당하는 사유가 발생하면 그 날부터 15일 이내에 문화재 청장에게 보고하여야 한다.

제41조(문화재매매업의 허가)

① 법 제75조 제1항에 따라 문화재매매업 허가를 받아야 하는 자는 동산에 속하는 유형문화재나 유형의 민속 문화재로서 제작된 지 50년 이상된 것에 대하여 매매 또는 교환하는 것을 업(業)으로 하려는 자(위탁을 받아 매매 또는 교환하는 것을 업으로 하려는 자를 포함한다)로 한다.

② 법 제75조 제1항에 따라 문화재매매업 허가를 받으려는 자는 문화체육관광부령으로 정하는 바에 따라 허가 신청서를 특별자치시장, 특별자치도지사, 시장 · 군수 · 구청장에게 제출하여야 한다.

③ 법 제75조 제2항에 따라 문화재매매업자는 문화체육관광부령으로 정하는 바에 따라 매년 제1항에 따른 문 화재의 보존 상황, 매매 또는 교환 현황을 기록한 서류를 첨부하여 다음 해 1월 31일까지 특별자치시장, 특 별자치도지사, 시장 · 군수 · 구청장에게 그 실태를 신고하여야 한다.

④ 제3항에 따라 실태를 신고받은 특별자치시장, 특별자치도지사, 시장 · 군수 · 구청장은 이를 시 · 도지사(특 별자치시장과 특별자치도지사는 제외한다)를 거쳐 다음 해 2월 말일까지 문화재청장에게 보고하여야 한다.

제42조(권한의 위임)

① 문화재청장은 법 제82조에 따라 궁능유적본부장의 소관 문화재에 관한 다음 각 호의 권한을 궁능유적본부장에게 위임한다.

1. 법 제35조(법 제47조에 따라 준용되는 경우를 포함한다)에 따른 허가 또는 변경허가

2. 법 제37조(법 제47조에 따라 준용되는 경우를 포함한다)에 따른 허가 취소

3. 법 제39조(법 제47조에 따라 준용되는 경우를 포함한다)에 따른 국외 반출 허가

4. 법 제40조(법 제47조에 따라 준용되는 경우를 포함한다)에 따른 신고의 수리

5. 법 제42조(법 제47조에 따라 준용되는 경우를 포함한다)에 따른 행정명령

6. 법 제48조에 따른 국가지정문화재의 공개 및 공개 제한

7. 법 제49조(법 제59조 제2항에 따라 준용되는 경우를 포함한다)에 따른 관람료의 징수 및 감면

8. 법 제55조 제7호에 따른 신고의 접수

9. 법 제56조 제2항에 따른 허가 또는 변경허가

10. 법 제88조 제3호에 따른 청문

11. 법 제103조에 따른 과태료의 부과 · 징수(위임받은 권한을 처리하기 위하여 필요한 경우만 해당한다)

② 문화재청장은 법 제82조에 따라 다음 각 호의 권한을 시 · 도지사에게 위임한다.

1. 법 제87조 제1항 제3호에 따른 허가 또는 변경허가를 위한 협의

2. 제47조 제2항에 따른 통지

제43조(수사기관의 범위)

① 법 제86조에 따른 수사기관은 다음 각 호의 기관을 말한다.

1. 검사

2. 「형사소송법」 제196조에 따른 사법경찰관리

3. 「검찰청법」 제47조에 따라 사법경찰관리의 직무를 수행하는 사람

4. 「사법경찰관리의 직무를 수행할 자와 그 직무범위에 관한 법률」 제5조 제14호에 따른 국가공무원 또는 지방공무원

5. 「관세법」 제295조에 따른 세관공무원

② 제1항 각 호의 어느 하나에 해당하는 사람은 법 제86조 제1항에 따른 제보자가 될 수 없다.

제44조(제보의 처리)

법 제86조에 따라 제보를 받은 수사기관은 문화체육관광부령으로 정하는 바에 따라 제보 조서를 작성하여 문화재청장에게 제출하여야 한다.

제45조(포상금의 지급)

① 법 제86조에 따른 포상금 지급기준은 다음 표와 같다.

등급	포상금액	
	제보한 자	체포에 공로가 있는 자
1등급	2,000만 원	400만 원
2등급	1,500만 원	300만 원
3등급	1,000만 원	200만 원
4등급	500만 원	100만 원
5등급	250만 원	50만 원

② 제1항에 따른 포상금의 지급등급기준은 문화체육관광부령으로 정한다.

제46조(포상금의 배분)

제45조에 따라 포상금을 지급하는 경우에 제보자가 2명 이상이거나 범인 체포에 공로가 있는 사람이 2명 이상인 경우에는 그 공로의 비중을 고려하여 문화재청장이 그 배분액을 결정한다. 다만, 포상금을 받을 사람이 배분액에 관하여 상호간에 미리 합의한 경우에는 그 합의된 금액 또는 비율에 따라 배분할 수 있다.

제47조(자연공원구역 안에서의 사적의 지정 등)

① 법 제87조 제1항 및 제2항에 따라 해당 공원관리청과 협의하여야 할 경우는 다음과 같다.

　1. 법 제87조 제1항 제1호 및 제2호의 경우 : 「자연공원법」에 따른 공원구역에서 면적 3만 제곱미터 이상의 지역 또는 구역을 지정하는 경우

　2. 법 제87조 제1항 제3호 및 같은 조 제2항의 경우 : 「자연공원법」에 따른 공원구역에서 법 제35조 제1항에 따라 허가나 변경 허가를 하는 경우[「자연공원법」 제23조 제1항 각 호의 경우로 한정하되, 국가지정문화재, 시·도지정문화재, 문화재 자료 또는 그 보호물의 증축, 개축, 재축(再築), 이축과 외부를 도색하는 행위는 제외한다]

② 문화재청장은 「자연공원법」에 따른 공원구역 안에서 법 제87조 제1항 제1호 및 제2호에 해당하는 행위를 하는 경우로서 3만 제곱미터 미만의 지역 또는 구역을 지정하는 경우에는 해당 공원관리청에 그 내용을 알려야 한다.

제48조(과태료의 부과기준)

① 법 제103조에 따른 과태료의 부과기준은 별표 4와 같다.

② 문화재청장, 시·도지사 또는 시장·군수·구청장은 위반 행위의 동기, 내용, 횟수 및 위반의 정도 등을 고려하여 제1항의 기준에 따른 과태료 금액의 2분의 1의 범위에서 그 금액을 가중하거나 감경할 수 있다. 다만, 가중하는 경우에도 과태료 총액은 법 제103조에 따른 과태료의 상한액을 초과할 수 없다.

문화재의 종류	지정기준

보 물	1. 제2호 각 목의 어느 하나에 해당하는 문화재로서 다음 각 목 중 어느 하나 이상의 가치를 충족하는 것
	   가. 역사적 가치
	      1) 시대성 : 사회, 문화, 정치, 경제, 교육, 예술, 종교, 생활 등 당대의 시대상을 현저히 반영하고 있는 것
	      2) 역사적 인물 관련성 : 역사적 인물과 관련이 깊거나 해당 인물이 제작한 것
	      3) 역사적 사건 관련성 : 역사적 사건과 관련이 깊거나 역사상 특수한 목적을 띠고 기념비적으로 만든 것
	      4) 문화사적 기여도 : 우리나라 문화사적으로 중요한 의의를 갖는 것
	   나. 예술적 가치
	      1) 보편성 : 인류의 보편적 미적 가치를 구현한 것
	      2) 특수성 : 우리나라 특유의 미적 가치를 잘 표현한 것
	      3) 독창성 : 제작자의 개성이 뚜렷하고 작품성이 높은 것
	      4) 우수성 : 구조, 구성, 형태, 색채, 문양, 비례, 필선(筆線) 등이 조형적으로 우수한 것
	   다. 학술적 가치
	      1) 대표성 : 특수한 작가 또는 유파를 대표하는 것
	      2) 지역성 : 해당 지역의 특징을 잘 구현한 것
	      3) 특이성 : 형태, 품질, 기법, 제작, 용도 등이 현저히 특수한 것
	      4) 명확성 : 명문(銘文 : 쇠·비석·그릇 따위에 새겨 놓은 글), 발문(跋文 : 서적의 마지막 부분에 본문 내용 또는 간행 경위 등을 간략하게 적은 글) 등을 통해 제작자, 제작시기 등에 유의미한 정보를 제공하는 것
	      5) 연구 기여도 : 해당 학문의 발전에 기여도가 있는 것
	2. 해당 문화재의 유형별 분류기준
	   가. 건축문화재
	      1) 목조군 : 궁궐(宮闕), 사찰(寺刹), 관아(官衙), 객사(客舍), 성곽(城郭), 향교(鄕校), 서원(書院), 사당(祠堂), 누각(樓閣), 정자(亭子), 주거(住居), 정자각(丁字閣), 재실(齋室) 등
	      2) 석조군 : 석탑(石塔), 승탑(僧塔 : 고승의 사리를 모신 탑), 전탑(塼塔 : 벽돌로 쌓은 탑), 비석(碑石), 당간지주[幢竿支柱 : 괘 불(掛佛)이나 불교적 내용을 그린 깃발을 건 장대를 지탱하기 위해 좌우로 세운 기둥], 석등(石燈), 석교(石橋 : 돌다리), 계단(階段), 석단(石壇), 석빙고(石氷庫 : 돌로 만든 얼음 창고), 첨성대(瞻星臺), 석굴(石窟), 석표(石標 : 마을 등 영역의 경계를 표시하는 돌로 만든 팻말), 석정(石井) 등
	      3) 분묘군 : 분묘 등의 유구(遺構 : 옛 구조물의 흔적) 또는 건조물 및 부속물
	      4) 조적조군·콘크리트조군 : 성당(聖堂), 교회(敎會), 학교(學校), 관공서(官公署), 병원(病院), 역사(驛舍) 등
	   나. 기록문화재
	      1) 전적류(典籍類) : 필사본, 목판 및 목판본, 활자 및 활자본 등
	      2) 문서류(文書類) : 공문서, 사문서, 종교 문서 등
	   다. 미술문화재
	      1) 회화 : 일반회화[산수화, 인물화, 풍속화, 기록화, 영모(翎毛 : 새나 짐승을 그린 그림)·화조화(花鳥畵 : 꽃과 새를 그린 그림) 등], 불교회화(괘불, 벽화) 등
	      2) 서예 : 이름난 인물의 필적(筆跡), 사경(寫經 : 불교의 교리를 손으로 베껴 쓴 경전), 어필(御筆 : 임금의 필적), 금석(金石 : 금속이나 돌 등에 새겨진 글자), 인장(印章), 현판(懸板), 주련(柱聯 : 기둥 장식 글귀) 등
	      3) 조각 : 암벽조각(암각화 등), 능묘조각, 불교조각(마애불 등)
	      4) 공예 : 도·토공예, 금속공예, 목공예, 칠공예, 골각공예, 복식공예, 옥석공예, 피혁공예, 죽공예, 짚풀공예 등
	   라. 과학문화재
	      1) 과학기기
	      2) 무기·병기(총통, 화기) 등

국 보	1. 보물에 해당하는 문화재 중 특히 역사적, 학술적, 예술적 가치가 큰 것 2. 보물에 해당하는 문화재 중 제작 연대가 오래되었으며, 그 시대의 대표적인 것으로서, 특히 보존가치가 큰 것 3. 보물에 해당하는 문화재 중 조형미나 제작기술이 특히 우수하여 그 유례가 적은 것 4. 보물에 해당하는 문화재 중 형태 · 품질 · 제재(製材) · 용도가 현저히 특이한 것 5. 보물에 해당하는 문화재 중 특히 저명한 인물과 관련이 깊거나 그가 제작한 것
사 적	1. 제2호 각 목의 어느 하나에 해당하는 문화재로서 해당 문화재가 역사적 · 학술적 가치가 크고 다음 각 목의 어느 하나 이상을 충족하는 것 　가. 선사시대 또는 역사시대의 사회 · 문화생활을 이해하는 데 중요한 정보를 가질 것 　나. 정치 · 경제 · 사회 · 문화 · 종교 · 생활 등 각 분야에서 그 시대를 대표하거나 희소성과 상징성이 뛰어날 것 　다. 국가의 중대한 역사적 사건과 깊은 연관성을 가지고 있을 것 　라. 국가에 역사적 · 문화적으로 큰 영향을 미친 저명한 인물의 삶과 깊은 연관성이 있을 것 2. 해당 문화재의 유형별 분류기준 　가. 조개무덤, 주거지, 취락지 등의 선사시대 유적 　나. 궁터, 관아, 성터, 성터시설물, 병영, 전적지(戰蹟地) 등의 정치 · 국방에 관한 유적 　다. 역사 · 교량 · 제방 · 가마터 · 원지(園池) · 우물 · 수중유적 등의 산업 · 교통 · 주거생활에 관한 유적 　라. 서원, 향교, 학교, 병원, 절터, 교회, 성당 등의 교육 · 의료 · 종교에 관한 유적 　마. 제단, 고인돌, 옛무덤(군), 사당 등의 제사 · 장례에 관한 유적 　바. 인물유적, 사건유적 등 역사적 사건이나 인물의 기념과 관련된 유적
명 승	1. 제2호 각 목의 어느 하나에 해당하는 문화재로서 다음 각 목 중 어느 하나 이상의 가치를 충족하는 것 　가. 역사적 가치 　　1) 종교, 사상, 전설, 사건, 저명한 인물 등과 관련된 것 　　2) 시대나 지역 특유의 미적 가치, 생활상, 자연관 등을 잘 반영하고 있는 것 　　3) 자연환경과 사회 · 경제 · 문화적 요인 간의 조화를 보여주는 상징적 공간 혹은 생활 장소로서의 의미가 있는 것 　나. 학술적 가치 　　1) 대상의 고유한 성격을 파악할 수 있는 각 구성요소가 완전하게 남아 있는 것 　　2) 자연물 · 인공물의 희소성이 높아 보존가치가 있는 것 　　3) 위치, 구성, 형식 등에 대한 근거가 명확하고 진실한 것 　　4) 조경의 구성 원리와 유래, 발달 과정 등에 대하여 학술적으로 기여하는 바가 있는 것 　다. 경관적 가치 　　1) 우리나라를 대표하는 자연물로서 심미적 가치가 뛰어난 것 　　2) 자연 속에 구현한 경관의 전통적 아름다움이 잘 남아 있는 것 　　3) 정자 · 누각 등의 조형물 또는 자연물로 이루어진 조망지로서 자연물, 자연현상, 주거지, 유적 등을 조망할 수 있는 저명한 장소인 것 　라. 그 밖의 가치 　　「세계문화유산 및 자연유산의 보호에 관한 협약」(이하 "협약"이라 한다) 제2조에 따른 자연유산에 해당하는 것 2. 해당 문화재의 유형별 분류기준 　가. 자연명승 : 자연 그 자체로서의 심미적 가치가 인정되는 자연물 　　1) 산지, 하천, 습지, 해안지형 　　2) 저명한 서식지 및 군락지 　　3) 일출, 낙조 등 자연현상 및 경관 조망지점 　나. 역사문화명승 : 자연과 조화를 이루며 만들어진 인문적 가치가 있는 인공물 　　1) 정원, 원림(園林) 등 인공경관 　　2) 저수지, 경작지, 제방, 포구, 마을, 옛길 등 생활 · 생업과 관련된 인공경관 　　3) 사찰, 경관, 서원, 정자 등 종교 · 교육 · 위락과 관련된 인공경관 　다. 복합명승 : 자연의 뛰어난 경치에 인문적 가치가 부여된 자연물 　　1) 명산, 바위, 동굴, 암벽, 계곡, 폭포, 용천(湧泉), 동천(洞天), 구곡(九曲) 등 　　2) 구비문학, 구전(口傳) 등과 같은 저명한 민간전승의 배경이 되는 자연경관

천연 기념물	**1. 동물** 　가. 나목 1)부터 3)까지 중 어느 하나에 해당하는 문화재로서 다음 중 어느 하나 이상의 가치를 충족하는 것 　　1) 역사적 가치 　　　가) 우리나라 고유의 동물로서 저명한 것 　　　나) 문헌, 기록, 구술(口述) 등의 자료를 통하여 우리나라 고유의 생활, 문화 또는 민속을 이해하는 데 중요한 것 　　2) 학술적 가치 　　　가) 석회암 지대, 사구(砂丘 : 모래 언덕), 동굴, 건조지, 습지, 하천, 폭포, 온천, 하구(河口), 섬 등 특수한 환 　　　　경에서 생장(生長)하는 동물·동물군 또는 그 서식지·번식지·도래지로서 학술적으로 연구할 필요가 　　　　있는 것 　　　나) 분포범위가 한정되어 있는 우리나라 고유의 동물·동물군 또는 그 서식지·번식지·도래지로서 학술적 　　　　으로 연구할 필요가 있는 것 　　　다) 생태학적·유전학적 특성 등 학술적으로 연구할 필요가 있는 것 　　　라) 우리나라로 한정된 동물자원·표본 등 학술적으로 중요한 것 　　3) 그 밖의 가치 　　　가) 우리나라 고유동물은 아니지만 저명한 동물로 보존할 가치가 있는 것 　　　나) 우리나라에서는 절멸(絕滅 : 아주 없어짐)된 동물이지만 복원하거나 보존할 가치가 있는 것 　　　다) 협약 제2조에 따른 자연유산에 해당하는 것 　나. 해당 문화재의 유형별 분류기준 　　1) 동물과 그 서식지·번식지·도래지 등 　　2) 동물자원·표본 등 　　3) 동물군(척추동물의 무리를 말한다) **2. 식물** 　가. 나목 1)부터 3)까지 중 어느 하나에 해당하는 문화재로서 다음 중 어느 하나 이상의 가치를 충족하는 것 　　1) 역사적 가치 　　　가) 우리나라에 자생하는 고유의 식물로 저명한 것 　　　나) 문헌, 기록, 구술 등의 자료를 통하여 우리나라 고유의 생활 또는 민속을 이해하는 데 중요한 것 　　　다) 전통적으로 유용하게 활용된 고유의 식물로 지속적으로 계승할 필요가 있는 것 　　2) 학술적 가치 　　　가) 국가, 민족, 지역, 특정종, 군락을 상징 또는 대표하거나, 분포의 경계를 형성하는 것으로 학술적 가치가 　　　　있는 것 　　　나) 온천, 사구, 습지, 호수, 늪, 동굴, 고원, 암석지대 등 특수한 환경에 자생하거나 진귀한 가치가 있어 학술 　　　　적으로 연구할 필요가 있는 것 　　3) 경관적 가치 　　　가) 자연물로서 느끼는 아름다움, 독특한 경관요소 등 뛰어나거나 독특한 자연미와 관련된 것 　　　나) 최고, 최대, 최장, 최소 등의 자연현상에 해당하는 식물인 것 　　4) 그 밖의 가치 　　　협약 제2조에 따른 자연유산에 해당하는 것 　나. 해당 문화재의 유형별 분류기준 　　1) 노거수(老巨樹) : 거목(巨木), 명목(名木), 신목(神木), 당산목(堂山木), 정자목(亭子木) 등 　　2) 군락지 : 수림지(樹林地), 자생지(自生地), 분포한계지 등 　　3) 그 밖의 유형 : 특산식물(特産植物), 진귀한 식물상(植物相), 유용식물(有用植物), 초화류(草花類) 및 그 자생 　　　지·군락지 등 **3. 지질·지형** 　가. 나목 1)부터 4)까지 중 어느 하나에 해당하는 문화재로서 다음 중 어느 하나 이상의 가치를 충족하는 것 　　1) 학술적 가치 　　　가) 지각의 형성과 관련되거나 한반도 지질계통을 대표하거나 지질현상을 해석하는 데 중요한 것 　　　나) 암석의 변성·변형, 퇴적 작용과 관련한 특이한 조직을 가지고 있는 것 　　　다) 각 지질시대를 대표하는 표준화석과 지질시대의 퇴적 환경을 해석하는 데 주요한 시상화석인 것 　　　라) 화석 종(種)·속(屬)의 모식표본(模式標本 : 특정 화석 종을 대표하는 표본)인 것

천연
기념물
	마) 발견되는 화석의 가치가 뛰어나거나 종류가 다양한 화석산지인 것
	바) 각 지질시대를 대표하거나 지질시대의 변성·변형, 퇴적 등 지질환경을 해석하는 데 중요한 지질구조인 것
	사) 지질구조운동, 화산활동, 풍화·침식·퇴적작용 등에 의하여 형성된 자연지형인 것
	아) 한국의 특이한 지형현상을 대표할 수 있는 육상 및 해양 지형현상인 것
	  2) 그 밖의 가치
	    협약 제2조에 따른 자연유산에 해당하는 것
	나. 해당 문화재의 유형별 분류기준
	  1) 암석, 광물과 지질경계선 : 어란암(魚卵岩), 구상(球狀) 구조나 구과상(球顆狀 : 중심으로부터 방사상으로 성장하여 만들어진 결정의 형태) 구조를 갖는 암석, 지각 깊은 곳에서 유래한 감람암(橄欖巖) 등
	  2) 화석과 화석 산지
	  3) 지질구조 및 퇴적구조
	    가) 지질구조 : 습곡, 단층, 관입(貫入), 부정합, 주상절리 등
	    나) 퇴적구조 : 연흔(漣痕 : 물결 자국), 건열(乾裂), 사층리(斜層理), 우흔(雨痕 : 빗방울 자국) 등
	  4) 자연지형과 지표·지질현상 : 고위평탄면(高位平坦面), 해안·하안단구, 폭포, 화산체(火山體), 분화구, 칼데라(caldera : 화산 폭발로 분화구 주변에 생긴 대규모의 우묵한 곳), 사구, 해빈(海濱 : 해안선을 따라 모래, 자갈, 조개껍질 등이 퇴적되어 만들어진 지형), 갯벌, 육계도(陸繫島 : 뭍과 잘록하게 이어진 모래섬), 사행천(蛇行川), 석호(潟湖 : 퇴적물이 만의 입구를 막아 바다와 분리되어 생긴 호수), 카르스트 지형(화학적 용해작용으로 생성된 침식 지형), 석회·용암동굴, 돌개구멍(pot hole), 침식분지, 협곡, 해식애(海蝕崖 : 파도의 침식에 의해 형성된 해안 절벽), 선상지(扇狀地 : 산 아래의 평원에 하천이 운반한 모래, 자갈 등이 퇴적되어 만들어진 부채꼴 모양의 지형), 삼각주, 사주(砂洲 : 바닷가에 생기는 모래사장), 사퇴(砂堆 : 모래 퇴적물), 토르(tor : 풍화작용에 따라 기반암과 분리되어 그 위에 남겨진 독립적인 암괴), 타포니(tafoni : 풍화작용으로 암석 표면에 움푹 파인 구멍들이 벌집처럼 모여 있는 구조), 암괴류, 얼음골, 풍혈(風穴 : 서늘한 바람이 늘 불어 나오는 구멍이나 바위틈), 온천, 냉천, 광천(鑛泉 : 광물질을 함유하고 있는 샘) 등
	4. 천연보호구역
	동물·식물이나 지질·지형 등 자연적 요소들이 풍부하여 보호할 필요성이 있는 구역으로서 다음 각 목 중 어느 하나 이상을 충족하는 것
	가. 보호할 만한 천연기념물이 풍부하거나 다양한 생물적·지구과학적·경관적 특성을 가진 대표적인 것
	나. 협약 제2조에 따른 자연유산에 해당하는 것

국가
민속문화재
	1. 다음 각 목의 어느 하나에 해당하는 것 중 한국민족의 기본적 생활문화의 특색을 나타내는 것으로서 전형적인 것
	가. 의·식·주에 관한 것
	  궁중·귀족·서민·농어민·천인 등의 의복·장신구·음식용구·광열용구·가구·사육용구·관혼상제용구·주거, 그 밖의 물건 또는 그 재료 등
	나. 생산·생업에 관한 것
	  농기구, 어로·수렵도구, 공장용구, 방직용구, 작업장 등
	다. 교통·운수·통신에 관한 것
	  운반용 배·수레, 역사 등
	라. 교역에 관한 것
	  계산용구·계량구·간판·점포·감찰·화폐 등
	마. 사회생활에 관한 것
	  증답용구(贈答用具 : 편지 등을 주고 받는 데 쓰는 용구), 경방용구(警防用具 : 경계·방어하는 데 쓰는 용구), 형벌용구 등
	바. 신앙에 관한 것
	  제사구, 법회구, 봉납구(捧納具), 우상구(偶像具), 사우(祠宇) 등
	사. 민속지식에 관한 것
	  역류(曆類)·점복(占卜)용구·의료구·교육시설 등
	아. 민속예능·오락·유희에 관한 것
	  의상·악기·가면·인형·완구·도구·무대 등

국가 민속문화재	2. 제1호 각 목에 열거한 민속문화재를 수집·정리한 것 중 그 목적·내용 등이 다음 각 호의 어느 하나에 해당하는 것으로서 특히 중요한 것 　가. 역사적 변천을 나타내는 것 　나. 시대적 또는 지역적 특색을 나타내는 것 　다. 생활계층의 특색을 나타내는 것 3. 민속문화재가 일정한 구역에 집단적으로 소재한 경우에는 민속문화재의 개별적인 지정을 갈음하여 그 구역을 다음의 기준에 따라 집단 민속문화재 구역으로 지정할 수 있다. 　가. 한국의 전통적 생활양식이 보존된 곳 　나. 고유 민속행사가 거행되던 곳으로 민속적 풍경이 보존된 곳 　다. 한국건축사 연구에 중요한 자료를 제공하는 민가군(民家群)이 있는 곳 　라. 한국의 전통적인 전원생활의 면모를 간직하고 있는 곳 　마. 역사적 사실 또는 전설·설화와 관련이 있는 곳 　바. 옛 성터의 모습이 보존되어 고풍이 현저한 곳

[별표 2]
보호물 또는 보호구역의 지정기준(시행령 제13조 제1항 관련)

구 분	지정기준
1. 국보 · 보물 및 국가민속문화재의 보호구역	가. 해당 문화재의 최대 돌출점에서 수직선으로 닿는 각 지점을 서로 연결하는 선에서 10미터부터 최대 100미터까지(해당 문화재가 사찰, 사지, 서원, 향교, 관아, 객사, 회랑지 등 문화 유적지와 연결될 경우 그 유적지 외곽 경계에서 10미터부터 100미터까지) 나. 그 밖에 해당 문화재 보호에 필요하다고 인정되는 구역
2. 사적의 보호구역	가. 선사시대 유적 　1) 선사시대 유적 중 역사적 가치가 규명되지 아니한 유물이 흩어진 지역 　2) 선사시대 유적과 역사문화환경적으로 밀접한 관련성이 있는 구역으로서 그 보호에 필요한 최소한의 구역 나. 정치 · 국방에 관한 유적 　1) 궁터 : 궁궐의 외부 지역 중 해당 사적과의 관련성 및 경관보호 등을 고려하여 보호에 필요한 최소한의 구역 　2) 성터 : 성곽의 외부 지역 중 전술적 측면을 고려하여 그 외곽 경계로부터 50미터 이내의 구역 　3) 봉수대, 관아, 병영 등 : 해당 사적에 수반된 자연 지형을 고려하여 보호에 필요한 최소한의 구역 　4) 전적지 : 그 성격과 특성 등을 고려하여 보호에 필요한 최소한의 구역 다. 산업 · 교통 · 주거생활에 관한 유적 　1) 역사(驛舍), 가마터 : 해당 사적과의 관련성 및 경관보호 등을 고려하여 보호에 필요한 최소한의 구역 　2) 교량, 제방, 정원과 연못, 우물, 수중유적 등 : 역사문화환경적으로 해당 사적과 관련성이 있는 보호에 필요한 최소한의 구역 라. 교육 · 의료 · 종교에 관한 유적 : 현재의 여건을 고려하여 해당 사적의 외부 지역 중 경관보호 등에 필요한 최소한의 구역 마. 제사 · 장례에 관한 유적 : 현재의 여건을 고려하여 경관보호 등에 필요한 최소한의 구역 바. 인물 · 사건 등의 기념에 관한 유적 : 현재의 여건을 고려하여 그 보호에 필요한 최소한의 구역 사. 그 밖의 사적의 보호구역 : 그 보호상 필요하다고 인정되는 구역
3. 명승의 보호구역	경승지의 보호에 필요하다고 인정되는 구역
4. 천연기념물의 보호구역	가. 동물 · 지질광물 · 천연보호구역 · 자연 현상은 그 보호에 필요하다고 인정되는 구역 나. 식물은 입목을 중심으로 반경 5미터 이상 100미터 이내의 구역
5. 보호물	가. 지상의 건조물 또는 그 밖의 시설물은 보호책 · 담장 또는 그 밖에 해당 문화재의 보호를 위한 시설물 나. 동종(銅鍾) · 비석 · 불상 등은 종각(鍾閣) · 비각(碑閣) · 불각(佛閣) 다. 그 밖의 문화재는 그 보관되어 있는 건물이나 보호 시설
6. 보호물이 있는 경우의 보호구역	가. 보호물이 건조물로 되어 있는 경우에는 각 추녀 끝 또는 이에 준하는 부분, 그 밖에 최대 돌출점에서 수직선으로 닿는 각 지점을 연결하는 선에서 바깥으로 5미터부터 50미터까지의 구역 나. 보호물이 보호책 · 담장 등으로 되어 있는 경우에는 그 하부 경계에서 2미터부터 20미터까지의 구역

[별표 3]
일반동산문화재 해당기준(제36조 관련)

1. 미술 분야

가. 공통기준 1)부터 3)까지의 항목 모두를 충족하고, 추가기준 4)부터 7)까지의 항목 중 어느 하나를 충족할 것

구 분	기 준	세부기준
공통기준	1) 문화재 가치	역사적, 예술적 또는 학술적 가치가 있을 것
	2) 문화재 상태	원래의 형태와 구성요소를 갖추어 유물의 상태가 양호할 것. 다만, 분리가 가능한 유물은 분리된 형태를 기준으로 유물의 상태를 판단한다.
	3) 제작연대	제작된 후 50년 이상의 시간이 지났을 것
추가기준	4) 희소성	형태 · 기법 · 재료 등의 측면에서 유사한 가치를 지닌 유물이 희소할 것
	5) 명확성	관련 기록 등에 의해 제작목적, 출토지(또는 제작지), 역사적 인물 · 사건과의 관련성 등이 분명할 것
	6) 특이성	구성, 의장, 서체 등 제작방식에 특이성이 있어 가치가 클 것
	7) 시대성	제작 당시의 대표적인 시대적 특성이 반영되었을 것

나. 가목에도 불구하고 별도기준 1) 및 2) 항목 중 어느 하나를 충족할 경우 일반동산문화재로 본다.

별도기준	1) 외국유물	국내에서 출토되었거나 상당기간 전해져 온 외국 제작 유물 중 우리나라 역사 · 예술 · 문화에 상당한 영향을 끼쳤음이 분명할 것
	2) 기 타	유물의 형태가 일부분에 불과하더라도 해당 부분의 명문, 문양, 제작양식 등에 의해 문화재적 가치가 분명하게 인정될 것

〈미술 분야의 예시〉

• 회화류 : 전통회화(산수화, 인물화, 풍속화, 민화 등), 종교회화(불교, 유교, 도교, 기독교, 가톨릭, 무속화 등), 근대회화(풍경화, 인물화, 정물화 등) 등

• 조각류 : 전통조각(암벽조각, 토우, 능묘조각, 동물조각, 장승 등), 종교조각(불교, 유교, 도교, 기독교, 가톨릭, 무속조각 등), 근대조각 등

• 공예류 : 금속공예, 목 · 칠공예, 도 · 토공예(청자, 백자, 분청, 토기 등), 옥석공예, 유리공예, 섬유공예, 짚풀공예 등 예술공예품 및 생활공예품 등

• 서예류 : 왕실 및 일반 개인 서예작품 등

• 석조류 : 석탑, 석등, 당간지주, 석비 등

2. 전적 분야

가. 공통기준 1)부터 3)까지의 항목 모두를 충족하고, 추가기준 4)부터 7)까지의 항목 중 어느 하나를 충족할 것

구 분	기 준	세부기준
공통기준	1) 문화재 가치	역사적, 예술적 또는 학술적 가치가 있을 것
	2) 문화재 상태	원래의 형태와 구성요소를 갖추어 유물의 상태가 양호할 것. 다만, 분리가 가능한 유물은 분리된 형태를 기준으로 유물의 상태를 판단한다.
	3) 제작연대	제작된 후 50년 이상의 시간이 지났을 것
추가기준	4) 희소성	동일하거나 유사한 소장본이 희소할 것
	5) 명확성	관련 기록 등에 의해 제작목적, 출토지(또는 제작지), 작자, 제작시기 등이 분명할 것
	6) 특이성	장황(粧䌙 : 책이나 화첩, 족자 등을 꾸미어 만듦 또는 만든 것), 서체 등 제작방식에 특이성이 있어 가치가 클 것
	7) 시대성	제작 당시의 시대적 상황을 반영하는 내용으로 구성되었을 것

나. 가목에도 불구하고 별도기준 1) 및 2) 항목 중 어느 하나를 충족할 경우 일반동산문화재로 본다.

별도기준	1) 외국유물	국내에서 출토되었거나 상당기간 전해져 온 외국 제작 유물 중 우리나라 역사·예술·문화에 상당한 영향을 끼쳤음이 분명할 것
	2) 기 타	유물의 형태가 일부분에 불과하더라도 해당 부분의 명문, 문양, 제작양식 등에 의해 문화재적 가치가 분명하게 인정될 것

〈전적 분야의 예시〉

- 서책류 : 필사본, 목판본, 활자본 등
- 문서류 : 왕실문서, 관부문서, 일반 개인문서, 그 외 사찰, 향교·서원 문서 등
- 서각류 : 현판류, 금석각류[쇠나 돌로 만든 비석 따위에 글자를 새긴 유형. 신도비(죽은 이의 사적을 기록하여 세운 비), 선정비(어진 정치를 한 관리를 기리는 비), 묘비, 장생표(사찰의 영역을 표시하기 위하여 세운 표지물) 등], 인장류(어보류, 관인, 사인 등), 판목류, 활자류 등

3. 생활기술 분야

가. 공통기준 1)부터 3)까지의 항목 모두를 충족하고, 추가기준 4)부터 7)까지의 항목 중 어느 하나를 충족할 것

구 분	기 준	세부기준
공통기준	1) 문화재 가치	역사적, 예술적 또는 학술적 가치가 있을 것
	2) 문화재 상태	원래의 형태와 구성요소를 갖추어 유물의 상태가 양호할 것. 다만, 분리가 가능한 유물은 분리된 형태를 기준으로 유물의 상태를 판단한다.
	3) 제작연대	제작된 후 50년 이상의 시간이 지났을 것
추가기준	4) 희소성	형태·기술·재료 등의 측면에서 유사한 가치를 지닌 유물이 희소할 것
	5) 명확성	관련 기록 등에 의해 제작목적, 출토지(또는 제작지), 쓰임새 등이 분명할 것
	6) 특이성	제작 당시의 신기술(신기법) 또는 신소재로 만들어지는 등 특이성이 있어 가치가 클 것
	7) 시대성	제작 당시의 대표적인 시대적 특성이 반영되었을 것

나. 가목에도 불구하고 별도기준 1) 및 2) 항목 중 어느 하나를 충족할 경우 일반동산문화재로 본다.

별도기준	1) 외국유물	국내에서 출토되었거나 상당기간 전해져 온 외국 제작 유물 중 우리나라 역사 · 예술 · 문화에 상당한 영향을 끼쳤음이 분명할 것
	2) 기 타	유물의 형태가 일부분에 불과하더라도 해당 부분의 명문, 문양, 제작양식 등에 의해 문화재적 가치가 분명하게 인정될 것

〈생활기술 분야의 예시〉

• 고고자료 : 석기(타제석기, 마제석기 등), 골각기, 청동기, 철기 등
• 민속자료 : 생업기술 자료(수렵, 어업, 농업, 공업 등), 공예기술 자료(직조용구, 도자공예용구 등), 놀이 · 유희 자료(현악기, 관악기, 타악기, 놀이기구 등) 등
• 과학기술자료 : 산업기술 자료(수렵, 어업, 농업, 공업 등), 천문지리 자료, 인쇄기술 자료 및 방송통신 자료, 의료용구, 운송용구, 계측용구, 무기류, 스포츠 자료 등

4. 자연사 분야

가. 공통기준 1) 및 2) 항목 모두를 충족하고, 추가기준 3)부터 5)까지의 항목 중 어느 하나를 충족할 것

구 분	기 준	세부기준
공통기준	1) 문화재 가치	역사적, 예술적, 학술적, 또는 관상적 가치가 있을 것
	2) 문화재 상태	원래의 형태와 구성요소를 갖추어 유물의 상태가 양호할 것. 이 경우 해당 유물의 특징적인 정보를 다수 지닌 부위(예 머리뼈)가 온전히 보존되어 있을 경우에는 전체(예 전신) 대비 보존비율에 관계없이 상태가 양호한 것으로 본다.
추가기준	3) 희소성	종류 · 서식지 · 형태 등의 측면에서 유사한 가치를 지닌 유물이 희소할 것
	4) 특이성	표본 제작, 지질 형성 등 구성방식에 특이성이 있어 가치가 클 것
	5) 시대성 · 지역성	특정 시대 또는 지역을 대표할 수 있을 것

〈자연사 분야의 예시〉

• 동물류 : 동물(포유류, 조류, 어류, 파충류, 곤충, 해양동물 등)의 박제(가박제 포함), 골격(인골류는 선사유적지나 무덤에서 출토된 인류의 뼈, 손톱 등 인체 구성물에 한한다), 건조표본, 액침표본(액체 약품에 담가서 보존하는 표본) 등
• 식물류 : 식물(조류, 이끼류, 양치식물, 겉씨식물, 속씨식물 등)의 꽃(화분), 열매, 종자, 잎, 건조표본, 액침표본 등
• 지질류 : 화석, 동굴생성물(종유석, 석순, 석주 등), 퇴적구조[연흔(漣痕: 물결 자국), 우흔(雨痕 : 빗방울 자국), 건열(乾裂 : 땅이 갈라진 자국) 등], 광물, 암석, 운석 등

[별표 4]
과태료의 부과기준(제48조 제1항 관련)

1. 일반기준

  가. 위반행위의 횟수에 따른 과태료의 가중된 부과기준은 최근 2년간 같은 위반행위로 과태료 부과처분을 받은 경우에 적용한다. 이 경우 기간의 계산은 위반행위에 대하여 과태료 부과처분을 받은 날과 그 처분 후 다시 같은 위반행위를 하여 적발된 날을 기준으로 한다.

  나. 가목에 따라 가중된 부과처분을 하는 경우 가중처분의 적용 차수는 그 위반행위 전 부과처분 차수(가목에 따른 기간 내에 과태료 부과처분이 둘 이상 있었던 경우에는 높은 차수를 말한다)의 다음 차수로 한다.

2. 개별기준

위반행위	근거 법조문	과태료 금액(단위: 만 원)		
		1차 위반	2차 위반	3차 이상 위반
가. 법 제14조의4 제3항에 따른 시정명령을 따르지 않은 경우	법 제103조 제1항 제1호	250	350	500
나. 법 제14조의4 제5항을 위반하여 금연구역에서 흡연을 한 경우	법 제103조 제5항	10	10	10
다. 법 제22조의6 제6항을 위반하여 인증을 받지 않은 문화재교육 프로그램에 대하여 인증표시를 하거나 이와 비슷한 표시를 한 경우	법 제103조 제1항 제2호	250	350	500
라. 법 제40조 제1항 제1호부터 제5호까지, 제8호 또는 제9호(법 제74조 제2항에 따라 준용되는 경우를 포함한다)에 따른 신고를 하지 않은 경우	법 제103조 제4항 제1호	100	150	200
마. 법 제40조 제1항 제6호(법 제74조 제2항에 따라 준용되는 경우를 포함한다)에 따른 신고를 하지 않은 경우	법 제103조 제1항 제3호	300	400	500
바. 법 제40조 제1항 제7호·제9호의2·제9호의3 또는 같은 조 제3항(법 제74조 제2항에 따라 준용되는 경우를 포함한다)에 따른 신고를 하지 않은 경우	법 제103조 제3항 제1호	150	200	300
사. 법 제41조 제1항에 따른 수입·반입 신고를 하지 않은 경우	법 제103조 제3항 제2호	150	200	300
아. 법 제55조 제1호부터 제5호까지, 제7호 또는 제8호에 따른 신고를 하지 않은 경우	법 제103조 제4항 제2호	100	150	200
자. 법 제55조 제6호에 따른 신고를 하지 않은 경우	법 제103조 제1항 제4호	250	350	500
차. 법 제56조 제1항에 따른 신고를 하지 않은 경우	법 제103조 제1항 제5호	500	500	500
카. 법 제60조 제4항에 따른 신고를 하지 않은 경우	법 제103조 제4항 제3호	100	150	200
타. 법 제75조 제2항에 따른 신고를 하지 않은 경우	법 제103조 제4항 제4호	100	150	200
파. 법 제75조 제4항에 따른 변경신고를 하지 않은 경우	법 제103조 제4항 제5호	100	150	200

하. 법 제75조의2 제2항에 따른 신고를 하지 않은 경우	법 제103조 제4항 제6호	100	150	200
거. 법 제78조에 따른 준수 사항을 이행하지 않은 경우	법 제103조 제4항 제7호	100	150	200
너. 법 제79조에 따른 폐업신고를 하지 않은 경우	법 제103조 제4항 제8호	100	150	200
더. 법 제82조의2를 위반하여 한국문화재재단 또는 이와 유사한 명칭을 사용한 경우	법 제103조 제2항	200	300	400

03 ICOM 전문직원 윤리강령

ICOM 박물관 윤리강령

1. 박물관은 인류의 자연과 문화유산을 보전, 해석하고 장려한다.
   - 기관으로서의 적격성
   - 물적 자원
   - 재정적 자원
   - 직원
2. 소장품을 관리하는 박물관은 사회의 공익과 발전을 위해 이를 보관한다.
   - 소장품의 취득
   - 소장품의 처분
   - 소장품의 관리
3. 박물관은 지식을 확립하고 증진시키기 위한 주요한 증거들을 보유한다.
   - 주요한 증거
   - 박물관의 수집 활동과 연구
4. 박물관은 자연과 문화유산에 대한 올바른 인식, 이해, 관리를 위한 기회를 제공한다.
   - 진열 및 전시
   - 기타 자원
5. 박물관은 공공 서비스와 공익을 위한 기회를 제공하는 자원을 보유한다.
   - 감정 업무
6. 박물관은 그들이 봉사하는 지역사회뿐만 아니라, 박물관의 소장품이 유래한 지역사회와도 긴밀히 협력하여 활동한다.
   - 소장품의 출처지
   - 지역사회에 대한 존중
7. 박물관은 합법적으로 운영되어야 한다.
   - 법적 체계
8. 박물관은 전문적으로 운영되어야 한다.
   - 직업적 품행
   - 이해의 상충

1. 박물관은 인류의 자연과 문화유산을 보전, 해석하고 장려한다.

원칙
박물관은 유형·무형의 자연과 문화유산에 대한 책임을 져야 한다. 박물관의 전략적 지도 감독에 관여하는 관리주체는 박물관의 역할 수행을 위한 인적, 물적, 재정적 자원뿐만 아니라 위와 같은 유산을 보호하고 장려해야 할 일차적 책임을 지닌다.

기관으로서의 적격성

1.1 합법적 설립의 문서화
관리주체는 박물관의 법적 지위, 사명, 영속성 및 비영리적 성격을 명확하게 명시하여 공표한 성문화된 정관, 규칙 또는 국내법에 따라 작성된 공문서를 박물관이 가지고 있음을 확인해야 한다.

1.2 사명, 목적, 정책에 대한 성명서
관리주체는 박물관의 사명, 목적, 정책 및 관리주체의 역할과 구성에 대한 성명서를 작성, 공표하고 이에 따라 업무를 수행해야 한다.

물적 자원

1.3 건물
관리주체는 박물관의 사명에 명시된 기본적 역할을 충실히 수행하는 데 적합한 환경이 구비된 알맞은 건물을 갖추고 있어야 한다.

1.4 접근성
관리주체는 박물관과 소장품을 적당한 시간과 정기적인 기간에 모든 사람들이 이용 가능하도록 해야 한다. 특별한 요구사항이 있는 사람에게는 개별적인 배려가 있어야 한다.

1.5 후생 및 안전
관리주체는 후생, 안전 그리고 접근 가능성에 대한 기관의 기준이 박물관 직원 및 방문객에게 공히 적용되도록 해야 한다.

1.6 재난 대비 보호
관리주체는 자연 재해 및 인재에 대비하여 일반인과 박물관 직원, 소장품, 그 밖의 자원을 보호하기 위한 정책을 개발하고 유지해야 한다.

1.7 보안 요건
관리주체는 진열, 전시, 작업실 및 수장고 보관, 그리고 이동 중에 발생할 수 있는 도난이나 훼손에 대비하여 소장품을 보호할 수 있는 적절한 보안책을 마련해야 한다.

1.8 보험 및 손해 보상

소장품을 위해 상업적 보험을 이용하는 경우, 관리주체는 그러한 보험이 적절한지 여부, 이송 또는 대여 중인 소장품과 박물관의 책임 하에 있는 기타 물건까지 포함하고 있는지를 확인해야 한다. 손해 보상을 받는 경우, 박물관 소유가 아닌 모든 박물관 자료까지도 적절히 보상받을 수 있도록 해야 한다.

재정적 자원

1.9 자금 운용

관리주체는 박물관 활동을 수행하고 개발하기 위한 자금이 충분한지를 확인해야 한다. 모든 자금에 대해서는 전문적인 회계 처리가 수반되어야 한다.

1.10 수입산출에 대한 정책

관리주체는 본래의 운영 활동이나 외부로부터 기인하여 산출된 수입에 대해 명문화된 정책을 갖고 있어야 한다. 자금의 출처와 관계없이, 박물관은 수행하고 있는 프로그램, 전시, 활동 등의 내용과 총체성에 대한 관리를 유지해야 한다. 수입 산출 활동이 기관이나 공공성에 대한 규범에 위반하여 이루어져서는 안 된다(6.6 참조).

직 원

1.11 고용 정책

관리주체는 인사에 관한 모든 활동이 적절하고 합법적인 절차뿐만 아니라 박물관의 정책에 따라 이루어지고 있음을 확인해야 한다.

1.12 관장의 임명

박물관의 관장은 매우 중요한 직책이다. 따라서 관리주체가 관장을 임명할 때에는 해당 역할을 효율적으로 이행하는 데 필요한 지식과 능력을 고려해야 한다. 이와 같은 자질에는 높은 수준의 윤리적 품행이 겸비된 지적능력과 전문지식이 포함되어야 한다.

1.13 관리주체와의 소통

박물관의 관장은 해당 관리주체와 소통할 수 있는 직접적인 경로를 가지며, 직접적인 보고 의무를 지닌다.

1.14 박물관 직원의 자질

모든 책무를 완수하는 데 필요한 전문적 지식을 갖춘 자질 있는 인력을 고용해야 한다(2.19; 2.24; 8장 참조).

1.15 직원의 훈련

효율적인 업무 능력을 유지하기 위하여 모든 박물관 직원의 평생 교육과 업무 능력 계발을 위한 적절한 기회를 마련해야 한다.

1.16 윤리적 상충

관리주체는 박물관 직원에게 본 윤리강령의 조항, 국내법 또는 기타 전문분야의 윤리강령과 상충될 수 있는 방법으로 업무 지시를 내려서는 안 된다.

1.17 박물관 직원과 자원봉사자

관리주체는 자원봉사자와 박물관직 종사자 간의 긍정적인 관계를 활성화하는 성문화된 자원봉사 정책을 마련하고 있어야 한다.

1.18 자원봉사자와 윤리

관리주체는 자원봉사자가 박물관 활동 및 개인 활동을 할 때 ICOM 박물관 윤리강령과 기타 적용 가능한 강령 및 법령을 충분히 숙지하고 있도록 해야 한다.

2. 소장품을 관리하는 박물관은 사회의 공익과 발전을 위해 이를 보관한다.

원 칙

박물관은 자연, 문화, 과학 유산 보호에 기여하기 위하여 소장품을 수집, 보존, 장려할 의무가 있다. 소장품은 중요한 공공 유산임과 동시에 법적으로 특별한 지위를 가지며 국제적 법령에 의해 보호받는다. 정당한 소유권, 영속성, 문서 및 정보 관리, 접근성 그리고 책임 있는 처분 등을 포함하는 책무는 이와 같은 공적인 의무에 내재되어 있다.

소장품의 취득

2.1 소장품 정책

박물관의 관리주체는 소장품의 취득, 관리, 이용 등을 명시하는 문서화된 소장품 정책을 채택하여 공표해야 한다. 본 정책은 소장품 목록에 수록되지 않거나, 보존 처리 또는 전시되지 않는 박물관 자료의 기준을 명확히 해야 한다(2.7; 2.8 참조).

2.2 합법적 소유권

박물관이 합법적 소유권을 가진다는 요건이 충족되지 않는 경우, 어떠한 박물관 자료도 구입, 기증, 대여, 유증 또는 교류를 통해 수집될 수 없다. 일정한 국가 내에서 법률상 소유자임을 증명하는 자료가 반드시 합법적인 소유권을 의미하는 것은 아니다.

2.3 출처와 주의 의무

박물관 자료를 취득하는 경우에는 구입, 기증, 대여, 유증, 교류 등을 목적으로 제공된 해당 자료들이 불법적인 소유에 기인한 것이 아니며, 또는 (박물관 소재국을 포함하여) 합법적으로 소유되었던 출처지 국가나 제2의 국가에서 불법적으로 유출되지 않았음을 사전에 확인하기 위한 모든 노력이 기울여져야 한다. 이와 같은 주의의 의무를 통하여 박물관 자료의 발굴이나 제작 시점 이후의 모든 내력을 입증해야 한다.

2.4 인가받지 않았거나 비학리적인 현지 조사에서 기인한 박물관 자료

박물관은 인가받지 않았거나 비학리적인 현지 조사, 기념물, 고고학 또는 지질학적 유적지, 생물종 또는 자연 서식지에 대한 의도적인 파괴 혹은 훼손이 수반되어 얻어졌다고 믿을 만한 합리적인 이유가 있는 박물관 자료를 취득하지 않아야 한다. 이와 마찬가지로, 해당 토지의 소유자 또는 점유자, 적법한 관계 당국이나 정부 기관에 박물관 자료의 발견에 대한 보고가 이행되지 않았다면 그것을 취득할 수 없다.

2.5 문화적으로 민감한 박물관 자료

사람의 인골이나 신성한 의미를 지닌 박물관 자료는 안전하게 보관되고 삼가 신중하게 관리할 수 있는 경우에만 취득될 수 있다. 이는 전문적인 규범과 함께, 박물관 자료가 유래되었다고 알려진 지역사회, 민족 또는 종교 단체 구성원들의 이해관계와 믿음에 부합하여 이루어져야 한다(3.7; 4.3 참조).

2.6 보호 대상 생물학적 지질학적 박물관 자료

박물관은 야생 동식물 보호나 자연사 보존에 관한 지방, 국가, 지역, 국제적 법령이나 협정을 위반하여 수집, 매매, 또는 양도된 생물학적 지질학적 박물관 자료를 취득해서는 안 된다.

2.7 살아 있는 소장품

소장품이 살아 있는 동식물 표본을 포함하는 경우, 야생 동식물 보호나 자연사 보존에 관한 지방, 국가, 지역, 국제적 법령이나 협정뿐만 아니라 표본들이 연유한 자연적 사회적 환경에 대한 특별한 고려가 있어야 한다.

2.8 활용을 위한 소장품

박물관 자료가 유형물로서의 기능보다 문화, 과학 또는 기술적 과정의 보전에 중점이 주어지거나, 통상적인 이용 혹은 교육 목적으로 구성된 경우 박물관의 소장품 정책에는 활용을 위한 소장품 유형에 대한 특별한 고려 사항이 포함될 수 있다.

2.9 소장품 정책 범주 이외의 취득

박물관의 문서화된 소장품 정책 이외의 범주에 속하는 박물관 자료의 취득은 예외적인 상황 하에서만 허용된다. 관리주체는 이에 대한 전문적인 견해와 모든 이해 당사자들의 의견을 참작해야 한다. 여기에는 문화 및 자연 유산의 맥락을 포함한 박물관 자료의 중요성, 다른 박물관이 이러한 박물관 자료를 취득하는 것에 대한 특정한 이해관계 등이 고려되어야 한다. 그러나 이러한 조건 하에서도 합법적 소유권을 갖지 않은 박물관 자료는 취득되어서는 안 된다(3.4 참조).

2.10 관리주체 임원 또는 박물관 직원의 제공에 의한 취득

관리주체의 임원, 박물관 직원 혹은 그들의 가족 친지나 동료들이 제공하고자 하는 박물관 자료에 대해서는 그것이 판매, 기증 또는 세금수혜와 관련한 기증인지 등에 관계없이, 특별한 주의가 필요하다.

2.11 최후의 보관소

본 윤리강령의 어떠한 조항도 박물관이, 법적 책임 관할지역 내에서 출처가 불분명하거나 부정하게 수집 혹은 발견된 박물관 자료에 대한, 인가된 보관소의 역할을 하는 것을 제한할 수 없다.

소장품의 처분

2.12 처분에 대한 법적 혹은 기타 권한

박물관이 처분을 허가하는 법적 권한을 가졌거나 혹은 처분 조건에 해당할 수도 있는 박물관 자료를 취득하였다면, 이와 관련한 법적 또는 기타 준수 사항과 절차가 완전하게 이행되어야 한다. 박물관 자료의 취득이 의무 사항이었거나 다른 규제 사항이 있는 경우, 그러한 규제 사항을 준수하는 것이 불가능하다거나 이러한 준수 행위가 기관에 불리하다는 것이 명백하지 않는 한 그러한 조건들은 지켜져야 한다. 적절한 경우, 법적 절차를 통해 조건 변경을 요청할 수 있다.

2.13 박물관 소장품에서의 처분

박물관 소장품에서 박물관 자료를 처분할 때에는 박물관 자료의 중요도, 특성(새롭게 구할 수 있는 것인지 아닌지), 법적 지위 그리고 처분 행위로 인해 잃을 수도 있는 공적 신인도 등에 대한 충분한 이해가 반드시 있어야만 처분이 가능하다.

2.14 처분에 대한 책임

관장 및 해당 소장품의 담당 학예직원이 실무를 담당하는 박물관에서의 처분에 관한 결정은 관리주체의 책임 하에 이루어져야 한다. 활용을 위한 소장품에 대해서는 특별한 절차가 적용될 수 있다(2.7, 2.8 참조).

2.15 소장품에서 처분된 박물관 자료의 처리

각 박물관은 기증, 양도, 교환, 매각, 반환 혹은 훼손 등으로 인해 박물관 자료를 영구적으로 처분하기 위한 인가된 방법이 정의된 정책을 마련해야 하며, 수령기관에는 제한 없는 소유권을 양도하도록 해야 한다. 박물관은 모든 처분 결정, 관련 박물관 자료, 박물관 자료의 처분에 대한 일체의 정보를 갖고 있어야 한다. 필수적인 전제로서, 처분된 박물관 자료가 우선적으로 다른 박물관에 제공되어야 한다.

2.16 소장품 처분에 따른 수입

박물관 소장품은 공적 위탁 상태에 있으므로 현금 변환이 가능한 자산으로 다루어서는 안 된다. 박물관 소장품에서 처분되는 박물관 자료로부터 발생한 현금이나 보상은 전적으로 소장품을 위해 사용되어야 하고 대개 동일한 종류의 소장품 취득에 사용되어야 한다.

2.17 처분된 소장품의 구입

박물관 직원, 관리주체 혹은 그들의 가족 친지나 동료들은 그들이 책임지고 있던 소장품에서 처분한 박물관 자료를 구매할 수 없다.

소장품의 관리

2.18 소장품의 영속성

박물관은 소장품(영구 및 임시 모두)과 적절히 기록된 관련 정보가 현재 활용이 가능한지 그리고 실제적으로 안전한 조건하에 현재의 지식과 자원을 고려하여 다음 세대에 물려줄 수 있는지를 확인할 수 있는 정책을 수립하여 실행해야 한다.

2.19 소장품에 대한 책임의 위임

소장품 관리에 관한 직업적 책임은 적절한 지식과 기술을 겸비한 직원 혹은 충분히 지도받은 직원에게 맡겨져야 한다(8.11 참조).

2.20 소장품에 관한 문서 및 정보 관리

박물관 소장품은 인정된 업무 기준에 따라 문서화되어 관리되어야 한다. 작성된 자료에는 박물관 자료의 감정, 설명, 관련 자료, 출처, 상태, 취급 방법 및 현재의 위치 등이 포함되어야 한다. 이러한 정보는 안전한 환경에서 보관되어야 하며, 박물관 직원이나 적법한 이용자가 사용할 수 있는 정보 검색 시스템에 의해 지원되어야 한다.

2.21 재난 대비 보호

무력 충돌 및 전쟁, 기타 인재 또는 자연 재해가 발생할 경우 소장품을 보호하기 위한 정책 개발에 세심한 주의를 기울여야 한다.

2.22 소장품 및 관련 정보 자료의 보안

박물관은 소장품 정보 자료가 일반인에게 공개될 경우, 민감한 개인 신상 관련 정보나 기밀 사안들이 노출되는 것을 방지하기 위해 관리 감독권을 행사해야 한다.

2.23 예방 보존

예방 보존은 박물관 정책과 소장품 보호에 있어서 중요한 요소이다. 소장품이 수장고 및 전시실 내에 있거나 운송 중인 경우 보호를 위해 안전한 환경을 조성하고 유지하는 것은 박물관직 종사자의 필수적인 임무이다.

2.24 소장품 보존과 수복

박물관은 박물관 자료가 언제 보존 · 수복 처리 및 보존 · 수복 전문가의 작업이 필요한지를 정하기 위해 소장품의 상태를 세심하게 관찰해야 한다. 주된 목적은 박물관 자료의 안정화이어야 한다. 모든 보존 처리 절차는 상세히 기록되어야 하며, 처리 절차는 가능한 한 역으로 복원될 수 있어야 한다. 그리고 모든 변경 작업 결과는 원래의 박물관 자료와 명백하게 구별 가능하여야 한다.

2.25 살아 있는 동물의 후생

살아 있는 동물을 관리하는 박물관은 동물의 보건과 후생에 대해 전적으로 책임을 져야 한다. 동물뿐만 아니라 직원 및 관람객의 보호를 위하여 수의학 전문가에게 승인받은 안전 수칙을 마련하고 이행해야 한다. 유전자 조작 여부도 명백히 확인 가능해야 한다.

2.26 박물관 소장품의 사적 이용

박물관 직원, 관리주체, 그들의 가족 친지나 동료 및 그 외 사람들은 박물관 소장품을 한시적일지라도 사적인 용도로 도용할 수 없다.

3. 박물관은 지식을 확립하고 증진시키기 위한 주요한 증거들을 보유한다.

원칙
박물관은 소장품에 있는 주요한 증거들의 관리, 접근성 그리고 해석과 관련된 모든 면에 특별한 책임이 있다.

주요한 증거

3.1 주요한 증거로서의 소장품
박물관의 소장품 정책은 주요한 증거로서의 소장품에 대한 중요성을 명백하게 나타내야 한다. 그러나 소장품 정책이 현대의 지적 경향이나 현재 박물관에서의 관행에 의해 결정되어서는 안 된다.

3.2 소장품의 유용성
박물관은 소장품과 모든 관련 정보를 보안과 안전상 일어날 수 있는 문제들을 최소화하면서, 가능한 한 자유롭게 이용될 수 있도록 해야 하는 특별한 책임이 있다.

박물관의 수집 활동과 연구

3.3 현지 수집 활동
현지 수집 활동을 하는 박물관은 학문적 기준과 적용 가능한 국내 및 국제법과 협약에 입각해서 정책을 개발해야 한다. 현지 조사는 문화 및 자연 유산을 개발하기 위한 노력뿐만 아니라 지역사회의 의견, 환경 자원 그리고 그들의 문화적 풍습에 대한 존중과 고려가 있어야만 수행될 수 있다.

3.4 주된 증거의 예외적인 수집 활동
예외적으로, 출처가 불분명한 박물관 자료일지라도 학문에 기여하는 바가 본래부터 현저하여 그것을 보존하는 것이 공공의 관심사가 되는 경우가 있다. 이러한 박물관 자료를 박물관 소장품으로 수용하는 문제는 국내 혹은 국제적인 편견을 배제하고 관련 분야 전문가들이 결정해야 할 사안이다(2.11 참조).

3.5 연 구
박물관 직원이 수행하는 연구는 박물관의 사명과 목적에 부합해야 하고, 기존의 법적, 윤리적, 학술적 관례를 따라야 한다.

3.6 파괴 분석
파괴 분석 기법이 시행되는 경우, 분석된 자료에 대한 모든 기록과 분석 결과, 출판물을 비롯한 연구 결과는 해당 박물관 자료에 대한 영구적인 기록물에 포함되어야 한다.

3.7 사람의 인골 및 신성한 의미를 지닌 박물관 자료
사람의 인골 및 신성한 의미를 지닌 박물관 자료에 대한 연구는 그것이 유래되었다고 알려진 공동사회, 민족 또는 종교 단체 구성원들의 이해관계와 믿음을 고려하고 전문적인 규범에 부합하는 방식으로 이루어져야 한다(2.5; 4.3 참조).

3.8 연구 자료에 대한 권리 보유

박물관 직원이 발표나 현지 조사 기록을 위해 자료를 준비하는 경우, 해당 작업의 모든 권리 사항에 대해 연구 지원 박물관의 분명한 동의를 얻어야 한다.

3.9 전문성 공유

박물관직 종사자들은 그들의 지식과 경험을 관련 분야의 동료, 학자, 학생들과 공유해야 할 의무가 있다. 후자는 가르침을 준 사람들에 대한 경의와 감사를 표시하고, 다른 사람들에게 도움이 될 수 있는 기술상의 진보와 경험을 지속하여 전달해야 한다.

3.10 박물관과 타기관 간의 협력

박물관 직원은 유사한 관심과 수집 활동을 하는 기관과의 협력 및 자문에 대한 필요성을 인지하고 인정하여야 한다. 이는 특히 고등교육기관 및 장기적인 보안책 없이 중요 소장품들을 양산할 수 있는 연구를 하는 공익사업체와 협력할 때에 더욱 그러하다.

4. 박물관은 자연과 문화유산에 대한 올바른 인식, 이해, 관리를 위한 기회를 제공한다.

원칙

박물관은 교육적 역할을 개발하고 박물관이 이바지하는 지역사회 혹은 공동체로부터 광범위한 이용자의 관심을 이끌어야 할 중요한 의무가 있다. 지역사회와의 상호작용 및 그들의 유산을 진흥하는 것은 박물관의 교육적 역할에서 매우 중요한 부분이다.

진열 및 전시

4.1 진열, 전시 및 특별 활동

진열과 임시 전시(실물 또는 전자 전시) 등은 명문화된 박물관의 사명, 정책, 목적에 부합해야 하며 소장품의 상태 수준이나 적절한 보호, 보존 등에 저촉되지 않아야 한다.

4.2 전시의 해석

박물관은 진열과 전시에서 전달하는 정보가 사실에 입각하여 정확히 표현되어 있는지, 또한 전시 내용과 관련된 공동체나 신앙에 대한 존중이 적절하게 내포되고 있는지를 확인해야 한다.

4.3 민감한 박물관 자료의 전시

사람의 인골 및 신성한 의미를 지닌 박물관 자료는 그것이 유래되었다고 알려진 공동사회, 민족 또는 종교 단체 구성원들의 이해관계와 믿음을 고려하고 전문적인 규범에 부합하여 전시되어야 한다. 이러한 박물관 자료는 모든 인류가 가지고 있는 인간의 존엄성에 대한 배려와 함께 훌륭한 미적 감각을 활용하여 전시되어야 한다.

4.4 공개 전시의 철수

사람의 유골 및 신성한 의미를 지닌 박물관 자료를 해당 공동체에서 철수하도록 요청받을 때에는 세심한 주의와 민감성을 가지고 신속하게 처리하여야 한다. 그러한 박물관 자료의 반환 요청 역시 유사하게 처리하여야 한다. 박물관의 정책은 이러한 요청에 대응하는 절차를 명백하게 규정하고 있어야 한다.

4.5 출처가 불분명한 박물관 자료의 전시

박물관은 출처가 의문스럽거나 출처 파악을 위한 정보가 부족한 박물관 자료를 전시하거나 활용하지 않아야 한다. 이러한 전시나 활용은 문화재의 부정한 거래를 묵과하거나 원인을 제공하는 행위로 보일 수 있다.

기타 자원

4.6 출 판

매체를 불문하고 박물관이 발간하는 모든 정보는 근거가 충분함과 동시에 정확해야 하며, 관련 학문 분야, 사회, 신앙에 대한 책임 있는 고찰을 해야 한다. 박물관의 출판물은 해당 기관의 기준에 저촉되지 않아야 한다.

4.7 복 제

박물관은 소장품 내 박물관 자료의 재현품, 모사품 혹은 복제품을 제작할 경우 진품의 총체적 완전성을 중요시해야 한다. 모든 복제품들은 복제본으로 영구히 표시되어야 한다.

5. 박물관은 공공 서비스와 공익을 위한 기회를 제공하는 자원을 보유한다.

원 칙

박물관은 더욱 널리 응용할 수 있는 전문성, 기술 그리고 물적 자원 등의 폭넓은 다양함을 활용한다. 이러한 활용은 확대된 개념의 박물관 활동으로서 자원의 공유나 서비스의 제공으로 이어질 수 있으며, 이는 명문화된 박물관의 사명에 저촉되지 않게 운영되어야 한다.

감정 업무

5.1 불법적이거나 부정한 방법으로 취득된 박물관 자료의 감정

박물관이 감정 업무를 제공하는 경우 그것을 통해 박물관이 직간접적인 이득을 취한다고 여겨지는 행동을 해서는 안 된다. 불법적이거나 부정하게 취득, 양도, 반입 혹은 반출되었다고 믿어지거나 의심되는 박물관 자료의 감정과 진위 여부는 적절한 관계 당국에 보고되기 전까지 공개되어서는 안 된다.

5.2 진위 여부와 감정 평가

감정 평가는 박물관 소장품의 보험 가입을 목적으로 할 때 이루어질 수 있다. 그 외 박물관 자료의 금전적 가치에 대한 의견은 다른 박물관, 소관 사법기관, 정부 또는 기타 공공기관의 공식 요구가 있을 때에만 제시할 수 있다. 그러나 박물관이 수혜기관이 되는 경우 박물관 자료의 감정 평가는 독립적으로 이루어져야 한다.

6. 박물관은 그들이 봉사하는 지역사회뿐만 아니라, 박물관의 소장품이 유래한 지역사회와도 긴밀히 협력하여 활동한다.

원칙

박물관 소장품은 해당 소장품이 유래한 지역사회의 문화 및 자연 유산을 반영한다. 이러한 유산들은 자산으로서의 일반적인 특성을 넘어서 국가, 지역, 지방, 민족, 종교 및 정치적 정체성과 밀접한 관계가 있을 수 있다. 그리하여, 박물관의 정책은 그러한 상황에 따라 적절히 대처하는 것이 중요하다.

소장품의 출처지

6.1 협력

박물관은 박물관 자료가 유래한 국가와 지역사회의 박물관 및 문화기관과의 지식, 정보, 소장품의 교류 등을 활성화하여야 한다. 또한 중요한 유산 등을 소실한 국가 혹은 지역 내 박물관과의 협력 관계를 발전시킬 수 있는 가능성을 검토하여야 한다.

6.2 문화재의 반환

박물관은 박물관 자료가 유래한 국가 또는 민족과 문화재 반환에 관한 대화를 개진할 준비가 되어 있어야 한다. 이는 정부나 정치적 차원의 활동에 앞서, 적용 가능한 해당국의 법령 및 국제적 법령뿐만 아니라 과학적, 전문적, 인도주의적 원칙에 근거하여 공명정대한 방법으로 이행되어야 한다.

7. 박물관은 합법적으로 운영되어야 한다.

원칙

박물관은 국제, 지역, 국가 그리고 지방의 법령과 조약의 의무 사항을 반드시 준수하여야 한다. 또한 관리주체는 박물관과 소장품, 박물관 운영에 관련하여 법적 구속력이 있는 신탁이나 조건에 따라야 한다.

법적 체계

7.1 국내 법령

박물관은 모든 국내법 및 지방 법령을 준수하고 박물관 운영에 영향을 미칠 수 있는 다른 국가의 법령도 중요시하여야 한다.

7.2 국제 법령

박물관 정책은 ICOM 박물관 윤리강령을 해석하는 기준으로서 다음의 국제 법령을 인정하여야 한다.

- 무력 충돌 및 전쟁 시 문화재 보호를 위한 협약(1954년 "헤이그협약" 제1차 의정서, 1999년 제2차 의정서)
- 문화재의 불법 반출입 및 소유권 양도의 금지와 예방 수단에 관한 협약(UNESCO, 1970)
- 멸종 위기에 처한 야생 동식물의 국제 거래에 관한 협약(워싱턴, 1973)
- 생물 다양성에 관한 협약(UN, 1992)
- 도난당했거나 불법적으로 반출된 문화재에 관한 협약(UNIDROIT, 1995)

- 수중문화재 보호 협약(UNESCO, 2001)
- 무형문화유산 보호 협약(UNESCO, 2003)

8. 박물관은 전문적으로 운영되어야 한다.

원 칙

박물관직 종사자는 공인된 규범과 법령을 준수해야 하고 해당 직업의 품격과 명예를 유지해야 한다. 또한 불법적이거나 비윤리적인 업무행위로부터 일반 대중을 보호해야 한다. 박물관의 사회적 기여에 대한 일반인의 이해를 돕기 위해 박물관은 박물관직의 사명, 목적, 포부를 대중에게 교육시키고 알리는 데 모든 기회를 활용해야 한다.

직업적 품행

8.1 관련 법령의 숙지

모든 박물관직 종사자는 관련 국제법, 국내법, 지방 법령 그리고 임용 조건 등을 숙지하고 있어야 한다. 그리하여 부적절한 행위로 여겨질 수 있는 상황을 미연에 방지해야 한다.

8.2 직업적 의무

박물관직 종사자는 그들이 소속된 기관의 정책과 절차를 따라야 할 의무가 있다. 그러나 박물관, 박물관직, 직업윤리 등에 해가 된다고 여겨지는 관행에 대해서는 정당하게 반대할 수 있다.

8.3 직업적 품행

동료 직원과 소속 박물관에 대해 성실한 태도를 갖는 것은 중요한 직업적 의무이다. 이는 직업 전반에 걸쳐 적용될 수 있는 기본적인 윤리 원칙의 준수에 기반을 두어야 한다. 이러한 윤리 원칙은 ICOM 박물관 윤리강령의 조항에 위배되지 않아야 하며 박물관 업무와 관련있는 다른 강령이나 정책에 대해서도 인지하고 있어야 한다.

8.4 학술적 과학적 책임

박물관직 종사자는 소장품의 고유 정보에 대한 조사, 보존 그리고 이용을 증진해야 한다. 그러므로 박물관직 종사자는 학술적 · 과학적 정보 자료의 손실을 초래할 수 있는 활동이나 상황을 멀리하고 삼가야 한다.

8.5 불법 시장

박물관직 종사자는 자연 및 문화유산의 부정한 거래 혹은 매매를 직간접적으로 옹호해서는 안 된다.

8.6 기밀성

박물관직 종사자는 업무상 취득한 기밀정보를 보호해야 한다. 더욱이 감정을 목적으로 박물관에 들여온 박물관 자료의 정보는 기밀이며 소유자의 특별한 허락 없이 다른 기관 및 개인에게 공표되거나 전달되어서는 안 된다.

8.7 박물관 및 소장품 보안

박물관 직원은 박물관 혹은 개인 소장품들의 보안 관련 정보나 업무수행 중 방문한 장소에 대해 철저히 기밀을 유지해야 한다.

8.8 기밀유지 의무의 예외

도난, 부정 획득 혹은 불법 양도의 가능성이 있는 문화재에 대해 조사할 때에는 경찰이나 해당 기관에 협조해야 하는 법적 의무가 기밀 유지에 우선한다.

8.9 개인의 자주성

직업 종사자들이 개인의 자주성에 대한 방편을 마련할 권리가 있지만, 개인적 용무나 직업적인 이해관계가 소속 기관으로부터 전적으로 분리될 수는 없다는 것을 명심해야 한다.

8.10 직업적 관계

박물관직 종사자는 소속된 박물관의 내부 및 외부의 많은 사람들과 업무 관계를 형성한다. 그리고 다른 사람들을 위하여 직업으로서의 서비스를 효과적이고 높은 수준으로 제공하여야 한다.

8.11 직업적 자문

바람직한 의사결정을 명확히 내리는 데 필요한 전문성이 박물관 내에서 부족한 경우 해당 박물관의 내부 혹은 외부의 동료들에게 자문을 구하는 것은 직업적인 의무이다.

이해의 상충

8.12 선물, 후원, 대부 혹은 기타 사적 이익

박물관 직원은 직무 관계상 제공될 수도 있는 선물, 후원, 대부 혹은 기타 사적인 이익을 받아들여서는 안 된다. 가끔 직업적 예의로서 선물을 주고받는 경우가 있지만 이는 반드시 해당 기관의 이름으로 이루어져야 한다.

8.13 외부 고용 또는 업무적 이해관계

박물관직 종사자들은 개인의 자주성에 대한 방편을 마련할 권리가 있지만, 개인적 용무나 직업적인 이해관계가 소속 기관으로부터 전적으로 분리될 수는 없다는 것을 명심해야 한다. 그들은 다른 유급 고용직을 맡는다든지 박물관의 이해와 상충되거나 그렇게 보일 수 있는 외부의 임무를 받아들여서는 안 된다.

8.14 자연과 문화유산의 거래

박물관직 종사자는 직간접적으로 자연과 문화유산의 거래(영리를 위한 매매)에 관여해서는 안 된다.

8.15 거래 업자와의 상호 관계

박물관직 종사자는 거래업자, 경매인 혹은 타인으로부터, 박물관 자료의 구입이나 처분을 유도하거나 공식적인 업무에 영향력을 행사하기 위한 선물, 접대, 기타 어떠한 형태의 보상도 받아서는 안 된다. 더욱이 박물관직 종사자는 특정 거래업자, 경매인 또는 감정인을 일반인에게 소개해서는 안 된다.

8.16 개인적인 수집 활동

박물관직 종사자는 박물관 자료를 취득하거나 개인적인 수집 활동을 하는 데 있어서 소속된 기관과 경쟁을 해서는 안 된다. 모든 개인적인 수집 활동에 관련하여 당사자와 관리주체 간의 합의가 공식적으로 이루어져야 하고, 합의 사항은 성실히 이행되어야 한다.

8.17 ICOM의 명칭과 로고의 사용

본 기관의 명칭, 약칭 및 로고는 영리를 목적으로 하는 사업이나 상품의 장려 또는 승인에 이용되어서는 안 된다.

8.18 기타 이해의 상충

개인과 박물관 간의 이해가 상충되는 경우, 박물관의 이익이 우선되어야 한다.

인생의 실패는 성공이 얼마나 가까이 있는지도 모르고 포기했을 때 생긴다.

– 토마스 에디슨 –

PART 3

박물관학 기출문제

SD에듀와 함께, 합격을 향해 떠나는 여행

01 2019 기출문제

※ 본 기출문제는 2019년 11월 23일에 시행된 제20회 박물관 및 미술관 준학예사 박물관학 문제입니다.

01 전시 작품을 진열하는 방법으로 옳지 않은 것은?

① 작품(유물)을 중심으로 구성하는 방법

② 연대기적으로 전시를 전개하는 방법

③ 작품(유물)의 가격을 기준으로 나열하는 방법

④ 대표작 또는 대표유물을 중심으로 전개하는 방법

02 전시 연출 시 관람객의 편의와 안전을 위하여 필요한 전시보조물이 아닌 것은?

① 대형 실사출력 패널(슈퍼그래픽)

② 시청각자료

③ 작품(유물) 설명문

④ 전시연계 체험교육

해설 체험교육은 관람객의 편의와 안전을 위해서 하는 것이 아니라 박물관의 교육 기능을 위한 전시기법 중 하나이다.

03 전시관람이 불편한 장애인을 위한 전시기획 방법으로 옳지 않은 것은?

① 시각장애인을 위하여 전시공간 내 바닥, 벽, 기둥 등을 활용하여 공감각적인 사고를 이끌어 낼 수 있는 전시를 기획한다.

② 청각장애인을 위한 수화 투어를 진행한다.

③ 쇼케이스 제작 시 반사유리를 사용하여 빛이 잘 반사되도록 한다.

④ 난독증이 있는 관람객을 위하여 전시작품과 함께 그래픽 디자인을 보조 전시물로 연출하여 이해도를 높인다.

해설 전시관람이 불편한 장애인을 고려하여 쇼케이스 제작 시 빛이 반사되지 않도록 반사유리를 사용하지 않는 것을 권장한다.

04 전시를 구성하는 필수 요소가 아닌 것은?

① 전시물   ② 전시공간

③ 조 명   ④ 뮤지엄샵

05 박물관 및 미술관 동선의 형태에 따른 특징으로 옳지 않은 것은?

① 강제동선 : 연대순 전시 및 순차적 관람이 가능한 전시 등에 사용되며, 체인형 · 빗형(혼합형) · 블록형 등의 유형이 이에 해당된다.

② 자유동선 : 입출구가 같거나 다를 수 있으며 관람객이 스스로 진행방향을 정할 수 있다.

③ 관리동선 : 전시물의 보수 및 시설의 유지 관리를 위한 동선으로 관람객의 이동이 제한된다.

④ 자료동선 : 전시물의 수집 · 교체 · 반입 등에 따른 동선으로 전시 준비실 및 수장고로 이동되는 경로 등이 해당된다.

> **해설** 체인형, 빗형, 블록형은 자유동선에 해당된다.

06 박물관을 지을 때 전시설계 분야에서 가장 중요한 것은 '어떤 컨셉(주제)으로 전시를 할 것인지'에 대한 것이다. 전시 컨셉(주제) 선정 시 고려해야 할 사항으로 옳은 것은?

① 하나의 문장이나 단어로 구성하여 모든 것을 함축하는 문안으로 만든다.

② 전시 컨셉(주제)은 전시설계가 모두 끝난 후에 정하여야 한다.

③ 전시 컨셉(주제)에 전시내용과 목적까지 모두 담을 필요는 없다.

④ 전시 컨셉(주제)은 일반 대중의 눈과 귀에 익숙한 광고문안의 표현을 차용하여 만들어야 한다.

07 박물관 및 미술관 자료(유물)의 안전한 관리를 위하여 사용되는 방범 대책으로 옳지 않은 것은?

① 전시실 내 CCTV 설치

② 진열장 내 방범센서(감지센서) 설치

③ 노출전시물을 위한 알람센서(적외선 탐지기 등) 설치

④ 조도 제어센서 설치

08 박물관 수장고(격납창고) 출입 시 유의해야 하는 사항으로 옳은 것은?

① 출입 시 최소 두 사람 이상이 함께 출입하는 것이 바람직하다.

② 수장고 열쇠는 여러 벌 복사하여 3명 이상의 관리자를 두고, 만약의 위험에 대비하여야 한다.

③ 수장고 관리자의 승인을 얻은 후 수장고에 출입하는 경우, 수장고 출입일지(관리일지)에 기록하지 않아도 된다.

④ 수장고 출입 및 유물 출납과 관련한 사항은 박물관 및 미술관 진흥법령을 따른다.

09 박물관 및 미술관 진흥법령상 박물관 및 미술관 등록 시 필요한 서류로 옳은 것은?

① 박물관 건축도면

② 박물관 자료 또는 미술관 자료 구입 영수증

③ 학예사 명단

④ 관람방법 및 자료의 이용방법

해설 등록구비 서류 : 신청서, 시설명세서, 학예사 명단, 관람료 및 자료 이용료, 박물관 자료 또는 미술관 자료의 목록

10 박물관 및 미술관 진흥법령상 박물관 또는 미술관 등록 시 반드시 필요한 요건이 아닌 것은?

① 민속촌 : 도난 방지시설, 온습도 조절장치

② 종합박물관 : 각 분야별 전문박물관의 해당 전시실

③ 미술관 : 자료실 · 도서실 · 강당 중 1개 시설

④ 문화의 집 : 1명 이상의 학예사

해설 제2종에 해당하는 '문화의 집'은 유일하게 학예사가 필수 조건이 아니다.

11 박물관의 협력사업을 통해 운영효율화와 아이디어를 제공하고자 설립한 박물관 협의체가 아닌 것은?

① (사)한국박물관협회

② (사)한국사립박물관협회

③ (사)한국미술관협회

④ (사)한국대학박물관협회

12 박물관의 관람객을 동원시키기 위해 필요한 마케팅 믹스(marketing mix) 요소로 옳지 않은 것은?

① 제 품   ② 가 격

③ 판 촉   ④ 서비스

13 박물관 관내(실내)교육으로 가능하지 않은 것은?

① 야외현장답사   ② 강 연

③ 강 좌   ④ 세미나

14 마케팅 계획의 수립과정을 순서대로 올바르게 나열한 것은?

ㄱ. 상황분석	ㄴ. 마케팅 목표 설정
ㄷ. 마케팅 전략개발	ㄹ. 마케팅 통제

① ㄱ → ㄴ → ㄷ → ㄹ

② ㄱ → ㄹ → ㄴ → ㄷ

③ ㄴ → ㄹ → ㄱ → ㄷ

④ ㄹ → ㄱ → ㄷ → ㄴ

15 국제박물관협의회(ICOM) 박물관 윤리강령상 박물관직 종사자의 직업적 품행으로 옳지 않은 것은?

① 관련 국제법, 국내법, 지방법령 그리고 임용조건 등을 숙지하여야 한다.

② 소속된 박물관의 정책과 절차를 따라야 할 의무는 없다.

③ 소속된 박물관의 내부 및 외부 사람들과 업무 관계를 형성한다.

④ 박물관 혹은 개인 소장품들의 보안관련 정보나 업무수행 중 방문한 장소에 대해 철저히 기밀을 유지해야 한다.

16 국제박물관협의회(ICOM) 박물관 윤리강령상 박물관에 관한 설명으로 옳지 않은 것은?

① 박물관은 인류의 자연과 문화유산을 보전, 해석한다.

② 소장품은 사회의 공익과 발전을 위해 보관한다.

③ 박물관은 합법적으로 운영되어야 한다.

④ 박물관은 공공서비스와 공익을 위한 기회를 제공하지 않는다.

17 박물관 교육 3요소가 아닌 것은?

① 사물 중심 학습(Object-based Learning)

② 이용자 중심 학습(Audience-centered Learning)

③ 소장품 정책(Collections Policies)

④ 조력자로서의 교사(Educators as Facilitators)

18 박물관 교육특성으로 옳지 않은 것은?

① 실물을 중심으로 교육을 개발한다.

② 교육목표, 교수방법, 학습내용, 평가방법 등 교육학 요소를 활용한다.

③ 학교 교육과 달리 비교적 폭넓은 학습자를 대상으로 각기 다른 요구와 능력, 관심 등을 반영한다.

④ 학습자의 자발적인 참여를 유도하지 않고 주도적 학습형태를 지향한다.

19 박물관 내에서 교육개발 및 프로그램을 운영하는 직업은?

① 관장(Director)

② 교육사(Educator)

③ 등록담당자(Registrar)

④ 보존과학자(Conservator)

20 박물관 교육의 평가방법 중 평가시점에 따른 분류가 아닌 것은?

① 진단평가   ② 형성평가

③ 양적평가   ④ 총괄평가

21 박물관 자료를 취득하는 합법적인 방법이 아닌 것은?

① 기 증   ② 약 탈

③ 구 입   ④ 대 여

22 박물관 및 미술관 진흥법령상 설립 · 운영 주체에 따른 박물관 · 미술관의 구분에 해당하지 않는 것은?

① 국립박물관   ② 생태박물관

③ 공립박물관   ④ 사립박물관

23 박물관 자료의 관리에 관한 설명으로 옳지 않은 것은?

① 박물관 자료의 인수 및 인계는 전적으로 운송회사에 일임한다.

② 박물관은 박물관 자료를 합법적으로 취득하는 것이 원칙이다.

③ 박물관 자료는 중요한 공공 문화유산임과 동시에 법적으로 특별한 지위를 가지며 국제적 법령에 의해 보호를 받는다.

④ 박물관 자료를 어떻게 수집하느냐에 따라 유물의 가치가 좌우되며 어떻게 보존하느냐에 따라 유물의 영구성이 결정된다.

> **해설** 박물관 소장품의 인수 및 인계는 전문 학예사(학예사, 등록담당자, 보존처리사)의 관리하에 진행되어야 한다.

24 박물관 자료의 기증에 관한 설명으로 옳지 않은 것은?

① 모든 자료는 무상기증을 받아야 하며 금전적 보상은 절대 불가능하다.

② 소유권 양도절차에 관해 기증증서, 수증증서를 상호 작성, 교부하고 기증된 자료는 원칙적으로 반납이 불가하다.

③ 기증은 증여와 유증으로 나눌 수 있다.

④ 기증은 개인이나 단체가 소장하던 자료의 소유권을 박물관으로 이전하는 것이다.

25 박물관 자료를 활용한 출판 시 고려사항으로 옳지 않은 것은?

① 박물관 출판물은 일반인이나 전문가들이 이용할 수 있어야 한다.

② 박물관 자료는 기본적으로 소장자료의 목록이나 도판집에 수록할 필요가 없다.

③ 전시회 출전 기록이나 전시도록에 인용된 박물관 자료는 기록 · 정리한다.

④ 전시 관련 간행물이나 전문 학술도서에 인용된 자료는 기록 · 정리한다.

26 박물관에서 전시(exhibition)와 진열(display)에 관한 설명으로 옳지 않은 것은?

① 전시와 진열의 개념에는 차이가 있다.

② 전시는 전시기획자의 해석이 개입된 진열이다.

③ 자료선택과 전시방법에 따라 전체적인 관람 흐름이 결정된다.

④ 일반 상품의 진열과 박물관 자료의 진열에는 개념의 차이가 없으며 구분이 필요 없다.

27 공립 박물관이 아닌 기관은?

① 서울역사박물관

② 서울미술관

③ 펄벅기념관

④ 김해 클레이아크 미술관

해설 서울미술관은 국내 최초의 사설 미술관으로 1981년 서울 종로구에 개관하였으며, 2001년 재정난으로 인해 폐관되었다.

28 박물관 경영환경 변화의 원인으로 옳지 않은 것은?

① 박물관은 건전한 여가선용 장소라는 특성이 강조되고 있다.

② 박물관은 자유학기제 실행으로 교육활동이 대폭 축소되었다.

③ 박물관은 공공을 위한 봉사를 수행해야 하는 의무를 가지게 되었다.

④ 박물관은 다양한 강좌, 체험학습 운영 등 복합 문화센터로서의 역할을 하고 있다.

29 박물관 경영 시 경제적 문제해결을 위한 방법에 해당하지 않는 것은?

① 등록된 소장품을 판매한다.

② 박물관 문화상품을 개발한다.

③ 이용자의 수요에 따른 교육 프로그램을 운영한다.

④ 후원, 기부금, 지원금 제도를 활용한다.

30 국제박물관협의회(ICOM) 박물관 윤리강령상 소장품의 출처지 및 지역사회에 대한 존중에 관한 설명으로 옳은 것은?

① 박물관은 박물관 자료가 유래한 국가 또는 민족과 문화재 반환에 관한 대화를 일체 거부해야 한다.

② 박물관은 피점령국 영토에서 유래한 문화재 구입이나 취득을 허용해야 한다.

③ 현대 지역사회에서 유래한 소장품을 박물관이 이용할 때 그 박물관 자료를 사용하는 전통과 문화를 존중할 필요는 없다.

④ 박물관은 박물관 자료가 유래한 국가와 지역사회의 박물관 및 문화기관과의 지식, 정보, 소장품의 교류 등을 활성화하여야 한다.

> **The 중요**
>
> **국제박물관협의회 박물관 윤리강령 제6장 (본문 : p. 87, 298)**
> 6.2 문화재의 반환
> 박물관은 박물관 자료가 유래한 국가 또는 민족과 문화재 반환에 관한 대화를 개진할 준비가 되어 있어야 한다.

31 국제박물관협의회(ICOM) 박물관 윤리강령상 소장품 수집에 관한 설명으로 옳은 것은?

① 소장품 정책은 박물관의 일반적 관행으로만 결정한다.

② 박물관 소장품의 보안과 안전보다는 자유로운 이용에 중점을 둔다.

③ 현지 수집활동을 하는 박물관은 학문적 기준과 적용 가능한 국내 및 국제법과 협약에 입각해서 정책을 개발해야 한다.

④ 현지조사는 지역사회의 의견, 환경자원 그리고 문화적 풍습을 존중할 필요가 없다.

32 박물관의 기능으로 옳지 않은 것은?

① 박물관 자료의 수집 · 관리(보관)

② 박물관 자료에 관한 교육 및 전문적 조사 · 연구

③ 박물관 자료 처분을 위한 기술적 교육

④ 박물관 자료에 관한 전시회

33 1846년 제임스 스미슨(James Smithson)이 자신의 수집품과 유산을 미국 정부에 기증하며 건립된 박물관은?

① 애쉬몰리언 박물관

② 스미소니언 박물관

③ 대영 박물관

④ 루브르 박물관

34 일제강점기 박물관이 있던 지역과 박물관에 관한 설명으로 옳은 것은?

① 부여 - 1939년 부여고적보존회 발족으로 시작

② 개성 - 1912년 설립된 낙랑시대 유물 중심의 전시

③ 경주 - 1926년 조선총독부박물관 분관 편입

④ 평양 - 1933년 설립된 고려 유물 중심의 부립박물관

해설 조선총독부 박물관은 1926년에 경주분관이, 1939년에 부여분관이 설립되어 고대 수도에도 유물을 전시하도록 하였다.

35 기관에 따른 박물관의 정의로 옳지 않은 것은?

① 국제박물관협의회 – 박물관은 연구와 교육, 향수의 목적을 위해서 대중에게 공개되는 비영리적인 항구적 기관이다.

② 영국박물관협회 – 박물관은 사람들이 전시물을 통해 영감, 배움, 즐거움을 얻을 수 있도록 한다.

③ 미국박물관협회 – 박물관은 세계의 사물들을 수집, 보존, 해석함으로써 대중에게 공헌활동을 제공한다.

④ 독일박물관협회 – 박물관은 사회의 믿음을 바탕으로 수집, 보존, 접근할 수 없는 표본제작을 하는 기관이다.

36 박물관 자료를 보존처리 후 보존처리기록지에 기록할 사항이 아닌 것은?

① 보존처리 전·후 사진

② 보존처리 기간

③ 보존처리사항을 기록한 PC

④ 보존처리에 사용된 재료

37 문화재보호법령상 문화재기본계획 수립 시 의견 청취 대상자를 모두 고른 것은?

ㄱ. 지정문화재나 등록문화재의 소유자
ㄴ. 지정문화재나 등록문화재의 관리단체
ㄷ. 지정문화재나 등록문화재의 관리자
ㄹ. 「문화재보호법」에 따른 문화재위원회의 위원

① ㄱ, ㄴ   ② ㄴ, ㄹ

③ ㄱ, ㄴ, ㄷ   ④ ㄱ, ㄴ, ㄷ, ㄹ

38 박물관 자료의 재질별 보존환경에 관한 설명으로 옳은 것은?

① 금속류 : 빛에 민감하므로 조도에 유의한다.

② 도·토기류 : 충격과 급격한 온도 변화에 유의한다.

③ 직물(섬유)류 : 조도와 상관없이 온습도 유지에 유의한다.

④ 지류 : 직사광선만 피하면 된다.

해설 금속류는 비교적 빛에 강하므로 조도에 너무 민감할 필요는 없으며 직물(섬유)류는 온·습도와 조도 관리에 유의해야 한다. 지류는 직사광선과 산성화를 최소화해야 한다.

39 문화재보호법령상 일반동산문화재 수출 등의 금지에 관한 사항으로 옳은 것은?

① 「문화재보호법」에 따라 지정 또는 등록되지 아니한 문화재 중 동산에 속하는 문화재를 "일반동산문화재"라 한다.

② 「박물관 및 미술관 진흥법」에 따라 설립된 박물관이 외국의 박물관 등에 일반동산문화재를 반출한 날부터 3년 이내에 다시 반입하는 경우 지방자치단체장의 허가를 받아야 한다.

③ 외국 정부가 인증하는 박물관이 자국의 박물관 등에서 전시할 목적으로 국내에서 일반동산문화재를 기증받아 반출하는 경우 일반동산문화재의 수출과 반출에 관한 절차 등에 필요한 사항은 문화재청장령으로 정한다.

④ 일반동산문화재로 오인될 우려가 있는 동산을 국외로 수출하거나 반출하려면 미리 문화체육관광부 장관의 확인을 받아야 한다.

The 중요

「문화재보호법」 제60조(일반동산문화재 수출 등의 금지) (본문 : p.256)

① 이 법에 따라 지정 또는 등록되지 아니한 문화재 중 동산에 속하는 문화재(이하 "일반동산문화재"라 한다)에 관하여는 제39조 제1항과 제3항을 준용한다. 다만, 일반동산문화재의 국외전시 등 국제적 문화교류를 목적으로 다음 각 호의 어느 하나에 해당하는 사항으로서 문화재청장의 허가를 받은 경우에는 그러하지 아니하다.

　1. 「박물관 및 미술관 진흥법」에 따라 설립된 박물관 등이 외국의 박물관 등에 일반동산문화재를 반출한 날부터 10년 이내에 다시 반입하는 경우

　2. 외국 정부가 인증하는 박물관이나 문화재 관련 단체가 자국의 박물관 등에서 전시할 목적으로 국내에서 일반동산문화재를 구입 또는 기증받아 반출하는 경우

② 문화재청장은 제1항 단서에 따라 허가를 받은 자가 제37조 제1항 각 호의 어느 하나에 해당하는 경우에는 허가를 취소할 수 있다.

③ 제1항 제2호에 따른 일반동산문화재의 수출이나 반출에 관한 절차 등에 필요한 사항은 문화체육관광부령으로 정한다.

④ 제1항 단서에 따라 허가받은 자는 허가된 일반동산문화재를 반출한 후 이를 다시 반입한 경우 문화체육관광부령으로 정하는 바에 따라 문화재청장에게 신고하여야 한다.

⑤ 일반동산문화재로 오인될 우려가 있는 동산을 국외로 수출하거나 반출하려면 미리 문화재청장의 확인을 받아야 한다.

⑥ 제1항 및 제5항에 따른 일반동산문화재의 범위와 확인 등에 필요한 사항은 대통령령으로 정한다.

⑦ 문화재청장은 제1항 단서(제1호의 경우에 한정한다)에 따라 반출을 허가받은 자가 그 반출 기간의 연장을 신청하면 당초 반출목적 달성이나 문화재의 안전 등을 위하여 필요하다고 인정되는 경우 제8항에 따른 심사기준에 부합하는 경우에 한정하여 당초 반출한 날부터 10년의 범위에서 그 반출 기간의 연장을 허가할 수 있다.

⑧ 제1항 단서 및 제7항에 따른 일반동산문화재의 국외 반출3수출 및 반출 · 수출 기간의 연장을 허가하기 위한 구체적 심사기준은 문화체육관광부령으로 정한다.

⑨ 문화재청장은 제1항 단서에 따라 국외 반출 · 수출을 허가받은 자에게 해당 문화재의 현황 및 보존 · 관리 실태 등의 자료를 제출하도록 요구할 수 있다. 이 경우 요구를 받은 자는 특별한 사유가 없으면 이에 따라야 한다.

40 박물관 자료의 복원처리 과정을 순서대로 연결한 것은?

ㄱ. 이물질 제거		ㄴ. 강화처리	
ㄷ. 색맞춤		ㄹ. 처리준비	
ㅁ. 접 합		ㅂ. 복원 및 성형	

① ㄱ → ㄷ → ㄴ → ㅁ → ㅂ → ㄹ

② ㄹ → ㄱ → ㄴ → ㅁ → ㅂ → ㄷ

③ ㄹ → ㅁ → ㄴ → ㄱ → ㅂ → ㄷ

④ ㅁ → ㅂ → ㄴ → ㄱ → ㄹ → ㄷ

정답 한눈에 보기

01	02	03	04	05	06	07	08	09	10
③	④	③	④	①	①	④	①	③	④
11	**12**	**13**	**14**	**15**	**16**	**17**	**18**	**19**	**20**
③	④	①	①	②	④	③	④	②	③
21	**22**	**23**	**24**	**25**	**26**	**27**	**28**	**29**	**30**
②	②	①	①	②	④	②	②	①	④
31	**32**	**33**	**34**	**35**	**36**	**37**	**38**	**39**	**40**
③	③	②	③	④	③	④	②	①	②

02 2020 기출문제

※ 본 기출문제는 2020년 12월 01일에 시행된 제21회 박물관 및 미술관 준학예사 박물관학 문제입니다.

01 전시를 구성하기 위한 조직의 구성원이 아닌 것은?

① 학예사　　　　　　　　　　　　　② 전시디자이너

③ 홍보담당자　　　　　　　　　　　④ 방호담당자

> **해설** 박물관 전문직 조직 구성원에는 학예사, 교육담당자, 보존처리사, 등록담당자, 전시디자이너, 홍보담당자 등이 있다.

02 디지털 전시 연출 기술을 적용한 것이 아닌 것은?

① 매직비전　　　　　　　　　　　　② 디오라마

③ 가상현실　　　　　　　　　　　　④ 증강현실

> **해설** • 디오라마는 3차원 전시 연출 기술이다. 자료축소 모형(미니어처, 피규어)들이 이에 해당된다.
> • 매직비전, 가상현실, 증강현실은 특수 영상 전시 방법이다.

03 전시실의 동선에 관한 설명으로 옳지 않은 것은?

① 관리자 동선은 전시 시설의 신속한 유지 보수를 위한 것이며, 화재나 비상사태를 대비하여 비상동선과 함께 계획되어야 한다.

② 관람동선은 자유동선과 강제동선으로 구성될 수 있다.

③ 동선의 중간 지점에 휴게시설 등을 설치하는 것은 관람에 방해요소가 된다.

④ 전시자료 동선은 전시물의 교체 · 반입 등을 위한 것으로 준비실, 수장고, 임시 보관창고로 가는 경로이다.

> **해설** 동선의 중간 지점에 관람자의 '박물관 피로'를 최소화하기 위해 휴게시설 등을 설치하여야 한다.

04 전시를 기획하고 진행하는 과정을 순서대로 올바르게 나열한 것은?

> ㄱ. 전시 설계 및 공간구성   ㄴ. 자료조사 및 연구
> ㄷ. 전시운영   ㄹ. 전시평가

① ㄱ - ㄴ - ㄷ - ㄹ   ② ㄱ - ㄴ - ㄹ - ㄷ
③ ㄴ - ㄱ - ㄷ - ㄹ   ④ ㄴ - ㄱ - ㄹ - ㄷ

해설 전시기획 과정 : 개념 단계(자료조사 및 연구) → 개발 단계(기획 및 전개) → 기능 단계(운영 및 최종) → 평가 단계(전시평가)

05 전시를 구성하는 데 반드시 필요한 요소가 아닌 것은?

① 문화상품   ② 전시공간
③ 전시자료   ④ 전시조직

해설 전시의 구성요소 : 전시자료, 전시조직, 전시공간

06 박물관 교육 프로그램의 유형이 아닌 것은?

① 강좌   ② 전시설명
③ 개방형 수장고   ④ 현장학습

해설 박물관 교육 프로그램의 유형: 강좌나 강연, 전시 안내, 전시 설명회, 현장학습 등

07 박물관 · 미술관에서 일반 대중을 위해 진행하는 교육 프로그램이 아닌 것은?

① 레지던시 프로그램
② 평생교육 프로그램
③ 어린이 교육 프로그램
④ 청소년 교육 프로그램

해설 교육 대상에 따른 분류로써 평생교육 프로그램(일반 성인을 대상), 어린이 교육 프로그램(어린이 대상), 청소년 교육 프로그램(청소년 대상) 등이 있다.

The 중요

레지던시 프로그램(Artist-in-Residence)
문화예술 공간 운영자가 예술가들에게 창작공간을 제공하면 공모를 통해 입주작가가 선정되고 선정된 후 일정한 기간 동안 입주작가로 활동하게 되며 작품에 필요한 재료, 기획전시 참가, 생활공간 지원 등 예술가들을 위한 프로그램이다.

08 국제박물관협의회(ICOM)에서 정하고 있는 박물관 윤리강령 중 박물관 종사자의 '이해의 상충'에 해당되지 않는 것은?

① 직무 관계상 제공될 수 있는 선물, 후원, 대부 혹은 사적인 이익은 받아들이지 않는다.

② 개인과 박물관 간의 이해가 상충되는 경우, 박물관의 이익을 우선시 하지 않는다.

③ 박물관의 이해와 상충되거나 그렇게 보일 수 있는 외부의 임무를 받아들여서는 안 된다.

④ ICOM의 명칭과 로고는 영리를 목적으로 사용하는 사업에 이용되어서는 안 된다.

해설 ICOM 전문직 윤리강령 제8조(이해의 상충)에 따르면 개인과 박물관 사이의 이해 관계상의 갈등이 발생하면 박물관의 요구가 우선시되어야 한다.

The 중요

이해의 상충(본문 : p. 300~301)

- 선물, 후원, 대부 혹은 기타 사적 이익 : 박물관 직원은 직무 관계상 제공될 수도 있는 선물, 후원, 대부 혹은 기타 사적인 이익을 받아들여서는 안 된다. 가끔 직업적 예의로 선물을 주고받는 경우가 있지만 이는 반드시 해당 기관의 이름으로 이루어져야 한다.
- 외부 고용 또는 업무적 이해관계 : 박물관직 종사자들은 개인의 자주성에 대한 방편을 마련할 권리가 있지만, 개인적 용무나 직업적인 이해관계가 소속 기관으로부터 전적으로 분리될 수는 없다는 것을 명심해야 한다. 그들은 다른 유급 고용직을 맡는다든지 박물관의 이해와 상충되거나 그렇게 보일 수 있는 외부의 임무를 받아들여서는 안 된다.
- 자연과 문화유산의 거래 : 박물관직 종사자는 직간접적으로 자연과 문화유산의 거래(영리를 위한 매매)에 관여해서는 안 된다.
- 거래 업자와의 상호 관계 : 박물관직 종사자는 거래업자, 경매인 혹은 타인으로부터, 박물관 자료의 구입이나 처분을 유도하거나 공식적인 업무에 영향력을 행사하기 위한 선물, 접대, 기타 어떠한 형태의 보상도 받아서는 안 된다. 더욱이 박물관직 종사자는 특정 거래업자, 경매인 또는 감정인을 일반인에게 소개해서는 안 된다.
- 개인적인 수집 활동 : 박물관직 종사자는 박물관 자료를 취득하거나 개인적인 수집 활동을 하는 데 있어서 소속된 기관과 경쟁을 해서는 안 된다. 모든 개인적인 수집 활동에 관련하여 당사자와 관리주체 간의 합의가 공식적으로 이루어져야 하고, 합의 사항은 성실히 이행되어야 한다.
- ICOM의 명칭과 로고의 사용 : 본 기관의 명칭, 약칭 및 로고는 영리를 목적으로 하는 사업이나 상품의 장려 또는 승인에 이용되어서는 안 된다.
- 기타 이해의 상충 : 개인과 박물관 간의 이해가 상충되는 경우, 박물관의 이익이 우선되어야 한다.

---

09 최근 코로나-19(COVID-19) 상황에서 박물관 · 미술관이 학술대회 등을 비대면으로 진행하는 방식은?

① 세미나(Seminar)

② 웨비나(Webinar)

③ 특별강연(Special Lecture)

④ 워크숍(Workshop)

해설 비대면으로 진행하는 방식은 웨비나(Webinar)이다. 웨비나란 웹(Web)과 세미나(seminar)의 합성어로 인터넷의 웹상에서 행해지는 세미나를 말한다. 다른 말로는 화상 토론회라고 한다. 즉, 컴퓨터와 모바일 기기를 통해 장소에 구애받지 않고 언제, 어디서든지 개최해 참가할 수 있는 양방향 온라인 세미나를 일컫는다. 웨비나(화상 토론회)는 COVID-19(코로나-19)로 인해 사회적 거리두기 활동을 하게 되자 비대면 온라인 회의 및 세미나 진행 방식이 많이 사용되면서 널리 알려지게 되었다.

10 박물관 교육 프로그램의 개발 목적이 아닌 것은?

① 주관성 　　　　　　　　　　② 대중성

③ 전문성 　　　　　　　　　　④ 자율성

　해설　박물관 교육 프로그램의 개발 목적은 다음과 같다.
　　　② 대중성 : 유물을 더 쉽고 재미있게 이해하게 한다.
　　　③ 전문성 : 유물에 대해 더욱 자세하고 심화된 내용을 할 수 있도록 돕는다.
　　　④ 자율성 : 학습자가 유물에 스스로 몰입하여 흥미를 가지고 유물을 관찰, 탐구하게 한다.

11 매장문화재의 자료 분류법으로 옳지 않은 것은?

① 시대별 분류법

② 물질별 분류법

③ 용도 기능별 분류법

④ 십진분류법

　해설　매장문화재 자료 분류법으로는 물질별 분류, 출토지별 분류, 시대별 분류, 용도 기능별 분류 등으로 구별한다.

12 보존처리를 위한 예비조사가 아닌 것은?

① 결손이나 크랙 부위 등의 사진촬영

② 과학적 분석을 위한 재질조사

③ 훈증처리

④ 유물의 기초정보 수집

　해설　훈증처리는 예비조사가 아니라 악화 예방 조치에 해당한다. 훈증처리는 곤충, 미생물(병충해) 방제를 할 때 사용한다. 방제는 예방 방제와 구제법으로 나누어지는데, 훈증처리 소독법과 약제처리법을 사용한다.

The 중요

보존처리를 위한 예비조사
예비조사는 보존처리에 앞서 면밀히 관찰한 후 크기와 중량을 측정하고, 사진촬영을 실시하는 등 세밀하게 기록하여 적절한 보존처리 방향을 결정할 수 있도록 예비조사를 실시하여야 한다. 육안으로 확인이 어려운 유물은 X선 조사를 실시하여 부식 정도와 재질의 차이, 제작기법, 상감이나 문양의 존재 유무 등을 확인한 후 보존처리 시 활용하고 있다.
- 유물의 기초정보 수집
- 과학적 분석을 통한 재질조사
- 결손이나 크랙 부위 등의 사진촬영

13 박물관 전문인력에 관한 설명으로 옳지 않은 것은?

① 보존처리사 : 유물을 과학적으로 조사하고 필요한 경우 보수하거나 복원하는 업무를 맡는다.

② 교육담당자 : 소장품과 전시의 이해와 해석을 돕기 위해 교육프로그램을 개발, 실행하는 업무를 맡는다.

③ 소장품관리사 : 소장품의 관리 · 감독, 소장품의 입 · 출입 등의 업무를 맡는다.

④ 기록담당자 : 소장품에 대한 연구 및 보존처리 업무를 맡는다.

> **해설** 기록담당자는 작품의 수집 · 취득, 목록 작성, 대여(물품 대여에 관련된 절차 처리), 포장, 총 목록 작성과 관리, 보험(보험담보협정과 보험금 지불요구), 소장품의 관리(작품 이전 계약, 판권과 복제), 보관, 통제, 운송 및 관세 등의 업무와 일련의 정보 검색 시스템 구축 및 이와 관련된 법률 서류를 만들고 체계화하며, 유지하는 책임을 맡고 있다.

14 박물관 자료 중 유기물질이 아닌 것은?

① 가죽구두

② 상아 장신구

③ 고무신

④ 개다리 소반

> **해설** 고무는 무기물질에 해당한다. 유기물질은 동물성과 식물성으로 구분되며, 인간이 인공적으로 만들어 내지 않은 자연에서 추출된 물질을 말한다.

15 유물의 상태를 나타내는 용어에 관한 설명으로 옳지 않은 것은?

① 결손 : 깨지고 그 파편마저 제대로 남아 있지 않음

② 퇴색 : 빛깔이 바래서 원래의 색조가 바뀐 것

③ 파손 : 어딘가가 부서지거나 깨짐

④ 복원 : 연결부위 어느 부분이 빠지고 없음

> **해설** • 연결부위 어느 부분이 빠지고 없는 것은 '탈락'이라고 한다.
> • 복원은 결손되어 파편의 일부가 없어졌지만 원초적 형태를 조사한 후 최초의 모습으로 재생시키는 것을 의미한다.

16 유물을 보관할 때 습도를 유지하기 위해 사용하는 재료가 아닌 것은?

① 실리카 겔
② 조습보드
③ 아트소브
④ 자외선필터

해설 습도를 유지하기 위한 재료는 실리카 겔, 조습보드, 아트소브 등이 있으며, 자외선필터는 유물에 대해 자외선을 차단하기 위한 빛에 대한 보호 장치이다.

17 대여유물의 보험평가액 산정 시 고려사항이 아닌 것은?

① 관장의 의견
② 구입가액
③ 평가위원회 결과
④ 보험가액 이력

해설 보험평가액 산정에서 '관장의 의견'은 고려사항이 아니다.

18 유물취급 시 고려해야 하는 사항으로 옳은 것은?

① 도자기 등의 섬세한 유물을 이동 시에는 반드시 면장갑을 착용하여 작품을 보호한다.
② 고중량의 유물이라 해도 효율적인 동선 확보와 작품의 안전을 위해 반드시 1명이 유물을 이동시킨다.
③ 직물유물은 섬세한 작업을 위해 반드시 장갑을 벗은 채 맨손으로 다룬다.
④ 고문서의 낱장 서화는 뮤지엄보드(Museum Board)를 사이사이에 끼워서 보관하거나 중성봉투에 넣어두는 것이 좋다.

해설 뮤지엄보드(Museum Board)란 판지의 일종이다. 특히, 한 방향으로는 쉽게 구부러지지만 종이 섬유의 입자로 인해 다른 방향으로 상당히 뻣뻣한 특성을 가지고 있는 흰색의 무산성 판지를 말한다.
① 도자기 유물 취급 시에는 표면이 미끄럽기 때문에 라텍스 장갑이나 깨끗하게 씻은 후 맨손으로 다뤄야 한다.
② 고중량의 유물을 다룰 때에는 2명 이상이 운반해야 한다.
③ 직물유물은 면장갑을 끼고 작업해야 한다.

19 박물관 내 수장고 시설 설계 시 고려사항으로 옳지 않은 것은?

① 단열(斷熱)

② 내진(耐震)

③ 방재(防災)

④ 함수율(含水率)

해설 함수율은 목재 내에 함유하고 있는 수분을 백분율로 나타낸 값이므로 수장고 설계 시 고려할 요소는 아니다. 함수율이란 목질부의 1kg에 대하여 약 1kg의 수분을 함유한 상태를 말한다(서정호, 『문화재를 위한 보존 방법론』, 경인문화사 2008.).

The 중요

수장고 설계 조건 (본문 : p. 107)

• 내화성 : 화재발생 시 수장고 내 안전 온도 유지(80℃ 이하), 평상시에는 실내 온도가 최고 28℃를 넘지 않고 0℃ 이하로 내려가지 않도록 조절되어야 한다.

• 차단성 : 대기오염, 콘크리트 오염인자의 수장고 내 유입이 차단되게 설계한다. 또한 지진 대비를 위해 방진 또는 면진할 수 있도록 설계한다.

• 조습성/단열성 : 공조를 중지시켜도 온 · 습도 변화가 최소화되도록 설계한다. 또한 단열, 방화, 방수, 방재를 할 수 있도록 설계한다.

• 환경성 : 유해성분을 발산하지 않고, 청결성이 유지되도록 설계한다. 정기적으로 수장고를 훈증처리하기 위하여 원통형 배선구를 설치한다(대형방범철제문을 설치했을 경우).

• 입출고 이동성 및 수납성 : 안정된 공간 내에 안전하고 효율적인 수납 공간을 설계한다. 수장고의 출입문은 최소 높이 3m, 폭 2m 이상으로 설치하여 차량출입이 가능하도록 제작한다. 수장고와 전시실이 연계되는 동선에 5mm 이상의 틈새가 없어야 하고, 3% 이상의 요철이 없도록 시공한다. 수장고는 완만한 경사로를 설치하거나 최소한 높이 3m, 폭 2m, 길이 3m 크기의 적재량 5톤 이상의 승강기를 이용할 수 있도록 한다. 수장품은 반드시 이동차를 이용하여 운반하고, 계단이나 3% 이상의 경사로를 삼간다.

• 방범성 : 출입구 관리, 시건장치 등의 방범 대책을 수립한다. 벽은 이중벽으로 처리하고, 방범철제문과 방충망이 붙은 속문을 부착한다. 속문에는 투시점검구를 설치한다. 또한 화상 인터폰을 설치한다. 출입 시 2인 이상이 출입하고, 출입일지 기록을 의무화한다.

20 서화 전시실 환경조성 시 유의할 점으로 옳은 것은?

① 적외선에 의한 열화요인을 줄이기 위해 필터를 부착하고 환기팬을 설치한다.

② 자연채광을 위해 오픈형 대형 창문을 설치한다.

③ 가장 물성이 강한 물질에 조도기준을 맞춘다.

④ 전시실 조도는 500Lux 이상으로 한다.

해설 소장품 재질에 따른 ICOM에서 권장하는 전시실 조도는 50~300Lux 범위에서 조절되어야 한다.

① 조명시설 : 자외선은 유물에 손상을 입히는 광선이기 때문에 반드시 자외선을 흡수하는 필터를 사용하여 차단해야 한다. 자연채광과 형광등은 많은 양의 자외선을 방사한다. 텅스텐 백열등은 자외선 차단필터가 필요하지 않다.

② 자연채광을 위해 오픈형 대형 창문을 설치하면 소장품에 직사광선이 비춰 눈부심이 심하기 때문에 관람에 장해가 된다. 또한 자연채광과 형광등은 많은 양의 자외선을 방사한다.

③ 다양한 박물관 자료를 함께 전시할 경우에는 가장 약한 물질에 조도 기준을 맞추어야 한다.

The 중요

규격 · 대상별 조도 기준 (본문 : p. 100)

규 격	대 상	ICOM
빛에 매우 민감한 것	직물(염직물, 의상), 수채화, 염색된 가죽, 타피스트리, 판화, 소묘, 필사본, 벽지, 동양화, 인쇄물, 우표, 자연사 관계표본	50Lux 낮으면 낮을수록 좋음 (색 온도 2,000K)
빛에 비교적 민감한 것	유화, 템페라화, 프레스코화, 피혁품, 골각, 상아, 목기제품, 칠기	200Lux (색 온도 4,000K)
빛에 민감하지 않은 것	금속, 석기류(돌), 유리, 도기류(도자기), 보석, 에나멜, 스테인드글라스	300Lux (색 온도 4,000~6,000K)

21 금속유물의 탈염처리방법이 아닌 것은?

① 수산화나트륨법(NaOH : Sodium Hydroxide)

② 냉온수 교체법(Intensive Washing)

③ 오토크레이브법(Auto-Clave)

④ X선 회절분석법(XRD ; X-Ray Diffraction Spectroscopy)

해설 X선 회절분석법은 탈염처리법이 아니라 파괴적 조사법 중 하나이다.

The 중요

(본문 : p. 62, 67)

『문화재를 위한 보존 방법론』(서정호, 2008)을 참고해 탈염처리 방법을 살펴보면 다음 9가지가 있다.

① 세스퀴탄산나트륨(Na_2CO_3+$NaHCO_3$)법

② 냉온수 교체법(Intensive Washing)

③ LiOH법

④ NaOH법

⑤ 붕사

⑥ Auto-Clave법

⑦ Soxhylet 장치법

⑧ 수소 Plasma 환원장치

⑨ 탈염처리 후 탈알칼리 및 잔류약품 제거

대표적으로 사용하는 탈염처리법은 다음과 같다.

• 수산화나트륨(NaOH), 세스퀴탄산나트륨(Sodium Sesquicarbonate) 등은 알칼리 용액을 사용하여 철제 유물을 부식시키는 염소 이온을 제거함으로써 금속 재질 유물의 탈염 처리 과정에 해당한다.

• 오토크레이브법(Auto-Clave) : 오토크레이브에 냉온수 교체법과 세스퀴탄산나트륨법을 병행하여 1.5기압 80℃에서 6~8시간 추출하고 증류수로 씻어 주는 가열추출 방법으로, 모든 금속유물에 적용이 가능하다.

• 냉온수 교체법(Intensive washing) : 유물을 수조에 넣고 반복하여 냉·온수에 침적시키는 방법이다. 자연상태에서 100℃의 증류수에 침적한 후 60℃로 떨어지는 시간을 측정한다. 냉수에도 온수에 침적했던 시간 동안 침적한 것을 1회로 하여 반복한다. 이 방법은 알칼리 용액으로 탈염처리한 다음 잔존하는 염화물과 알칼리 용액을 동시에 제거하기 위해 주로 사용한다. Cl^-이 10ppm 이하가 될 때까지 반복하여 처리하여 준다. 만약 탈염 도중 약간 유물의 형태가 변화되는 경우 곧바로 작업을 중단한다.

• X선 회절분석법(X-ray Diffraction Spectroscopy, XRD) : X선 회절분석은 유물에 X선을 비춰서 반사되는 각의 굴절 유형을 통하여 유물 속에 존재하는 화합물의 상태를 분석하는 방법이다. 대상 고체 화합물(무기물), 점토질 유물(도기, 토기, 자기), 고대 건조물 단청안료, 벽화 안료, 금속표면의 부식 생성물의 화합상태 분석에 활용한다.

22 소장품 등록 정보에 반드시 포함되어야 하는 항목을 모두 고른 것은?

ㄱ. 명 칭	ㄴ. 취득가격
ㄷ. 크 기	ㄹ. QR코드

① ㄱ, ㄴ, ㄷ
② ㄱ, ㄴ, ㄹ
③ ㄱ, ㄷ, ㄹ
④ ㄴ, ㄷ, ㄹ

해설 소장품 등록 정보에 반드시 포함되어야 하는 항목은 소장구분, 수량, 수량단위, 명칭, 국적/시대, 작자/제작처, 재질, 용도/기능, 장르, 문화재 지정 일자, 문화재 지정 구분, 문화재 지정 호수, 크기1(실측 부위), 크기2(실측치), 특징이다.

23 소장품 대여 업무 담당자의 직무로 옳지 않은 것은?

① 소장품에 대해 기록하고 사진촬영을 한다.
② 경미한 손상은 직접 보존처리한다.
③ 상태보고서를 작성한다.
④ 손상, 파손, 변형된 부분을 면밀히 살핀다.

해설 아무리 경미한 손상이라도 소장품 대여 업무 담당자가 직접 보존처리를 해서는 안 되며, 수리 복원을 담당하는 인력은 보존처리사이다.

> **The 중요**
>
> **보존처리사의 역할 (본문 : p. 77)**
> • 소장품들의 재질 및 보존 방법에 대한 연구
> • 유물의 손상을 막기 위해 평소 전시장과 수장고의 환경을 점검함
> • 손상된 유물의 원상태로의 수리 · 복원 담당

24 박물관의 전시 만족도에 관한 설문조사 항목으로 적절하지 않은 것은?

① 관람 소요시간
② 전시 설명문의 가독성
③ 주민등록번호
④ 관심을 끈 전시물

해설 「개인정보 보호법」에 의거하여 주민등록번호를 취득하는 것은 부적합하다. 「개인정보 보호법」은 개인정보의 수집 · 유출 · 오용 · 남용으로부터 사생활의 비밀 등을 보호함으로써 국민의 권리와 이익을 증진하고, 나아가 개인의 존엄과 가치를 구현하기 위하여 개인정보 처리에 관한 사항을 규정함을 목적으로 한다.

25 「박물관 및 미술관 진흥법령」상 사립박물관 설립계획을 승인받으려는 자가 설립계획 승인 신청서에 첨부해야 하는 서류가 아닌 것은?

① 개략설계도

② 사업계획서

③ 운영조직 및 명단

④ 박물관 자료 목록과 내역서

The 중요

「박물관 및 미술관 진흥법 시행령」 제12조(사립 박물관 또는 사립 미술관의 설립계획 승인신청) (본문 : p.219)

① 법 제18조 제1항에 따라 사립 박물관 또는 사립 미술관의 설립계획을 승인받으려는 자는 설립계획 승인 신청서에 다음 각 호의 서류를 첨부하여 시·도지사 또는 대도시 시장에게 제출(전자문서에 의한 제출을 포함한다)해야 한다.

  1. 사업계획서

  2. 토지의 조서(위치·지번·지목·면적, 소유권 외의 권리명세, 소유자의 성명·주소, 지상권·지역권·전세권·저당권·사용대차 또는 임대차에 관한 권리, 토지에 관한 그 밖의 권리를 가진 자의 성명·주소를 적은 것)

  3. 건물의 조서(위치·대지지번·건물구조·바닥면적·연면적, 소유권 외의 권리명세, 소유자의 성명·주소, 전세권·저당권·사용대차 또는 임대차에 관한 권리, 건물에 관한 그 밖의 권리를 가진 자의 성명·주소를 적은 것)

  4. 위치도

  5. 개략설계도

  6. 박물관 자료 또는 미술관 자료의 목록과 내역서

② 법 제18조 제2항에 따라 설립계획의 변경승인을 받으려는 자는 설립계획 변경승인 신청서에 문화체육관광부령으로 정하는 서류를 첨부하여 시·도지사 또는 대도시 시장에게 제출(전자문서에 의한 제출을 포함한다)해야 한다.

---

26 공립 박물관 및 미술관 건립 과정의 순서를 올바르게 나열한 것은?

> ㄱ. 설립타당성 사전평가
> ㄴ. 기본계획 수립 및 부지 확정
> ㄷ. 실시 설계 및 시공·감리
> ㄹ. 건물 및 전시 설계 계약
> ㅁ. 준공 및 시운전을 통한 박물관 개관

① ㄱ - ㄴ - ㄷ - ㄹ - ㅁ

② ㄱ - ㄴ - ㄹ - ㄷ - ㅁ

③ ㄴ - ㄱ - ㄹ - ㄷ - ㅁ

④ ㄴ - ㄱ - ㄷ - ㄹ - ㅁ

해설 공립 박물관 건립 과정 순서를 정리하면 아래와 같다.

  ㄴ. 기본설계 수립 및 부지 확정 - ㄱ. 설립 타당성 사전평가 - ㄹ. 건물 및 전시 설계 계약 - ㄷ. 실시 설계 및 시공, 감리 - ㅁ. 준공 및 시운전을 통한 박물관 개관

공립 박물관 및 미술관 건립 과정 순서 (본문 : p. 72)

1. 기획 단계

　① 건립의 여부를 확정하고 건립에 대한 전반적인 계획을 수립하는 과정

　② 건립 결정 → 부지 확정 → 공유재산 관리 계획 → 타당성 조사

　※ 건립 결정을 위한 자문기구(건립 추진 위원회 등)의 설정 가능

2. 준비 단계

　① 기획 단계의 결과물을 대상으로 재정 투 · 융자심의를 거쳐 예산 지원을 확정하게 되는 과정

　② 박물관 건립 담당자(행정직)가 박물관의 소유 예산 및 건립 방향성을 확정하여 과업지시서를 작성

　③ 투 · 융자심의 → 국 · 도비 신청 및 결정 → 과업지시서 작성

3. 건립 단계

　① 설계 공모 등의 입찰 과정을 통해 공사에 착수하게 되는 과정

　② 건립 단계 : 공모 단계, 설계 단계, 시공 단계

　③ 설계 및 공모 선정 → 기본 및 실시 설계 → 시공 및 감리 업체 선정 → 착공 → 시공

4. 개관 단계

　① 건물이 준공된 후 실제 박물관 운영을 위한 최종 실무 내용을 점검하고 개관에 이르는 과정

　② 개관 단계 : 운영분야와 시설분야로 구분

　③ 준공 → 시운전 · 운영 및 사업 계획 → 개관

27 박물관 협력망 사업을 통해 가능한 업무 사례가 아닌 것은?

① 연구 및 학술교류　　　　　　　　　② 편의에 의한 모든 시설 활용

③ 전시 · 교육 · 행사 공동개최　　　　④ 정보교류 및 업무협조

해설　「박물관 및 미술관 진흥법」에 의하면 박물관 협력망 사업을 통한 가능한 업무는 아래와 같다.

　• 연구 및 학술교류

　• 전시, 교육, 행사 공동개최

　• 정보교류 및 업무 협조

「박물관 및 미술관 진흥법」 제33조(박물관 · 미술관 협력망) (본문 : p. 213)

① 문화체육관광부장관은 박물관 또는 미술관에 관한 자료의 효율적인 유통 · 관리 및 이용과 각종 박물관 또는 미술관의 상호 협력을 도모하기 위한 협력 체제로서 다음 각 호의 기능을 수행하는 박물관 · 미술관 협력망(이하 "협력망"이라 한다)을 구성한다.

　1. 전산 정보 체계를 통한 정보와 자료의 유통

　2. 박물관 자료나 미술관 자료의 정리, 정보 처리 및 시설 등의 표준화

　3. 통합 데이터베이스 구축, 상호 대여 체계 구비 등 박물관이나 미술관 운영의 정보화 · 효율화

　4. 그 밖에 박물관이나 미술관의 상호 협력에 관한 사항

② 박물관이나 미술관은 그 설립 목적을 달성하기 위하여 지방문화원진흥법, 도서관법 및 문화예술진흥법에 따라 설립된 문화원 · 도서관 · 문화예술회관 등 다른 문화 시설과 협력하여야 한다.

③ 협력망의 조직과 운영을 위하여 필요한 사항은 대통령령으로 정한다.

28 박물관 자료를 활용하여 전시영상을 제작할 때 고려해야 하는 저작재산권은?

① 동일성 유지권　　　　　　　　　　② 공표권

③ 공연권　　　　　　　　　　　　　　④ 성명표시권

해설 저작인격권과 저작재산권을 구분할 수 있는가를 묻는 문제이다. 동일성 유지권, 공표권, 성명표시권은 저작인격권이고, 공연권만 저작재산권에 해당한다. 그러므로 답은 '공연권'이다. 공연권이란 전자영상을 제작하고 일반 공중이 직접 보거나 듣게 할 수 있는 권리를 뜻한다. 저작물을 상영 그 밖의 방법으로 일반 공중에게 공개하는 것을 말한다.

The 중요

공연권 (본문 : p. 93)

그 저작물을 일반 공중이 직접 보거나 듣게 할 수 있는 권리를 뜻한다. '공연'이란 저작물을 상연, 연주, 가창, 상영 그 밖의 방법으로 일반 공중에게 공개하는 것을 말하며, 공연, 방송, 실연의 녹음 · 녹화물을 재생하여 일반 공중에게 공개하는 것도 포함한다. 즉, 판매용 음반을 방송국이나 음악 감상실 등에서 구입하여 시청자나 손님에게 틀어주거나 노래방, 단란주점 등에서 손님에게 노래반주기를 틀어주는 것도 공연의 범위에 해당하므로 저작권자의 허락을 받아야 하는 것이다.

공표권 (본문 : p. 92)

저작물을 작성했을 때 저작자는 자기의 저작물을 공연 · 방송 또는 전시, 그 밖의 방법으로 일반 공중에게 공개하거나 발행할 수 있는 공표권을 가진다(「저작권법」 제11조). 이 공표권은 공표할 권리와 공표하지 아니할 권리를 포함하기 때문에 저작자 본인이 공표를 원하지 않는 경우에는 이 의사에 반하여 타인이 그 저작물을 공표하는 것은 저작인격권에 침해되는 것이다.

29 박물관에서 생산하거나 수집한 자료를 항구적으로 보존하며 체계적으로 관리, 연구, 개발, 이용할 수 있도록 참고자료를 정리하여 보관하는 방법은?

① 출토 자료 보존　　　　　　　　　　② 모형자료 제작

③ 아카이브 구축　　　　　　　　　　④ 교육 자료 배포

해설 수집한 자료를 항구적으로 보존하며 체계적으로 관리, 연구, 개발, 이용할 수 있도록 참고자료를 정리하여 보관하는 방법은 아카이브 구축이다. 아카이브(archives)란 영어로 정부나 관공서, 기타 조직체의 공문서와 사문서를 소장 · 보관하는 문서국 또는 기록보관소를 의미하는 말이다.

The 중요

(본문 : p. 146)

• 참고 자료란 박물관의 활동, 특히 큐레이터의 충실을 기하기 위해 필요로 하는 자료들로서 아카이브 관계 자료나 박물관에서 발행하는 출판물, 사진 자료 등이 여기에 속한다.

• 아카이브란 '공 · 사적 조직이나 개인이 일정한 목적을 위해 생산하거나 다양한 방법으로 수집한 자료, 혹은 그러한 자료를 항구적으로 보존하며, 체계적으로 관리, 연구, 개발, 이용할 수 있게 하는 기관이나 부서'를 말한다. 한국에서는 국가기록원(國家記錄院, National Archives of Korea)이 원론적 아카이브의 대표적인 기관이다. 미주기록전문가협회(SAA)의 용어집에 의하면 아카이브를 매우 상세하고 다양하게 6가지 범주로 나누어 정의하고 있다.

30 박물관이 정보통신 기술을 활용하여 얻을 수 있는 장점이 아닌 것은?

① 소장품의 영구적인 실물 보존

② 24시간 관람 정보 제공

③ 이용자 접근성 강화

④ 새로운 박물관 경험 제공

> **해설** 박물관 정보통신 기술을 활용하여 얻을 수 있는 장점
> • 24시간 관람 정보 제공
> • 이용자 접근성 강화
> • 새로운 박물관 경험 제공

31 박물관 및 미술관 진흥법령상 학예사의 등급별 자격을 취득하려는 자가 학예사 자격요건 심사 및 자격증 발급 신청서에 첨부하는 서류로 명시되지 않은 것은?

① 해당 기관에서 발급한 재직경력증명서

② 최종학교 성적증명서

③ 학예사 자격증 사본

④ 최종학교 졸업증명서

> **해설** 학예사 자격요건 심사 및 자격증 발급 신청서에 첨부할 서류
> • 해당 기관에서 발급한 재직경력증명서 또는 실무경력확인서
> • 학예사 자격증 사본
> • 최종학교 졸업증명서 또는 최종학교 학위증 사본

32 박물관 및 미술관 진흥법령상 박물관(미술관) 등록증의 기재 내용이 아닌 것은?

① 명 칭   ② 관람료

③ 설립자 성명   ④ 대표자 성명

> **해설** 박물관 등록증에 기재될 내용은 아래 표과 같다.

	명 칭	
	종류(1종/2종)	유 형
박물관· 미술관	소재지	개관연월일
	설립자 성명(명칭)	설립자 주소
	대표자 성명(명칭)	대표자 주소
	*등록번호	*등록 연월일

(본문 : p. 231)

■ 박물관 및 미술관 진흥법 시행규칙 [별지 제6호 서식]

[ ] 박물관 [ ] 등록
[ ] 미술관 [ ] 변경 등록 신청서

변경등록 신청시에는 * 표시란만 적어 넣으십시오.

(앞쪽)

접수번호	접수일자	처리기간	등록 : 40일/변경등록 : 5일
			(다만, 명칭 또는 종류의 변경등록인 경우 20일)

신청인	성명		생년월일	
	주소			

박물관 미술관	명칭			
	종류(1종/2종)		유형	
	소재지		개관연월일	
	설립자 성명(명칭)		설립자 주소	
	대표자 성명(명칭)		대표자 주소	
	*등록번호		*등록 연월일	

변경 사항	변경 전	
	변경 후	

「박물관 및 미술관 진흥법」 제16조 제1항·제17조의2 제1항 및 같은 법 시행령 제8조 제1항, 제10조 제1항·제2항에 따라 위와 같이 ([ ]등록, [ ]변경 등록)을 신청합니다.

년 월 일

신청인

(서명 또는 인)

문화체육관광부장관 ·
특별시장 · 광역시장 · 특별자치시장 · 귀하
도지사 · 특별자치도지사 · 시장

첨부 서류	〈등록 신청 시〉 1. 「박물관 및 미술관 진흥법 시행규칙」 별지 제7호 서식의 시설명세서 2부 2. 「박물관 및 미술관 진흥법 시행규칙」 별지 제8호 서식의 박물관 자료 또는 미술관 자료의 목록(자료의 사진 첨부) 1부 3. 「박물관 및 미술관 진흥법 시행규칙」 별지 제9호 서식의 학예사 명단 2부 4. 「박물관 및 미술관 진흥법 시행규칙」 별지 제10호 서식의 관람료 및 자료의 이용료 내역 2부 〈변경등록 신청 시〉 1. 등록증(박물관 또는 미술관의 명칭·종류, 설립자 또는 대표자의 성명·주소, 소재지가 변경된 경우로 한정합니다) 2. 등록사항의 변경을 증명하는 서류 1부(시설명세서, 박물관 자료 또는 미술관 자료의 목록, 학예사 명단, 관람료 및 자료의 이용료가 변경된 경우에는 2부)	수수료 없음

33 문화재보호법령상 (　　)에 들어갈 기관명은?

> 문화재의 보호 · 보존 · 보급 및 활용과 전통생활문화의 계발을 위하여 문화재청 산하에 (　　)을 설립한다.

① 한국문화재단
② 국립박물관문화재단
③ 국외소재문화재재단
④ 문화유산국민신탁

The 중요

「**문화재보호법**」 제9조(한국문화재재단의 설치) (본문 : p. 245~246)
① 문화재의 보호 · 보존 · 보급 및 활용과 전통생활문화의 계발을 위하여 문화재청 산하에 한국문화재재단(이하 "재단" 이라 한다)을 설립한다.
② 재단은 법인으로 한다.
③ 재단은 설립 목적을 달성하기 위하여 다음 각 호의 사업을 수행한다.
　　1. 공연 · 전시 등 무형문화재 활동 지원 및 진흥
　　2. 문화재 관련 교육, 출판, 학술 조사 · 연구 및 콘텐츠 개발 · 활용
　　3. 매장문화재 보호 및 조사에 관한 법률 제11조 제1항 및 같은 조 제3항 단서에 따른 매장문화재 발굴
　　4. 전통문화 상품 · 음식 · 혼례 등의 개발 · 보급 및 편의 시설 등의 운영
　　5. 문화재 공적개발원조 등 국제교류
　　6. 문화재 보호운동의 지원
　　7. 전통문화 행사의 복원 및 재현
　　8. 국가 · 지방자치단체 또는 공공기관 등으로부터 위탁받은 사업
　　9. 재단의 설립 목적을 달성하기 위한 수익사업과 그 밖에 정관으로 정하는 사업
④ 재단에는 정관으로 정하는 바에 따라 임원과 필요한 직원을 둔다.
⑤ 재단에 관하여 이 법에 규정한 것 외에는 민법 중 재단법인에 관한 규정을 준용한다.
⑥ 재단 운영에 필요한 경비는 국고에서 지원할 수 있다.
⑦ 국가나 지방자치단체는 재단의 업무 수행을 위하여 필요하다고 인정하면 국유재산이나 공유재산을 무상으로 사용 · 수익하게 할 수 있다.

34 제20회 국제박물관협의회(ICOM) 서울총회를 개최한 해는?

① 1988년   ② 1995년

③ 2002년   ④ 2004년

해설 ICOM 총회 개최지 및 주제

회 차	개최연도	개최지	주 제
26회	2022년	체코 프라하	The Power of Museums (박물관의 힘)
25회	2019년	일본 '교토'	Museum as Cultural Hubs : The Future of Tradition (문화 허브로서의 박물관: 전통의 미래)
24회	2016년	이탈리아 '밀라노'	Museums and Cultural Landscapes (박물관과 문화경관)
23회	2013년	브라질 '리우데자네이루'	Museums(Memory + Creativity) = Social Change [박물관(기억 + 창의력) = 사회적 변화]
22회	2010년	중국 '상하이'	Museums and Harmonious Society (박물관과 조화로운 사회)
21회	2007년	오스트리아 '비엔나'	Museums and Universal Heritage (박물관과 세계문화유산)
20회	2004년	한국 '서울'	Museums and Intangible Heritage (박물관과 무형문화재)
19회	2001년	스페인 '바르셀로나'	Managing Change : Museums Facing Economic and Social Challenges (변화 관리 : 경제적 · 사회적 변화 앞의 박물관)

35 문화재보호법령상 ( )에 들어갈 용어는?

> 문화재청장은 문화재의 불법반출 방지 및 국외 반출 동산에 대한 감정 등에 관한 업무를 수행하기 위하여 「공항시설법」 제2조 제3호에 따른 공항, 「항만법」 제2조 제2호의 무역항, 「관세법」 제256조 제2항의 통관우체국 등에 ( )(을)를 배치할 수 있다.

① 문화재심의위원   ② 문화유산해설사

③ 문화재감정위원   ④ 문화재전문위원

The 중요

「문화재보호법」 제60조의2(문화재감정위원의 배치 등) (본문 : p. 257)
① 문화재청장은 문화재의 불법반출 방지 및 국외 반출 동산에 대한 감정 등에 관한 업무를 수행하기 위하여 「공항시설법」 제2조 제3호에 따른 공항, 「항만법」 제2조 제2호의 무역항, 「관세법」 제256조 제2항의 통관우체국 등에 문화재감정위원을 배치할 수 있다.
② 제1항에 따른 문화재감정위원의 배치 · 운영 등에 필요한 사항은 대통령령으로 정한다.

36 일제 강점기에 간송 전형필이 설립한 것은?

① 조선민족미술관   ② 보화각

③ 선원전   ④ 집경당

해설 전형필이 1938년 보화각에서 개관한 한국 최초의 근대식 사립 미술관인 '간송 미술관(당시 명칭 보화각)'이다. 간송 미술관은 제2차 세계대전 및 8 · 15 광복, 한국전쟁 등을 겪으면서 일반 공개를 위한 미술관은 열지 못하고 있다가 1966년부터 후손들이 정리작업을 진행하면서 개관할 수 있었다. 1971년 개최한 '겸재전(謙齋展)'을 시작으로 해마다 봄 · 가을에 한 번씩 수장품의 전시회를 여는 동시에 논문집 「간송문화(澗松文華)」를 발간하고 있다.

37 유네스코(UNESCO)에 세계유산으로 등재된 것이 아닌 것은?

① 소수서원   ② 해인사 장경판전

③ 경복궁   ④ 남한산성

해설 세계유산에 등재되지 않은 것은 경복궁이다.

> **The 중요**
>
> **한국의 세계유산 (본문 : p. 15~16)**
> - 석굴암과 불국사(1995)
> - 해인사 장경판전(1995)
> - 종묘(1995)
> - 창덕궁(1997)
> - 화성(1997)
> - 고창 · 화순 · 강화 고인돌 유적(2000)
> - 경주역사유적지구(2000)
> - 제주 화산섬과 용암동굴(2007)
> - 조선 왕릉(2009)
> - 한국의 역사마을 : 하회와 양동(2010)
> - 남한산성(2014)
> - 백제역사유적지구(2015)
> - 산사, 한국의 산지승원(2018) – 한반도 남쪽 지방에 위치한 7개 불교 산지 승원(통도사, 부석사, 봉정사, 법주사, 마곡사, 선암사, 대흥사)
> - 한국의 서원(2019) – 영주 소수서원, 안동 도산서원, 안동 병산서원, 경주 옥산서원, 함양 남계서원, 장성 필암서원, 대구 달성 도동서원, 정읍 무성서원, 논산 돈암서원
> - 한국의 갯벌(2021)
> - 가야고분군(2023) – 한국의 고대 국가 가야의 무덤 문화를 대표하는 7개 지역의 고분[김해시(대성동 고분군), 함안군(말이산 고분군), 합천군(옥전 고분군), 고령군(지산동 고분군), 고성군(송학동 고분군), 창녕군(교동과 송현동 고분군), 전북 남원시(유곡리와 두락리 고분군)]

38 박물관의 고유 기능이 아닌 것은?

① 수집기능

② 경제적기능

③ 전시기능

④ 연구기능

해설 박물관의 기능과 역할을 구별하는가에 대한 문제이다.
- 박물관의 고유 기능 : 수집 보존의 기능, 연구기능, 교육기능, 전시기능
- 박물관의 역할 : 문화적 역할, 사회적 역할, 경제적 역할, 정치적 역할

39 예카테리나 2세가 수집한 미술품을 바탕으로 설립된 박물관은?

① 에르미타주 박물관

② 애쉬몰리언 박물관

③ 대영 박물관

④ 루브르 박물관

해설 · 에르미타주 박물관(Hermitage Museum, 1764년, 러시아 상트페테르부르크)는 1764년 예카테리나 2세가 미술품을 수집한 것이 그 시작으로 예카테리나 2세의 전용 미술관으로 프랑스어로 '은둔지'를 의미하는 '에르미타주'의 명칭은 여기에서 유래된 것이다. 왕족과 귀족들의 수집품을 모았으며, 19세기 말 일반 대중에게 공개되었다.
· 겨울궁과 소 에르미타주 궁전, 구 에르미타주 궁전, 신 에르미타주 박물관, 참모부 등 5개의 건축물로 구성되었으며, 270만 건의 소장품을 가지고 있다. 전시청이 350개, 9만 평방미터의 크기로 그 풍부한 소장품과 20km에 달하는 전시코너는 세계적으로 제일 긴 전시코너로 알려져 있다.

40 박물관의 설립·운영 주체에 따른 분류와 그 예로 옳지 않은 것은?

① 국립박물관 - 우정박물관

② 공립박물관 - 독립기념관

③ 사립박물관 - 철도박물관

④ 대학박물관 - 육군박물관

해설 독립기념관, 전쟁기념관은 독립 법인 형태의 박물관이며, 국립박물관으로 볼 수 있다. 왜냐하면 이들은 국가가 설립·운영하는 박물관이기 때문이다.

The 중요

철도박물관

철도 박물관의 역사에서 철도청이 철도공사로 민영화되었다는 점을 알아야 한다. 1988년 국립철도박물관 개관 → 2005년 철도청에서 한국철도공사로 민영화 → 2016년 이후 한국철도공사에서 직접 운영하게 되면서 사립박물관이 되었다.

육군박물관

육군사관학교 육군박물관은 대학박물관이다. 주소는 서울특별시 노원구 공릉동 사서함 77-1이다. 국방 문화유산 보존과 국민 교육을 위해 1956년에 지어진 대한민국 내 유일한 군사 전문 박물관으로서 군사문화재의 수집, 보존과 전시 및 연구를 통하여 군과 국민들에게 국방의 발자취를 실증적으로 보여 주고 있다.

정답 한눈에 보기

01	02	03	04	05	06	07	08	09	10
④	②	③	③	①	③	①	②	②	①
11	12	13	14	15	16	17	18	19	20
④	③	④	③	④	④	①	④	④	①
21	22	23	24	25	26	27	28	29	30
④	①, ②, ③, ④	②	③	③	③	②	③	③	①
31	32	33	34	35	36	37	38	39	40
②	②	①	④	③	②	③	②	①	②, ④

03 2021 기출문제

※ 본 기출문제는 2021년 11월 20일에 시행된 제22회 박물관 및 미술관 준학예사 박물관학 문제입니다.

01 박물관 전시 진행과정을 순서대로 올바르게 나열한 것은?

① 전시기획 → 전시디자인 → 전시설치 → 운영 → 철거

② 전시기획 → 전시설치 → 운영 → 전시디자인 → 철거

③ 철거 → 전시설치 → 전시기획 → 전시디자인 → 운영

④ 철거 → 전시디자인 → 전시기획 → 전시설치 → 운영

> **해설** 전시기획 단계는 개념 단계(자료조사 및 연구) → 개발 단계(기획 및 전개) → 실행 단계(운영 단계 및 최종 단계) → 평가 단계로 진행된다. 본 문제는 개발 단계에서 실행 단계까지의 진행과정에 대한 문제이다.
>
> 전시기획(전시기획안, 교육기획안, 홍보기획안) → 전시디자인(건축, 인테리어 디자인, 공간 그래픽 디자인, 인쇄물 디자인, 전자 디지털 미디어, 조명, 음향, 인터액티브 장치 등) → 전시설치(디스플레이) → 운영(전시 오픈부터 종료까지) → 철거

02 박물관 건립 시 전시실 내 설치를 고려해야 할 사항이 아닌 것은?

① 잠금장치가 있는 진열장

② 수장고

③ 공기조절설비

④ 소방시설

> **해설** 「박물관 및 미술관 진흥법」 등록요건 사항에 도난 방지시설, 온습도 조절장치가 명시되어 있으며, 소방시설은 「건축법」에 의해 기본 사항으로 되어 있다. 수장고는 별도의 공간으로 건립해야 한다.
> - 도난 방지시설 : 잠금장치가 있는 진열장
> - 온습도 조절장치 : 공기조절설비
> - 「건축법」 : 소방시설

03 전시실의 동선을 설계할 때 고려해야 할 사항으로 옳지 않은 것은?

① 전시의 순차적인 관람을 위하여 한번 들어가면 전시실 끝까지 돌아야 나올 수 있도록 설계한다.

② 관람객의 이동이 자유롭도록 섹션에 따라 구분하여 구성한다.

③ 비상사태에 대비하여 비상출구로 나가기 편해야 한다.

④ 각 섹션별 전시실입구가 골방처럼 되어 있는 골방식 동선구성은 사인물을 활용하여 매력적으로 꾸며 들어오고 싶도록 만들어야 한다.

해설 관람객에 따라 전시품에 대한 관심과 학문적 깊이의 요구가 다르다. 다수의 유사한 전시품들이 늘어선 전시공간에서 일반 관람객들은 심리적 포화상태로 인해 관람의 의욕이 상실되기 쉽다. 그러나 전문가들은 수장 공간의 자료까지 접근하기를 희망한다. 한정된 전시공간에서 관람계층의 다양한 지적욕구를 충족시킬 수 있는 충분한 작품을 전시하면서도 박물관 피로 (museum fatigue)를 최소화하며 관람의 흥미를 유지시킬 수 있는 위계적 전시 방법을 제공해야 한다. 그러므로 ①에 서술 된 '전시의 순차적인 관람을 위하여 한 번 들어가면 전시실 끝까지 돌아야 나올 수 있도록 설계하는 것'은 박물관 피로를 유발하는 관람동선 구조이다.

04 박물관 전시 형식에 관한 설명으로 옳지 않은 것은?

① 상설 전시 : 의도적으로 장기간에 걸쳐 진행하는 전시

② 대여 전시 : 외부 기관이나 개인이 박물관의 갤러리를 대여하여 진행되는 전시

③ 순회 전시 : 이동하며 여러 장소에서 개최되는 전시

④ 기획 전시 : 상설 전시에 비해 짧은 기간 개최되며 조사 및 연구 성과를 바탕으로 진행되는 전시

해설 • ②의 내용은 '대관 전시'라고 한다. 대여 전시는 소장품을 빌려서 하는 전시를 말하고, 대관은 '장소'를 빌려서 하는 전시를 말한다.
• 대여 전시는 외부 기관 또는 개인이 소장하고 있는 '소장품'을 빌려가서 이를 전시한 것을 말한다. 대여전은 박물관의 소장품으로는 전시 목적을 충족되지 못해 타 기관이나 소장가들의 소장품을 대여받아 진행할 때 필요한 전시이다. 대형 전시가 대부분인 특별전에서는 대여전을 많이 진행한다.

05 박물관 유물이 손상되지 않도록 예방하는 방법으로 옳지 않은 것은?

① 수장고 내 온도와 습도는 유물의 재질에 따라 일정한 환경이 유지되도록 관리한다.

② 전시 연출용 조명은 50Lux 이하로 조절한다.

③ 복합재질의 유물을 보존하는 데 최적의 온도는 50~60℃이므로 일정하게 유지되도록 관리한다.

④ 유물 격납이나 운반을 위한 포장 시, 마찰로 생기는 손상을 최소화하기 위하여 표면이 매끄러운 중성지를 사용한다.

> **해설** 유물을 보존하는 최적의 온도는 섭씨 18~22℃, 습도는 55~65%이다. 그러므로 ③의 유물 보존하는 데 최적의 온도가 50~60℃라는 부분은 틀린 내용이다.

> **The 중요**
>
> **조도**
> • 수장고의 조명은 작업할 때와 청소 할 때를 제외하고 평상시에는 꺼두는 것이 바람직하다.
> • 각 작품의 조도는 200Lux 수준이 적당하지만, 빛에 강한 금속, 유리, 돌 등은 300Lux, 빛의 피해를 받기 쉬운 유화, 칠기는 200Lux, 직물(섬유질), 판화, 종이작품(수채화, 동양화), 고문서 등은 50Lux 이내가 적당하다.
> • 조도가 높을 경우, 온도상승 및 적외선 과다 노출에 의한 퇴색 등의 화학 변화가 발생할 수 있기 때문에 자외선 흡수판 또는 자외선 흡수제를 사용하여 퇴색을 방지한다.

06 금속유물을 다룰 때 지켜야 할 사항으로 옳은 것은?

① 금속유물을 부득이하게 만져야 한다면, 면장갑을 끼는 것이 좋고, 맨손으로 다루어야 할 경우 손을 깨끗이 씻고 건조시킨 뒤 만져야 한다.

② 귀금속 유물은 파손되기 쉬우므로 솜 위에 직접 올려둔다.

③ 긴 칼 같은 길이가 긴 금속유물은 한 손만을 사용하여 잡도록 한다.

④ 은이나 동으로 된 유물의 경우, 전시를 위해 먼지를 제거하는 것은 바람직하지 않다.

> **해설** 금속유물은 면장갑을 끼고 다루어야 하면 표면이 미끄러운 경우에는 맨손이나 라텍스 장갑을 끼고 다루어야 한다. 이 경우 손이 깨끗해야 하며, 물기가 없어야 한다.
> ② 귀금속 유물은 솜 위에 직접 올려두면 안 된다. 왜냐하면 여름철에 고온다습한 환경이 되었을 때 솜은 습기를 흡수하여 고스란히 금속유물에 전달하기 때문이다.
> ③ 유물은 항상 두 손으로 잡는 것이 원칙이다.
> ④ 금속재질의 유물을 전시하기 위해서는 청결하게 먼지를 제거해야 한다.

> **The 중요**
>
> 금속유물을 한지, 솜, 보자기 등과 같은 재료로 단단하게 포장해서 금고 깊숙이 넣어 두는 경우가 많은데, 여름이 되어 고온다습한 환경이 되면 금고 내부의 온도와 습도도 올라가게 되어 이때 습기를 흡수한 한지와 솜, 보자기가 포함하고 있는 습기를 고스란히 금속유물에 전달해 주게 된다. 이때 녹의 발생이 촉진되고 겨울이 되면 녹 진행이 멈춘다. 특히 금속도 온도가 높고 낮음에 따라 늘어지고 줄어드는 팽창과 수축이 반복되는데 여름철에 팽창했다가 겨울철에 수축되는 현상이 장시간 반복되면서 유물 손상이 진행되는 것이다. 솜이나 한지에 포장된 상태로 있게 되면 습기에 의해 곰팡이와 같은 미생물이 발생하기도 한다.

07 박물관 유물카드 작성 시 유의해야 할 사항으로 옳지 않은 것은?

① 유물 명칭은 재료나 형태가 나타나도록 기재한다.

② 유물 수량은 크기나 무게와 상관없이 점(點)으로 세어 기록한다.

③ 유물의 상태(파손, 복원, 변색 등)는 문화재 수리 기술자만 기록할 수 있으므로 기록하지 않는다.

④ 유물의 크기는 사진에 자를 대고 촬영하거나 직접 유물을 실측하여 기록한다.

> **해설** 유물의 상태(파손, 복원, 변색 등)의 기록은 '등록담당자'의 역할이다.

> **The 중요**
>
> 박물관 유물카드에 들어갈 내용 (본문 : p. 89)
> • 명칭 부여 : 유물의 정확한 명칭을 표준어에 준하여 부여
> • 기능 분류 : 유물 분류 표준화 분류안에 기준한 분류
> • 수량 파악 : 해당 번호에 따른 점수 및 세부 수량 파악
> • 유물 번호 부여 및 기재 : 유물의 수입 순서에 따라 일련번호를 부여하고, 번호기재
> • 물질 : 유물의 구체적인 재질 기재 주재료 → 부재료 순으로 기재
> • 크기 : 유물의 형태를 알 수 있도록 정확히 실측
> • 시대 구분 : 기본 자료를 토대로 작성
> • 명세서 내용 작성 : 유물의 특징 · 용도 · 수입사유 등 항목 작성
> • 명세서 교정 상기 내용의 교정 평균 3차 교정
> • 촬영 : 신수유물에 번호 표시하여 촬영
> • 사진 확인 : 디지털로 촬영한 유물 사진의 확인
> • 사진 정리 : 유물 번호순으로 문화유산표준관리시스템에 입력
> • 카드 및 대장 출력 : 문화유산표준관리시스템으로 카드 및 대장 출력

08 박물관 및 미술관 진흥법령상 박물관을 건립할 수 있는 요건으로 옳지 않은 것은?

① 중앙 행정기관의 장은 국립박물관 설립 시, 사전에 문화체육관광부장관과 협의하여야 한다.

② 지방자치단체는 자치단체의 장이 필요하다고 인정하는 경우, 주민 동의만 있으면 문화체육관광부장관의 협의 없이 미술관을 설립할 수 있다.

③ 사립박물관과 미술관은 문화체육관광부장관과 협의 없이 설립할 수 있다.

④ 「고등교육법」에 따라 설립된 대학 교육과정의 교육기관은 박물관이나 미술관을 설립할 수 있다.

> **해설** 지방자치단체는 자치단체의 장이 필요하다고 인정하는 경우, 주민 동의가 있다고 문화체육관광부장관의 협의 없이 미술관을 설립할 수 없으며 설립하려는 경우에는 미리 박물관 · 미술관 설립 · 운영계획을 수립하여 문화체육관광부장관으로부터 설립타당성에 관한 사전평가를 받아야 한다.

(본문 : p. 206)

> **The 중요**
>
> (본문 : p. 206)
>
> **「박물관 및 미술관 진흥법」 제12조(설립과 운영)**
> ① 지방자치단체는 지역사회의 박물관 자료 및 미술관 자료의 구입·관리·보존·전시 및 지역문화 발전과 지역주민의 문화향유권 증진을 위하여 대통령령으로 정하는 절차와 기준에 따라 박물관과 미술관을 설립할 수 있다.
>
> **「박물관 및 미술관 진흥법」 제12조의2(공립 박물관·공립 미술관의 설립타당성 사전평가)**
> ① 지방자치단체의 장이 제3조 제1항 제2호 및 같은 조 제2항에 따른 공립 박물관·공립 미술관을 설립하려는 경우에는 미리 박물관·미술관 설립·운영계획을 수립하여 문화체육관광부장관으로 부터 설립타당성에 관한 사전평가(이하 "사전평가"라 한다)를 받아야 한다.

09 전시 연출 시 사용되는 모형의 종류가 아닌 것은?

① 증강현실

② 디오라마

③ 복제(품)

④ 축소모형

> **해설** • 모형(models) : 전시하려는 대상물이 실물로 전시가 불가능할 경우에 모형으로 제작하여 전시한다. 실물의 크기가 너무 커서 실내 전시장에서 전시가 어려울 경우 축소모형(미니어처, 피규어)으로 제작하여 전시하거나 반대의 경우 크기가 너무 작아 설명이 어려울 경우 확대해서 제작 전시한다.
> • 증강현실 : 현실세계를 배경에 놓고 그 위에 가상 컴퓨터 그래픽 이미지를 겹쳐서 결합하거나 늘리는 과정을 말한다.

10 전시물을 위한 구성요소가 아닌 것은?

① 공 간

② 디스플레이

③ 커뮤니케이션

④ 관람객

> **해설** 전시는 크게 작가가 만들어 낸 작품과 작품을 연구 분석하는 전시조직, 작품이 진열되는 전시장 그리고 작품을 관람하는 관객으로 이루어져 있다. 전시란 작품, 조직, 전시장, 관객이라는 네 가지 요소들이 서로 유기적으로 작용하며 만들어지는 복합적인 활동이다. 그러므로 관람객은 전시를 위한 구성요소이다.

11 박물관 교육의 기능으로 옳지 않은 것은?

① 보 존　　　　　　　　　　　② 경 영

③ 연 구　　　　　　　　　　　④ 수 집

해설 박물관 교육의 기능은 수집·보존의 기능, 연구기능, 전시기능이 있다.

12 박물관 조직 구성원의 주요역할로 보기 어려운 것은?

① 관장(director) – 박물관 운영 총괄

② 전시기획자(curator) – 소장품 연계 전시기획 담당

③ 보존과학자(conservator) – 소장품 보존처리 담당

④ 교육연구사(educator) – 수장고 유물관리 책임

해설 • 교육연구사(educator)는 박물관 교육 프로그램을 개발하고, 실행하고, 평가하고, 감독하는 사람으로서 행정관리책임과 박물관 경영의 팀원 그리고 전시계획위원으로서 설명안내원(docent)과 안내원(guide)을 관장한다.

　　• 소장품 관리자(collection manager)는 소장품의 관리·감독, 목록 작성, 일련 번호 입력, 소장품의 개별 부서 보관 등의 업무를 맡는다. 때로는 소장품 등록원이나 학예사의 일부 업무를 혼합한 역할을 수행하기도 한다.

13 박물관 교육 개발의 목적으로 보기 어려운 것은?

① 대중성　　　　　　　　　　② 폐쇄성

③ 전문성　　　　　　　　　　④ 자율성

The 중요

박물관 교육 프로그램의 개발 목적 (본문 : p. 154)

• 대중성 : 유물을 더 쉽고 재미있게 이해하게 한다.

• 전문성 : 유물에 대해 더욱 자세하고 심화된 내용을 할 수 있도록 돕는다.

• 자율성 : 학습자가 유물에 스스로 몰입하여 흥미를 가지고 유물을 관찰, 탐구하게 한다.

14 박물관의 주요기능이 아닌 것은?

① 수 집　　　　　　　　　　　② 연 구

③ 전 시　　　　　　　　　　　④ 경 매

해설 박물관의 주요기능은 수집, 연구, 전시, 교육이 있다. 경매는 비영리기관인 박물관 및 미술관의 업무 분야가 아니다.

15 박물관 화재에 대한 대비책이 아닌 것은?

① 자동화재탐지설비의 설치

② 정기적인 점검

③ 비상구 표지판 설치

④ 격납장소에 흡연실 설치

해설 흡연실 설치는 일반 관람객이 존재하는 장소에 설치하는 것이 바람직하며, 소장품이 있는 격납장소에 흡연실을 설치하는 것은 옳지 않다.

16 박물관 소장품 도난 방지시설이 아닌 것은?

① CCTV

② 진열장 내 방범센서(감지센서)

③ 자외선 제어센서

④ 노출전시물을 위한 알람센서(적외선 탐지기 등)

해설 자외선 제어센서는 조명에 대한 소장품 예방 조치 중 하나이다. 자외선은 유물에 손상을 입히는 광선이기 때문에 반드시 조절되어야 한다. 자외선이 소장품에 쏘여지게 되면 광화학작용을 일으켜 변·퇴색을 일으킨다. 자외선은 자연광뿐만 아니라 일반 형광등, 백열등에도 포함되어 발산되기 때문에 무자외선 형광등, 자외선 흡수필터에 의한 차단 방법을 강구하여야 한다.

> ### The 중요
>
> **악화예방조치(Prevention of deterioration) (본문 : p. 96)**
> - 환경적인 요인(빛, 습도, 온도)을 조절하는 행위
> - 소장품을 지속적으로 관찰하고 기록하는 행위
> - 소장품을 수장하는 공간에 병충해 방지를 관리하는 프로그램(IRM)을 설치하는 행위
> - 소장품을 다루는 방법, 수장 관리하는 방법, 전시하는 방법, 포장하고 운송하는 기술 등을 연습하는 행위
> - 박물관 소장품의 특성과 상태를 고려한 응급상황 시 대처할 수 있는 계획을 마련하는 행위

17 박물관 재원확보를 위한 방법으로 옳지 않은 것은?

① 도 굴

② 기부금

③ 복권기금

④ 유료 세미나 운영

> **The 중요**
>
> **박물관 재원 조성 방법 (본문 : p. 179)**
> • 정부, 공공기관, 기업, 국제기구, 문화재단, 개인후원자 등을 통한 지원금 제도 활용 및 기부금 후원
> • 특별/기획전시를 통한 입장료 수입
> • 강좌 및 교육 프로그램 운영
> • 뮤지엄샵 운영 및 박물관 문화(아트)상품 개발을 통한 판매 수익 창출
> • 도록 판매
> • 부대시설(레스토랑, 커피숍) 운영 등을 통한 수익 창출 등

18 박물관 및 미술관 진흥법령상 박물관 · 미술관 운영 위원회에 관한 설명으로 옳지 않은 것은?

① 위원장 1명을 포함하여 10명 이상 15명 이내의 위원으로 구성한다.

② 위원장은 위원 중에서 호선(互選)한다.

③ 박물관 · 미술관의 운영과 발전을 위한 기본방침에 관한 사항을 심의한다.

④ 박물관 · 미술관의 운영 개선에 관한 사항은 심의하지 않는다.

> **The 중요**
>
> **「박물관 및 미술관 진흥법 시행령」 제6조(박물관 · 미술관 운영 위원회) (본문 : p. 216)**
> ① 법 제7조 제1항에 따라 등록한 국공립의 박물관 또는 미술관에 두는 박물관 · 미술관 운영 위원회(이하 "운영 위원회"라 한다)는 위원장 1명을 포함하여 10명 이상 15명 이내의 위원으로 구성한다.
> ② 운영 위원회의 위원장은 위원 중에서 호선(互選)한다.
> ③ 운영 위원회의 위원은 해당 박물관 · 미술관이 소재한 지역의 문화 · 예술계 인사 중에서 그 박물관 · 미술관의 장이 위촉하는 자와 그 박물관 · 미술관의 장이 된다.
> ④ 운영 위원회는 다음 각 호의 사항을 심의한다.
>   1. 박물관 · 미술관의 운영과 발전을 위한 기본방침에 관한 사항
>   2. 박물관 · 미술관의 운영 개선에 관한 사항
>   3. 박물관 · 미술관의 후원에 관한 사항
>   4. 다른 박물관 · 미술관과 각종 문화시설과의 업무 협력에 관한 사항

19 박물관의 교육 진행 특성으로 옳지 않은 것은?

① 개방성　　　　　　　　　　　　② 개요성
③ 정보성　　　　　　　　　　　　④ 사회성

해설 박물관 교육은 개방성, 사회성, 정보성, 전문성 등을 지녀야 한다. 간결하게 추려 낸 주요 내용을 담는 개요성은 포함되지 않는다.

20 국립경주박물관 어린이박물관학교가 처음 시작된 연도는?

① 1954년　　　　　　　　　　　　② 1974년
③ 1994년　　　　　　　　　　　　④ 2014년

해설 우리나라 최초의 어린이박물관은 1954년 국립경주박물관에 설립된 어린이박물관학교이다.

21 박물관 및 미술관 진흥법령상 박물관 또는 미술관 등록요건 중 제1종 종합박물관의 시설기준에 포함되지 않는 것은?

① 각 분야별 전문박물관의 해당 전시실
② 자료실·도서실·강당 중 1개 시설
③ 도난 방지시설, 온습도 조절장치
④ 금융 관련 시설

> **The 중요**
>
> **박물관 또는 미술관 등록요건 중 제1종 종합박물관의 시설기준 (본문 : p. 228)**
> • 각 분야별 전문박물관의 해당 전시실
> • 수장고(收藏庫)
> • 작업실 또는 준비실
> • 사무실 또는 연구실
> • 자료실·도서실·강당 중 1개 시설
> • 화재·도난방지 시설, 온·습도 조절장치

22 박물관에 관한 설명으로 옳은 것은?

① 박물관은 유물을 수집할 수 없다.

② 박물관은 사람들이 전시물을 통해 영감, 배움, 즐거움을 얻을 수 있도록 한다.

③ 수족관, 수목원, 식물원, 천문관과 같은 기관은 박물관에 포함시키지 않는다.

④ 운영 중인 박물관은 등록 시 제출한 자료목록에 포함된 유물을 개인의 영리 목적으로 매각할 수 있다.

해설 ① 박물관의 주요기능은 수집·보존의 기능, 연구기능, 전시기능, 교육기능이다.
　　② 「박물관 및 미술관 진흥법」의 박물관의 유형별 자료 및 시설에서 동물원, 식물원, 수족관은 1종 박물관에 포함되며, 수목원, 천문관은 해당 사항이 없다.
　　④ 운영 중인 박물관은 등록 시 제출한 자료목록에 포함된 유물을 개인의 영리 목적으로 매각할 수 없다.

23 박물관 역할에 관한 설명으로 옳지 않은 것은?

① 박물관의 역할 중 하나는 전통과 역사의 계승이다.

② 박물관은 지역문화발전 및 국가의 이미지를 창출하는 중요한 사회적 인프라이다.

③ 국가는 박물관을 국가 이미지와 정체성을 대변하는 정치적 매개체로 활용해서는 안 된다.

④ 박물관에서의 연구는 수집한 유물에 대한 폭넓은 정보를 전달하기 위해 중요한 역할을 한다.

> **The 중요**
>
> (본문 : p. 7~9)
>
> **박물관의 역할**
> • 문화적 역할 : 타임캡슐로서의 문화유산의 보존과 전승 및 국제적인 문화 교류 역할
> • 사회적 역할 : 문화 향수 기회 및 교육 콘텐츠 제공 등의 사회 교육적 역할
> • 정치적 역할 : 지역이나 국가의 이미지 향상 등의 정치적 역할
> • 경제적 역할 : 문화 관광과 연계되어 지역이나 국가의 경제 활성화와 같은 경제적인 역할
>
> **정치적 역할**
> 박물관 전시를 통해 지역사회의 변화와 연속성을 설명하고, 자국의 문화를 홍보함으로써 대내적으로는 국민의 단결을 촉진하고 대외적으로는 국가의 위상과 문화적 정체성을 알릴 수 있다. 박물관의 정치적 역할을 살펴보면 국가는 박물관을 국가 이미지와 정체성을 대변하는 정치적 매개체로 활용할 수 있음을 알 수 있다.

24 영국 최초의 과학박물관이자 세계 최초의 공공박물관은?

① 애쉬몰리언 박물관

② 루브르 박물관

③ 찰스톤 박물관

④ 스미소니언 박물관

The 중요

애쉬몰리언 박물관(Ashmolean Museum, 1683년, 영국 옥스퍼드) (본문 : p. 27)

1683년 일반에게 공개된 영국 최초의 과학박물관이자 세계 최초의 공공박물관인 애쉬몰리언 박물관은 근대적인 의미의 박물관 · 미술관의 효시로 J. 트레이드 스캔트 부자(父子)의 수집품을 기초로 A. 애쉬몰에 의하여 1677년 설립되었다.

25 박물관 및 미술관 진흥법령상 설립 · 운영 주체에 따른 구분으로 옳지 않은 것은?

① 국립박물관 : 국가가 설립 · 운영하는 박물관

② 공립 박물관 : 기업이 설립 · 운영하는 박물관

③ 사립박물관 :「민법」,「상법」, 그 밖의 특별법에 따라 설립된 법인 · 단체 또는 개인이 설립 · 운영하는 박물관

④ 대학박물관 :「고등교육법」에 따라 설립된 학교나 다른 법률에 따라 설립된 대학 교육과정의 교육기관이 설립 · 운영하는 박물관

The 중요

「박물관 및 미술관 진흥법」 제3조(박물관 · 미술관의 구분) (본문 : p. 202)

① 박물관은 그 설립 · 운영 주체에 따라 다음과 같이 구분한다.

  1. 국립박물관 : 국가가 설립 · 운영하는 박물관

  2. 공립 박물관 : 지방자치단체가 설립 · 운영하는 박물관

  3. 사립박물관 :「민법」,「상법」, 그 밖의 특별법에 따라 설립된 법인 · 단체 또는 개인이 설립 · 운영하는 박물관

  4. 대학박물관 :「고등교육법」에 따라 설립된 학교나 다른 법률에 따라 설립된 대학 교육 과정의 교육기관이 설립 · 운영하는 박물관

② 미술관은 그 설립 · 운영 주체에 따라 국립 미술관, 공립 미술관, 사립 미술관, 대학 미술관으로 구분하되, 그 설립 · 운영의 주체에 관하여는 제1항 각 호를 준용한다.

26 덕수궁 내에 설립된 이왕가 미술관의 광복 이후 변경된 명칭은?

① 보화각

② 이왕가 박물관

③ 덕수궁 미술관

④ 조선총독부 박물관

해설 • 우리나라 최초의 근대적 박물관인 제실 박물관은 1911년 2월 1일에 이왕가 박물관(李王家 博物館)으로, 1938년 4월 이왕가 미술관, 광복 이후인 1946년에는 '덕수궁 미술관'으로 각각 개편되었다가 1969년 5월 '국립박물관'으로 통합되었다.
• 1949년 12월 박물관 직제를 공포하며 업무 분장과 조직을 개편하였으나, 한국전쟁으로 개성 부립 박물관은 분관으로 편입하지 못하였다. 1953년 8월 서울 환도 이후 잠시 남산분관에 머무르다가 1954년 10월 덕수궁 석조전으로 이전하였다.
• 1960년대 접어들면서 문교부가 문화공보부로 그 명칭이 변경되었고, 이에 따라 국립박물관이 대외선전용으로 전락하는 결과가 나타났다. 1970년대 민족 주체 의식의 고양과 강화를 명목으로 국립박물관이 1972년 덕수궁 석조전에서 경복궁으로 이전·개관하고 그 명칭도 '국립중앙박물관'이 되었다.

27 박물관 홍보방법으로 옳은 것을 모두 고른 것은?

ㄱ. 이벤트	ㄴ. 보도자료
ㄷ. 소장품 등록	ㄹ. 브로슈어와 소식지

① ㄱ, ㄹ

② ㄴ, ㄷ

③ ㄱ, ㄴ, ㄹ

④ ㄱ, ㄴ, ㄷ, ㄹ

해설 박물관 홍보방법으로는 ㄱ. 이벤트, ㄴ. 보도자료, ㄹ. 브로슈어와 소식지 등이 있다. 소장품 등록은 박물관 수집방법 중의 하나이다.

28 박물관 및 미술관 진흥법령상 '박물관 및 미술관의 평가인증' 항목이 아닌 것은?

① 설립 목적의 달성도

② 자료의 수집 및 관리의 충실성

③ 전시 개최 및 교육프로그램 실시 실적

④ 설립 또는 대표자 자산 목록

> **The 중요**
>
> 「박물관 및 미술관 진흥법 시행령」 제17조의2(박물관 및 미술관의 평가인증) (본문 : p.220)
> ① 문화체육관광부장관은 법 제26조 제1항에 따라 박물관 및 미술관에 대한 평가를 실시하려면 해당연도의 평가 대상을 매년 1월 31일까지 고시하여야 한다.
> ② 문화체육관광부장관은 다음 각 호의 기준에 따라 평가를 실시한다.
>   1. 설립 목적의 달성도
>   2. 조직 · 인력 · 시설 및 재정 관리의 적정성
>   3. 자료의 수집 및 관리의 충실성
>   4. 전시 개최 및 교육 프로그램 실시 실적
>   5. 그 밖에 박물관 또는 미술관 운영의 적정성을 평가하는 데 필요하다고 인정되어 문화체육관광부장관이 정하는 사항

29 문화재보호법령상 일반동산문화재의 보존 · 관리 방안에서 포함해야 하는 사항이 아닌 것은?

① 보관 경위

② 관리 · 수리 이력

③ 자체 폐기 처리 계획

④ 보존처리계획 및 학술연구 등 활용계획

> **The 중요**
>
> 「문화재보호법 시행령」 제38조(일반동산문화재의 보존 · 관리 방안) (본문 : p. 274)
> ① 법 제61조 제2항에 따른 문화재에 관한 보존 · 관리 방안은 다음 각 호의 사항을 포함하여야 한다.
>   1. 일반동산문화재의 현황
>   2. 일반동산문화재의 보관 경위 및 관리 · 수리 이력
>   3. 보존 · 관리의 개선이 필요한 문화재와 그 조치 방안(조치할 내용, 추진 일정 및 방법 등을 포함한다)
>   4. 일반동산문화재의 보존처리 계획 및 학술 연구 등 활용 계획
> ② 법 제61조 제3항에 따라 문화재청장의 요청을 받은 국가기관 또는 지방자치단체의 장은 요청받은 날부터 30일 이내에 문화재청장에게 해당 문화재에 관한 보존 · 관리 방안을 보고하여야 한다.

30 문화재보호법령상 문화재매매업 허가를 받을 수 없는 자는?

① 국가, 지방자치단체, 박물관 또는 미술관에서 문화재를 취급한 이력이 없는 자

② 전문대학 이상의 대학에서 문화재관리학 계통의 전공과목을 일정 학점 이상 이수한 자

③ 「학점인정 등에 관한 법률」 제7조에 따라 문화재 관련 전공과목을 일정 학점 이상 이수한 것으로 학점인정을 받은 자

④ 문화재매매업자에게 고용되어 3년 이상 문화재를 취급한 자

> **The 중요**
>
> 「문화재보호법」 제76조(자격요건) (본문 : p. 257)
> ① 제75조 제1항에 따라 문화재매매업의 허가를 받으려는 자는 다음 각 호의 어느 하나에 해당하는 자이어야 한다.
>   1. 국가, 지방자치단체, 박물관 또는 미술관에서 2년 이상 문화재를 취급한 자
>   2. 전문대학 이상의 대학(대학원을 포함한다)에서 역사학 · 고고학 · 인류학 · 미술사학 · 민속학 · 서지학 · 전통공예학 또는 문화재관리학 계통의 전공과목(이하 "문화재 관련 전공 과목"이라 한다)을 일정 학점 이상 이수한 사람
>   3. 학점인정 등에 관한 법률 제7조에 따라 문화재 관련 전공과목을 일정 학점 이상 이수한 것으로 학점인정을 받은 사람
>   4. 문화재매매업자에게 고용되어 3년 이상 문화재를 취급한 자
>   5. 고미술품 등의 유통 · 거래를 목적으로 상법에 따라 설립된 법인으로서 제1호부터 제4호까지의 자격요건 중 어느 하나를 갖춘 대표자 또는 임원을 1명 이상 보유한 법인

31 박물관을 구성하는 3대 요소를 올바르게 나열한 것은?

① 박물관자료, 건물, 건립기간

② 박물관자료, 사람, 건립기간

③ 박물관자료, 건물, 사람

④ 건물, 사람, 건립기간

해설 박물관을 구성하는 3대 요소는 박물관자료, 건물, 사람이다.

32 자료수집에 대한 정책을 수립할 때 고려해야 할 사항이 아닌 것은?

① 수집 방법

② 타 박물관 예산

③ 수집에 대한 정당성

④ 박물관 설립 목표와 실천과제

해설 자료수집에 대한 정책을 수립할 때 고려해야 할 사항은 수집 방법, 자체 예산, 수집에 대한 정당성, 박물관 설립 목표와 실천과제 등이다.

33 박물관자료의 전산화에 관한 설명으로 옳지 않은 것은?

① 우리나라 박물관 자료 전산화는 국립박물관이 주도했다.

② 문화유산표준관리시스템은 국립중앙박물관이 배포한다.

③ 전산화를 위해 입력 항목에 대한 표준화가 선행되어야 한다.

④ 전산화된 모든 목록은 누구나 열람이 가능하다.

해설 전산화된 모든 목록을 누구나 열람할 수는 없다.

34 박물관 및 미술관 진흥법령상 박물관자료를 활용한 사업이 아닌 것은?

① 박물관자료의 수집 · 관리 · 보존 · 전시

② 박물관자료에 관한 교육 및 전문적 · 학술적인 조사 · 연구

③ 박물관자료에 관한 해체 · 훼손

④ 박물관자료에 관한 복제와 각종 간행물의 제작과 배포

> **The 중요**
>
> 「박물관 및 미술관 진흥법」 제4조(사업) (본문 : p. 202)
> ① 박물관은 다음 각 호의 사업을 수행한다.
>   1. 박물관자료의 수집 · 관리 · 보존 · 전시
>   2. 박물관자료에 관한 교육 및 전문적 · 학술적인 조사 · 연구
>   3. 박물관자료의 보존과 전시 등에 관한 기술적인 조사 · 연구
>   4. 박물관자료에 관한 강연회 · 강습회 · 영사회(映寫會) · 연구회 · 전람회 · 전시회 · 발표회 · 감상회 · 탐사회 · 답사 등 각종 행사의 개최
>   5. 박물관자료에 관한 복제와 각종 간행물의 제작과 배포
>   6. 국내외 다른 박물관 및 미술관과의 박물관자료 · 미술관자료 · 간행물 · 프로그램과 정보의 교환, 박물관 · 미술관 학예사 교류 등의 유기적인 협력
>   6의2. 평생교육 관련 행사의 주최 또는 장려
>   7. 그 밖에 박물관의 설립 목적을 달성하기 위하여 필요한 사업 등
> ② 미술관 사업에 관하여는 제1항을 준용한다. 이 경우 제1호부터 제5호까지의 규정 중 "박물관자료"는 "미술관자료"로 보며, 제6호 및 제7호 중 "박물관"은 "미술관"으로 본다.

35 문화유산표준관리시스템의 분류체계가 아닌 것은?

① 재질별 분류

② 시대별 분류

③ 기능별 분류

④ 가격별 분류

The 중요

문화유산표준관리시스템의 분류체계 중 필수항목 (본문 : p. 113)

1. 소장 구분
2. 소장품번호
3. 수량
4. 수량 단위
5. 명칭
6. 국적/시대
7. 작자/제작처
8. 재질
9. 용도 · 기능
10. 장르
11. 문화재 지정 일자
12. 문화재 지정 구분
13. 문화재 지정 호수
14. 크기 1(실측 부위)
15. 크기 2(실측치)
16. 특징

---

36 국제박물관협의회(ICOM) 윤리강령에 제시된 박물관 자료 연구에 관한 설명으로 옳지 않은 것은?

① 연구 자료에 대한 권리를 보유하여야 한다.

② 박물관 종사자는 지식과 경험을 공유해야 할 의무가 있다.

③ 유사한 관심과 수집 활동을 하는 사람들에게 정보를 공유하지 않는다.

④ 박물관의 발간하는 모든 정보는 근거가 충분함과 동시에 정확해야 한다.

국제박물관협의회(ICOM) 윤리강령 (본문 : p. 296~297)

3.8 연구 자료에 대한 권리 보유

박물관 직원이 발표나 현지 조사 기록을 위해 자료를 준비하는 경우, 해당 작업의 모든 권리 사항에 대해 연구 지원 박물관의 분명한 동의를 얻어야 한다.

3.9 전문성 공유

박물관직 종사자들은 그들의 지식과 경험을 관련 분야의 동료, 학자, 학생들과 공유해야 할 의무가 있다.

3. 10 박물관과 타기관 간의 협력

박물관 직원은 유사한 관심과 수집 활동을 하는 기관과의 협력 및 자문에 대한 필요성을 인지하고 인정하여야 한다. 이는 특히 고등교육기관 및 장기적인 보안책 없이 중요 소장품들을 양산할 수 있는 연구를 하는 공익사업체와 협력할 때에 더욱 그러하다.

4. 6 출판

매체를 불문하고 박물관이 발간하는 모든 정보는 근거가 충분함과 동시에 정확해야 하며, 관련 학문 분야, 사회, 신앙에 대한 책임 있는 고찰을 해야 한다. 박물관의 출판물은 해당 기관의 기준에 저촉되지 않아야 한다.

37 국제기구에 관한 설명으로 옳은 것은?

① UNESCO : 교육, 과학, 문화 분야의 국제협력을 도모함으로써 세계 평화에 기여하고자 설립된 국제연합전문기구이다.

② ICOMOS : 세계무형문화재를 보호하기 위해 창설된 유네스코 산하기관이다.

③ ICCROM : 박물관학을 연구하기 위한 기구이다.

④ ASEMUS : 아프리카와 유럽 박물관 사이에 소장품 공유 및 정보, 인력, 기술 교류의 강화를 위한 협력기관이다.

박물관 관련 국제기구 (본문 : p. 13)

- UNESCO : 교육, 과학, 문화 분야의 국제협력을 도모함으로써 세계 평화에 기여하고자 설립된 국제연합전문기구이다.
- ICOMOS : 세계 문화유산 보전을 위한 국제 협의회이다.
- ICCROM(International Centre for the Study of the Preservation and the Restoration of Cultural Property) : 국제 문화재 보존 보수 센터, ICCROM의 업무는 4개의 주요 분야인 문서 조사, 연구, 조언과 추천 그리고 훈련으로 분류된다.
- ASEMUS(Asia-Europe Museum Network) : 제5차 아시아 · 유럽 박물관 네트워크 2012 서울 총회가 9월 13일 서울 중앙 박물관에서 개최되었다(주제 : 새롭고 지속가능한 박물관 교육).

38 '연가칠년명금동여래입상'의 명칭 부여 순서가 올바르게 나열된 것은?

① 명 문 – 재 질 – 주 제 – 형 태

② 명 문 – 재 질 – 형 태 – 주 제

③ 명 문 – 형 태 – 재 질 – 주 제

④ 명 문 – 형 태 – 주 제 – 재 질

> **해설** 불상의 명칭 부여 순서 : 명문(연가칠년명) – 재질(금동) – 주제(여래 : 부처님) – 형태(입상 : 서 있는 형태)

39 여러 박물관이 모여 있거나 근거리에 위치하여 시너지 효과가 발생한 사례로 옳지 않은 것은?

① 베를린 : 알테스 박물관 – 페르가몬 박물관

② 뉴욕 : 메트로폴리탄 미술관 – 솔로몬구겐하임 미술관

③ 워싱턴 D.C. : 국립항공우주박물관 – 국립자연사박물관

④ 서울 : 국립민속박물관 – 한국만화박물관

> **해설** 근거리에 위치한 국내박물관 중 종로구에 위치한 국립민속박물관(서울시 종로구 삼청로 37)은 인근에 국립고궁박물관, 국립현대미술관(서울관)이 위치하고 있다. 반면에 경기도 부천시에 위치한 한국만화박물관(경기도 부천시 상동 529–36)은 국립민속박물관과 상당한 거리에 떨어져 있으므로 시너지 효과가 있다고 보기에는 어렵다.

> **The 중요**
>
> **독일에서 근거리에 위치한 박물관**
> • 알테스 박물관 : 베를린 구 박물관(Altes Museum)은 독일 베를린에 위치하고 있으며 '박물관 섬'에 있는 박물관이다. 1823년부터 1830년까지 건립되었다.
> • 페르가몬 박물관(Pergamon museum, 1910~1930) : 베를린의 박물관 섬 안에 위치하고 있는 박물관이다.
>
> **베를린 박물관 섬(Flag of Berlin.svg) 내에 위치한 박물관**
> 알테스 구 박물관, 페르가몬 박물관, 보데 박물관, 구 국립 미술관, 신 박물관, 베를린 대성당, 루스트 정원, 제임스 사이먼 미술관

40 「박물관 및 미술관 진흥법령」상 박물관 · 미술관 협력망의 기능으로 옳지 않은 것은?

① 전산 정보 체계를 통한 정보와 자료의 유통

② 통합 데이터베이스 구축 제한

③ 박물관자료나 미술관자료의 정리, 정보처리 및 시설 등의 표준화

④ 박물관이나 미술관 운영의 정보화 · 효율화

The 중요

「박물관 및 미술관 진흥법」 제33조(박물관 · 미술관 협력망) (본문 : p. 213)

① 문화체육관광부장관은 박물관 또는 미술관에 관한 자료의 효율적인 유통 · 관리 및 이용과 각종 박물관 또는 미술관의 상호 협력을 도모하기 위한 협력 체제로서 다음 각 호의 기능을 수행하는 박물관 · 미술관 협력망(이하 "협력망"이라 한다)을 구성한다.

　1. 전산 정보 체계를 통한 정보와 자료의 유통

　2. 박물관 자료나 미술관 자료의 정리, 정보 처리 및 시설 등의 표준화

　3. 통합 데이터베이스 구축, 상호 대여 체계 구비 등 박물관이나 미술관 운영의 정보화 · 효율화

　4. 그 밖에 박물관이나 미술관의 상호 협력에 관한 사항

② 박물관이나 미술관은 그 설립 목적을 달성하기 위하여 지방문화원진흥법, 도서관법 및 문화예술 진흥법에 따라 설립된 문화원 · 도서관 · 문화예술회관 등 다른 문화시설과 협력하여야 한다.

③ 협력망의 조직과 운영을 위하여 필요한 사항은 대통령령으로 정한다.

정답 한눈에 보기

01	02	03	04	05	06	07	08	09	10
①	②	①	②	③	①	③, ④	②	①	④
11	12	13	14	15	16	17	18	19	20
②	④	②	④	④	③	①	④	②	①
21	22	23	24	25	26	27	28	29	30
④	②	③	①	②	③	③	④	③	①
31	32	33	34	35	36	37	38	39	40
③	②	④	③	④	③	①	①	④	②

04   2022 기출문제

※ 본 기출문제는 2022년 11월 26일에 시행된 제23회 박물관 및 미술관 준학예사 박물관학 문제입니다.

01 우리나라 등록 박물관 및 미술관에 관한 정의가 아닌 것은?

① 문화 · 예술 · 학문의 발전에 기여하는 시설

② 영리를 적극적으로 추구하는 시설

③ 일반 공중의 문화향유 및 평생교육 증진에 기여하는 시설

④ 박물관 및 미술관 자료를 수집, 관리, 보존, 조사, 연구, 전시, 교육하는 시설

> **해설** 등록 박물관 및 미술관은 영리를 적극적으로 추구하는 시설이 아니다. 또한 「박물관 및 미술관 진흥법」에서는 우리나라의
> 등록 박물관 및 미술관에 대해 다음과 같이 정의하고 있다.

The 중요

「박물관 및 미술관 진흥법」 제2조(정의) (본문 : p. 201)

1. "박물관"이란 문화 · 예술 · 학문의 발전과 일반 공중의 문화향유 및 평생교육 증진에 이바지하기 위하여 역사 · 고고
   (考古) · 인류 · 민속 · 예술 · 동물 · 식물 · 광물 · 과학 · 기술 · 산업 등에 관한 자료를 수집 · 관리 · 보존 · 조사 · 연
   구 · 전시 · 교육하는 시설을 말한다.

---

02 다음 설명에 해당하는 용어로 옳은 것은?

> • 과거, 현재, 미래의 시간 축과 박물관의 공간 축이 결합된 박물관
> • 지역의 생태와 주민, 환경 전체를 포함
> • 주민들에게 자신들이 살고 있는 지역에 관한 역사적 설명을 제공
> • 위그 드 바랭과 조르주 앙리 리비에르가 처음 사용한 용어

① 생태박물관(에코뮤지엄)

② 과학관

③ 스튜디올로

④ 유물수집창고

해설 제시문의 설명에 해당하는 용어는 생태박물관(에코뮤지엄)이다.

The 중요

생태박물관(에코뮤지엄) (본문 : p. 44)
프랑스의 리비에르(G. H. Riviere)가 이를 '에코뮤지엄'이라는 용어로 통일하여 사용할 것을 제안하였다. 에코뮤지엄은 주민들이 직접 박물관 운영에 참여할 뿐 아니라 지역 유산 전시 이외에 다양한 체험 활동 프로그램을 운영하기 때문에 '살아있는 박물관'이라고 불린다.

스튜디올로(Studiolo) (본문 : p. 22)
'작은 서재'라는 사전적 의미가 있다. 유럽의 부호들은 지금의 갤러리(gallery)의 형태과 유사한 '스튜디올로(Studiolo)'라는 공간을 만들었다. 철학자들의 초상화와 부조 등이 진열되었던 스튜디올로는 폐쇄적인 형태의 인문학적 사유(思惟)공간이다.

03 한 분야만이 아닌 미술, 역사, 지질 등 2가지 이상의 분야를 다루는 기관은?

① 미술관

② 종합박물관

③ 전문박물관

④ 사적지

해설 종합박물관이란 2가지 이상의 전문박물관이 결합된 박물관을 말한다. 소장품은 각 분야별 100점 이상이 있어야 하며, 학예사도 각 분야별 1인 이상이 있어야 한다. 각 분야별 전문 박물관의 해당 전시실(100m² 이상)을 구비하여야 설립 가능하다.

04 다음 (   )에 들어갈 박물관은?

> 스웨덴 각 지역의 다양한 자생 동·식물과 생활문화를 야외에 전시한 (   )은 오픈 에어 뮤지엄으로 그 개념이 발전되기도 했다.

① 빅토리아 앤 앨버트 박물관
② 에르미타쥬 박물관
③ 시카고 과학산업 박물관
④ 스칸센 야외박물관

해설 괄호에 들어갈 박물관은 스칸센 야외박물관이다.

The 중요

오픈 에어 뮤지엄(Open–Air Museum) (본문 : p. 45)
원래 있던 장소에서 다른 장소로 옮겨진 에코뮤지엄을 오픈 에어 뮤지엄이라 부른다. 대표적인 예가 세계 최초의 에코뮤지엄인 스웨덴 스칸센 야외박물관이다.

빅토리아 앤 앨버트 박물관(Victoria and Albert Museum) (본문 : p. 42)
빅토리아 앨버트 박물관은 영국 런던의 사우스켄싱턴에 있는 미술관이다. 영국 왕립박물관 중의 하나로, 중세부터 근대에 걸친 유럽 미술을 중심으로 동양미술 작품에 이르기까지 광범위하게 소장하고 있다. 1899년 A. 웨브의 설계로 신관(新館)을 건립할 때 빅토리아 여왕은 산업과 미술의 결합을 시도했던 앨버트 공의 유지를 구체화하기 위하여 빅토리아 앤 앨버트 박물관으로 이름을 바꾸어 1909년에 개관하였다.

에르미타쥬 박물관 (본문 : p. 27~28)
에르미타쥬 박물관(Hermitage Museum, 1764년, 러시아 상트페테르부르크) 1764년 예카테리나 2세가 미술품을 수집한 것이 그 시작으로 예카테리나 2세의 전용 미술관으로 프랑스어로 '은둔지'를 의미하는 에르미타주(에르미타쥬)'의 명칭은 여기에서 유래된 것이다. 왕족과 귀족들의 수집품을 모았으며, 19세기 말 일반 대중에게 공개되었다. 겨울궁과 소 에르미타주 궁전, 구 에르미타주 궁전, 신 에르미타주 박물관, 참모부 등 5개의 건축물로 구성되었으며, 270만 건의 소장품을 가지고 있다. 전시청이 350개, 9만㎡의 크기로 그 풍부한 소장품과 20km에 달하는 전시 코너는 세계적으로 제일 긴 전시 코너로 유명하다.

시카고 과학산업 박물관
미국 일리노이주 시카고의 잭슨공원(Jackson Park)에 있는 박물관이다. 1893년 세계박람회 때 미술관으로 쓰였던 건물을 수리하여 박물관 건물로 전환하는 일을 추진했으며, 그 결과 1933년에 박물관의 일부를 개관할 수 있었고, 1940년에는 전부 개관했다. 연면적 5만 7000㎡의 건물에는 총75개 전시실이 있으며, 원자력·플라스틱 등 2,000여 개에 이르는 테마 전시가 전개되고 있다. 이 박물관은 1933년 시카고의 중소기업 사장이었던 로젠왈드가 1911년에 뮌헨에 있는 도이치 박물관(Deutschers Museum)을 방문하고 깊은 인상을 받고 돌아와, 미국에서 최초로 과학 교육에 이바지할 수 있는 산업문명관을 세울 것을 결심하고 사업에 착수해서 건립한 박물관이다.

05 서울 남산의 구 총독관저 자리에 세워진 시정기념관을 바꾸어 1946년 4월 25일 개관한 박물관은?

① 이왕가 박물관

② 조선총독부 박물관

③ 국립민족박물관

④ 조선민족미술관

해설 시정기념관을 바꾸어 개간한 박물관은 국립민족박물관이다.

The 중요

이왕가 박물관 (본문 : p. 33)

• 우리나라 최초의 박물관은 대한제국 황실이 1909년 11월에 서울 '창경궁'에 개관한 '제실 박물관(帝室博物館)'이다. 이후 제실 박물관은 3가지로 나누어 개편되었다. 1911년 2월 1일 이왕가 박물관(李王家博物館), 둘째는 1938년 4월 이왕가 미술관, 셋째는 광복 이후인 1946년에 덕수궁 미술관으로 각각 개편되었다. 이후 1969년 5월 '국립박물관'으로 통합되었다

• 1949년 12월 박물관 직제를 공포하며 업무 분장과 조직을 개편하였으나, 한국전쟁으로 개성 부립 박물관은 분관으로 편입하지 못하였다. 1953년 8월 서울 환도 이후 잠시 남산분관에 머무르다가 1954년 10월 덕수궁 석조전으로 이전하였다. 1970년대 민족 주체 의식의 고양과 강화를 명목으로 '국립박물관'이 1972년 덕수궁 석조전에서 경복궁으로 이전 · 개관하고 그 명칭도 '국립중앙박물관'이 되었다.

국립 민족 박물관 (1945, 국립민속박물관의 옛 명칭) (본문 : p. 37)

1945년 당시 고고미술 중심의 국립박물관과 별개로 민족 문화 및 인류학 영역을 취급하는 '국립 민족 박물관'이 11월 창립되었고, 1946년 4월 25일 일본 역대 총독의 패용품을 전시하던 서울 남산의 구 총독관저 자리의 왜성대의 '시정기념관'에서 문화재관리국 산하로 개관하였다. 1966년 10월 경복궁 수정전에서 한국민속관이라는 명칭으로 재개관하였다. 1975년 한국 민속관의 건물이 협소하여 경복궁 내 현대미술관 건물을 인수하여 전시실로 삼았다. 1993년 국립중앙박물관이 이전한 현재의 건물로 이전 개관하였다.

조선민족미술관(1924) (본문 : p. 39~40)

우리나라 사립 미술관의 시초이며, 1924년 4월 9일 경복궁 안 집경당에서 개관한 미술관이다. 이 미술관은 일본인 야나기 무네요시(柳宗悅)가 1916년 조선을 처음 방문한 이후 1940년까지 25년간 집중 수집한 소장품으로 조성되었다. 이 기간 동안에 수집된 조선 미술은 조선민족미술관 소장품의 기반이 되었다. 조선민족미술관의 수장품 수집은 야나기 혼자의 힘으로 이루어진 것은 아니었지만 수집의 방향은 야나기를 중심으로 공유되고 있었다. 이는 1921년 5월 7일부터 11일까지 칸다(神田) 류이츠소(流逸莊)에서 조선미술관 주최로 개최된 조선민족미술전람회에서 잘 드러난다. 이 전람회에 전시된 품목은 대부분은 조선시대 백자였고 회화, 자수, 금속공예품, 반닫이 가구가 몇 점 포함되어 있었다. 조선시대 미술품들이 폄하되고 있었던 당시의 상황 속에서 개최된 이 전시는 야나기의 한국의 미술품에 대한 확신 없이는 불가능한 것이었다. 1945년 광복 직후 조선민족미술관의 소장품은 민속학자 송석하(宋錫夏)가 관장이 된 국립민족박물관에 이관되었고, 이는 다시 한국전쟁 직후 국립중앙박물관 남산 분관에 흡수되었다.

조선총독부 박물관(1915) (p. 34)

조선총독부 박물관의 원류는 제실 박물관이다. 1909년 11월에 서울 '창경궁'에 개관한 '제실 박물관'이 1911년 2월 1일 이왕가 박물관으로 바뀌었고, 이후 일제강점기 때에는 조선총독부 박물관으로 개명하여 1915년 12월 1일 경복궁 안에서 개관하였다. 1915년 9월 조선총독부 통치 5년을 선전하는 조선물산공진회가 경복궁에서 진행되었고, 공진회의 결과물을 바탕으로 12월에 조선총독부 박물관이 탄생되어 일반에게 공개되었다. 박물관은 고적 조사 유물과 사찰의 탑 · 부도, 비석 등을 전시하는 고고역사 박물관의 역할을 수행하며 본관 외에 수정전, 사정전, 근정전, 회랑 등을 전시실 및 사무실로 이용되었다.

06 상설 전시에 관한 설명으로 옳은 것은?

① 박물관의 기능과 목적에 부합하는 자료를 중심으로 언제든 찾아가면 볼 수 있는 대표적인 전시다.

② 박물관 전문직에 의해 조사, 연구된 성과를 바탕으로 특정한 기간 동안만 이루어지는 전시다.

③ 기증유물 등을 특별한 행사와 연계하여 기획한 전시다.

④ 박물관 간에 자료를 대여하여 몇 개의 지역이나 박물관을 순회하는 전시다.

> **The 중요**
>
> 상설 전시(항구전시) (p. 130)
> 상설 전시는 전시의 기간에 의한 분류에 포함되며, 박물관의 기능과 목적에 의해 수집된 소장품을 중심으로 언제든 찾아가면 볼 수 있는 전시이며 장기간 지속적으로 전시하는 것이 특징이다. 상설 전시는 전시실 간의 유기적 관계, 내용과 전시물 측면에서 항구성이 고려되어야 한다. 또한 전시 환경의 조성에 주의를 기울이고 주제별 또는 전시물의 보존적 특성을 고려하여 소장품을 정기적으로 교체하며, 관람객에게 전시의 내용이 정체된 느낌을 주지 않도록 해야 한다.

07 박물관 전시실 동선 구성에 관한 설명으로 옳지 않은 것은?

① 전시품의 크기, 보는 사람의 눈높이와 거리 등을 고려해야 한다.

② 동선은 단순명료하여 관람객이 분별하기 쉬워야 하고 동선이 교차하지 않도록 한다.

③ 전시공간에서의 동선은 진열장을 이용하여 조성되기도 하고 전시공간의 구조물에 의해 결정되기도 한다.

④ 전시물을 통로 한쪽에만 설치하여 관람할 수 있게 한다.

> **The 중요**
>
> 전시실의 동선을 기획시 고려해야 할 사항 (본문 : p. 142)
> • 전시실의 동선은 전시품의 크기, 보는 사람의 눈높이와 거리 등을 배려해야 한다.
> • 동선은 관람객이 전시를 원활하게 관람할 수 있도록 구성해야 한다.
> • 전시 시설의 신속한 보수와 유지를 위한 관리 동선도 고려해야 한다.
> • 시대순 전시 등 순차적인 관람을 통해 전시메시지를 전달하는 경우에는 강제적인 동선이 도움이 된다.
> • 동선은 단순명료하여 관람객이 분별하기 쉬워야 하고 동선이 교차하지 않도록 한다.
> • 전시공간에서의 동선은 진열장을 이용하여 조성되기도 하고 시공간의 구조물에 의해 결정되기도 한다.
> • 전시물을 통로 한쪽에만 설치하여 관람할 수 있게 하면 안 된다.

08 전시실 환경에 관한 설명으로 옳은 것은?

① 전시설명은 전공자의 눈높이에 맞춰 이해할 수 있게 구성한다.

② 관람객의 동향을 충분히 고려하여 전시실의 휴게공간 또는 전시실 중간에 놓이는 의자 등을 적절하게 배치한다.

③ 전시조명은 전시유물과 상관없이 관람객의 편의에 맞춰 항상 밝은 조도를 유지한다.

④ 시각적으로 서로 겹치는 유물들로 구성하여 관람객에게 피로감을 주어야 한다.

> **The 중요**
>
> **전시 환경 계획 (p. 190)**
> 전시실은 밝고, 보기 쉽고, 조용하고 즐거운 분위기에서 흥미있게 전시물을 관람할 수 있도록 해야 한다. 전시 환경을 계획함에 있어 아래의 사항을 충실히 검토해야 한다.
> • 개관 후 전시물의 수량 증가에 따른 전시물 교체가 가능하도록 성장형 전시 개념을 반영해야 한다.
> • 전시실에 관람피로를 해소할 수 있는 휴게공간을 마련해야 한다.
> • 전시공간은 과도한 건축적 표현성보다는 전시의 시각적 환경을 우선하는 관점에서 디자인 되어야 한다.
> • 주요 동선 주변에는 통상적으로 기둥을 설치하지 않는다. 건축 구조 형태는 존중하되 추후 물리적으로 가공되지 않도록 해야 한다.
> • 전시공간은 실내 분위기를 조성하기 위한 강조성 표현을 배제하고 공간 자체의 격조를 높일 수 있는 형태로 계획한다.
> • 전시 내용을 정확히 전달하기 위해서 관람객이 일정 시간 동안 체류할 수 있도록 통로에 적정 공간을 미리 확보해 둔다.

09 전시를 위한 실무 절차의 순서를 올바르게 나열한 것은?

① 전시자료 선정 – 전시유물 진열 – 설명카드 배치 – 조명 조절

② 전시자료 선정 – 설명카드 배치 – 조명 조절 – 전시유물 진열

③ 전시유물 진열 – 조명 조절 – 설명카드 배치 – 전시자료 선정

④ 전시유물 진열 – 전시자료 선정 – 설명카드 배치 – 조명 조절

해설 전시를 위한 진열(display) 순서는 아래와 같다.
    작품 선정 – 작품 포장 해포 및 클리닝 – 전시공간에 작품 배치 – 설명카드(캡션 & 레이블) 배치 – 조명 조절

10 박물관 및 미술관에서 사용하는 전시연출기법의 유형이 다른 하나는?

① 인터랙티브 실감영상   ② 매체기반 VR

③ 화이트피규어 연출   ④ 모션 인식 AR

해설 인터랙티브 실감영상, 매체기반 VR, 모션 인식 AR 등은 컴퓨터 기반의 온라인상의 가상 이미지 영상으로 전시연출하는 기법들이기 때문에 화이트피규어와는 다른 연출 기법이다.

화이트피규어

피규어는 캐릭터나 가상의 인물 또는 특정한 사물을 여러 재료를 이용하여 만들어 놓은 모형을 말한다. 일반적으로 애니메이션이나 영화, 게임, 만화, 특수촬영물 등의 등장인물들을 플라스틱, 레진, 고무, 소프트 비닐, 금속 등으로 제작해 놓은 실재 모형이나, 조각상을 일컫는 말이다. 제작방법, 재질, 움직임 여부에 따라 구분한다.

11 전시기획 단계에서 고려해야 하는 사항으로 옳지 않은 것은?

① 전시목적과 주제를 정하고 자료를 수집, 연구한다.

② 전시사업비를 결산하고 결과보고서를 작성한다.

③ 전시내용과 추진방법, 전시개요를 담은 전시기획서를 작성한다.

④ 전시유물 구성, 안전조치, 전시공간 등 전시에 필요한 내용을 확인한다.

해설 ② 전시기획 단계는 통상 개념 단계와 개발 단계를 합친 단계를 말한다. 전시사업비를 결산하고 결과보고서를 작성하는 단계는 평가 단계에 해당한다.

① 전시기획 단계 중 개념 단계에 해당한다.

③ · ④ 전시기획 단계 중 개발 단계에 해당한다.

전시의 단계 (본문 : p. 123~125)

- **개념 단계** : 전시의 기획 단계에서 전시 주제와 내용을 선정하기 위해서는 1차적으로 단행본과 같은 도서를 중심으로, 2차적으로는 잡지 · 카탈로그 · 팸플릿 등의 인쇄물을 통해 다양한 정보와 자료를 조사하여야 한다. 이러한 조사 과정을 거쳐 '브레인스토밍' 작업을 진행한다. 전시목적과 주제를 정하고 자료를 수집, 연구한다.

- **개발 단계** : 전시의 아이디어를 수립하고 기획하는 업무는 일반적으로 학예사와 전시기획자의 협의 하에 진행되며, 이러한 과정의 결과물로서 '전시기획안'이 만들어진다. 전시기획안에는 작가와 작품의 선정 및 수집, 작품의 소재지 파악(대여 전시의 경우), 전시기획에 따른 소요 예산, 업무 분장에 따른 조직과 인력, 전시 진행의 일정 · 규모 · 일자 등의 사업성 검토, 포장, 운송, 보험, 보도기사의 작성 및 출판물의 제작, 관계 인사의 초청 등 전시 행정 업무의 내용이 포함된다. 전시의 오프닝을 하기 전까지 모든 업무가 마무리되는 단계이다. 전시내용과 추진방법, 전시개요를 담은 전시기획서를 작성한다. 전시유물 구성, 안전조치, 전시공간 등 전시에 필요한 내용을 확인한다.

- **실행 단계** : 관람객에게 전시가 공개되는 단계로 여기에는 두 가지 단계가 있다. 첫 번째는 전시회를 지속시키고 경영하는 등의 일상적 활동이 포함되는 운영 단계와 전시회를 공식적으로 마감하는 단계인 최종 단계가 그것이다. 이때 교육 프로그램과 특별 행사가 제공된다. 아울러 전시 소요경비와 전시물의 보존과 유지에 소요되는 경비를 정산하는 재무회계 업무가 진행되어야 한다. 또한 평가 단계에서 이루어질 관람객의 조사(설문조사, 인터뷰, 행동관찰)를 실시하여 전시회의 목표가 얼마나 잘 성취되고 있는가에 대하여 정보를 얻을 수 있다.

- **평가 단계** : 전시기획이 완성되어 개막된 후 전시에 대해 실시하는 평가 조사이다. 즉, 전시가 의도했던 목표를 실제로 달성하고 있는지를 파악하는 것이다. 전시사업비를 결산하고 결과보고서를 작성한다.

12 박물관 교육에 적용되는 교육이론으로 보기 어려운 것은?

① 구성주의 학습이론(Constructivism learning theory)

② 맥락적 학습모형이론(Contextual model of learning)

③ STP 전략(Segmentation-Targeting-Positioning)

④ 이야기이론(Narrative theory)

> **해설** STP(Segmentation - Targeting - Positioning) 전략은 교육이론이 아니라 마케팅을 실천하는 방법 중에 하나이다. 박물관 마케팅을 위해 STP 전략을 구사하기 위해서는 시장접근 방법과 시장 세분화 기준을 마련하여야 한다. 세분화 기준을 마련하였다면 이를 바탕으로 특정한 시장을 결정하여 타겟 마케팅을 구현한다. 선택한 목표 관람층을 대상으로 하는 전시를 기획하고 교육 프로그램을 통해 포지셔닝을 구축하는 것을 STP 전략이라고 한다.

13 박물관 조직 구성원의 역할로 옳지 않은 것은?

① 교육담당자(educator) : 박물관 교육의 개발, 실행, 평가

② 등록담당자(registrar) : 작품의 목록 작성, 대여, 포장, 보험, 정보검색시스템 구축

③ 보존처리사(conservator) : 소장품의 조사, 복원, 보존 관리

④ 전시기획자(exhibition designer) : 박물관 운영 총괄 책임

> **해설** • 박물관 운영 총괄 책임은 관장(director)의 역할이다.
> • 전시기획자(exhibition designer)는 학예연구원과 교육담당자의 아이디어를 연출, 드로잉, 전시장 측정
> • 모형과 조명 그리고 전시품과 안내표지의 배열 등을 통해 상설 전시, 기획 전시, 순회 전시의 형태로 발전시키는 직무를 수행한다. 또한 전시기획자는 전시된 작품들을 관리 · 감독하는 행정적인 책임을 진다.

14 박물관 교육프로그램 개발 목적으로 옳은 것은?

① 단발성

② 주관성

③ 폐쇄성

④ 대중성

> **해설** 박물관 교육 프로그램의 개발 목적은 다음과 같다.
> • 대중성 : 유물을 더 쉽고 재미있게 이해하게 한다.
> • 전문성 : 유물에 대해 더욱 자세하고 심화된 내용을 할 수 있도록 돕는다.
> • 자율성 : 학습자가 유물에 스스로 몰입하여 흥미를 가지고 유물을 관찰, 탐구하게 한다.

15 지역사회와 연계한 박물관 교육의 역할을 모두 고른 것은?

> ㄱ. 지역사회 구성원들에게 평생교육의 기회를 제공한다.
> ㄴ. 지역의 교육기관을 지원하고 문화행사나 활동을 지원한다.
> ㄷ. 지역사회의 정체성을 형성하고 지역주민 삶의 질을 향상하는 데 일조한다.
> ㄹ. 관광객 유치, 서비스 산업 활성화 등을 통해 지역경제 발전에 기여한다.

① ㄱ, ㄴ
② ㄴ, ㄹ
③ ㄱ, ㄷ, ㄹ
④ ㄱ, ㄴ, ㄷ, ㄹ

해설 문항에 열거된 모든 항목이 지역사회와 연계한 박물관 교육의 역할이다.

The 중요

박물관의 사회적 역할 (본문 : p. 7)
박물관의 역할은 단지 유리 공간 안에 소장품을 수집하여 나열하는 것이 아니라, 일반 대중이 소장품을 이해하는 데 도움을 줄 수 있는 다양한 전시를 기획하고, 이와 관련된 정보와 체계적인 교육 프로그램을 개발하는 '사회적 기능'을 수행해야 한다. 이 밖에도 박물관은 기존의 정규적인 교육기관을 지원하며, 각종 문화 행사와 활동을 할 수 있도록 박물관의 시설과 공간을 제공할 수 있다.

- 학습 · 교육 · 위락 공간으로서의 역할
- 수집 · 보존 · 연구 · 교류 · 전시 · 교육하는 기관으로서의 역할
- 비정규의 사회 · 문화 · 평생교육기관으로서의 역할
- 소장품을 수집 · 보존 · 연구하며 전시 등을 통한 해석 매체의 개발
- 일반 대중에게 위락과 즐거움을 주는 역할
- 일반을 상대로 하는 사회교육기관으로서의 역할
- 다른 박물관에 대한 지도 지원 및 업무 협조
- 박물관 협력망의 구성 및 운영

16 박물관 및 미술관 진흥법령상 학예사 등급별 자격요건으로 옳은 것은?

① 준학예사 : 학사학위 이상을 취득하고 준학예사 시험에 합격한 사람으로서 경력인정대상기관에서의 실무경력이 6개월 이상인 사람

② 3급 정학예사 : 석사학위 취득자로서 경력인정대상기관에서의 재직경력이 2년 이상인 자

③ 2급 정학예사 : 3급 정학예사 자격을 취득한 후 경력인정대상기관에서의 재직경력이 4년 이상인 자

④ 1급 정학예사 : 2급 정학예사 자격을 취득한 후 경력인정대상기관에서의 재직경력이 6년 이상인 자

해설 박물관 및 미술관 진흥법령상 학예사 등급별 자격요건 3급 정학예사는 석사학위 취득자로서 경력인정대상기관에서의 실무경력이 2년 이상인 자로 명시되어 있다. 또한 '비고'란에 보면 2번 항목에 "실무경력은 재직경력 · 실습경력 및 실무연수 과정 이수경력 등을 포함한다."라고 명시되어 있으므로 정답은 ②이다.

① 준학예사 : 고등교육법에 따라 학사학위 이상을 취득하고 준학예사 시험에 합격한 자로서 경력인정대상기관에서의 실무경력이 1년 이상인 사람

③ 2급 정학예사 : 3급 정학예사 자격을 취득한 후 경력인정대상기관에서의 재직경력이 5년 이상인 자

④ 1급 정학예사 : 2급 정학예사 자격을 취득한 후 다음 각 호의 기관(이하 "경력인정대상기관" 이라 한다)에서의 재직 경력이 7년 이상인 자

17 박물관 자료 중 폐기 처분이 가능한 자료가 아닌 것은?

① 복원이 불가능할 정도로 심하게 훼손된 자료

② 진위평가에서 위작으로 판명된 자료

③ 복원작업 중인 자료

④ 유사한 자료가 있어 가치가 절하된 자료

> **The 중요**
>
> **소장품 폐기처분 대상 선정 시 고려 사항 (본문 : p. 92)**
> • 박물관이 규정한 범위에 부합되지 않는 것
> • 중요성을 지니지 않는 것과 연구, 전시 또는 대여에 활용할 수 없는 것
> • 심하게 손상되거나 노후되어 활용도가 거의 없거나 또는 전혀 없는 것
> • 다른 박물관이 더 필요로 할 만한 것
> • 여러 번 복제되었거나 다른 것과 중복되는 것

18 박물관 자료를 수집하는 방법 중 소유권이 이전되지 않는 것은?

① 기 탁

② 기 증

③ 구 입

④ 증 여

해설 기탁 : 문화재의 기탁은 개인 또는 단체가 소장하고 있는 문화재를 전시와 연구, 보존 관리를 위하여 박물관에 일정 기간 보관하면서, 관리권을 위임하는 것이다. 일반적으로 기탁 기간은 2년을 기본으로 하되 기탁자와의 협의에 따라 조정할 수 있다. 기탁된 문화재는 박물관 소장품과 동일하게 취급하여 관리 · 보존되며, 상설 전시 또는 관련 기획전을 통해 일반인에게 공개하고 있다. 기탁은 소유권이 이전되지 않는 자료 수집 방법이다.

19 자료가 깨지거나 부서졌을 뿐만 아니라, 파편마저 제대로 남아 있지 않은 유물의 상태를 나타내는 용어로 옳은 것은?

① 결손(缺損)

② 파손(破損)

③ 멸실(滅失)

④ 수리(修理)

해설 ① 결손(缺損) : 자료가 깨지거나 부서졌을 뿐 아니라 그 파편마저 제대로 남아 있지 않은 경우

② 파손(破損) : 박물관 자료의 한 부분이 부서지거나 깨진 경우의 현상을 기록하는 용어

③ 멸실(滅失) : 금속제품의 산화작용이 심해서 그 원형이 없어질 만큼 변한 상태

④ 수리(修理) : 파손되었지만 파편이 모두 남아 있는 것을 상태 조사 후 최초의 온전한 형태로 재생시킨 경우

20 박물관 유물 관리에 관한 설명으로 옳지 않은 것은?

① 아무리 작은 유물일지라도 한 번에 한 점씩 운반한다.

② 종이, 금속, 칠기 등 습기나 기름에 약한 유물을 다룰 때에는 반드시 장갑을 착용한다.

③ 유물을 다른 사람에게 전달할 때는 직접 손에서 손으로 전해준다.

④ 유물을 다루거나 움직이기 전에 미리 위험요소를 살피고 대비한다.

해설 유물을 다른 사람에게 전달할 때는 직접 손에서 손으로 전달하면 안 된다.

> **The 중요**
>
> 유물 관리의 기본 수칙 (본문 : p. 102~103)
> • 아무리 작은 유물일지라도 한 번에 한 점씩만 운반한다.
> • 유물을 다루거나 움직이기 전에 미리 위험요소를 살펴서 책임자에게 알린다.
> • 유물을 다른 사람에게 전해 줄 때는 손에서 손으로 전해 주지 않고, 안전한 곳에 유물을 내려놓고 다른 사람으로 하여금 유물을 가지고 가게 한다.
> • 종이, 금속, 칠기 등 습기나 기름에 약한 유물을 다룰 때에는 반드시 장갑을 착용한다.

21 박물관 소장품에 관한 설명으로 옳지 않은 것은?

① 하나 이상의 유물로 구성된다.

② 사람들에 의해 가치가 평가 된다.

③ 모든 소장품은 경매에 참여하여 구입할 수 없다.

④ 온전히 보존하는 것과 관련된 정보를 모으는 것이 중요하다.

해설 소장품을 경매를 통하여 구입할 수 있다. 경매는 일단의 작품 구입 절차 중 일부를 생략하며, 경매라는 공적인 제도를 통해 구입하는 방법이다. 대상을 미리 결정한 후 경매에 참여하여 구입한다.

22 문화재보호법령상 문화재의 보존, 관리, 활용을 위한 문화재지능정보화 정책을 수립할 때 포함해야 하는 내용이 아닌 것은?

① 문화재지능정보화의 기반 구축

② 문화재지능정보화 관련 전문인력의 양성

③ 문화재데이터 콘텐츠 해외 수출 지원

④ 문화재지능정보기술 및 문화재데이터에 포함된 지적재산권의 보호

The 중요

「문화재보호법 시행령」 제10조의6(문화재지능정보화 정책의 내용) (본문 : p.264)
문화재청장은 법 제22조의9 제1항에 따라 문화재지능정보화 정책을 수립할 때에는 다음 각 호의 사항을 포함해야 한다.
1. 문화재지능정보화의 기반 구축
2. 문화재지능정보화 관련 산업의 지원ㆍ육성
3. 문화재지능정보화 관련 전문인력의 양성
4. 문화재지능정보기술 및 문화재데이터에 포함된 지식재산권의 보호
5. 문화재데이터 수집을 위한 「지능정보화 기본법」에 따른 초연결지능정보통신망의 구축ㆍ지원
6. 그 밖에 객관적이고 과학적인 문화재의 보존ㆍ관리 및 활용 등을 위하여 문화재청장이 문화재지능정보화 정책에 포함할 필요가 있다고 인정하는 사항

23 문화재보호법령상 국가지정문화재를 활용함에 있어 문화재청장의 허가사항이 아닌 것은?

① 국가지정문화재를 수리 또는 보존처리 하는 행위

② 역사문화환경보존지역에서 국가지정문화재의 경관을 저해할 우려가 있는 건축물 또는 시설물을 설치, 증설하는 행위

③ 보존에 영향을 미칠 우려가 있는 촬영 행위로서 국가지정문화재를 다른 장소로 옮겨 촬영하는 행위

④ 국가지정문화재 보호구역에 안내판 및 경고판을 설치하는 행위

The 중요

(본문 : p. 253)

「문화재보호법」 제35조(허가 사항)

① 국가지정문화재(국가무형문화재는 제외한다. 이하 이 조에서 같다)에 대하여 다음 각 호의 어느 하나에 해당하는 행위를 하려는 자는 대통령령으로 정하는 바에 따라 문화재청장의 허가를 받아야 하며, 허가사항을 변경하려는 경우에도 문화재청장의 허가를 받아야 한다. 다만, 국가지정문화재 보호구역에 안내판 및 경고판을 설치하는 행위 등 대통령령으로 정하는 경미한 행위에 대해서는 특별자치시장, 특별자치도지사, 시장·군수 또는 구청장의 허가(변경허가를 포함한다)를 받아야 한다.

  1. 국가지정문화재(보호물·보호구역과 천연기념물 중 죽은 것 및 제41조 제1항에 따라 수입·반입 신고된 것을 포함한다)의 현상을 변경하는 행위로서 대통령령으로 정하는 행위
  2. 국가지정문화재(동산에 속하는 문화재는 제외한다)의 보존에 영향을 미칠 우려가 있는 행위로서 대통령령으로 정하는 행위
  3. 국가지정문화재를 탁본 또는 영인(影印 : 원본을 사진 등의 방법으로 복제하는 것)하거나 그 보존에 영향을 미칠 우려가 있는 촬영 행위로서 대통령령으로 정하는 행위
  4. 명승이나 천연기념물로 지정되거나 임시지정된 구역 또는 그 보호구역에서 동물, 식물, 광물을 포획(捕獲)·채취(採取)하거나 이를 그 구역 밖으로 반출하는 행위

「문화재보호법 시행령」 제21조의2(국가지정문화재 등의 현상 변경 등의 행위) (본문 : p. 269~270)

① 법 제35조 제1항 제1호에서 "대통령령으로 정하는 행위"란 다음 각 호의 행위를 말한다.

  1. 국가지정문화재, 보호물 또는 보호구역을 수리, 정비, 복구, 보존처리 또는 철거하는 행위
  2. 국가지정문화재(천연기념물 중 죽은 것과 법 제41조 제1항에 따라 수입·반입 신고된 것을 포함한다)에 대한 다음 각 목의 행위
     가. 포획(捕獲)·채취·사육·도살(屠殺)하는 행위
     나. 인공으로 증식·복제하는 행위
     다. 자연에 방사하는 행위(구조·치료 후 방사하는 경우를 제외한다)
     라. 위치추적기를 부착하는 행위
     마. 혈액, 장기 및 피부 등을 채취하는 행위(치료하기 위한 경우를 제외한다)
     바. 표본(標本)·박제(剝製)하는 행위
     사. 매장·소각(燒却)하는 행위
  3. 국가지정문화재, 보호물 또는 보호구역 안에서 하는 다음 각 목의 행위
     가. 건축물 또는 도로·관로·전선·공작물·지하 구조물 등 각종 시설물을 신축, 증축, 개축, 이축(移築) 또는 용도 변경하는 행위
     나. 수목을 심거나 제거하는 행위
     다. 토지 및 수면의 매립·간척·땅파기·구멍뚫기, 땅깎기, 흙쌓기 등 지형이나 지질의 변경을 가져 오는 행위
     라. 수로, 수질 및 수량에 변경을 가져오는 행위
     마. 소음·진동 등을 유발하거나 대기오염물질·화학물질·먼지 또는 열 등을 방출하는 행위
     바. 오수(汚水)·분뇨·폐수 등을 살포, 배출, 투기하는 행위

사. 동물을 사육하거나 번식하는 등의 행위

아. 토석, 골재 및 광물과 그 부산물 또는 가공물을 채취, 반입, 반출, 제거하는 행위

자. 광고물 등을 설치, 부착하거나 각종 물건을 쌓는 행위

② 법 제35조 제1항 제2호에서 "대통령령으로 정하는 행위"란 다음 각 호의 행위를 말한다.

　1. 역사문화환경 보존 지역에서 하는 다음 각 목의 행위

　　가. 해당 국가지정문화재의 경관을 저해할 우려가 있는 건축물 또는 시설물을 설치 · 증설하는 행위

　　나. 해당 국가지정문화재의 경관을 저해할 우려가 있는 수목을 심거나 제거하는 행위

　　다. 해당 국가지정문화재의 보존에 영향을 줄 수 있는 소음 · 진동 · 악취 등을 유발하거나 대기오염물질 · 화학물질 · 먼지 · 빛 또는 열 등을 방출하는 행위

　　라. 해당 국가지정문화재의 보존에 영향을 줄 수 있는 지하 50미터 이상의 땅파기 행위

　　마. 해당 국가지정문화재의 보존에 영향을 미칠 수 있는 토지 · 임야의 형질을 변경하는 행위

　2. 국가지정문화재가 소재하는 지역의 수로의 수질과 수량에 영향을 줄 수 있는 수계에서 하는 건설 공사 등의 행위

　3. 국가지정문화재와 연결된 유적지를 훼손함으로써 국가지정문화재 보존에 영향을 미칠 우려가 있는 행위

　4. 천연기념물이 서식 · 번식하는 지역에서 천연기념물의 둥지나 알에 표시를 하거나, 그 둥지나 알을 채취하거나 손상시키는 행위

　5. 그 밖에 국가지정문화재 외곽 경계의 외부 지역에서 하는 행위로서 문화재청장 또는 해당 지방자치단체의 장이 국가지정문화재의 역사적 · 예술적 · 학술적 · 경관적 가치에 영향을 미칠 우려가 있다고 인정하여 고시하는 행위

③ 법 제35조 제1항 제3호에서 "대통령령으로 정하는 행위"란 다음 각 호의 행위를 말한다.

　1. 국가지정문화재를 다른 장소로 옮겨 촬영하는 행위

　2. 국가지정문화재의 표면에 촬영 장비를 접촉하여 촬영하는 행위

　3. 빛 또는 열 등이 지나치게 방출되어 국가지정문화재의 보존에 영향을 줄 수 있는 촬영 행위

　4. 그 밖에 촬영 장비의 충돌 · 추락 등으로 국가지정문화재에 물리적 충격을 줄 수 있는 촬영 행위

---

24 박물관 자료의 정리 분류법 중 성격이 다른 하나는?

① 무구류　　　　　　　　② 금속류

③ 패각류　　　　　　　　④ 지 류

해설 ① 무구류는 기능별 분류에 해당된다.
　　② 금속류 · ③ 패각류 · ④ 지류는 물질별 분류에 해당된다.

The 중요

국립중앙박물관의 박물관 자료 분류
국립중앙박물관은 특질별로 크게 나눈 후 다시 물질별 세분 또는 시대별 기능별로 혼합 세분하고 있다. 대분류의 내역을 보면 금속제품(金屬製品), 옥석제품(玉石製品), 토도제품(土陶製品), 골각구제품(骨角具製品), 목죽초칠제품(木竹草漆製品), 모피지직제품(毛皮紙織製品), 서화탁본(書畵拓本), 무구류(武具類), 기타의 구개항(九個項)으로 나눈다.

25 국제박물관협의회(ICOM)의 박물관 전문직 윤리강령이 아닌 것은?

① 박물관은 인류의 자연과 문화유산을 보전, 해석하고 장려한다.

② 소장품을 관리하는 박물관은 사회의 공익과 발전을 위해 이를 보관한다.

③ 박물관은 비전문적이며 자유롭게 운영되어야 한다.

④ 박물관은 지식을 확립하고 증진시키기 위한 주요한 증거들을 보유한다.

> **The 중요**
>
> ICOM 박물관 윤리강령 (본문 : p. 288)
> 1. 박물관은 인류의 자연과 문화유산을 보전, 해석하고 장려한다.
> 2. 소장품을 관리하는 박물관은 사회의 공익과 발전을 위해 이를 보관한다.
> 3. 박물관은 지식을 확립하고 증진시키기 위한 주요한 증거들을 보유한다.
> 4. 박물관은 자연과 문화유산에 대한 올바른 인식, 이해, 관리를 위한 기회를 제공한다.
> 5. 박물관은 공공 서비스와 공익을 위한 기회를 제공하는 자원을 보유한다.
> 6. 박물관은 그들이 봉사하는 지역사회뿐만 아니라, 박물관의 소장품이 유래한 지역사회와도 긴밀히 협력하여 활동한다.
> 7. 박물관은 합법적으로 운영되어야 한다.
> 8. 박물관은 전문적으로 운영되어야 한다.

26 1753년 의회의 입법으로 일반에게 공개되었으며, 슬로안 경(Sir. Hans Sloane)의 수집품이 핵심이 되었던 박물관은?

① 대영 박물관

② 애쉬몰리언 박물관

③ 프라도 미술관

④ 루브르 박물관

해설 대영박물관(The British Museum, 1759년, 영국 런던) : 영국 런던 블룸즈버리에 위치한 영국 최대의 국립박물관으로 1753년 설립되었다(몬테규 저택). 초기에는 내과의사이며 과학자인 한스 슬론(슬로안)경(Sir Hans Sloane)의 개인 수집품이 전시물의 대부분을 이루었으나 제국주의 시대 이후 약탈한 문화재가 추가되면서 현재 1,300만 여 점이 소장되어 있다. 현재까지 2세기 반에 걸친 확장을 통해 사우스 켄싱턴 대영 박물관(자연사, 1887)을 비롯한 몇 개의 부속기관이 존재하고 있으며, 1759년 1월 15일 일반 대중에게 개방되었다.

27 우리나라의 박물관 및 미술관 협력망을 통해 수행하는 기능이 아닌 것은?

① 전산 정보 체계를 통한 정보와 자료의 유통

② 카페, 음식점 등 부대시설의 증설

③ 박물관 및 미술관 자료의 정리

④ 통합 데이터베이스 구축

해설 관계법령에 따르면, 박물관 및 미술관 협력망을 통해 수행하는 기능은 '전산 정보 체계를 통한 정보와 자료의 유통', '박물관 자료나 미술관 자료의 정리, 정보 처리 및 시설 등의 표준화', '통합 데이터베이스 구축', '상호 대여 체계 구비 등 박물관이나 미술관 운영의 정보화 · 효율화', '그 밖에 박물관이나 미술관의 상호 협력에 관한 사항' 4가지로 '카페, 음식점 등 부대시설의 증설'은 해당하지 않는다.

The 중요

「박물관 및 미술관 진흥법」 제33조(박물관 · 미술관 협력망) (본문 : p. 213)
① 문화체육관광부장관은 박물관 또는 미술관에 관한 자료의 효율적인 유통 · 관리 및 이용과 각종 박물관 또는 미술관의 상호 협력을 도모하기 위한 협력 체제로서 다음 각 호의 기능을 수행하는 박물관 · 미술관 협력망(이하 "협력망"이라 한다)을 구성한다.
   1. 전산 정보 체계를 통한 정보와 자료의 유통
   2. 박물관 자료나 미술관 자료의 정리, 정보 처리 및 시설 등의 표준화
   3. 통합 데이터베이스 구축, 상호 대여 체계 구비 등 박물관이나 미술관 운영의 정보화 · 효율화
   4. 그 밖에 박물관이나 미술관의 상호 협력에 관한 사항

---

28 수장고의 보존환경에 관한 설명으로 옳지 않은 것은?

① 항상 일정한 온도와 습도를 유지하여야 한다.
② 수장고는 의무적으로 지하에만 배치하고, 출입은 최소화하여 외부로부터 유해한 요소가 침투할 가능성을 줄인다.
③ 유물의 물질적 성격에 맞는 환경이 조성되어야 한다.
④ 개방형 수장고는 소장품 보존 및 전시장의 기능을 수반한다.

해설 수장고를 의무적으로 지하에만 배치하면 자연환기와 온습도 조절이 어려우며, 관리하기가 힘들고 관리비가 많이 들기 때문에 의무적으로 지하에 배치하는 것은 지양해야 한다.

The 중요

수장고 설계 조건 (본문 : p. 107)
• 내화성 : 화재발생 시 수장고 내 안전 온도 유지(80℃ 이하), 평상시에는 실내 온도가 최고 28℃를 넘지 않고 0℃ 이하로 내려가지 않도록 조절되어야 한다.
• 차단성 : 대기오염, 콘크리트 오염인자의 수장고 내 유입이 차단되게 설계한다. 또한 지진 대비를 위해 방진 또는 면진할 수 있도록 설계한다.
• 조습성/단열성 : 공조를 중지시켜도 온 · 습도 변화가 최소화되도록 설계한다. 또한 단열, 방화, 방수, 방재를 할 수 있도록 설계한다.
• 환경성 : 유해성분을 발산하지 않고, 청결성이 유지되도록 설계한다. 정기적으로 수장고를 훈증처리하기 위하여 원통형 배선구를 설치한다(대형방범철제문을 설치했을 경우).
• 입출고 이동성 및 수납성 : 안정된 공간 내에 안전하고 효율적인 수납 공간을 설계한다.
• 방범성 : 출입구 관리, 시건장치 등의 방범 대책을 수립한다. 벽은 이중벽으로 처리하고, 방범철제문과 방충망이 붙은 속문을 부착한다. 속문에는 투시점검구를 설치한다. 또한 화상 인터폰을 설치한다. 출입 시 2인 이상이 출입하고, 출입일지 기록을 의무화한다.

29 1969년 경복궁에 개관하여 덕수궁 내 석조전을 거쳐 1986년 과천으로 신축 이전한 기관은?

① 국립현대미술관

② 서울시립미술관

③ 국립고궁박물관

④ 서울역사박물관

> **해설** 국립현대미술관(1969) (본문 : p. 37) : 1969년 현대 미술작품의 수집 · 보존 · 연구 · 전시 · 교육 등을 담당하기 위하여 국립현대미술관이 설립되었다. 초기 국립현대미술관은 단지 국전을 주관하는 공간으로만 머물렀기 때문에 전시에 한계가 있었다. 1973년 덕수궁 석조전을 개수하여 이전함으로써 상설 전시와 특별기획전을 더욱 원활하게 진행할 수 있게 되었다. 1986년에 이르러서는 직제개정을 통해 사무국에 관리과, 전시과, 섭외 교육과를 두고, 학예연구실을 신설하는 한편, 국제적 규모의 시설과 야외조각장을 겸비한 과천으로 신축 · 이전하여 미술작품과 자료를 수집 · 보존 · 전시 · 조사 · 연구를 하고 국제교류 및 미술 활동을 보급할 수 있는 국립 미술기관으로 자리하였다. 1998년에는 근대 미술 전문기관인 덕수궁 미술관을 분관으로 설립하여 강북권의 새로운 문화 공간을 조성하였다.

30 현대사회가 요구하는 복합적인 시설이나 기구를 수용하면서 나타난 복합기능 박물관(Museum Complex)에 해당하는 것은?

① 프랑스 파리의 〈퐁피두 센터〉

② 일본 나라의 도다이지(東大寺) 내 〈쇼소인(正倉院)〉

③ 체코 프라하의 프라하왕궁 내 〈쿤스트캄머〉

④ 그리스 델포이의 〈아테네인들의 보물창고〉

> **해설** 퐁피두 센터(Centre Georges–Pompidou) : 1971년에서 1977년에 걸쳐 준공된 복합 문화시설로, 파리 4구의 레 알(Les Halles)과 르 마레(Le Marais) 지역 인근의 보부르(Beaubourg) 지역에 있다. 퐁피두 센터에는 거대한 공공 도서관인 공공 정보 도서관, 20세기의 중요 미술품들이 있는 국립근대미술관, 음향 · 음악연구소가 위치해 있다. 이 외에도 영화관, 극장, 강의 홀, 서점, 레스토랑과 카페 등이 있다.

The 중요

쇼소인(正倉院)

일본 나라(奈良)현 도다이지(東大寺) 내에 있는 왕실의 유물 창고이다. 8세기 나라시대부터 일본문화를 구체적으로 전하는 수많은 유품과 한국 · 중국 · 인도의 고대 유물에 이르기까지 9천여 점이 소장되어 있어 일본이 세계 제일의 보고로 자랑하는 곳이다.

쿤스트캄머 (본문 : p. 21)

분더캄머(Wunderkammer)와 쿤스트캄머(Kunstkammer)는 유사한 것 같지만 세부적으로 보면 구별된다. 귀족들이나 자본가들이 만든 다소 경박한 분더캄머보다는 왕실에서는 고상한 '쿤스트캄머'라는 명칭을 선호했다. 그것은 말 그대로 '예술품(Kunst)이 있는 방(kammer)'을 의미하기 때문이다. 합스부르크제국의 수도 프라하의 궁전에는 '헝가리와 보헤미아의 왕'이자 '신성로마제국의 황제'인 루돌프 2세(Rudolf II)의 쿤스트캄머가 마련되어 있었는데, 공간의 규모와 소장품의 양에서 옛 메디치 군주들의 스튜디올로를 훨씬 능가(청동, 상아, 책과 동전, 과학실험기구, 시계장식을 갖춘 천구(天球) 그리고 자연의 희귀물)했다.

아테네인들의 보물창고 (본문 : p. 19)

고대 그리스 델포이에 위치하고 있는 아테네인들의 보물창고는 마라톤 전쟁에서 승리하여 취득한 전리품을 보관했던 흰 대리석으로 만든 도리아식 건물이다.

31 박물관 경영에 관한 설명으로 옳지 않은 것은?

① 박물관의 설립취지와 경영목표를 달성하기 위한 행동원리를 실현하는 것이 박물관 경영이다.

② 박물관 경영은 획일적인 표준화가 필요하다.

③ 보존중심에서 벗어나 교육중심으로 영역을 확장하고 지역의 문화발전을 위한 네트워크를 형성해야 한다.

④ 박물관 경영은 공급자 중심에서 이용자 중심으로 변화시켜야 한다.

해설 박물관 경영환경 변화 : 박물관은 건전한 여가선용 장소라는 특성이 강조되고 있으며 최근 자유학기제 실행으로 교육활동이 대폭 확대되고 있다. 그로 인해 박물관은 공공을 위한 봉사를 수행해야 하는 의무를 가지게 되었으며 박물관은 다양한 강좌, 체험학습 운영 등 복합 문화센터로서의 역할을 감당하고 있다. 이와 같이 박물관의 경영환경 변화는 시대에 따라 변화하기 때문에 박물관 경영이 획일적이고 표준화가 되어 있다면 시대 변화에 적응할 수 없다.

32 박물관 홍보 수단으로 거리가 먼 것은?

① 소셜 네트워크 서비스(SNS)

② 보도자료

③ 인터뷰

④ 유물 복원

해설 유물 복원은 홍보 수단이 아니라 소장품의 유지 보수에 관한 분야에 해당한다.

33 박물관의 마케팅 목표를 달성하기 위한 마케팅 믹스(Marketing Mix) 4P의 구성요소가 아닌 것은?

① 협력(Partnership)

② 촉진(Promotion)

③ 가격(Price)

④ 상품(Product)

해설 마케팅 믹스(marketing mix, 혼합 마케팅) : 마케팅 믹스란 박물관이 기대하는 마케팅 목표를 달성하기 위하여 마케팅에 관한 각종 전략, 전술을 기초로 박물관이 사용 가능한 자원 및 마케팅 전략 요소를 결합하는 과정으로 맥카시(McCarthy)가 언급한 상품(Product), 가격(Price), 장소(Place), 홍보(Promotion)의 4Ps로 구성된다.

34 다음 (   )에 들어갈 용어로 옳은 것은?

> 전국의 국·공·사립박물관 및 미술관 등이 보유하고 있는 소장품의 체계적인 관리지원을 위해 현재 국립중앙박물관에서 (   )을 개발하여 배포하고 있다.

① 표준기록관리시스템
② 한국사데이터베이스
③ 문화유산표준관리시스템
④ 엑 셀

해설 국립중앙박물관에서는 전국의 국·공·사립박물관 및 미술관 등이 보유하고 있는 소장품의 체계적인 관리지원을 위하여 문화유산표준관리시스템을 개발하여 배포하고 있다. 문화유산표준관리시스템은 2001년 국립중앙박물관이 개발하여 보급한 '표준유물관리시스템'의 기능을 업그레이드한 인터넷 기반의 시스템이다. 문화유산표준관리시스템의 과거 명칭이 '표준유물관리시스템'이다.

35 전시조명 조도의 기준이 다른 하나는?

① 직 물   ② 인쇄물
③ 수채화   ④ 도자기

해설 박물관 자료의 보존환경에서 빛에 매우 약한 물질의 조도는 50Lux이며 대상은 직물(염직물, 의상), 수채화, 염색된 가죽, 타피스트리, 판화, 소묘, 필사본, 벽지, 동양화, 인쇄물, 우표, 자연사 관계표본 등이 해당된다.

36 박물관 소장품의 도난 방지 대책으로 옳지 않은 것은?

① 수장고에 출입하는 인원과 유물자료에 대한 점검을 수시로 한다.
② CCTV 등 도난방지 장비를 설치하고 감시센터를 운영한다.
③ 개관시간을 조정하여 도난 우려가 없는 시간에만 박물관을 운영한다.
④ 경찰 등 관계기관과의 신속한 연락망을 구축한다.

해설 박물관의 개관시간은 '공중이 이용할 수 있도록 개방하는 것'이 「박물관 및 미술관 진흥법」 제21조에 명시된 사항이다. 그러므로 도난 우려가 없는 시간에만 박물관을 운영한다는 내용은 옳지 않다.

> **The 중요**
>
> 「박물관 및 미술관 진흥법」 제21조(개관) (본문 : p. 209)
> 제16조 제1항에 따라 등록한 박물관 또는 미술관은 연간 문화체육관광부령으로 정한 일수 이상 일반 공중이 이용할 수 있도록 개방하여야 한다
>
> 「박물관 및 미술관 진흥법 시행규칙」 제8조(개방일수) (본문 : p. 224)
> 법 제16조 제1항에 따라 등록한 박물관 또는 미술관은 법 제21조에 따라 연간 90일 이상 개방하되, 1일 개방시간은 4시간 이상이 되도록 하여야 한다.

37 박물관 및 미술관 진흥법령상 준학예사 시험에 관한 설명으로 옳지 않은 것은?

① 준학예사 시험은 연 1회 실시하는 것을 원칙으로 한다.

② 준학예사 시험을 실시할 때에는 준학예사 시험의 시행 일시 및 장소를 시험 시행일 90일 전까지 공고하여야 한다.

③ 준학예사 시험의 방법은 필기시험에 의하되, 공통과목은 객관식으로, 선택과목은 주관식으로 시행한다.

④ 준학예사 시험은 모든 과목 100점 만점을 기준으로 하여 매 과목 60점 이상과 전 과목 평균 80점 이상을 득점한 자를 합격자로 한다.

해설 준학예사 시험은 모든 100점 만점을 기준으로 하여 매 과목 40점 이상과 전 과목 평균 60점 이상을 득점한 자를 합격자로 한다.

The 중요

「박물관 및 미술관 진흥법 시행령」 제4조(준학예사 시험) (본문 : p. 215~216)

① 법 제6조 제3항 후단에 따른 준학예사 시험은 연 1회 실시하는 것을 원칙으로 한다.

② 문화체육관광부장관은 제1항에 따라 준학예사 시험을 실시할 때에는 준학예사 시험의 시행 일시 및 장소를 시험 시행일 90일 전까지 공고하여야 한다.

③ 제1항에 따른 준학예사 시험의 방법은 필기시험에 의하되, 공통과목은 객관식으로, 선택과목은 주관식으로 시행한다. 다만, 제4항 제1호의 공통과목 중 외국어 과목 시험은 별표 1의2에서 정한 외국어능력검정시험으로 대체한다.

④ 준학예사 시험 과목은 다음 각 호와 같다.

   1. 공통과목 : 박물관학 및 외국어(영어 · 불어 · 독어 · 일어 · 중국어 · 한문 · 스페인어 · 러시아어 및 이탈리아어 중 1과목 선택).

   2. 선택과목 : 고고학 · 미술사학 · 예술학 · 민속학 · 서지학 · 한국사 · 인류학 · 자연사 · 과학사 · 문화사 · 보존과학 · 전시기획론 및 문학사 중 2과목 선택

⑤ 준학예사 시험은 매 과목(외국어 과목을 제외한다) 100점 만점을 기준으로 하여 매 과목 40점 이상과 전 과목 평균 60점 이상을 득점한 자를 합격자로 한다.

⑥ 준학예사 시험의 응시원서 제출과 합격증 발급, 그 밖에 시험을 실시하는 데에 필요한 사항은 문화체육관광부령으로 정한다.

38 박물관 및 미술관 진흥법령상 재산의 기부 등에 관한 설명으로 옳지 않은 것은?

① 수증한 박물관·미술관의 장은 기증품에 대한 전시회 개최 등의 예우를 할 수 있다.

② 국가 또는 지방자치단체가 설립한 박물관이나 미술관은 박물관 및 미술관 진흥법상 재산의 기부 등이 있을 때에는 「기부금품의 모집 및 사용에 관한 법률」에도 불구하고 이를 접수할 수 있다.

③ 박물관 또는 미술관의 장이 기증품을 기증받고자 하는 경우에는 감정평가위원회를 두어 수증여부를 결정하여야 한다.

④ 문화체육관광부장관은 박물관 및 미술관 진흥법상 재산의 기부 등에 현저한 공로가 있는 자에 대하여 시상(施賞)을 하거나 「상훈법」에 따라 서훈을 추천할 수 있다.

> ### The 중요
>
> 「박물관 및 미술관 진흥법」 제8조(재산의 기부 등) (본문 : p. 204)
>
> ① 「민법」, 「상법」, 그 밖의 특별법에 따라 설립된 법인·단체 및 개인은 박물관이나 미술관 시설의 설치, 박물관자료 또는 미술관 자료의 확충 등 박물관이나 미술관의 설립·운영을 지원하기 위하여 금전이나 부동산, 박물관 또는 미술관 소장품으로서 가치가 있는 재산(이하 "기증품"이라 한다)을 박물관이나 미술관에 기부 또는 기증(이하 "기부 등"이라 한다)할 수 있다.
>
> ② 박물관 또는 미술관의 장이 기증품을 기증받고자 하는 경우에는 수증 심의 위원회를 두어 수증 여부를 결정하여야 한다.
>
> ③ 국립박물관 또는 미술관의 장은 제1항에 따른 법인·단체 및 개인이 해당 박물관이나 미술관에 기증품을 기증하여 감정 평가를 신청한 경우 기증 유물 감정 평가 위원회를 두어 감정 평가를 할 수 있다.
>
> ④ 수증 심의 위원회 및 기증 유물 감정 평가 위원회의 구성, 운영 및 그 밖에 필요한 사항은 대통령령으로 정한다.
>
> ⑤ 국가 또는 지방자치단체가 설립한 박물관이나 미술관은 제1항에 따른 기부 등이 있을 때에는 기부금품의 모집 및 사용에 관한 법률에도 불구하고 이를 접수할 수 있다.
>
> ⑥ 문화체육관광부장관은 제1항에 따른 기부 등에 현저한 공로가 있는 자에 대하여 시상(施賞)을 하거나 상훈법에 따라 서훈을 추천할 수 있으며, 수증한 박물관·미술관의 장은 기증품에 대한 전시회 개최 등의 예우를 할 수 있다.
>
> ⑦ 제1항 및 제5항에 따른 기부 등의 절차, 관리·운영 방법 등은 문화체육관광부령으로 정한다.

39 문화재보호법령상 (   )에 들어갈 용어는?

> 문화재청에 (   )를 두어 문화재 기본계획에 관한 사항, 국가지정문화재의 지정과 해제, 국가지정문화재의 보호물 또는 보호구역 지정과 해제 등 문화재의 보존·관리 및 활용과 관련된 활동을 한다.

① 기증유물감정평가위원회
② 문화재감정위원회
③ 수증심의위원회
④ 문화재위원회

The 중요

「문화재보호법」 제8조(문화재위원회의 설치) (본문 : p. 244)
① 문화재의 보존·관리 및 활용에 관한 다음 각 호의 사항을 조사·심의하기 위하여 문화재청에 문화재위원회를 둔다.
　　1. 국가등록문화재 기본 계획에 관한 사항
　　2. 국가지정문화재의 지정과 그 해제에 관한 사항
　　3. 국가지정문화재의 보호물 또는 보호구역 지정과 그 해제에 관한 사항
　　4. 삭 제
　　5. 국가지정문화재의 현상 변경에 관한 사항
　　6. 국가지정문화재의 국외 반출에 관한 사항
　　7. 국가지정문화재의 역사 문화 환경 보호에 관한 사항
　　8. 국가등록문화재의 등록 및 등록 말소에 관한 사항
　　9. 매장문화재 발굴 및 평가에 관한 사항
　　10. 국가지정문화재의 보존·관리에 관한 전문적 또는 기술적 사항으로서 중요하다고 인정되는 사항
　　11. 그 밖에 문화재의 보존·관리 및 활용 등에 관하여 문화재청장이 심의에 부치는 사항

40 문화재보호법상 정의에 관한 설명으로 옳지 않은 것은?

① "문화재보호법"은 문화재를 보존하여 민족문화를 계승하고, 이를 활용할 수 있도록 함으로써 국민의 문화적 향상을 도모함과 아울러 인류문화의 발전에 기여함을 목적으로 한다.

② "문화재"란 인위적이지 않고 자연적으로 형성된 국가적·민족적 또는 세계적 유산을 말한다.

③ "무형문화재"란 여러 세대에 걸쳐 전승되어 온 무형의 문화적 유산을 말하며, 한의약, 농경·어로 등에 관한 전통지식도 해당한다.

④ "민속문화재"란 의식주, 생업, 신앙, 연중행사 등에 관한 풍속이나 관습에 사용되는 의복, 기구, 가옥 등 국민생활의 변화를 이해하는 데 반드시 필요한 것을 말한다.

The 중요

(본문 : p. 241~242)

「문화재보호법」 제1조(목적)

이 법은 문화재를 보존하여 민족문화를 계승하고, 이를 활용할 수 있도록 함으로써 국민의 문화적 향상을 도모함과 아울러 인류문화의 발전에 기여함을 목적으로 한다.

제2조(정의)

① 이 법에서 "문화재"란 인위적이거나 자연적으로 형성된 국가적·민족적 또는 세계적 유산으로서 역사적·예술적·학술적 또는 경관적 가치가 큰 다음 각 호의 것을 말한다.

  1. 유형문화재 : 건조물, 전적(典籍 : 글과 그림을 기록하여 묶은 책), 서적(書跡), 고문서, 회화, 조각, 공예품 등 유형의 문화적 소산으로서 역사적·예술적 또는 학술적 가치가 큰 것과 이에 준하는 고고자료(考古資料)

  2. 무형문화재 : 여러 세대에 걸쳐 전승되어 온 무형의 문화적 유산 중 다음 각 목의 어느 하나에 해당하는 것을 말한다.

  3. 기념물 : 다음 각 목에서 정하는 것

  4. 민속문화재 : 의식주, 생업, 신앙, 연중 행사 등에 관한 풍속이나 관습에 사용되는 의복, 기구, 가옥 등으로서 국민생활의 변화를 이해하는 데 반드시 필요한 것

정답 한눈에 보기

01	02	03	04	05	06	07	08	09	10
②	①	②	④	③	①	④	②	①	③
11	**12**	**13**	**14**	**15**	**16**	**17**	**18**	**19**	**20**
②	③	④	④	④	②	③	①	①	③
21	**22**	**23**	**24**	**25**	**26**	**27**	**28**	**29**	**30**
③	③	④	①	③	①	②	②	①	①
31	**32**	**33**	**34**	**35**	**36**	**37**	**38**	**39**	**40**
②	④	①	③	④	③	④	③	④	②

05 2023 기출문제

※ 본 기출문제는 2023년 11월 25에 시행된 제24회 박물관 및 미술관 준학예사 박물관학 문제입니다.

01 2022년 ICOM총회에서 새롭게 채택하고, 한국위원회가 공시한 박물관의 정의에 관한 내용이 아닌 것은?

① 박물관은 유무형 유산을 연구 · 수집 · 보존 · 해석 · 전시하여 사회에 봉사하는 비영리, 영구기관이다.

② 박물관은 모든 사람에게 열려 있어 이용하기 쉽고 포용적이어서 다양성과 지속가능성을 촉진한다.

③ 박물관은 인류애에 근거하여 문화, 예술, 학문의 발전에 기여한다.

④ 박물관은 공동체의 참여로 윤리적, 전문적으로 운영하고 소통하며, 교육 · 향유 · 성찰 · 지식 · 공유를 위한 다양한 경험을 제공한다.

> **The 중요**
>
> **국제박물관협의회(ICOM)의 박물관 정의(2022) (본문 : p. 3)**
> • 박물관은 유무형 유산을 연구 · 수집 · 보존 · 해석 전시하여 사회에 봉사하는 비영리, 영구기관이다.
> • 박물관은 모두에게 열려 있어 이용하기 쉽고 포용적이어서 다양성과 지속 가능성을 촉진한다.
> • 박물관은 공동체의 참여로 윤리적, 전문적으로 소통하며, 교육 · 향유 · 성찰 · 지식 공유를 위한 다양한 경험을 제공한다.

02 박물관의 역할이 아닌 것은?

① 문화유산의 전승

② 지역민의 생명과 재산 보호

③ 지역 간 또는 국제적인 문화 교류

④ 지역 문화 발전 및 지역 이미지 창출

해설 ① 문화유산의 전승 박물관의 역할 중 문화적 역할에 해당한다.
② 지역민의 생명과 재산 보호는 박물관의 역할에 해당하지 않는다.
③ 지역 간 또는 국제적인 문화 교류는 박물관의 역할 중 정치적 역할에 해당한다.
④ 지역 문화 발전 및 지역 이미지 창출은 박물관의 역할 중 경제적 역할에 해당한다.

> **The 중요**
>
> **박물관의 역할 (본문 : p. 7)**
> • 문화적 역할 : 타임캡슐로서의 문화유산의 보존과 전승 및 국제적인 문화 교류 역할
> • 사회적 역할 : 문화 향수 기회 및 교육 콘텐츠 제공 등의 사회 교육적 역할
> • 경제적 역할 : 문화 관광과 연계되어 지역이나 국가의 경제 활성화와 같은 경제적 역할
> • 정치적 역할 : 지역이나 국가의 이미지 향상 등의 정치적 역할

03 박물관의 분류에 관한 설명으로 옳지 않은 것은?

① 대학박물관은 설립과 운영의 주체에 의한 분류에 포함된다.

② 전문박물관은 한 분야를 집중적으로 다루어 수집ㆍ전시하는 곳이다.

③ 공립박물관의 설립과 운영 주체는 국가이다.

④ 사이버전시는 전시방법에 의한 분류에 포함된다.

> **해설** ① 설립과 운영의 주체에 의한 분류는 다음과 같다
> - 국립 박물관
> - 공립 박물관
> - 대학 박물관
> - 군 박물관
> - 독립ㆍ사립 법인 박물관
> - 기업 박물관
>
> ③ 공립 박물관과 공립 미술관의 설립과 운영은 국가가 아니라 지방자치단체이다.
> - 「박물관 및 미술관 진흥법」 제12조에 따르면 "공립 박물관과 공립 미술관의 설립과 운영에 대해 지방자치단체는 지역 사회의 박물관 자료 및 미술관 자료의 구입ㆍ관리ㆍ보존ㆍ전시 및 지역문화 발전과 지역주민의 문화향유권 증진을 위하여 대통령령으로 정하는 절차와 기준에 따라 공립 박물관과 공립미술관을 설립할 수 있다."라고 제시한다.
>
> ④ 소장품 전시 방법에 의한 분류는 다음과 같다.
> - 전통 박물관
> - 유적지 박물관
> - 야외 박물관
> - 옥외 박물관
> - 사이버 박물관

04 서양 박물관의 역사에 관한 설명으로 옳지 않은 것은?

① 1793년에 루브르박물관이 설립되었다.

② 1851년에 영국 런던에서 만국박람회가 개최되었다.

③ 1845년에 영국의 박물관령이 공포되었다.

④ 1773년에 개관한 미국 최초의 박물관은 펜실베니아미술관이다.

> **해설** 미국 박물관 (본문 : p. 25) : 미국 최초의 박물관은 1805년에 설립된 '펜실베이니아 예술원(최초의 대학 박물관)'으로 추정된다.

The 중요

세계 주요 박물관 연대 순 (본문 : p. 29)
- 애쉬몰리언 박물관(Ashmolean Museum, 1683년, 영국 옥스퍼드)
- 우피치 미술관(Galleria degli Uffizi, 1737년, 이탈리아 피렌체)
- 대영 박물관(The British Museum, 1759년, 영국 런던)
- 에르미타주 박물관(Hermitage Museum, 1764년, 러시아 상트페테르부르크)
- 바티칸 미술관(Musei Vaticani, 1773년, 바티칸)
- 루브르 박물관(Musée du Louvre, 1793년, 프랑스 파리)
- 내셔널 갤러리(The National Gallery, 1824년, 영국 런던)
- 스미소니언 박물관(Smithsonian Institution, 1846년, 미국 워싱턴)
- 메트로폴리탄 박물관(Metropolitan Museum of Art, 1870년, 미국 뉴욕)

만국 박람회(World Fairs) (본문 : p. 42)
- 1851년 런던에서 개최된 수정궁 대박람회
- 1876년 필라델피아의 미국 독립 100주년 기념 대박람회
- 1893년 시카고에서 개최된 시카고 만국 박람회
- 1970년 오사카 만국 박람회 개최
- 1993년 대전 엑스포 개최

05 다음 ( )에 들어갈 용어는?

> 1915년 9월 조선총독부 통치 5년을 선전하는 ( )가 경복궁에서 개최되었고, 그 결과물을 바탕으로 12월에 조선총독부박물관이 탄생하였다. 이후 경주, 부여, 공주에 조선총독부박물관 분관을 설립하였다.

① 조선박람회
② 조선물산공진회
③ 경성박람회
④ 내국권박람회

해설 1915년 9월 조선총독부 통치 5년을 선전하는 조선물산공진회가 경복궁에서 진행되었고, 공진회의 결과물을 바탕으로 12월에 조선총독부 박물관이 탄생되어 일반에게 공개되었다. 박물관은 고적 조사 유물과 사찰의 탑·부도, 비석 등을 전시하는 고고역사 박물관의 역할을 수행하며 본관 외에 수정전, 사정전, 근정전, 회랑 등을 전시실 및 사무실로 이용되었다.

The 중요

조선총독부 박물관(1915) (본문 : p. 34)
조선총독부 박물관의 원류는 제실 박물관이다. 1909년 11월에 서울 '창경궁'에 개관한 '제실 박물관'이 1911년 2월 1일 이왕가 박물관(李王家博物館)으로 바뀌었고, 이후 일제강점기 때에는 조선총독부 박물관으로 개명하여 1915년 12월 1일 경복궁 안에서 개관하였다.

06 기획전시에 관한 설명으로 옳지 않은 것은?

① 특정한 주제로 일정한 기간에 진행한다.
② 장기 기획전시는 10년 이상 개최한다.
③ 상설전시에 비해 다양한 기법을 활용한 연출이 가능하다.
④ 최신의 이슈나 시의성 있는 주제를 다룰 수 있다.

해설 주제를 비교적 짧은 기간에 전시는 기획 전시이다. 10년 이상 개최하는 전시는 기간에 제약을 두지 않는 상설 전시이다.

(본문 : p. 130)

전시의 기간(시간성)에 의한 분류

- 전시의 기간에 따라 분류하면, 수집된 전시물을 중심으로 장기간 지속적으로 전시하는 상설 전시(항구전시)와 상설 전시에서 보여줄 수 없는 내용이나 주제를 비교적 짧은 기간에 전시하는 단기 전시(기획 전시, 특별 전시)로 나눌 수 있다.
- 단기 전시는 기획 전시와 특별 전시로 구분된다. 기획 전시는 목적, 주제, 전시물, 전시 내용, 전시공간의 구성이 다양하게 전개되고 가변성이 뛰어나야 하며, 단순히 전시회뿐만 아니라 관련 주제의 학술 세미나, 특별 행사 등을 동시에 기획하여 그 주제의 표현을 극대화하는 것이 바람직하다.

기획 전시의 개념

- 특정한 주제를 중심으로 기획된 전시를 말한다.
- 기획전시는 관람객으로 하여금 특별한 주제에 관심을 가질 수 있도록 특정한 테마를 중심으로 기획된다. 그 주제는 작가 개인의 연대기적 발전상이나 그룹 또는 사조에 대한 설명이기도 하다.
- 기획 전시는 목적, 주제, 전시물, 전시내용 등을 주제로 하며, 특별히 사회적 이슈와 진보적인 시각이나 한정된 목표 등을 보여줄 수 있는 실험적인 전시를 기획하기도 한다. 일반적으로 기획전은 주제를 부각시키기 위해 서론, 본론, 결론 등으로 진행되는 구조가 많다. 전시 목적, 주제, 전시물, 이벤트의 내용이 기획될 때마다 다양하므로 전시공간의 구성이 다양하게 전개되며 가변성이 뛰어나야 하는 게 특징이다. 또한 새로운 기술을 도입하기도 한다. 관람객들에게 깊은 인상과 가치 있는 전시의 느낌이 들도록 유도하기 위해 주제를 부각하기도 하는데 그러기 위해서 전시뿐만 아니라 관련 주제의 학술 세미나, 체험프로그램 등의 전시연계 프로그램 등을 동시에 기획하여 그 주제의 표현을 극대화하기도 한다.

---

07 다음 (　　)에 공통으로 들어갈 용어는?

> 전시는 (　　)과 같은 의미로 쓰이고 있다. 하지만 전시는 관람객에게 유물에 대한 특정한 의미를 보여주기 위한 의도를 가진 전문적인 행위라는 점에서 (　　)과 차이가 있다. 전시는 유물의 의미와 중요성에 대한 전시 기획자의 해석이 개입된 (　　)이다.

① 진 열　　　　　　　　　　② 구 성

③ 나 열　　　　　　　　　　④ 배 열

해설 전시의 어원 (본문 : p. 118)

- 박물관에서 전시(exhibition)와 진열(display)의 개념에는 각각 차이가 있다. 전시는 전시기획자의 해석이 개입된 진열이다. 그러므로 자료선택과 전시 방법에 따라 전체적인 관람 흐름이 결정된다. 일반 상품의 진열과 박물관 자료의 진열에는 개념의 차이가 있으며 구분할 필요가 있다.
- 전시는 영어로는 'Exhibition'으로 전시·진열·열람 등의 의미가 있으며, '펼쳐 보인다', '남의 눈을 끈다' 등의 의미를 내포하고 있다. 프랑스어로는 'Expotion(설명하다)'의 의미를 가지고 있으며, 이 두 가지 단어는 모두 회화(繪畵)에 관한 전람회에서 비롯되었다. 미국에서는 'Fair'라는 말에 전시의 의미가 포함되었다.

08 만프레드 렘브루크(Manfred Lehmbruck)가 제시한 전시실 동선에 관한 설명으로 옳은 것은?

① 간선형(arterial)은 연속되는 통로로 이어져 있으며 관람객들은 고정된 경로로 이동한다.

② 빗형(comb)은 골방식 진열이 불가능하다.

③ 체인형(chain)은 여러 개의 독립된 공간을 연결하기 어렵다.

④ 별(star) 또는 부채형(fan)은 중앙 공간에 전시물을 구성해야만 관람객들의 밀집도를 낮출 수 있다.

해설 관람 동선 구분 (본문 : p. 143~144)
① 간선형(arterial)은 반듯하거나 각지거나, 둥글거나 등에 상관없이 관람객에게 다른 길을 제공하지 않는 연속된 동선이 이어진다. 따라서 관람객에게는 다른 길을 알려주지 않는다.
② 빗형(comb)은 전시 공간이 골방처럼 구획되어 있어 골방식 진열이 가능하다.
③ 체인형(chain)은 직선적인 동선이 간선형과 비슷하나 전시 공간이 분리되어 있어 복잡하며, 각각의 공간에 변형된 통로가 많다. 여러 개의 독립된 공간을 연결하기 쉽다.
④ 별(star) 또는 부채형(fan)은 중앙에서 퍼져 나가는 여러 통로가 있다. 중앙의 혼잡을 피하면 서로 다른 주제를 진열할 수 있다.

09 전시 기획서에 포함되어야 할 내용을 모두 고른 것은?

ㄱ. 전시의 목적	ㄴ. 전시장의 위치
ㄷ. 전시 일정	ㄹ. 대상 관람객

① ㄱ, ㄴ

② ㄱ, ㄷ, ㄹ

③ ㄴ, ㄷ, ㄹ

④ ㄱ, ㄴ, ㄷ, ㄹ

10 전시 조명에 관한 설명으로 옳지 않은 것은?

① 조명은 분위기를 조성하고 관람객이 전시물을 통해 여러 미적 체험을 할 수 있게 해준다.

② 조명은 전시물의 보존 환경에 영향을 미친다.

③ 형광등은 차가운 흰빛을 내며 한 공간에 집중적으로 빛을 보낸다.

④ 텅스텐은 많은 빛을 내므로 주로 대형 전시물에 활용한다.

> **The 중요**
>
> **조명 시설 (본문 : p. 188)**
> 한 공간에 집중적으로 빛을 보내는 조명은 할로겐 조명의 특징이다. 할로겐 램프는 연색성이 매우 좋아 밝고 환하며 수명이 오래가고 고 색온도가 낮아 자연적인 빛처럼 색을 선명하게 보이게 해주며 따뜻한 느낌을 주는 조명이다. 입체감을 주기 위해서 스포트라이트용으로 많이 사용한다.

11 세계최초의 어린이 박물관으로 옳은 것은?

① 브루클린어린이박물관

② 삼성어린이박물관

③ 보스톤어린이박물관

④ 디트로이트어린이박물관

> **The 중요**
>
> **브루클린 어린이박물관 (본문 : p. 43)**
> 세계 최초의 어린이 박물관은 1899년 미국 뉴욕시 브루클린에 건립된 브루클린 어린이 박물관이다. 우리나라 어린이 박물관의 역사는 1954년에 국립 경주 박물관 어린이 박물관 학교가 최초로 시작되었고, 1970년 서울 남산에 건립된 '서울어린이회관'이 어린이 박물관 유관시설로 볼 수 있다. 이후 본격적인 어린이 박물관은 1995년 최초로 건립된 서울 송파구에 설립된 삼성 어린이 박물관이다. 이를 시작으로 국립 박물관 부설 형태인 국립중앙박물관 어린이박물관, 국립민속박물관 어린이박물관, 국립 광주·청주·공주·경주 어린이 박물관, 전쟁 기념관 어린이 박물관 등 7개와 독립형 박물관 형태인 경기도 어린이 박물관, 인천 어린이박물관, 아해 한국전통문화 어린이박물관 등이 운영 중이다.

12 박물관 교육프로그램의 특성으로 볼 수 없는 것은?

① 개인의 동기와 관심에 따라 자발적으로 참여

② 다양한 계층의 참여로 이루어질 수 없음

③ 다른 교육프로그램과 보완적 관계를 형성

④ 실물자료를 통한 체험적 학습과정으로 이루어짐

해설 박물관은 학교교육에 비해 제한적이지 않고 비교적 폭넓은 학습자를 대상으로 한다.

The 중요

박물관 교육의 특성 (본문 : p. 147)
① 실물자료를 통한 체험적 학습과정으로 교육을 개발한다.
② 교육목표, 교수방법, 학습내용, 평가방법 등 교육학 요소를 활용한다.
③ 개인의 동기와 관심에 따라 학습자의 자발적인 참여를 유도하고 주도적 학습형태를 지향한다.
④ 박물관은 학교교육에 비해 제한적이지 않고 비교적 다양한 계층의 참여로 이루어지기 때문에 각기 다른 요구와 능력, 관심 등을 반영하여야 한다. 또한 일반인을 상대로 창의적으로 교육할 수 있는 기회를 제공하여야 한다.
⑤ 다른 교육프로그램과 보완적 관계를 형성하여 구성한다.

13 박물관 전문인력 직종에 관한 업무 설명으로 옳지 않은 것은?

① 학예연구사(Curator) : 박물관 소장품과 전시물에 대한 학술적인 분석과 관리 등

② 보존과학자(Conservator) : 박물관 소장품에 대한 과학적 조사와 훼손방지, 복원

③ 등록담당자(Registrar) : 자료와 관련된 제반업무, 자료구입 및 처분, 소장품 상태 점검, 포장 등

④ 해설사(Docent) : 교육프로그램 개발, 실행, 평가 등

해설 교육프로그램 개발, 실행, 평가는 '도슨트'가 아니라 '교육담당자'의 역할이다.

The 중요

(본문 : p. 78~79)

도슨트의 역할
도슨트는 전시와 전시품에 대한 정보를 박물관 이용객에게 전달하는 역할을 하기 때문에 전시물이나 관람객에 대한 전문적인 지식을 갖추고 일을 한다. 이러한 측면에서 일반적인 자원봉사자와는 달리 '전문직 봉사요원'의 역할을 수행한다. 이러한 전문직 봉사요원인 도슨트는 '박물관의 주인'이자 '박물관의 의미 전달자'이며 '이용자의 대변자'라는 세 가지 역할을 담당한다.

도슨트의 '대변자 역할'
• 전문가적 입장에서 박물관에 건설적인 조언을 제시
• 전시해설을 진행하면서 발견하게 된 관람객의 요구 사항을 정리하여 박물관에 전달
• 관람객들이 표현하는 눈빛이나 몸짓을 읽어내고 고객의 입장에서 제안하는 의견을 정리하여 이용자들의 요구가 무엇인지를 박물관에 전달

14 엘리아스 애쉬몰(Elias Ashmole)이 트라데산트(Tradescant)의 수집품과 자신의 수집품을 옥스퍼드대학에 기증하면서 1683년에 건립된 박물관은?

① 애쉬몰리안박물관

② 스미스소니언박물관

③ 빅토리아&알버트박물관

④ 영국박물관

> **The 중요**
>
> **애쉬몰리언 박물관(Ashmolean Museum, 1683년, 영국 옥스퍼드) (본문 : p. 27)**
> 근대적인 의미의 박물관 · 미술관의 효시로 J. 트레이드 스캔트 부자(父子)의 수집품을 기초로 애쉬몰에 의하여 1677년 설립되었다(1683년 공개) 공공 미술관으로서는 영국에서 가장 오래되었으며, 후에 C. R. 코커럴이 설계한 새로운 건축물로 이전하여, 자연과학 · 인류학의 관계를 분리하고 미술 · 고고학 전문 미술관으로 1908년 재발족하였다. 패트리가 발굴한 고대 이집트의 유물, 에번스가 발굴한 크레타 섬의 유물, 고대 영국의 유물, 이탈리아 초기 르네상스 회화 등 세계적인 작품이 전시되었으며, 1962년에는 인도협회에서 보관하고 있던 동양관계 미술품이 추가되었다.

15 지역박물관 협의회가 아닌 것은?

① (사)대구광역시박물관협의회

② (사)경상남도박물관협의회

③ (사)전라북도박물관미술관협의회

④ (사)창원시미술협의회

해설 (사)창원시 미술협의회는 1961년에 창립된 대한민국 미술 단체 중에 하나인 사단법인 한국미술협회의 지부이다.

16 2023년 9월에 유네스코 세계유산으로 등재된 한국의 문화유산은?

① 가야 고분군
② 백제역사유적지구
③ 산사, 한국의 산지승원
④ 한국의 서원

해설 가야 고분군은 2023년 5월 11일 유네스코에서 가야 고분군에 대해 세계유산 등재 권고가 내려져 등재가 확실시 되었고, 2023년 9월 17일 사우디아라비아 리야드에서 열린 제45회 유네스코 세계유산위원회 등재 결정 회의에서 최종 확정되었다.

The 중요

(본문 : p. 15~16)

가야 고분군
• 한국의 고대 국가 가야의 무덤 문화를 대표하는 7개 지역의 고분들로 이루어진 연속유산으로 2023년 9월 17일 사우디아라비아 리야드에서 열린 제45회 유네스코 세계유산위원회 등재 결정 회의에서 최종 확정되었다.
• 7개의 고분들의 지역은 다음과 같다.
  – 김해시(대성동 고분군)   – 함안군(말이산 고분군)   – 합천군(옥전 고분군)
  – 고령군(지산동 고분군)   – 고성군(송학동 고분군)   – 창녕군(교동과 송현동 고분군)
  – 전북 남원시(유곡리와 두락리 고분군)

한국의 세계문화유산 등재 현황
• 한국의 세계유산
  – 석굴암 · 불국사(1995)
  – 해인사 장경판전(1995)
  – 종묘(1995)
  – 창덕궁(1997)
  – 화성(1997)
  – 고창 · 화순 · 강화 고인돌 유적(2000)
  – 경주역사유적지구(2000)
  – 제주 화산섬과 용암동굴(2007)
  – 조선 왕릉(2009)
  – 한국의 역사마을 : 하회와 양동(2010)
  – 남한산성(2014)
  – 백제역사유적지구(2015)
  – 산사, 한국의 산지승원(2018) : 한반도 남쪽 지방에 위치한 7개 불교 산지 승원(통도사, 부석사, 봉정사, 법주사, 마곡사, 선암사, 대흥사)
  – 한국의 서원(2019) : 조선 시대 성리학 교육기관의 유형을 대표하는 9개 서원(영주 소수서원, 안동 도산서원, 안동 병산서원, 경주 옥산서원, 함양 남계서원, 장성 필암서원, 대구 달성 도동서원, 정읍 무성서원, 논산 돈암서원)
  – 한국의 갯벌(2021)
  – 가야 고분군(2023) : 한국의 고대 국가 가야의 무덤 문화를 대표하는 7개 지역의 고분[김해시(대성동 고분군), 함안군(말이산 고분군), 합천군(옥전 고분군), 고령군(지산동 고분군), 고성군(송학동 고분군), 창녕군(교동과 송현동 고분군), 전북 남원시(유곡리와 두락리 고분군]

17 국제박물관협의회(ICOM)가 정한 세계박물관의 날로 옳은 것은?

① 3월 18일

② 5월 18일

③ 6월 25일

④ 7월 17일

The 중요

세계 박물관의 날(5월 18일) (본문 : p. 14)

국제박물관협의회 사무국이 1977년 모스크바 총회에서 세계적으로 과학 · 기술 · 문화에 대한 관심이 고조되고, 국가 간 공통의 관심사를 찾으려는 노력이 활발해지자, 이에 부응하여 박물관이 갖는 중요한 사회적 역할을 널리 알리기 위하여, 1978년을 시발점으로 매년 5월 18일을 '세계 박물관의 날'로 선포 · 제정하였다.

---

18 박물관 마케팅 믹스(Marketing Mix)전략 중 4P에 해당하지 않는 것은?

① 제품(Product)

② 사람(People)

③ 가격(Price)

④ 장소(Place)

해설 마케팅 믹스(marketing mix, 혼합 마케팅) (본문 : p. 172) : 박물관이 기대하는 마케팅 목표를 달성하기 위하여 마케팅에 관한 각종 전략, 전술을 기초로 박물관이 사용 가능한 자원 및 마케팅 전략 요소를 결합하는 과정이다. 여기서 사용 가능한 자원은 맥카시(McCarthy)가 언급한 상품(Product), 가격(Price), 장소(Place), 홍보(Promotion)의 4Ps이다.

---

19 철도역으로 사용되었으나 현재 미술관으로 용도가 변경된 곳은?

① 프랑스 오르세미술관

② 영국 테이트 모던 미술관

③ 프랑스 퐁피두센터

④ 영국 내셔널갤러리

해설 박물관 건축 유형 중 산업건축물이 박물관으로 탈바꿈된 사례 (본문 : p. 181)
- 프랑스 오르세 미술관(기차역 리모델링)
- 영국 테이트 모던 갤러리(화력발전소 리모델링)
- 프랑스 퐁피두 미술관(처음부터 박물관 용도로 건축된 역사적인 건물)
- 영국 내셔널갤러리(처음부터 박물관 용도로 건축된 역사적인 건물)

영국 내셔널갤러리(The National Gallery) 1824년, 영국 런던 (본문 : p. 28)

• 영국 대영 박물관과 함께 영국 최대의 미술관 중 하나이다. 내셔널 갤러리는 영국 런던 중심부 웨스트민스터 시의 트라팔가 광장에 있는 미술관으로 1824년 개관하였다.

• 13세기 중반에서 20세기 초까지 유럽의 회화 약 2,300여 점의 작품을 소장하고 있다. 이 갤러리는 1824년 영국 정부가 은행가 존 줄리어스 앵거스타인(John Julius Angerstein)의 상속인으로부터 38점의 그림을 영국정부에서 구입하여 공개함으로써 시작되었다. 컬렉션은 많은 유럽 국립 갤러리보다 작지만 범위는 백과사전적이다. "조토에서 세잔까지" 서양 회화의 대부분의 주요 발전은 중요한 작품으로 표현된다. 한때 이곳은 모든 작품을 상설 전시하는 몇 안 되는 국립 미술관 중 하나였다.

• 센즈베리 관에는 중세부터 초기 르네상스 시대까지 작품들을 전시한다. 중세의 제단화를 비롯하여, 얀 반 에이크, 벨리니, 보티첼리 등의 대표작들이 있다. 서관은 르네상스전성기에서 말기까지 유럽 회화를 전시한다. 한스 홀바인, 브론치노등 르네상스 시대 대표 작가들의 작품이 있다. 내셔널 갤러리 현재 건물은 트라팔가 광장의 박물관 신관으로 윌리엄 윌킨스(William Wilkins)가 설계했다. 건축기간은 1832~1838년까지 이며, 완공해인 1838년에 이전하였다.

영국 대영박물관(The British Museum) 1759년, 영국 런던 (본문 : p. 27)

영국 런던 블룸즈버리에 위치한 영국 최대의 국립 박물관으로 1753년 설립되었다(구 몬테규 저택). 초기에는 내과 의사이며 과학자인 한스 슬론 경(Sir Hans Sloane)의 개인 수집품이 전시물의 대부분을 이루었으나 제국주의 시대 이후 약탈한 문화재가 추가되면서 현재 1,300만 여 점이 소장되어 있다. 현재까지 2세기 반에 걸친 확장을 통해 사우스 켄싱턴 대영박물관(자연사, 1887)을 비롯한 몇 개의 부속기관이 존재하고 있으며, 1759년 1월 15일 일반 대중에게 개방되었다.

20 박물관 마케팅 STP전략으로 볼 수 없는 것은?

① 시장세분화(Segmentation)

② 표적시장(Targeting)

③ 프로모션(Promotion)

④ 포지셔닝(Positioning)

해설 세분화, 타겟팅, 포지셔닝(STP 전략) (본문 : p. 166) : 박물관 마케팅을 위해 시장접근 방법과 시장세분화 기준을 마련하여야 한다. 기준을 바탕으로 특정한 시장세분화(Segmentation)을 결정하여 표적시장(Targeting)을 구현한다. 목표 관람층을 대상으로 하는 박물관 프로그램을 기획하고 교육 서비스의 포지셔닝(Positioning)을 구축한다. 다시 말해 시장 관객층을 분할하고 타겟팅하여 박물관을 포지셔닝(Positioning)하는 것이 바로 박물관의 전략 계획 과정이다.

21 박물관 자료에 관한 설명으로 옳지 않은 것은?

① 박물관이 수집 · 관리 · 보존 · 조사 · 연구 · 전시하는 자료이다.

② 역사 · 과학 · 산업 · 예술 · 동물 등에 관한 인간과 환경의 유형적 증거물이다.

③ 박물관이 수집하는 것 중 학문적 · 예술적 가치가 있는 자료이다.

④ 고고 · 인류 · 민속 등에 관한 인간과 환경의 무형적 증거물은 제외한다.

해설 「박물관 및 미술관 진흥법」 제2조(정의) (본문 : p. 201)

3. "박물관 자료"란 박물관이 수집 · 관리 · 보존 · 조사 · 연구 · 전시하는 역사 · 고고 · 인류 · 민속 · 예술 · 동물 · 식물 · 광물 · 과학 · 기술 · 산업 등에 관한 인간과 환경의 유형적 · 무형적 증거물로서 학문적 · 예술적 가치가 있는 자료 중 대통령령으로 정하는 기준에 부합하는 것을 말한다.

22 박물관에서 수집할 수 있는 자료로 옳은 것은?

① 무덤에서 몰래 꺼내온 금동불상

② 약탈되었다가 반환된 석탑

③ 전쟁 중 몰래 가져온 로마시대 유리잔

④ 밀반입한 상아 조각품

해설 박물관이나 미술관의 설립 목적을 위반하여 박물관 자료나 미술관 자료를 취득 · 알선 · 중개 · 관리한 경우에는 박물관 등록이 취소되는 사유가 된다. 설립 목적을 위반한 소장품의 취득은 무덤에서 몰래 꺼내온 유물, 전쟁 중 몰래 가져온 유물, 밀반입한 유물 등이 해당한다. 약탈되었다가 반환된 문화재는 박물관에서 수집할 수 있는 자료에 해당하지 않는다.

> **The 중요**
>
> **문화재보호법 제20조(외국문화재의 보호) (본문 : p. 250)**
>
> ① 인류의 문화유산을 보존하고 국가 간의 우의를 증진하기 위하여 대한민국이 가입한 문화재 보호에 관한 국제조약(이하 "조약"이라 한다)에 가입된 외국의 법령에 따라 문화재로 지정 · 보호되는 문화재(이하 "외국문화재"라 한다)는 조약과 이 법에서 정하는 바에 따라 보호되어야 한다.
>
> ② 문화재청장은 국내로 반입하려 하거나 이미 반입된 외국문화재가 해당 반출국으로부터 불법반출된 것으로 인정할 만한 상당한 이유가 있으면 그 문화재를 유치할 수 있다.
>
> ③ 문화재청장은 제2항에 따라 외국문화재를 유치하면 그 외국문화재를 박물관 등에 보관 · 관리하여야 한다.
>
> ④ 문화재청장은 제3항에 따라 보관 중인 외국문화재가 그 반출국으로부터 적법하게 반출된 것임이 확인되면 지체 없이 이를 그 소유자나 점유자에게 반환하여야 한다. 그 외국문화재가 불법반출된 것임이 확인되었으나 해당 반출국이 그 문화재를 회수하려는 의사가 없는 것이 분명한 경우에도 또한 같다.
>
> ⑤ 문화재청장은 외국문화재의 반출국으로부터 대한민국에 반입된 외국문화재가 자국에서 불법반출된 것임을 증명하고 조약에 따른 정당한 절차에 따라 그 반환을 요청하는 경우 또는 조약에 따른 반환 의무를 이행하는 경우에는 관계 기관의 협조를 받아 조약에서 정하는 바에 따라 해당 문화재가 반출국에 반환 될 수 있도록 필요한 조치를 하여야 한다.

23 박물관 자료 수집 방법과 설명의 연결로 옳지 않은 것은?

① 국고귀속 : 출토된 매장문화재나 발굴조사에 의한 출토자료로 국가에서 귀속한 자료

② 기탁 : 개인 또는 기관, 단체가 소유한 자료를 박물관에 일정기간 위임하는 것

③ 기증 : 기관, 단체가 소유한 자료를 박물관에 양도(소유권, 저작권 등을 포함한다)하는 것

④ 구입 : 박물관이 소유한 자료를 개인 또는 기관, 단체에 매도하는 것

해설 구입은 일종의 상거래의 하나로 일정한 금전적인 가치를 소장자에게 지불하고 구매하는 경우를 말한다.

> ### The 중요
>
> **박물관 자료의 수집 방법 (본문 : p. 82)**
> - 구입을 통한 수집 : 예산의 범위 내에서 학술적 가치가 있는 자료를 유물구입심의 평가위원회의 심의를 거쳐 구입하는 방법을 말한다. 구입 후 국립 박물관은 국가귀속 작업을 거쳐 유물로 등록한다. 구입은 일종의 상거래의 하나로 일정한 금전적인 가치를 소장자에게 지불하고 구매하는 경우를 말한다. 구입공고를 통해 불특정 소장가에게 유물을 사들이는 방법이다.
> - 경매를 통한 수집 : 경매는 일단의 작품 구입 절차 중 일부를 생략하며, 경매라는 공적인 제도를 통해 구입하는 방법이다. 대상을 미리 결정한 후 경매에 참여하여 구입하는 방법이다.
> - 기탁을 통한 수집 : 기탁은 박물관이 외부 소장가나 다른 박물관의 소장품을 일정한 기간 동안 박물관이 보관해 주는 방법이다. 국립 박물관에 기탁 유물의 경우 국가 귀속 작업을 하지 않고 유물기탁 원부에 기록한다.
> - 기증을 통한 수집 : 각 박물관 및 미술관에서 소정의 절차를 밟아 박물관·개인 및 단체로부터 기증을 받는 것을 말한다. 국립 박물관의 경우 기증원·기증증서 등의 발급 이후 국가귀속 작업을 거쳐 유물로 등록한다. 단, 수집경위나 출처가 명확하지 않은 유물은 기증받지 않는 것이 원칙이다.
> - 이관을 통한 수집 : 이관은 공공기관에서 문화재 관리를 이관 받은 경우를 말한다. 공직자 선물, 이관 매장문화재 등이 이에 해당된다.
>
> **기탁 (본문 : p. 87)**
> 문화재의 기탁은 개인 또는 단체가 소장하고 있는 문화재를 전시와 연구, 보존 관리를 위하여 박물관에 일정기간 보관하면서, 관리권을 위임하는 것이다. 일반적으로 기탁 기간은 2년을 기본으로 하되 기탁자와의 협의에 따라 조정할 수 있다. 기탁된 문화재는 박물관 소장품과 동일하게 취급하여 관리·보존되며, 상설 전시 또는 관련 기획전을 통해 일반인에게 공개하고 있다. 기탁은 소유권이 이전되지 않는 자료 수집 방법이다.

24 문화유산표준관리시스템의 분류체계에서 용도별 분류에 해당하는 것은?

① 종 교   ② 조 선
③ 피 모   ④ 칠 기

해설

① 소장구분/소장품번호   ② 언어변경   ③ 소장품번호 이동
④ 소장품정보 탭   ⑤ 인쇄   ⑥ 소장품 이미지
⑦ 소장품 정보   ⑧ 바로가기 기능   ⑨ 즐겨찾기 기능

용도/기능분류
1단계 : 종교신앙
2단계 : 불교
3단계 : 예배
4단계 : 불상

25 박물관자료 등록 과정에 관한 설명으로 옳은 것은?

① 사진촬영 – 유물과 번호표는 분리하여 개별적으로 촬영한다.

② 번호 기록하기 – 유물이 크게 훼손되어도 상관없다.

③ 명세서작성 – 일관된 원칙과 기준이 필요하다.

④ 크기 – 무조건 인치단위를 사용한다.

> **The 중요**
>
> **박물관의 유물 등록 업무–소장품 자료 등록 작성법 (본문 : p. 90)**
> • 유물의 표면에 식별 번호를 쓸 때에는 가능한 잘 보이지 않는 곳에 작게 쓴다.
> • 새로 입수된 유물은 분류 코드에 따라 분류한다.
> • 명세서는 표준화된 기록 원칙을 마련하여 작성한다.
> • 소장 유물의 상태가 변경되어 사진을 새로 촬영한 경우 데이터베이스(DB)에 갱신한다.

26 박물관에서 자료를 활용하는 방법으로 옳지 않은 것은?

① 어린이날을 맞아 테마전시 개최

② 태풍에 망실된 자료의 처분

③ 소아암 병동 어린이에게 보여주기 위해 3D로 촬영하여 가상체험 프로그램 개발

④ 자료를 연구하여 논문으로 발표

해설 태풍에 망실된 자료는 처분 대상 선정 시 고려 사항이 아니다.

> **The 중요**
>
> **소장품 폐기처분 대상 선정 시 고려 사항 (본문 : p. 92)**
> • 박물관이 규정한 범위에 부합되지 않는 것
> • 중요성을 지니지 않는 것과 연구, 전시 또는 대여에 활용할 수 없는 것
> • 심하게 손상되거나 노후하여 활용도가 거의 없거나 또는 전혀 없는 것
> • 다른 박물관이 더 필요로 할 만한 것
> • 여러 번 복제되었거나 다른 것과 중복되는 것
> • 복원이 불가능할 정도로 심하게 훼손된 자료
> • 진위평가에서 위작으로 판명된 자료
> • 유사한 자료가 있어 가치가 절하된 자료

27 다음 특징을 가진 자료의 이름으로 옳은 것은?

• 나무 재질	• 제기함	• 빨간색
• 윗면의 형태가 사각형인	• 나전 기법이 사용된	

① 목제나전적색사각제기함 ② 목제적색사각나전제기함

③ 사각적색나전목제제기함 ④ 목제적색나전사각제기함

해설 아래의 표를 활용하여 문제에서 주어진 특징을 가진 자료의 이름을 찾는다.

유형별	명칭을 이루는 요소의 조합 순서	유물의 종류
제1유형	명문+재질+색상+문양+부가물+형태+기종(용도)	토기, 마구, 금속풍, 동경, 도자기, 문방구, 목칠공예
제2유형	원 소장처+명문+현 소장처, 고유명사화 된 명칭+ 재질+기능(용도)	동종, 금고
제3유형	원 소재지(사찰)+형태+재질+탑의 고유명칭	탑파(부도), 비
제4유형	명문+재질+주제+형태	불상
제5유형	작자+주제(제목, 내용)	회화, 서예, 서적
제6유형	토용, 토우+형태(주제)	토용, 토우
제7유형	고유명	민속품, 복식

• 제기함은 목칠 공예품에 해당하므로 제1유형의 표기법에 따라 작성한다.

• 명문 → 나무 재질 → 빨간색 → 문양 → 부가물 → 윗면의 형태가 사각형인 → 나전 기법이 사용된 → 제기함

• 이를 결합해 보면 목제 적색 사각 나전 제기함에 해당한다.

28 수장고 보존환경에 영향을 주는 요소로 옳지 않은 것은?

① 온 도 ② 습 도

③ 공시지가 ④ 빛

해설 공시지가는 부동산 가격공시에 관한 법률에 따라 국토교통부 장관이 조사 평가하여 공시한 표준지의 단위면적당 가격을
의미한다.

29 용어와 설명의 연결로 옳지 않은 것은?

① 결손 – 자료의 일부가 부서지거나 깨져서 그 파편조차 없어진 경우

② 복원 – 결손된 자료의 일부가 없어진 것을 수지 등을 사용하여 최초의 모습으로 재생시킨 것

③ 박락 – 그림이나 옷감의 색이 바래서 원래의 색조가 변한 경우

④ 수리 – 파손된 자료의 파편이 모두 있어 이를 이용하여 자료를 손질한 경우

해설 그림이나 옷감의 색이 바래서 원래의 색조가 변한 경우는 박락에 대한 설명이 아니라 '퇴색'에 대한 설명이다.

The 중요

소장품 유지 보수에 관한 용어 (본문 : p. 101~102)
- 파손(破損) : 박물관 자료의 한 부분이 부서지거나 깨진 경우의 현상을 기록하는 용어
- 결손(缺損) : 자료가 깨지거나 부서졌을 뿐 아니라 그 파편마저 제대로 남아 있지 않은 경우
- 탈락(脫落) : 박물관 자료의 연결부위 어느 부분이 빠지고 없을 경우
- 멸실(滅失) : 금속제품의 산화작용이 심해서 그 원형이 없어질 만큼 변한 상태
- 오염(汚染) : 다른 물질이 섞이거나 더러워지거나 변색이 이루어진 경우
- 충식(蟲蝕) : 좀 등 벌레 먹은 피해를 입은 상태
- 박락(剝落) : 안료나 도료가 탈락된 경우
- 복원(復原) : 결손되어 파편의 일부가 없어졌지만 원초적 형태를 조사한 후 최초의 모습으로 재생시킨 경우
- 수리(修理) : 파손되었지만 파편이 모두 남아 있는 것을 상태 조사 후 최초의 온전한 형태로 재생시킨 경우
- 퇴색(退色) : 그림이나 옷감의 빛깔이 바래서 원래의 색조가 변했을 경우

30 보존처리 기록 작성 시 필요한 내용으로 옳지 않은 것은?

① 자료명

② 보존처리 기간

③ 보존처리 사진

④ 보존처리 건물 매매 중개자

해설 보존 처리 후 기록 및 마무리 (본문 : p. 63) : 보존처리 과정이 끝난 유물은 기록카드에 자료명, 처리과정, 처리기간, 사용 약품, 사용기자재, 처리 후 중량 및 크기 등을 상세히 기록하고 사전 촬영으로 마무리한다.

31 박물관 공간 구성에 대한 사항으로 옳지 않은 것은?

① 정원이나 공원 같은 박물관 외부 공간은 다양한 행사나 프로그램에 사용될 수 있다.

② 소장 자료나 전시 예정품의 반·출입을 위한 차량의 출입이 원활할 수 있도록 공간 확보가 필요하다.

③ 전시실의 관람 피로를 해소할 수 있는 휴게공간을 마련해야 한다.

④ 소독을 위한 훈증실은 관람객 출입구에서 가장 가까운 쪽으로 둔다.

해설 소독을 위한 훈증실은 관람객 출입구에서 가장 안쪽으로 두는 것이 바람직하다.

> ### The 중요
>
> **전시 환경 계획 (본문 : p. 190)**
> 전시실은 밝고, 보기 쉽고, 조용하고 즐거운 분위기에서 흥미 있게 전시물을 관람할 수 있도록 해야 한다. 전시 환경을 계획함에 있어 아래의 사항을 충실히 검토해야 한다.
> - 개관 후 전시물의 수량 증가에 따른 전시물 교체가 가능하도록 성장형 전시 개념을 반영해야 한다.
> - 전시실에 관람 피로를 해소할 수 있는 휴게 공간을 마련해야 하며 관람객의 동향을 충분히 고려하여 전시실 중간에 놓이는 의자 등을 적절하게 배치한다.
> - 전시 공간은 과도한 건축적 표현성보다는 전시의 시각적 환경을 우선하는 관점에서 디자인되어야 한다.
> - 주요 동선 주변에는 통상적으로 기둥을 설치하지 않는다. 건축 구조 형태는 존중하되 추후 물리적으로 가공되지 않도록 해야 한다.
> - 전시 공간은 실내 분위기를 조성하기 위한 강조성 표현을 배제하고 공간 자체의 격조를 높일 수 있는 형태로 계획한다.
> - 전시 내용을 정확히 전달하기 위해서 관람객이 일정 시간 동안 체류할 수 있도록 통로에 적정 공간을 미리 확보해 둔다.
>
> **유물의 입출고 공간 (본문 : p. 107)**
> - 차량진입로 : 외부로부터의 유물 운반 차량의 진입이 용이하고 박물관 전시동과 시각적으로 분리되어야 한다.

32 건축가와 건축가가 설계한 미술관을 짝지은 사례로 옳지 않은 것은?

① 프랭크 게리 – 스페인 빌바오 구겐하임미술관

② 장 누벨 – 독일 베를린 신 국립미술관

③ 르 코르뷔지에 – 일본 도쿄 국립서양미술관

④ 프랭크 로이드 라이트 – 미국 뉴욕 구겐하임미술관

해설 ① 스페인 빌바오 구겐하임미술관 : 프랭크 게리가 설계하였으며 1997년 개장하였다.
　　② 독일 베를린 신 국립미술관 : 모더니즘 건축 거장 중 한 명인 루트비히 미스 반데어로에(Ludwig Mies van der Rohe)가 설계했다.
　　③ 일본 도쿄 국립서양미술관 : 르 코르뷔지에가 설계한 덕분에 2016년 도쿄 최초의 세계 문화유산이자 일본의 20세기 유네스코 유적지로 지정되었습니다.
　　④ 미국 뉴욕 구겐하임미술 : 모더니즘 건축의 대표 건축가인 프랭크 로이드 라이트에게 의뢰하여 1959년 완공하였다.

33 박물관의 재원 마련에 관한 설명으로 옳지 않은 것은?

① 박물관 관장은 예산의 획득과 편성, 집행 능력을 갖추어야 한다.

② 기업 후원자는 일정한 혜택을 받는 대가로 박물관과 미술관에 후원금을 내기도 한다.

③ 박물관은 비영리적 기관으로서 자금을 마련하는 자체창출수익을 꾸려서는 안 된다.

④ 박물관의 재원을 마련하는 방법으로는 후원과 기부, 회원제도 등이 있다.

> **해설** 박물관은 비영리적 기관으로서 자금을 마련하기 위해서 뮤지엄샵 운영 및 박물관 문화(아트)상품 개발을 통한 판매 수익
> 창출, 도록 판매, 부대시설(레스토랑, 커피숍) 운영 등을 통한 수익 창출 등을 하여 재원 조성을 하여 운영하므로 자체창출
> 수익을 꾸려서는 안 된다는 내용은 옳지 않다.

The 중요

박물관의 재원 조성 (본문 : p. 179)

재원 조성이란 특정 목적을 위하여 모금액수의 목표를 정해 놓고 이를 달성하기 위해 기금을 모으는 전략적인 과정이다.
박물관의 운영을 위한 재원 조성 방법은 다음과 같다.

- 정부, 공공기관, 기업, 국제기구, 문화재단, 개인 후원자 등을 통한 지원금 제도 활용 및 기부금 후원
- 특별/기획전시를 통한 입장료 수입
- 강좌 및 교육 프로그램 운영
- 뮤지엄샵 운영 및 박물관 문화(아트)상품 개발을 통한 판매 수익 창출
- 도록 판매
- 부대시설(레스토랑, 커피숍) 운영 등을 통한 수익 창출 등이 해당된다.

단, 소장품 처분으로 재원 조성을 하지는 않는다. 왜냐하면 소장품을 처분한다면 박물관의 근본적 상품인 전시를 진행할
수 없기 때문이다.

박물관 회원제도 (본문 : p. 176)

회원제는 박물관의 관심 집단과 열성 집단에게 공식적으로 박물관을 지원할 수 있는 장을 마련해 준다. 또한 박물관의
역할이나 사명을 구현하는 데 회원제 프로그램이 도움이 된다.

34 박물관 및 미술관 진흥법령상 박물관과 미술관의 운영 개선 및 후원에 관한 사항을 심의하는 위원회는?

① 수증심의위원회　　　　　　　　　　　② 기증유물감정평가위원회
③ 학예사 운영 위원회　　　　　　　　　　④ 박물관 · 미술관 운영 위원회

해설 「박물관 및 미술관 진흥법 시행령」 제6조(박물관 · 미술관 운영 위원회) 제4항에 따르면 박물관 · 미술관 운영 위원회는 운영 개선 및 후원에 관한 사항을 심의한다.

> ### The 중요
>
> (본문 : p. 216~217)
>
> **「박물관 및 미술관 진흥법 시행령」 제5조(학예사 운영 위원회)**
> 문화체육관광부장관은 제3조에 따른 학예사 자격 요건의 심사나 그 밖에 학예사 자격제도의 시행에 필요한 사항을 심의하기 위하여 그 소속으로 박물관 · 미술관 학예사 운영 위원회를 구성하여 운영할 수 있다.
>
> **제6조(박물관 · 미술관 운영 위원회)**
> ① 법 제7조 제1항에 따라 등록한 국공립의 박물관 또는 미술관에 두는 박물관 · 미술관 운영 위원회(이하 "운영 위원회"라 한다)는 위원장 1명을 포함하여 10명 이상 15명 이내의 위원으로 구성한다.
> ② 운영 위원회의 위원장은 위원 중에서 호선(互選)한다.
> ③ 운영 위원회의 위원은 해당 박물관 · 미술관이 소재한 지역의 문화 · 예술계 인사 중에서 그 박물관 · 미술관의 장이 위촉하는 자와 그 박물관 · 미술관의 장이 된다.
> ④ 운영 위원회는 다음 각 호의 사항을 심의한다.
> 　1. 박물관 · 미술관의 운영과 발전을 위한 기본방침에 관한 사항
> 　2. 박물관 · 미술관의 운영 개선에 관한 사항
> 　3. 박물관 · 미술관의 후원에 관한 사항
> 　4. 다른 박물관 · 미술관과 각종 문화 시설과의 업무 협력에 관한 사항
>
> **제6조의2(수증심의위원회의 구성 등)**
> ① 법 제8조 제2항에 따른 수증심의위원회(이하 "수증심의위원회"라 한다)는 위원장 1명을 포함하여 3명 이상의 위원으로 구성한다.
> ② 수증심의위원회의 위원은 박물관 또는 미술관의 자료 등에 관하여 학식과 경험이 풍부한 사람 중에서 박물관 또는 미술관의 장이 위촉한다.
> ③ 수증심의위원회의 위원장은 박물관 또는 미술관의 장이 된다.
> ④ 위원회의 회의는 위원 과반수의 찬성으로 의결한다.
> ⑤ 박물관 또는 미술관의 장은 수증심의위원회의 심의를 거쳐 법 제8조 제1항에 따른 기증품(이하 "기증품"이라 한다)을 기증받을지 여부를 결정한 후 기증을 하려는 자에게 서면으로 그 결과를 통보하여야 한다. 이 경우 기증받지 아니하는 것으로 결정하면 그 사유를 명시하여 즉시 해당 기증품을 반환하여야 한다.
> ⑥ 제1항부터 제5항까지에서 규정한 사항 외에 수증심의위원회의 운영 등에 필요한 사항은 박물관 또는 미술관의 장이 정한다.
>
> **제6조의3(기증유물감정평가위원회의 구성 등)**
> ① 법 제8조 제3항에 따른 기증유물감정평가위원회(이하 "기증유물감정평가위원회"라 한다)는 위원장 1명을 포함하여 5명 이상의 위원으로 구성한다.
> ② 기증유물감정평가위원회의 위원은 박물관 또는 미술관 자료의 감정평가에 관하여 학식과 경험이 풍부한 사람 중에서 국립 박물관 또는 미술관의 장이 위촉한다.
> ③ 기증유물감정평가위원회의 위원장은 국립 박물관 또는 미술관의 장이 된다.
> ④ 위원회의 회의는 위원 과반수의 찬성으로 의결한다.
> ⑤ 제1항부터 제4항까지에서 규정한 사항 외에 기증유물감정평가위원회의 운영 등에 필요한 사항은 국립박물관 또는 미술관의 장이 정한다.

35 박물관 시설에 관한 설명으로 옳지 않은 것은?

① 사무실이나 관람객 서비스 공간, 교육공간에는 가스 소화설비가 필수적이다.

② 전시실에 입장한 사람들이 알기 쉽게 유도등을 설치하여 출구와 비상구를 표시하여야 한다.

③ 관리 운영을 위한 별도의 출입구가 필요하다.

④ 빛에 의한 유물의 손상을 줄이기 위해서 전시실에 자연채광 창문이 있으면 커튼이나 블라인드 등의 차광막을 설치한다.

해설 수장고 및 전시공간에는 가스 소화설비가 필수적이다.

The 중요

소화 시설 (본문 : p.189)

사무실이나 관람객 서비스 공간, 교육 공간에는 주로 '스프링클러'를 적용하고, 수장고 및 전시 공간에는 스프링클러 사용이 불가하므로 가스 소화기를 필수로 배치한다. 가스식 소화설비로는 NAF-3, Halon(할론가스식 소화기), CO_2(이산화탄소 소화기) 등의 가스식 소화설비가 있다.

36 박물관의 보안 대책으로 옳지 않은 것은?

① 진열장에 진동을 감지하는 도난방지 경보기를 설치한다.

② CCTV를 설치하고 충분한 안전요원을 확보한다.

③ 단열재나 단습재를 사용하여 전시실에 들어오는 관람객이 배출하는 열기에 대비한다.

④ 보안 경보기가 울리면 닫히는 자동 셔터를 설치한다.

해설 관람객이 배출하는 열기에 대비하기 위해서가 아니라 공조를 중지시켜도 온·습도 변화가 최소화되도록 설계하는 것이다.

The 중요

수장고 설계 조건 (본문 : p. 107)

• 내화성 : 화재발생 시 수장고 내 안전 온도 유지(80℃ 이하), 평상시에는 실내 온도가 최고 28℃를 넘지 않고 0℃ 이하로 내려가지 않도록 조절되어야 한다.

• 차단성 : 대기오염, 콘크리트 오염인자의 수장고 내 유입이 차단되게 설계한다. 또한 지진 대비를 위해 방진 또는 면진할 수 있도록 설계한다.

• 조습성/단열성 : 공조를 중지시켜도 온·습도 변화가 최소화되도록 설계한다. 또한 단열, 방화, 방수, 방재를 할 수 있도록 설계한다.

37 박물관 및 미술관 진흥법상 박물관 및 미술관의 평가인증에 관한 설명으로 옳지 않은 것은?

① 박물관 및 미술관 운영의 질적 수준을 향상시키기 위하여 등록한 후 3년이 지난 국·공립 박물관 및 미술관에 대하여 평가를 실시한다.

② 문화체육관광부장관은 평가결과에 따라 우수한 박물관 및 미술관을 인증할 수 있다.

③ 문화체육관광부장관은 인증 박물관 및 미술관에 대하여 인증서를 발급하고 인증사실 등을 공표하여야 한다.

④ 문화체육관광부장관은 평가인증을 받지 못한 박물관 및 미술관의 등록을 취소하여야 한다.

> **해설** 「박물관 및 미술관 진흥법」 제26조(박물관 및 미술관의 평가인증) (본문 p. 210)
>
> ① 문화체육관광부장관은 박물관 및 미술관의 운영의 질적 수준을 향상시키기 위하여 제16조에 따라 등록한 후 3년이 지난 국·공립 박물관 및 미술관에 대하여 평가를 실시하여야 한다.
>
> ② 문화체육관광부장관은 제1항에 따른 평가 결과를 대통령령으로 정하는 바에 따라 공표하고, 관계 행정기관의 장에게 행정기관 평가에 반영하도록 협조 요청할 수 있다.
>
> ③ 문화체육관광부장관은 제1항에 따른 평가 결과에 따라 우수한 박물관 및 미술관을 인증할 수 있다.
>
> ④ 문화체육관광부장관은 제3항에 따른 인증 박물관 또는 미술관(이하 "인증 박물관·미술관"이라 한다)에 대하여 문화체육관광부령으로 정하는 바에 따라 인증서를 발급하고 인증사실 등을 공표하여야 한다.
>
> ⑤ 제1항, 제3항 및 제4항에 따른 평가 실시, 평가 인증의 기준·절차 및 방법과 인증 유효 기간, 인증표시 등에 필요한 사항은 대통령령으로 정한다.

38 박물관 및 미술관 진흥법령상 다음의 등록 요건을 충족해야 하는 기관 유형은?

> 다음의 시설을 갖춘 363제곱미터 이상의 문화공간
>
> 가) 인터넷 부스 　　　　　　　　나) 비디오 부스
> 다) 콤팩트디스크 부스 　　　　　라) 문화관람실
> 마) 문화창작실 　　　　　　　　바) 안내데스크 및 정보자료실
> 사) 문화사랑방

① 식물원　　　　　　　　　　　② 민속관
③ 문화의 집　　　　　　　　　　④ 미술관

> **해설** 문화의 집 시설 (본문 : p. 229)
>
> 1. 다음의 시설을 갖춘 363m² 이상의 문화 공간
>   가. 인터넷 부스(개인용 컴퓨터 4대 이상 설치)
>   나. 비디오 부스(비디오테이프 레코더 2대 이상 설치)
>   다. CD 부스(CD 플레이어 4대 이상 설치)
>   라. 문화관람실(빔 프로젝터 1대 설치)
>   마. 문화창작실(공방 포함)
>   바. 안내데스크 및 정보 자료실
>   사. 문화사랑방(전통문화사랑방 포함)
> 2. 도난 방지 시설

39 문화재보호법에 관한 설명으로 옳지 않은 것은?

① 문화재청장은 무형문화재위원회 심의를 거쳐 무형문화재 중 중요한 것을 국가무형문화재로 지정할 수 있다.

② 국가와 지방자치단체는 등재된 세계유산을 국가지정문화재보다 강화된 기준으로 유지·관리 및 지원하여야 한다.

③ 시·도지사는 지정문화재의 역사문화환경 보호를 위하여 문화재청장과 협의하여 조례로 역사문화환경 보존지역을 정하여야 한다.

④ 국외소재문화재와 관련한 각종 사업을 종합적·체계적으로 수행하기 위하여 문화재청 산하에 국외소재문화재재단을 설립한다.

The 중요

「문화재보호법」 제24조(국가무형문화재의 지정) (본문 : p. 253)
문화재청장은 무형문화재 보전 및 진흥에 관한 법률 제9조에 따른 무형문화재위원회의 심의를 거쳐 무형문화재 중 중요한 것을 국가무형문화재로 지정할 수 있다.

「문화재보호법 시행령」 제10조(세계유산 등의 보호) (본문 p. 262)
① 문화재청장은 법 제19조 제2항에 따른 세계유산 등을 유지·관리하고, 그 보호에 필요한 조치를 하기 위하여 세계유산 등의 현황 및 보존 상태에 대하여 정기적으로 조사·점검할 수 있다.
② 문화재청장은 세계유산 등의 소재지를 관할하는 지방자치단체의 장에게 제1항에 따른 조사·점검에 필요한 관련 자료 및 의견 제출을 요청할 수 있다.
③ 제2항에 따라 관련 자료 및 의견 제출을 요청받은 지방자치단체의 장은 특별한 사유가 없으면 그 요청에 따라야 한다.
④ 제1항에 따른 조사·점검의 방법, 절차 등에 관하여 필요한 사항은 문화재청장이 정한다.

역사문화환경 보존지역
「문화재보호법」 제12조·「시·도 문화재보호조례」
시·도지사가 지정 문화재의 역사문화환경 보호를 위하여 문화재청과 협의하여 조례로 정한 지역을 말한다. 해당 지정 문화재의 역사적·예술적·학문적·경관적 가치와 그 밖에 문화재 보호에 필요한 사항 등을 고려해 그 외곽경계로부터 500m 안으로 범위를 정하여 지정한다.

국외소재문화재재단
나라 밖에 흩어진 우리 문화재에 대해 종합적인 사업을 수행하고자 2012년 7월 문화재청 산하단체로 설립되었다. 재단은 불법·부당하게 국외로 반출된 문화재는 환수를 추진하며, 적법·합법적으로 반출된 문화재는 현지에서 널리 활용될 수 있도록 지원사업을 실시하고 있다.

---

40 문화재보호법령상 국가지정문화재를 지정하거나 그 지정을 해제하는 경우 고시하는 사항으로 옳지 않은 것은?

① 국가지정문화재의 종류, 지정 번호, 명칭, 수량, 소재지 또는 보관 장소
② 국가지정문화재의 보호물 또는 보호구역의 명칭, 수량 및 소재지
③ 국가지정문화재와 그 보호물 또는 보호구역의 소유자 또는 점유자의 성명과 주소
④ 지정의 이유 또는 지정 해제의 이유

해설 「문화재보호법 시행령」 제16조에 따르면 국가지정문화재를 해제하는 경우 지정번호를 고시하라는 규정은 없다.

> **The 중요**
>
> 「문화재보호법 시행령」 제16조(지정 및 해제 등의 고시) (본문 : p. 267)
> 문화재청장은 법 제28조 및 제31조 제5항에 따라 국가지정문화재를 지정하거나 그 지정을 해제하는 경우에는 다음 각 호의 사항을 고시해야 한다.
> 1. 국가지정문화재의 종류, 명칭, 수량, 소재지 또는 보관 장소
> 2. 국가지정문화재의 보호물 또는 보호구역의 명칭, 수량 및 소재지
> 3. 국가지정문화재와 그 보호물 또는 보호구역의 소유자 또는 점유자의 성명과 주소
> 4. 삭 제
> 5. 지정의 이유 또는 지정 해제의 이유

정답 한눈에 보기

01	02	03	04	05	06	07	08	09	10
③	②	③	④	②	②	①	①	④	③
11	12	13	14	15	16	17	18	19	20
①	②	④	①	④	①	②	②	①	③
21	22	23	24	25	26	27	28	29	30
④	②	④	①	③	②	②	③	③	④
31	32	33	34	35	36	37	38	39	40
④	②	③	④	①	③	④	③	②	①

참고문헌

■ 도서

- Alma S. Wittlin, 『Museums : In Search of a Usable Future』, MIT Press, 1970.
- Baxi, S. J. · Diwivedi, V. P, 『Modern Museum Organization and Practice in India』, Abhinav Publications, 1973.
- Bazin, Germai, 『The Museum Age』, Universe Books, 1967.
- Burcaw, G. E, 『Introduction to Museum Work』, Altamira Press, 1997.
- Burcaw, George Ellis, 『Introduction to Museum Work』, Rowman & Littlefield Pub Inc, 1997.
- Decharme, P, 『Mythologie de la Grece Antique』, Garnier, 1986.
- Elizabeth Hill · Terry O'Sullivan · Catherine O'Sullivan, 『Creative Arts Marketing』, Routledge, 2003.
- Freeman Tilden, Interpreting Our Heritage, Chapel Hill, University of North Carolina Press, 1957를 Michael Belcher, Exhibitions in Museums, Leicester University Press in GB and Smithsonian Institution Press in US, 1991 에서 재인용.
- Jane R. Glaser · Artemis A. Zenetou, 『Museums : A Place to Work』, Smithsonian Institution, 1996.
- John H. Falk, 『Identity and the Museum Visitor Experience』, Left Coast Press, 2009.
- Lamb, C, Hair, J · McDaniel, C, 『Essentials of Marketing』, Southwestern College Publishing, 1999.
- Moore, K, 『Museum Management』, Routledge, 1944.
- Neil Kotler · Philip Kotler, 『Museum Marketing and Strategy』, Jossey-Bass, 2008.
- Oddon, Y, 『Professional Training of Museum Personnel in the World』, ICOM.
- Peter Vergo(edit.), 『The New Museology』, Reaktion Book, 1997.
- 게리 에드슨 · 데이비드 딘(이보아 역), 『21세기 박물관 경영』, 시공사, 2001.
- 국립중앙박물관, 『박물관의 어제와 오늘, 그리고 미래』, 2007.
- 네일 코틀러, 필립 코틀러 공저(한종훈 · 이혜진 역), 『박물관 미술관학-뮤지엄 경영과 전략』, 박영사, 2005.
- 다니엘 지로디 · 앙리 뷔이예(김혜경 역), 『미술관 · 박물관이란 무엇인가』, 화산문화, 1996.
- 데이비드 딘, 『미술관 전시, 이론에서 실천까지』, 학고재, 1998.
- 도미니크 풀로(김한결 역), 『박물관의 탄생』, 돌베개, 2014.
- 마이클 벨처(신자은 · 박윤옥 역), 『박물관 전시의 기획과 디자인』, 예경, 2006.
- 보니타 M. 콜브(이보아 · 안성아 역), 『새로운 문화 소비자를 위한 문화예술기관의 마케팅』, 김영사, 2004.
- 서울대경영연구소, 『경영학 핸드북』, 서울대출판부, 1985.
- 서정호, 『문화재를 위한 보존 방법론』, 경인문화사, 2008.
- 왕굉균, 『중국 박물관학 기초』, 해고적출판사, 1990.
- 오하라 가즈오키(김현정 역), 『마을은 보물로 가득 차 있다 에코뮤지엄 기행』, 아르케, 2008.
- 이난영, 『박물관학 입문』, 삼화출판사, 2003.
- 이보아, 『박물관학 개론』, 김영사, 2002.
- 이보아, 『박물관학 개론: 박물관 경영의 이론과 실제』, 김영사, 2000.
- 이영진, 『박물관 전시의 이해』, 학문사, 2000.
- 이인범, 『미술관 제도 연구』, 한국 예술 연구소, 1998.
- 전경수, 『한국 박물관의 식민주의적 경험과 민족주의적 실천 및 세계주의적 전망』, 집문당, 1998.
- 전승보, 『큐레이팅을 말하다 전문가 29인이 바라본 동시대 미술의 현장』, 파주: 미메시스, 2019.
- 전진성, 『박물관의 탄생』, 살림출판사, 2004.
- 조지 엘리스 버코(양지연 역), 『큐레이터를 위한 박물관학』, 김영사, 2001.

참고문헌

- 조지 엘리스 버코(양지연 역), 『큐레이터를 위한 박물관학』, 김영사, 2004.
- 존 포크(이보아 역), 『관람객과 박물관』, 북코리아, 2008.
- 티모시 앰브로즈(이보아 역), 『실무자를 위한 박물관 경영 핸드북』, 학고재, 2001.
- 한국박물관교육학회, 『한국 박물관 교육학』, 문음사, 2010.

■ 논문
- 경희대학교 문화 예술 연구소, 「여주 남한강 박물관 건립 타당성 조사 및 기본 계획 수립」, 2003.
- 국립중앙박물관 기획운영단 관리과, 「국립박물관 전시개편공사 기술지침」, 2009
- 김병모외 3인, 「박물관.미술관 학예사 자격제도 연구」, 한국문화정책개발원, 1999.
- 김규보, 「박물관 내 전시 및 수장 공간의 공조 환경 기준 연구 최종 보고서」, 문화체육부, 1996.
- 문화체육부 박물관과, 「국제박물관협의회 규정집」, 문화체육부 박물관과, 1994.
- 박신의, 「한국의 박물관 건립 현황 분석에 따른 박물관 건립 계획의 필요성」, 한국문화관광연구원, 2009.
- 백령, 「박물관 · 미술관 교육프로그램 개발 방법론」, 문화관광부, 2006, p. 27.
- 서상우, 「미술관 건축의 공간 구성」, 미술관학 강좌 자료, 2000.
- 안소연, 「미술관의 발전과 정부의 역할–프랑스의 경우」, 현대 미술관 연구 제6집, 1995.
- 안소연, 「프랑스의 미술관 지원정책」, 현대미술사학회, 1995.
- 양석진 · 안복용, 「성산산성 출토 목간의 과학적 보존처리」, 국립창원문화재연구소.
- 우성호, 「국립산악박물관 전시소장유물에 대한 조사와 확보 방안 연구」, 산림청, 2011.
- 윤병화, 「대전 지역 사립박물관 운영 활성화 방안」, 국민대학교 석사논문, 2008.
- 이난영, 「박물관 자료의 분류 및 정리법」, 1973, 7:80–93.
- 이주형, 「전시 시나리오의 구조와 공간연출 프로그래밍에 관한 연구」, 홍익대학교 석사논문, 2001.
- 이일수, 「해석적 전시개발 방법론으로 본 국내 블록버스터 전시 연구」, 홍익대학교 미술대학원 국내석사학위논문, 2014, 서울.
- 정수희 · 이병민, 「에코뮤지엄의 속성을 통해 본 도시의 문화적 지속가능성 연구 : 한국 경기도 광주시와 일본 가나자와시의 사례를 중심으로」, 글로벌 문화콘텐츠학회, 2016.
- 조혜진, 「국공립 미술관의 수장고 환경 조사 및 공동수장고에 관한 연구」, 한국 공간 디자인 학회 논문집 제6권 제2호(통권 16호), 2011.
- 주진윤, 「사립박물관의 마케팅에 관한 연구」, 단국대학교 석사논문, 2007.
- 최종호, 「박물관 실무지침 1」, (사)한국박물관협회, 2000.
- 최종호, 「박물관 실무지침 2」, (사)한국박물관협회, 2004.
- 최종호, 「박물관의 설립과 운영」, 박물관학 연구 창간호, 대전보건전문대학박물관학 연구소, 1996.
- 최종호, 「박물관학과 민속학의 통섭과 융합을 위한 시론」, 한국민속학 제61권, 2015
- 최준혁, 「박물관 실내 공간에서의 관람 동선 및 행태에 관한 연구」, 홍익대학교 박사논문, 2004.
- 최준혁, 「박물관 전시 공간의 동선 계획 및 관람 형태 특성」, 한국 학술 정보, 2008.
- 허지연, 김봉석, 「에코뮤지엄을 도입한 사회과 지역학습 프로그램의 개발과 실제」, 사회과교육, 2018.

■ 온라인 자료
- 국립중앙박물관 홈페이지(http://www.museum.go.kr)
- 국립민속박물관 홈페이지(http://www.nfm.go.kr)
- 국립고궁박물관 홈페이지(http://www.gogung.go.kr)

좋은 책을 만드는 길, 독자님과 함께하겠습니다.

2024 SD에듀 박물관학

개정10판1쇄 발행	2024년 02월 20일 (인쇄 2023년 12월 29일)
초 판 발 행	2014년 06월 10일 (인쇄 2014년 04월 25일)
발 행 인	박영일
책 임 편 집	이해욱
편 저	홍보라매
편 집 진 행	박종옥 · 주민경
표지디자인	박종우
편집디자인	김예슬 · 남수영
발 행 처	(주)시대고시기획
출 판 등 록	제10-1521호
주 소	서울시 마포구 큰우물로 75 [도화동 538 성지 B/D] 9F
전 화	1600-3600
팩 스	02-701-8823
홈 페 이 지	www.sdedu.co.kr

I S B N	979-11-383-6392-1 (93060)
정 가	27,000원